ÉTUDES LITTÉRAIRES

SUR

CHANSON DE ROLAND
JOINVILLE — MONTAIGNE — PASCAL — LA FONTAINE
BOILEAU — BOSSUET — FÉNELON — LA BRUYÈRE
MONTESQUIEU — VOLTAIRE — BUFFON

6952. — PARIS, IMPRIMERIE A. LAHURE
9, Rue de Fleurus, 9

ÉTUDES LITTÉRAIRES

SUR

CHANSON DE ROLAND
JOINVILLE — MONTAIGNE — PASCAL — LA FONTAINE
BOILEAU — BOSSUET — FÉNELON — LA BRUYÈRE
MONTESQUIEU — VOLTAIRE — BUFFON

PAR

GUSTAVE MERLET

PARIS

LIBRAIRIE HACHETTE ET Cie

79, BOULEVARD SAINT-GERMAIN, 79

—

1882

ÉTUDES LITTÉRAIRES
SUR LES
CLASSIQUES FRANÇAIS

ROLAND — JOINVILLE — MONTAIGNE
PASCAL — LA FONTAINE — BOILEAU — BOSSUET
FÉNELON — LA BRUYÈRE
MONTESQUIEU — VOLTAIRE — BUFFON

CHANSON DE ROLAND

I. — Faits historiques.

La chanson de Roland, et les traditions historiques. — Éginhard. — L'Astronome Limousin. — Si l'épopée a le privilège de charmer l'enfance ou la jeunesse des peuples, on ne saurait nier que la France, elle aussi, ait entendu la voix de la Muse héroïque; car, durant les siècles qui furent l'aurore du moyen âge et de la société féodale, il y eut une telle floraison de poésie chevaleresque et de récits merveilleux que la critique s'oriente malaisément parmi les cycles qui gravitent autour des noms idéalisés par l'enthousiasme populaire. Les érudits eux-mêmes s'égarent dans le labyrinthe de ces œuvres si nombreuses qu'elles échappent aux cadres d'une classification, et si complexes qu'elles défient l'analyse[1]. Sans agiter ici les problèmes qui intéressent cet épanouissement de poèmes indigènes[2], bornons-nous à dire que chaque province eut ses héros, mais qu'au-dessus de ces figures empruntées à des légendes locales domine celle de Charlemagne, et que de toutes les chansons dont ses gestes furent le centre, la plus mémorable est celle de Roncevaux.

Elle fut inspirée par le retentissement prolongé d'un fait historique, du moins s'il faut en croire ce que raconte un contemporain, Éginhard, dans cette page de ses *Annales* : « L'an du Christ 777, Charlemagne était à Paderborn, lorsque l'émir Ibinalarabi vint se présenter à l'empereur, avec d'autres Sarrasins ses compagnons, pour lui faire don de sa personne et des cités que le roi des Sarrasins avait confiées à sa garde. L'année suivante, cédant aux conseils des Sarrasins, et entraîné par l'espoir bien fondé de conquérir une partie de l'Espagne, Charlemagne rassembla son armée, et se mit en marche. Il franchit la cime des Pyrénées, dans le pays des Gascons, attaqua d'abord Pampelune, dans la Navarre, et reçut la soumission de cette ville. Ensuite, il passa l'Èbre à gué, s'approcha de Cæsaraugusta (Saragosse), capitale de cette contrée, emmena les otages que lui offraient Ibinalarabi, Aubuthaur et quelques autres chefs, puis revint à Pampelune. Il en rasa les murs jusqu'au sol pour que ses habitants ne pussent se révolter. Alors, résolu au retour, il s'engagea dans les défilés des Pyrénées ; mais les Gascons s'étaient placés en embuscade au sommet des monts. Ils attaquèrent l'arrière-garde, et jetèrent l'armée tout entière dans une grande confusion. Les Francs semblaient supérieurs par l'armement et la valeur ; mais le désavantage des lieux et la nouveauté d'un combat trop inégal causèrent leur défaite. Dans

---

1. Il en est qui ne comptent pas moins de 60 000 vers. Nous avons le regret d'ajouter que cette abondance est souvent stérile. Il faut être archéologue ou linguiste pour ne pas la juger parfois fastidieuse.
2. Ils sont de provenance indigène, et se rattachent à ces *bardits* ou hymnes guerriers que chantaient déjà les tribus franques, selon le témoignage de Tacite.

cette affaire périrent la plupart des officiers du palais (*aulicorum*) chargés par le roi du commandement des troupes ; les bagages furent pillés, et l'ennemi, favorisé par la connaissance qu'il avait du pays, se dispersa aussitôt de toutes parts. Un si cruel revers obscurcit presque entièrement dans le cœur du roi la joie des succès remportés en Espagne[1]. »

Ailleurs, le biographe de *Charlemagne* revient encore sur ce désastre pour en décrire ainsi les détails : « Tandis que l'armée, dans un étroit défilé, se trouvait forcée de marcher sur une seule ligne, longue et mince, les Gascons embusqués sur la crête des montagnes, où l'épaisseur des forêts favorise les surprises, fondirent en courant sur la queue des bagages et les troupes d'arrière-garde. Ils les culbutèrent au fond de la vallée, et là se livra une bataille où les Francs furent anéantis jusqu'au dernier.... Dans ce combat périrent Eggihard, maître d'hôtel du roi, Anselme, comte du Palais, *Roland, préfet de la marche de Bretagne* (*Hruodlandus Britannici limitis præfectus*), et beaucoup d'autres[2]. » On ne saurait donc nier un événement attesté par des témoignages si précis dont l'authenticité ne paraît pas douteuse, et par un deuil universel dont la douleur fut si profonde qu'un autre chroniqueur, l'*Astronome Limousin*, pouvait dire : « Je me dispense de citer les noms de ceux qui furent tués avec Roland, parce qu'ils sont connus de tous[3]. »

Le désastre de Roncevaux. — Les anachronismes de la légende populaire. — Ajoutons qu'une tradition constante place le théâtre de cette défaite à Roncevaux, en Espagne, à deux pas de notre frontière, sur la route qui va de Pampelune à Saint-Jean-Pied-de-Port[4]. Déjà, près de deux siècles auparavant, en 635, un des douze lieutenants

---

1. Edition de la Société de l'*Histoire de France*, t. I, p. 170. (*Vie de Charlemagne.*)
2. *Vie de Charles*, t. I, ch. IX, p. 31. Ce récit traduit en vers par le *poète saxon* a été reproduit par les autres annalistes du moyen âge.
3. « Nomina, quia vulgata sunt, dicere supersedi. » (*Vita Hludovici* III, 608.)
4. En 1794, les Français renversèrent un monument élevé par les Espagnols, à Roncevaux, en mémoire de cette victoire lointaine.

de Dagobert [1], envoyé par lui contre les Gascons qui pillaient l'Aquitaine, avait succombé pareillement, non loin de ce défilé [2]. Plus tard, en 812, au lendemain d'une expédition en Espagne, Louis le Débonnaire faillit aussi être surpris dans ces gorges néfastes. Enfin, en 824, ces mêmes montagnards écrasèrent les ducs Èble et Asinaire qui avaient voulu châtier leurs continuelles déprédations.

Tous ces griefs se confondirent bientôt en un seul, celui qu'illustrait la grande mémoire de Charlemagne : car le peuple aime à simplifier ses souvenirs par des anachronismes où se complaisent ses oublis et ses ignorances. Grâce à la même illusion, l'instinct national ne tarda pas à falsifier les circonstances du drame lointain qui avait ému le cœur de la France. Sous le coup de l'effroi causé par les invasions musulmanes, on s'était habitué à ne voir que des Sarrasins dans toute armée embusquée derrière les Pyrénées; et l'idée fixe du péril présent ou prochain préoccupa tellement les esprits qu'ils attribuèrent à l'ennemi permanent le guet-apens de Roncevaux. Cette erreur s'accrédita d'autant mieux que l'idée de la croisade germait déjà dans les foules. Lors même que le poète aurait su la vérité, il se serait bien gardé de la dire; car ses auditeurs n'eussent pas voulu l'entendre. Pour les émouvoir, il fallait réveiller leurs colères et prêcher la revanche. A la veille du jour où la guerre sainte allait éclater, le rhapsode ne pouvait donc que préluder aux belliqueux sermons de Pierre l'Ermite. Voilà pourquoi son chant devint un appel aux représailles qui prétendaient écraser les vautours dans leur nid et détruire Mahomet au siège même de son empire.

Ubiquité de Roland. — Il devient l'Achille chrétien du moyen âge. — C'est ainsi que se joue le caprice de la légende; elle aime à exalter et transfigurer les humbles.

---

1. Le souvenir de ces douze chefs explique peut-être les douze pairs de Charlemagne.
2. Ce désastre eut lieu dans la vallée de *Subola*, ou *Mauléon*, voisine de Roncevaux.

Tandis que l'ombre enveloppe des héros historiques dont l'apparition a ébranlé la terre, et que le silence de la nuit s'étend sur les exploits d'un Sésostris, d'un Cyrus, d'un Attila ou d'un Gengis-khan, la fantaisie de la Muse populaire recueille dans la poussière d'une ingrate chronique le nom d'un inconnu; elle concentre sur lui la puissance de son invention créatrice, et, un jour, de son sépulcre ignoré elle le fait surgir rayonnant d'une gloire impérissable. Telle fut la destinée de Roland. Trois siècles passent sur cet obscur soldat, mort dans une escarmouche d'arrière-garde; l'historiographe de son maître ne le juge pas même digne d'une épitaphe; puis, tout à coup, le voici qui ressuscite, plus grand que Charlemagne lui-même: car, près de cet Achille chrétien, le vieil empereur ne soutient pas mieux son personnage qu'Agamemnon en face du fils de Pélée. C'est en effet Roland qui désormais régnera sur le monde carlovingien, dont il reste l'exemplaire parfait. En lui va briller l'idéal de la chevalerie; comme ce paladin fabuleux qui héritait de la force des ennemis abattus par son bras, il finit par résumer toutes les vertus d'une race et d'une époque, toutes les prouesses du passé comme de l'avenir.

Ce n'est plus seulement la France, mais l'Europe, qui adopte ce mensonge de la poésie; car l'épée de Roland fera resplendir son éclair aux quatre coins du monde. Après l'avoir évoqué, l'imagination le multiplie par maintes métamorphoses. Le héros se transforme en un géant qui laisse partout des vestiges de sa foudre. Devant lui, les croisades reculent de plusieurs siècles. Il prend Constantinople avant Baudouin, et Jérusalem avant Godefroi. Son cheval Veillantif parle comme les coursiers de l'*Iliade*. Sa lance soutient l'assaut d'une armée; le souffle de son oliphant renverse les remparts des villes. Ses duels durent cinq jours et cinq nuits. C'est lui qui d'un coup de sa Durandal ouvre l'immense brèche des Pyrénées, sous les tours de Marboré. C'est lui qui fait pâlir François 1er lorsqu'à Blaye, soulevant la dalle de son tombeau, il découvre ses ossements gigantesques. L'Italie revendiquera ses reliques¹, et montre encore aujourd'hui son épieu suspendu aux voûtes de la cathédrale de Pavie. A Vérone, sa statue se dresse, à côté de celle d'Olivier, sur le portail de l'église *Santa-Maria-Matricolare*². Dante le canonise comme un saint, et enchâsse son âme dans la croix lumineuse qui traverse la planète de Mars. C'est encore la main de Roland qui, sur un rocher du Rhin, a bâti le burg de Rolandsek. L'Allemagne l'a vu chevaucher en ses ténébreuses forêts. La Hongrie l'a reconnu courant à travers ses steppes. L'Irlande l'aperçut aussi parmi les brouillards de ses brumeux horizons. Les Turcs ont arboré son cor à la porte du château de Brousse. Il s'est enfoncé jusqu'au milieu des neiges de la Tartarie, et les jungles de l'Inde ont entendu le sourd retentissement de ses pas.

Première apparition de Roland et de sa chanson. — Bataille d'Hastings, 1066. — La question chronologique. — Cette ubiquité merveilleuse, d'où vient-elle donc? D'une Iliade barbare dont les origines sont à peu près inconnues; car il est probable qu'elle fut elle-même, comme la plupart de nos chansons de geste, précédée par des *cantilènes* analogues à celle qui, écrite en langue tudesque, avait été composée, vers 881, sur la défaite des Normands à Saucourt³. Quoi qu'il en soit de ces préludes lyriques, il est certain que, le 13 octobre 1066, avant la bataille d'Hastings livrée aux Saxons par le duc Guillaume de Normandie, un jongleur nommé Taillefer sortit des rangs, et, lançant son cheval à toute bride, entonna le chant de Roncevaux. Voilà ce que nous apprennent Guillaume de Malmesbury, dans son *Histoire des Rois d'Angleterre*,

---

1. L'Espagne envia sa gloire jusqu'à susciter un héros imaginaire, Bernard del Carpio, pour le faire tomber sous ses coups à Roncevaux.

2. Sur un mur de la cathédrale de Népi est encastrée cette inscription :

« L'an du Seigneur 1131, les soldats et consuls de Népi se sont liés par serment. Si l'un d'entre eux veut rompre cet accord, qu'il meure de la mort infâme de Ganelon. »

3. Voir cette cantilène dans notre ouvrage sur les *Origines de la littérature française*, t. I, p. 22. (*Fouraut*). Il est à croire qu'avant l'épopée de Roncevaux il y eut des chants détachés sur chaque partie du poème : le *Conseil du roi Marsile*, la *Trahison de Gane*, le *Songe de Charles*, la *Grande Bataille*, le *Cor*, la *Mort d'Olivier*, etc.

écrite vers 1125, et Robert Wace, dans le *Roman de Rou*[1]. Quant à savoir si ces strophes furent détachées du poème que nous connaissons, c'est une question douteuse ; mais on peut conjecturer, non sans vraisemblance, qu'il devait exister à la fin du onzième siècle, vers 1080.

Voilà du moins ce qu'atteste l'examen du principal manuscrit, celui d'Oxford, que M. Francisque Michel publia pour la première fois, en 1837[2]. Selon les juges les plus compétents, la langue de ce texte appartient en effet à une période intermédiaire entre les œuvres du dixième siècle, telles que le *Cantique de sainte Eulalie* ou la *Vie de saint Alexis*, et celles qui ont inauguré les débuts du douzième siècle, par exemple les *Quatre livres des Rois*. De plus, il est manifeste qu'au moment où chantait le rapsode, les premiers croisés n'étaient pas encore partis pour la Palestine; car il ne fait aucune allusion à cette grande aventure : un seul vers parle du sac de Jérusalem

---

[1]. Né vers 1120, il mourut vers la fin du douzième siècle. Voici son témoignage :

> Taillefer qui mult bien cantout,
> Sur un cheval qui tost alout,
> Devant le Duc alout cantant
> De Karlemaine et de Rollant,
> E d'Olivier e des vassals,
> Ki moururent en Renchevals.

M. Paulin Paris s'étonne qu'on ait choisi ce chant douloureux pour encourager des soldats; mais tous les hymnes patriotiques, depuis Tyrtée jusqu'à la *Marseillaise*, parlent de mourir pour la patrie. — Il va de soi que Taillefer chanta des strophes détachées, celle-ci peut-être :

> Ici devons tenir pour notre Roi ;
> Pour son Seigneur souffrir détresse on doit,
> Et endurer et grands chauds et grands froids;
> Et perdre on doit de sa peau, de son poil!
> Donc que chacun de grands coups fasse emploi,
> Que mauvais chant sur nous chanté ne soit.
> Païens ont tort, et chrétiens ont bon droit,
> Mauvais exemple ne viendra pas de moi.

(Vers 1009, trad. de M. Petit de Julleville).

[2]. Il appartient a la bibliothèque Bodléienne (fonds Digby, n° 23).

pr se par les Turcs, en 1076 [1]. Mais, si la Ville sainte était encore au pouvoir des infidèles, on sent que le temps est pr che où vont s'exercer les vengeances de la chrétienté. Par l'enthousiasme belliqueux dont cette œuvre est animée, elle semble du moins contemporaine de l'âge héroïque où la féodalité française conquérait l'Angleterre avec Guillaume de Normandie (1066), entrait à Rome avec Robert Guiscard (1084), chassait les Maures du Portugal par l'épée d'Henri de Bourgogne (1094), et allait, avec Godefroy de Bouillon, s'emparer d'Antioche, en 1098, de Jérusalem, en 1099. C'est ce que confirme la peinture des mœurs représentées par le poète : elles nous rappellent une époque antérieure à la chevalerie, et un état social qui se souvient encore des premiers Capétiens.

Quel trouvère en est l'auteur? La chanson de Roland et la chronique du faux Turpin. — Toutefois, il serait téméraire de trancher par une date cette question chronologique. La même obscurité nous dérobe aussi le nom du trouvère auquel nous devons cet antique monument. Faut-il l'appeler *Turoldus* ou *Théroude*, comme nous y invite ce vers qui termine le manuscrit d'Oxford :

Ci fault la geste que Turoldus déclinet.

M. Génin incline à le croire ; dans ce personnage il reconnaît même un compagnon de Guillaume devenu plus tard, en Angleterre, abbé de Péterborough, et que la fameuse tapisserie de Bayeux signale parmi les figurants de l'expédition [2]. On cite encore un autre *Turoldus*, qui aurait été précepteur du duc de Normandie, et fut tué en 1035. Ce nom étant fort commun au onzième siècle, le doute est d'autant plus permis que l'on ne s'accorde même pas

---

1. C'est le vers 1523 :

Jérusalem prist ja par traïsun ;
Si violat le temple Salomun.

Il s'agit là d'un calife fatimite qui renversa le saint Sépulcre, vers 1069.

2. Elle représente tous les épisodes de la conquête, et nomme les principaux compagnons de Guillaume. Ce Turold serait mort en 1098.

sur le sens du mot *déclinet* qui signifie souvent *achever*, mais pourrait bien s'appliquer simplement ici soit au chant du jongleur, soit à la copie du scribe [1]. Cette hypothèse serait même d'autant plus plausible qu'aux environs du douzième siècle la plupart des poèmes populaires étaient anonymes.

Sans insister sur cette signature, nous affirmerons seulement que la *chronique latine du faux Turpin* [2] ne fut point, comme on a eu tort de le penser, la source à laquelle puisa le chantre de *Roland*. Car de profondes différences d'accent et de ton distinguent ces deux écrits, inspirés l'un par une fierté toute féodale, et l'autre par l'onction d'un esprit ecclésiastique. D'ailleurs, M. Gaston Paris a démontré que dans cette fastidieuse chronique se trahit le travail de plusieurs mains. Si les cinq premiers chapitres paraissent remonter au onzième siècle, les suivants qui intéressent la légende de Roland ne sont pas antérieurs à la première moitié du douzième; car il faut regarder comme tout à fait apocryphe la prétendue lettre du pape Calixte II qui, datée de 1122, recommande cet ouvrage aux fidèles, en tête des *Miracles de saint Jacques* [3]. Il n'y a donc aucune parenté entre la prose diffuse et béate du moine dévot qui composa cette *compilation*, et le poème si vif, si ferme, si franc, où un homme de guerre ne fait retentir que le bruit des armes.

Les manuscrits d'Oxford et de Venise. — Il convient de dire encore un mot sur les manuscrits qui nous l'ont transmis. A celui d'Oxford, qui est incontestablement le plus ancien et nous offre peut-être même la leçon originale, on ne saurait opposer que le texte de Venise, mais dont le français a été trop italianisé pour faire autorité, et qui se termine par une digression étrangère au sujet [4].

1. Ajoutons que dans ce poème le mot *geste* désigne constamment une *chronique* antérieure dont le poète prétend avoir été l'interprète. Plus tard, il signifia les actes d'une *famille héroïque*.
2. Le véritable Turpin, archevêque de Reims sous Charlemagne, mourut vers l'an 800. — Le Turpin de *Roland* meurt à Roncevaux, tandis que celui de la *chronique latine* survit au désastre qu'il raconte avec toute la vie de Charlemagne.
3. La première mention authentique de cette *chronique* est de 1165, dit M. Petit de Julleville.
4. Il appartient à la bibliothèque Saint-Marc, Manuscrits français, n° 4. Il a été

Quant aux six autres manuscrits que nous possédons[1], ils sont tous postérieurs, et appartiennent à une époque où, au lieu d'entendre les chansons de geste, on se bornait à les lire. Aussi la version primitive a-t-elle été maladroitement remaniée ou amplifiée. La langue paraissant alors trop rude ou trop monotone, on ne se permit pas seulement de transformer les assonances en rimes; mais, sous prétexte de rajeunir et d'embellir l'original, on le rendit méconnaissable C'est ainsi, par exemple, que les quinze vers où la mort de la belle Aude était racontée avec une brièveté si touchante furent délayés en une complainte dont la longueur égale la fadeur. Le jour vint même où la légende, traduite en prose, se confondit avec toutes les chansons carolingiennes dans un recueil italien intitulé les *Reali di Francia*[2]. Ce fut là que l'Arioste alla chercher le martyr de Roncevaux; et le caprice de sa verve sceptique le transforma en un paladin d'opéra, pourfendant des géants de carton, assiégeant des villes fantastiques, chevauchant sur les nues, bataillant contre des fantômes. Pour dernier outrage, il ne restait plus à Roland qu'à descendre, de chute en chute, jusqu'au répertoire populaire de la *Bibliothèque bleue* où il vit encore, au fond de quelque village, à côté des *Quatre fils Aymon*.

La prosodie du texte d'Oxford. — Pour clore ces préliminaires, ajoutons que le texte d'Oxford comprend 4002 vers décasyllabiques[3], coupés, sauf erreur du copiste, par une césure après le quatrième pied, et divisés en 291 *laisses*

---

rédigé au douzième siècle, et suit le texte d'Oxford jusqu'au vers 3682. Il s'en écarte ensuite pour raconter la prise de Narbonne. M. Müller en a publié de nombreux fragments dans son *Roland*.

1. Celui de Paris (Biblioth. nat. 860, anc. 7227-5), qui remonte au treizième siècle, a 13109 vers, au lieu de 4000. — Celui de Versailles, qui appartenait à Louis XVI, contient 8330 vers. — Un autre, qui est de Venise, n° 7, a 8880 vers. —Celui de Lyon (n° 964) date du quatorzième siècle. Il y manque, au début du poème, 84 couplets. — Celui de Cambridge (Trinity College, B. 3-32) est du seizième siècle. Les 17 premiers couplets font défaut. — Le texte lorrain, découvert aux environs de Metz par M. Michelant, n'est qu'un fragment de 351 vers, publiés par M. Génin.

2. Histoire royale de France. Le huitième livre, intitulé *Spagna*, raconte le désastre de Roncevaux. C'est là que Pulci, Boiardo et l'Arétin puisèrent plusieurs motifs de leurs œuvres. De là vient le *Roland furieux* de l'Arioste.

3. *Quatre* d'entre eux ont dû être restitués.

ou couplets de longueur variable que constitue le retour de la même assonance[1]. Dans ces vers qui ont deux accents fixes, portant l'un sur la quatrième et l'autre sur la dixième syllabe, la syllabe féminine qui suit l'accent ne compte pas[2]. Parfois, certaines voyelles s'élident, entre autres l'*e* muet suivi d'un *t* à la troisième personne du singulier dans les verbes, ou l'*e* initial dans le mot *en*. L'assonance diffère de la rime pleine en ceci qu'elle se contente de répéter à la fin du mot *la même voyelle accentuée*, indépendamment des consonnes qui viennent ensuite. C'est ainsi qu'assonnent ensemble *ármes* et *batáille*, *hálte* et *cheválchent*, *Guénes* et *véndre*, *trénte* et *espérence*, *Espáigne* et *pláce*. Une certaine harmonie pouvait devenir sensible par l'étendue même des couplets, et cette combinaison offrait moins de difficultés que les enchaînements de la rime pleine. La plupart de ces tirades se terminent par le mot AOI, sur lequel les romanistes ne sont pas d'accord[3]. Ce fut probablement une sorte de *hourra* lancé par le ménestrel, et, comme le croit M. Gaston Paris, un *refrain*, dont le souvenir attestait les origines lyriques de cette chanson. Ce cri devait être répété en chœur par les assistants, lorsque le jongleur avait fini de psalmodier son couplet avec accompagnement musical[4]. Il va de soi que nous n'opposerons pas à la sonorité de notre alexandrin classique ces laisses inégales « où le rythme s'en va cahotant, où les consonnes se heurtent et s'entre-choquent avec un bruit de mauvais allemand, où le nombre même des vers n'a guère d'autre mesure que la longueur d'haleine du jongleur[5] ». Il est évident que la cacophonie de ce

---

1. Les couplets les plus courts ont cinq vers, et les plus longs trente-six (51ᵉ et 228ᵉ laisse).

2. Par exemple, dans le vers que voici :

    Li emperére s'en repairait (*s'en revint*) en France,

les syllabes *re* et *ce* n'entrent pas dans la mesure.

3. M. Francisque Michel y voit l'analogue de l'anglais *away*, hors d'ici! — Pour M. Génin, c'est une interjection qu'il traduit par *en route*. — M. de Saint-Albin rattache ce mot au verbe *aiuder* : il signifierait *Dieu nous aide*.

4. Une chanson d'Ernoul le Viel (treizième siècle) a pour refrain AEO.

5. M. Brunetière : (voir ses *Études critiques sur l'Histoire de la littérature française*. Hachette).

mètre devait avoir besoin d'être sauvée par la *rote* ou la *viole*. Mais laissons là ces détails ingrats de prosodie ; et, abordant le poème lui-même, voyons ce qu'il vaut, du moins autant que le permet une rapide analyse.

II. — ÉTUDE LITTÉRAIRE.

Les Préludes. — Rancune et vengeance de Ganelon. — La trahison. — Retraite de Charlemagne. — Depuis sept ans, Charles est en Espagne : il a conquis toute la Haute terre jusqu'à la mer, sauf Saragosse où le roi sarrasin, Marsile, résiste encore avec vingt mille hommes. Mais il est à bout de forces ; et, « dans son verger », couché à l'ombre, « sur un perron de marbre bleu », il délibère avec ses fidèles sur cette situation désespérée. C'est alors que « le subtil » Blancardin émet l'avis d'envoyer un message au redoutable empereur. On lui promettra « ours, lions et chiens, sept cents chameaux, mille autours qui aient mué, quatre cents mulets chargés d'or et d'argent, cinquante chars regorgeant de butin. » Marsile jurera d'aller rendre hommage au roi Charles en son palais d'Aix, à la fête de Saint-Michel, et de recevoir le baptême ; en foi de quoi seront livrés des otages. Il est vrai qu'en se voyant trompé par un félon l'ennemi leur fera couper la tête. Mais qu'importe, si « Claire Espagne la Belle » est enfin délivrée ?

Les païens approuvent, et dix des leurs, « montés sur des mules blanches aux freins d'or, aux selles d'argent », partent pour le camp du roi franc qui vient de mettre à sac la ville de Cordres (*Cordoue*). Aussi est-il en liesse ; il se repose fièrement au milieu de ses guerriers qui, après messe et matines, sont en train de jouer au trictrac, aux échecs, ou à l'escrime.

Cependant, à l'arrivée des ambassadeurs, Charles mande ses barons (car il ne fait rien sans leur suffrage), et il les consulte sur le parti qu'il doit prendre. Faut-il accepter ou refuser les conditions offertes ? Là s'échangent et se croisent des discours, comme sous les murs d'Ilion. L'impétueux Roland proteste contre la paix. — « Conduisez, dit-il, votre armée sur Saragosse, dût le siège durer toute votre vie. » — « Non, sire, n'en croyez pas les fous, mais n'écoutez que votre avantage, » riposte une autre voix : c'est celle de Ganelon, que tourmentent la haine et l'envie. Tandis que s'échauffent les têtes, et que grondent les apostrophes violentes, un Nestor, le vieux duc Naymes, tempère ces colères et fait prévaloir la conciliation. On convient donc de traiter avec Marsile. Mais qui s'acquittera de cet office ? — « Eh ! s'écrie Roland, que Ganelon s'en charge ! On n'en saurait trouver un plus sage. » A cet appel frémit Ganelon : car, outre qu'il y voit une injure, il soupçonne le piège d'un ennemi qui veut l'exposer à une mission périlleuse ; aussi se promet-il d'en tirer vengeance. Pourtant, Charles ayant ratifié ce choix, il fait mine de se résigner ; et, le cœur plein d'amertume, il part sur son destrier Tachebrun, non sans avoir recommandé à ses compagnons sa femme et ses enfants.

Tout en caracolant près des chevaliers maures qu'il a rejoints, il engage avec eux l'entretien, gémit sur la longueur d'une guerre si rude aux deux partis, et accuse Roland des maux qu'elle entraîne. Bref, ils ne tardent pas à tramer la perte du héros : car, tant qu'il vivra, nul accord n'est possible. « Il veut mettre à merci tous les rois, il serait homme à conquérir le monde ! » Le pacte est déjà presque à moitié conclu, lorsque Ganelon est reçu par Marsile « assis au pied d'un if, sur un siège couvert de soie d'Alexandrie. » Cependant, le traître ne se démasque pas dès l'abord, et l'entrevue s'ouvre par une scène où il se souvient qu'il est l'envoyé de Charlemagne. Le poète a compris qu'une âme ne s'avilit pas tout d'un coup, sans un retour instinctif d'honneur. Ganelon fait même figure si fière que Marsile, furieux, indigné, brandit un trait et menace l'insolent[1]. Alors se réveille le soldat : s'adossant

---

1. Tout ceci est conforme aux mœurs du temps. Aux siècles féodaux, il était de convenance que le vainqueur traitât de haut le vaincu. Si Marsile refuse les conditions imposées, il sera, dit Ganelon, « pris, garrotté, emmené de force et conduit

à un arbre, seul, debout, la tête haute, l'épée à la main, prêt à vendre chèrement sa vie, il tient le Sarrasin en respect par sa mâle attitude. Mais Blancardin glisse un mot à l'oreille du roi qui se ravise, devient câlin, caressant, offre réparation, tente par des largesses la convoitise d'un complice[1], et réussit à s'entendre avec lui pour le crime. Ils n'en débattent plus que les conditions, et finissent par décider que des otages seront envoyés à l'empereur avec de nouveaux présents. Aussitôt que les Français auront passé la frontière, Ganelon fera tomber Roland dans l'embuscade où il doit périr, lui et son arrière-garde écrasée par cent mille Sarrasins. Un baiser de Judas scelle cet infâme marché ; des serments mutuels le consacrent ; des gages le cimentent : l'un donne son épée, l'autre son heaume ; la reine apporte ses bracelets d'or, d'améthyste et de jacinthe, « qui valent plus, à eux seuls, que toutes les richesses d'un roi ». Ganelon les « serre dans sa botte » ; sept cents chameaux chargés d'or se dirigent vers le camp français ; et, le lendemain, dès l'aube, l'œuvre de la trahison sera consommée : car Charles est persuadé que Marsile devient son vassal. Ne lui envoie-t-il pas les clefs de Saragosse ?

L'arrière-garde. Roland refuse de sonner du cor. — La bataille. — Les clairons peuvent donc enfin sonner la retraite, et les preux tourner bride vers « la douce France ! » Pour y arriver, la passe est dangereuse. Mais l'intrépide Roland n'est-il pas là pour surveiller les roches, les ravins, et les cirques, avec ses vingt mille vaillants chevaliers ? Bien qu'il soupçonne Ganelon de perfidie, il accepte ce poste, d'un cœur joyeux : car c'est celui de l'honneur. Aussi l'armée se met-elle en marche avec sécurité ; mais, tandis que les Francs atteignent allègrement les sommets d'où se découvre la grande terre, et qu'ils la contemplent, les yeux mouillés de larmes[2], voici que quatre cent mille Sarrasins, cheminant à la dérobée, gravissent silencieuse-

---

à Aix où il mourra dans la vilenie et la honte ». — Il n'était pas non plus contraire au droit des gens qu'un messager fût tué par l'ennemi.

1. Il lui donne les fourrures de martre dont son manteau royal est orné.
2. « Alors un souvenir les prit, celui de leurs fiefs et domaines, — de leurs nobles femmes et de leurs petites filles, — et il n'en est pas un qui ne pleure de tendresse. »

ment les pentes espagnoles, pour se précipiter comme une trombe sur Roland et les siens.

C'est la bataille qui s'approche : le tableau va s'agrandir, le ton s'élever, l'expression prendre force et chaleur. Olivier, de la cime d'un pic, voit venir l'ennemi. Au murmure lointain de l'orage qui grossit, en face de ces masses serrées et profondes qui inondent vallons, montagnes, landes et plaines, à la vue de ces heaumes gemmés d'or, de ces écus, de ces blancs hauberts[1], de ces épieux, de ces gonfanons, de ces lances qui brillent par milliers sous le soleil, le soldat aussi prudent que valeureux s'écrie par trois fois : « Ami Roland, sonnez de votre cor ; Charles l'entendra, et reviendra sur ses pas. » Mais Roland reste sourd à ce conseil. Il se jugerait digne d'être honni s'il appelait à l'aide, avant d'avoir combattu. Avouer qu'il a besoin d'une autre épée que de la sienne ! fi donc ! « Ne plaise à Dieu, répond-il,

> Qu'il soit jamais dit par nul homme vivant
> Que j'ai sonné du cor pour des mécréants !
> Non, je ne ferai pas aux miens ce déshonneur ;
> Mais, quand je serai dans la grande bataille,
> Je frapperai mille et sept cents coups,
> Et de Durandal vous verrez le fer tout sanglant. »

Impatient de signaler son bras, il lance donc son cri de guerre. Cependant s'avancent les Maures, cent contre un, mille contre dix. Il n'est plus temps de parler, mais d'agir. L'archevêque Turpin l'a compris ; et, à cheval, du haut d'un tertre, il s'empresse d'absoudre tous ces braves qui ont dit : « Malheur à qui s'enfuit ! pas un de nous pour mourir ne fera défaut. » La seule pénitence qu'il leur impose est de férir sans merci. Roland, de son côté, monté sur Veillantif « son beau destrier courant », se retourne vers ses compagnons, et leur tient une harangue où respire l'âme d'un Godefroy de Bouillon.

Nous ne décrirons pas tous les épisodes de la lutte qui

---

1. Ὁ λεύκασπις ὄρνυται λαός, dit Eschyle dans les *Sept Chefs*. « L'armée aux blancs boucliers s'élance. »

s'engage au cri de *Montjoie et Saint-Denis*[1]. Il y a là, comme dans l'Iliade, une série de défis, d'injures, de bravades et de combats singuliers, entre autres celui de douze Sarrasins choisis qui provoquent les douze pairs[2]. Mais c'est Roland qui donne le signal de l'action, en perçant de son *épieu* la poitrine d'Aelroth, le neveu de Marsile. En cela le trouvère observe les habitudes des tournois où l'épée n'entrait en jeu qu'après la lance. Ils sont d'ordinaire monotones ces tableaux où se déploient les prouesses de la force physique; mais ici cet écueil est le plus souvent éludé par la verve martiale d'un peintre qui semble à la fête, lorsqu'il raconte les incidents de cette gigantesque mêlée : écus rompus, hauberts démaillés, arçons vidés, casques fracassés, armures fendues jusqu'à la chair vive, estocs et haches d'armes retentissant comme des marteaux qui battent des enclumes humaines[3]. L'intérêt se renouvelle donc par une progression formidable.

Aux clameurs des mourants se mêlent aussi des rires héroïques dont la gaieté ressemble à un chant d'alouette gauloise perdue parmi des aigles. « Gente est notre bataille », dit Olivier à Gérer qui vient de tuer un émir. « Vrai coup de baron ! » s'exclame Turpin applaudissant au duc Sanche qui a percé un païen d'outre en outre. « Vous n'avez pas de chance », s'écrie Engelier pourfendant Escromiz. « Le mal est sans remède », murmure Gautier de Luz désarçonnant Estorgan.

Toutes ces scènes de carnage sont dominées par les chevauchées de Roland qui va et vient, partout présent, baigné de sang, sur son cheval sanglant : car il ne perd pas courage; et, à défaut de son épieu brisé, l'infatigable Durandal fauche les rangs serrés, taille les membres, abat les têtes, tranche en deux du même coup cavaliers et chevaux.

---

1. A la tête des Français brille le drapeau tricolore :

Unt gunfanuns blancs e vermeils e blois (v. 1800).

2. Ces douze pairs rappellent l'institution germanique du compagnonage militaire associée au souvenir des douze apôtres.

3. « Roland est rouge de sang, rouge est son haubert, rouges sont ses bras, — rouges sont ses épaules et le cou de son cheval. »

Mais hélas! il a beau faire miracle, le flot déborde toujours plus pressant. Tandis que cette moisson d'ennemis semble renaître et se multiplier sous le fer, il ne reste plus à Roland que soixante compagnons. Aussi des cris de détresse succèdent-ils à la confiance et à l'entrain du premier élan[1]. Turpin ne dit plus : « Si vous mourez, vous serez martyrs », mais bien : « Il est très sûr que nous allons mourir ». En effet, voici que Marsile dévale de sa montagne avec dix bataillons tout frais ; et, devant cette avalanche, Roland qui voit gisante la fleur de ses preux, en est réduit à regretter enfin son imprudence.

Le cor de Roland. — Appel désespéré. — Pris de remords, c'est lui maintenant qui va demander à son frère d'armes s'il ne faudrait pas sonner du cor. Mais Olivier l'en dissuade avec une tragique ironie : « Non, non ! ce serait trop grande vergogne à tous vos parents qui en porteraient l'affront toute leur vie. » C'est dire qu'il n'est plus temps de réparer une faute. Roland sent la piqûre du reproche, et la querelle risquerait de s'envenimer, si Turpin qui l'entend n'intervenait pour réconcilier les deux amis. Alors, sur son conseil (car il faut du moins que Charles venge les morts et les ensevelisse en terre sainte), Roland sonne de sa trompe. Il y souffle d'un si furieux effort que de sa bouche « jaillit le sang vermeil », et que ses tempes en éclatent : appel désespéré qui franchit les montagnes, et, à trente lieues de là, frappe en sursaut les oreilles de l'empereur.

Dans l'écho lointain il reconnaît l'âme du héros, et s'arrête inquiet : « C'est le cor de Roland, dit-il ; certes il ne sonnerait pas, s'il n'était en bataille. — Non, reprend le traître Ganelon qui veut lui donner le change, de bataille il ne s'agit point. Pour un seul lièvre, Roland ne va-t-il pas cornant toute une journée avec ses pairs? Sans doute il est en train de rire. » Cependant, Roland continue de plus fort à « sonner l'olifant à longue haleine, à grande douleur, à grande angoisse. » Au râle éperdu de sa fanfare,

---

1. « Ah! quel déchet des nôtres! » s'écrie l'un de ces preux.

le doute n'est plus possible. « C'est un brave qui sonne », crie le duc Naymes de Bavière : « On se bat autour de Roland. » Hélas! oui; mais, si rapide que soit la course de l'armée qui fait volte-face, en toute hâte, elle arrivera trop tard : car cinquante mille païens, « qui n'ont de blanc dans le visage que les dents », viennent d'assaillir cette poignée de survivants trois fois vainqueurs, et toujours vaincus.

La mort d'Olivier et de Turpin. — Rien de navrant comme cette fin de bataille. Pourtant, Durandal ne cesse de flamboyer, et de foudroyer, à droite, à gauche. Mais contre une forêt que peut la hache d'un seul bûcheron? Olivier est le premier qui va succomber. Blessé à mort, livide, aveuglé par son sang, mais rôdant sur le champ funèbre, Haute-clair à la main, pour frapper encore à tâtons, le voilà qui, sans le savoir, rencontre son ami; et, le prenant pour un païen, il assène son épée sur son casque qu'elle fend « du cimier jusqu'au nasal. » Par bonheur, la tête fut épargnée. Roland le regarde, et « doucement, doucement », lui adresse cette question : « Sire compagnon, l'avez-vous fait exprès? Vous ne m'avez point défié, que je sache[1]. » Et Olivier de répondre : « Je vous entends parler; mais point ne vous vois; Dieu vous protège, ami ! Si je vous frappai, pardonnez-moi. — Je n'ai aucun mal, reprit Roland tout endolori; je vous pardonne ici, et devant Dieu. » Puis, les deux frères s'inclinent l'un en face de l'autre, et se séparent pour aller mourir. Est-il adieu plus mélancolique, et plus éloquent? Achille a-t-il pour Patrocle des larmes plus tendres que celles de Roland pleurant ainsi son ami :

> Bien des années, bien des jours, nous avons été ensemble
> Jamais tu ne me fis de mal ; jamais je ne t'en fis :
> Quand tu n'es plus, c'est peine que je vive[2].

Olivier mort, l'agonie commence pour les deux survi-

---

1. Les luttes étaient assujetties à des règles. Pour que l'honneur fût sauf, il fallait que le défi précédât le combat.
2. Comparez l'*Iliade*, ch. XXIV, v. 3-12.

vants, Turpin et Roland. Navré de quatre épieux, l'archevêque perd tout son sang ; mais il ne rendra l'âme qu'après avoir béni les douze pairs que Roland va chercher sur le champ de bataille, afin que leurs corps soient consacrés par la prière. Olivier est de ce nombre, et Roland se pâme, en le tenant serré dans ses bras.

La mort de Roland. — Adieux à Durandal. — Épuisé par ce dernier effort, il sent bien que son tour est venu ; mais, avant d'expirer, le héros se redresse ; car, pour que Durandal ne tombe pas aux mains des barbares, il essaye de la briser contre la « pierre bise des rocs. » Mais « l'acier grince sans se rompre, ni s'ébrécher. » Aussitôt, il exhale cette plainte : « Ah ! sainte Marie, venez à mon aide. O Durandal, pour moi quel malheur ! me voici en triste état ; je ne puis te défendre. Que nul du moins ne te possède à qui un autre fait peur ! Car tu fus long-temps au poing d'un brave tel qu'il n'en sera jamais en France, la terre libre. » Puis, recueillant ses dernières forces, il frappe encore « le perron de sardoine ; » mais le marbre vole en éclats, sans que l'arme soit effleurée. Alors lui reviennent en foule tous les souvenirs du passé : une vision de gloire traverse les ténèbres qui l'enveloppent. « En ai-je assez conquis avec toi de pays et de terres où règne Charles à la barbe fleurie ? » Faudra-t-il donc laisser aux païens telle relique ? « Que Dieu le père sauve pareille honte à la France ! » et le noble comte, plus qu'à demi mort, verse des larmes. Il s'étend à l'ombre d'un pin, il cache son olifant ; puis, le visage tourné vers l'Espagne, sur la terre qu'il a conquise, il attend la délivrance :

> A Dieu il tend le gant de sa droite :
> Saint Gabriel le reçoit ; mort est Roland : Dieu a son âme.

La revanche de Charlemagne. — Voilà le point culminant du récit : il pourrait s'arrêter là ; mais l'instinct de justice qui est au fond du cœur français ne put admettre que ce sublime désastre n'eût pas son lendemain de revanche. Même avant le dernier soupir de Roland, elle a déjà commencé ; car ses yeux défaillants ont vu fuir les Sarrasins épouvantés par le fracas des soixante mille clairons français qui répondirent à un appel suprême. C'est le signal de la poursuite irrésistible qui va noyer dans l'Èbre les débris des vainqueurs massacrés en pleine déroute. Jusqu'où Charles ne les pourchasserait-il pas, si un autre devoir ne lui imposait point la veillée du deuil? Car il faut que les martyrs de Roncevaux soient recueillis parmi les fleurs toutes vermeilles de leur sang, et que des mains pieuses les inhument en terre sainte. Déjà le cortège funèbre se mettait en marche quand tout à coup surgissent les renforts sarrasins que Baligant, l'émir de l'Égypte, avait mis sept ans à préparer. C'est toute une armée portée par une flotte « dont les innombrables fanaux resplendissent de nuit sur la mer ». Une autre bataille va donc être livrée : l'issue en sera le combat singulier des deux chefs Charles et Baligant qui succombe sous l'épée du roi très chrétien. Dès lors, c'en est fait de Saragosse et de l'Espagne : cette conquête assure à Roland de triomphales funérailles, et l'empereur pourra regagner fièrement sa cité favorite, où la belle Aude, « aux yeux d'azur pâle », tombera morte à ses pieds, en apprenant la perte de son fiancé. Quant à Ganelon, il sera jugé par ses pairs. Le ciel même le condamne : car, dans l'épreuve du champ clos, son champion est vaincu. Le traître périt écartelé, avec les trente parents qui se sont faits garants de son innocence ; et le poème est clos par l'apparition de l'ange Gabriel qui ordonne à Charles d'aller au secours du roi Vivien, assiégé par les infidèles [1].

Unité de composition. — Telle est cette conception qui, malgré les rudesses de la forme, mérite une place d'honneur parmi les chansons chevaleresques du moyen âge. Par la grandeur du dessin, la vérité des couleurs, la force de l'émotion, et la profondeur de l'accent, elle a même certains rapports de parenté avec les rares chefs-d'œuvre qui sont l'orgueil de quelques peuples choisis. Il convient du

---

[1]. Cette perspective de nouveaux labeurs ne nous déplaît pas. La devise des nations, comme celle des héros, doit être : « rien n'est fait quand il reste à faire ». — Il ne faut pas qu'alors un peuple gémisse, comme ici Charlemagne qui « pleurant des yeux, et tirant sa barbe blanche », s'écrie : « Dieu ! si peineuse est ma vie ! »

moins d'y admirer l'unité d'une composition soutenue [1]. Tandis que les récits des autres trouvères sont incohérents, confus et enchevêtrés de mille digressions [2], ici tout marche avec suite et gradation dramatique : dans ce mouvement, cette logique et cette clarté se déclarent déjà les aptitudes de l'esprit français.

La sobriété du plan et la simplicité des moyens viennent peut-être de ce que le sujet n'est pas de pure invention. Sans doute, les circonstances accessoires de la scène primitive ont été altérées ou falsifiées [3] ; mais, le fond étant de tradition, le rapsode semble s'être fait scrupule d'y mettre du sien : il n'a été que l'interprète ému de la légende populaire. Cela est si vrai que les plus anciens manuscrits de *Roland* sont les plus courts [4].

Les caractères. — Charlemagne idéalisé. — Pape et Roi. — Pour ce qui est des caractères, ce serait se méprendre que de chercher dans une naïve esquisse cette variété de sentiments et ces nuances délicates où excelle la clairvoyance psychologique des grands poètes. L'art de distribuer les personnages sur des plans différents et de les subordonner en groupes distincts manque aussi à l'inexpérience d'un crayon rapide qui ne trace que des ébauches. L'action et les acteurs se déroulent donc comme sur le bas-relief d'une longue frise ; mais les lignes maîtresses des physionomies sont marquées du moins avec franchise et par des traits énergiques.

C'est ainsi que la figure de Charlemagne a tout son relief et se détache en pleine lumière. Il ne joue plus ici le même rôle que dans ces épopées toutes féodales qui se plurent à dénigrer la mémoire du grand empereur et à l'abaisser au profit de ses pairs. Elles raillaient en lui un vieillard vindicatif et faible, violent et impuissant, tou-

---

1. Mieux eût valu que l'action finît avec Roland.
L'épilogue de la fin est un peu long : il fut peut-être ajouté plus tard au chant primitif.
2. Ces défauts sont très sensibles dans *Ogier le Danois*, la *Chanson d'Antioche*, *Agolant* et *Gérard de Vianne*.
3. Par exemple, Charles qui, à la date de Roncevaux, n'avait pas plus de trente cinq ans, est devenu un patriarche aux cheveux blancs.
4. Celui d'Oxford exprime en 28 vers ce que celui de Paris délaye en 600.

jours berné par ses vassaux. Dans ces pamphlets du jongleur se trahit le parti pris de flatter les seigneurs dont il relève, et de ravaler l'autorité centrale qui faisait ombrage aux feudataires indépendants de Louis le Gros et de Louis le Jeune. Or, la chanson de Roland est inspirée par la ferveur d'une foi monarchique; car Charlemagne y représente l'idéal de la royauté reconnue par la nation et sanctifiée par l'Église. Il dépasse de la tête tous ses preux, sans excepter Roland lui-même, qui lui rend ce témoignage : « Tel homme ne sera plus jusqu'au jugement dernier[1]. » Il devient un patriarche que décore la majesté de sa verte vieillesse :

> Là, sied le Roi, qui douce France tient;
> Son chef fleuri, sa barbe, ont blanchoyé :
> Noble est son corps, et son maintien est fier;
> A qui le cherche n'est besoin l'enseigner [2].

Sa parole a toujours une auguste sérénité; mais son cœur n'est point impassible : aussi courroucé contre Ganelon que compatissant pour la belle Aude, il s'irrite, il s'indigne, il aime, il prie, il pleure; devant le corps de Roland, ses plaintes ont je ne sais quelle effusion de tendresse paternelle, et sa bonté justifie le dévouement de ses preux. Ganelon lui-même, qui ne respecte rien, ne souffre pas qu'on l'insulte. La dernière pensée d'Olivier est pour le souverain « qu'il ne reverra plus[3] ». Le dernier coup d'épée de Roland venge un outrage fait à l'honneur de son roi[4].

Bien que tout puissant, il n'a pourtant rien d'un despote ; mais, tempérée par une bonhomie qui aime entendre un langage sincère[5], son autorité encourage le conseil ou

---

1. Vers 1733.
2. Vers 116.
3.   Plus ne verrai le puissant empereur. (V. 2199.)
4.   Meurs donc brigand ! non Charles n'est pas fou;
    La trahison lui fait horreur encore. (V. 1192.)
5. Roland lui dit :

> On vous loua de faire une folie.

la contradiction. Au milieu de ses ducs et de ses comtes, *il consent à n'être que le premier entre ses pairs*, et se rend à l'avis du plus grand nombre, non par faiblesse, mais par principe de conduite.

Par ceux de France il veut tout gouverner[1].

Nous retrouvons là comme un souvenir de ces parlements réguliers où Charlemagne assemblait deux fois chaque année tous les grands de son empire.

Il a d'autant plus de mérite à limiter son pouvoir qu'il est ici pape et roi tout ensemble; car il communique avec Dieu directement et sans médiation : par un privilège inhérent à sa double couronne, il a le droit de bénir et d'absoudre. Le Très-Haut n'a rien à lui refuser, et les héros d'Homère ne sont pas plus voisins de l'Olympe que lui du ciel chrétien d'où les anges descendent pour le réconforter sur le champ de bataille. Il opère même des miracles, et peut, comme Josué, suspendre le cours du soleil. C'est de bonne foi qu'il se croit le ministre de la Providence; et voilà pourquoi le dénouement du poème nous laisse entrevoir en perspective les nouvelles aventures où devra se signaler encore le soldat du Christ[2].

Roland. — Le point d'honneur. — L'idéal chevaleresque. — L'amitié. — La grandeur de Charlemagne ne fait pourtant aucun tort à celle de Roland, chez lequel la bravoure guerrière du Cid s'associe à l'exaltation religieuse de Polyeucte. Dans les autres chansons de geste, la valeur des barons est souvent brutale, forcenée, impie. Un vieux fonds de barbarie germanique éclate par des violences qui

---

1. Vers 167 — « par cels de France voilt il del tut errer. »

2.   Charles, rassemble les osts de ton empire,
    Par force va dans la terre de Bire,
    Au roi Vivien porte secours dans Imphe,
    Car les païens assiègent cette ville,
    Et les chrétiens t'y réclament et crient. (V. 3994.)

C'est aussi pour rehausser la vaillance de Charles que le trouvère, au risque de troubler l'économie de l'action, nous montre Charles refoulant jusque dans sa capitale le chef de l'Islamisme.

ne respectent ni l'homme ni Dieu. Mais ici brille un idéal de générosité chevaleresque, et le courage est vraiment une vertu. Tout au plus pourrait-on reprocher au noble vaincu l'imprudente ardeur dont l'excès va le perdre. Il aime la gloire jusqu'à la folie. Mais nous n'osons l'en blâmer. Cette vivacité du point d'honneur n'est-elle point un signe de race auquel nous reconnaissons, je ne dis pas seulement le seigneur féodal du onzième siècle, mais les gentilshommes de Crécy, de Poitiers, d'Azincourt, ou plutôt le soldat français de tous les temps, celui de nos désastres comme de leurs revanches? Ajoutons que la douceur du héros est égale à sa fougue, et que Nisus ne fut pas plus fraternel pour Euryale que Roland pour Olivier. Mais, si l'amitié fait battre ce cœur viril, l'amour a été banni de la vallée sanglante où les preux ne disent adieu qu'à leur roi, à la France et à leur épée; car le trouvère aurait craint de diminuer son héros, en lui prêtant les faiblesses de la passion. Il se contente de lui assurer, par un artifice adroit, le prestige du sentiment qu'il inspire à la belle Aude, sans en éprouver lui-même les molles défaillances. Sa fiancée apparaît un instant, mais seulement pour mourir de sa muette blessure. Le temps n'est pas encore venu où les chevaliers s'en iront portant à leur casque l'écharpe brodée par la dame de leurs pensées : ils n'ont pas ici de loisir pour rêver ou soupirer. Cette chaste sobriété est un nouvel argument qui démontre que le poème n'appartient point au douzième ou au treizième siècle, c'est-à-dire à un âge où les hommes de guerre allaient se transformer en paladins langoureux.

Olivier : le courage réfléchi. — Turpin : la crosse et l'épée. — Olivier n'est pas moins intrépide, mais avec sagesse et sang-froid. On l'admire d'autant plus qu'il fait son devoir sans espoir de succès : car il a prévu la catastrophe et se résigne à périr, sans en vouloir à l'auteur de sa perte. Entre les deux compagnons d'armes, il y a un contraste analogue à celui d'Horace et de Curiace. Née à la suite d'un duel mémorable où ils furent dignes l'un de l'autre, continuée à travers les batailles, et consacrée par une mort commune, leur amitié n'est guère moins touchante que celle d'Achille et de Patrocle.

Parmi les personnages secondaires, le plus original est Turpin, cet apôtre mitré d'un casque, crossé d'une lance, et prêchant au son du clairon. C'est le type de ces évêques francs que Charles-Martel prenait volontiers parmi ses meilleurs capitaines. Depuis longtemps l'Église avait substitué l'idéal chevaleresque aux raffinements du bel esprit gallo-romain. Des prélats, neveux de Pépin le Bref, avaient siégé dans les conseils de Charlemagne, et commandé les armées, comme saint Adalhard et saint Wala, qui dormait si bien, en plein air, dans un sillon, avec une selle pour oreiller. Malgré les défenses formulées dans les conciles de 743, 803 et 813, le monde ecclésiastique se façonnait donc à l'image de la société féodale. En 844, l'évêque d'Albi se mit à la tête de son troupeau pour repousser une invasion de Sarrasins. Près d'Autun, saint Émilien, évêque de Nantes, anéantit un corps d'infidèles. La coutume de ces prouesses se perpétua si constamment qu'à Bouvines les exploits d'un évêque excitèrent non la surprise, mais l'admiration universelle. Cent ans après Charlemagne, François, évêque de Liège, prit l'épée contre les Normands; et, dès lors, ne croyant plus qu'il lui fût permis de toucher les choses saintes avec des mains qui avaient répandu le sang, il pria le pape de lui adjoindre deux clercs pour les offices de son ministère. Il est donc naturel que Turpin s'anime de tout cœur à une lutte plus religieuse que politique. Du reste, avant et pendant l'action, reparaît son caractère sacerdotal, et ses harangues sont d'un prêtre autant que d'un chevalier[1]. En résumé, elle est très vivante cette physionomie qui rappelle à la fois saint Michel secouant son glaive de feu sur les mauvais anges, et le Moyne de Rabelais guerroyant avec Gargantua contre Pichrocole[2].

1. Dites vos fautes, criez à Dieu merci ; — je vous absous pour vos âmes guérir. — Si vous mourez, vous serez saints martyrs, — sièges aurez dans le grand Paradis. — Français descendent, à terre se sont mis, — Et l'archevêque de par Dieu les bénit, — pour pénitence leur dit de bien férir. (V. 1127)
2. C'est dans la bouche de Turpin que se rencontre ici la seule épigramme du

Ganelon. — L'ange déchu. — Dans tous ses grands malheurs le peuple voit un traître. S'il n'existe pas, on l'invente. En 1870, nos soldats et nos paysans ne disaient-ils point : « On nous a vendus. » Ce fut ainsi que Roncevaux fut expliqué par Ganelon. Son caractère n'a pas la même simplicité que ceux dont nous venons de parler; car il se complique de nuances disparates. Sans les analyser par le menu, disons seulement que des degrés l'acheminent au crime. Noble, beau, riche, éloquent, valeureux, il ne devient félon que par jalousie. Encore se croit-il en droit de légitime défense[1]. C'est une âme faible et soupçonneuse, que la haine égare jusqu'à la folie. L'orgueil le précipite dans l'abîme, ainsi que le disait un trouvère du treizième siècle, Bertrand de Bar-sur-Aube, en ces vers de complainte où il fait allusion à sa chute :

> C'est par orgueil, pour vrai nous le disons,
> Qu'a trébuché en terre maint Baron,
> Tout comme ont fait (de vrai nous le savons)
> Anges du ciel que leur rebellion
> A fait tomber dans la perdition.

Les mœurs. — Poème féodal. — Abus de la force. — Le droit justifiant la cruauté. — De ce qui précède il résulte que tous les acteurs de ce drame appartiennent à une société où il n'y a que des chefs, derrière lesquels on ne voit pas de soldats. A peine soupçonne-t-on l'existence collective d'une foule anonyme qui pourtant, elle aussi, savait mourir avec courage, et dût rougir de son sang la vallée de Roncevaux. Ainsi le voulait l'esprit féodal; le peuple alors ne comptait pas; il ne se rencontre ici que par échappée furtive, dans la scène comique où Ganelon est

---

trouvère contre les moines. Il n'en est pas moins bon chrétien. Quand il s'arme contre Abîme, le porte-étendard de Marsile, il s'écrie :

> Ce Sarrasin semble fort hérétique ;
> Plutôt mourir que n'aller point l'occire. (V. 1646.)

1. Avant d'ourdir sa perfidie, il prévient Roland, comme en un combat singulier, par un défi public lancé contre lui et ses douze pairs. Aussi, dans son procès, se défend-il d'être un traître, parce qu'il a défié le comte.

livré aux valets d'armée qui s'ébaudissent si cruellement à ses dépens. Est-il besoin d'ajouter que cette aristocratie militaire a des mœurs encore barbares, et dont l'âpreté dégénère en un abus effroyable de la force? Lorsque Charles s'empare de Cordres, il traite les mécréants comme feront plus tard les Espagnols avec les Indiens[1]. Jugez-en par l'entrée de l'empereur à Saragosse :

> Il ordonne à mille Français de parcourir la ville,
> Ils entrent aux mosquées et aux synagogues ;
> A coup de maillets de fer et de cognées,
> Ils mettent en pièces toutes les images et idoles.
> De sorcellerie, de mensonge il ne reste plus trace.
> Charles croit en Dieu, et veut faire le service de Dieu.
> Alors, les évêques bénissent les eaux,
> Et mènent païens aux baptistères.
> *S'il en est un qui résiste à la volonté de Charles,*
> *Il le fait pendre, occire, ou brûler.*
> Ainsi furent baptisés plus de cent mille.
> Qui deviennent bons chrétiens; seule, la Reine est mise à part.
> On la mènera captive en douce France ;
> C'est par amour que le Roi veut la convertir [2].

La cruauté n'est pas moindre, quand Ganelon subit son châtiment; on lui lie les mains et les pieds à quatre chevaux sauvages qui l'écartèlent :

> Tous ses nerfs sont horriblement tendus ;
> Tous ses membres s'arrachent de son corps :
> Le sang clair ruisselle sur l'herbe verte [3].

Son supplice entraîne même celui des trente parents qui sont venus au plaid pour le défendre :

> Alors, le Roi appelle un sien voyer, Basbrun :
> « A cet arbre maudit, là-bas, va, pends-les tous.
> « Par cette barbe dont les poils sont chenus,
> « S'il en échappe un seul, tu es perdu, tu es mort ».

1.   En la cité n'est resté nul païen :
    Tous sont occis ou devenus chrétiens. (V. 101.)
2. Vers 3661-3675. Elle s'appelle Bramimonde : Charlemagne la fait baptiser.
3. Vers 3970.
4. Vers 3953.

Il est vrai que ces rigueurs s'exercent toujours au nom de la justice, et avec une sorte d'innocence. Cette constante préoccupation du droit est même un des traits les plus saillants de l'état social qui sert de cadre au tableau. Toutes les fois qu'une action guerrière s'engage, elle s'inaugure par des vers tels que ceux-ci :

> Païens ont tort, et chrétiens ont *bon droit* [1].
> . . . .
> Charles *a droit* contre le paganisme;
> Ici de Dieu commence la *justice* [2].
> . . . .
> Vous le savez : contre païens *j'ai droit.*
> — Les Francs répondent : Vous dites vrai, ô Roi [3].

Les Sarrasins et les chrétiens. L'enthousiasme de la croisade. — C'est d'ailleurs l'unique différence qui existe entre les Francs et les Sarrasins. Par suite d'une assimilation ordinaire à la poésie primitive, ils se ressemblent tellement qu'on pourrait les confondre, sans la croyance qui les sépare. Bien des infidèles mériteraient, en effet, cet éloge donné à l'un d'eux;

> S'il fût chrétien, serait un vrai baron [4].

Quand le trouvère les appelle *félons*, il n'entend donc par ce mot que la trahison commise envers Dieu : car c'est un des préjugés du moyen âge de ne pas admettre la bonne foi dans l'erreur. Du reste, les vêtements, les armures, les coutumes et les institutions sont tout à fait analogues. Le pouvoir de Marsile est, comme celui de Charles, tempéré par un conseil des grands. Blancardin s'appelle chevalier au même titre que les preux de France. De l'un et de l'autre côté, les chefs encouragent leurs vassaux par des promesses de fiefs en pays conquis. Les sectateurs du Coran et ceux de l'Évangile ont également des clercs et des chanoines. En un mot, il en est d'eux comme des Troyens et des Grecs, dont les

---

1. Vers 1015. — 2. Vers 3367. — 3. Vers 3413.
4. Vers 899.

mœurs se rapprochent au point qu'il est parfois malaisé de les distinguer.

La question religieuse étant seule en cause entre ces adversaires qui représentent surtout des cultes hostiles, on ne s'étonne plus de l'ignorance naïve qui se mêle à ces haines d'Église. On peut même dire que les anachronismes de la légende ne sont pas trop démentis par l'histoire. Par exemple, si les Francs du Nord, situés fort loin des Pyrénées, virent des Sarrasins dans tous les ennemis de Charlemagne, c'est qu'il n'y avait point encore de patrie sarrasine. L'unité du monde musulman tenait au nom seul de Mahomet, et l'invasion arabe eut d'abord un caractère cosmopolite[1]. A plus forte raison les races occidentales ne pouvaient-elles savoir au juste quelles étaient les prescriptions du Prophète. Aussi tous ses fidèles furent-ils indistinctement réputés des païens, et des adorateurs d'idoles[2]. Ces illusions du fanatisme se firent d'autant plus facilement accepter que le sombre enthousiasme de la guerre sacrée travaillait alors toute l'Europe, et animait les cœurs au drame d'outre-mer.

L'approche de la première Croisade se révèle en effet dans l'intensité des sentiments qui inspirent ces purs soldats de la Croix. Ce sont bien des contemporains de Grégoire VII : on les reconnaît à une ferveur sereine, qui n'éprouve ni la crainte, ni le doute. L'idée du sacrifice, et je ne sais quel accent de mélancolie résignée, est l'âme de ce poème austère où le merveilleux n'a rien d'artificiel et qui trahisse le procédé. Point de fées, d'enchanteurs, de magiciens, de mythologie amusante, et de fantaisie frivole. Au lieu de paraître un jeu d'imagination, les miracles n'y sont que des actes de foi ingénue, dont le christianisme est aussi étranger aux superstitions romaines, celtiques ou orientales, qu'aux subtilités des doctrines théologiques. En résumé, nous avons sous les yeux l'image d'une société

---

1. L'émir de Babylone ne vient-il pas au secours du roi Marsile?
2. Le trouvère dit que Marsile sert Mahomet, et « se réclame d'Apollon ». Après la victoire de Charlemagne, ses soldats brisent des statues d'Apollon, de Mahomet et de Tervagant (idole germaine ou gauloise).

croyante, mais avant tout guerrière, où les hommes vivent en armes et dans les camps, mais non dans l'ombre du cloître et de l'école, sous une tutelle ecclésiastique.

Cette chanson mérite-t-elle le titre d'épopée ? oui et non. — Rudesse de la forme. — Est-ce à dire que tous ces mérites nous autorisent à ériger en épopée la *Chanson de Roland*, et à l'appeler notre *Iliade* gauloise ? Si la question s'adresse à des érudits et à des romanistes, la réponse pourra bien être affirmative. Quelques-uns même, en comparant Charlemagne et Agamemnon, Roland et Achille, Olivier et Patrocle, le duc Naymes et Nestor, croient voir entre les deux poèmes des rapports si curieux qu'ils les expliquent par des réminiscences. Il leur a semblé que notre antique rapsode avait entendu parler de son ancêtre grec ; et, à l'appui de cette hypothèse, ils citent ce vers où se rencontre le nom d'Homère :

> C'était l'Émir, le vieux d'antiquité ;
> Avant Virgile et Homère était né [1].

Ils ajoutent que certains clercs du moyen âge lisaient l'*Énéide,* et qu'on étudiait dans les classes un abrégé de l'*Iliade,* en vers latins, dont l'auteur s'était caché sous le nom de *Pindare de Thèbes.* Il ne serait donc pas impossible que certaines traditions de l'époque antique eussent passé dans les chansons de geste. Ne retrouvons-nous pas dans celle de Roland bien des formules qui rappellent les habitudes d'Homère ? C'est ainsi que Charlemagne est toujours « l'Empereur à la Barbe fleurie », comme Achille « le Héros aux pieds légers ». Les chevaliers de Roncevaux ne cessent pas d'avoir « la chière (*mine*) hardie », et les femmes « un clair visage ». Tous les palais sont « marbrins », toutes les villes « de forts cités vaillans » L'épithète homérique fleurit donc ici en pleine terre. Nous n'y contredirons pas. Mais il serait téméraire d'exagérer la portée de ces similitudes fortuites, qui sont familières à tous

---

[1]. Vers 2615. Nous n'y voyons qu'une ignorance qui fait sourire.

les monuments des âges primitifs[1]. Accordons seulement à des admirateurs trop complaisants que l'auteur de cette œuvre appartient à la vieille souche des grands aèdes, comme certains gentilshommes pauvres à qui la noblesse de leur sang donne le pas sur des parvenus fiers de leur vulgaire opulence. Par sa simplicité pathétique, et la franchise de son sublime, Théroude est donc moins éloigné d'Homère que tant de fastidieux rimeurs dont l'ambition usurpa le titre de poètes, et singea l'épopée.

Mais, s'il fait figure près de ses confrères du moyen âge, nous estimons que vis-à-vis d'Homère ou de Dante il redevient un simple ménestrel. Car, pour qu'une nation ait le privilège de produire un de ces chants immortels dont on ne cite que trois ou quatre apparitions victorieuses durant trois mille ans et plus, il faut un concours de combinaisons providentielles qui firent défaut à la France du onzième siècle. La condition première de cette bienheureuse fortune est que ce peuple sache parler comme un homme, avant d'avoir perdu son cœur d'enfant. Or, ne cherchons point ici les nuances d'un vocabulaire sonore, délicat, énergique, souple et varié, qui puisse donner aux idées le relief et la vie. Au lieu d'être une caresse et une volupté, le bégayement du trouvère est aussi rude à la gorge que blessant pour l'oreille. N'en déplaise aux savants qui regardent parfois les objets avec des verres grossissants, nous ne saurions donc regretter comme une merveille de logique un idiome qui, n'étant plus le latin, n'était pas encore le français, et eût été réfractaire même au génie par son indigence, sa monotonie et sa rudesse. Sans nier les effets grandioses qu'une main hardie a parfois tirés d'un instrument si rauque ou si discordant, sachons donc juger les choses avec mesure ; et ne comparons pas au Panthéon cette construction cyclopéenne dont les instinctives beautés ne sont que l'enfance de l'art, c'est-à-dire l'art de l'enfance.

Ici, les héros, les idées, les mots, tout semble de fer.

---

[1]. C'est ainsi que, dans la *Chanson de Roland,* comme dans l'*Iliade,* tous les combattants se lancent des injures, avant d'en venir aux mains.

Quantum ferrum! quantum ferrum![1] s'écrierait-on volontiers avec le roi Didier voyant, du haut de sa tour, ondoyer au loin, comme des flots d'acier, l'armée conduite par Charlemagne. Les vocables gothiques dont ce chant est hérissé ressemblent à des monstres fabuleux qui gardent un trésor et en éloignent les profanes. La raideur de ce dialecte emprisonne la poésie ainsi que le chevalier sous sa pesante armure. La lettre morte étouffe la pensée vivante sous la pierre d'un tombeau. Pour atténuer cette impression, quelques-uns diront qu'il existe une convenance naturelle entre le sujet, les personnages, et ce glossaire forgé dans le même métal que les épées des preux[2]. Mais avouons plutôt qu'il faut un certain effort pour oublier ces gênes de la forme, et que les artifices des traducteurs les plus habiles ont peine à les dissimuler.

Idée de la patrie, et de son unité. — La douce France. — Toutefois, si rien ne compense la perfection du style, tout lettré français doit fidèle souvenir à un poète qui, le premier, entrevit l'unité de la patrie sous le chaos des luttes féodales et dans le morcellement de ces provinces alors si distinctes de race, de langage, de mœurs, et d'intérêts. La plupart des autres chansons de geste sont inspirées, soit par un esprit tout local où s'exagère l'isolement du régime féodal, soit par des tendances cosmopolites qui correspondent à la vie aventureuse de la chevalerie errante. Tantôt la scène se circonscrit dans l'étroit horizon d'une seigneurie, entre les tourelles du château où le trouvère recevait l'hospitalité. Tantôt l'action se disperse et vagabonde dans le monde entier : alors elle a pour théâtre tout l'espace compris entre Babylone et les colonnes d'Hercule. Dans l'un et l'autre cas, le mot de *France* n'a jamais qu'une acception géographique. Or, ici, la légende est vraiment nationale : les acteurs ne sont ni Lorrains, ni Picards, ni Champenois, mais Français. On

---

[1]. *Que de fer!* Le texte de la version d'Oxford rappelle les lois promulguées par Guillaume le Conquérant, vers 1069.

[2]. On pourrait dire encore que ces hésitations de la parole ont le charme des choses qui commencent.

sent battre un cœur sympathique aux joies et aux deuils d'une mère commune à laquelle tous ses fils doivent leur sang. Il convient donc de vénérer comme une précieuse relique un poème qui, pour être plus voisin d'Ennius que d'Homère, n'en eut pas moins la gloire d'éveiller la conscience d'un peuple, et de lui apprendre la solidarité qui existe entre les membres d'une famille.

Seul poème inspiré par un désastre national. — Remarquons aussi, en terminant notre étude, que la *Chanson de Roland* est jusqu'ici la seule dont l'unique inspiration soit un désastre célébré du même accent qu'une victoire. Homère exalte Achille, et non Hector qui fut pourtant un plus grand cœur. Virgile sacrifie Turnus à Énée, bien que l'un défendît son pays, et que l'autre fût un aggresseur injuste. Eschyle a célébré Salamine ; mais les morts des Thermopyles n'ont pas été loués par la Muse : car, même parmi les poètes, la défaite a peu d'amis. C'est donc un honneur pour la France du onzième siècle d'avoir préféré Roncevaux à Tolbiac et à Poitiers, Roland à Clovis et à Charles Martel. Il fallait la générosité de l'âge chevaleresque pour immortaliser ainsi l'obscur défilé où les vaillants, écrasés par le nombre, donnèrent l'exemple du sacrifice. Dans cette pitié si tendre pour des vaincus se reconnaît l'exaltation de la foi militante qui allait bientôt courir à la mort comme au salut, et mériter les palmes du martyre sous le fer des Infidèles. Assez d'autres ont fêté le succès pour que nous accordions la faveur d'une attention exceptionnelle à cette unique apologie du courage malheureux. Ce titre suffirait, au besoin, à recommander le poème de Roncevaux, surtout aujourd'hui : car il y a des tristesses qui conseillent l'espérance, et des colères qui inspirent les vertus capables de mériter la revanche.

JEAN SIRE DE JOINVILLE

HISTOIRE DE SAINT LOUIS

(1224-1319).

I. — Faits historiques.

Avènement de la prose. La chronique au XII⁰ et au XIII⁰ siècle. Ce genre est tout national.—Dans toutes les littératures, la poésie apparaît d'abord ; car elle est le langage naturel de l'imagination, faculté qui prédomine chez les peuples adolescents. La prose ne se manifeste qu'à l'âge de raison, quand s'éveille la réflexion, et, avec elle, le goût de la vérité. Alors pâlissent les fictions : peu à peu les héros légendaires s'évanouissent comme un rêve, et ce déclin de la fable est signalé par l'avènement de l'Histoire qui, sous le nom de Chronique, tient encore, à l'épopée, mais la réduit à des proportions humaines, et remplace le merveilleux par le sentiment de la réalité. Ce fut au douzième siècle et au treizième que s'accomplit chez nous cette évolution [1], et d'autant plus sûrement qu'elle répondait aux instincts de notre génie ; car, de tout temps, les hommes de race gauloise eurent le coup d'œil rapide, le jugement aiguisé, le propos alerte. De là vient qu'ils se

---

[1]. Jusqu'alors le clergé s'était comme réservé le privilège d'écrire l'histoire ; mais il n'usait pas du langage vulgaire, et rédigeait ses chroniques en latin.

plaisent à raconter, à se mettre en scène et à dire : « J'étais là ; telle chose m'advint. » Même au fort de l'action, un Français songe d'avance au beau récit qu'il fera de l'évènement où il figure. Comme le comte de Soissons qui, serré de près par les Sarrasins, réconfortait si vaillamment le sire de Joinville, chacun s'écrierait volontiers : « Allons, sénéchal, sus à cette chiennaille ; encore *parlerons-nous de cette journée aux chambres des dames.* »

Voilà ce qu'attestent ces nombreux Mémoires qui, depuis tant de siècles, comptent parmi les productions les plus curieuses de notre esprit national, et qu'inaugurent deux grands noms : ceux de Ville-Hardouin et de Joinville.

Le devancier de Joinville, Geoffroy de Ville-Hardouin (1150-1213). — Le premier de ces preux partit, comme on sait, en 1202, pour cette quatrième croisade qui débuta par la prise de Zara et se termina par celle de Constantinople[1]. Il avait joué, dans ce drame, un rôle considérable ; car, ce fut lui qui, député vers le doge de Venise, décida cette république marchande à conclure un traité de commerce et de conquête avec les trente mille pèlerins auxquels manquait une flotte. Après la mort du premier chef désigné, Thibaut de Champagne, il fut encore l'homme de ressources qui le fit remplacer par le marquis de Montferrat. Négociateur avisé, capitaine intrépide, il ne cessa pas de porter la prudence et la bonne foi dans les entreprises les plus téméraires ou les plus injustes. Il nous laisse l'idée d'un caractère antique et se remuant tout d'une pièce, comme l'armure des chevaliers. Dictée loin de la terre natale, parmi les transes d'une paix douteuse et perfide, sa narration est voilée par un nuage de tristesse. L'œuvre demeure inachevée comme cette équipée grandiose qui n'eut pas de lendemain. On sent ici la main d'un vieillard qui a la ride au front et a connu le poids de la vie.

---

1. Né vers 1150 ou 1155, dans un manoir dont les ruines subsistent encore, entre Troyes et Bar-sur-Aube, grand vassal de l'Empire Latin, maréchal de Romanie, Geoffroy de Ville-Hardouin mourut en son fief, vers 1213, avant la chute d'un empire éphémère. Sa famille donna des princes à la Morée.

Avant Ville-Hardouin, nous n'avions eu que des annales monastiques, rédigées en latin et ensevelies dans les bibliothèques des cloîtres. C'est donc la première fois que la France entend un témoin exposer ses aventures dans la langue populaire. Or, il n'y en eut guère de plus merveilleuses que cette odyssée partie pour Jérusalem et détournée de son but par une conquête improvisée, contre toute vraisemblance, dans un pays plein de haines et d'embûches. La croix latine plantée sur le dôme de Sainte-Sophie, des trahisons, des sièges, des assauts, des prouesses, des désastres, des surprises, quinze années d'alarmes, le perpétuel qui-vive d'un établissement précaire, tels sont les épisodes de cette expédition romanesque racontée par un Hérodote chrétien qui n'a guère d'autre politique qu'une confiance ingénue en la volonté de Dieu. Dans ce tableau d'une société féodale dont le seul lien fut la foi religieuse, la réalité même est de la pure poésie saisie sur le vif par un peintre qui n'a souci ni des causes, ni des effets, et ne soupçonne pas que cette croisade profitera seulement à la fortune de Venise.

Voisin des trouvères, le style de cet ouvrage rappelle un temps où la Chanson de Roland avait encore des lecteurs, et où des Mystères étaient représentés sous le porche des cathédrales. Ce vieux croisé ne s'amuse point aux jeux de la description; mais il a des éclairs d'enthousiasme et des élans pathétiques : son regard embrasse de vastes horizons; son tour est simple et rapide, sa phrase courte : il marche, il se presse. Cette concision qui annonce un homme d'action ne tient pas seulement à son caractère, mais à la rudesse de sa langue. Ici pourtant les syllabes d'un dialecte retentissant ont une sonorité toute méridionale; et parfois, mais rarement, le soleil de l'Orient semble avoir coloré cette prose virile[1].

Joinville. Sa biographie. Date de ses Mémoires. — Tout autre est le sire de Joinville; car entre lui et son devancier il y a près d'un siècle de distance : c'est ce que

---

[1]. Voir les textes dans les *Origines*, par Gustave Merlet, t. I, p. 41. Librairie Fouraut.

nous essaierons de faire comprendre, en dégageant les principaux traits d'une physionomie dont la grâce et l'enjouement contrastent avec la gravité sombre de notre premier chroniqueur. Mais, avant d'aborder l'homme et l'écrivain, il convient d'esquisser rapidement sa biographie, et d'établir l'authenticité du récit où un observateur ému nous retrace des événements étrangers à sa responsabilité personnelle.

En dehors des six années que Joinville passa dans la compagnie du roi, sa vie ne nous offre rien de saillant. De la pleine lumière qu'il dut alors à cette auguste amitié, il retomba dans l'ombre d'une fortune modeste, et redevint ce qu'il était, un gentilhomme champenois, sénéchal d'une petite cour de province [1], seigneur d'un castel qui pouvait armer neuf chevaliers et sept cents hommes de pied. Le manoir où il naquit, vers 1224, deux années avant le règne de Louis IX [2], se dressait sur l'une de ces collines boisées qui, surplombant des gorges profondes, dominent la coquette cité de Joinville et commandent le cours de la Marne [3]. Bien qu'apparentée, du côté maternel, à la maison d'Allemagne, sa famille n'était pourtant que de moyenne noblesse. Élevé près des comtes de Champagne, qui goûtaient fort la *gaie science*, il fut d'abord l'*écuyer tranchant* de son souverain Thibaut IV, roi de Navarre.

Tout jeune encore, il entrevit pour la première fois la Cour de France, à l'occasion des fêtes que donna Louis IX, en 1241, à Saumur, quand il reçut chevalier son frère Alphonse, comte de Poitiers.

Il entrait dans sa vingt-quatrième année, lorsqu'en 1248, à Pâques, le lendemain du jour où lui était né un fils, il manda ses vassaux pour leur dire : « Seigneurs, je

---

1. Ce mot vient du latin mérovingien *seniscalcus*, surveillant, intendant. Il voulait dire primitivement le plus âgé des serviteurs, et avait le sens de *majordome*. Son père lui transmit cette charge qu'il remplissait près de Thibaut, roi de Navarre et comte de Champagne.

2. Louis IX naquit en 1215.

3. Ce manoir subsistait encore en 1789. Vendu par le duc d'Orléans, en 1791, il fut adjugé, le 27 avril, aux citoyens Berger et Passerat, au prix de 6,000 livres pour les matériaux (car on le démolit), et de 1,500 livres pour le terrain.

m'en vais outre-mer, et ne sais si j'en reviendrai. Or, avisez : si je vous ai fait quelque tort en quelque chose, je vous le réparerai de point en point. » C'était pratiquer, dans ses domaines, l'exemple du roi dont il devait mériter l'affection et partager les périls, parmi les hasards de cette malencontreuse croisade d'où il ne revint qu'en 1254[1]. Dès lors, il ne quitta plus son château que pour aller, de temps en temps, rendre ses hommages au maître dont il ne s'était séparé qu'avec une profonde tristesse. Au mois de décembre 1254, nous le retrouvons à Paris négociant le mariage qui se conclut en 1255 entre Thibaut II, roi de Navarre, et Isabelle, fille de Louis IX. Il dut assister aussi à la cérémonie qui, le 4 décembre 1259, consacra le traité de paix signé par les rois de France et d'Angleterre. En cette même année, il siégea dans le Parlement où fut jugé le différend de l'archevêque de Reims et de l'abbé de Saint-Remi. Sept ans plus tard, il prit part au Conseil où il fut décidé que le comté de Dammartin serait restitué à Mathieu de Trie. C'est encore à titre de témoin qu'il nous parle de la séance où le saint roi se croisa pour la seconde fois, le 25 mars 1267. Il eut alors le regret de ne point s'engager dans une aventure dont il prévoyait la funeste issue ; et un songe vint à propos confirmer une résolution que justifiait la crainte des malheurs publics [2]. Enfin, il figura, en 1282, dans l'enquête faite à Saint-Denis, pour préluder à la canonisation, et, en 1298, dans la levée du corps saint [3].

Ce fut peu de temps après qu'il entreprit ses Mémoires pour satisfaire au désir de la reine Jeanne de Navarre, épouse de Philippe le Bel, et mère de Louis le Hutin. Comme elle mourut en 1305, avant que l'œuvre eût été ter-

---

1. A la Mansourah, son cheval reçut dix-sept blessures : pour sa part, Joinville en eut cinq. Il fut fait prisonnier le mercredi 6 avril 1250, et délivré le 6 mai, au lendemain de l'Ascension. Il mit à la voile pour le retour en France, le 25 avril 1254 : il débarqua le 17 juillet.

2. Dans son sommeil, il avait vu le roi agenouillé devant un autel, et plusieurs prélats le revêtant d'une serge rouge de Reims. Suivant son chapelain, la serge annonçait que la croisade serait de *petit exploit*.

3. Il entendit l'oraison funèbre prononcée par le frère Jehan de Samois, qui, en célébrant la loyauté du roi, invoqua le témoignage de Joinville.

minée, Joinville dédia son livre au fils de cette princesse, Louis le Hutin, qui n'était encore que roi de Navarre, par conséquent vers 1309. En 1315, convoqué sous l'oriflamme pour marcher contre les Flamands, le vieillard, toujours vert, répondit à cet appel, comme l'atteste une lettre écrite au roi dans cette occasion [1]. Revenu de cette campagne vers 1317, il mourut le 11 juillet 1319, à l'âge de quatre-vingt-quinze ans, près de l'autel érigé par sa piété à la mémoire du saint roi qu'il vénérait.

Valeur relative des manuscrits. L'exemplaire de Louis le Hutin, 1309. Les textes de Bruxelles, de Lucques, de M. Brissart-Biné. — Quant au principal monument de sa reconnaissance, il fallut plusieurs siècles pour qu'il pût être restauré dans sa simplicité primitive, à peu près tel qu'il fut dicté par l'aimable sénéchal dont l'imagination restait si fraîche, en dépit de ses cheveux blancs. Il est du moins certain que nous n'avons pas le texte original offert à Louis le Hutin, non plus que les copies faites peu de temps après, du vivant même de l'auteur, notamment celle qu'il avait dû garder en ses archives. Après la mort du roi, le précieux parchemin n'est signalé ni parmi les vingt-neuf volumes de sa bibliothèque, ni dans l'inventaire de sa veuve, la reine Clémence, ou de Jeanne d'Evreux, épouse de Charles le Bel. Il est vrai que le catalogue de Charles V et Charles VI mentionne, en 1414, un texte qui fut ou l'original ou une copie récente [2]. Mais, depuis, ses traces ont été perdues.

De tous les exemplaires qui ont échappé à ce naufrage, le plus ancien est celui de la Bibliothèque nationale, inscrit sous le n° 2016. Il avait appartenu aux ducs de Bourgogne, et fut rapporté de Bruxelles par le maréchal de Saxe, comme un trophée de sa campagne de 1744. Si l'on en juge d'après les formes de l'orthographe qui rap-

---

1. Elle est datée du second dimanche de juin 1315. Voir édition de *Wailly*, in-4° p. 449.

2. Il est ainsi désigné : « Une grant partie de la vie et des fais monseigneur Saint-Loys que fist faire le seigneur de Jaunville; très bien escript et historié. Escript de lettres de forme en françois à deux colombes; commençant au deuxième folio *et por ce que*, et au derrenier : *en tele manière.* »

pelle le français parlé sous Charles V, et dut être rajeunie, ce texte remonte à la fin du quatorzième siècle[1]. Pourtant, malgré ces altérations, il est sans contredit le plus pur ; aussi a-t-il justement servi de base à nos éditions savantes, depuis Capperonnier (1764) jusqu'à M. de Wailly (1867, 1874).

On connaît encore un autre manuscrit d'autorité moindre. Découvert à Lucques par Sainte-Palaye, en 1741, il date probablement du seizième siècle; mais il a conservé parfois l'empreinte du texte primitif que le scribe eut sous les yeux. Il provenait de la Duchesse Antoinette de Bourbon, femme de Claude de Lorraine, premier duc de Guise, et seigneur de Joinville[2]. En 1540, elle l'avait communiqué à Louis Lasseré, chanoine de Saint-Martin de Tours, qui en usa pour composer un *Abrégé de l'histoire de saint Louis*.

Enfin, un particulier, M. Brissart-Biné possède un troisième texte, qui doit être de la même époque, comme le prouvent les méprises du transcripteur qui, ne sachant pas les règles du vieux français, par exemple celle de l's[3], prend souvent des singuliers pour des pluriels, ou change absolument le sens de mots tombés en désuétude. Du reste, ces trois leçons ne se distinguent que par des variantes grammaticales : car, pour ce qui est du fond des choses, il y a presque partout concordance.

Les principales éditions, de (1547 à 1874). — Il convient de citer aussi, mais seulement pour mémoire, deux manuscrits qui ont péri : celui du roi René de Sicile, et celui de Laval rencontré en 1616 dans les papiers d'un ministre protestant. L'un servit à l'édition publiée à

---

1. Ces retouches sont analogues à celles que l'on constate sur le second manuscrit des *Miracles de Saint Louis*, dont nous avons le texte primitif, contemporain des mémoires de Joinville. Ce livre est du confesseur de la reine Marguerite.

2. Il est coté, à la bibliothèque royale de Lucques, n° 206 ; supplément français. Sur la première page, une miniature représente Joinville offrant son livre à Louis le Hutin.

3. Cette règle attribuait à certains subtantifs l's au singulier, quand ils étaient le sujet de la phrase. Cette lettre disparaissait au cas régime. — Les deux manuscrits du seizième siècle durent être copiés sur l'original conservé au château de Joinville.

Poitiers, en 1547, par Pierre de Rieux qui, la dédiant à François 1er, se vante d'avoir su « polir son auteur, et le dresser en meilleur ordre. » L'autre fut le modèle reproduit, non sans des retouches trop nombreuses, par Claude Ménard, en 1617. Tous deux furent collationnés par du Cange qui, en 1668, essaya de les corriger par une mutuelle recension. C'était le premier pas de la critique; mais l'épée du maréchal de Saxe fit plus pour Joinville que la plume des savants. Car c'est au texte de Bruxelles que nous devons la bonne fortune de pouvoir lire le gentil chroniqueur avec une confiance que ne connurent ni Montaigne, ni Fénelon. Dans les doctes travaux dont il a été l'objet, la meilleure part de gratitude revient à M. Natalis de Wailly, dont l'érudition prudente et hardie a fini par rétablir la langue même de l'auteur, avec ses formes particulières et les habitudes constantes d'une syntaxe où se combinent le dialecte champenois du treizième siècle et celui de l'Ile de France [1].

La mémoire du cœur chez Joinville. — Autorité de ses souvenirs. — Mais laissons là ces détails ingrats pour considérer l'œuvre elle-même. La chronique de Joinville n'a pas été composée, comme celle de Ville-Hardouin, dans le feu des événements, et parmi les chances incertaines de leur issue. Depuis longtemps, la croisade avait dit son dernier mot; et c'est vers la fin d'une vie paisible qu'un vieillard se mit à évoquer ses lointains souvenirs. S'il commença son livre pour satisfaire aux vœux de la famille royale, il semble l'avoir continué pour son propre plaisir, tant il se laisse prendre au charme de ces visions qui, peu à peu, sortent des brumes du passé, aussi lumineuses qu'au premier jour. Oui, son cœur se ragaillardit et se

---

[1]. Il a fondé ses inductions sur une lettre authentique de Joinville, de 1315, — sur le texte original de son *Credo*, — et sur 26 chartes rédigées par la chancellerie du Sénéchal, depuis 1238 jusqu'à sa mort.
Les pièces sur lesquelles reposent ses conjectures sont très correctes. Le copiste devait être un clerc assez lettré. Il applique 500 fois la règle de l'article, et ne l'oublie que trois fois. Celle du sujet singulier est respectée 835 fois, et négligée 7 fois seulement. Quant à celle du sujet pluriel, il y a 6 infractions contre 588 passages fidèles au principe.

réchauffe à la douce chaleur de ces émotions qui ravivent les exploits de sa jeunesse. Ne disons donc pas qu'il faut se défier des méprises ou des illusions qui se mêlent à ces réminiscences des années disparues. Ce serait oublier que les impressions les plus durables sont d'ordinaire celles du premier âge. Or, la mémoire de Joinville était toute remplie de ces faits et gestes qu'il avait si souvent redits, dans les veillées de son château, avant de les transmettre à l'avenir. Aussi le flot n'eut-il qu'à suivre sa pente, et à s'épancher librement. L'aisance de son discours trahit la plénitude d'un sujet possédé si intimement que le narrateur était toujours prêt à l'improviser d'abondance, et sans le moindre effort. Nous admettrons cependant qu'il ne faut pas exiger de lui la précision d'une chronologie rigoureuse [1], et qu'il sied de discerner avec soin ce qu'il a vu ou entendu de ce qu'il put seulement apprendre par ouï-dire [2].

Ordonnance de l'œuvre. — Ses deux parties. — Ajoutons que ce Nestor chrétien aime les circuits, et que l'économie de l'ensemble n'est pas concertée à tête reposée par un écrivain que préoccupent des soucis littéraires. Il en résulte des digressions, et parfois des redites. Pourtant, cette allure capricieuse n'exclut pas l'intention d'un plan où se dessinent deux parties fort distinctes qu'annonce même une sorte de préface. L'une nous expose « comment Sainz Loys se gouverna tout son tens (*temps*), selonc Dieu et selonc l'Eglise, au profit de son règne (*royaume*) ». L'autre « devise de ses granz chevaleries, et de ses granz faiz d'armes ». Le premier livre où sont recueillis les bonnes paroles et les pieux enseignements du roi n'est qu'un préambule édifiant, d'environ vingt pages ; il va du § 19 au § 67. Les anecdotes, sentences, ou exemples dont il se compose sont l'écho des enquêtes faites ou des tra-

---

1. Il ne signale expressément que deux dates qui, pour lui, furent mémorables entre toutes : l'année 1248, où il quitta son manoir et ses deux enfants dont l'un venait de naître, à la veille de Pâques ; puis, l'année 1270 où le bon roi Louis trépassa, le lendemain de Saint-Barthélemi l'apôtre (§§ 110 et 750).

2. Il mérite toute confiance de 1248 à 1254. Pour le reste, il s'est enquis scrupuleusement des circonstances, et cite le plus souvent ses sources d'information.

vaux publiés soit par Geoffroy de Beaulieu, confesseur du prince, soit par Guillaume de Chartres, son chapelain[1]. Joinville leur emprunta notamment ce qu'il nous rapporte des peines infligées aux blasphémateurs et de la collation des bénéfices. Une de ses sources fut encore, selon toute probabilité, la vie de saint Louis traitée en latin et en français par Guillaume de Nangis qui gardait les archives de l'abbaye de Saint-Denis[2]. Quant au second livre qui s'étend du § 68 au § 769, il est de beaucoup le plus considérable, puisqu'il débute à la naissance de Louis IX, et finit à sa mort. Est-il besoin d'avertir que, dans ce tableau, les épisodes les plus intéressants sont ceux où Joinville fut acteur ou témoin? Mais, alors même, il ne s'assujétit point à une méthode d'exposition suivie. Or, nul ne saurait s'en plaindre; car c'est une convenance de plus dans ces annales qui marchent au hasard, comme la guerre dont elles sont la fidèle peinture. Voilà ce que nous voudrions démontrer par l'analyse sommaire de ce journal où revit, avec une simplicité fort expressive, la sublime folie d'une aventure merveilleuse comme une légende et vraie comme l'histoire.

II. — Analyse de l'œuvre.

Éveil de sa curiosité. — Le départ. — Incidents de la traversée. — Station de Chypre. — Le temps perdu. — Oublions donc, s'il est possible, nos idées et nos mœurs pour entrer en sympathie passagère avec celles d'un âge encore plus éloigné de nous que l'antiquité grecque ou latine. Si l'on s'engage dans cette lecture sans arrière-pensée politique, sociale ou religieuse, on sera séduit par la sincérité d'un esprit dont la candeur égale la finesse et le perpétuel éveil.

---

1. L'un rassembla, en 1276, à la prière de Grégoire X, « la fleur des bonnes paroles, et des bons exemples » du Roi. L'autre réunit vers 1277 soixante-cinq miracles opérés par la vertu de Saint Louis.

2. Son œuvre fait partie des *grandes chroniques de France* t. XX. Joinville le consulta sans doute pour la plupart des chapitres où il parle des dernières années du roi; car il n'était plus alors aussi riche en souvenirs personnels. Nous savons aussi que le comte d'Alençon lui apprit directement ce qui intéressait la maladie et la mort de saint Louis.

La curiosité de Joinville nous est une garantie de sa bonne foi. Elle ouvre des yeux attentifs à toutes les surprises de l'inconnu. Ses émerveillements naïfs se manifestent dès le port. C'est ainsi qu'il observe et décrit avec un entrain allègre les moindres détails du départ : « Au mois d'aoust entrâmes en nos nez[1], à la Roche de Marseille. A cette journée fist l'en[2] ouvrir la porte de la nef, et mist l'en touz nos chevaux ens[3]; et puis reclost l'en la porte, et l'emboucha l'en bien, ainsi comme l'en naye un tonnel, pour ce que, quand la nef est en la mer, toute la porte est en l'yaue[4]. Quant les chevaux furent ens, nostre mestre notonnier escria à ses notonniers qui estoient au bec de la nef[5], et leur dit : « Est arée vostre besoigne[6]; » et ils respondirent : « Oy, Sire, vieignent avant les clers et les provères[7]. » Maintenant que il furent venus, il leur escria : « Chantez de par Dieu; ». et ils s'escrièrent touz à une voix : *Veni creator Spiritus.* Et il escria à ses notonniers : « Faites voile de par Dieu! » Et il si firent[8]. Et en brief tens[9] le vent se feré ou voille[10], et nous ot tolu la veue[11] de la terre, que[12] nous ne veismes que le ciel et yaue; et chascun jour nous esloigna le vent des païs où nous avions esté nez. Et ces choses vous monstrè-je[13] que celi est bien fol hardi qui se ose mettre en tel péril, à tout autrui chastel[14], ou en péchié mortel; car l'en se dort[15] le soir où en ne seet[16] se l'en se trouverra ou fon[17] de la mer au matin. »

1. Nefs, de *navis*, navire.
2. On fit.
3. On mit *dedans* (*intus*, ens).
4. L'eau.
5. A la pointe de la *proue*. *Beccus*, selon Suétone, serait d'origine gauloise.
6. Votre besogne est-elle *prête? Arée* vient de *arare*, labourer, et par extension *achever*.
7. Que les *prêtres* s'avancent.
8. Et il firent *ainsi, sic*,
9. En peu de temps; *brevi tempore*.
10. Le vent *frappa* (*ferire*) dans les voiles.
11. Et nous *eut dérobé* (*tollere*) la vue,
12. *Si bien que; ita ut*.
13. Et par là, je vous *montre que*.
14. *Avec le château d'autrui* sur la conscience.
15. *On s'endort*.
16. On ne *sait*.
17. *Au fond*. Joinville reprend ici avec un sentiment chrétien le motif d'Horace :

A mesure que la flotte avance, Joinville note tous les incidents qui varient la traversée, entr'autres, « la fière merveille qui leur advint » près des côtes de Barbarie. Vers l'heure de vêpres, ils se trouvèrent en vue d'une montagne toute ronde ; et, le lendemain matin, après avoir navigué toute la nuit, ils l'aperçurent encore, malgré les cinquante lieues qu'ils croyaient avoir parcourues : ce que voyant, les « mariniers *tout ébahis* » prirent peur. Alors « un prudhome de prestre » qui était à bord déclara que jamais en sa paroisse menace fâcheuse de sécheresse ou de pluie *n'avait pu résister à trois processions faites par trois samedis de suite.* Justement, c'était un samedi ; et, aussitôt, l'équipage se mit à circuler, bannières déployées, autour des deux mâts de la nef. Tout malade qu'il était, Joinville se fit porter à bras sur le pont, pour participer à la cérémonie. « Or, depuis, ajoute-t-il, oncques ne vîmes la montagne. » Le troisième samedi, on arrivait à Chypre, sans encombre.

C'est là que Joinville entra directement au service du roi. L'occasion en fut la pénurie où il se trouvait, après avoir soldé les frais de sa nef et de son ravitaillement[1]. Louis IX apprit qu'il était à court d'argent ; et, pour lui venir en aide, *il l'attacha de près à sa personne*[2]. Voilà l'origine de la liaison qui suivit, et devint aussi familière que celle du fidèle Achate et du pieux Énée. D'autres l'ont comparée à l'amitié d'Henri IV et de Sully ; mais ici le sentiment seul serait analogue ; tout au moins y aurait-il cette différence que, dans le cas présent, les réparties

---

Illi robur et œs triplex circà pectus erat qui primus fragilem commisit pelago ratem. « Il eut un cœur de chêne et de triple airain celui qui le premier confia un fragile esquif à la mer. »

Nous avons voulu citer d'abord le texte de Joinville avec son orthographe. Afin de rendre la lecture moins épineuse, nous ne le ferons plus. Les passages que nous traduirons se trouvent dans notre livre des *Origines* (éditeur Fouraut) : nous y avons recueilli, d'après le texte original, les plus beaux extraits de Joinville (de la page 75 à 110.)

1. C'est à Chypre qu'avaient été réunis les approvisionnements de vins, d'orge et de froment. Pour les peindre, Joinville a des images pittoresques. « Il semblait dit-il, que ce fussent mountaignes. »

2. Quelques-uns des chevaliers de Joinville menaçaient de l'abandonner, « s'il ne se pourvoyait de deniers. »

piquantes viennent du sujet, et les sages conseils du souverain qui le sermonne comme un Mentor[1].

Mais ne nous attardons pas avec saint Louis en cette station de Chypre où il se laissa trop débonnairement amuser et duper par les ambassades des princes d'Asie qui, sous prétexte d'alliance, venaient l'endormir par de vaines promesses. Ces lenteurs furent telles que plusieurs croisés perdirent patience, et revinrent en France. Enfin, le samedi 22 mai 1249, les pèlerins quittaient la pointe de Limesson, « ce qui fut moult belle chose ; car il semblait que toute la mer, tant que l'œil pouvait voir, fût couverte de voiles [2] ». On cingla vers l'Égypte [3], et, après avoir plus ou moins rallié les débris de sa flotte dispersée par une tempête [4], le roi (ou plutôt le vent) décida qu'on mettrait le cap sur Damiette.

Débarquement à Damiette. — Saint Louis et Bonaparte. — Une page d'épopée. — C'était le premier jeudi après la Pentecôte : cette heure fut aussi solennelle que périlleuse ; car il fallut débarquer en face de l'armée du Soudan. « Nous trouvâmes là toutes ses forces, sur le rivage de la mer, fort belles à regarder ; car le Soudan porte les armes d'or, où *frappait le soleil qui faisait armes* resplendir. Le bruit qu'ils menaient avec leurs timbales [2] et leurs cors sarrasinois était épouvantable à écouter ». A cette vue, le roi mande ses barons, « pour avoir conseil. » Beaucoup étaient d'avis qu'il convenait d'attendre « le retour de ses gens » dont le tiers avait été disséminé par l'ouragan sur les côtes de Syrie. Mais « il ne voulut oncques les en croire », et sa principale raison fut que par là « il donnerait cœur à ses ennemis. » Aussi finit-on par décider que l'on descendrait sur la plage « le *vendredi* devant la Trinité », pour

---

1. Ajoutons qu'Henri IV, sous ses airs de légèreté, était encore plus politique et plus avisé que Sully.
2. Il y avait 1800 navires tant grands que petits.
3. Saint Louis projetait la fondation d'une grande colonie en Egypte ; il voulait s'en faire un point d'appui pour la conquête de la Terre Sainte. Il avait emporté des instruments de labourage, et des outils de toute sorte.
4. Un millier fut poussé vers la ville d'Acre et autres terres étrangères.
5. « La *noise* que il menoient de leur *nacaires*. » voir nos *Origines*, p. 80, etc.

livrer bataille, si les Sarrasins ne s'y refusaient pas. Notons en passant qu'aux yeux de ces races ferventes les jours consacrés par l'Évangile avaient une vertu surnaturelle.

Ce serait ici le lieu de comparer saint Louis et Bonaparte, ne fût-ce que pour apprécier les différences de ressources, de talent, de prévision, de calcul, et par suite de succès[1]. Mais, en nous bornant à indiquer ce parallèle que chacun pourra faire à loisir, disons seulement que sous les contrastes où se marque la distance des temps éclate des deux côtés une vaillance également entreprenante, et dont la furie est toute française. Oui, nous retrouvons l'air de famille dans ces preux du moyen âge qui se disputèrent l'honneur de se signaler au premier rang.

Pour aborder, il leur fallait de ces bateaux légers qu'on appelait *galies*. Joinville en fit demander un au chambellan du roi, Jean de Beaumont, qui n'en eut pas à lui fournir : car tout allait à l'aventure, et l'on comptait plus sur la grâce de Dieu que sur les précautions de la prudence. Force lui fut donc de se tirer d'embarras, comme il put,

---

[1]. Joinville ne nous donne pas la proclamation de saint Louis; mais elle se trouve dans le t. III (p. 239) de sa vie par le scrupuleux Tillemont (édition de M. de Gaulle, publiée par la *Société de l'Histoire de France*). La voici : « Mes fidèles amis, nous serons insurmontables si nous demeurons ainsi dans la charité. Ce n'est pas sans une permission de Dieu que nous sommes arrivés si promptement. Ce n'est pas moi qui suis roi de France, ni qui suis la sainte Eglise; je ne suis *qu'un seul homme dont la vie passera comme celle d'un autre homme quand il plaira à Dieu.* Toute aventure nous est sûre; si nous sommes vaincus, nous monterons au Ciel en qualité de martyrs; si nous sommes vainqueurs, on publiera la gloire du Seigneur; et celle de toute la France, ou plutôt de toute la chrétienté, en sera plus grande. Dieu qui prévoit tout ne m'a pas suscité en vain : il faut qu'il ait quelque grand dessein. Combattons pour Jésus-Christ, et il triomphera en nous; et ce sera à lui et non à nous qu'il en donnera la gloire, l'honneur et la bénédiction. »

Après cinq siècles et demi, Bonaparte, escorté d'un Volney, d'un Monge, d'un état-major où figurait l'élite de nos savants, adressait cet ordre du jour à son armée qui débarquait sur la plage d'Alexandrie : « Soldats, vous portez à l'Angleterre le coup le plus sensible, en attendant que vous lui donniez le coup de mort... Vous réussirez dans toutes vos entreprises... Les destins vous sont favorables... Dans quelques jours, les Mamelucks qui ont outragé la France n'existeront plus. Les peuples au milieu desquels vous allez vivre tiennent pour premier article de foi qu'il *n'y a pas d'autre Dieu que Dieu, et que Mahomet est son prophète :* Ne les contredisez pas... Les légions romaines aimaient toutes les religions. Le pillage déshonore les armées, et ne profite qu'à un petit nombre. La ville qui est devant vous, et où vous serez demain, a été bâtie par Alexandre. »

au risque de noyer ses gens. En revanche, les hommes de ce temps-là avaient des scrupules de conscience que nous ne connaissons guère. Par exemple, avant d'appareiller, Joinville obligea deux de ses plus braves chevaliers, Villain de Versey et Guillaume de Dammartin, « qui étaient en grande haine l'un contre l'autre », à faire la paix, et à s'embrasser, « jurant sur reliques qu'ils n'iraient pas à terre avec leur rancune[1]. » Ils obéirent ; et alors, tout à fait rassuré, Joinville usa de telle diligence qu'il réussit même à devancer la chaloupe du Roi. Les gens qu'elle portait en furent irrités, et « crièrent après lui », pour qu'il laissât le pas à l'enseigne de Saint-Denis. Mais « il ne voulut point les en croire, » et s'élança fièrement sur le rivage devant « une grosse bataille de Turcs[2] : il y en avait bien six mille à cheval. Sitôt qu'ils nous virent, ils vinrent vers nous, piquant des éperons. Lors, nous fichâmes les pointes de nos écus dans le sable, et dirigeâmes vers eux le fer de nos lances. Or, du moment qu'ils les virent tout près de leur *entrer au milieu du ventre, ils tournèrent devant derrière,* » et s'enfuirent à toute bride.

En parlant ainsi de lui-même, Joinville ne se targue d'aucun avantage. Loin d'envier leur gloire à ses frères d'armes, il déclare même que, dans cette rencontre, la plus brillante attitude fut celle du comte de Jaffa. « Car sa galère arriva toute peinte en dedans et en dehors aux écussons de ses armes, lesquelles sont d'or, à une croix de gueule patée[3]. Il avait bien trois cents rameurs, et pour chacun un bouclier à ses armes, et à chaque bouclier un pennon[4] brodé en or à ses armes. Pendant qu'ils venaient, *il semblait que la galère volât,* tant les nageurs[5] la contraignaient à force d'avirons, et *que la foudre tombât des cieux,* tel bruit menaient les nacaires[6], les tambours, et cors sarrasinois qui étaient en sa galère. Sitôt qu'elle fut

---

1. Ils s'étaient, dit-il, *pris aux cheveux* en Morée.
2. Le mot *bataille* signifiait alors un corps d'armée.
3. Croix qui a les extrémités en forme de patte. Langage héraldique.
4. C'est une petite bannière.
5. Les rameurs.
6. Les timbales.

entrée dans le sable aussi avant qu'elle put, et lui, et ses chevaliers saillirent très bien armés, et en fort bel attirail, puis se vinrent arranger près de nous. »

Quant au roi, on lui avait conseillé de rester en sa nef, et d'y attendre l'issue des opérations, comme fera plus tard Louis XIV, au passage du Rhin [1]. Mais il s'y refusa résolument ; et, dès qu'il eut ouï dire que l'enseigne de Saint-Denis était à terre, traversant à grands pas son vaisseau, malgré le Légat du pape qui voulait le retenir, « il sauta dans la mer, où il eut de l'eau jusqu'aux aisselles. » Alors, « l'écu au col, le heaume en la tête, et le glaive en main, il alla jusqu'à ses gens qui étaient sur le rivage. Quand il aperçut [2] les Sarrasins, il mit son glaive en arrêt, et leur eût couru sus, si ses prudhommes l'eussent souffert [3] ».

N'est-ce point là une page d'épopée ? Dans le rapide éclair de ce souvenir brille la flamme de la jeunesse ; il est radieux comme l'enthousiasme d'une heure victorieuse. On put croire un instant que la Croix allait faire miracle : car, malgré les imprudences de l'assaillant, les Sarrasins furent saisis d'effroi ; et, après une ou deux charges, ne recevant aucun ordre de leur Sultan qui souffrait d'une maladie mortelle, *ils abandonnèrent brusquement aux Français la cité de Damiette qu'il leur eût été si facile de défendre*[4]. Or, s'ils avaient tenu bon, que serait devenue cette multitude campant sur le sable, sous un soleil brûlant, avec femmes et enfants, en grand désordre, dénuée de tout ce qui est indispensable à l'entretien ou à la subsistance d'une armée ? Car la foi qui avait inspiré la croisade faisait oublier les moyens humains qui en eussent préparé le succès. Ce qui nous frappe ici dès le début, c'est la confusion d'une guerre féodale où des chefs s'engagent témérairement avec un désarroi que compliquent bientôt fautes sur fautes.

1. « Le soin de sa grandeur l'attachait au rivage » (*Boileau*.)
2. Le texte dit : « quant il *choisit*.. » Ce mot signifiait *guetter* (du gothique *Kausjan*, voir) *Glaive* a ici le sens de *lance*.
3. Voir ce long récit dans notre volume des *Origines*, (de la p. 78 à 84).
4. Ils se contentèrent de brûler le bazar où étaient toutes les marchandises.

Séjour à Damiette. — Marche sur le Caire. — Le feu grégeois. — La première fut la résolution de passer à Damiette l'été de 1249 jusqu'au jour où les eaux du Nil commenceraient leur retraite[1]; car ces retards aggravèrent l'indiscipline ordinaire à toute armée du moyen âge. Favorisée par l'inaction, la licence se mit de plus en plus dans cette foule qui s'énerva sous les séductions d'un climat corrupteur. L'exemple partit de haut. « Les barons, qui auraient dû garder du leur pour le bien employer en temps et lieu, se prirent à donner *les grands mangers et les outrageuses viandes*[2]. » Nous ne parlons pas du reste. Le menu peuple suivit, et l'orgie la plus brutale eut ses coudées franches « à une portée de petite pierre autour du pavillon royal. » Le bon roi en fut réduit à fermer les yeux; car il n'était pas maître dans son camp; peut-être aussi s'entendait-il mieux à transformer les mosquées en églises, ou à ordonner des processions[3] qu'à organiser un plan de campagne, et à faire œuvre de général ou de politique.

Cependant, dès que la saison parut propice, on se mit en marche vers Babylone, c'est-à-dire vers le Caire, ainsi que l'avait conseillé le comte d'Artois. Mais que d'obstacles dès le premier pas ! Il s'agissait de traverser un des bras du Nil, et l'on n'y parvint qu'après de vains efforts toujours déjoués par des attaques ou des ruses qui détruisaient en quelques heures l'ouvrage de plusieurs semaines[4]. Le plus terrible engin fut le feu Grégeois[5] lancé sur les tours en bois (ou *chats-châteaux*) que les croisés construisaient pour soutenir les travailleurs. « Sa façon était telle qu'il venait par devant aussi gros qu'un

---

1. Il y eut une excuse : on attendait Alphonse et sa réserve.
2. Il mangèrent à outrance.
3. C'est ainsi que trois processions eurent lieu dans le camp, par trois samedis, pour obtenir du Ciel le retour du comte de Poitiers, dont la flottille avait été chassée par la tempête.
4. Au lieu de jeter des ponts, ils eurent le tort de construire des levées pour chaque canal.
5. Il fut inventé chez les Grecs par l'architecte Callinique, sous Constantin le Barbu. L'eau ne pouvait l'éteindre.

tonnel de verjus¹, et la queue enflammée qui en sortait était bien aussi grande qu'une lance. Il faisait un tel bruit en venant qu'il semblait que ce fût la foudre. *On eût dit un dragon qui volait par l'air.* Il jetait telle clarté que l'on voyait aussi clair parmi le camp que s'il eût été jour.» Pour les croyants d'alors il y avait là je ne sais quelle magie diabolique. Aussi, toutes les fois que détonnaient ces fusées, le pieux roi se dressait-il sur son lit ; et, les mains tendues vers le ciel, il s'écriait en pleurant : « Beau Sire Dieu, gardez-moi mes gens » : prières « qui nous firent grand profit dans le besoin », ajoute Joinville ; car, lui aussi, il était persuadé que des oraisons étaient la meilleure garantie contre ces formidables bordées. En cela, il pensait comme un de ses frères d'armes, Gautier de Cureil, qui disait : « Nul ne nous peut défendre de ce péril, excepté Dieu. Toutes les fois qu'il nous lanceront le feu, je suis donc d'avis que nous nous mettions sur nos coudes et nos genoux pour supplier Notre Seigneur. »

Bref, ils perdirent cinquante jours en travaux inutiles ; or, un beau matin, grâce à un Bédouin, ils découvrirent que le fleuve était guéable. Ils le traversèrent donc à pied, vers l'aube, *le 8 février, sous les traits des Turcs qui les attendaient à l'arrivée*². Alors commença cette série de combats qui, livrés parmi des chances diverses, du mardi gras 8 février 1250 au samedi suivant, se terminèrent par la défaite et la captivité de Louis IX.

Journée de la Massoure. — Un peintre de bataille.
— La première journée fut une victoire, mais chèrement achetée, ne fût-ce que par la mort du comte d'Artois, frère du Roi, jeune homme bouillant d'ardeur, qui, sourd à de sages conseils, se porta le premier en avant, sans être appuyé par des renforts promis, renversa tout sur son passage, et, entraînant par son exemple l'élite des Tem-

---

1. Un petit tonneau de vinaigre.
2. Il y avait dix lieues de Damiette à Mansourah. Ils mirent un mois et demi à les franchir. Bonaparte estimait que, si saint Louis avait manœuvré comme les Français en 1798, il aurait pu, en partant de Damiette le 8 juin, arriver le 12 à Mansourah, et le 26 au Caire.

pliers, se lança bride abattue, tête baissée, dans la ville de la Massoure (*Mansourah*), où, enveloppé d'ennemis invisible, en des rues étroites et barricadées, il périt avec le sire de Coucy, et toute la fleur de la chevalerie. Cependant, Joinville se défendait de son mieux dans la plaine contre une nuée de mamelucks[1]. Blessé d'un coup de lance, et jeté à bas de sa monture, il appelait à son aide « *monseigneur Saint-Jacques* », son patron, lorsqu'au milieu de sa détresse il entendit un grand bruit de fanfares, de trompes et de timbales. C'était le Roi qui, averti du danger de son frère, accourait avec son corps de bataille. Alors Joinville, qui l'aperçut de loin arrêté sur une hauteur, laisse échapper ce cri d'admiration : « Jamais si bel homme armé ne vis ; car il paraissait au-dessus de tous ses gens, des épaules jusqu'à la tête, un heaume doré sur son chef, une épée d'Allemagne à la main. » N'est-ce point le cas de redire avec M. Sainte-Beuve : « Peintres de batailles, que vous en semble? Dans le fond, la Massoure où s'est enfoncée à corps perdu la téméraire avantgarde; partout, dans la plaine, des groupes épars, la mêlée çà et là, d'un côté la masure où s'appuie Joinville et ses preux harcelés par un essaim de Turcs, de l'autre, dans le fond opposé, le canal où Sarrasins et chrétiens s'engouffrent pêle-mêle avec leurs chevaux noyés ou à la nage; et, au premier plan, saint Louis, sur un tertre, dans ce glorieux appareil de combat. »

Oui, voilà bien le point lumineux du tableau, le moment décisif de cette rude affaire où on ne luttait plus à l'arbalète, mais de près et corps à corps. Le Roi lui-même, cerné par six assaillants qui tenaient le frein de son cheval et l'emmenaient prisonnier, dut se dégager tout seul à grands coups d'épée. On peut affirmer que, par ses prodiges de valeur, il sauva son armée[2], dans cette journée qui fut en sa personne le suprême épanouissement, et comme le bou-

---

1. Il peint en passant d'horribles blessures, celle d'Erard de Siverey, frappé d'un tel coup d'épée « que le nez lui tombait sur la lèvre ».

2. Il délivra, sous une pluie de feu grégeois, le comte d'Anjou qu'on emmenait prisonnier.

quet de la chevalerie chrétienne. Plus tard, il y aura des fastes militaires où l'héroïsme ne sera pas moindre, mais inspiré par l'honneur, et non plus par la seule gloire de Dieu.

Au coucher du soleil, les Sarrasins étaient *déconfits*, comme dit le chroniqueur; et le roi de France pouvait coucher sur son champ de bataille. Joinville qui ne le quitta pas le reconduisit vers sa tente : chemin faisant, il le pria d'ôter son heaume « et lui bailla son chapel de fer, pour qu'il eût frais au visage. » Ce fut alors qu'aux nouvelles demandées sur son frère, le comte d'Artois, Louis IX répondit qu'il en savait ; « car il ne doutait pas qu'il ne fût en Paradis. » Mais, tout en louant Dieu « de ce qu'il lui donnait », il avait « des larmes qui lui tombaient des yeux moult grosses ».

Les fléaux d'Egypte. — Retraite. — Désastres. — Saint Louis et Joinville prisonniers. — Au lendemain de cet avantage inespéré, le mieux eût été de retourner au plus tôt à Damiette. Mais on ne le fit pas, et il n'y eut plus qu'une suite d'irréparables malheurs: aux menaces de l'ennemi s'ajoutèrent la famine et la contagion. Campant sur les vases de l'Égypte, et nourrie des barbots du Nil qui se repaissaient de cadavres, cette armée qui observait rigoureusement les jeûnes du Carême ne tarda pas à contracter d'étranges et hideuses maladies. « La peau de nos jambes séchait toute, et se tachetait de noir. » Aux gencives croissait tant de chair morte que les barbiers devaient l'enlever pour leur permettre de mâcher et d'avaler[1]. « C'était grand pitié d'ouïr crier ces gens à qui l'on coupait ces chairs : car ils criaient tout ainsi que femmes en mal d'enfant. »

Un jour, atteint lui-même de l'épidémie, Joinville, qui faisait dire la messe sous sa tente, vit son aumônier chancelant et prêt à défaillir, au moment de la consécration. Aussitôt, « revêtant sa cotte, il saillit de son lit tout deschaus, » et, le soutenant dans ses bras, « lui dit qu'il fît à

---

[1]. Il y a là des symptômes qui ressemblent au scorbut.

son aise, et tout bellement, son sacrement. » Le pauvre prêtre revint à soi, et « paracheva sa messe tout entièrement ; *mais oncques depuis ne chanta*[1]. »

Ces morts faisaient tellement horreur que chacun craignait de les toucher et de les ensevelir. En vain le roi, plein de respect pour ces martyrs, donnait l'exemple, en aidant à les enterrer de ses propres mains. Aggravé par les miasmes de ces corps abandonnés, le mal exerça de tels ravages qu'il fallut, mais trop tard, se résoudre au retour, afin de sauver du moins ceux qui survivaient encore : retraite lugubre, qui ressemblait à une déroute ! Aussi souffrant que les autres, le roi aurait pu se mettre en sûreté, s'il avait voulu s'embarquer avec les malades que recueillirent les galères. Mais il refusa d'abandonner son peuple, et, se tint à l'arrière-garde, « monté sur un petit roussin », sans autre compagnon que messire Geoffroy de Sergines. Les Sarrasins le harcelèrent en si grand nombre que Joinville les compare à des « mouches qu'un bon serviteur chasse du hanap (de la coupe) de son seigneur[2]. Toutes les fois qu'ils approchaient, monseigneur de Sargines, prenait sa pique qu'il avait placée entre lui et l'arçon de sa selle ; puis, la mettant sous son aisselle, il recommençait à leur courir sus, et les chassait d'auprès du Roi. » Ils se traînèrent ainsi trois ou quatre heures jusqu'à un village où » on coucha Louis IX au giron d'une bourgeoise de Paris, presque mort : on pensait qu'il n'irait pas jusqu'au soir. « Ce fut là que les Sarrasins le firent prisonnier, tandis que des milliers de chrétiens étaient massacrés sur terre ou noyés dans le fleuve ; car ils n'obtenaient guère de merci, même en reniant le Christ, comme le firent beaucoup, et en particulier tous les mariniers de Joinville.

---

1. Joinville se rencontre ici avec Dante, qui écrit :

Quel giorno più non vi legemmo avante.
Ce jour-là nous ne lûmes pas plus avant.

2. Il rapporte l'expression de saint Louis : elle est presque gaie, et prouve la sérénité du roi.

Le sénéchal était en effet de ceux qui regagnaient Damiette par les eaux; or, la façon dont il fut capturé mérite d'être relatée. Après s'être vu forcé par un vent contraire de rebrousser chemin, et de chercher asile dans une anse, sa galère tenta de reprendre sa route; mais celle-ci était barrée par la flottille du Soudan. Postée à quelque distance, elle lança telle foison de feux grégeois « qu'il semblait que les étoiles tombâssent du ciel. » Dès lors, on n'eut qu'à choisir entre deux périls, la captivité si on se rendait aux galères du sultan, ou la mort si on essayait de débarquer. Est-il besoin d'ajouter que Joinville préféra la première alternative, en dépit « d'un sien cellérier, natif de Doulevant, qui lui disait : — M'est avis que nous nous laissions tous tuer; ainsi, nous irons tous en Paradis. Mais *nous ne le crûmes pas,* » remarque l'ingénu chroniqueur; et bien lui en prit; car il réussit à s'en tirer sain et sauf, grâce « à un bon Sarrasin » (probablement un renégat), qui offrit de le sauver, en le faisait passer pour un cousin du roi : mensonge innocent auquel Joinville se prêta très volontiers. Bref, il en fut quitte pour sentir plus d'une fois la pointe du fer contre sa gorge. Mais, le zèle de son protecteur aidant, il finit par être mis en réserve, comme un prisonnier de marque dont on espérait une forte rançon.

Anecdotes expressives. Courtoisie des Turcs. Dévotion de Joinville. Assassinat du soudan. Les mameluks. Un confesseur laïque. — Il était en si piteux état que les ennemis mêmes en eurent compassion. Ils lui permirent de jeter sur ses épaules que faisait frissonner la fièvre sa couverture d'écarlate fourrée de menu vair « que Madame sa mère lui avait donnée. » Il demanda à boire, et on lui apporta de l'eau; « mais, sitôt qu'il l'eut mise en sa bouche pour l'avaler, elle lui jaillit dehors par les narines. » Amené devant l'amiral des galères qui l'interrogea sur sa qualité, il dut avouer qu'il n'était point cousin du roi, mais déclara qu'il tenait par le lignage maternel à l'empereur Frédéric d'Allemagne. L'amiral lui répondit « qu'il l'en aimait d'autant mieux »; et il le fit manger à sa table. Le prisonnier s'en acquittait d'assez bon cœur lorsqu'un bourgeois de Paris qui se trouvait près de lui s'écria : « Sire, que faites-vous ? — Que fais-je donc ? dit l'autre. — Au nom de Dieu, monseigneur, vous mangez gras, le vendredi ! » et, aussitôt, averti de son oubli, le dévot Joinville n'hésita pas, malgré son appétit, à « mettre son écuelle arrière. » Car, tout dolent qu'il était, il se faisait une loi d'observer les jours d'abstinence, et de jeûner chaque vendredi au pain et à l'eau : « de quoi le Légat se fâcha très fortement contre lui. »

A tout prendre, il ne fut point trop maltraité par les mécréants ; son amiral se montra du moins fort courtois. Il lui donna un palefroi, et, chevauchant avec lui, il le conduisit à la Massoure, dans un grand pavillon, où le roi et ses gens se trouvaient prisonniers, avec plus de dix mille chrétiens. Quand les barons revirent celui qu'ils croyaient perdu, « ils louèrent le Seigneur, et témoignèrent une si grande joie qu'on ne pouvait entendre goutte. » Cette explosion qui contraste avec de si cruelles angoisses, quelques-uns la jugeront peut-être bien prompte. Mais ne comparons pas les hommes d'alors à ceux d'aujourd'hui. Comme les héros d'Homère, les preux de ce temps s'abandonnaient aux simples mouvements de la nature, et avec une mobilité d'impressions d'autant plus vive que, croyant être vraiment dans la main de la Providence, ils s'en remettaient à Dieu de leurs destinées.

Ils avaient bien besoin de cette consolation religieuse ; car ce ne fut point la fin de leurs épreuves. Après mainte menace qui n'avait pu venir à bout de sa fermeté, le roi venait de consentir à rendre Damiette pour sa rançon[1], lorsque le soudan périt assassiné par les mameluks[2] ; et cette révolution de palais remit une fois de plus en question le sort des prisonniers. Entassés sur les galères qui les

---

1. Le soudan ne voulait pas délivrer Saint Louis, à moins qu'il ne rendît Jérusalem. Il objecta que cette ville était à l'empereur d'Allemagne, et offrit Damiette, avec 400,000 besants d'or.

2. Un des « chevaliers sarrasins fendit le ventre du soudan avec son épée, lui ôta le cœur, et alors s'en vint au roi, la main toute ensanglantée. Il lui dit : « Que me donneras-tu ? car je t'ai occis ton ennemi qui t'eût fait mourir s'il eût vécu. » Et le roi ne répondit rien. »

menaient à Damiette, le sénéchal et ses compagnons furent un jour assaillis par une trentaine de furieux qui voulaient leur trancher la tête. Chacun ne songeait déjà plus qu'à bien mourir. C'était à qui se confesserait à un frère de la Trinité qui n'y pouvait suffire. Quant à Joinville, son tour venu, il avoue qu'en un tel péril « il ne se souvint oncques de péché qu'il eût fait. » Il se contenta de se signer; et, s'agenouillant devant un Sarrasin qui brandissait une hache danoise, il s'écria : « Ainsi mourut sainte Agnès ! »

En attendant le coup mortel, il confessa un sien cousin, messire Gui d'Ibelin, qui, faute de prêtre, lui dit tous ses péchés. Après les avoir entendus, Joinville prononça cette formule : « Je vous absous de tel pouvoir que Dieu m'a donné. » Puis, il a soin d'ajouter innocemment : « Quand je me levai de là, il ne me souvint oncques de chose qu'il m'eût dite. »

Héroïsme de la reine et du roi. Délivrance. — Parmi ces anecdotes n'oublions point celle où figure la reine Marguerite. Il y avait trois jours qu'elle avait appris la captivité de son mari, lorsqu'elle mit au monde un fils nommé Jean, qu'elle appela Tristan « pour la grande douleur de son âme ». Afin de se rassurer, elle faisait coucher au pied de son lit un vieux chevalier de quatre-vingts ans. Or, quelques jours avant d'être mère, elle s'agenouilla devant lui, et lui requit une grâce que le chevalier octroya par serment. La voici : « Par la foi que vous m'avez baillée, je vous demande que, si les Sarrasins s'emparaient de cette ville [1], vous me coupiez la tête, avant qu'ils me prennent. » Et le chevalier répondit : « Soyez certaine que je le ferai volontiers ; car je l'avais bien pensé que je vous occirais avant qu'ils vous eussent prise. »

Parmi ses malheurs et ses humiliations, le roi forçait pourtant le respect de ses ennemis : ils l'admiraient à ce point que « les amiraux délibérèrent, dit Joinville, de le faire soudan de Babylone. » C'est du moins une tradition qu'atteste certaine complainte arabe de ce temps-là : elle se

---

1. Elle était à Damiette.

chante encore aujourd'hui[1]. Après bien des péripéties tragiques où éclata la vertu d'un souverain aussi loyal que courageux, il se fit cependant un accommodement qui assura la liberté des captifs. Une fois la rançon strictement payée, (or les Sarrasins, dit le sénéchal, sont les plus fins compteurs du monde), le roi put enfin partir pour la ville d'Acre, afin d'y surveiller l'exécution du traité, et de réconforter un peu par sa présence les chrétiens de Syrie. Dès lors, Joinville ne le quittera plus durant les quatre années qu'ils passeront encore en Orient.

Une page d'histoire. Délibération sur le retour en France. — Bien d'autres incidents mériteraient un mot d'attention. Mais il nous tarde d'en venir à une page d'histoire vraiment capitale, à cette délibération où il s'agissait de décider si le roi devait satisfaire aux prières de sa mère qui le rappelait en France. Ce fut le dimanche 19 juin 1250 qu'il réunit en conseil ses frères, le comte de Flandre et ses principaux barons pour leur exposer d'un côté la situation de son royaume où sa présence était réclamée par le vœu public, et de l'autre les conséquences de son départ qui non seulement aurait l'air d'une désertion, mais laisserait les chrétiens d'Orient exposés aux plus cruelles représailles. Il remit l'assemblée à huitaine. Or, le dimanche suivant, 26 juin, il n'y eut qu'une voix pour affirmer que l'honneur du roi et le salut de son royaume exigeaient impérieusement son retour. Le comte de Jaffa, seul, fut d'un sentiment différent, mais non sans être suspect d'arrière-pensée toute personnelle; car ses vastes domaines étaient sur la frontière de Syrie. Aussi sa parole risquait-elle de n'être point écoutée, lorsque Joinville, interrogé à son tour par le légat, se prononça très énergiquement dans le même sens. Les raisons morales qu'il invoqua devaient être persuasives pour une conscience aussi délicate que celle de saint Louis; car il fit surtout valoir l'intérêt des captifs qui ne seraient jamais délivrés, si le roi s'en allait. A ces mots, se déchaîna la colère du légat. Mais Joinville répli-

---

1. Reinaud, *Extraits des historiens arabes* (Bibliothèque des croisades, t. IV, p. 475).

qua d'un ton si ferme que les plus hostiles à son opinion n'osèrent la contredire. Chacun d'eux n'avait-il pas un de ses proches en prison? « Aussi nul ne le reprit; et ils se mirent tous à pleurer. » Leur cœur était donc partagé entre un violent désir de revoir leur pays, et un sentiment de pitié profonde par leurs frères qu'ils allaient livrer à la merci des infidèles. Pourtant, l'égoïsme l'emporta sur la justice, et un de ces preux lança même une grosse injure à un de ses neveux qui se rangeait au conseil de Joinville [1]. La disputa s'exaspéra tellement que le roi, pour y couper court, leva la séance, sans se prononcer.

Après cet éclat, Joinville craignit d'avoir été trop vif [2]. Déjà, la plupart des chevaliers qui pensaient avoir gain de cause le raillaient à qui mieux mieux [3]. Au dîner qui suivit, bien que Louis IX le fît asseoir près de lui, il ne lui parla point tant que dura le repas : silence qui ne lui était nullement ordinaire, et semblait trahir une secrète blessure. Aussi, pendant les grâces, le pauvre sénéchal s'en alla-t-il tout pensif vers une fenêtre grillée, devant laquelle, les bras passés dans les barreaux de la croisée, il se demandait tristement ce qu'il deviendrait après le départ de son maître, lorsque tout à coup le roi, s'approchant, « s'appuya sur ses épaules, et se mit à lui tenir ses deux mains sur la tête. » — « Je cuidai, dit Joinville, que ce feust messires Phelippes d'Anemos [4], qui trop d'ennui m'avoit fait le jour [5] pour le conseil que j'avois donné; et dis ainsi : — Lessiez moy en paix, mes sires Phelippes. — Par male aventure [6], au tourner que je fiz ma toste, la mains du roy me chéi [7] parmi le visaige; et cognu [8] que

---

1. Ce fut monseigneur Jean de Beaumont qui dit à son neveu Guillaume, maréchal de France : « *Sale ordure,* rasseyez-vous tout coi. »
2. Il reprocha à Saint-Louis « de n'avoir encore presque rien dépensé de ses propres deniers ».
3. « Le roi est fou, disaient-ils, s'il ne vous croit à l'encontre de tout le conseil du royaume de France. »
4. Messire Philippe de Nemours.
5. Ce jour-là.
6. Par malheur.
7. La main du roi me tomba sur le visage.
8. Et je reconnus.

c'estoit li roys à une esmeraude qu'il avoit en son doy[1]. Et il me dist : « Tenez-vous touz quoy[2] ; car je vous veuil demander comment vous fustes si hardis que vous, qui estes uns joennes homs[3], m'osastes loer[4] ma demourée, encontre touz les grans homes et les saiges de France qui looient[5] m'allée. » — « Sire, fis-je, se j'avoie la mauvestié en mon cuer[6], si ne vous loeraie-je[7] à nul fuer que vous la feissiés. — Dites-vous, fit-il, que je feroie que mauvaiz se je m'en aloie[8] ?— Si m'aïst Diex, sire, fis-je, oyl[9]. Et il me dist : « Se je demeur[10], demourrez-vous ? » Et je li dis que oyl. « Or soiés touz aises[11], dist-il ; car je vous sai mout bon grei[12] de ce que vous m'avez loei[13] ; mais ne le dites à nulluc toute celle semainne[14]. »

On sait le reste ; seul, Joinville avait vu clair dans le cœur du roi, qui ne revint qu'en juillet 1254, après avoir relevé les murs des villes, fortifié Césarée, Jaffa, Sidon, libéré les captifs, et satisfait surabondamment à toute la responsabilité d'un premier malheur. Le retour lui était d'ailleurs imposé comme un devoir par la mort de sa mère : deuil inconsolable pour un tel fils, et que ne put adoucir même la vue de la France. Nous terminerons ici notre analyse, non sans regret ; car tout est curieux dans ces Mémoires ; mais il nous reste à résumer les impressions qu'ils nous laissent sur l'époque, le souverain et son biographe.

1. En son doigt.
2. Coi, tranquille.
3. Qui êtes un jeune homme.
4. Conseiller de demeurer ici.
5. Qui me conseillaient de m'en aller.
6. Si j'avais le mal dans le cœur.
7. Je ne vous conseillerais à aucun prix que vous le fissiez. (*Fuer* vient de *forum*, taxe, taux, prix.)
8. Dites-vous que je ne ferais qu'une mauvaise action, si je m'en allais ?
9. Ainsi, Dieu me soit en aide, oui.
10. Si je demeure.
11. Or, soyez tout aise.
12. Je vous sais bien bon gré.
13. Vous m'avez conseillé.
14. A personne.

Ce passage étant caractéristique, nous avons cru devoir rester ici tout à fait fidèle au texte même, ne fût-ce que pour fixer ainsi une impression précise. On trouvera toute la scène traduite dans notre livre des *Origines* (de la p. 95 à 100).

III. — ÉTUDE MORALE ET LITTÉRAIRE.

L'époque. La croisade n'est plus qu'un anachronisme. La lassitude. Le découragement. Le Décroisé de Ruteboeuf. — Un des mérites de Joinville est de nous faire comprendre par des aveux instinctifs bien des vérités dont il est, à son insu, l'interprète, et que nous expliquent, sans le vouloir, de menus détails peints d'après nature. Par exemple, si l'on se demande ce que ses contemporains pensaient des croisades, il nous éclaire sur cette question mieux que ne ferait un historien de profession. Pour s'en convaincre, il suffit de recueillir les révélations qui lui échappent et que contiennent les faits eux-mêmes. Elles démontrent à n'en pas douter que la religieuse aventure de saint Louis était un anachronisme. D'abord, le roi lui-même ne prit la croix que pour accomplir un vœu personnel fait dans une maladie si grave qu'on le crut mort, et qu'on voulait déjà lui *tirer le drap sur le visage*[1]. Or, quand il eut recouvré l'usage de ses sens, et qu'il appela près de lui l'évêque de Paris, Guillaume d'Auvergne, pour le prier de lui mettre la croix sur l'épaule (ce qui marquait l'engagement solennel), le prélat voulut l'en délier, et faillit lui refuser son ministère. La résistance de sa mère fut plus vive encore : tout éplorée, elle se jeta aux genoux du malade, et le supplia de renoncer à son dessein. Mais l'éloquence de ses larmes ne put rien contre une résolution que son pieux fils croyait inspirée par Dieu.

Pourtant, il ne partit que trois ans après. Son exemple décida les moins zélés, et lui valut une armée, mais au prix de quels sacrifices, de quel deuil! Joinville est le premier à en convenir. Le jour où l'abbé de Cheminon lui donna l'écharpe et le bourdon du pèlerin qui, pieds nus, en robe de bure, devait visiter les saints lieux d'alentour, avant de s'en aller outre-mer, il confesse qu'il n'osa pas « retourner

---

[1]. Cette maladie est du 4 décembre 1244.

ses yeux vers Joinville, pour que le cœur ne lui attendrît pas trop du beau château qu'il laissait, et de ses jeunes enfants[1]. » Plus tard, il n'hésitera point à dire que la croisade lui a coûté gros, qu'il a dû mettre ses terres en gage pour subvenir à tant de frais, qu'il lui restait à peine mille livres de rentes, enfin qu'il n'a rien rapporté de Palestine, sinon des blessures.

Il n'oublia point ces souffrances lorsque saint Louis fut repris d'une irrésistible ardeur d'aller encore combattre ou plutôt mourir sous la Croix. Mandé à Paris avec les autres barons, il y vint, mais pour s'excuser auprès du souverain : car, malgré son dévouement, il s'en retourna dans son château, persuadé que « *c'était péché mortel* » de conseiller ce dernier départ.

C'est que la lassitude et le découragement avaient succédé partout à l'enthousiasme ou à l'horreur du Sarrasin. « En deux siècles, dit M. Michelet, on avait eu le temps d'apprendre ce qu'étaient ces effroyables guerres. Les croisés qui, sur la foi de nos poèmes chevaleresques, avaient été chercher des empires de Trébizonde, des paradis de Jéricho, de Jérusalem, d'émeraude et de saphir, n'avaient trouvé qu'âpres vallées, cavalerie de vautours, tranchant acier de Damas, désert aride, et la soif sous le maigre ombrage du palmier. La croisade avait été ce fruit perfide des bords de la mer Morte, qui aux yeux offrait une orange, et dans la bouche n'était plus que cendre. On crut avoir assez fait pour la Terre Sainte; et, quand elle fut perdue, c'est à Dieu qu'on s'en prit de sa perte. « Dieu a donc juré, dit un troubadour, de faire une mosquée de Sainte-Marie de Jérusalem? Puisque son fils, qui devait s'y opposer, le trouve bon, il y aurait de la folie à ne pas s'y résigner. Dieu dort, tandis que Mahomet fait éclater

---

[1]. Ce mot rappelle Ulysse retenu par Circé. Son unique désir était « de voir la fumée s'élever de sa terre natale. » — Au début de l'*Itinéraire*, Châteaubriand, qui prétendit être le dernier des croisés, disait : « En quittant de nouveau ma patrie, le 13 juillet 1806, je ne craignais point de tourner la tête, comme le sénéchal de Champagne. Presque étranger dans mon pays, je n'abandonnais après moi ni château, ni chaumière ». Qui ne préfère à cette plainte celle de Joinville? Est-il besoin d'avoir un château, pour aimer son pays et le quitter avec regret?

son pouvoir [1]. » — Les Trouvères du Nord pensaient de même; témoin le décroisé de Rutebœuf [2] s'écriant :

> On peut fort bien, en ce pays,
> Gagner Dieu sans grand dommage.
> Vous irez outre-mer, là-bas,
> Vous qui à Folie fîtes hommage.

Portraits de saint Louis. — Le dernier fils du moyen âge. — Le martyr. — Le saint. — Seul, saint Louis sentit saigner son cœur, quand il apprit les massacres de Syrie [3], et la détresse des dernières places qui tenaient encore. L'homme du moyen âge, son vrai, son dernier fils, ne pouvait rester sourd aux gémissements des mourants, et aux cris des vierges chrétiennes. S'il n'espéra pas les venger, il voulut du moins partager leur martyre; et la couronne d'épines qu'il portait en ses mains, le jour où il prit solennellement la croix, dans la grande salle du Louvre, était comme le symbole du dévouement auquel l'obligeait l'honneur de sa foi : car le moyen âge mystique avait en lui sa suprême expression, son plus pur idéal. Telle nous apparaît sa figure dans ce livre où elle est ressuscitée par la mémoire du cœur.

Sous le désordre d'un récit discursif, la tendresse et l'admiration de Joinville vont droit aux traits essentiels qui animent la physionomie du roi, et lui prêtent son expression définitive. Par le travail même des années, il se fait un choix dans ses souvenirs : tout ce qui était accessoire pâlit, ou s'efface; et il ne lui reste plus que l'impression des vertus qui transfigurent l'homme en héros et en saint. Or, entre toutes, celle qui le signale d'abord est l'esprit de sacrifice. Voilà pourquoi le biographe a célébré si souvent les occasions où le bon roi mit sa personne en péril de mort, afin d'épargner dommage à son peuple. Parmi les exemples qu'il en cite, voici le plus notable. C'était au

---

1. Le chevalier du Temple. Choix de poésies des troubadours; *Raynouard*.
2. Rutebœuf était un Champenois, digne ancêtre de Villon. Le *Dialogue du Croisé et du Décroisé* date de 1260-1270; on peut le lire dans nos *Origines*, p. 220.
1. Dans la seule ville d'Antioche, 17,000 furent passés au fil de l'épée, et 100,000 vendus comme esclaves.

retour de cette désastreuse croisade. Le 1ᵉʳ mai 1254, la flotte se trouvait en vue de Chypre; mais une brume épaisse dérobait la côte; et, vers le soir, la nef du roi heurta si violemment contre un banc que chacun criait : *Hélas!* ¹, et se crut perdu. Saint Louis, « tout deschaus, en pure cotte, et deschevelé, » était déjà sur le pont, les bras en croix devant un crucifix, « comme cil qui bien cuidait (pensait) noier. » Au matin, les plongeurs constatèrent que le navire avait perdu quatre toises de sa quille. Alors, appelant les maîtres nautonniers, et principaux passagers, il leur demanda ce qui leur en semblait. Tous furent d'avis qu'il fallait quitter le bord. Mais le roi leur dit : « Supposé que la nef fût vôtre, et chargée de vos marchandises, je vous demande sur votre loyauté si vous en descendriez. » — A quoi tous ensemble répondirent : « que nenni »; car ils aimeraient mieux mettre leur corps en aventure que d'acheter une autre nef 4,000 livres et plus. — « Et pourquoi donc, s'écria le roi, me conseillez-vous de débarquer? — Mais, firent-ils, parce que ce n'est pas jeu égal; car ni or, ni argent ne peut équivaloir à votre personne, à celle de votre femme et de vos enfants qui sont céans. — Eh bien! dit le roi, maintenant je vous dirai mon avis. Si je descends du vaisseau, il y a ici telles personnes, au nombre de cinq cents et plus, qui n'y voudront pas rester, et demeureront en l'île de Chypre par peur du péril. Car *il n'y a homme qui autant n'aime la vie comme je fais la mienne.* Ils courront risque de ne jamais rentrer en leur pays. Donc, j'aime mieux mettre ma personne et ma femme, et mes enfants en la main de Dieu, que de faire tel dommage à tant de monde qu'il y a céans. » Et, pour le salut des siens, il continua sa navigation, deux mois encore, sur cette nef avariée ².

Cette charité est le signe d'élection qui distingue ce grand cœur dont Voltaire disait « qu'il fut compatissant

---

1. « Les mariniers batoient leurs paumes, pour ce que chascun avoit paour de noier. »
- 2. Qu'eût fait Louis XIV, en pareille occasion? Il eût peut-être changé de bord. Quant à Henri IV, il eût imité son aïeul, mais par point d'honneur de soldat, et bonne grâce de Béarnais.

comme s'il n'avait jamais été que malheureux. » C'est à lui que s'applique ce mot de Bossuet : « Dieu mit premièrement dans son cœur la bonté. » Par la douceur fraternelle qu'il y mêle, il nous donne l'idée d'un saint François de Sales, moins souriant, mais d'une majesté gracieuse encore.

Le chevalier. — Le Mentor. — Le prud'homme. — Le justicier. — Il y a dans ces mémoires d'autres portraits qui nous montrent le même personnage sous un jour différent. L'un est le chevalier au casque d'or, au glaive nu, ne s'épargnant pas plus au jour de la bataille que dans les œuvres pacifiques de sa royauté paternelle. L'autre représente une sorte de Mentor évangélique moralisant avec Joinville, et associant à ses édifiantes leçons des conseils de civilité qui concourent à former l'honnête homme, ou plutôt, comme on disait alors, le *Prud'homme;* car « *Prud'homie* est chose si bonne que le mot, rien qu'à le prononcer, emplit la bouche. » C'est tout un art de concilier la bravoure, la sagesse et la piété, ce qu'il y a de plus exquis dans le chrétien et le chevalier. Le code de ces délicatesses se compose de préceptes, d'exemples, ou d'entretiens qui rappellent la méthode socratique, soit par leurs apologues et leurs paraboles, soit par l'adresse de questions bien menées et propres à conduire l'interlocuteur de réponse en réponse jusqu'à la conclusion désirée. — Ailleurs, Joinville esquisse avec un charme touchant les traits du roi justicier qui, « sans embarras d'huissiers et autres gens, vêtu d'une robe de camelot, d'un surtout de tiretaine sans manches, avec un manteau de cendal noir autour du cou, très bien peigné et sans coiffe, un chapel de plume de paon blanc sur la tête, *s'accotait* à un chêne de Vincennes pour faire droit à chacun[1]. » Voilà le saint Louis populaire qui ne périra pas. Quant au Croisé, le moyen âge mourut avec lui; mais on l'admire encore, parce que Joinville a été son Plutarque, ou, pour mieux dire, son Amyot.

Portrait de Joinville. — Le Champenois. — Le che-

---

[1]. Il était blond, et fort beau de visage, comme tous ceux de la maison de Hainaut.

valier sans reproche et sans illusions. — Ses légèretés.
— En nous le faisant connaître, Joinville se découvre lui-même. Or le fond de sa nature est un bon sens aiguisé de finesse champenoise qui ne se laisse pas trop entamer par le mysticisme du royal apôtre dont il était le confident. Plus raisonnable qu'exalté, son zèle n'exclut pas du moins le calcul, la prudence, l'humaine faiblesse, j'allais dire le sentiment de son intérêt, de ses aises, et de son bien-être domestique. Il faut donc lui savoir d'autant plus gré d'aimer ce qui le dépasse, c'est-à-dire l'idéal auquel son élan ne saurait monter. Sans se faire violence, il cède ainsi par un entraînement d'affection à l'ascendant d'une vertu qui d'abord l'étonne, puis le ravit, jusqu'à le rendre supérieur à lui-même. Ni ses paroles, ni surtout ses actes ne démentirent l'honneur de l'amitié qui lui imposait une émulation généreuse ; car il est certain qu'aux heures de crise il resta toujours digne du Maître qui l'élevait jusqu'à lui par une invincible attraction.

Pourtant, ce chevalier sans reproche est aussi sans illusions. Au départ, il songe plus à la terre qu'il a quittée qu'à celle dont il va faire la conquête. Très vaillant lorsqu'il le faut, mais sans ostentation, il affronte le péril, mais sans le chercher, et ne met que l'honneur au-dessus de la paix et de ses douceurs regrettées. Chrétien sans théologie, plus voisin de la cour que du monastère, il ne craint même pas de scandaliser le pieux roi, en avouant qu'il se garderait bien « de laver les pieds aux vilains, le Jeudi Saint », et « qu'il aimerait mieux avoir fait trente péchés mortels qu'estre mésiaux (*lépreux*). » En certains propos dont la légèreté profane dut attrister la conscience impeccable d'un saint, on sent poindre ici la métamorphose qui va transformer la chevalerie dévote en chevalerie mondaine, plus soucieuse de la terre que du ciel, et de sa gloire que de son salut.

Il est visible que l'enfance de Joinville s'écoula près de Thibaut de Champagne, le premier des chansonniers parmi les princes. Formé à cette école, il sut appliquer à l'histoire l'esprit conteur des troubadours, et conserva sa vivacité d'humeur un peu moqueuse jusque dans ces entretiens où saint Louis s'amusait de ses naïves saillies. Maintes fois, en effet, il prit plaisir à le mettre aux prises avec Sorbon, l'un des plus graves théologiens du temps ; et il souriait de voir ce docteur déconcerté, ou même désarçonné par les plaisantes ripostes de son jeune antagoniste.

Son indépendance et sa bonne foi. — Cette franchise d'enjouement est le tour habituel du chroniqueur. Elle se retrouve jusque dans les scènes sérieuses. C'est un rayon de soleil qui éclaire les heures les plus sombres. Soit qu'il exprime ses propres sentiments, soit qu'il rapporte les paroles ou les actes des autres, il ne vise jamais à les surfaire, et n'a rien d'un panégyriste. C'est ainsi qu'il ne dissimule point les fautes commises même par le saint roi qu'il vénère si tendrement[1]. L'indépendance avec laquelle il lui disait toujours la vérité éclate encore dans les témoignages qui s'adressent ici au lointain avenir. A plus forte raison n'a-t-il jamais pallié les misères morales de ces chevaliers chrétiens qui n'étaient pas tous également dignes de combattre pour la Croix. Lorsqu'à la bataille de la Massoure il défendait si intrépidement le petit pont qui subsiste encore aujourd'hui, il vit passer bien des gens de grand air « qui *s'enfuyaient effréément* » : Or, il ne le cache pas, mais il le dit avec autant de discrétion que de sincérité. « Jamais nous n'en pûmes faire rester aucun près de nous ; j'en *nommerais bien* desquels je m'abstiendrai de parler, *car ils sont morts.* » Lui-même, quand il est fait prisonnier, il confesse en toute bonne foi « qu'il *tremblait* bien fort *pour la peur* qu'il avait. » S'il ajoute « *et pour la maladie aussi* », c'est avec une simplicité qui ne prétend nullement devancer ce mot fameux de Bailly disant à ses bourreaux : « Je tremble, mais de froid. »

L'Écrivain de race gauloise. Conclusion. — Les qualités de l'homme sont celles de l'écrivain, si tant est

---

1. Quand il parle du supplice infligé aux blasphémateurs auxquels saint Louis faisait percer la langue avec un fer rouge, il ajoute : « A Joinville, telle mauvaise parole reçoit un soufflet ou une tape. »

que ce mot puisse convenir à cette causerie d'un vieillard qui ne toucha pas la plume. Mais c'est précisément cet abandon si naturel qui donne de la saveur à son style. Sous les gaucheries d'une langue à peine formée, il nous agrée toujours par un mouvement aisé, par l'imprévu de l'expression, par une justesse incomparable qui sait peindre sans décrire, et communique au tableau le sentiment de la réalité. On dirait que « les objets sont nés dans le monde le jour où il les a vus[1] », tant sa façon de dire est toute voisine des choses, par un accent personnel, et par l'exactitude de ces images qui parlent aux yeux. Les siennes ne doivent rien à la rhétorique; elles sont involontaires comme ces heureuses rencontres qui échappent à des esprits vivement émus. Ces instincts s'enhardissent de plus en plus, à mesure qu'il s'anime au jeu; et parfois, quand il arrive à la seconde moitié de son œuvre, on dirait que l'aptitude a pris conscience d'elle-même. Telle est, par exemple, la comparaison que voici : « Ainsi que l'écrivain enlumine son livre d'or et d'azur, le dit roi enlumina la France de belles abbayes. » N'est-ce point là une de ces lueurs où se trahit un talent qui se plairait à orner sa matière, s'il en avait le loisir?

Mais n'insistons pas : car toute coquetterie d'auteur est étrangère à un récit désintéressé des raffinements d'amour-propre; et ce serait se méprendre que de chercher des intentions littéraires dans les saillies spontanées d'une fantaisie ingénieuse sans le savoir. Disons seulement que Joinville se distingue de Ville-Hardouin par des nuances et des couleurs qui égaient et illustrent son texte. Parfois aussi, malgré son ignorante crédulité, il est plus défiant que ne fut son devancier, et comprend la nécessité de mêler quelques jugements à sa narration. S'il place les sources du Nil dans le Paradis terrestre, il s'enquiert du moins des questions qui l'intéressent, et transmet avec précision ce qu'il observe par lui-même. Il se rend également compte de ce qui importe à la conduite d'une expé-

---

1. L'expression est de M. Villemain.

dition d'Égypte: de certains détails géographiques ou politiques, du désert et des moyens de le traverser, des Bédouins et de leurs mœurs, des mamelouks et des révolutions de palais. Ailleurs, il a des réflexions de moraliste qui, bien que furtives, annoncent par leur malicieuse clairvoyance un compatriote de La Fontaine. En résumé, ses Mémoires sont le fruit pur de l'esprit français, et nous font aimer dans leur gentillesse l'exemplaire le plus choisi de ce que le moyen âge entendait par la *prud'homie chevaleresque*.

MICHEL DE MONTAIGNE

(1533-1592).

PORTRAIT BIOGRAPHIQUE

La première enfance. L'Émile du seizième siècle. Le Latiniste précoce. — Né le 28 février 1533, entre onze heures et midi, au château de Saint-Michel de Montaigne, dans le Périgord[1], l'auteur des *Essais* appartenait à une famille de noblesse, originaire d'Angleterre. Pierre Eyquem, son père, loyal écuyer, après avoir servi dans les guerres d'Italie et d'Espagne, devint successivement premier jurat de Bordeaux en 1530, sous-maire en 1536, jurat en 1540, procureur de cette ville en 1546, et enfin maire, de 1553 à 1556. Homme excellent, dont les idées avaient un tour de philanthropie original au seizième siècle, il voulut que son fils fût tenu sur les fonts de baptême par des gens « de la plus abjecte fortune », pour lui apprendre plus tard à ne mépriser personne. Puis, afin de « l'attacher à ceux qui ont besoin d'ayde », et de « le dresser à la plus commune façon de vivre », il le fit d'abord nourrir au village chez un de ses plus pauvres paysans, non sans prendre soin « d'eslever son âme en

---

[1] Arrondissement de Bergerac, canton de Vélines, Dordogne. Son père avait eu neuf enfants, six garçons et trois filles. Michel était né le troisième.

toute doulceur et liberté, sans rigueur et contraincte ». Il eut même pour lui des tendresses plus que maternelles. De peur de troubler par un trop brusque sursaut des organes encore tendres, sa sollicitude n'allait-elle pas jusqu'à faire éveiller le bambin au son de quelque instrument?

Il semble vraiment que sa vigilance ait pressenti l'avenir d'un esprit qu'il craignait de déformer : car il lui épargna tout laborieux effort, et lui déroba l'étude sous l'apparence d'un jeu. Presque dès le berceau, l'enfant fut confié à un maître allemand, tout à fait ignorant du français, mais très versé dans la connaissance du latin, et qui eut l'ordre de ne lui parler qu'en cette langue. Quant aux autres serviteurs de la maison, ils durent aussi « jargonner avec lui » de la même façon. « Nous nous latinisâmes tant, dit plus tard Montaigne, qu'il en regorgea jusques à nos villages tout autour, où il y a encore, et ont prins pied par l'usage, plusieurs appellations latines d'artisans et d'utils[1]. » Cet idiome lui devint si naturel que, longtemps après, dans ses plus vives émotions de joie et de douleur, il lui arrivait d'exprimer ses sentiments involontaires par des exclamations latines. — Pour ce qui est du grec[2], il le pratiqua « sous forme d'esbat, *pelotant* ses déclinaisons, à la manière de ceulx qui, par certains jeux de tablier[3], apprennent l'arithmétique et la géométrie. » Bref, on l'invitait à goûter la science, comme le devoir, par son propre désir, sans forcer sa volonté : éducation qui provoqua ses penchants à suivre sans secousse et voluptueusement leur pente naturelle.

Le collège. Haine de la scolastique. — Vers l'âge de six ans, il lui fallut pourtant quitter le foyer domestique pour s'en aller au collège de Guienne, en une de ces « geoles de jeunesse captive », où l'on tient quatre ou

---

1. D'*outils*. Il ajoute qu'à l'âge de six ans il savait le latin à ce point que les meilleurs latinistes du temps « craignoient à l'accoster. » N'y a-t-il pas là quelque gasconnade? En revanche, il n'entendait pas plus le français « que le périgordin ou l'arabesque ».

2. Il avoue qu'il « n'en a quasi du tout point d'intelligence. »

3. Ce sont des jeux qui, comme les *dames*, se jouent sur des planchettes divisées en petits carrés.

cinq ans « des latineurs à entendre des mots, et à les couldre en clauses ». Il y compta, parmi ses maîtres, des savants de renom, Nicolas Grouchy, Guérente, Georges Buchanan et Marc-Antoine Muret[1]; mais, au-dessous d'eux, que de pédants « aux trongnes effroyables, enivrés en leur colère! » Aussi gardera-t-il de ces années ingrates un souvenir amer et irrité. Combien il dut regretter sa première indépendance, et l'habitude de tout faire en pleine franchise, de tout dire avec fraîcheur et gaieté! Il se représente alors « si mol et si endormi qu'on ne le pouvoit arracher de l'oisifveté », pas même pour le jeu. Cependant « soubs ceste complexion lourde, il nourrissoit des imaginations hardies et des opinions au-dessus de son aage ». Malgré « une appréhension tardifve, une invention lasche, et un incroyable défaut de mémoire », son âme « ne laissoit pas d'avoir à part soi des remuements fermes, et des jugements seurs, ouverts autour des objects qu'elle cognoissoit ». Il confesse aussi que « sa *nature resveuse* le retiroit à soi, non pas mélancolique, mais songe-creux ». Il aimait « une vie glissante, sombre et muette ». Il lui arrivait même de « s'entretenir des imaginations de la mort, jusqu'en la saison la plus licencieuse de son aage ». — Le sens littéraire s'éveillait en lui par la lecture d'Ovide et de ses *Métamorphoses;* puis « il enfila tout d'un train » l'*Énéide*, Térence, Plaute, et les comédies italiennes « qu'il gourmandoit[2] à la desrobée » : sans quoi « il n'eust rapporté du collège que la haine des livres ». Son précepteur tolérait toutes ces fantaisies du fruit défendu. Mais la règle avait beau s'adoucir, « ce n'en estoit pas moins toujours collège »; et, accoutumé à « marcher le pas qu'il lui plaisoit », il fut heureux de reprendre sa liberté, vers sa treizième année.

Le magistrat. L'ami de la Boétie. Le fils. Le mari. — Comme sa famille le destinait à la robe, il commença

---

[1]. Grouchy écrivit un livre sur les *comices des Romains*. Guérente commentait Aristote. Buchanan écrivit une *Histoire d'Ecosse*, des *Poésies* et *Tragédies* latines Muret fut un des plus célèbres cicéroniens du seizième siècle.

[2]. Qu'il dégustait en gourmand.

le Droit, et « s'y plongea, dit-il, jusqu'aux oreilles ». Mais c'était retrouver encore ce jargon barbare, et cette routine qui étouffait alors l'esprit des lois sous un chaos de gloses et de commentaires. Toute cette période de sa jeunesse échappe à notre enquête. Nous savons seulement qu'il fut, en 1554, pourvu d'un office à la Cour des Aides de Périgueux, qui, par suite d'un conflit d'attributions engagé avec la Cour de Montpellier, finit par être transférée à Bordeaux en mai 1557, puis incorporée au Parlement de cette ville, le 14 novembre 1561[1]. En 1559, nous constatons aussi la présence de Montaigne à Bar-le-Duc, près de François II, et, l'année suivante, à Rouen, où était déclarée solennellement la majorité de Charles IX. Le chancelier de l'Hôpital l'honorait déjà de sa confiance, et les femmes les plus distinguées de ce temps[2] entretenaient avec lui un commerce d'esprit. S'il connut peu la passion, et se défia de ses troubles, il goûta les délices de l'amitié, sentiment dont la chaleur moins téméraire et moins fiévreuse convenait à un cœur rassis et tempéré. Ce fut par hasard, « en une grande feste et compaignie de ville », vers 1556, qu'il rencontra pour la première fois Étienne de la Boétie; et, aussitôt cette entrevue, ils se trouvèrent « si prins, si cogneus, si obligez entr'eux que rien dès lors ne leur feut si proche que l'un à l'aultre[3] ». C'est lui que Montaigne appelait « le plus grand homme de son siècle ». C'est de lui qu'il écrit : « Si on me presse de dire pourquoy je l'aymois, je sens que cela ne peult s'exprimer qu'en répondant : parce que c'estoit lui, parce que c'estoit moi. » Aussi se cherchaient-ils, avant de s'être vus, et « comme par quelque ordonnance du ciel ». Mais trop courtes furent ces joies : car l'auteur de la *Servitude volontaire* mourut bientôt, à l'âge de trente-deux ans; deuil cruel pour le frère qui lui survivait : ce lui fut

---

C'est ce que prouve M. Bigorie de Laschamps, d'après les registres secrets du Parlement de Bordeaux.

2. Mme d'Estissac, Diane de Poitiers, Marguerite de France.

3. Né à Sarlat en 1530, La Boétie, auteur de la *Servitude volontaire*, et traducteur de la *Mesnagerie* de Xénophon, était conseiller au Parlement de Bordeaux. Il mourut en 1563.

une blessure inguérissable; neuf ans après, ne disait-il pas : « Je ne fais que traisner languissant; et les plaisirs mesmes qui s'offrent à moi, au lieu de me consoler, me redoublent le regret de sa perte. Nous estions à moitié de tout; *il me semble que je lui desrobe sa part.* J'étois si accoutumé à estre deuxième partout que je ne suis plus qu'à demi. »

L'intensité d'accent ne sera pas moins vive, lorsque, privé du père auquel il voua une si tendre reconnaissance, il fit cet aveu : « Depuis sa mort, je ne monte jamais à cheval sans porter un manteau qui lui avoit appartenu, non par commodité, mais parce que je crois *m'envelopper de luy.* »

Cette double tristesse dut contribuer à rejeter le philosophe en ses rêveries solitaires et ses entretiens familiers avec lui-même. Le vide dont il souffrait ne fut pas comblé par le mariage de convenance qu'il avait contracté, en 1565, vers la trentaine, avec Françoise de la Chassaigne, fille d'un conseiller au Parlement de Bordeaux[1]. Rencontra-t-il le bonheur en ménage? On en peut douter : car, il nous l'eût dit, lui qui dit tout. Or, certains passages de ses *Essais* nous induisent à supposer que, si sa femme eut les principales vertus de son sexe, elle ne fut point exempte de ce que Montaigne appelait « les humeurs de Gascogne », je veux dire l'entêtement et le désir de dominer. Bref, il n'était tout à fait maître que dans sa *librairie*, où il s'isola si souvent, pour se consoler avec ses pensées.

Le personnage public. L'homme de cour. L'homme d'épée. — Du reste, il n'est pas moins discret sur ce qui intéresse ses fonctions, ses relations sociales, et sa vie publique. Le titre de gentilhomme ordinaire qu'il prend dans une préface, et qu'Henri III lui donna dans une

---

1. Il a écrit : « On se marie sans s'espouser. »
Les enfants qu'il eut de cette union, et dont il oublia le nombre, moururent tous en bas âge, sauf une fille Eléonor, qui lui survécut, et devint en secondes noces, vicomtesse de Gamaches. Il faut bien dire que Montaigne aima peu les enfants, même les siens. « J'en ai perdu, dit-il, deux ou trois en nourrice, non sans regrets, mais *sans fascherie.* »

lettre du 18 octobre 1571, les instructions qu'il écrivit sous la dictée de Catherine de Médicis pour le roi Charles IX, l'ordre de Saint-Michel « extrême marque d'honneur », qu'il fut très fier d'obtenir [1], malgré son détachement de toute vanité, enfin sa correspondance avec Henri IV témoignent du rôle qu'il joua dans les affaires de son temps, et de la faveur dont il jouissait auprès des personnes royales.

Toutefois, s'il fit trois ou quatre voyages à la cour, ce fut plus par curiosité que par ambition; peut-être voulait-il secouer ainsi l'ennui de la province; il en recevait une de ces secousses qui animent l'esprit, et revenait de là plus allègre. A coup sûr, il ne se mêlait au spectacle que comme témoin; il le dit expressément : « Au Louvre, et en la presse, je me resserre et contrains en ma peau. La foule me repousse à moi. » Étant de ce tempérament, il ne songea point à pousser ses avantages auprès des princes, dont il écrit : « Ils me donnent prou, s'ils ne m'ostent rien, et me font assez de bien quand ils ne me font pas de mal C'est tout ce que j'en demande. » Certaines échappées furtives nous autorisent seulement à conjecturer qu'ayant résigné sa charge de conseiller en 1570, après la mort de son frère aîné, il quitta pour la cuirasse et le casque sa douillette moelleuse et son habit « garni de bourre. » Il dut faire campagne dans les armées catholiques. Il se plaît en effet à décrire les habitudes, les marches, et les incidents de la vie militaire [2]. Il rappelle qu' « au mestier de la guerre il dure à la fastigue ». Nous savons encore indirectement qu'en 1580, le roi assiégeant la Fère, Montaigne vint au camp pour concourir à cette entreprise qui dura six semaines, et où périt [3] le maréchal de Gra-

---

1, Charles IX l'accompagna d'une lettre très gracieuse datée de Blois, 18 octobre 1571.

2. « Depuis quelque temps, aux corvées de guerre, après cinq ou six heures, l'estomac me commence à troubler. » Ailleurs il s'appelle « soldat gascon. »

3. C'est ce que prouve cette note écrite de la main de Montaigne sur le volume des Ephémérides de Beuther : « *Augustus* VI. L'an 1580 mourut au siège de La Fere M. de Gramót qui m'estoit fort amy, qui avoit été frappé d'un coup de pièce, le jour auparavant, moi estát au dit siège. »

mont. Mais il est probable qu'il usa de l'épée comme de la plume, à son heure, selon les rencontres, sans engager sa liberté par un grade permanent et dans un corps régulier[1].

L'homme. Son indépendance. — Son principal souci n'était-il pas de s'appartenir, et de jouir de lui-même? Or, ce besoin fut d'autant plus impérieux qu'il sentait gronder plus violemment l'orage des guerres civiles et religieuses. A la veille des fureurs qui allaient ensanglanter la France, il lui tardait de s'affranchir pour traverser la crise sans y laisser la fortune, la vie ou l'honneur. Il avait entendu le terrible gouverneur de Guienne, M. de Montluc, raconter ses prouesses; il avait assisté de près à la prise de Bordeaux, et aux exécutions accomplies par le *rabroueur* Montmorency avec une telle cruauté que La Boétie en poussa un cri d'indignation. Les signes précurseurs de la Saint-Barthélemy lui conseillèrent donc de se ménager au plus tôt un asile inaccessible au fanatisme; et il se réfugia dans sa tour, comme le sage de Lucrèce en ce temple serein d'où il regarde en pitié les égarements et les folies des passions humaines. User de ses facultés, laisser chaque saison de la vie produire d'elle-même « ses fleurs ou ses fruicts », en un mot, redevenir simplement *homme*, telle était sa seule ambition.

Son vœu de retraite. Première idée des Essais. Édition de 1580. — C'est ce qu'atteste une inscription latine dont voici la traduction : « L'an du Christ MCLXXI, dans la trente-huitième année de son âge, la veille des calendes de mars, jour anniversaire de sa naissance, Michel de Montaigne, fatigué depuis longtemps déjà par l'esclavage des cours et des fonctions publiques, s'est réfugié dans les bras des doctes Sœurs. Il veut, paisible et en sécurité, y finir sa course plus qu'à moitié faite, et il a consacré au repos et à la liberté cette aimable et paisible demeure, héritage de ses ancêtres[2]. »

---

1. Sur sa tombe, il est représenté vêtu de sa cote de mailles, avec son casque et ses brassards à droite, un lion sous ses pieds.
2. Des deux côtés de la cour, aux angles d'un mur d'enceinte, s'élevaient deux

Montaigne avait fait graver ces paroles au-dessus de la porte de sa bibliothèque, située au second étage de sa tour, dans une pièce dont les chevrons et les poutres conservent encore aujourd'hui bien des maximes qu'il voulait avoir toujours sous les yeux, par exemple celles-ci : « Tout est vanité. — Ne soyons pas plus sages qu'il ne faut. — Peut-être oui, peut-être non. — Ni comme ceci, ni comme cela, ni même autrement. — Il n'est pas de raisonnement qui n'ait son contraire. — Le souffle enfle les outres, l'opinion enfle les hommes. — Bourbe et cendre, qu'as-tu à te glorifier? — Notre entendement erre en aveugle dans les ténèbres, et ne peut saisir la vérité. — Je ne comprends pas, je m'arrête, j'examine[1]. » C'est là qu'il aime à se confiner, et, selon son expression, « à se recueillir en sa coque, comme une tortue. Là, il feuillette à ceste heure un livre, à ceste heure un aultre, sans ordre et sans desseing, à pièces descousues. Tantost il resve, tantost il enregistre et dicte ses songes en se promenant. C'est là son siège; il essaie à s'en rendre la domination pure, et à soustraire ce seul coing à la communauté conjugale, et filiale, et civile; car, partout ailleurs, il n'a qu'une auctorité verbale, en essence, et confuse[2]. »

Ne voulant donc que « passer en repos et à part » le peu qui lui restait d'existence, il pensait « ne pouvoir faire plus grande faveur à son esprit que le laisser en pleine oisifveté s'arrester et rasseoir en soi ». Mais il en advint « tout au rebours; et, faisant le cheval eschappé », il se donna si folle carrière que, pour réprimer ses saillies, et « lui en faire honte », il crut devoir « mettre en roole[3] » ses chimères. On lui conseillait d'écrire l'histoire de son

---

tours. L'une placée à l'angle nord, et aujourd'hui en ruines, s'appelait *Trachère* : elle était habitée par sa femme. L'autre, située près de la porte d'entrée, se nomme *Tour de Montaigne*. Au rez-de-chaussée était la chapelle, dont on fit ensuite les archives; au premier étage se trouvait sa chambre à coucher, et au deuxième sa *librairie*.

1. Cette dernière pensée est en gros caractères sur la poutre du milieu. Ces inscriptions latines ou grecques, au nombre de cinquante-sept, ont eu leurs philologues.
2. Livre III, ch. III.
3. Enregistrer.

temps. Mais, outre qu'il craignait de toucher ainsi à des feux ardents, il avait « le style trop privé » pour une narration « équable et suivie ». Ne sachant pas « faire des effects, il se résigna donc à tenter « des *essais* », et se proposa « lui-mesme à lui pour argument et subject d'estude ». Dans un âge où tant de docteurs dogmatisaient, et prétendaient à l'entière possession de la vérité, ce titre seul, par sa modestie, eut la vertu d'un exemple, et fut une nouveauté qui méritait l'attention. Mais Montaigne n'y mettait aucune ostentation, aucun désir d'applaudissement. « Je ne dresse point ici une statue à planter au quarrefour d'une ville, ou dans une esglise ou place puplique. » Tout au plus visait-il à l'amusement « d'un voisin, d'un parent, d'un amy, qui aura plaisir à le raccoincter et repractiquer en ceste image ». La gloire elle-même, pour un homme de son humeur, ne serait-elle pas achetée trop cher « si elle lui coustoit trois bons accès de colique » ? Loin de sourire aux caprices de son imagination, et de sentir les chatouillements de l'amour-propre, il a d'ailleurs « le goust si tendre et si difficile, surtout à son endroict », qu'il n'est jamais parti de lui chose qui le contentât. « Chasque fois qu'il retaste ses ouvrages, il s'en despite. » Tout lui en paraît rude et grossier « il y a faulte de gentillesse et de beauté ». Ajoutons que, s'il eût voulu traiter « une matière de durée », il ne l'eût pas commise à une langue si variable, et « qui escoule tous les jours de nos mains ». Donc, il n'est point « faiseur de livres ». C'est par passe-temps et pour tromper « le chagrin de la solitude » qu'il se mêle d'écrire.

Jusqu'alors il n'avait encore publié qu'une traduction de Raymond de Sebonde [1], pour être agréable à son père, et une édition de La Boétie, pour satisfaire au culte d'une chère mémoire. Or, ce fut probablement aux environs de la Saint-Barthélemy que ce penseur de bonne foi, humain par sentiment, tolérant par raison, libre de tout parti, de tout intérêt, de toute passion, se mit à composer, au jour

---

[1]. Il avait traduit sa *Théologie naturelle*.

le jour, à bâtons rompus, cette œuvre « consubstantielle à son auteur, et membre de sa vie. » Il se trouva pourtant qu'au bout de quelques années ces confidences intimes d'une raison, d'une âme et d'une conscience formèrent, comme par aventure, un ensemble de pages qui virent le jour, à Bordeaux, en 1580[1]. Dans cette édition de début, qui n'avait que *deux livres*, le texte est plus suivi que dans les autres. Il ne contenait que des raisonnements clairs et précis, sans notes, et accompagnés de rares citations. On y sent mieux que plus tard le gentilhomme amateur dont la plume court, et le premier jet d'une fantaisie qui, depuis, se compliquera jusqu'au plus subtil raffinement.

Montaigne voyageur. 1580. L'École buissonnière. — Cette année même, pour fuir le bruit importun de sa renommée naissante, Montaigne fut pris d'un désir subit de voyages et d'aventures. Il avait quarante-sept ans; et, depuis longtemps déjà, souffrait de douleurs néphrétiques. La raison de santé, et l'espoir de soulager son mal, soit par la distraction de la nouveauté, soit par l'usage de quelques eaux minérales, servirent de prétexte à ce brusque départ. Mais on peut supposer que la curiosité du moraliste n'y fut pas indifférente; car, sans sacrifier son repos à ce goût du changement, Montaigne n'était point de ces esprits routiniers qui n'estiment rien en dehors d'eux et de ce qui les entoure. Publié en 1774[2], son journal nous le montre en effet très soucieux de se conformer aux coutumes des différents pays, supérieur à toute prévention, s'offrant directement à l'impression immédiate des choses, habile à faire causer son monde pour savoir la vérité, et toujours allègre, malgré sa gravelle, qu'il amusait par des diversions souriantes[3]. Traité en

---

1. Les Essais de messire Michel, seigneur de Montaigne. Livres premier et second; Bourdeaus; par S. Mellanges, 1580, deux parties, petit in-8°.

2. La relation de ce voyage fut découverte en 1770 par l'abbé Prunis au château de Montaigne que possédait alors le comte de Ségur de la Roquette, descendant, à la sixième génération, de la fille qui survécut à l'auteur des Essais. Ce journal fut en partie dicté, en partie écrit par Montaigne.

3. Pour qui voudrait suivre ses traces, voici quel fut son itinéraire : Meaux, Epernay,

personnage de haute condition (car son train était fort honnête), il se complait à jouer le grand seigneur, mais afin d'entrer en relation avec les étrangers les plus considérables qu'il interrogeait sur les sciences, les lettres, les institutions et les mœurs. Il ne négligeait pas non plus les petites gens ; et, toujours en éveil, ne se lassait pas de regarder ou d'entendre. Loin de s'asservir à un itinéraire tracé d'avance, il revenait volontiers sur ses pas, mais par des voies différentes, et, ne suivant que son caprice, « haïssait le voisinage d'un lieu où il se deust reposer » ; car il n'est jamais impatient d'en finir[1]. En d'autres termes, il fait volontiers l'école buissonnière, et se promène comme il écrit, à son aise, sans projet arrêté, par les sentiers, ou avec les détours qui lui agréent. Chemin faisant, il observe et retient tout, depuis les beautés de l'art ou de la nature jusqu'aux menus détails de la vie publique ou privée, jusqu'à la manière de tourner la broche. Mais le philosophe se divertit surtout de cette rapide succession d'usages, de lois et de croyances qui, d'une frontière à l'autre, se réfutent et se contredisent ; car il y cherche des témoignages et des arguments pour sa doctrine qui est la défiance de toute doctrine.

Rome. Montaigne et Bossuet. Le citoyen romain. Le tribunal de l'Index, et les Essais. — La Suisse et l'Allemagne ne firent que le mettre en appétit. Il songeait à pousser en Pologne, en Valachie, en Grèce[2]. Mais, cédant au désir de ses amis, il tourna bride vers l'Italie. Nous ne

---

Châlons, Vitry, la lisière de la Lorraine, Neufchâteau, Mirecourt, les Vosges Plombières, Mulhouse, Bâle, Bade, Schaffouse, Constance. Il coupe ensuite par la Bavière, visite Lansperg, Augsbourg, Munich, et s'enfonce dans les Alpes pour aller par le Tyrol et Inspruck en Italie. En passant par Trente, Rovère, Vérone, Padoue, Venise, Ferrare, Bologne, Florence, Sienne, Montefiascone, il arrive à Rome, et revient par Lucques, Padoue, Milan, le mont Cenis, Chambéry.

1. C'est tout le contraire de Châteaubriand, l'*homme ennuyé* qui se fuit lui-même, dévore l'espace, et ne voyage qu'en artiste, pour occuper ou remplir son imagination. Il cherchait des motifs de tableaux dont il pût se faire gloire. Joseph, son domestique, disait de lui : « Dès qu'il est arrivé dans un lieu, il n'a rien de plus pressé que d'en repartir. »

2. Il visait surtout aux pays peu fréquentés alors. « Rome, il la désiroit d'autant moins voir qu'elle estoit cogneue d'un chacun ; il n'y avoit laquais qui ne leur peut dire nouvelle de Florence et de Ferrare. »

le suivrons pas de station en station, à Venise où « il rendit deux grosses pierres, après souper », à Bologne « où les verres lui paraissent trop petits », à Florence où « les vins ont une doulceur lasche. » Arrêtons-nous seulement à Rome où il arriva le dernier jour de novembre, et fut très contrarié de rencontrer des Français qui le saluaient en sa langue. Sauf cet inconvénient, il s'y trouve comme chez lui : car il la connaît de longue date : c'est presque sa première patrie. Aussi n'a-t-il plus besoin de guide : bientôt, il sera même de force à en remontrer aux plus doctes. Il y resta plus de cinq mois ; et, tout imprégné des souvenirs antiques, un esprit tel que le sien se mit dès l'abord à l'unisson du spectacle qui les évoquait sous ses yeux. Dès lors, ce n'est plus seulement son humeur qui s'égaie et se joue, mais le profond sentiment de l'histoire qui se déclare et se prononce. La ville éternelle l'élève au-dessus de lui-même, et lui inspire une éloquence dont la majesté ne déparerait pas une page de Bossuet. On en jugera par ces notes que n'a pu refroidir la main de son secrétaire. « Il disoit qu'on ne voyoit rien de Rome que le ciel sous lequel elle avoit esté assise, et le plant de son giste; que cette science qu'il en avoit estoit abstraite et contemplatifve. Ceus qui disoient qu'on y voyoit au moins les ruynes de Rome en disoient trop; car les ruynes d'une si espouvantable machine rapporteroient plus d'honneur et de révérence à sa mémoire : ce n'estoit rien que son sépulcre. Le monde, ennemy de sa longue domination, avoit premièrement brisé et fracassé toutes les pièces de ce corps admirable; et, parce qu'encore tout mort, ranversé et desfiguré, il lui faisoit horreur, il en avoit enseveli la ruyne mesme. Ces petites montres de sa ruine qui paroissent encores au-dessus de la bière, c'estoit la Fortune qui les avoit conservées pour le témoignage de cette grandeur infinie que tant de siècles, tant de feux, la conjuration du monde réitérée tant de fois à sa ruyne n'avoient pu universelement esteindre. Mais estoit vraisemblable que ces membres desvisagez qui en restoient c'estoient les moins dignes, et que la furie des ennemis de ceste gloire immortelle les avoit portés, premièrement, à ruyner ce qu'il y avoit de plus beau et de plus digne : les bastiments de ceste Rome bastarde qu'on alait asteure[1] atachant à ces masures, quoiqu'ils eussent de quoi ravir en admiration nos siècles présents, lui faisoient resouvenir proprement des nids que les moineaux et les corneilles vont suspendant en France aus voustes et parois des esglises que les Huguenots viennent d'y desmolir. Encore craignoit-il, à voir l'espace qu'occupe ce tombeau, qu'on ne le reconnust pas tout, et que la sépulture ne fust elle-mesme pour la plupart ensevelie[2]. »

Quel auguste langage ! quelle grandiose impression nous laisse l'idée de ce vaste cimetière au-dessus duquel surnagent à peine quelques débris ! C'est là tout ensemble du Sénèque, du Lucain, et de l'Horace des grandes Odes. Celui qui parlait si dignement de l'antiquité méritait bien ce titre de *Citoyen romain* que la Curie lui décerna, sans rire, « au nom du Sénat et du Peuple », et dont il disait : « C'est un titre vain : tant y a pourtant que j'ai reçu beaucoup de plaisir de l'avoir obtenu. » Aussi, ne sourirons-nous pas du tribut que paye à la gloriole humaine ce contempteur de ses illusions.

On lui devait bien aussi réparation des ombrageuses défiances qui, dès son arrivée, avaient confisqué comme contrebande son volume des Essais, pour le soumettre au tribunal de l'*Index*. Censuré par un *frater* ignorant, il lui fut restitué par le Maître du sacré Palais, « qui le pria

---

1. « Qu'on allait à cette heure. » Nous avons cru devoir respecter le texte du scribe.

2. Rapprochons de ce texte quelques lignes traduites d'un livre éloquent aussi de M. Emilio Castelar, l'ancien président de la République en Espagne : « Rome est la cité des éternelles tristesses, la mort n'a pas même respecté la cendre des morts. Les atômes de César, Sylla, Cincinnatus, Camille, roulent peut-être dans la poussière que le vent balaye ; peut-être nuancent-ils légèrement les ailes fragiles d'un papillon, ou se dilatent-ils à travers les fibres gracieuses de l'herbe que la chèvre sauvage fauche de sa dent affilée. Que reste-t-il de ces hommes qui gouvernaient le monde ? Quelques couches de poussière amoncelées sur d'autres couches, où se sont évanouis les Césars et les tribuns, les vainqueurs et les vaincus, les Romains et les barbares, les maîtres et les esclaves, sans peser plus que d'autres cendres dans la balance de l'univers et la gravitation du pôle. » (*L'art, la religion et la nature en Italie.*

de *n'avoir aucun égard* » à un jugement « *où il y avoit plusieurs sottises.* » Il « remit à sa franchise et conscience » le soin « de *r'habiller* ce qu'il verroit estre de mauvais goust », et se dit assuré qu'il continuerait « *d'aider à l'Église par son éloquence*[1]. »

Le maire de Bordeaux. Sa politique. Ni guelfe ni gibelin. La peste. Montaigne n'est pas un héros. — Il avait quitté Rome[2], en passant par Ancône, Fano, Urbino, et s'était arrêté au commencement de mai 1581 à Bagno della Villa, pour y prendre les eaux, lorsque, le jeudi 7 septembre, une lettre lui annonça que « Messieurs de Bordeaux » l'avaient élu maire de cette ville, le 1er août précédent. Cette nouvelle lui fit hâter son départ. De Lucques, il revint à Rome, et y reçut l'appel des Jurats qui lui notifiaient le résultat des suffrages[3]. Il s'excusa d'abord; mais à de pressantes instances s'ajouta le commandement du Roi[4], et il finit par accepter une charge « d'autant plus belle, dit-il, qu'elle n'a ni loyer, ni gain aultre que l'honneur de son exécution. » Il l'exerça de juillet 1582 à juillet 1586 ; car, deux ans après sa première investiture, ses compatriotes lui confièrent encore le même mandat.

C'était malgré lui qu'âgé de cinquante ans il rentrait dans la vie publique, sous la menace des discordes civiles et religieuses qui, assoupies en apparence, allaient

---

Le livre en fut donc quitte pour quelques mois de purgatoire. La diplomatie du sacré Collège affectait une sécurité qu'elle n'avait pas. Cette courtoisie était de l'habileté.

2. Montaigne partit de Rome, très édifié sur ses superstitions. Il avait assisté à une scène d'exorcisme. *Lo Spiritato* (le possédé), ancien notaire, tenu par un licou au pied de l'autel, était là, grinçant des dents, tordant la bouche, déraisonnant. Le prêtre, après maintes conjurations, déclara l'esprit malin mis en fuite : le peuple le crut; mais Montaigne ne le vit pas partir.

Sous ses yeux se déroula aussi la sanglante procession des pénitenciers qui se déchiraient à coups de fouet.

Entouré de ces étranges scènes, il dut prendre des notes pour ses *Essais*.

3. Ils ne furent pas unanimes. On contesta même l'élection.

4. Dans une lettre écrite à cette occasion, Henri III disait :

« Je vous ordonne et enjoincts bien expressément que sans délay ni excuse reveniez, au plus tôt que la présente vous sera rendue, faire le deu (devoir) et service de la charge où vous avez esté si légitimement appelé... Le contraire me déplairoit grandement. »

se réveiller plus terribles que jamais avec la Ligue. En abordant ces fonctions, les plus importantes de sa province, il eut bien soin de prévenir « Messieurs de Bordeaux » qu'il ne fallait pas s'attendre à plus que ne comportait sa nature. « Je me deschiffrai, dit-il, fidèlement et onsciencieusement tout tel que je me sens estre, sans mémoire, sans vigilance, sans expérience et sans vigueur, sans haine aussi, sans ambition, sans avarice et sans violence. » Étant d'avis « qu'il se faut prester à autrui, et ne se donner qu'à soi-mesme », il se réserva la liberté « de juger les choses à sa guise », avec impartialité, « sans se forcener », c'est-à-dire de faire à chacun sa part loyale, « mesme à l'adversaire, s'il méritoit l'éloge », en un mot de ménager tous les intérêts, et de concilier les esprits. Entre deux partis extrêmes et toujours prêts à se déchirer, il fut plus soucieux de prévenir les explosions que de se donner le mérite de les réprimer[1]. « Faudroit-il pas, écrit-il, fouetter le médecin qui nous désircroit la peste, pour mettre son art en practique ? » Son principe étant de viser au bien public « nonchalamment et sans bruit », il n'eut, pour y réussir, qu'à se montrer, comme en son son livre « ami des natures tempérées et moyennes ».

Du reste, dans les premières années de sa gestion, la Fortune le servit à souhait; et il n'eut point trop à se départir de ses maximes habituelles : ce qui ne l'empêcha pas d'encourir les inconvénients qu'entraîne d'ordinaire la modération, aux époques orageuses; car il se plaint d'avoir été « pelaudé à toutes mains [2]. Aux gibelins il estoit guelfe, et aux guelfes gibelin. » Ces mécomptes le confirmèrent encore plus dans son mépris des servitudes qu'impose la poursuite de la popularité. Il connaissait bien les tribuns quand il disait : « C'est alors au commandant de suivre, courtiser et plier, à lui seul d'obéir. Tout le reste est libre et dissolu[3]. » Ce fut le cas d'appliquer les

---

1. « Affectionné au repos de son pays, ennemi des remuements et des nouvelletés de son temps, il eust bien plus tôt employé sa suffisance à les esteindre qu'à leur fournir de quoy les esmouvoir davantage. »
2. Ecorché.
3. Ces expressions se trouvent dans une lettre découverte par M. de Viel-Castel

conseils qu'il avait recueillis dans les livres de ses philosophes; ou plutôt, ces leçons de choses durent lui paraître encore plus efficaces que celles de l'École. Habile à profiter de l'expérience, le moraliste finit par se féliciter d'être né dans un siècle si troublé ; car il prit un secret plaisir à ces secousses qu'il observait de près et comme scientifiquement, à la façon de Pline s'approchant du Vésuve en éruption. C'est ce que témoigne le chapitre XII du livre III, un de ceux qu'il écrivit sous l'impression vive des maux dont il se consolait, trop facilement peut-être, par la curiosité[1], comme le prouve cet aveu : « Je m'agrée de voir de mes yeux ce notable spectacle de notre mort publique, ses symptômes et sa forme; puisque je ne la puis retarder, je suis content d'estre destiné à y assister et à m'en instruire. »

Ajoutons, pour être vrais, que Montaigne, tout en nous exhortant à ne pas craindre la mort, ne prêcha pas d'exemple, lorsqu'au mois de juin 1585 éclata dans sa cité de Bordeaux une peste violente qui emporta plus de quinze mille habitants. Au lieu de courir au péril, il s'éloigna dès le premier jour, et ne parut plus, même pour présider à l'élection des jurats. Appelé par ce devoir, il écrivit, le 30 juillet 1585, une lettre d'excuses qui lui fait peu d'honneur. Tout au plus peut-on plaider les circonstances atténuantes, en disant qu'à cette date son château venait d'être pillé par une troupe de partisans huguenots ou ligueurs, et que d'ailleurs la débandade de la peur était générale. Depuis plus de deux mois, le Parlement siégeait officiellement à Libourne. Mais cette désertion n'en est pas moins fâcheuse pour le magistrat qui n'eut point alors le cœur d'un Rotrou et d'un Belzunce[2]. Il perdit là une belle occasion de prouver qu'un sceptique

---

[1]. Il y a là un sombre plaisir analogue à celui du sage égoïste que Lucrèce nous montre contemplant du rivage la détresse du naufragé que bat la tempête.

[2]. Quarante ans auparavant, en 1545, la peste décimait aussi Bordeaux; mais, au milieu de la fuite universelle, il y eut alors un magistrat nommé Chauvin qui écrivit à Henri III : « Nous sommes ici quelques membres du Parlement qui nous sommes asseurés, pour retenir la face de vostre justice, servir à la conservation de la ville, et *consoler le peuple par nos présences.* »

peut devenir un héros, et que de belles phrases sur le mépris de la vie n'étaient pas des gasconnades.

Seconde et troisième édition des Essais : 1582, 1587. Mlle de Gournay. — Tout en vaquant aux devoirs de son administration, Montaigne allait « escorniflant les livres », et de nouveaux chapitres enrichissaient la première partie de ses *Essais*. En 1582, parut une seconde édition fort améliorée, qu'une autre plus complète suivit bientôt, en 1587[1]. En même temps il composait un troisième livre qu'il offrit au public, avec les deux autres, durant un voyage qu'il fit à Paris en 1588[2]. Sa renommée grandissait de plus en plus. Dans une élite, il comptait déjà ses fidèles, j'allais dire ses dévots et ses dévotes. Il en est du moins une qui se voua solennellement à son culte : ce fut Mlle Marie Le Jars de Gournay[3], personne dont l'esprit, aussi ferme quë sérieux, s'était passionné dès l'enfance pour l'érudition et les lettres. Elle avait appris le latin toute seule; et, à dix-huit ans, ayant rencontré par hasard les *Essais* de Montaigne, elle les lut d'un cœur si ému qu'elle « en fut toute transie d'admiration ». Aussi, en apprenant que le Maître se trouvait à Paris, s'empressa-t-elle d'aller avec sa mère rendre hommage à un génie qu'elle aimait de loin, sans le connaître. La sympathie fut réciproque; et, à plusieurs reprises, Montaigne accepta même l'hospitalité du château où il séjourna plusieurs mois, « avec tous les honnêtes accueils que l'on pouvoit souhaiter[4]. » En retour, il autorisa Mlle de Gournay à se dire sa *fille d'alliance*, titre touchant qui lui valut plus sûrement que sa prose ou ses vers la mémoire de l'avenir.

Les États de Blois. Charron. Henri IV et Montaigne. Sa mort. — En revenant de Paris, il s'arrêta quelques jours à Blois où se tenaient les États. Le Roi l'avait même chargé de

---

1. La première est de Bordeaux, la seconde de Paris.
2. Il y avait là 600 additions aux deux premiers livres. Cet in-4° fut édité à Paris, chez Abel l'Angelier.
3. Née à Paris en 1566, elle mourut en 1645. « Elle se proposa, dit Pasquier, de n'avoir jamais autre mary que son honneur enrichi par la lecture des bons livres. » Au l. II, ch. xvii de ses essais, Montaigne la loue ainsi : « Cette âme sera quelque jour capable des plus belles choses. »
4. Pasquier.

négocier avec le duc de Guise. Sur quel objet? on l'ignore; car la vie politique de Montaigne reste dans l'ombre. Toujours est-il qu'en cette occasion il mérita l'estime de Pasquier et du Président de Thou qui l'appelle « un homme franc, ennemi de toute contraincte ». Tout en conversant avec ces personnages, il jugea les événements d'alors en témoin fort clairvoyant; car il prévit la mort du duc de Guise, et la fortune prochaine du roi de Navarre qui n'hésiterait point à donner des gages au parti catholique[1]. Est-ce au lendemain de ces entretiens qu'il écrivit son chapitre sur *l'incommodité de la grandeur*? En tout cas, il dut s'applaudir d'être demeuré fidèle à sa devise : *Otio et libertati*.

Il avait alors cinquante-six ans ; et, malgré l'infirmité dont les crises s'aggravaient de plus en plus, il ne cessait pas de lire, de méditer ou d'écrire. Ces années de grâce, dont il savait jouir à travers ses souffrances, ne furent donc point perdues pour son livre, qui profitait de ce qu'il appelle « les advenues de la vieillesse ». Peu de faits biographiques intéressent cette arrière-saison. Notons pourtant les rapports d'intimité qui se nouèrent entre Montaigne et son disciple Charron. Ce fut en 1589, après avoir prêché le carême à Angers, que le doux et honnête théologal vint à Bordeaux, connut l'auteur des *Essais*, et vécut quelque temps avec lui dans une familiarité où semblait entrer une sorte d'harmonie préétablie. Ils s'entendirent à première vue, et leur affection fit de tels progrès en peu de temps qu'avant de mourir le philosophe permit à son ami, par clause testamentaire, de porter les « pleines armes de sa famille », parce qu'il ne laissait aucun enfant mâle[2].

N'oublions pas non plus une lettre adressée par Montaigne, le 18 janvier 1590, à Henri IV qui, devenu roi, ne pouvait manquer d'apprécier la valeur d'un si grand

---

[1]. Mémoires du Président de Thou.
[2]. Charron (1541-1603) fit plus : il prit la devise morale de son maître, et, sur la maison qu'il fit bâtir, à Condom, en 1600, il grava ces mots : *Je ne sais*. On pourrait intituler le *Traité de la sagesse* : « Esprit raisonné de Montaigne, ou les *Essais mis en ordre*. » Il les abrégea, les ordonna. (Voir les *Grands Écrivains du seizième siècle*, par Gustave Merlet, de la p. 228 à 238).

esprit, et se hâta de l'appeler auprès de lui par des instances gracieuses[1]. Mais, affaibli par l'âge et la maladie, celui-ci déclina courtoisement ces avances. En remerciant, il disait : « Les inclinations des peuples se manient à ondées ; si la pente est une fois prinse à vostre faveur, elle l'emportera de son propre branle jusques au bout[2]. » En même temps il formait des vœux pour une victoire décisive qui faciliterait la paix. Ajoutons qu'Henri IV se méprit sur les motifs de ce refus, et eut la maladresse d'offrir de l'argent ; ce qui lui attira cette fière réponse, datée du 2 septembre 1590 : « Je n'ay jamais reçu bien quelconque de la libéralité des rois, non plus que demandé, ni mérité, et n'ay reçu nul payement des pas que j'ay employés à leur service.... Ce que j'ay faict pour les prédécesseurs de Vostre Majesté, je le feray encore plus volontiers pour elle. » Il promettait en terminant d'aller visiter le souverain dans sa capitale. Mais sa fin prématurée ne le permit pas.

Il n'était pas de ceux que l'heure dernière prend au dépourvu. Quoi qu'en dise Pascal, qui l'accuse « de n'avoir pensé par tout son livre qu'à mourir lâchement et mollement », il sut quitter la vie avec constance et courage. Après avoir distribué de sa main à tous ses gens les legs qu'il voulait leur laisser, il s'éteignit, dit Pasquier, « en sa maison de Montaigne, où luy tomba une esquinancie sur la langue, de telle façon qu'il demeura trois jours entiers, plein d'entendement, sans pouvoir parler : au moyen de quoi il estoit contrainct d'avoir recours à sa plume pour faire entendre ses volontés. Et, comme il sentit sa fin approcher, il pria par un petit bulletin sa femme de mander quelques gentilshommes, siens voisins, afin de prendre congé d'eux. Arrivés qu'ils furent, ils firent dire la messe en sa chambre ; et, comme le prestre estoit sur l'élévation du *Corpus Domini*, ce pauvre gen-

---

[1]. Henri IV, après la victoire de Coutras, était allé coucher au château de Montaigne, quoique le seigneur du lieu tînt pour l'armée qui venait d'être battue. — La lettre de Montaigne a été découverte par M. Jubinal.

[2]. Le roi n'en était qu'aux préludes de sa royauté encore précaire. Il n'entra dans Paris que le 22 mai 1594.

tilhomme s'élance au moins mal qu'il peut, comme à corps perdu, sur son lict, les mains jointes, et, en ce dernier acte, rendit son esprit à Dieu : qui fust un beau miroir de l'intérieur de son âme. »

Les éditions des Essais. Leur mérite relatif. — Quelques mois après, sa dépouille fut transportée à Bordeaux, dans l'église d'une commanderie de Saint-Antoine qui est aujourd'hui la chapelle du collège. On y voit encore le monument que sa veuve lui fit ériger, et qu'un de ses descendants restaura, en 1803. A la nouvelle de ce malheur, Mlle de Gournay vint offrir des consolations filiales à Mme de Montaigne, qui lui remit un exemplaire des *Essais* augmenté et corrigé par l'auteur [1]. Il servit de base à l'édition que cette respectable personne fit paraître, en 1595, et qui, de l'avis des critiques les plus compétents, semble supérieure à toutes les autres [2]. Il ne faut pas la confondre avec celle qui suivit, en 1635 ; car Mlle de Gournay, cédant alors au goût contemporain, eut l'idée malencontreuse de rajeunir le style, et de corriger l'orthographe de son père adoptif [3]. En voulant mieux faire, elle gâta son premier travail. Le nombre des éditions publiées jusqu'à nos jours dépasse cent trente-six : chiffre qui prouve que *la gloire de ce livre immortel grandit avec les années* [4].

Le crédit de Montaigne. — Elle rencontra pourtant des résistances, d'abord au seizième siècle ; car il fut trop

1. La bibliothèque de Bordeaux possède un autre exemplaire de 1588 revisé par Montaigne lui-même, et dont Naigeon se servit pour son édition de 1802. Ce texte avait passé du château de Montaigne chez les Feuillants de Bordeaux. Naigeon profita de ces additions manuscrites, et de tous les suppléments parvenus alors jusqu'à nous.
2. Elle parut in-folio, à Paris, chez Abel l'Angelier, ou Michel Sonnius. Nous aurions plus de confiance dans l'exemplaire de 1588.
3. En publiant ses propres œuvres (1626), Mlle de Gournay avait pourtant lancé des anathèmes contre tout audacieux qui oserait toucher soit aux mots, soit à la substance de sa pensée. Elle le maudissait comme « violateur d'un sépulcre innocent. »
4. Entre les innombrables travaux dont Montaigne a été l'objet, signalons la collection du docteur Payen, mort le 7 février 1870. Elle comprend toutes les éditions de Montaigne, toutes les traductions des *Essais*, trente-sept ouvrages qui lui ont appartenu, signés et annotés par lui, tous les articles dont il fut l'objet, un glossaire des lettres particulières, des autographes, etc.

fanatique pour goûter un modéré qui s'éloignait des réformateurs par ses sentiments, des persécuteurs par ses principes. Nous excepterons toutefois les meilleurs esprits de ce temps, Juste Lipse, qui le plaça au-dessus des sept sages de la Grèce, de Thou et Pasquier, qui n'en parlent qu'avec une tendre admiration, le cardinal du Perron, qui appelle les *Essais* le *Bréviaire des honnêtes gens*; Shakespeare qui les lut, les annota de sa main, et en fit passer plus d'une pensée dans ses drames [1].

Au dix-septième siècle, décrié par les puristes, jugé d'un ton protecteur par la fatuité orgueilleuse de Balzac [2], maudit par le puritanisme de Port-Royal, qui profita de ses lumières sans l'avouer [3], taxé d'impiété par Pascal qui fut presque aussi sévère pour lui que pour les jésuites, traité par Arnauld et Nicole de *menteur*, de *corrupteur* et d'*âme effrontée*, méconnu par Malebranche, qui ose l'appeler un *pédant* [4], il fut du moins vengé de ces injures par les plus illustres représentants du pur esprit français : La Bruyère, Molière, La Fontaine et Mme de Sévigné, qui disait : « Oh ! l'aimable homme ! qu'il est de bonne compagnie ! C'est mon ancien ami ; mais, à force de m'être ancien, il m'est toujours nouveau. Mon Dieu ! que ce livre est plein de sens ! »

Au dix-huitième siècle, il ne pouvait manquer d'être regardé comme un ancêtre ; tout le parti philosophique le traita du moins en précurseur qui avait préparé ses voies. Il est certain qu'il semble parfois donner la main à Voltaire [5] ; pourtant, il y eut une part d'illusion ou de calcul

---

1. Le Musée britannique possède cet exemplaire signé de sa main, avec la date 1603.

2. « Ce serait une espèce de miracle qu'un homme eût pu parler purement dans la barbarie de Quercy et de Périgord. » (*Balzac*.)

3. « Il est plein d'un si grand nombre d'infamies honteuses et de maximes impies qu'il est étrange qu'on l'ait souffert si longtemps dans les mains de tout le monde. » (*Arnaud*). — Montaigne n'aurait pas aimé la morgue janséniste.

4. « Il s'est fait plutôt un *pédant à la cavalière* qu'il ne s'est rendu judicieux et honnête homme. » (*Malebranche*.)

5. Montaigne, Saint-Evremond, Bayle, Fontenelle font la chaîne du seizième au dix-septième siècle. Voltaire le loua ainsi :

Montaigne, cet auteur charmant,

dans cette admiration. Car, outre que Montaigne n'aime pas les nouveautés qui dérangent sa quiétude, il estime, comme Pascal lui-même, que l'homme est mauvais par nature; en cela, il s'accorde avec le plus austère jansénisme. Or, l'idée fixe des encyclopédistes est tout opposée : car ils croient à la bonté originelle de l'espèce humaine, et n'attribuent sa corruption qu'aux vices du régime social. A plus forte raison Montaigne n'eût-il pas été flatté de se voir placé par Sylvain Maréchal à côté de d'Holbach et de La Mettrie, dans le *Dictionnaire des Athées*.

Le dix-neuvième siècle ne lui a pas fait cette injure. En admirant le génie d'un écrivain dont la langue fut comme une source de Jouvence pour les rénovateurs de l'école romantique, il reconnaît ses propres qualités ou quelques-uns de ses défauts dans le scepticisme tolérant d'un moraliste, qui, selon Mlle de Gournay, *désenseigne la sottise*, et a pressenti, deviné ou appelé de ses vœux les principaux progrès de la raison moderne.

LES ESSAIS DE MONTAIGNE

ÉTUDE LITTÉRAIRE.

Méthode discursive de Montaigne. — Sa doctrine évasive, et son caractère ondoyant échappent aux formules. — Devant un livre qui commence et finit à chaque page, se renouvelle sans cesse, même quand il se répète, et réserve toujours de l'inattendu même à ses amis les plus intimes, l'embarras du critique est égal au plaisir du

> Tour à tour profond et frivole,
> Dans son château paisiblement,
> Loin de tout frondeur malévole,
> Doutant de tout impunément,
> Et se moquant très librement
> Des docteurs fourrés de l'Ecole.

lecteur. Comment réduire à l'unité d'une doctrine ces jeux d'un penseur détaché de toute doctrine? Comment soumettre à l'analyse cette causerie qui ne s'assujettit qu'au pur caprice? Car Montaigne écrit comme il voyage. A droite, la route lui paraît-elle maussade, il prend à gauche. A-t-il négligé quelque objet digne d'attention, il fait volte-face, et revient au point de départ. Si ses chapitres tiennent plus qu'ils ne promettent, leurs titres promettent donc rarement ce qu'ils tiennent; et, en général, il ne choisit une matière que pour la quitter à la première rencontre. Lorsque ses imaginations se suivent, c'est de loin; « elles ne se regardent, comme il dit, que d'une vue oblique. » N'a-t-il pas soin de nous avertir qu'il procède « par saults et gambades », qu'il aime « à se laisser rouler au vent », qu'il « n'a d'aultre sergent de bande que fortune à ranger ses pièces », qu'il veut nous montrer « son pas naturel et ordinaire, ainsy détracqué qu'il est? » Bref, il n'y a nulle conception d'ensemble en « ce fagotage » qui « s'est basti à diverses poses et intervalles », sans préméditation, selon la fantaisie d'une humeur ondoyante et diverse[1]. Ses idées ont la mobilité « du vif argent qui va se menuisant et s'esparpillant sous les doigts », lorsqu'on prétend le saisir ou le contraindre. Par conséquent, les formules n'ont aucune prise sur ce libre esprit qui fuit, se dérobe, et, du jour au lendemain, ne se reconnaît plus.

Telle est l'impression de ceux qui abordent les *Essais*, comme il abordait lui-même la plupart des sujets qu'il traite, au hasard et à l'aventure. On serait alors tenté de le regarder comme un rêveur plus soucieux de s'ébattre que de s'assagir. Mais, pour peu qu'on le pratique familièrement, les traits décisifs d'une physionomie se dégagent, et l'harmonie d'un caractère éclate sous les contradictions de ces confidences qui se sont fait écouter du lointain avenir, sans avoir jamais songé à la postérité.

L'unité morale du livre. — Sa bonne foi. — Ce qui

---

[1]. Voilà bien l'homme qui sera « renfrogné, si son cor lui presse l'orteil, » et à qui le mesme pas de son cheval « semble tantost rude, tantost aysé, la mesme route courte ou longue, suivant que le jour est nébuleux ou clair. »

nous frappe tout d'abord, c'est la bonne foi d'une conscience qui voudrait savoir la vérité sur la destinée humaine, mais se résigne d'avance à des mécomptes, et s'en console par le sentiment de sa pleine indépendance, ou l'attrait même d'une poursuite désintéressée. Faute de mieux, l'observateur aura du moins enrichi son expérience, et satisfait sa curiosité par de nouveaux témoignages qui pourront confirmer son doute universel. Or, cette incertitude ne lui étant jamais un tourment, il paraît moins désireux de la dissiper que de s'y affermir, et de la propager autour de lui comme un calmant propre à tempérer le fanatisme des violents qui se croient infaillibles. Il entre même quelque prévention dans cette défiance qui suspend tout jugement, de peur d'être dupe. Il est visible qu'au lieu de se tourner en douloureuse inquiétude, ces indécisions lui deviennent une sorte de volupté. Elles se prêtent si bien aux ressources de sa verve, et les font valoir avec tant d'avantage que nous finissons par y soupçonner un secret parti pris, ou l'entraînement d'une habitude irrésistible. En effet, il n'est pas une question frivole ou sérieuse que Montaigne ne s'ingénie à résoudre par le *pour et le contre*. Qu'il s'agisse de la vie pratique ou morale, de l'objet le plus vulgaire ou le plus relevé, il ne risque une opinion que pour rebondir vers une autre qui la contredit; mais il lui en oppose immédiatement une troisième dont il s'écarte de nouveau, sans s'arrêter à aucune. On dirait un pendule agité par de légères oscillations jusqu'au moment où il trouve son équilibre dans l'immobilité, à égale distance des points extrêmes qu'il avait touchés un instant pour s'en éloigner au plus vite. Voilà quelle est la méthode, ou plutôt (car ce mot ne sied guère à Montaigne) l'allure instinctive d'une intelligence que M. Prévost-Paradol[1] comparait à ce champ de bataille où, semées par Jason, les dents d'un dragon « se changèrent soudain en hommes armés prêts à s'égorger les uns les autres. » Mais,

---

1. *Études sur les moralistes français*. Il dit encore : « Dans cet esprit né pour le doute, chaque pensée est comme une voix à laquelle l'écho répond sur le champ, non pour la répéter, mais pour la démentir. »

tandis que cette lutte intérieure est pour certaines âmes une fatigue et une souffrance, elle divertit comme une comédie ce philosophe narquois et souriant qui cherche dans une enquête impuissante son amusement, et même son repos.

Doctrine des Essais. — Son quartier général. — Chapitre sur Raimond Sebond. — Pour nous en convaincre, il suffirait d'ouvrir à la première page venue ce journal psychologique où l'homme et l'écrivain ne font qu'un. Mais il vaut mieux aller droit à un chapitre capital et de longue haleine, où se concentrent les éléments épars dans tous les autres; car il ressemble à un grand lac au sein duquel se seraient déversés les cours d'eau descendus des collines environnantes. Nous voulons parler de l'étude que Montaigne intitule *Apologie de Raimond Sebond*[1]. Dans sa jeunesse, pour complaire à son père, il avait traduit un livre latin de ce docteur espagnol, la *Théologie naturelle*, traité qui prouvait la nécessité de la foi par « la vue du monde et des créatures. » C'était une entreprise analogue à l'ouvrage de Fénelon sur l'*Existence de Dieu*. Publiée en 1569, selon les volontés paternelles, cette traduction subit des censures diverses : les uns estimèrent périlleux le projet d'appuyer le dogme sur la raison, et les autres reprochèrent à la thèse de n'être pas concluante. Or, ce fut sous couleur de répondre à ces objections que Montaigne composa cet essai dédié à la reine Marguerite[2], esprit aimable, friand de doctes entretiens, aussi peu prude que possible, et affranchi de toute idée gênante.

Apparence d'apologie religieuse. — Entrons donc dans cet arsenal du pyrrhonisme. Nous y verrons briller de leur plus vif éclat les armes par lesquelles les sceptiques de tous les temps ont combattu la certitude, et prétendu

---

[1]. Né au quinzième siècle, à Barcelone, Raimond de Sébonde professait la médecine, la théologie, et la scolastique à l'Université de Toulouse, vers 1430. Il mourut en 1432. Ses ouvrages sont : *Theologia moralis* 1487, Lyon; *de Natura hominis dialogi*, Cologne, 1501, in-4°.

[2]. Reine de Navarre, femme d'Henri IV, qu'elle épousa en 1572, lorsqu'il était prince de Béarn. Cette union fut malheureuse, et suivie de divorce. Elle mourut en 1615, et laissa des mémoires curieux.

l'exterminer du cœur humain. Ce n'est pas que ce dessein se manifeste ouvertement, et de prime abord. Avant de déclarer ainsi la guerre à la raison, et de la réduire à merci, Montaigne s'empresse de légitimer ses hostilités par un spécieux prétexte. Il affecte de laisser entendre qu'il désire venger les croyances chrétiennes contre ceux qui jugeraient insuffisante la démonstration tentée par Raimond Sébond. Mais c'est tout simplement une précaution oratoire qui lui assure la liberté de tout dire, et de ruiner impitoyablement le fragile édifice de nos connaissances; car il s'acharne avec une joie maligne à taquiner par mainte chicane ceux qui pensent que les moyens humains peuvent suppléer à la Grâce. Tout en faisant mine de se porter au secours de Raimond Sébond, il ne perd aucune occasion de le réfuter, sinon directement, au moins à mots couverts, par les doutes qu'il glisse à mi-voix, et qui, s'attaquant à la foi philosophique, pourraient bien par surcroît compromettre la foi religieuse. Tout au plus se borne-t-il à concéder que la méthode du théologien espagnol est un pis aller pour certains esprits dont le sens grossier a besoin de ces clartés artificielles.

Mais, lorsqu'après ces préludes il se retourne contre les incrédules qui ne veulent pas se rendre aux raisons produites par Raimond Sébond, il n'use plus d'aucun détour et se découvre en toute franchise. Bien loin de secouer rudement ses adversaires, comme il l'annonçait, il renchérit sur leurs scrupules, et se contente, pour sauver les apparences, de se courroucer de temps en temps au nom de la Majesté divine outragée. « Non certes, a-t-il l'air de dire, vous n'avez point tort de vous refuser à la faiblesse des raisonnements qu'on vous offre. Mais en auriez-vous donc de meilleurs à nous proposer? » Et alors, il énumère à perte de vue toutes les causes d'erreur qui accusent l'aveuglement de la raison livrée à sa propre misère. Il s'en donne à cœur joie, et se laisse mener en tout sens par le démon de l'ironie. Voltaire lui-même n'a pas eu cet accent et cet entrain.

Néant de l'homme en face de l'infini. — Comme fera

plus tard Pascal, lorsqu'il place l'homme entre deux infinis pour l'effrayer de son néant, il commence par mettre brusquement la créature en face des cieux astronomiques et de leur immensité. Puis, après avoir ainsi élargi notre horizon et renversé le trône imaginaire où siégeait le roi d'un si chétif empire, il demande à quel titre ce souverain déchu ose se persuader « que le branle admirable de la voulte céleste, la lumière éternelle de ses flambeaux roulant si fièrement sur nos testes, et les mouvements espouvantables de cette mer infinie soyent establis et se continuent tant de siècles pour sa commodité et son service[1] ? » Or, en parlant de la sorte, il ne fait que démentir un théologien qui plaidait les causes finales et l'économie providentielle de l'univers[2].

L'homme et les animaux. — Sa prétendue royauté.
— De ces hauteurs redescendant sur terre, il confond par un nouvel argument la présomption de notre espèce qui dédaigne comme inférieurs les autres habitants de notre planète. Considérant les animaux, hirondelles, chiens, faucons, bœufs, pies, araignées, éléphants, il célèbre leurs instincts, leur langage, leur industrie, « leur délibération, pensement et conclusion », leur fidélité, j'allais dire leurs vertus, et même, dans certains cas « une sorte de vénération ou religion[3]. » En un mot, il nous les présente comme des *confrères*[4], et les élève jusqu'à nous, pour mieux nous abais-

---

1. Raymond Sebond disait en effet : « Homme, jette hardiment ta vue bien loin autour de toi, et contemple si de tant de membres, de tant de diverses pièces de cette grande machine *il y en a aucune qui ne te serve*. Ce ciel, cette terre, cet air, cette mer et tout ce qui est en eux *est continuellement embesogné* pour ton service. Ce branle divers du soleil, cette constante variété des saisons *ne regardent qu'à ta nécessité*. Écoute la voix de toutes les créatures qui le crie. Le ciel te dit : Je te fournis la lumière du jour, afin que tu veilles ; l'ombre de la nuit, afin que tu dormes. »

2. Pascal dira : « Que l'homme, étant revenu à soi, considère ce qu'il est au prix de ce qui est ; qu'il se regarde comme égaré dans ce canton détourné de la nature ; et que, de ce petit cachot où il se trouve logé, j'entends l'univers, il apprenne à estimer la terre, les royaumes, les villes, et soi-même son juste prix. » (*Ed. Havet*, page 2.)

3. Il prétend qu'après plusieurs ablutions et purifications, les éléphants haussent leur trompe, et « se plantent en contemplation, » devant le soleil levant.

4. C'est le mot de Lamartine sur son chien *Fido* :

Frère, à quelque degré qu'ait voulu la nature.

ser jusqu'à eux. C'est l'antipode de la théorie cartésienne qui ne verra dans les bêtes que de simples automates. Tout au moins nous refuse-t-il le droit de mépriser ces humbles existences, et de mesurer l'intervalle qui sépare de notre raison ces merveilles d'activité, de prévoyance, de dévouement ou de courage. « Quand je me joue à ma chatte, dit-il, qui scait si elle passe son temps de moy plus que je ne fais d'elle? » Ne laissant pas même à notre vanité le privilège de certaines misères que les animaux ignorent[1], il nous ramène outrageusement à la condition commune, et nous refoule dans la troupe des êtres obscurs qui peuplent la surface du globe.

Les arts de la paix et de la guerre. — Quant aux arts et aux inventions qui sont le génie de la paix ou de la guerre, il ne peut nous en ravir l'honneur; mais il incrimine l'usage qu'en font trop souvent nos passions. Eh quoi! s'écrie-t-il, s'il est glorieux de verser le sang de nos semblables, cette fureur ne sévit-elle pas aussi parmi toutes les races vivantes? Deux essaims ne savent-ils point lutter et mourir aussi vaillamment que deux armées? Sans doute nos moyens de destruction sont plus terribles; mais pareils appétits agitent un ciron et un puissant monarque. Il ne tarit pas en sarcasmes contre les conquérants et leurs exploits. Jugez-en par ce trait : « Ceste armée, ce furieux monstre à tant de bras et à tant de testes, c'est toujours l'homme, foible et calamiteux; ce n'est qu'une *fourmillière esmue et eschauffée*: un souffle de vent contraire, le croassement d'un vol de corbeaux, le fauls pas d'un cheval, le passage fortuit d'un aigle, un songe, une voix, un signe, une brouée matinière suffisent à le renverser et porter par terre. Donnez-luy seulement d'un rayon de soleil par le visage, le voyla fondu et esvanoui; qu'on luy esvente seulement un peu de poulsière aux yeulx comme aux mouches à miel de nostre poete, voyla toutes nos enseignes, nos légions, et le grand Pompeius mesme à leur teste, rompus et fracassés. » C'est encore ici que se rencontre cette

---

1. Il n'est pas vrai, dit-il, que l'homme naisse plus nu, plus désarmé que les autres êtres.

énergique pensée : « Quant à la force, il n'est animal au monde en butte à tant d'offenses que l'homme; il ne nous fault point une baleine, un éléphant et un crocodile, ny tels aultres animaux desquels un seul est capable de desfaire un grand nombre d'hommes : les *pouils* sont suffisants pour faire vacquer la dictature de Sylla; c'est le desjeuner d'un petit ver que le cœur et la vie d'un grand et triomphant empereur. » Ce motif, Pascal n'aura plus qu'à le reprendre. Le *petit grain de sable* y jouera l'office d'un insecte qu'on ne nommait pas au dix-septième siècle [1]. Seulement, il nous offre le contrepoison de cette moquerie décourageante, quand il dit : « L'homme n'est qu'un roseau, le plus faible de la nature, mais c'est un roseau pensant. Il ne faut pas que l'univers entier s'arme pour l'écraser. Une vapeur, une goutte d'eau, suffit pour le tuer. Mais, quand l'univers l'écraseroit, l'homme seroit encore plus noble que ce qui le tue, parce qu'il sait qu'il meurt, et l'avantage que l'univers a sur lui. L'univers n'en sait rien [2]. » Voilà ce que Montaigne n'ajoute point; car, chez lui, notre bassesse n'a pas de contrepoids. Il se garde bien de nous tirer du néant où il nous plonge. Il n'appelle point le coup d'État de la Grâce pour en finir avec ces misères « qui nous tiennent à la gorge. » Au contraire, il nous y condamne définitivement.

La science et les religions. — Il n'est pas jusqu'à la science dont il ne raille les ambitions. A peine sert-elle à nous mieux convaincre de notre ignorance; car, vue de près, elle n'est qu'incertitude et déception. Au lieu de nous rendre plus humbles, elle ne fait qu'exalter notre orgueil, parfois jusqu'à la folie [3]. La philosophie, par exemple, qu'on répute le sublime effort d'un libre esprit, qu'est-elle sinon un stérile conflit d'opinions variables et d'imaginations

---

1. « Cromwell alloit ravager toute la chrétienté : la famille royale étoit perdue, et la sienne à jamais puissante, sans un petit grain de sable qui se mit dans son uretère. Rome même alloit trembler sous lui; mais ce petit gravier s'étant mis là, il est mort, sa famille abaissée, tout en paix, et le roi rétabli. » (Ed. Havet I, p. 35). Pascal n'est pas plus poignant que Montaigne : il l'égale.
2. Ed. Havet I, p. 10.
3. Quelle différence, dit-il « entre la folie et les gaillardes élévations d'un esprit libre? »

qui s'érigent en raisonnements, enfin, un « *tintamarre de cervelles?*[1] » Il faut le voir ralliant les pièces de son érudition d'ordinaire si discursive, charger l'ennemi de toutes ses forces et battre coup sur coup, séparément, chaque corps de doctrine, chacun des princes de la pensée.

Les religions ne sont pas non plus épargnées; car c'est là surtout que la fantaisie humaine lui semble s'être donné carrière. Un trait commun caractérise leurs docteurs; ils s'entêtent à chercher dans la divinité notre image embellie, et à la placer de leurs mains sur l'autel où nous l'adorons. Pourtant, il est une croyance qu'il met hors de cause, comme trop respectable pour qu'il en parle. En la reléguant sur une sorte de cime inabordable, en dehors de nos atteintes, il se borne à blâmer également et la témérité de ceux qui l'attaquent et la cruauté de ceux qui la défendent par le fer et le feu; car « c'est, dit-il, mettre nos conjectures à bien haut prix que *d'en faire cuire un homme tout vif.* » Sous la réserve d'un politique avisé qui, par circonspection, se plie à l'habitude, ne pourrait-on pas soupçonner au moins l'indifférence?

L'impuissance de la raison même. Précautions oratoires d'un sceptique à outrance. — S'il chasse la certitude de tous les refuges où elle cherchait asile, n'en soyons pas surpris. C'est qu'aux yeux de Montaigne notre entendement n'a pas plus de stabilité que son objet. Non seulement il lui est impossible de prendre pied sur un terrain si mouvant; mais ses impressions d'un jour se renouvellent incessamment, comme le flot qui pousse le flot. Hors de nous et en nous, tout passe donc comme un torrent. Un sens de moins, et voici que nous apparaît un autre univers. Un sens de plus, et toutes nos connaissances sont aussitôt bouleversées. Nous ne sommes d'accord ni avec nos aïeux, ni avec nos descendants, ni avec nous-mêmes, ni avec les choses; car le spectacle n'est pas plus permanent que le spectateur. « Quelle vérité est-ce que ces montagnes

---

[1] « Fiez-vous à vostre philosophie; vantez-vous d'avoir trouvé la febve au gasteau, à veoir ce tintamare de tant de cervelles philosophiques. »

bornent, mensonge au monde qui se tient au delà[1]? »

Même en supposant qu'il y eût évidence constante et générale, elle ne serait jamais que la conception de l'intelligence humaine, et dès lors n'exprimerait qu'un rapport relatif entre nos organes et ce qui est effectivement. Or, comment nous assurer que l'unité trompeuse de ces perceptions correspond à la réalité? Ce ne serait qu'une façon de voir particulière à notre espèce et à sa condition terrestre. Les titres de cette illusion ne vaudraient pas ailleurs que sur un point imperceptible dans l'espace immense. Au sommet du mont Cenis, ne sommes-nous pas aussi éloignés du ciel que si nous étions au plus profond des mers? Non; rien ne saurait combler l'abîme infranchissable qui nous sépare du séjour inaccessible où réside l'absolu, et « notre loy municipale » n'a pas le moindre lien avec la loy universelle[2]. Si, d'une latitude à une autre, tout change ici-bas, à plus forte raison la diversité doit-elle être infinie dans le vaste sein de la nature. Nos opinions éphémères ne peuvent donc dominer au delà de l'étroite enceinte où nous sommes emprisonnés. La sagesse n'est-elle pas plutôt d'avouer une incertitude qui ne devrait même jamais affirmer son doute? *Que sais-je?* tel est le dernier terme de toute science.

De ce qui précède il ressort que Montaigne n'hésite point à saper la raison par sa base. Pour bafouer ceux qui en abusent, il risque de se perdre avec eux[3]. C'est ce qu'il appelle « un coup désespéré » duquel on ne doit se servir qu'à la dernière extrémité contre ces audacieux dont le dogmatisme despotique engendre la violence et ses orages. Aussi a-t-il déclaré d'avance à la reine Marguerite que cette arme est dangereuse, qu'il est bon de brider le vulgaire

---

1. On reconnaît la pensée de Pascal : « Trois degrés d'élévation du pôle renversent toute la jurisprudence. Un méridien décide de la vérité... Plaisante justice qu'une rivière borne! vérité au-deçà des Pyrénées, erreur au-delà. » (Ed. Havet I, 38.)

2. « Tu ne veois que l'ordre et la police de ce petit caveau où tu es logé, au moins si tu la veois; la divinité a une jurisdiction infinie au-delà; cette pièce n'est rien au prix du tout; c'est une loy municipale que tu allègues; tu ne sçais pas quelle est l'universelle. » Ch. XII.

3. Cette déroute de la raison, c'est la raison d'un homme qui l'accomplit. Si elle est aussi débile qu'il le dit, elle n'a plus même de titre à reconnaître sa faiblesse.

par des lois, des coutumes, des croyances, et de le maintenir dans les voies battues, sous la forte tutelle des traditions. Mais, tout en craignant d'aller trop loin sur une pente glissante, il n'en poursuit pas moins à outrance une gageure qui vise à discréditer toutes nos facultés de connaître. Il est vrai qu'il termine son réquisitoire par une citation de Plutarque rendant hommage à l'Être éternel et nécessaire, en dehors duquel tout est dans un perpétuel écoulement. Mais cette péroraison religieuse ne serait-elle pas comme une belle draperie funèbre étendue sur la tombe où gisent toutes les croyances? Quoi qu'il en soit, il recule Dieu si loin et si haut que la portée de nos regards ne saurait aller jusqu'à lui. La lueur sacrée qui traverse furtivement ces noires profondeurs se perd donc en un ciel morne et silencieux.

Montaigne et Pascal. Affinités et différences. — Tel est ce chapitre dont Pascal disait : « Je vous avoue que je ne puis voir sans joie, dans cet auteur, la superbe raison si invinciblement froissée par ses propres armes, et cette révolte si sanglante de l'homme contre l'homme, laquelle, de la société avec Dieu où il s'élevoit par les maximes, le précipite dans la nature des bêtes; j'aurois aimé de tout mon cœur le ministre d'une si grande vengeance si, étant humble disciple de l'Église, par la foi, il eût suivi les règles de la morale[1]. » On comprend ce cri d'admiration ou d'involontaire reconnaissance; car le souvenir des *Essais* se dresse pour ainsi dire à chaque page des *Pensées*; elles ne feront que mettre en œuvre, avec plus d'énergie, tous les arguments où s'égaie le badinage de Montaigne[2].

---

1. *Entretien de Pascal avec M. de Saci*, Ed. Havet, CXXXI.
2. En voici un exemple : « L'esprit de ce souverain juge du monde n'est pas si indépendant qu'il ne soit sujet à être troublé par le premier tintamarre qui se fait autour de lui. Il ne faut pas le bruit d'un canon pour empêcher ses pensées : il ne faut que le bruit d'une girouette ou d'une poulie. Ne vous étonnez pas s'il ne raisonne pas bien à présent; une mouche bourdonne à ses oreilles : c'en est assez pour le rendre incapable de bon conseil. Si vous voulez qu'il puisse trouver la vérité, chassez cet animal qui tient sa raison en échec, et trouble cette puissante intelligence qui gouverne les villes et les royaumes. Le plaisant Dieu que voilà! » Montaigne avait dit : « J'ai l'esprit tendre, et facile à prendre l'essor; quand il est empesché à part soy, le *moindre bourdonnement de mouche l'assassine*. Ce ne sont pas seulement

Mais entre eux la différence est dans l'intention, par suite dans l'accent, le ton et l'esprit; car ils sont aussi opposés que le jour et la nuit. Pour Montaigne, le doute est « un oreiller commode » sur lequel il s'assoupit nonchalamment. La vue de nos misères ne trouble pas ce doux sommeil : il n'en est ni affligé, ni humilié. « Tout est bon, » voilà sa devise. Or, il n'en sera plus ainsi de Pascal. Ambitieux de savoir et de pouvoir, il voudrait éclairer les aveugles et fortifier les faibles. Aussi nos ignorances et nos défaillances lui deviennent-elles une honte, un deuil, un désespoir. De là cette gravité sombre, cette éloquence mélancolique dont la révolte ou la plainte ne rappelle en rien Montaigne et sa quiétude épicurienne. Tandis que l'un s'amuse, en son naufrage, à laisser sa barque se jouer au gré des flots, parmi les brisants; l'autre cingle et rame tant qu'il peut lutter; et, au moment où désemparé, vaincu, il est enlevé par les lames, l'espérance au cœur, il nage encore, à l'aide d'une épave, vers l'éternelle patrie. C'est que Pascal a vu dans la nature humaine un signe d'ineffaçable grandeur. Il a ressenti ce besoin de lumière qui nous travaille parmi nos ténèbres, et cette impatience d'agir qui sollicite malgré nous notre inertie. Il croit à une destinée supérieure, et voilà pourquoi il ne nous abaisse que pour nous relever; ou du moins s'il nous tient abattus, il ne brise par le ressort de la volonté ; car il éveille dans la conscience une consolation vivace qui la fortifie. En un mot, ce qui, pour Montaigne, n'est que misère d'animal paraît à Pascal misère de roi dépossédé.

Conséquences pratiques du scepticisme théorique. — Indifférence un peu égoïste du citoyen. — La théorie expliquant les sentiments et les actes, nul ne s'étonnera des conséquences pratiques dont Montaigne nous offre l'exemple. Ce que nous appelons aujourd'hui la politique n'occupa jamais dans sa vie une place importante. Bien qu'il eût traversé de grands emplois, et ne se soit point interdit de juger parfois les hommes de son temps, il ne

---

les grands accidents qui renversent nostre jugement, les moindres choses du monde le *tournevirent*. »

prétendait nullement exercer une influence personnelle sur la conduite des affaires. Il se borne à conseiller la prudence qui s'abstient de toute passion. Aussi n'aime-t-il pas qu'on remue les lois de l'église ou de l'état. Dégoûté de la nouveauté, « quelque visage qu'elle porte », il ne veut même pas « qu'on fasse un triage dans les croyances », et prononce « qu'il faut se soumettre en tout à la police ecclésiastique, ou s'en dispenser tout à fait. » Est-ce la peine d'agiter le monde pour des problèmes insolubles? Le mieux n'est-il pas de respecter les institutions établies, non comme bonnes, mais comme établies? Que gagnerait-on au change? Accommodons-nous de ce qui est, sans autre souci que d'y engager la moindre partie de nous-mêmes. « Les choses, à part elles, ont peut-être leur poids, leur mesure et leur condition; mais, au dedans, en nous, l'âme les leur taille comme elle l'entend. » C'est donc duperie que de les prendre à cœur; résignons-nous à des concessions qui n'intéressent que les dehors. Sauvons seulement l'être moral, c'est-à-dire la liberté de conscience, que Montaigne ne ramène point à la liberté des cultes : car il a le tort de ne voir en elle qu'une question de police, et il dédaigne les formes jusqu'à les maintenir. Catholique à Paris, il eût été calviniste à Genève, et partout philosophe. Ce qui lui importe, c'est l'indépendance spéculative; il se réserve le droit de chercher, de comparer, de débattre, de choisir, d'exclure, ou plutôt de ne jamais conclure; mais il ne l'exerce que solitairement, dans sa tour; partout ailleurs, il serait prêt à l'aliéner en faveur de la paix publique et de la sienne. Il irait jusqu'à soumettre le citoyen pour affranchir l'homme. En d'autres termes, sacrifiant l'action à la pensée, il accepte un divorce entre l'une et l'autre, autorise l'immobilité, ne croit guère au progrès, et nous dédommage de la sujétion extérieure par une liberté intérieure qui n'a pas d'autre but qu'elle-même.

Circonstances atténuantes de ce scepticisme. — L'époque. — Les voyages lointains. — La Renaissance. — Apologie de Montaigne. — Tolérance et sagesse. — Ce scepticisme nous devons le réprouver, mais non sans admettre les circonstances qui l'atténuent ou l'excusent. D'abord, il est imputable à une époque de crise qui n'avait encore produit que l'anarchie. Dans la confusion du combat, on ne voyait que les petits côtés des grandes questions, et les erreurs mêlées aux vérités éternelles. A cette cause générale de découragement s'ajoutait alors l'influence des récits publiés par tant de voyageurs qui, depuis les découvertes du quinzième siècle, apportaient maint témoignage sur la variété des mœurs et des opinions. De plus, la renaissance des lettres antiques provoquait entre notre civilisation et celle de Rome ou d'Athènes un parallèle qui ne tournait pas toujours à l'avantage du temps présent. Enfin, il faut bien reconnaître que, dans le voisinage des persécuteurs, le doute était un appel à la tolérance, et une leçon pleine d'opportunité. Car Montaigne aurait pu dire, comme Fontenelle : « Je suis effrayé de la certitude que je vois partout. » Ne soyons donc pas sévères pour ce qui fut sagesse[1] durant l'explosion des guerres civiles et religieuses. Oui, lorsque chacun prétendait tout savoir, il était bon d'opposer une devise modeste à l'insolence de ces dogmes dont la tyrannie s'armait de la force contre les dissidents. Sans doute, Montaigne laissa trop errer sa curiosité ; mais cette façon impartiale et tempérée d'apprécier toutes choses n'en fut pas moins une censure salutaire de ces infatués dont il disait : « Le moyen que je prends pour rabattre leur frénésie, c'est de froisser et fouler aux pieds l'orgueil et l'humaine fierté, de leur faire sentir l'insanité, la vanité et *denéantise* de l'homme, de leur arracher des poings les chétifves armes de leur raison, de leur faire baisser la teste et mordre la terre soubs l'autorité et révérence de la Majesté divine. »

Les généreuses contradictions d'un cœur droit. — L'initiateur qui prépare l'avenir. — Après tout, Montaigne n'a jamais contesté l'essentiel, à savoir les instincts de la conscience, et l'idée de Dieu[2]. Chez lui, ce sanctuaire

---

1. Au seizième siècle, on n'avait pas assez d'esprit pour s'élever jusqu'au doute ; au dix-huitième on en avait trop pour s'y réduire.

2. Ses erreurs mêmes n'ont rien de contagieux : car il ne veut pas être cru sur parole, et nous habitue au libre examen dont il use.

reste debout, et, parmi tant de ruines, il n'en paraît que plus indestructible. Il y a d'ailleurs en tout sceptique de généreuses inconséquences qui peuvent réfuter le vice de la doctrine par la délicatesse des sentiments. Or, son esprit fut trop droit, et son cœur trop humain pour ne pas donner les plus heureux démentis à ses principes, ne fût-ce que par ses exemples. Qui n'aimerait en lui la haine de toute dissimulation, l'entière sincérité, un caractère aussi doux pour les humbles que fier avec les grands, toutes les vertus de l'honnête homme, et surtout un bon sens incomparable? Fut-elle égoïste l'âme qui célébra l'amitié d'un si tendre accent, et s'en fit une religion? Les belles actions eurent-elles jamais plus éloquent interprète? Cet épicurien n'a-t-il pas l'enthousiasme stoïque d'un Caton ou d'un Brutus pour louer l'homme de bien « qui tombe obstiné en son courage, qui, pour quelque danger de la mort voisine, ne retranche aucun point de son assurance, regarde encore, en rendant l'âme, son ennemi d'une vue ferme et desdaigneuse, est battu non pas de nous mais de la Fortune, est tué sans estre vaincu? » La défaite de la justice et du droit a-t-elle inspiré une protestation plus cordiale que celle-ci: « Il y a des pertes triomphantes à l'envy des victoires, et ces quatre victoires sœurs de Salamine, de Platée, de Mycale, de Sicile n'osèrent opposer toute leur gloire ensemble à la gloire de la déconfiture du roy Léonidas et des siens au pas des Thermopyles. » C'est ainsi qu'il s'élève encore au-dessus de lui-même pour nous fortifier contre la crainte de la mort; et le langage qu'il prête alors à la Nature serait digne de Lucrèce [1].

Comme il ne touche point aux fondements de l'ordre social, il a d'autant plus d'autorité quand il s'attaque à des préjugés ridicules ou funestes, à l'astrologie, à la sorcellerie, aux faux miracles, et aux cruautés d'une législation barbare. Il n'est guère de sujet où il ne dise le mot décisif que l'on ne saurait oublier. Ayant pour premier mobile

---

1. « Sortez de ce monde comme vous y estes entré : mesme passage que vous avez fait de la mort à la vie, sans passion et sans frayeur, refaites-le de la vie à la mort. Vostre mort est une des pièces de l'Univers, une pièce de la vie du monde. »

la bienveillance mutuelle, et n'imposant que la simplicité des devoirs séculiers, sa morale sera toujours d'excellent conseil, surtout dans une société où il y aura des colères à pacifier, et des haines à réconcilier. Aussi sa postérité fut-elle l'élite des intelligences habituées à voir de haut les choses humaines et à les juger sans trouble. En détruisant ce qui était périssable, il a donc préparé des éléments pour le monde qu'attendait l'avenir.

La pédagogie de Montaigne et celle de Rabelais. — Parmi bien d'autres preuves, il nous suffira de citer les chapitres où il cause sur l'éducation [1]. Dans l'histoire de la pédagogie, son nom représente éminemment la mesure et l'équilibre; car il use de toutes les méthodes, sans abuser d'aucune. Tandis que Rabelais surmène Gargantua par un travail gigantesque, Montaigne condescend à la faiblesse du premier âge, par la sobriété d'un savoir qui nourrit l'intelligence au lieu de la surcharger. L'un s'attable au banquet de la science avec une gloutonnerie pantagruélique; l'autre est un gourmet qui satisfait un appétit discret. En cela il se souvient de son enfance, et ses principes sont de la gratitude filiale. Élevé en toute aisance, il a peut-être une prédilection trop décidée pour cette vertu riante et facile à laquelle conduisent des routes « ombrageuses, gazonnées et doux-fleurantes. » Mais on ne peut qu'applaudir, quand il combat comme des ennemis personnels ces pédants « qui pillottent la science dans les livres, et ne la logent qu'au bout de leurs lèvres, pour la dégorger seulement, et mettre au vent. » Elles serviraient encore aujourd'hui les censures dirigées contre cette érudition intempérante « qui remplit la mémoire et laisse l'entendement vuide. » Nul n'a mieux senti la nécessité d'enseigner à l'enfant « ce qu'il doit faire estant homme », c'est-à-dire de développer d'abord les facultés, de former un cœur, une raison et une conscience, comme

---

[1]. Consultez les chapitres xxiv et xxv du livre I. (*Du Pédantisme, De l'institution des enfants*, à Mme Diane de Foix), le ch. VII du livre II (*De l'affection des pères*; à Mme d'Estissac) ; le ch. x, du livre II (*Des Livres*), le ch. viii du livre III (*De l'art de conférer*). (Voir l'excellent livre de M. Compayré *Histoire critique des doctrines de l'éducation en France*.)

il nous y invite par cette remarque : « Nous nous enquérons volontiers d'un escholier : Scoit-il du grec et du latin? Escrit-il en vers ou en prose? Ce n'est pas cela qu'il faut demander, mais s'il est devenu meilleur et plus advisé. S'il n'a pas le jugement sain, j'aymerois autant qu'il eust passé le temps à jouer à la paulme ; au moins, son corps en seroit alaigre. » Les lettres mêmes ne lui paraissent qu'un moyen, et non un but. Le maniement des langues étrangères, les voyages, le monde, la compagnie des hommes, l'observation, l'expérience, voilà l'école qu'il préfère : il veut donc que les leçons procèdent des choses plus que des livres[1].

Le psychologue curieux de se connaître lui-même, et la nature humaine en sa personne. — Ce qu'il recommande, il l'a constamment pratiqué, ainsi que l'attestent ces Mémoires intimes dont la franchise provoque la nôtre, et nous apprend à nous mieux connaître, nous et nos semblables. La plupart des moralistes formulent des préceptes, et tracent des caractères ou des tableaux. Or, Montaigne n'a pas la présomption de dicter des lois et de prononcer des arrêts. Il lui suffit de se montrer tel qu'il est[2], sans surfaire ses qualités, ni déguiser ses faiblesses qu'il rend sympathiques par l'ingénuité de ses aveux. Depuis l'heure où il fit vœu de retraite jusqu'à son dernier sommeil, il n'a pas cessé de *s'épier*, d'assister à sa vie, et de surprendre en soi ces mouvements de la nature humaine dont il cherchait les traces dans l'histoire et les effets autour de lui[3]. Rien n'a pu le distraire de cette étude qui, loin de lui coûter un effort, était son plus vif plaisir, son inclination irrésistible. Il nous raconte qu'un jour, renversé de cheval par le choc d'un maladroit, meurtri cruellement, vomissant des flots de sang, et persuadé même

---

1. Est-il nécessaire de rappeler aussi qu'il a protesté contre le régime des corrections physiques, et la brutalité des régents « *enivrés en leur colère?* » Quelle manière pour esveiller l'appétit envers leurs leçons à ces âmes tendres et craintifves de les y guider d'une trogne effroyable, les mains armées du fouet! »

2. « C'est, dit-il, un livre consubstantiel à son auteur, membre de sa vie, non d'une fin tierce et étrangère. »

3. Voilà pourquoi il peut dire à bon droit : « Je suis roy de la matière que je traite. »

que l'atteinte était mortelle, il se regarda mourir avec une attention intense dont le souvenir distinct reste fixé dans les impressions que voici : « Il me sembloit que ma vie ne tenoit plus qu'au bout des lèvres ; je fermois les yeulx pour ayder à la pousser hors, et prenois plaisir à m'alanguir, et à me laisser aller. C'estoit une imagination qui ne faisoit que nager superficiellement à mon âme, aussi tendre et aussi foible que tout le reste, mais à la vérité non seulement exempte de desplaisir, ains meslée à cette doulceur que sentent ceulx qui se laissent glisser au sommeil. » Ne dirait-on pas qu'il examine en naturaliste un sujet étranger? Parmi les événements les plus simples, comme dans les circonstances les plus graves, il considère ainsi son âme de près et au microscope. Les physiciens de l'Observatoire ne sauraient décrire avec plus de précision l'état de l'atmosphère et les plus légères variations du baromètre. Lui aussi, les yeux fixés sur le monde intérieur, il note tous les nuages qui l'obscurcissent, tous les rayons de soleil qui l'éclairent, et les moindres accidents subis par ce *Moi* qui, chez lui, nous fait aimer toutes ses confidences.

Aussi ne dirons-nous point avec Pascal : « Le sot projet que Montaigne a eu de se peindre ! » Car, en cela, il nous fait montre, non de son bien, mais du nôtre. Chacun se reconnaît en lui comme en un miroir devant lequel toutes les figures se reflètent. C'est qu'une seule personne peut résumer l'espèce, et, selon son expression, « porter la forme entière de l'humaine condition [1]. » Voilà le plus bel éloge qu'il mérite ; il prête aux aveugles des yeux pour lire dans leur conscience. Or, cette clairvoyance qu'il communique devient une des principales causes de l'attrait qu'il nous offre et par lequel il flatte notre vanité. Les uns se persuadent volontiers qu'ils ont des qualités analogues aux siennes ; les autres ne sont pas fâchés de découvrir en lui leurs misères, et par suite une excuse. Ainsi, tous ont

---

1. Qui le pourrait mieux que Montaigne? Il sait le revers de toute médaille. Il a toisé et jugé en tous sens la scène de la vie, les honneurs, la naissance, la qualité, tous les systèmes, toutes les coutumes.

plus ou moins l'occasion de répéter ce mot de Pascal : « Ce n'est pas dans Montaigne, mais dans moi que se trouve ce que j'y vois[1]. »

Le lettré. L'humaniste dans le moraliste. L'art de citer les Anciens. — A cette vocation du psychologue s'alliait en lui la passion des lettres. Touché par le souffle de la Renaissance, épris de cette antiquité qui semble sa première patrie, plus sensible que tout autre à cet art de de bien dire où il excellait, il rencontre, pour admirer l'éloquence et la poésie, des accents de poète et d'orateur. Nul n'a donc plus voluptueusement goûté les délices du beau ; et cependant, lorsqu'il en jouit, il n'y met pas d'ordinaire un désintéressement d'artiste. J'entends par là qu'il demande aux maîtres anciens, comme nous-mêmes à son livre, des lumières nouvelles sur la nature humaine, et par conséquent sur son propre cœur[2]. Ils sont pour lui des témoins qu'il interroge sur ce qu'il lui importe de savoir. De là vient qu'il les cite avec tant de complaisance et d'à-propos. Oui, leurs maximes sont entrées dans la substance et la moelle de sa pensée. Aussi ne font-elles que l'éveiller, la continuer, ou l'achever. Jamais elles ne l'étouffent, ni ne la suppléent. Loin de s'en détacher, elles tiennent à ses fibres les plus profondes : on ne pourrait les en arracher sans une sorte de violence ; dans l'harmonieux tissu, la blessure resterait toujours saignante. Les grands classiques ne se distinguent pas plus de Montaigne que les Pères de l'Église ou les Écritures saintes de Bossuet et de sa parole. Ces textes ne sont point « fleurs estrangères » auxquelles il n'a fourni « que le filet à les lier. » Mais il a « transporté dans son solage (terrain) ces raisons, comparaisons et arguments », qui se confondent avec les siens. Il fait dire aux Latins, « non à sa teste, mais à sa suite », ce que le français d'alors, « par foiblesse, ne pourroit si bien signifier ». Du reste, quand il emprunte l'idée, l'expression

---

1. Montaigne, au milieu des périls et des embûches de la guerre civile, vivait heureux par la curiosité. Il eût regretté de perdre un si intéressant spectacle.
2. Montesquieu a dit : « Dans la plupart des auteurs je vois l'homme qui écrit, dans Montaigne l'homme qui pense. »

est à lui ; car il imite « les abeilles qui pillottent deçà, delà les fleurs ; mais elles en font après le miel qui est tout leur : ce n'est plus thym, ni marjolaine. » Ajoutons que le gascon y trouve son compte. En « estoffant ainsi ses discours de ces riches despouilles, » il tient en bride la témérité des censeurs « qui se jettent sur toutes sortes d'escripts : je veux, dit-il, qu'ils donnent une nazarde à Plutarque sur mon nez, et qu'ils s'échaudent à injurier Sénèque en moi. » Bien fin qui réussirait à « le déplumer ! »

Ses préférences. Plutarque, Sénèque. Ses boutades contre Cicéron. Il aime les écrivains de décadence. — Plutarque et Sénèque, tels sont en effet ceux qu'il appelle « ses hommes. » Curieux et indolent, il les adopte parce qu'ils l'amusent sans le fatiguer. Ils ont toujours, soit quelque anecdote pour le distraire, soit des traits piquants pour éveiller un esprit qui redoute l'ennui plus que l'erreur. Il ne peut se passer de Plutarque, « depuis qu'Amyot l'a fait françois [1] ; » car il est si universel et si plein « qu'à toute occasion, et quelque subject extravagant que vous ayez prins, il s'ingère à votre besogne, et vous tend une main libérale et inépuisable de richesses et d'embellissements [2]. » — « Nous aultres ignorants estions perdus, dit-il encore, si ce livre ne nous eust relevés du bourbier : sa mercy [3], nous osons à cett' heure et parler et escrire ; les dames en régentent les maistres d'eschole ; c'est nostre bréviaire [4]. » Quant à Senèque, ce qu'il doit apprécier en lui, c'est sa propre manière [5], et surtout sa faculté maîtresse, l'imagination. On peut dire aussi qu'en général les écrivains de décadence lui agréent par le mordant, l'incisif, les saillies et l'acuité de l'expression. De plus, ils conviennent, par certaines affinités morales, « à un estat trouble

---

[1]. Il avoue « qu'il n'a quasi l'intelligence du grec ».
[2]. Livre II, ch. IX.
[3]. Grâce à lui.
[4]. Livre II, ch. IV.
[5]. Je ne sais quoi « d'aigu, qui nous picque et eslance en sursaut ».
— Il voit en ses doctrines « la cresme de la philosophie ».

et malade » comme le fut le siècle de Montaigne [1]. Enfin, il ne hait pas en eux les demi-vérités, les idées facultatives qui excitent l'attention par l'imprévu, mais ne s'imposent pas par l'évidence [2].

C'est peut-être une des causes qui le rendirent injuste pour Cicéron, chez lequel il rencontre « trop de raisons premières et aisées ». Ses discours lui paraissent « languir autour du pot : ils sont bons pour l'eschole, pour le barreau et le sermon, où nous avons loisir de sommeiller, et sommes après assez à temps pour en retrouver le fil. Il est besoin de parler ainsi aux juges ; c'est un excellent prescheur de commune [3]. » Mais toutes « ces longueries d'apprest » l'impatientent. « S'il a employé une heure à le lire » (ce qui est beaucoup), et qu'il se demande « ce qu'il en a tiré de suc, la pluspart du temps, il n'y treuve que du vent ». Ces préfaces, partitions, définitions et ordonnances sont peine perdue ; car « il ne lui fault point d'alleichement ni de saulse ; il mange bien la viande toute crue ; et, au lieu de lui aiguiser l'appétit par ces préparations et avant-jeux, on le lui lasse et affadit. » Il y a dans ce jugement trop de boutades irrévérentes : mais qui ne les préfèrerait à la routine des opinions toutes faites ?

Son style. Le poète dans le prosateur. L'imagination de Montaigne. — Ces antipathies de nature sont d'un écrivain dont le style « n'est pas tant délicat et peigné comme esloigné d'affectation, desréglé, descousu et hardy, non pédantesque, mais soldatesque. » Il lui plaît même d'imiter cette « débauche qui se veoit en la jeunesse, au port de leurs vestements, un manteau en escharpe, la cape sur une épaule, un bas mal tendu, et qui représente nonchalance de l'art. » De là ses familiarités originales. Veut-il flétrir la corruption présente : « La vertu, dira-t-il, n'est qu'un jargon de collège ; c'est afficquet à pendre en un cabinet ou au bout de la langue, comme au bout de

---

1. C'est ainsi qu'il juge Tacite ; il ajoute : « Vous diriez qu'il nous peinct, qu'il nous pince. »
2. Cette réflexion est de M. Nisard.
3. Il veut dire qu'il parle pour tout le monde, sur un fond d'idées générales.

l'oreille, par parement. » Ici, il compare la mort « à une viande qu'il faut engloutir sans mascher, qui[1] n'a le gosier ferré à glace ». Là, parlant de la vieillesse et de ses humeurs « épineuses », il lui reproche « d'attacher plus de rides en l'esprit qu'au visaige, » et regrette qu'en prenant des années, « les âmes sentent l'aigre et le moisy. » Voilà bien cette façon de dire « comique et privée qui hait à mort de sentir le flatteur. » Dans ces saillies se reconnaît le goût de terroir, l'accent de cet idiome gascon que Montaigne jugeait « autant nerveux ou puissant que le françois est gracieux, abondant et délicat ».

Il a du reste tous les genres d'éloquence, tantôt « les grâces tendres et mignardes » d'un saint François de Sales, tantôt une énergie et une franchise qui rappellent les premiers sermons de Bossuet. Parfois, sa phrase s'abandonne avec une langueur nonchalante; ailleurs, elle s'emporte d'un pas court et pressé, par de brusques sursauts[2]. Il égale, il surpasse ses modèles les plus divers. Il n'est pas une matière que n'égayent ou ne fécondent les nouveautés d'une diction véhémente et abondante, brève et dense, toujours habile à enfoncer le trait et à mêler l'ingénieux au judicieux. Cette faculté d'exprimer est son vrai signe d'élection, le sceptre d'or qui lui assure l'empire, l'enchantement qui conserve son éternelle jeunesse. Plus que tout autre, Montaigne nous rend les idées visibles et palpables. Par le sentiment et la couleur, sa prose a le charme de la poésie. Quelle invention dans le détail! Quel génie créateur! Sous sa plume, tout s'anime et parle aux yeux. Pour lui, concevoir c'est voir, et voir c'est peindre. Sa pensée ne lui apparaît que sous forme d'images, et toutes faciles, transparentes, inattendues. Entre elles, à peine l'aridité d'un passage rapide, « la simple largeur d'un fossé, comme dit Sainte-Beuve, et le temps de sauter en une fertile prairie où pullulent herbes vivaces, parfums

---

[1]. Si l'on n'a pas...

[2]. En général, il n'a pas l'expansion oratoire. Il serait plutôt enclin à la forme coupée. Il estime que « la voix contraincte dans l'estroit canal d'une trompette sort plus aigue, et plus forte, et qu'ainsi l'idée pressée aux pieds nombreux de la poésie s'eslance plus brusquement, et nous fiert (*frappe*) d'une plus vifve secousse. »

sous l'épine, fleurs qui émaillent, insectes qui chantent, et ruisseaux là-dessous, le tout fourmillant et bruissant. » Ces métaphores se continuent, s'enchaînent, se croisent, s'enchevêtrent avec un luxe qui nargue la pusillanime frugalité des rhéteurs. Il enjambe d'une comparaison à l'autre, comme un Basque agile, d'un jarret souple et d'un pied leste. Voici, pris, au hasard, un exemple, entre mille, de cette inépuisable efflorescence. Il s'agit de ces auteurs contemporains qui ne craignent pas d'insérer en leurs écrits des fragments antiques, même au risque d'un périlleux parallèle : « Hier, il m'advint de tomber sur une telle page ; j'avois traisné languissant après des paroles françoises, si exsangues, si descharnées, si vuides de nature et de sens que ce n'estoit voirement que paroles françoises : au bout d'un long et ennuyeux chemin, je vins à rencontrer une pièce haulte, riche et eslevée jusqu'aux nues. Si j'eusse treuvé la pente doulce et la montée un peu alongée, cela eust été excusable : c'estoit un précipice si droict et si coupé que, dès les six premières paroles, je cogneus que je m'envolois par l'aultre monde ; de là je découvris la fondrière d'où je venois, si basse et si profonde que je n'eus onques puis le cœur de m'y ravaler[1]. » A voir cette série de comparaisons furtives qui se chassent et se remplacent, on dirait un jet qui s'élance d'une source débordante ; il y a même du trop plein, et le flot fait cascade. Grâce à ces innombrables similitudes qu'évoque une sorte d'inspiration lyrique, les idées les plus abstraites prennent un corps, une âme, vivent et se meuvent sous nos regards. On sent que des visions lumineuses obsèdent l'écrivain ; il ne pourrait procéder autrement, voilà sa façon instinctive de penser : il est sous le coup d'une constante hallucination qui le domine et l'entraîne.

Le judicieux dans l'ingénieux. — Aussi plaindrions-nous ceux qui, blâmant cette exubérance, voudraient « escourter et esclaircir le branchaige de ce tige foisonnant en trop de gaillardise ». Au lieu de lui reprocher, comme

---

1. *Essais*, L. I, ch. XXIV.

fit Pasquier, « d'estre trop espais en figures », admirons plutôt ce qu'il y a de naturel dans ces agréments involontaires : ils sont tels « sur le papier » qu'ils seraient « en sa bouche », dans la verve spontanée d'une causerie. C'est même par là qu'il diffère de Sénèque auquel il doit tant. Ses traits lui viennent presque à son insu : il les rencontre sans les chercher, en s'ingéniant ; il a l'air de se jouer, de s'ébattre [1]. Ce serait donc se méprendre que d'y soupçonner les coquetteries d'un bel esprit. Par exemple, quand il compare un métaphysicien à l'insensé qui « voudroit empoigner l'eau, et perdroit d'autant plus qu'il la serreroit et presseroit davantage », il ne vise qu'à rendre son opinion sensible au lecteur le plus simple. Il en est de même lorsque les amitiés molles et indiscrètes lui paraissent semblables « au lierre qui corrompt et ruyne la paroi qu'il accole », ou bien quand il dit que la vraie science devrait être modeste « comme on voeit les espis les plus chargés de blé s'incliner le plus bas vers le sillon ». Ce ne sont pas là des ornements, mais des arguments [2] ; car il ne songe point aux mots, mais aux choses.

Ses doctrines littéraires sur l'Éloquence et le style. — Comment en serait-il autrement ? Il n'est pas homme à démentir son propre goût. Or, écoutez sa profession de foi littéraire : « Il en est de si sots, qu'ils se destournent de leur voye un quart de lieue, pour courir après un bon mot. Je tors bien plus volontiers une bonne sentence, pour la couldre sur moy que je ne destourne mon fil pour l'aller quérir. Au rebours, c'est aux paroles à servir et à suyvre ; et que le gascon y arrive, si le françois n'y peult aller. Je veulx que les choses surmontent, et qu'elles remplissent

---

1. Il lui arrive en effet de s'amuser à la bagatelle, aux jeux de mots. En voici quelques exemples : « Tout ce qui *paist* ne *plaist* pas. — La maladie se sent ; la santé peu ou point, ni les choses qui nous *oignent*, au prix de celles qui nous *poignent*. — Les *haires* ne rendent pas toujours *hères* ceux qui les portent. »

2. En cela il est comme son ami Horace, dont il disait :
« Il ne se contente poinct d'une superficielle expression : elle le trahiroit ; il voeit plus clair et plus oultre dans les choses. Son esprit crochette et furette tout le magasin des mots et des figures pour se représenter, et les luy fault oultre l'ordinaire, comme sa conception est oultre l'ordinaire. » (III, v.)

de façon l'imagination de celuy qui escoute qu'il n'aye aulcune souvenance des mots[1]. Aussi mérite-t-il cet éloge qu'il fit des anciens : « Leur langaige est tout plein et gros d'une vigueur naturelle et constante ; il n'y a rien d'efforcé, rien de traisnant : tout y marche d'une pareille teneur... Ce n'est pas une éloquence molle seulement et sans offense ; elle est nerveuse et solide, qui ne plaist pas tant comme elle remplit et ravit le plus les plus forts esprits. Quand je veois ces braves formes de s'expliquer, si vifves, si profondes, je ne dis pas que c'est bien dire, je dis que c'est bien penser. C'est la gaillardise de l'imagination qui eslève et qui enfle les paroles. Ceste peinture est conduite non tant par dextérité de main que comme pour avoir l'object plus empreint en l'âme[2]. » A cette école, devenu maître à son tour, comment donc Montaigne ne nous apprendrait-il point « à faire fy de l'éloquence qui fait envie de soy », et non de la vérité[3] ?

Il est créateur de sa langue. — Ce style si personnel ne pouvait naître que dans la pleine liberté du xvie siècle, dans l'anarchie d'un temps où il n'y avait pas de règles pour garrotter un génie indépendant, pas d'exemples pour le contraindre, pas de critiques pour l'effrayer ou le décourager. Il put ainsi s'appartenir, et prendre ses coudées franches. Les obstacles lui devinrent des moyens ; et, tout en estimant à son prix une sorte de langue centrale qui tendait à s'établir, celle de du Bellay ou de Ronsard en vers, celle de Pasquier en prose, il créa son idiome à son image. S'aidant de tous les secours offerts soit par le fonds national, soit par le vocabulaire antique, les dialectes provinciaux ou les glossaires techniques, il parla comme

---

1. L. I, ch. xxv.
2. Il disait encore d'eux : « Les productions des riches et grandes âmes du temps passé sont bien loing au delà de l'extrême estendue de mon imagination et souhaict. Leurs escripts ne me satisfont pas seulement et me remplissent, mais ils *m'estonnent et transissent d'admiration*; je juge leur beauté, je la veois, sinon jusques au bout, au moins si avant qu'il m'est impossible d'y aspirer. » (II, xvii).
3. Il a le droit de dire : « que nostre disciple soit bien pourveu de choses; les paroles ne suyvront que trop ; il les traisnera, si elles ne veulent suyvre. Qui a dans l'esprit une vifve imagination et claire, il la produira soit en bergamesque, soit par mines, s'il est muet. » (I, xxv)

il sentait, et mit toujours du sien en tous ses emprunts. A son premier appel répondent des mouvements soudains, des tours vifs et hardis, de saisissantes hyperboles, des alliances de mots toutes neuves, et des locutions populaires, qui, par ruse ou violence, triomphent de toutes les difficultés inhérentes encore à la rudesse d'un instrument rebelle [1]. Les termes qui existent déjà, il « appesantit et enfonce leur signification, mais prudemment et ingénieusement ». Ceux qui manquent, il les invente, ou, pour y suppléer, s'adresse « au jargon de nos chasses et de nostre guerre, qui est un généreux terrain à emprunter »; car « les formes de parler, comme les herbes, s'amendent et se fortifient » en se transplantant. Là où l'usage n'a plus tout son « lustre », le latin se présente à son aide. Au besoin, il recourt à ce ramage gascon, qu'il estime « singulièrement beau, sec, bref, signifiant, masle et militaire ». Ce fut même l'occasion d'un grief que lui intentèrent les lettrés d'alors, entre autres son ami Estienne Pasquier, un jour qu'il se promenait avec lui, en 1583, à Blois, pendant la tenue des États [2]. Mais, tout en ayant l'air de prêter docilement l'oreille à ces avis, Montaigne n'en tint nul compte, dans les éditions suivantes, et continua d'aller son train, sans nul repentir. N'écrivait-il pas : « La fin principale de mon ouvrage, c'est d'estre exactement mien.... Les imperfections qui sont en moy ordinaires et constantes, ce seroit trahison de les oster. Quand on m'a dict : Voylà un mot du creu de Gascoigne : Voylà une phrase dangereuse (je n'en refuis aulcune de celles qui s'usent emmy les rues françoises ; ceulx qui veulent combattre l'usaige par la grammaire se mocquent). Ouy,

---

[1]. « En nostre langaige, je treuve assez d'estoffe, mais un peu faulte de façon. » L. III, ch. v. — Ailleurs, il dit : « Je le treuve suffisamment abondant, mais on pas maniant et vigoureux suffisamment ; il succombe ordinairement à une puissante conception ; si vous allez tendu, vous sentez souvent qu'il languit soubs vous. »

[1]. « Comme il ne m'en voulut croire, dit Pasquier (Lett. XVIII, 1), je le menai en ma chambre où j'avois son livre, et là, je lui montrai plusieurs manières de parler familières non aux François, ains seulement aux Gascons : *un pateno stre, un debte, un rencontre, ces ouvrages sentent à l'huile et la lampe; la santé que je jouis à présent.* J'estimois qu'à la prochaine impression il donneroit ordre de corriger ces locutions. Toutefois il ne le fit ».

fais-je; mais je corrige les faultes d'inadvertence, non celles de coustume. Est-ce pas ainsi que je parle par tout? me représentai-je pas au vif? Suffit. J'ay faict ce que j'ai voulu. Tout le monde me recognoist en mon livre, et mon livre en moy[1]. »

Sa clientèle. L'Horace français. — Confiant dans l'instinct du premier mouvement, il ne se soucia donc point de se dégasconner[2], et bien lui en prit[3] : car ce caractère individuel est aujourd'hui la gloire d'un écrivain qui après deux siècles, est aussi vivant qu'au premier jour. Disons mieux : les éléments que les puristes d'autrefois voulurent oublier ou rejeter sont encore maintenant de bonne prise; et ce livre unique sera perpétuellement une fontaine de Jouvence où le parler français se retrempe, à chaque crise littéraire, de manière à simuler un renouveau. Dans les âges les plus riches en modèles, « ce bréviaire des honnêtes paresseux et des ignorants studieux[4] » porta bonheur à tous ceux qui l'aimèrent, particulièrement à La Bruyère, Montesquieu et Jean-Jacques Rousseau[5]. Mlle de Gournay prophétisa donc quand elle dit : « Son crédit s'eslevera chaque jour, empeschant que de temps en temps on ne treuve suranné ce que nous disons aujourd'huy, parce qu'il persévérera de le dire, et le faisant juger bon d'autant qu'il sera sien. » Si, aux époques de littérature régulière, il conserva des fidèles, il y eut autour de lui recrudescence de clientèle, lorsque toutes les libertés reprirent enfin faveur. Au plaisir qu'il nous donne peut se mesurer le progrès que chacun a fait dans l'intelligence de la langue française et de ses délicatesses. Il en est pour lui du fond comme de la forme. Tout mot contre-signé par Montaigne est d'emblée

---

1. L. III, ch. v,
2. Ne le croyons pas sur parole quand il accuse sa manière comme « ayant faulte de poli, » et altérée par « la barbarie du cru ».
3. N'en déplaise à Balzac, qui eut l'impertinence de s'en plaindre.
4. L'expression est d'Huet, l'évêque d'Avranches.
5. Au seizième siècle, il y a deux écoles de prose, celle d'Amyot, celle de Montaigne. Entre elles, il y a la distance qui sépare les Attiques des Asiatiques. Autant l'une a le style uni, régulier, autant l'autre est vive, pétulante, énergique, hardie et pittoresque.

hors de page; « il a, selon l'expression de Sainte-Beuve, gagné ses éperons. » De même, le meilleur titre d'une pensée sera toujours : *Montaigne l'a dit.* Cela vaut un passe-port, et l'esprit moderne sait d'avance que cette autorité lui promet tout le contraire de l'adage scolastique : « *Le maître l'a dit.* »

Voilà pourquoi il est impossible de lire Montaigne sans devenir son ami. Dans la région moyenne où il séjourne, à notre portée, il apaise et rassérène l'esprit. Plus on a vécu, plus on découvre en lui et en soi des raisons décisives de goûter les fruits de son expérience. A force de le pratiquer, chacun finit par croire que les *Essais* ont été composés à son intention, pour lui seul. A cet Horace français, qui fut le premier de nos écrivains populaires, nous pourrions donc appliquer l'éloge si tendre qu'il fit de La Boétie : « A nostre première rencontre, qui fust par hasard, nous nous trouvasmes si prins, si cogneus, si obligez, entre nous, que rien dès lors ne nous fust si proche que l'un à l'aultre. »

PASCAL

(1623-1662).

PORTRAIT BIOGRAPHIQUE

Né le 19 juin 1623, à Clermont, dans une famille pleine d'intelligence et de vertu, Blaise Pascal avait trois ans quand il perdit sa mère. Ce fut alors que son père, président à la cour des aides, craignant pour la santé fragile de son fils le rude climat de l'Auvergne, vendit sa charge, et vint s'établir à Paris, avec ses deux filles, Gilberte, qui fut depuis Mme Périer, et Jacqueline, qui mourut religieuse à Port-Royal, en 1661.

Précocité de son génie. — On sait les prodiges de son enfance, si tant est qu'il fût jamais enfant. Élevé librement par un esprit supérieur, il étonna les siens par ses questions ingénieuses et profondes; il les effraya par une curiosité qui déjà voulait savoir et trouvait d'intuition la raison de toutes choses. Car à l'âge où l'on balbutie encore les éléments, il lui était plus facile de découvrir par lui-même les vérités les plus abstraites que de les étudier, ou de les apprendre dans les livres.

A douze ans, écarté des mathématiques par la sollicitude paternelle qui redoutait des secousses trop vives pour des organes trop frêles, seul, sans guide, avec « des barres et des ronds, » il inventa la géométrie, jusqu'à la trente-deuxième proposition du premier livre d'Euclide. Surpris par son père, qui en versa des larmes de joie, et ne résista plus à une vocation irrésistible, il put enfin, sans obstacle, se plonger dans ces sciences qu'il devinait de génie.

A seize ans, déjà célèbre, il publiait un *Traité des sections coniques*, et Descartes refusa de croire qu'une sagacité si précoce fût vraiment d'un adolescent. Logique, physique, mécanique, miracles de calcul, tout lui était donc un jeu.

Mais tandis que le feu de sa jeunesse se dépensait dans cette poursuite passionnée de la certitude, un événement vint troubler la paix d'un austère foyer. En mai 1638, M. Étienne Pascal fut accusé de s'être plaint trop vivement d'une réduction des rentes sur l'Hôtel de ville; et, menacé de la Bastille par Richelieu, il dut se dérober au péril par une fuite précipitée. L'affaire risquait d'avoir des suites fâcheuses, si, en février 1639, ses deux jeunes filles laissées à Paris n'avaient eu la faveur d'être invitées par la duchesse d'Aiguillon, nièce du ministre, à figurer dans une tragi-comédie[1] que des enfants devaient représenter devant le cardinal. Elles jouèrent leur rôle à ravir; et, profitant de l'occasion, la petite Jacqueline, tout en pleurs, sollicita la grâce de son père dans un compliment en vers animés de son esprit et de son cœur. Son Eminence en fut si touchée qu'elle ne se contenta pas de pardonner. M. Étienne Pascal ne tarda point à être nommé intendant des tailles, en Normandie, poste difficile; car il y avait eu là des troubles récents, et les mutins venaient même d'y piller le bureau des recettes.

Il fallut donc partir pour Rouen, et ce fut dans l'intention d'aider son père à régler plus rapidement les comptes de sa province, que Blaise Pascal imagina bientôt sa *machine arithmétique*, mais au prix d'un effort si laborieux que sa santé s'en altéra profondément. Pour se reposer d'un tel labeur, il commença ses expériences sur le *vide*, confirma sa théorie de la pesanteur de l'air, posa les bases du calcul des probabilités, entrevit le calcul différentiel et

---

1. *L'Amour tyrannique*, de Scudéry.

intégral, enfin inventa, dans ses moments perdus, le haquet et même, dit-on, l'omnibus.

La crise morale. Retraite à Port-Royal (1655). — Jusqu'où ne se serait point élancé ce génie qui épouvante l'admiration, si, dès le premier pas, il ne s'était arrêté, comme éperdu, dans la contemplation de l'infini? C'est que les vérités abstraites ne pouvaient suffire à un cœur aussi ambitieux de sainteté que sa raison l'était de certitude, et le jour approchait où il allait se consacrer à un autre idéal. Déjà l'y invitait un appel qu'il put croire providentiel; car, durant son séjour à Rouen, un disciple de l'abbé de Saint-Cyran, le curé de Rouville, venait d'initier aux doctrines de Port-Royal celui qui devait être leur plus ardent défenseur. Il y eut donc là de premiers germes qui grandirent vite dans une âme si naturellement chrétienne.

Mais, avant l'heure décisive, Pascal va traverser encore six ou sept années indécises, pendant lesquelles il trouva quelque douceur aux agréments de la société. L'ordre des médecins, qui intéressèrent sa conscience à la conservation de sa vie déjà compromise, ayant imposé des loisirs et des distractions à un esprit trop tendu, il se laissa glisser dans le monde; et, s'il n'en connut jamais les orages, un fragment éloquent, où vibre l'accent d'une confidence intime, autorise du moins à supposer qu'il sentit la joie et la douleur d'aimer, mais à distance, et dans le secret, une âme digne de la sienne [1]. Ce ne fut du reste qu'un rapide éclair; car nous approchons de la crise qui fixa ses destinées.

Quelle en fut la cause? Est-ce l'accident auquel il n'échappa que par miracle, lorsque, ses chevaux s'étant tout à coup emportés au pont de Neuilly, sa voiture demeura suspendue sur l'abîme? Est-ce cette nuit d'extase dont il conservait le souvenir écrit sur un scapulaire cousu dans son habit? Est-ce l'influence de sa sœur Jacqueline qu'il avait lui-même conduite au seuil du cloître, quelque temps après la mort édifiante de son père? Toujours est-il, qu'à partir de l'année 1655, pris d'un irrémédiable dégoût pour

---

[1] Discours sur les passions de l'amour.

tout ce qui n'est pas Dieu, il se retira définitivement à Port-Royal, au moment où les doctrines jansénistes venaient d'être condamnées par la cour de Rome. C'était l'heure des menaces, des disgrâces, de la ruine peut-être; car les adversaires de cette sainte maison armaient contre elle non-seulement la Sorbonne et le clergé de France, mais le bras du pouvoir. Arnauld et ses amis avaient beau méditer, délibérer, compiler, argumenter; toute leur théologie n'aurait pu conjurer ce péril pressant, s'il n'avait été prévenu par un de ces retours offensifs qui assurent la victoire, ou retardent la défaite.

Les Provinciales (1656-57). — Or ce coup d'éclat fut le triomphe des *Lettres provinciales* publiées sous le nom de Montalte, dans l'intervalle qui s'écoula du 23 janvier 1656 au 1er juin 1657. Elles réussirent du moins à tuer la scolastique en morale, comme Descartes y avait à jamais coupé court en métaphysique. Si la querelle que suscita ce réquisitoire n'a plus aujourd'hui tout son à-propos, la verve d'une ironie magistrale, les principes qui sont le fond même de la conscience, la dialectique d'un bon sens convaincu, et les beautés d'un art supérieur, assurent un intérêt durable à ce pamphlet qui demeure une des dates les plus importantes de notre histoire littéraire. En même temps que Pascal déconcertait l'ennemi par l'audace et l'adresse d'une manœuvre qu'applaudit l'opinion, il donnait à la prose française le premier chef-d'œuvre qu'elle eût produit depuis le *Discours sur la méthode*.

Lui qui visait toujours à la perfection, il dut être heureux d'un succès qui prouvait l'excellence de sa plume; mais il s'en réjouit surtout en vue de la cause à laquelle il s'était dévoué, parce qu'il y voyait le salut des âmes; car, méprisant la renommée, il ne voulait plus vivre que pour ce qu'il crut la vérité. Aussi le problème de la vie humaine devint-il l'unique objet des méditations qu'il disputait à ses continuelles souffrances. C'est l'héroïque spectacle que nous offrent les dernières années de sa courte existence, j'allais dire de sa longue agonie. « Qu'il parle, qu'il prie, qu'il écrive, qu'il s'entretienne avec quelques amis touchés de la même passion des choses divines, il n'a plus qu'un sentiment, qu'une pensée : l'avenir de l'homme au delà de ce monde, la façon de s'y préparer, et le néant de tout le reste. S'il s'oublie un instant hors de cette idée, ou s'il sent s'élever en lui quelque fierté de l'avoir et de la communiquer aux autres, s'il prend plaisir à la louange, s'il s'enivre parfois de sa propre parole, une ceinture de fer lui rappelle, par ses morsures cachées, le peu qu'il est, et ce qu'il a résolu. Son désir ardent de la béatitude et ses angoisses pour le salut n'ont cependant rien d'égoïste. Car il plaint les autres à l'égal de lui-même ; et, comme on s'accorde à louer la force merveilleuse qu'il a reçue du ciel pour pénétrer les esprits et pour remuer les cœurs, il entreprend son grand ouvrage, les *Pensées*, afin de conduire au repos de la foi ceux qui languissent dans le monde, ou, ce qui est pire, qui s'y trouvent heureux[1]. »

Les Pensées. L'apostolat. — Il écrit donc, mais par charité pure, pour tirer ses semblables du mal dont il a souffert lui-même, et les rendre invulnérables aux assauts de l'incrédulité dont il semble pressentir la lointaine invasion, à un siècle de distance. Donner aux vérités de la religion la rigueur d'une certitude scientifique, appliquer à l'apologie des dogmes révélés une méthode et des raisons capables de forcer les plus rebelles dans leurs derniers retranchements ; telle est l'ambition de cette âme, qui, s'attachant à la Croix, comme un naufragé à la planche du salut, portera dans la défense de la foi cette mélancolie dont la tristesse ne fut inspirée à d'autres que par les angoisses du doute.

Mais frappé à mort, il ne put qu'ébaucher un monument dont les matériaux épars ont pour nous la touchante et majestueuse beauté des ruines. Ses *Pensées*, bien que le meilleur n'en soit pas venu jusqu'à nous, et n'ait eu d'autre confident que Dieu, nous le montrent cependant, s'il est possible, plus grand encore par le cœur que par l'intelligence. C'est ce qu'atteste aussi le courage avec lequel il

---

1. Prévost-Paradol. *Études sur les moralistes français*. HACHETTE

supporta les épreuves qui précédèrent sa délivrance. Avec les maux qu'il recevait comme un bienfait et une expiation, redoubla son humilité, son détachement de tout lien terrestre, son amour inquiet et ingénu pour les pauvres. Durant sa dernière maladie, il voulait qu'un indigent fût placé près de lui et qu'il eût toutes les préférences de leur gardien commun. « Ne me plaignez point, disait-il ; la maladie est l'état naturel du chrétien, parce qu'on est par là comme on devrait toujours être, dans la privation de tous les biens et de tous les plaisirs, exempt de toutes les passions qui nous troublent pendant le cours de la vie, et dans l'attente continuelle de la mort. » Ce fut parmi ces sentiments que s'éteignit, en sa trente-neuvième année, le 19 août 1662, cet homme extraordinaire qui embrassa la foi avec une sorte de désespoir, étouffa toute autre passion que celle du vrai, dédaigna la gloire à l'âge où l'on voudrait mourir pour elle, enferma son génie dans un seul objet, le salut de ses semblables, et représentera toujours l'élite des âmes assez généreusement tourmentées par le problème de la destinée humaine pour s'y dévouer, pour s'y sacrifier jusqu'au martyre.

LETTRES PROVINCIALES

(1656.)

I. — Faits Historiques.

Préface théologique des Provinciales. — Les Molinistes et les Jansénistes. — L'Augustinus défendu par Arnauld, condamné par le Saint-Siège. — Quelles sont les cinq propositions de Jansénius[1]? Les a-t-il formulées

---

1. Né en 1585, au village d'Acquoi, près de Léerdam, en Hollande. Cornelius Jansenius fut d'abord principal d'un collège à Bayonne et à Louvain, puis professeur de théologie à l'Université de cette ville, enfin évêque d'Ypres, en 1635. Il mourut de la peste, en 1638. Son plus célèbre ouvrage est l'*Augustinus*, publié

textuellement? La cour de Rome a-t-elle eu raison de les condamner? Où finit l'orthodoxie? Où commence l'hérésie? Que faut-il entendre par les termes de *grâce suffisante, grâce efficace, pouvoir prochain*[1]? Voilà des questions qui sont la préface des *Provinciales*, et sur lesquelles il conviendrait peut-être de dire un mot, avant d'aborder l'œuvre de Pascal. Mais, si les théologiens les plus compétents ont eu peine à les comprendre, et ne réussirent pas à les résoudre, nous n'avons point de lumières pour éclairer ces ténèbres. Bornons-nous donc à rappeler que le problème du libre arbitre fut le champ de bataille où s'engagèrent les hostilités entre les Molinistes[2] et leurs adversaires. Les uns, associant l'âme humaine aux opérations du salut, essayaient de concilier la Liberté avec la toute-puissance de la *Grâce*. Les autres, inclinant vers la prédestination, croyaient que, depuis la chute originelle, la misère de l'Homme est incurable, sans le miracle de la *grâce efficace*, qui frappe ses coups où il lui plaît, et peut seule racheter gratuitement ses élus: car, à leurs yeux, la *grâce suffisante* est celle qui ne suffit pas. Aussi le Christ des Jansénistes a-t-il les bras fermés. Au risque de décourager les faibles par un idéal inaccessible, ils dédaignent les vertus communes et moyennes; ils exigent de la nature un suprême effort, et ne visent à rien moins qu'à la Sainteté[3].

---

en 1640. Il y combattait la doctrine de Molina, théologien jésuite, par celle de saint Augustin. Nicolas Cornet, syndic de la Faculté de Paris, en tira cinq propositions qui furent condamnées par Innocent X, en 1653, et par Alexandre VII, en 1656. Mais Port-Royal les prit sous son patronage. Toutefois, les Jansénistes, n'osant les défendre directement, après la censure pontificale, soutinrent qu'elles n'étaient pas exprimées textuellement par Jansénius, et que le pape s'était trompé sur la *question de fait*. Ce fut la thèse d'Arnauld. Il faut étudier dans l'édition de M. Havet tout ce qui intéresse le problème théologique.

1. La grâce suffisante prépare ou ébauche l'œuvre du salut. La grâce efficace peut seule l'achever. Quant au Pouvoir prochain, la première lettre de Pascal nous apprend que ses partisans ne pouvaient le définir.

2. En 1588, avait paru le livre du Jésuite Louis Molina sur l'*Accord du libre arbitre et de la grâce*.

3. C'est ce qui faisait dire au bon sens de Bossuet: « Certains docteurs ont tenu la conscience captive sous des rigueurs très injustes. Ils trouvent partout des crimes nouveaux, et accablent la foiblesse humaine, en ajoutant au joug que Dieu nous impose. Qui ne voit que cette rigueur enfle la présomption, nourrit le dédain,

Ces tendances n'attendaient qu'une occasion pour entrer en conflit. Or, elle leur fut offerte par l'*Augustinus*, ouvrage posthume où Jansénius opposait à l'optimisme accommodant de Louis Molina les rigueurs de son pessimisme fataliste, et le mettait sous le patronage de saint Augustin. Nous retrouvons en effet dans ces débats le contraste de Philinte, et d'Alceste, d'Epicure et de Zénon. Il y avait antipathie entre des docteurs d'un côté trop faciles, et prompts à tous les compromis, de l'autre trop sourcilleux, trop durs, et plus chrétiens que l'Évangile même. A Port-Royal, les cœurs et les consciences se reconnurent dès l'abord dans le stoïcisme d'un maître dont l'abbé de Saint-Cyran avait été le plus cher disciple[1]. Aussi Arnauld et ses fidèles déployèrent-ils tout leur zèle en faveur des cinq propositions suspectes que Nicolas Cornet, syndic de la Faculté de théologie, venait de déférer à la juridiction du saint-siège. Ils les défendirent d'abord ouvertement et sans réserves, puis, après une triple censure[2], avec des restrictions sous lesquelles grondaient les murmures d'une sourde révolte.

Rivalités de sectes. — Concurrence jalouse. — Port-Royal suspect à la Cour. — Tels furent les préludes d'une querelle en apparence dogmatique, mais qui recouvrait des intérêts, des passions et des rivalités de secte; car il est manifeste que les Jésuites, jusqu'alors maîtres de l'éducation, ne virent pas sans jalousie la renommée croissante d'une école qui attirait les enfants des plus illustres familles. Cette concurrence alarma l'esprit conquérant d'une Compagnie ambitieuse, et elle n'épargna ni la ruse, ni la violence pour discréditer ou détruire l'institution qui lui faisait ombrage. Les circonstances se prêtaient à ces colères; car, durant la Fronde, les jansénistes avaient plus d'une fois secondé les cabales du cardinal de Retz, et, de-

entretient un chagrin superbe et un esprit de fastueuse singularité, fait paroître la vertu trop pesante, l'Évangile excessif, et le christianisme impossible. » (*Oraison funèbre de Nicolas Cornet.*)

1. Duvergier de Hauranne, abbé de Saint-Cyran, théologien adroit, remuant, impérieux, eut lui-même pour disciples et amis Arnauld, Lemaistre de Sacy, et toute la fleur de Port-Royal. (1581-1643).

2. Elles furent condamnées par Urbain VIII en 1643, par Innocent X le 9 juin 1653, par Alexandre VII en 1656.

puis ses disgrâces, leur plume, comme leur bourse, était au service de ses intrigues. Aux défiances des autorités ecclésiastiques s'associaient donc les rancunes de la Cour, comme le prouva l'empressement avec lequel les lettres patentes du Roi confirmèrent l'arrêt prononcé par Innocent X, le 9 juin 1653, et par Alexandre VII, le 16 octobre 1656. Quand l'orage eut ainsi passé les monts, le péril devint si menaçant qu'Arnauld lui-même jugea prudent de faire le mort; mais cet armistice dérangeait les calculs de ceux qui voulaient le perdre définitivement lui et ses amis. Aussi le provoquèrent-ils à de nouveaux éclats par des pamphlets injurieux, qui appelaient une riposte[1]; elle suivit de près, et ce fut l'étincelle qui mit le feu aux poudres.

Complots de sacristie. — L'affaire du duc de Liancourt. — Les deux lettres d'Arnauld censurées en Sorbonne. — Question de fait. — Nous ne raconterons pas en détail ces complots de sacristie, et ces escarmouches de collège. Signalons seulement l'incident qui donna naissance aux Provinciales. Nous voulons parler du démêlé que le duc de Liancourt eut avec un prêtre de sa paroisse. S'étant présenté, le 31 janvier 1655, à son confesseur ordinaire M. Picoté, vicaire de Saint-Sulpice, ce grand seigneur se vit refuser l'absolution, sous prétexte qu'il logeait chez lui un janséniste, l'abbé de Bourzeis, et qu'il faisait élever à Port-Royal sa petite-fille, Mlle de la Roche-Guyon. On s'imagine le scandale d'une pareille affaire, en un temps de pratique fervente. Malgré sa promesse de garder le silence, Arnauld ne put se contenir; et, coup sur coup, il lança une *Première Lettre à une personne de condition*, puis une seconde *à un Duc et Pair*[2], c'est-à-dire deux volumes qui furent une bonne fortune pour le Père Annat et consorts; car ils ne manquèrent pas d'y découvrir l'apologie de

---

[1]. Dans une pièce de vers latins qui se débitait au collège des Jésuites, les Jansénistes étaient traités de *Grenouilles du lac de Genève* (*Rana Gebenneis prognata paludibus.*)

Déjà, en 1651, le P. Brisacier appelait les religieuses de Port-Royal des « vierges folles, impénitentes, asacramentaires, incommuniantes et phantastiques. »

[2]. Le duc de Luynes : 10 juillet 1655.

Jansénius; et le factum fut aussitôt dénoncé à M. Claude Guyart, nouveau syndic de la Faculté de théologie, tout dévoué au parti Moliniste. Sans désemparer, celui-ci fit nommer, pour l'examen du procès, des commissaires dont il était sûr. Par surcroît de précautions, n'avait-il pas eu soin de recruter un renfort de moines surnuméraires dont les suffrages étaient gagnés d'avance? Il est vrai que soixante opposants protestèrent devant le Parlement contre cette manœuvre; mais, l'appel ayant été mis à néant, la cause revint en Sorbonne pour y être tranchée par les intéressés. Cependant, Arnauld luttait en désespéré. Tantôt il dépêchait mémoires sur mémoires; tantôt sa fierté baissait pavillon, et se faisait aussi humble que possible, mais en pure perte; car, le 14 janvier 1656, il finit par succomber sur la question de fait[1], à la pluralité de cent quatre-vingt-quatre voix contre soixante et onze : quinze votants restèrent neutres. C'était une flétrissure, et très retentissante; car ces débats suscitaient alors une ardente curiosité. Pour s'en faire une idée, il faut se figurer les plus chaudes séances de la Chambre, dans les journées militantes de la Restauration. Ce fut donc l'événement de la cour et de la ville. « Vos docteurs parlent trop, » avait dit la Reine à la princesse de Guémenée. Le cardinal de Mazarin s'en émut lui-même; car il pria l'évêque d'Orléans « d'accommoder une affaire dont les femmes ne faisaient que jaser, quoi qu'elles n'y entendîssent rien, non plus que lui. »

Question de droit. — Nécessité d'une revanche devant l'opinion. — Appel fait à Pascal. — Ses griefs personnels contre les Jésuites. — Vaincu dans un premier engagement, Arnauld n'avait plus de revanche à espérer, du moins en Sorbonne; car, dès le 18 janvier, encore tout meurtri de sa défaite, il se vit attaqué de nouveau sur la question de droit[2] par des ennemis résolus à le baillonner,

---

1. Arnauld prétendait que les propositions incriminées n'étaient pas dans Jansénius, et que le pape s'était trompé sur la question de fait. Restait à traiter la question de droit, sur laquelle il fut encore condamné.

2. Le 1ᵉʳ février, Arnauld fut exclu solennellement de la Sorbonne, et déchu de

et à lui arracher son bonnet de docteur. S'il ne voulait pas
« se laisser condamner comme un enfant », il ne lui restait donc plus que la ressource d'en appeler au tribunal de
l'opinion et de plaider sa cause devant le grand public.
C'était le conseil donné par tous les amis du dehors; et,
cédant à ces instances, il reprit ses armes, mais d'une main
que la fatigue du combat rendait encore plus pesante. On
s'en aperçut trop lorsqu'il lut « à ces Messieurs » un premier essai d'apologie. Malgré leurs préventions sympathiques, nul applaudissement ne se fit entendre ; et, comprenant ce silence, Arnauld, « qui n'était pas jaloux de
louanges, » leur dit: « Je vois bien que ceci vous paraît
mauvais, et je crois que vous avez raison. » Puis, se retournant vers Pascal, qui, par un heureux hasard, se
trouvait là, il ajouta : « Mais vous qui êtes jeune, qui êtes
curieux, vous devriez nous faire quelque chose[1]. » N'ayant
écrit jusque-là que sur les sciences, et ne sachant pas s'il
suffirait à une si grave responsabilité, il promit simplement
d'esquisser un projet, laissant à d'autres le soin de le
polir et de l'achever. C'était là beaucoup de modestie ; car
« il avoit, comme dit sa sœur, une éloquence naturelle qui
lui donnoit une facilité merveilleuse à dire ce qu'il vouloit;
il y ajoutoit des règles dont il se servoit si avantageusement
qu'il étoit maître de son style, en sorte que son discours
faisoit l'effet qu'il s'étoit proposé. » Toujours est-il que,
dès le lendemain, sa plume se mit en campagne, et avec
d'autant plus d'entrain qu'il avait lui-même des griefs
personnels contre les Jésuites. Ceux de Montferrand ne
l'avaient-ils point accusé de s'être attribué, dans ses travaux sur le *Vide*, des découvertes faites par des Italiens ?
Piqué au vif par cette calomnie, il eût vertement riposté,
si le Père Noël n'était intervenu par de mielleuses prières
qui n'en furent pas moins suivies de nouvelles attaques
poussées jusqu'à l'injure. Le père de Pascal s'en plaignit
amèrement, et même écrivit alors au diffamateur : « Vous

---

ses privilèges de docteur. La seconde de ses propositions avait été condamnée
comme hérétique.

1. Ces détails sont tirés des Mémoires de Mme Périer sœur de Pascal.

vous êtes exposé à ce qu'un jeune homme provoqué sans sujet se porte à réfuter vos invectives en termes capables de vous causer un *éternel repentir.* »

Louis de Montalte. — Tour mondain et cavalier des petites Lettres. — Il y eut dans ce mot quelque chose de prophétique, si l'on en juge par la popularité triomphale de l'immortel pamphlet qui, publié du 23 janvier 1656 au mois de mars 1657, parut sous forme épistolaire, d'abord sans signature, ensuite avec ce titre : « *Lettres écrites par Louis de Montalte à un Provincial de ses amis, et aux Révérends Pères Jésuites, sur le sujet de la morale et de la politique de ces Pères*[1]. »

Dès son début, l'avocat fit merveille ; et, le jour où il soumit à la docte compagnie ce qu'il croyait une ébauche, il n'y eut qu'une voix pour s'écrier : « Cela est excellent ; il faut l'imprimer. » Jamais Port-Royal ne s'était vu à pareille fête. Ce ton de polémique alerte et cavalière tranchait d'emblée sur le style habituel de la maison, les interminables périodes, l'ampleur, la redondance, la rotondité, la monotonie, le sempiternel retour des mêmes

---

1. C'est le titre que porte le recueil de 1657. Par une sorte de défi, Pascal mit à sa seconde lettre cette énigmatique souscription : *Votre très humble et très obéissant serviteur* : A. A. B. P. A. F. D. E. P : (ancien ami Blaise Pascal Auvergnat, fils d'Etienne Pascal.)

La première lettre exalte ironiquement l'autorité de la Sorbonne. La montagne en travail enfante une ridicule souris, ce mot de *pouvoir prochain*, sur le sens duquel les disputants ne pouvaient s'entendre.

La deuxième, qui traite de la grâce suffisante, est datée du 29 janvier, mais ne parut que le 5 février. Elle n'attaquait encore que les Jacobins, et Thomistes, parti de la défection, dont Arnauld avait à se venger.

La troisième roule sur la condamnation définitive d'Arnauld ; c'est là qu'est prononcée cette parole : « Les plus habiles sont ceux qui intriguent beaucoup, qui parlent peu, et qui n'écrivent point. ». On sent que le tour des Jésuites approche.

Les lettres qui suivent, de la quatrième à la seizième, sont l'arsenal des armes qu'il tourne contre les casuistes. Pascal leur reproche la restriction mentale (L. V), la direction d'intention (L. VII), le probabilisme (L. V, XIII). Il les accuse d'enseigner qu'on peut faire son salut en vivant dans les péchés les plus honteux (L. VI. VII, VIII. IX), de nous dispenser d'aimer Dieu, de remplacer la foi par des pratiques extérieures, d'aplanir la route aux vices, pour dominer les consciences et asservir l'Eglise.

La seizième lettre défend les religieux de Port-Royal contre des calomnies outrageantes.

La dix-septième et la dix-huitième reprennent la question de la Grâce qui avait été le point de départ de la querelle.

arguments, l'appareil logique du sermon ou de la plaidoirie, la gravité solennelle d'une langue juste et saine, mais terne, opaque, et impersonnelle. Bien que cette marque de fabrique ne se reconnût pas, les plus austères eurent l'esprit de ne point se scandaliser du tour profane qui signalait ce nouveau venu; car on sentait d'instinct que cette ironie légère était le salut, et qu'une charge brillante pouvait seule tourner un désastre en victoire, comme Pascal eut bientôt la joie de le constater, lorsqu'il se fit écrire par le *Provincial :* « Vos deux lettres n'ont pas été pour moi seul. Tout le monde les voit, tout le monde les entend, tout le monde les croit. Elles ne sont pas seulement estimées par les théologiens; elles sont encore agréables aux gens du monde, et *intelligibles aux femmes mêmes.* »

L'incognito. La police et les conspirateurs. — Au moment où il entrait en scène, il n'appartenait pas encore à Port-Royal. Solitaire amateur, il n'y faisait que des retraites passagères, et logeait près du Luxembourg, chez le poète Patrix, officier du duc d'Orléans, dans une maison qui faisait face à la Porte Saint-Michel. Bientôt même, pour plus de sûreté, il alla se cacher, sous le nom de M. de Mons, dans une petite auberge de la rue des Poirées, à l'enseigne du roi David, derrière la Sorbonne, en face de l'ennemi, vis-à-vis le collège des Jésuites. C'est de là qu'il entretenait une correspondance quotidienne avec « ces Messieurs », et en recevait toutes sortes de munitions dont il faisait bon emploi. M. Périer, son beau-frère, venu à Paris sur ces entrefaites, descendit dans le même hôtel. On raconte même qu'un jour un Jésuite, le Père de Fretat, son cousin, vint le voir, pour l'avertir en bon parent que la société se défiait de M. Pascal, et ne le croyait pas étranger aux *Petites Lettres.* L'angoisse de M. Périer fut grande; car, en ce moment, sur son lit, derrière un rideau entr'ouvert, une vingtaine d'exemplaires de la septième lettre étaient en train de sécher. Pourtant, l'expédient de la restriction mentale le tira d'embarras, et, le bon Père une fois parti, il courut conter l'aventure à

Pascal qui demeurait à l'étage supérieur [1]. Ce mystère avivait d'autant plus la curiosité publique. Mais, embusqué dans l'ombre, l'invisible ennemi décochait impunément ses flèches et jouissait de son incognito. « C'est Nisus dardant ses javelots qui tuent les Rutules près d'Euryale. Seulement ici Euryale, c'est-à-dire Arnauld, est sauf, et Nisus échappe. On est en plein succès de stratagème [2] ». Cependant, les suppositions se croisaient en tous sens. N'alla-t-on pas jusqu'à nommer le vieux Gomberville, un revenant qui remontait à la fondation de l'Académie [3] ? On soupçonnait encore M. Le Roi, abbé de Haute-Fontaine, qui, dans une lettre au Père Esprit, de l'Oratoire (9 février), s'en excusa en assurant « qu'on lui faisoit trop d'honneur ». Les limiers de la police cherchaient aussi la piste, mais on éventait leurs battues; et, tandis qu'ils revenaient bredouille, les conspirateurs, réunis à la sourdine au lieu de leur rendez-vous ordinaire, chez l'abbé de Pontchâteau, riaient, portes closes, des fausses conjectures de l'adversaire et de sa rage impuissante.

Le factotum de Port-Royal. Ses imprimeurs. — Il y eut là des prodiges de discrétion, d'adresse et de ruse. Si on réussit à tromper la vigilance des plus habiles, on le dut principalement à M. de Saint-Gilles d'Asson, l'infatigable *factotum* de Port-Royal. Ses auxiliaires dévoués furent, entre autres, les libraires Petit, Desprez et Savreux. Mais ce dernier seul courut quelque péril. Le 2 février, jour de la Purification, on vint l'arrêter, et le lieutenant criminel l'interrogea, lui, sa femme et ses garçons de boutique. Des scellés furent mis sur les presses de son imprimerie;

---

1. Un laquais de Pascal, nommé Picard, était dans la confidence. C'est lui qui portait les manuscrits à M. Fortin, proviseur du collège d'Harcourt, où était une presse clandestine.

2. Sainte-Beuve. (*Port-Royal* 11-64). C'est le cas de dire avec Virgile :

   Sævit atrox Volscens, nec teli conspicit usquam
   Auctorem, nec quo se ardens immittere possit.

   Arnauld est un singulier Nisus !

3. Né en 1600, mort en 1674, il avait publié, à quatorze ans, un éloge de la vieillesse, en 110 quatrains. Il s'essaya dans l'histoire et le roman.

mais, informée à temps, Mme Savreux avait recueilli les formes dans son tablier; et, passant à travers les gardes comme une autre Judith, elle alla les porter chez un voisin, où, dès la nuit, on tira trois cents exemplaires de la seconde lettre, et le lendemain douze cents. Les magistrats chargés des poursuites étaient les premiers à trouver dans leur carrosse ou sous leur serviette les pièces qui échappaient à toutes leurs enquêtes. M. le chancelier faillit en suffoquer de colère. « Il fallut le saigner jusqu'à huit fois. » Quelques-uns eurent l'esprit de prendre plaisir à ces défis, et le président de Bellièvre attendait impatiemment chaque Provinciale, comme un abonné, pour s'en régaler. Plus d'un lisait par goût les pages qu'il proscrivait par convenance. Tel qui requérait leur lacération eût regretté fort de ne pas les avoir dans sa bibliothèque. Lorsque le Parlement d'Aix ordonna que l'ouvrage fût brûlé sur le pilori par l'exécuteur de haute justice, les conseillers qui les condamnaient ainsi publiquement ne livrèrent au feu qu'un Almanach, tant il leur en coûtait d'anéantir un seul exemplaire du chef-d'œuvre. Cette fois encore, on ne sacrifiait qu'une biche à la place d'Iphigénie. Quant au cardinal de Mazarin que les victimes de Pascal cherchaient à circonvenir, *il reçut la septième lettre*; mais il en rit de si bon cœur qu'il fut désarmé, du moins provisoirement.

Les salons. Propagande; les miracles de la Sainte-Épine. — A plus forte raison les salons furent-ils conquis dès le premier jour[1]. La maison de Mme de Sablé, l'hôtel de Nevers où brillait Mme du Plessis-Guénégaud, et bien d'autres cercles à la mode devinrent des foyers de lecture et de propagande, des bureaux d'annonce et de distribution. « Jamais la Poste, dit un contemporain, ne fit de pareilles recettes. » Des ballots d'exemplaires étaient expédiés dans toutes les villes du royaume, le plus souvent port payé; car la petite Église n'y regardait pas,

---

1. Les *Provinciales* créèrent tout un parti d'indifférents qui servit Port-Royal de son influence mondaine.

ou plutôt elle s'arrangeait de manière à n'y rien perdre, comme l'avoue M. de Saint-Gilles, quand il écrit : « M. Arnauld s'est avisé d'une chose que j'ai utilement pratiquée. Au lieu de donner ces lettres à nos libraires, nous en faisons tirer de chacune 12 rames qui font 6,000, dont la moitié se donne, et dont l'autre, vendue aux libraires, paye les frais d'impression, et *plus*. Ainsi, nos 3,000 ne nous coûtent rien, et *chacun se sauve*[1] ».

Faut-il ajouter que les intérêts du ciel furent aussi engagés dans l'entreprise? car on publia bientôt des miracles accomplis à Port-Royal, entre autres des guérisons opérées par la Sainte-Épine dont cette maison possédait une parcelle. On suscita même des pèlerinages à « ce sanctuaire de la Grâce ». Dans sa seizième lettre, Pascal ne fait-il pas allusion à ces rumeurs mystiques, lorsqu'il parle d'une « voix sainte et terrible qui étonne la nature et console l'Église[2] ? ».

Bref, l'effet produit fut étourdissant : il déconcerta les Jésuites eux-mêmes éblouis par l'éclat des coups portés au cœur de leur Institut. « Il faut avouer, disait l'un d'eux, qu'il sait mieux qu'homme du monde l'art du ridicule, et qu'il s'en sert avec toute la perfection qu'on peut souhaiter. » C'est ce qu'un autre appelait « du poison versé dans la coupe d'or de Babylone[3] ».

Les Provinciales et l'Église gallicane. Les Jésuites condamnés à Paris et à Rome. Censure de Bossuet. — Tandis que les rieurs accueillaient gaiement les Provinciales[4], les Théologiens prenaient la chose très gravement. Dès le 12 mai 1656, alors que les sept premières avaient seules paru, le curé de Saint-Roch, M. Rousse, syndic des curés de Paris, invita ses confrères à pour-

---

1. On ne s'attendait pas à trouver Arnauld si habile en expédients industriels. Ces théologiens étaient gens d'affaires, à l'occasion.
2. Le premier miracle est du vendredi de la mi-carême 1656.
3. Aussi furent-ils déconcertés jusqu'à se taire. Plus tard, ils reprirent leur sang-froid ; mais le talent fit défaut à ces ripostes.
Bourdaloue n'avait pas encore appris sa puissante dialectique à l'école de Pascal.
4. Le public inventa et adopta ce titre pour abréger l'autre. Il finit par s'imposer à l'avenir.

suivre la condamnation soit des Casuistes, s'ils étaient reconnus coupables, soit des Lettres si elles les calomniaient. Mais, comme le diocèse était troublé par des dissentiments sur la juridiction de l'Archevêque, ce dessein ne put avoir son effet. Quelques semaines après, vers le 30 mai, un prêtre de Rouen, l'abbé d'Aulnay, curé de Saint-Maclou, fulmina dans ses sermons contre des doctrines qui scandalisaient l'Église; avertis par ce signal, ses collègues résolurent de nommer des arbitres pour vérifier les textes cités; et, stupéfaits de leur exactitude, ils adressèrent à leur archevêque, M. de Harlay [1], une requête que celui-ci crut devoir renvoyer à l'assemblée générale du clergé. En même temps, les curés de Paris furent invités à suivre cet exemple; l'appel fut entendu : il se propagea même dans les principales villes de France, où il recueillit de nombreuses adhésions, transmises à une commission qui eut pouvoir de parler et d'agir au nom des absents. Après examen du dossier, trente-huit propositions finirent par être déférées, le 26 novembre, au synode où les évêques seuls avaient voix délibérative sur les articles de foi ou de doctrine. Mais la session touchait à sa fin; et, pour cette raison, ou par des motifs de prudence, on ajourna la cause, non toutefois sans prononcer un arrêt indirect; car, le 1er février 1657, il fut décidé qu'il convenait d'imprimer les *Instructions de saint Charles Borromée pour les confesseurs*. Selon les termes du procès verbal, ce livre serait très utile « principalement en ce temps où l'on voit avancer des *maximes si pernicieuses*, si contraires à celles de l'Évangile, et où il se commet tant d'abus en l'administration du sacrement de pénitence, *par la facilité* et l'ignorance *des directeurs*. »

C'était éluder un devoir; mais ce faux-fuyant n'étouffa pas le procès; il fut même envenimé bientôt par la témérité d'un Jésuite, le père Pirot, qui, vers la fin de 1657, payant d'audace en son *Apologie des casuistes*, ne parlait

---

[1]. Il fut depuis archevêque de Paris.

de rien moins que de précipiter les Jansénistes dans le Rhône. Cette maladresse renouvela l'émoi du monde ecclésiastique; et, le 7 janvier 1658, l'assemblée des curés de Paris dénonça ce libelle aux vicaires généraux qui administraient le diocèse pendant l'exil du cardinal de Retz. Un blâme finit par être prononcé en octobre 1658, et le soulèvement de la conscience publique fut tel que, sous cette pression, le saint-siège dut, en 1659, condamner les violences du père Pirot. C'étaient les Provinciales qui, prises même à dose légère, opéraient jusque sur les tempéraments les plus réfractaires. Parmi les témoignages qui l'attestent, signalons un écrit qui semble inspiré par Pascal : c'est la sixième requête des curés de Paris. Raillant le ton plaintif et les doléances patelines des Jésuites, ils disaient : « Voylà comme cette superbe Compagnie tire vanité de sa confusion et de sa honte; mais il faut réprimer cette audace impie d'oser mettre en parallèle son obstination criminelle à défendre ses erreurs avec la sainte et divine constance de Jésus-Christ et des martyrs à souffrir pour la vérité. Car, quelle proportion y a-t-il entre deux choses si éloignées? Le Fils de Dieu et les martyrs n'ont fait autre chose qu'établir les vérités évangéliques, et ont enduré les plus cruels supplices, la mort même, par la violence de ceux qui ont mieux aimé le mensonge. Or, les Jésuites ne travaillent qu'à détruire ces mêmes vérités, et ne souffrent pas la moindre peine pour une opiniâtreté si punissable. »

Tandis que ces protestations retentissaient autour des chaires, le victorieux pamphlet, traduit en latin par Nicole sous le nom trop flamand de Wendrock, ne tardait pas à faire le tour de l'Europe. Il eut beau être mis à l'index par la cour de Rome, et condamné au feu à Paris, le 14 octobre 1660, sur le commandement exprès du Roi et de la Reine, la plainte universelle força deux papes, Alexandre VII en 1665, et Innocent XI en 1679, sinon à lancer une bulle en forme contre la morale relâchée, du moins à réprouver certaines de ses maximes. Mais c'est surtout à l'Église de France que revient l'honneur d'une sentence décisive. Déjà l'assemblée de 1682 prit l'initiative d'une enquête qui aboutit à un projet de censure rédigé par Bossuet. Si le crédit des prévenus réussit à suspendre l'arrêt pendant dix-huit années encore, l'assemblée de 1700 eut le courage de frapper le coup longtemps ajourné. Ce fut encore le vigilant gardien de la tradition gallicane qui dressa le réquisitoire. Ne s'écriait-il pas : « Si, contre toute vraisemblance, et par des considérations que je ne veux ni supposer, ni admettre, l'assemblée se refusoit à prononcer un jugement digne de l'Église, seul, j'élèverois la voix dans un si pressant danger; seul, je révélerois à toute la terre une si honteuse prévarication; seul je publierois la censure de tant d'erreurs monstrueuses? »

Victoire de Pascal. — Il fit plus qu'il ne voulut. — Il est donc vrai de dire que ce grand procès de la morale chrétienne fut gagné par Pascal, au sein même de l'Église [1], à plus forte raison devant la société laïque pour laquelle l'auteur des Provinciales n'a pas cessé d'être un témoin et un juge. Elles purgèrent ainsi la France d'un casuisme qui, venu de l'Espagne, menaçait d'infester le sanctuaire. Bien que préoccupé d'une pensée toute évangélique, Pascal a même contribué à un résultat qu'il ne visait point, et qui l'eût effrayé, s'il l'avait prévu. J'entends par là qu'en soumettant au tribunal de l'opinion des questions réservées jusqu'alors à l'autorité ecclésiastique, il a hâté l'établissement d'une morale exclusivement séculière. Dès lors, le temps n'est pas loin où l'on passera de la critique des théologiens à celle de la théologie.

Il pourrait donc bien avoir fait plus qu'il ne voulait; et il est permis de se demander s'il se reconnaîtrait dans plusieurs de ceux qui, depuis, se sont autorisés de son livre, les uns sans l'avoir jamais lu, les autres avec un esprit fort peu sympathique au sien, et qui l'eût certainement affligé [2].

---

[1]. Si, neuf ans après cette censure, les Jésuites reprirent leur influence avec le père Le Tellier, le bref de Clément XIV abolit la Société, le 1ᵉʳ juillet 1773.

[2]. Pascal était pourtant bien hardi, lorsqu'il disait : « Le *monde devient méfiant et ne croit les choses que quand il les voit*.... Ils ont jugé plus à propos

Les Éditions des Provinciales. — Pour épuiser ce préambule historique, rappelons certains détails de bibliographie qui ne sauraient être dédaignés, lorsqu'il s'agit d'un si grand nom. Chaque lettre parut isolément, dans le format in-quarto, avec une pagination distincte. Quelques exemplaires d'une même lettre offrent de notables différences, ce qui ne doit pas nous étonner; car le même texte s'imprimait clandestinement en plusieurs endroits, chez Petit un des libraires de Port-Royal, dans les caves du Collège d'Harcourt, et dans un moulin situé entre le Pont-Neuf et le Pont au Change. Le premier recueil des *Provinciales* fut publié par Nicole, en 1657, à Cologne, en in-quarto, chez Pierre de la Vallée; elles sont accompagnées d'un avertissement qui expliquait les sujets traités dans chacune d'elles; il fut composé le 5 mai 1657 [1]. La pagination ne se suit pas, les caractères changent d'une lettre à l'autre, et on rencontre même des leçons qui varient selon les exemplaires : cette anomalie s'explique par les difficultés qu'offrit l'impression, même à l'étranger; au soir de la bataille, il fallait encore user d'expédients, et de précautions.

La même année vit deux autres éditions in-douze [2], que signale une variante. On lit dans la première : « Quelques quarante *moines* mendiants », et dans la seconde : « Quelques *religieux* mendiants [3]. » De plus, le texte des trois premières lettres ne concorde pas, d'où l'on peut conclure

---

et plus facile de censurer que de repartir, parce qu'*il leur est bien plus aisé de trouver des moines que des raisons*.... Laissons là leur différend : ce sont des disputes de théologiens et non de théologie. Nous qui ne sommes pas docteurs, nous n'avons que faire à leurs démêlés. » Il ouvrait ainsi la porte au libre examen, et préparait les voies à de plus audacieux que lui. « En discréditant le poison, dit Sainte-Beuve, il risqua de mettre en défiance même contre le remède. »

Ajoutons que Pascal et Molière se vinrent en aide, à leur insu. Jouées en 1659, les *Précieuses ridicules* dégagèrent la gloire des *Provinciales* du faux goût qui régnait à l'entour. En revanche, les *Provinciales* devançaient et annonçaient *Tartuffe*.

1. Comme nous l'apprend l'édition de 1659.
2. Cologne, chez Pierre de La Vallée.
3. Cette édition a pour titre : « les *Provinciales*, avec la théologie morale desdits Pères et nouveaux casuistes, représentée par leurs pratiques et par leurs livres. ». Elle contient des pièces relatives à cette polémique.

que la dernière fut l'objet d'une révision. Entre ces deux in-douze, et l'in-octavo qui parut à Cologne, en 1659, chez Nicolas Schoute [1], Nicole avait fait une traduction latine des *Provinciales*, en 1658 [2]; tantôt il adopte la leçon de 1657, tantôt il devance celle de 1659. Sa version fut elle-même traduite en Français par une Janséniste fervente, Mlle de Joncoux. Tels sont les textes livrés au public, du vivant de Pascal. Le plus authentique est sans contredit celui dont le cahier autographe est à la bibliothèque nationale, et qu'ont reproduit les lettres primitives; car les changements qui suivirent furent inspirés par des scrupules politiques ou littéraires. Les uns, ceux de 1657, adoucissent ou suppriment les violences d'expression. Les autres, ceux de 1659, réparent quelques négligences de style, rajeunissent le tour, et suppriment des mots inutiles. On voit que les amis de Pascal ont passé par là. Donc, si l'on veut le jet le plus sincère de sa plume, il faut recourir à la source originale, fût-ce au prix de quelques aventures grammaticales.

Mais hâtons-nous d'en finir avec ces préliminaires pour aborder l'étude morale et littéraire d'un livre qu'on ne lirait plus aujourd'hui, s'il n'était qu'une controverse théologique.

II. — Étude littéraire.

Intérêts engagés dans ce débat théologique. — Un des travers les plus ordinaires à chaque génération est de ne pas comprendre les soucis familiers aux âges qui ne sont plus. Pour apprécier l'importance d'un débat où ne semblaient engagées que des questions de croyance, il faudrait cependant nous faire un instant contemporains d'une société qui s'intéressait à des disputes de docteurs comme aux pièces de Corneille et aux victoires de Condé [3].

---

1. A Cologne. Nicole y ajouta une histoire des *Provinciales*.
2. Trois volumes in-12.
3. L'opinion agrandissait alors des questions étroites. Faute de mieux, il y avait là un aliment pour l'activité des esprits. Les Jansénistes représentaient, en face du

Or, de nos jours, ces sujets sont tellement indifférents qu'ils nous gâtent même les *Provinciales;* car plus d'un lecteur, s'il est sincère, avouera qu'elles contiennent des parties ingrates que ne sauve pas tout le génie d'un Pascal. Sans y contredire, reconnaissons du moins qu'il serait peu philosophique de se laisser tromper à ces apparences, et que cette querelle, sous des arguties de secte, agitait des problèmes dignes de passionner non seulement les honnêtes gens du dix-septième siècle, mais ceux de tous les temps. Car, à une époque où la parole n'avait pas de tribune, ces conflits de doctrine étaient la seule arène ouverte aux indépendants; or, il s'agissait de savoir si la liberté d'examen serait étouffée par l'intolérance d'une Compagnie toute puissante qui, distribuant jusqu'alors la faveur ou la disgrâce, s'acharnait à menacer de la prison ou de l'exil quelques hommes savants et irréprochables dont le seul tort était de rester fidèles à ce qu'ils croyaient la vérité. Les droits et les devoirs de la conscience furent donc l'enjeu de ce duel inégal où des âmes d'élite, n'ayant pas d'autres armes que le talent et la vertu, luttaient pour la justice et pour l'honneur contre des ennemis ambitieux de dominer à tout prix l'Église et l'État. Leur casuistique n'avait pas d'autre fin ; et, en s'attaquant à ses principes, Pascal vit plus clair que tous ces ergoteurs solennels dont le pédantisme s'obstinait à réfuter des chicanes de Sorbonne.

Stratégie de Pascal. — L'honnête homme parlant au grand public. — Son habileté fut d'abord de ne plus s'enfermer dans le cloître, d'élargir le terrain où il voulait livrer bataille, d'y convoquer le grand public, et d'en appeler au bon sens de tous les esprits non prévenus. Pour y réussir, il lui suffisait de rester fidèle à la pensée qu'il exprimait ainsi : « Il faut qu'on ne puisse dire d'un écrivain ni *il est mathématicien, ni prédicateur, ni éloquent, mais il est honnête homme.* » Beaucoup alors se piquaient

---

Pouvoir, une opposition soutenue par des noms illustres, d'excellents écrits, de hautes amitiés, et la faveur des salons. Leur éloquence tenait moins à la grandeur des sujets qu'à celle des caractères et à la profondeur des convictions.

de l'être; mais, selon la formule de La Rochefoucauld, « le véritable Honnête homme est celui qui ne se pique de rien. » Eh bien, tel fut le premier mérite de Pascal. Il parla comme tout le monde, et pour tout le monde, sans appareil technique, de manière à être entendu des plus frivoles, et des plus simples, fût-ce des femmes et des enfants.

Dès sa première lettre [1], il renonce au ton sérieux qui était de convenance ou de rigueur en ces matières. Je ne sais quel tour fringant annonce le bel esprit et l'homme à la mode qui, deux ans auparavant, faisait rouler sur le pavé de Paris son carrosse à six chevaux. Il se souvient de ces années 1651 et 1652, où il fréquentait ce qu'il y eut de plus jeune en façon et en usage. Il ressemblait si peu à ses maîtres spirituels que l'un d'eux, M. Singlin, en fut d'abord effarouché. Le bonhomme n'en revenait pas; il faillit mettre le holà! Mais on le laissa lever les bras au ciel, et toutes les malices passèrent, jusqu'aux pointes et aux jeux de mots sur le *pouvoir prochain* [2]. A ces légèretés on reconnaît une plume allègre qui s'en donne à cœur joie; c'est pour elle une fête. Et pourtant, elle n'avait pas encore ses coudées franches; car, en ce prélude, comme dans les deux lettres suivantes, Pascal n'est que l'avocat d'Arnauld; il s'attarde à l'affaire de Sorbonne, il dogmatise sur un cas épineux. Or, en se prolongeant, tout agréable qu'il fût par la mise en scène, et les vivacités d'une satire enjouée, ce badinage sur la Grâce et ses effets eût risqué de trahir un peu trop le voisinage de l'école. L'avenir n'aurait pas goûté ces énigmes, et il était à propos de couper court, le plus tôt possible, à ces jeux d'une escrime scolastique.

De théologique, la question devient morale. — Voilà ce que Pascal sentit en stratégiste qui savait l'art de manœuvrer selon les circonstances. Il changea donc brusquement de tactique; et, au lieu de défendre ses clients

---

1. Elle est du 23 janvier; les deux suivantes, ainsi que la dix-septième et la dix-huitième, sont consacrées à la question du Jansénisme proprement dit, aux propositions de Jansénius, et aux griefs intentés contre Arnauld. Les docteurs amis de Port-Royal venaient de se retirer en protestant.

2. « Je vous laisse dans la liberté de tenir pour le mot de *prochain* ou non; car j'aime trop mon *prochain* pour le persécuter. »

jansénistes, prenant l'offensive, il tourna droit sur les Jésuites qu'il avait à peine effleurés jusque-là de quelques traits furtifs[1]. Cette diversion qui semblait l'accessoire devint dès lors le principal, et détermina le caractère définitif de l'ensemble. L'adversaire lui faisait la partie belle; car, de tous les égarements de l'esprit, le plus odieux est la prétention de justifier les mauvaises actions par de bonnes raisons, de fausser la loi en ayant l'air de la respecter, et d'outrager Dieu en dépravant les hommes sous couleur de diriger les consciences. Or, même en faisant la part des entraînements que comporte la polémique, et en reconnaissant que tous les Jésuites ne furent point des sophistes ou des corrupteurs[2], il n'en reste pas moins certain que nulle Compagnie ne s'était servie plus adroitement de la casuistique pour mener le train du monde. Il y avait là des complaisances qui devenaient un scandale religieux et un péril social. En flattant les vices ou même les crimes par intérêt politique, les prédicateurs de la morale facile altéraient le plus beau caractère de la loi chrétienne, qui est son universalité. En diffamant l'Évangile par leur jurisprudence équivoque, et ravalant ses pures maximes aux rouages d'une procédure astucieuse, non seulement ils dégradaient le ministère des âmes, mais ils semaient parmi les peuples des germes dissolvants et malsains. C'était donc faire œuvre salutaire que de combattre ces lâches compromissions. Voilà ce que Pascal accomplit merveilleusement; et, s'il y mit l'accent d'une vengeance personnelle, nul n'a droit de le lui reprocher. On comprend qu'en face d'Escobar et de ses complices Italiens ou Espagnols, tout un plan de guerre se soit à l'instant déroulé devant ses yeux; car la Conscience était

---

1. Cette manœuvre se déclare dans la quatrième lettre. Les treize suivantes continuèrent de plus belle.

2. Dans tout pamphlet, il y a un avocat plus qu'un juge. On peut du moins remarquer avec M. Villemain qu'une Société qui portait son empire en des pays si différents de mœurs, de coutumes, de préjugés nationaux et domestiques se trouva par-là même trop facilement tentée d'assouplir la règle aux milieux les plus opposés. Les casuistes qui légitimaient le duel, et parfois l'homicide, étaient espagnols et siciliens, c'est-à-dire appartenaient à des pays où la vengeance est héréditairement consacrée.

pour lui le sanctuaire même du christianisme. Empoisonner le cœur, c'est-à-dire la source de la Grâce, devait donc lui paraître un crime inexpiable ; et ses fibres les plus intimes en tressaillirent d'une sainte colère. De là, ce duel à outrance, où ce qui fut tué est bien mort.

Adresse de la mise en œuvre. Les Jésuites confessés par Pascal. L'esprit géométrique dans la polémique. Procédé dramatique. Le cadre. — Mais, pour rendre son réquisitoire populaire, il ne lui suffisait pas de choisir comme champ clos une cause telle que tout spectateur fît des vœux en sa faveur. Il fallait aussi conquérir l'applaudissement par la supériorité de la verve, en sorte que chacun fût invité par son plaisir ou obligé par sa reconnaissance à juger comme lui. Or, il excelle à déguiser la science sous l'esprit, à mettre de l'enjouement dans la raison, et à parer jusqu'aux sécheresses d'une discussion parfois aride.

Démasquer la politique d'une Compagnie qui, « croyant son crédit nécessaire au bien de la religion, » voulait, « non corrompre les mœurs [1], » mais gouverner toutes les consciences en accommodant l'Évangile à toutes les faiblesses, telle est l'intention de ces Lettres. Bien qu'elles aient été publiées au jour le jour, on y admire pourtant la discipline d'une composition ingénieusement graduée ; car Pascal est géomètre, et son plaidoyer procède comme une démonstration dont la marche est mesurée, progressive, imperturbable [2]. Les arguments s'avancent ainsi que les flots d'une marée montante. L'impitoyable dialecticien multiplie les aspects d'une même idée par une déduction

---

1. C'est ce que dit Pascal qui ne déclame jamais : « Voici quelle est leur pensée. Ils ont assez bonne opinion d'eux-mêmes pour croire qu'il est utile et comme nécessaire au bien de la religion que leur crédit s'étende partout, et qu'ils gouvernent toutes les consciences. Et, parce que les maximes évangéliques et sévères sont propres pour gouverner quelques personnes, ils s'en servent dans les occasions où elles leur sont favorables. Mais, comme ces mêmes maximes ne s'accordent pas au dessein de la plupart des gens, ils les laissent à l'égard de ceux-là, afin d'avoir de quoi satisfaire tout le monde. » Les moyens employés pour complaire à cette clientèle sont : 1° le *Probabilisme* ; 2° la *Direction d'intention* ; 3° les *Restrictions mentales* ; 4° la *Dévotion aisée*.

2. Il n'est pas comme Bossuet qui omet volontiers les idées intermédiaires, et les franchit d'un coup d'aile.

rigoureuse de toutes ses conséquences. Il met l'erreur à la question, et la force à confesser tous ses méfaits, à s'accuser par ses propres témoignages. C'est pas à pas qu'il la réduit d'abord à l'absurde, puis à l'odieux. C'est en refoulant l'ennemi de tranchées en tranchées qu'il entre avec lui au cœur de la place.

Mais, si la logique est ici d'un mathématicien, la mise en œuvre associe aux vifs élans de l'orateur les artifices de l'invention dramatique; car Pascal a préféré la comédie à la satire. J'entends par là qu'au lieu de parler toujours en son nom [1], il laisse le plus souvent les caractères se révéler eux-mêmes avec une candeur qui les rend ridicules à leur insu, comme Alceste s'écriant :

> Par la sambleu, Messieurs, je ne croyois pas être
> Si plaisant que je suis.

Il suppose donc que Louis de Montalte rend visite à un honnête religieux de la Société, aussi naïf que convaincu, mais ayant la vocation, la manie de la casuistique. Plongé qu'il est dans ses in-folio, il ne voit rien de supérieur à ses docteurs et à leur doctrine. Aussi la conversation s'engage-t-elle sur cet objet, le seul qui l'intéresse. Alors surgissent d'eux-mêmes les motifs ingénieux. Rien de plus amusant que d'entendre ce bonhomme exposer avec enthousiasme les maximes les plus puériles ou les plus révoltantes, et prodiguer avec jubilation tous les trésors de sa science pour instruire le prétendu disciple qu'il croit éblouir, et qui se moque de lui. On le voit : ces dialogues font penser à Platon [2]. Lorsque le Bon Père explique la dévotion aisée, il rappelle Euthydème qui se flatte d'enseigner la vertu par une méthode abrégée. Comme Socrate, Montalte, lui aussi, fait l'ignorant, joue la simplicité, provoque les aveux, simule ironiquement l'admiration, et finit par

---

1. On se lasse de la moquerie prolongée aussi vite que de la louange. Mais on ne se fatigue pas du comique, c'est-à-dire de la révélation naïve d'un caractère qui se découvre, sans le vouloir.

2. Le dialogue commence avec la cinquième lettre, et finit avec la dixième. On dirait une comédie en cinq actes.

surprendre tous les secrets du sophiste qu'il enveloppe, sans qu'il s'en doute, en ses propres filets.

Les caractères secondaires et principaux. Le Bon Père. Le Casuiste. — Au second plan figurent encore d'autres acteurs qui ont leur physionomie distincte. Ici, c'est un indifférent qui reçoit les confidences de la passion; là, ce sont des hommes de parti, les uns sincères, les autres hypocrites, et d'autant plus violents que leur zèle est de parade. Ailleurs interviennent soit des conciliateurs de bonne foi toujours repoussés, soit des imposteurs toujours accueillis. Mais les scènes vraiment incomparables sont surtout celles qui se réduisent aux deux personnages dont l'entretien met à nu l'art de tromper les hommes et Dieu [1]. Ici, pour la première et la dernière fois, se déclare chez Pascal un esprit qui jouit encore de lui-même, qui s'anime au feu de la polémique par la joie de mettre les rieurs du côté de la raison [2], en un mot l'écrivain qui, n'ayant pas encore tout à fait rompu avec le monde, se laisse prendre aux caresses de l'opinion. Avant de s'ensevelir dans la mortelle tristesse de ses *Pensées*, il goûte les douceurs de son triomphe; et, sans qu'il le sache, son amour-propre est de la partie dans ce mémorable assaut où sa force et sa souplesse se déploient sous les regards du public.

Le devancier de Molière. — **Le génie comique.** — Nous aussi, arrêtons-nous donc un instant pour applaudir à un devancier de Molière. Si le pur génie comique est la peinture d'un travers qui s'ignore, ce signe éclate sur les traits de ce Bon Père contre lequel on n'a pas le courage de se fâcher, tant il met d'innocence à professer les plus fâcheuses maximes, à renchérir sur les décisions de ses auteurs, à louer leur sottise, à rendre vraisemblables, à force d'admiration, des textes qui, sans ce commentaire, paraîtraient inventés à plaisir par un ennemi. Il n'y a plus là complicité, mais dévouement aveugle à un Ordre, et à des

---

1. Ils parlent d'abord de simples questions de discipline; puis, par degrés, on en arrive à discuter sur les plus grands crimes, la simonie et l'homicide.
2. Oui, de cette raison qu'il va bientôt renier, l'ingrat, et qui pourtant lui vaut tant d'applaudissements.

maîtres. Cette servilité d'obéissance, qui éteint toute lumière de raison, n'est-elle pas comme un air de famille, et un signe originel? C'est d'abord sur la question du jeûne que s'entame la consultation. « Faites-vous violence, » dit le révérend! Mais, le pénitent continuant à se plaindre, il demande s'il lui est malaisé de s'endormir sans souper. « Oui » reprend l'autre. — « Ah! j'en suis bien aise, s'écrie le Directeur; car vous n'êtes plus obligé de jeûner; » et, justifiant la dispense, le voilà qui produit un texte formel d'Escobar. — Les cas de conscience ne sont-ils pas pour lui ce que seront les oiseaux pour le Diphile de La Bruyère? De quel air radieux il va chercher dans sa bibliothèque le livre du Père Annat contre M. Arnauld, et l'ouvre juste à cette page 34 *où il y a une oreille!* Avec quel à-propos il exhibe le Père Bauny « *que voici, et de la cinquième édition encore!* » Voyez-le qui, tout fier d'y trouver à point le Philosophe cité en latin tant bien que mal, vous *serre* malicieusement les doigts, et vous dit, l'œil souriant de vanité : « *Vous savez bien que c'est Aristote*[1]. » Quelle bénignité pateline lorsque, sur chaque point, il nous expose *la grande méthode dans tout son lustre*, et nous donne la recette commode selon laquelle il faut, pour chaque opinion, que *le temps la mûrisse peu à peu*. Essayez de le piquer au jeu; et, pour peu que vous fassiez mine de contester l'industrie de ses Docteurs, il vous prouvera, sans malice, que nul tour de passe-passe ne leur est impossible. Les cas les plus compliqués, il les débrouille comme des rébus : toutes les difficultés il les escamote, en prestidigitateur qui fait sauter la muscade.

A chaque instant, on est tenté de dire : quelle vérité! quelle ressemblance! et cela dans les moindres vétilles, fût-ce en un simple *post-scriptum*[2], celui-ci par exemple :

---

1. Boileau, dans le *Lutrin*, s'est souvenu du personnage quand il dit :

> Alain tousse, et se lève, Alain, ce savant homme
> Qui de Bauny vingt fois a lu toute la somme,
> Qui possède Abély, qui sait tout Raconis,
> Et même entend, dit-on, le latin d'A-Kempis

2. Huitième lettre.

« J'ai toujours oublié *à* vous dire qu'il y a des Escobars de différentes impressions. Si vous en achetez, prenez ceux de Lyon, où, à l'entrée, il y a une *Image d'un Agneau qui est* sur un livre scellé de sept sceaux. » N'est-ce pas là ce petit coup de pinceau qui serre de près la réalité prise sur le fait? Avec quel entrain s'ouvre aussi la neuvième lettre, où se lit ce début : « Aussitôt que le Bon Père m'aperçut, il vint à moi, et me dit en regardant dans un livre qu'il tenoit à la main : « *Qui vous ouvriroit le Paradis ne vous* « *obligeroit-il pas parfaitement? Ne donneriez-vous pas* « *des millions d'or pour en avoir la clef, et entrer dedans* « *quand bon vous sembleroit? Il ne faut point entrer en de* « *si grands frais: en voici une, voire cent, à meilleur* « *compte.* » Je ne savois si le Bon Père lisoit ou s'il parloit de lui-même; mais il m'ôta de peine en disant : « Ce sont « les premières paroles d'un beau livre du père Barry. » — Il ne faut pas oublier non plus la dernière page de la lettre septième, où, à propos des subterfuges par lesquels on dirige l'intention, il s'agit de savoir « *s'il est permis aux jésuites de tuer les jansénistes.* » Il y a là telle maxime[1] que le Bon Père montre, fait admirer, tourne et retourne comme un pistolet chargé à l'adresse de Montalte. Oui, on dirait une arme qui menace, à chaque instant, de lui éclater dans les mains. Ici, l'attente et l'inquiétude à demi égayée de Pascal est aussi plaisante que les façons paternes du casuiste rassurant son interlocuteur par un air de protection et des plaisanteries béates.

Peut-être quelques-uns jugeront-ils parfois invraisemblable la crédulité de cet original dont les indiscrétions vont toujours leur train et s'animent de plus belle, sans qu'il s'aperçoive des pièges tendus à sa benoîte confiance. Il est certain qu'il y a telle rencontre où sa simplicité va jusqu'à la niaiserie. Mais, en général, le dialogue est si bien ménagé que l'on se prête même à ces hyperboles, et que l'illusion n'en souffre pas; il fallait d'ailleurs forcer progressivement le ridicule jusqu'à ce coup de théâtre où

---

[1]. Celle du Père Lamy.

l'odieux commence et met fin à la fiction. Dès lors, tous les masques tombent; les acteurs supposés disparaissent. C'est Pascal qui se lève enfin, et, à visage découvert, l'épée nue, fond sur l'ennemi.

L'agent provocateur. — Le juge d'instruction. — Mais, avant d'en venir là, esquissons la physionomie du personnage qu'on pourrait appeler un agent provocateur. A combien de ruses s'ingénie sa déférence narquoise, pour surprendre tous les mystères du casuisme dénoncé par un de ses plus fanatiques partisans! Tantôt il simule l'étonnement, et d'un ton si naturel, si désintéressé que ses exclamations de surprise semblent une involontaire adhésion, ou du moins un désir d'être éclairé. Aussi la franchise du révérend s'empresse-t-elle de s'épancher en de nouvelles confidences. Tantôt il fait l'indigné, mais pour que l'adversaire s'entête, riposte, et s'enferre de plus en plus. Ailleurs, ses louanges goguenardes chatouillent un amour-propre qui s'épanouit d'aise, et fait montre de ses plus rares finesses.

Plus loin, il feint de n'avoir pas compris, ce qui oblige le Maître à redoubler de zèle pour édifier un néophyte. Parfois, plus casuiste que les casuistes mêmes, il leur rereproche de n'avoir pas su penser à tout, et leur suggère telle ou telle conséquence imprévue de leurs merveilleux principes. Par exemple, dans la sixième lettre, où le vol a ses excuses devant le confesseur, il conseille d'obliger les magistrats à absoudre les criminels qui ont une opinion probable. « Il y faudra songer, répond le Père; cela n'est pas à négliger; je le proposerai à notre Père provincial. » Si, dans un autre occasion, l'initiateur se fait prier et marchande ses mystères, le disciple devient si pressant, si impatient que toute résistance est vaincue. « Puisque vous le prenez ainsi, dit le révérend, je ne puis vous le refuser; » et son cœur s'ouvre à deux battants.

Il arrive pourtant aussi que l'auditeur, jusque-là docile, affecte par instants de soudains scrupules : « Tout sera donc permis, » se récrie-t-il avec un trouble apparent! Et l'autre de calmer ces effarouchements par des gronderies calines : « Vous allez toujours d'une extrémité à une autre. Corrigez-vous de cela! » Puis viennent des doutes sur les autorités mises en avant. Ces objections sont une façon de refouler l'ennemi jusqu'en ses derniers retranchements, et de l'acculer à l'absurde. C'est ainsi que l'enquête se poursuit. Or, pour que le flagrant délit du coupable soit constaté, il a suffi d'intéresser tour à tour ses qualités ou ses défauts, sa sincérité, sa bonhomie, ses convictions, son zèle apostolique, sa sottise, son orgueil, et surtout cet esprit de corps qui est aussi aveugle que l'esprit de secte ou de parti[1]. L'instruction a été si bien menée qu'on arrive sans secousse à l'heure décisive où l'ironie n'est plus de saison; car la mesure est comble, et le juge va prononcer la sentence.

L'odieux succède au ridicule. — Véracité de Pascal. — Ses garanties. — Le fond du procès. — C'est dans la dixième lettre que se produit cette explosion. Outre qu'il serait malaisé de soutenir plus longtemps la duperie complaisante du casuiste, Pascal ne peut plus maîtriser ses révoltes, lorsqu'à propos de l'attrition et de l'absolution, son docteur lui apprend avec sérénité que la science des accommodements nous dispense au besoin d'aimer Dieu, et supprime le commandement par excellence. Indigné dans le plus profond de son âme contre « un mystère d'iniquité », où il voit « la ruine même de toute religion », il s'écrie donc avec colère : « O mon père, il n'y a point de patience que vous ne mettiez à bout, et on ne peut ouïr sans horreur les choses que je viens d'entendre. » Dès lors, faisant l'office d'un Socrate chrétien, il va rétablir l'exacte morale et la venger des attentats qui l'outragent.

---

1. Il y a des moments où, si bon qu'il soit, le Révérend Père se fâche tout rouge. Quand il est dans son tort, la colère le tire d'embarras. Il riposte presque par des menaces, et l'on voit bien qu'il n'est pas prudent d'offenser dans un de ses membres une Compagnie qui légitime non seulement le mensonge et la calomnie, mais jusqu'à l'homicide.

2. Mais non sans regret. Car la comédie est d'une gaieté si franche qu'elle paraît trop courte.

Pascal a justifié ce qu'il disait : « Vos maximes ont je ne sais quoi de divertissant qui réjouit tout le monde. » Quand les *Provinciales* parurent, Molière n'avait encore donné que l'*Étourdi* et le *Dépit amoureux*.

C'est maintenant le lieu de nous demander ce que vaut le fond même de cette polémique, et s'il convient de dire avec Voltaire : « Il ne s'agissait pas d'*avoir raison*, mais de divertir le public[1] ».

Sans chercher à réhabiliter Escobar ou Caramouel, ce qui serait impossible, il faut reconnaître avec M. Sainte-Beuve et d'autres critiques peu suspects de partialité pour les Jésuites que cette Société n'a pas inventé la casuistique. Non seulement elle exista dans les écoles philosophiques de l'antiquité, depuis Gorgias jusqu'à Cicéron ; mais, comme la médecine légale devant la cour d'assises, elle devint un auxiliaire indispensable de la confession. Aussi beaucoup d'autres théologiens d'alentour, dominicains ou franciscains, pouvaient-ils donner prise aux mêmes griefs que les enfants d'Ignace. Il est également vrai d'ajouter qu'en dehors du sanctuaire la morale facile a toujours eu et aura toujours ses adhérents ; car, ses compromis ont leurs germes dans l'intérêt, la passion, l'égoïsme, l'amour-propre et l'aveuglement ordinaire à la lâcheté des consciences. Oui, le cœur humain est bien souvent casuiste, et les accommodements avec le ciel ou la terre ne datent ni de Molina ni du Père Bauny[2].

On peut admettre aussi que toute guerre a ses injustices, et que Pascal n'est pas infaillible. Comme la plupart des avocats, il tire légèrement à lui les textes qu'il invoque[3]. Il aide volontiers la lettre pour en mieux dégager l'esprit. Il y a des mots gênants qu'il oublie, ou supprime. Il lui arrive de risquer des interprétations arbitraires. Dans l'ambiguïté des décisions, il n'est pas à l'abri de toute méprise. Telle ou telle traduction semble parfois un peu plus arrangée ou aiguisée qu'il ne faudrait. Ces infidélités involontaires, qui s'expliquent par les exigences de la lutte et la rapidité de la plume, peuvent donc altérer le ton des pièces incriminées, et rendre leste ou plaisant ce qui était

---

[1]. Il ajoutait que « tout le livre porte à faux », et se rencontrait ainsi avec de Maistre qui appelle les *Provinciales* les *Menteuses*.

[2]. L'esprit de parti est toujours casuiste, dans n'importe quel camp. Le Jansénisme le fut plus d'une fois, à son insu.

[3]. C'est l'expression de Sainte-Beuve.

pédantesque et dogmatique. Concédons enfin qu'il est permis même à un jésuite de se tromper de bonne foi, et que cette Compagnie célèbre a toujours compté des personnes recommandables par leur savoir et leurs vertus[1]. Mais toutes ces réserves qu'impose l'équité n'empêchent point Pascal d'avoir *eu raison* (n'en déplaise à Voltaire), contre l'esprit général du corps, ou les tendances d'une politique trop habile à introduire le machiavélisme dans l'Évangile, sous l'ombre de la Croix, et à capter l'oreille ou le cœur des Rois.

Or, ici, la théologie d'Escobar joua le rôle d'un verre grossissant qui permit de surprendre les éléments disséminés dans la morale courante des directeurs, et de manifester au grand jour les ruses qui se dérobaient dans les ténèbres de l'École. Institué au XVIe siècle, à la suite de la Réforme, pour rétablir la souveraineté de l'Église, mais non sans espoir de régner par elle et sur elle, l'ordre de Loyola fut donc trop indulgent à justifier les moyens par la fin, et trop soucieux de subordonner la règle à des ambitions spirituelles ou temporelles. De là ce relâchement d'une doctrine souple, caressante, prompte à tenter, à flatter, à séduire une clientèle nombreuse ou puissante, et par suite à fausser la franche vertu de la morale chrétienne. Pascal vit ce péril, et sentit circuler cette contagion. Par conséquent, ne mettons pas en doute sa véracité; car elle fut aussi absolue que sa croyance religieuse. Au lit de mort, adjuré de se faire justice au sujet des Provinciales, ne disait-il pas : « Si mes lettres sont condamnées à Rome, ce que j'y condamne est condamné par Dieu. Loin de m'en repentir, si j'avais à les faire, je les ferais encore plus fortes[2]. »

La grande éloquence. Pascal et Démosthènes. — C'est ce que confirme une éloquence aussi véhémente que celle de Démosthènes[3]. Non, les *Philippiques* ne sont pas supé-

---

1. M. Sainte-Beuve écrit : « Qui n'aurait aimé à connaître et à pratiquer Bonhours, Rapin, Commire, Jouvency, de la Rue, Sanadon, Buffier, Tournemine, du Cerceau, Le Jay, Porée ? »
2. C'est le témoignage de sa sœur Marguerite Périer.
3. Oui, c'est une preuve : car on n'est pas éloquent dans le mensonge.

rieures dans l'art de retourner contre l'ennemi ses propres armes, et de le réduire à capituler.

Si le théâtre paraît plus étroit, l'orateur n'en est que plus admirable d'avoir su agrandir sa cause à ce point que ses mouvements pathétiques soient naturels et comme attendus. L'honneur de l'âme humaine ne vaut-il pas d'ailleurs l'indépendance d'une cité?

Aussi les premières blessures n'étaient-elles qu'un badinage comparées à celles qui maintenant portent des coups mortels; car ce n'est plus l'orgueil qu'il veut humilier, et le mépris même ne suffit pas aux scandales qu'il accuse. Combattant pour ce qu'il a de plus cher, c'est avec toutes les ressources de la dialectique la plus ardente qu'il attaque non des délits qui font sourire, mais des crimes qui, allant à la ruine de l'État comme de l'Église, offensent tout ensemble la raison et la foi. C'est vraiment du haut d'une tribune que sa parole retentit, lorsque, décrivant avec tant d'énergie la longue et si étrange guerre de la violence et de la vérité, deux puissances qui ne peuvent rien l'une sur l'autre, il prédit le triomphe de la vérité, parce qu'elle est éternelle comme Dieu même[1]. Ces accents ne sont pas rares à partir de cette onzième lettre qui mériterait d'être la préface du Tartuffe. Reprenant alors des motifs que semblait avoir épuisés l'ironie de son persiflage, il les renouvelle par l'amertume de sa colère.

Telle est son immortelle protestation contre la complicité des doctrines qui protègent l'homicide[2]. Telle est la flétrissure qu'il inflige à la calomnie, cet assassinat moral dont ses adversaires osaient faire l'apologie. Si ces représailles ne sont point inspirées par la charité chrétienne, à qui la faute? N'était-il pas, lui et ses amis, en droit de légitime défense? Aussi partageons-nous ses ressentiments, lorsque, fort du mystère qui couvre son nom, il s'écrie : « Vous vous sentez frappés par une main invisible; vous essayez en vain de m'attaquer en la personne de ceux auxquels vous me croyez uni. Je ne vous crains ni

1. Douzième lettre. C'est sa péroraison. Il y a là un cri de la conscience.
2. Quatorzième Lettre.

pour moi, ni pour aucun autre. Tout le crédit que vous pouvez avoir est inutile à mon égard. Je n'espère rien du monde, je n'en appréhende rien, je n'en veux rien. Je n'ai besoin, par la grâce de Dieu, ni du bien ni de l'autorité de personne. Ainsi, mes pères, j'échappe à toutes vos prises ». Il faut rappeler aussi ce coup de tonnerre : « Cruels et lâches persécuteurs, faut-il donc que les cloîtres les plus retirés ne soient pas des asiles contre vos calomnies?... Vous retranchez publiquement de l'Église ces vierges saintes, pendant qu'elles prient dans le secret pour vous, et toute l'Église. Vous calomniez celles qui n'ont point d'oreilles pour vous ouïr, ni de bouche pour vous répondre[1]... » Citons encore ce trait soudain : « Au jugement dernier, Vasquez condamnera Lessius sur un point, comme Lessius condamnera Vasquez sur un autre, et tous vos auteurs s'élèveront les uns contre les autres, pour se condamner réciproquement dans leurs effroyables excès contre la loi de Jésus-Christ[2]. »

La bonne foi. La logique et la passion. Le style des Provinciales. Influence morale et littéraire. — Mais c'est lui faire tort que de le goûter ainsi par fragments détachés : car il vaut surtout par la suite des preuves et la teneur logique des idées. Quand le char vole, c'est un logicien qui tient encore les rênes. Ses mouvements, ses images ne sont que des arguments plus saisissants. Au lieu d'être un jouet aux mains d'un rhéteur, les figures de son discours deviennent des armes qui tuent[3]. Ici, ce sont les choses qui parlent toutes seules, et le cri de la passion n'est que la voix de la conscience impérieuse comme la raison. Voilà pourquoi il y a je ne sais quoi de despo-

---

1. Seizième Lettre. C'est celle qu'il a faite plus longue pour n'avoir pas eu le loisir de la faire plus courte.
2. Treizième Lettre.
3. Telles sont les antithèses qui se pressent en cette période : « O grands vénérateurs de ce saint mystère, dont le zèle s'emploie à persécuter ceux qui l'honorent par tant de communions saintes, et à flatter ceux qui le déshonorent par tant de communions sacrilèges ! qu'il est digne de ces défenseurs d'un si pur et si admirable sacrifice de faire environner la table de J.-C. de pécheurs envieillis, tout sortants de leur infamie !... » Ailleurs, que de dilemmes foudroyants éclatent à l'improviste !

tique dans ce style tout voisin d'une âme trop sincère avec elle-même pour tromper les autres De là, ce mouvement, cette flamme, cette irrésistible fureur d'une vengeance qui semble personnelle, bien qu'elle soit désintéressée comme la vérité. C'est la nouveauté de ce réquisitoire. Avant Pascal, Balzac pratiqua mieux que pas un l'art de simuler la grandeur, de choisir les termes, de les associer harmonieusement, et de combiner des moules oratoires ; mais il n'écrivait que pour écrire. Descartes avait doté la prose française de cette beauté qui vient de la pensée pure; mais il restait froid comme l'abstraction. Ce qui manquait jusqu'alors, ce n'était donc ni la cadence, ni la clarté, ni la noblesse ou la précision du vocabulaire, mais la force de l'accent, la variété, la souplesse, l'allure libre et naïve, la chaleur, en un mot toutes les qualités que communiquent à l'expression du sentiment ou de l'idée l'ardeur du combat, la nécessité pressante de ne parler que pour agir, et de n'agir que pour le triomphe d'une conviction. C'est à ce titre qu'on peut attribuer à Pascal la gloire d'avoir fixé notre langue [1], ou plutôt d'avoir inventé la sienne comme il trouva sans maître les principes des sciences [2]. Ce privilège, il le dut à son caractère plus encore qu'à son imagination et à sa vive sensibilité; car son génie est fait de courage et de candeur. A cette droiture morale s'ajoutèrent le stimulant de l'opinion, la responsabilité d'une belle cause à défendre, l'aiguillon de ces amitiés ou de ces haines généreuses qu'animent des intérêts sérieux et des questions vivantes. Ces conditions dont le concours suscita l'éloquence des *Provinciales*, Pascal fut digne de les trouver en lui et autour de lui.

Or, ce qui était un péril pour les mœurs, pouvait aussi

---

[1]. Les langues ne se fixent jamais. Entendons par là que Pascal a offert des modèles de véritable éloquence, et non plus de rhétorique, comme les beaux esprits de salon ou d'académie.

[2]. S'il faut en croire Nicole, Pascal devint de plus en plus exigeant pour lui-même, à mesure qu'il avança dans son travail. « Il étoit souvent vingt jours entiers sur une seule lettre. Il en recommençait même quelques-unes jusqu'à sept ou huit fois, afin de les mettre au degré de perfection où nous les voyons. » La dix-huitième lui donna plus de peine que toutes les autres. Il la refit jusqu'à treize fois.

devenir un dommage pour notre langue; car le faux est contagieux, et se propage du fond à la forme. Pour s'en assurer, il suffirait au besoin de lire ces pages où Pascal raille si finement ce qu'on pourrait appeler le style jésuite, et cite des phrases dont la subtilité louche et fuyante nous offre un contraste si frappant avec la franchise de sa diction virile. Cette victoire remportée seulement par les armes de la parole a donc été bienfaisante pour l'esprit français, en même temps qu'elle sauvait l'honneur de l'Église gallicane.

Nous n'avons pas besoin d'en dire davantage pour expliquer la durable popularité de ces *petites lettres* dont l'à-propos fut trop souvent prêt à renaître, dans les occasions où un nouveau Pascal fit seul défaut. Quand bien même les *Provinciales* ne seraient plus un ouvrage de circonstance (ce qui est désirable,) elles demeureront à jamais comme un modèle de pamphlet supérieur à l'ironie socratique, à la moquerie de Lucain, au persiflage de Voltaire, aux sarcasmes de Junius, à l'amertume de Rousseau, et à la causticité de Paul-Louis Courier.

PENSÉES

(1667.)

I. — Faits historiques.

Les éditions des Pensées. — Il a fallu près de deux siècles, pour que les *Pensées* de Pascal nous fussent données telles que les produisit sa plume. La première édition, celle que Port-Royal fit paraître à la fin de 1669, ne fut qu'une copie très incomplète et très vicieuse d'un texte écrit sur de « petits morceaux de papier, enfilés en diverses liasses, sans ordre et sans suite[1], » puis reportés et collés sur les feuillets d'un cahier qui forme aujourd'hui le manuscrit autographe de la Bibliothèque nationale. Malgré les assurances d'une préface qui s'engageait à ne « rien ajouter ni changer », on se contenta de faire un choix parmi les notes les plus claires ou les plus achevées ; et le zèle janséniste ne se fit pas scrupule de modifier les mots, les tours, les phrases, de supprimer, de substituer, d'intercaler, de décomposer, de rapprocher arbitrairement les passages les plus étrangers les uns aux autres, d'adopter pour l'ensemble un ordre de pure fantaisie, enfin d'altérer le fond comme la forme. — L'édition de Condorcet (1776), tout aussi partiale dans un autre sens, ne fut pour l'école philosophique qu'une façon de planter son drapeau sur les *Pensées*, comme sur une place conquise. Les notes qu'y ajouta Voltaire, deux ans après, ne firent qu'aggraver le mal ; car nul commentateur ne pouvait moins convenir à un tel sujet. Aussi l'édition de Bossut parut-elle à propos, lorsqu'en 1779, sans être plus fidèle à la lettre de l'original, elle sut du moins en respecter l'esprit, et remit Pascal à son vrai point.

Les choses en restèrent là jusqu'au jour où M. Cousin commença l'enquête qui devait révéler le vrai Pascal. Ce signal fut compris ; et, en 1844, M. Prosper Feugère, dépouillant tout le manuscrit primitif, s'assurait l'honneur d'être le premier à présenter un texte sincère. Mais l'érudition exigeante de M. Ernest Havet mit la dernière main à cette restauration, en réparant plus d'une erreur et d'un oubli, notamment dans la célèbre conversation sur Épictète et Montaigne. Aussi peut-on dire que son nom est désormais inséparable de celui de Pascal, dont il est, avec M. Sainte-Beuve, l'interprète définitif, ou du moins le plus compétent. Après ce préambule historique, nous essayerons d'exposer la thèse de Pascal, et d'indiquer le plan qu'il a suivi.

---

1. Préface de Mme Périer.

II. — Étude littéraire.

Plan du monument. Esprit scientifique. — Pour un géomètre, chez lequel l'extrême sensibilité devenait elle-même une extrême logique, la méthode étant de première importance, dégageons d'abord celle que s'est proposée cet impérieux esprit formé par la discipline des sciences exactes et naturelles. L'*Entretien avec M. de Sacy* sera notre guide; car c'est la clef du livre.

Pascal prétend appliquer à l'apologie du dogme la méthode de l'expérience et de l'induction; ou plutôt, il veut donner au christianisme, dans la science de l'homme, le rôle que joue l'hypothèse dans celle de la nature. Rassemblant un nombre imposant de faits psychologiques, dont nous ne pouvons nier l'existence, il tend à prouver que toute philosophie est impuissante à les expliquer, qu'une seule religion y réussit, qu'en dehors d'elle l'homme serait une énigme pour lui-même, par conséquent qu'elle est la vérité absolue; car ses mystères sont l'unique solution de ces problèmes qui, sans elle, nous seraient inaccessibles. Il en est donc de la foi comme de la croyance à l'une des lois qui régissent le monde, l'attraction par exemple, que personne n'a pu voir ni toucher, mais dont la vertu n'en est pas moins évidente, puisqu'elle seule nous fait comprendre le suprême ressort de l'univers, celui qui agit sur tous les corps, depuis le grain de sable jusqu'aux astres.

On voit par là comment Pascal est devenu moraliste. Faisant pour la théologie ce que Socrate fit pour la philosophie, c'est-à-dire la fondant sur l'observation de l'âme humaine, il interrogea notre raison et notre volonté pour les convaincre toutes deux d'une infirmité native, qui les condamne l'une à ne rien savoir, et l'autre à ne rien pouvoir, malgré des ambitions qui attestent une origine toute divine. Plus sont étranges les contradictions qui éclatent chez l'être moral dont il sonde l'abîme, et plus sera vive la lumière qui sortira de ces obscurités. Car, après nous avoir confondus par le spectacle des contrariétés que ne sauraient concilier ni les stoïciens qui enivrent notre orgueil, ni les épicuriens qui nous dégradent, il nous montre dans le christianisme la seule issue qui reste à notre désespoir, en attendant que nous l'acceptions avec joie, comme une bienfaisante certitude.

Ainsi conçues, les *Pensées* se divisent en deux parties : — d'abord, Pascal étale à nos yeux notre *misère* et notre *grandeur*, chaos que nulle philosophie ne peut débrouiller ; — ensuite, il éclaire l'énigme par les dogmes de la *Chute* et de la *Rédemption*.

I

Sans analyser ce monologue sublime dont les accents sont brisés comme par les secousses d'une fièvre intermittente, résumons rapidement les principaux traits du tableau qui nous y représente l'âme humaine effrayée d'elle-même.

De l'indifférence des hommes sur le problème de leur destinée. — Le premier signe de notre misère est pour Pascal l'*indifférence* du plus grand nombre sur les questions redoutables que suscite la perspective d'une autre vie, d'où nous sépare une barrière si fragile. Avoir tant d'imprévoyance à deux pas de la mort, n'est-ce pas une marque d'aveuglement ? A plus forte raison y a-t-il folie à triompher de notre ignorance. Que faut-il donc penser de ceux qui « font les braves contre Dieu », ou sont fiers de leur doute ? Et cependant « l'homme est si dénaturé qu'il y a dans son cœur une semence de joie en cela ! »

Loin de songer au grand problème, la plupart n'ont en effet d'autre souci que de s'en divertir par le *jeu*, la *chasse*, l'*ambition* et la *politique*; mais loin de guérir le mal, tous ces prétendus remèdes ne font que le rendre plus incurable.

L'insouciance qui nous possède sur le plus pressant de nos intérêts n'est du reste qu'une des *illusions* innombrables qui nous assiégent ; car, autour de nous et en nous, tout est mensonge, convention, ou, comme il dit, *puissance trompeuse*. N'est-ce pas faute de vraie science et de vraie justice, que la justice et la science affectent un si vain appareil, pour duper l'*imagination*, « cette maîtresse d'erreur et de fausseté... qui a ses heureux, ses malheureux, ses sains, ses malades, ses riches, ses pauvres et ses fous? » Dans cette revue des « piperies » dont s'avisent les habiles, les sarcasmes de Pascal n'épargnent aucun charlatanisme. Il se raille de « l'avocat bien payé qui trouve plus juste la cause qu'il plaide », du bonnet carré des docteurs, et de « leur grimace », du « déguisement des gens de guerre », des « robes rouges et des hermines », dont les magistrats « s'emmaillottent en chats fourrés. » Les rois eux-mêmes, « s'ils ne sont pas masqués d'habits extraordinaires, pour paroître tels, ne se sont-ils point accompagnés de gardes, de hallebardes et de trognes armées qui n'ont de mains et de force que pour eux? » Bref « l'homme n'est qu'hypocrisie, en soi-même et à l'égard des autres. Il ne veut pas qu'on lui dise la vérité ; il évite de la dire aux autres, et toutes ces dispositions ont une racine naturelle dans son cœur. »

Impuissance de la raison, de la volonté. — Le vrai, comment d'ailleurs pourrions-nous l'atteindre, perdus que nous sommes dans un petit coin de cette terre, lorsque « tout le monde visible n'est qu'un trait dans l'ample sein de la nature? » Suspendus entre les deux abîmes de l'infini et du néant, de l'extrême grandeur et de l'extrême petitesse, ne sommes-nous pas tenus, par cette « disproportion même », à distance de toute réalité, de tout principe et de toute fin? Puisant alors à pleines mains dans l'arsenal pyrrhonien que lui offre Montaigne, et en particulier dans le chapitre consacré à l'apologie de Raymond de Sébonde[1], Pascal s'arme contre la raison de tous les arguments que lui oppose le doute le plus résolu. Il concentre en formules énergiques et passionnées tout le scepticisme où s'égaye l'auteur des *Essais*. « Trois degrés d'élévation du pôle renversent toute la jurisprudence; un méridien décide de la vérité : en peu d'années de possession, les lois fondamen-

---

1. Docteur du quinzième siècle, qui vers 1430 professait la médecine et la théologie à l'université de Toulouse.

tales changent: le droit a ses époques. Plaisante justice qu'une rivière borne ! Vérité au deçà des Pyrénées, erreur au delà »; telle est la conclusion où se condensent des railleries impitoyables contre nos prétentions et notre faiblesse.

Misère et grandeur de l'homme. — Cet état qui nous est inhérent est cependant contraire à notre inclination; car nous sommes avides de certitude. « Nous brûlons du désir de trouver une assiette ferme et une dernière base constante pour y édifier une tour qui s'élève à l'infini; mais tout notre fondement craque, et la terre s'ouvre jusqu'aux abîmes. » De là, un conflit sans trêve qui témoigne tout ensemble de notre *misère* et de notre *grandeur*. N'est-ce pas grandeur en effet que de se sentir misérable ? Oui, nos misères sont misères de grand seigneur et de roi dépossédé. Elles ont beau nous « tenir à la gorge », elles ne répriment point l'instinct généreux qui nous relève. « L'homme n'est qu'un roseau, le plus foible de la nature, mais c'est un roseau pensant; il ne faut pas que l'univers entier s'arme pour l'écraser; une vapeur, une goutte d'eau, suffit pour le tuer. Mais, quand l'univers l'écraseroit, l'homme seroit encore plus noble que celui qui le tue, parce qu'il meurt, et l'avantage que l'univers a sur lui, l'univers n'en sait rien. » Telle est la contre-partie du pessimisme désolant qui nous foulait aux pieds. Voilà comment Pascal nous met sans cesse en contradiction avec nous-mêmes, par un parti-pris qu'affirme ce cri de douleur: « Quelle chimère est-ce donc que l'homme ! quelle nouveauté ! quel chaos ! Juge de toutes choses, imbécile ver de terre, dépositaire du vrai, cloaque d'incertitude et d'erreur, gloire et rebut de l'univers ! S'il se vante, je l'abaisse; s'il s'abaisse, je le vante et le contredis toujours, jusqu'à ce qu'il comprenne qu'il est un monstre incompréhensible. »

La philosophie ne saurait expliquer cette énigme. — Le problème ainsi posé, il se tourne vers les philosophes, et leur demande ce qu'ils en pensent. Or chez eux il ne constate qu'embarras ou méprises. « Les uns ont voulu renoncer aux passions, et devenir Dieu; les autres renoncer à la raison, et devenir brute. » Égale vanité des deux côtés !

Car si la vertu des *stoïciens* n'est qu'un « mouvement fiévreux que la santé ne peut imiter », le bonheur que les *épicuriens* cherchent dans le plaisir n'est « qu'un mensonge qui trompe. » Entre les *sceptiques* et les *dogmatiques*, le choix ne vaut guère mieux; car « nous avons une impuissance à prouver invincible à tout le dogmatisme; et nous avons une idée de la vérité invincible à tout le pyrrhonisme. » Quel sera donc notre refuge ?

II

Le christianisme seul reconnaît en nous le conflit du bien et du mal, l'explique, et le pacifie. — La réponse, on le pressent, elle est dans la seule religion qui puisse satisfaire aux conditions suivantes : 1° reconnaître en nous la lutte de deux natures, 2° l'expliquer, 3° la pacifier. Le christianisme en effet ne cesse de nous montrer la révolte du mal contre le bien, de la chair contre l'esprit, de l'erreur contre la vérité. Or la raison de ce désaccord, il la trouve dans le dogme de la déchéance. Enfin, il nous offre le salut dans le mystère de la Rédemption.

C'est là que voulait en venir cette psychologie désespérante qui fait sortir la foi d'un examen de conscience, comme une conclusion de ses prémisses. Si l'hérédité de la faute « heurte rudement l'infirmité de notre intelligence », ce n'en est pas moins « l'abîme où le nœud de notre condition prend ses replis et ses tours », de sorte que « l'homme est plus inconcevable sans ce mystère que ce mystère n'est inconcevable à l'homme. » — Mais cette concordance entre notre nature et la vérité chrétienne ne suffit pas; car il faut que la religion répare nos ruines. Or c'est l'œuvre de la Grâce, qui agit sur le cœur plus encore que sur l'esprit. Mettant alors l'âme inquiète en face de l'espace insondable dans lequel la mort va la lancer, il la somme impérieusement de se soumettre, ne fût-ce que dans son intérêt, jusqu'au jour où, la pratique nous inclinant à croire, la Grâce couronnera l'effort de notre bonne volonté Le premier sacrifice accompli, la récompense suivra. Les yeux s'ouvriront au surnaturel qui paraîtra ce qu'il y a de plus naturel au monde, et la vue nette des choses sera non une conquête de la raison, mais un don gratuit de miséricorde.

Mélancolie de Pascal. Le docteur de la grâce. — Tel est le terme d'une argumentation qui ne saurait manquer, sinon de réduire, du moins d'émouvoir les plus rebelles ; car il y a là des coups perçants qui vont droit au cœur. Ce qui saisira surtout les moins attentifs, c'est la mélancolie hautaine et attendrie d'un logicien dont la vaillance égale la candeur et la bonne foi. Au lieu de diminuer les difficultés, il les grossirait plutôt à plaisir. Tandis que d'autres apologistes font d'abord appel aux lumières naturelles, il s'attaque à la raison même, comme à une ennemie ; et ses preuves sont précisément ces ténèbres où il voit la trace ineffaçable de la faute héréditaire qui a non-seulement perverti le cœur de l'homme, mais aveuglé son esprit. Tous les appuis que réclame notre faiblesse, il les supprime donc, ou les renverse ; tous les ménagements qu'impose le monde, il les dédaigne ; tous les liens qui nous rattachent à nous-mêmes, il les arrache. Car il lui faut un sacrifice entier, une abdication absolue devant la foi, c'est-à-dire devant cette soudaine clarté dont il se sentit lui-même inondé, le jour où il fut, aussi lui, terrassé sur le chemin de Damas, et eut son éblouissante vision. Comme il dut tout à la *grâce*, c'est à la *grâce* qu'il rapporte tout. En cela, il est ce qu'il fut toujours, janséniste ardent et conséquent. Par l'austérité de ces tristesses il n'a pas prise sur tous les esprits ; mais il rappellera du moins à chacun de nous que, « si l'on ne peut être un saint, encore a-t-on une âme qu'il ne faut sacrifier à rien et à personne[1] ».

Pascal et Montaigne. — On apprécie par ce qui précède la distance qui sépare Pascal et Montaigne, son maître favori. On ne pourrait rencontrer deux génies plus différents, l'un roide et inflexible, nous entraînant de vive force à la foi la plus rigoureuse par la pratique la plus obéissante, et l'autre, voluptueux, souriant, s'assoupissant avec

---

[1]. Le mot est de M. de Sacy, qui a jugé Pascal en maître.

délices dans l'indifférence ou le doute, « cet oreiller si commode pour une tête bien faite. »

Aussi Pascal communique-t-il son accent propre et sa couleur distincte aux pensées ou aux expressions qu'il lui emprunte. Là où un épirurien aimable ne vise qu'à son plaisir, s'abandonne et suit sa fantaisie, le logicien ardent transforme le caprice en énergie, et le sourire en amère ironie. Car son langage ressemble à sa vertu : il sent l'effort, il a l'autorité qui s'impose ; il est superbe et despotique ; il se soucie moins de persuader la raison que de l'étourdir, de l'accabler, et de la réduire à merci.

Le style de Pascal. Sa rhétorique. Sources de son éloquence. — « Géométrie et passion, voilà donc tout l'esprit de Pascal, voilà aussi toute son éloquence. Il veut qu'on exprime rigoureusement la vérité telle qu'elle est, de manière qu'*il n'y ait rien de trop, ni rien de manque* (XXIV, 87), point de fausses beautés (VII, 24, 35), rien pour la convention et pour l'art (*ibid.*, 22), rien qui masque (20), qu'on voie l'homme et non l'auteur (28). Il ne craint pas de répéter le mot qui convient, plutôt que d'en employer un moins juste (21) ; tout ce qui serait luxe est retranché (XXV, 25 *bis* et 25 *ter*). S'il y a une élégance pour Pascal, ce n'est guère que dans le sens où les mathématiciens emploient ce mot. Or cette élégance exacte est laborieuse en morale ; car la vérité est *une pointe subtile* (III, 3 à la fin), où on a grand' peine à bien toucher. Aussi les procédés qu'il affectionne sont-ils les distinctions et les oppositions, qui sont comme les instruments de précision de l'esprit ; il retourne et tourmente son idée jusqu'à ce qu'il la rende de la façon qui la dégage le mieux, et cela se fait non-seulement par le choix des termes, mais par l'ordre ; c'est pourquoi il n'y a rien de plus important que l'ordre, à ses yeux, ni rien de plus difficile. « Je sais un peu ce que c'est, dit-il, et combien peu de gens l'entendent. » (XXV, 108 et VII, 9.)

« Il l'achetait par un travail opiniâtre, au point de *refaire souvent jusqu'à huit ou dix fois des pièces que tout autre que lui trouvoit admirables dès la première*[1]. Tous les

---
1. Préface de l'édition de Port-Royal.

fragments un peu considérables des *Pensées* sont surchargés de ratures et de corrections dans le cahier autographe. Si Pascal a peu écrit, et jamais rien d'étendu, ce n'est donc pas seulement parce que la santé lui a manqué, mais aussi parce qu'il exerçait sur sa pensée une rigueur de critique qui le rendait trop malaisé à contenter, et pour laquelle l'exécution d'un grand ouvrage devenait un travail au-dessus des forces humaines[1]. »

Or cet amour de la perfection visait au vrai, non pour le vrai seul, mais en vue du bon, comme il le dit expressément : « On a mauvais goût et mauvais sens, parce qu'on manque de cœur ; la règle est l'honnêteté (XXIV, 94). » Voilà pourquoi « Pascal est le plus excellent des modèles, pourvu qu'on se propose en l'étudiant de rester soi-même ; car son éloquence n'est qu'à lui. Mais tout le monde peut prendre sa part de sa rhétorique. Appliquer son esprit à discerner le vrai et à l'aimer, ne rien dire qu'on ne le conçoive bien et qu'on ne s'y intéresse, ne priser une expression qu'autant qu'elle est lumineuse et sentie, travailler à éclaircir ses idées, et s'y échauffer jusqu'à ce qu'on s'assure qu'elles paraîtront suffisamment claires à tous, et qu'ils seront touchés de ce dont on est touché soi-même ; se soutenir, dans ce travail pénible, par le zèle, par l'amour du bien qu'on peut faire et de la cause qu'on peut servir ; voilà ce que nous pouvons tous apprendre dans Pascal, pour y réussir dans notre mesure et suivant nos forces[2]. »

Puisque dans ses écrits son âme est tout entière, et comme toute nue, c'est avec le cœur qu'il faut juger « un homme qui a volontairement habité avec la souffrance, et, à l'exemple du Christ, a voulu, par sa mort au monde, racheter quelques-uns d'entre nous[3]. » Aussi, hésite-t-on à louer l'esprit chez un penseur auquel la gloire est venue malgré lui, précisément parce qu'il la fuyait et la méprisait. On paraît ne pas l'avoir compris, quand on cherche la

---

1. M. Havet, *Introduction* XXXVII. Pensées de Pascal.
2. M. Havet, *Introduction* XXXVII. Pensées de Pascal.
3. M. Nisard, *Histoire de la littérature française*.

beauté littéraire dans celui qui ne prisa que la beauté morale, se sacrifia toujours au devoir, et, comme les héros de Corneille, nous fait admirer en lui l'idéal de notre nature, l'homme tel qu'il devrait être. Disons pourtant qu'après Pascal, l'œuvre de la langue française dans la prose est consommée. Écoutons ici l'un de nos maîtres : « Il y a de tous les styles dans le style de Pascal, parce qu'il y a de tous les hommes dans l'écrivain. Je ferais toucher du doigt, dans les *Provinciales* et les *Pensées*, des passages qu'on dirait de Bossuet [1], pour la magnificence solide et l'audace toujours sensée, ou de Bourdaloue pour la suite d'un discours sévère à la fois et passionné, ou de La Bruyère, pour l'éclat des couleurs et la vivacité des contrastes, ou de Voltaire pour la facilité et l'enjouement. Tous les genres d'écrire ont un premier modèle dans cet homme qui ne s'est jamais piqué de la gloire d'écrire. C'est que Pascal a eu tous les dons de l'esprit en perfection ; la rigueur scientifique d'un grand géomètre, et l'imagination d'un grand

---

[1]. Empruntons aussi à M. Havet cette comparaison de Pascal et de Bossuet: « Pascal n'a pas la plénitude du plus grand des orateurs ; son élan ne se soutient pas si longtemps, et ne soulèverait pas le poids d'une œuvre comme le *Discours sur l'histoire universelle*, ou *l'Histoire des variations*. Il n'éprouve guère certains sentiments tels que l'admiration, qui épanouissent l'âme, et donnent des ailes à la parole; il n'écrirait pas l'oraison funèbre de Condé, il ne donne pas de pareilles fêtes à l'oreille, à l'imagination et au cœur. Là, c'est une véhémence qui commande tout d'abord l'émotion, et qui, à chaque parole, la nourrit et l'augmente ; ici, c'est un raisonnement froid et sec en apparence, mais d'où il part tout à coup des mots qui font tressaillir. Bossuet est comme un général qui déplace son armée dans la plaine pour une grande bataille ; tout est mouvement, tout est bruit ; Pascal livre un combat singulier, rapide et silencieux, mais furieux et terrible. Tous deux ont des attendrissements et des larmes, mais il semble que celles de Bossuet rafraîchissent le cœur, et que celles de Pascal le brûlent. La foule est plus aisément touchée par Bossuet, comme plus aisément convaincue ; mais certaines âmes d'une trempe plus dure sont moins pénétrées par ses discours; ceux de Pascal mordent sur les plus âpres. Bossuet enfin est toujours le maître de son pathétique comme de son argumentation : ce sont des forces dont son éloquence s'aide librement; celle de Pascal semble quelquefois emportée invinciblement comme par un poids, et n'en est que plus irrésistible. Dans ces pensées qu'il jette sur le papier pour lui seul, et où la passion qui le possède s'épanche sans obstacle, elle lui fait rencontrer de temps en temps un sublime où Bossuet lui-même n'atteint pas. Ces fragments épars, espèces d'oracles de l'esprit qui s'agite en lui, sont d'une originalité incomparable, et il faut dire avec Sainte-Beuve : « Pascal, admirable quand il achève, est peut-être encore supérieur là où il fut interrompu. »

poëte; une raison que ne contente pas ce qui paraît évident à celle de Descartes, et que ne rebute ni ne lasse jamais la difficulté de se contenter ; plus de sensibilité que n'en ont eu Descartes, Bossuet, La Bruyère; de l'esprit comme Fénelon ; de la gaieté railleuse comme Voltaire. Chacun des grands écrivains qui ont suivi Pascal ont eu, non plus pleinement, mais plus exclusivement une de ses qualités; ils en ont donné plus d'exemples; mais rapprochez-les du modèle, ce sont des monnaies du même or, dont Pascal a marqué pour la première fois le titre [1]. »

Ajoutons, pour terminer, que de tous les apologistes chrétiens il est le plus voisin de nous. Outre que sa polémique n'est plus dirigée seulement contre les hérétiques, comme celle de Bossuet, mais contre les incrédules, dont il prévoit les assauts, un siècle avant Voltaire, sa mélancolie est déjà celle de ces âmes en peine qui ont la blessure du doute, ou la tristesse des chutes et des ruines dont elles ont été les témoins ou les victimes.

1. M. Nisard, II, 167. De pareilles pages sont des modèles ajoutés à notre langue.

LA FONTAINE

(1621-1695).

PORTRAIT BIOGRAPHIQUE.

Sa jeunesse. — Jean de la Fontaine naquit, le 8 juillet 1621, à Château-Thierry. Son père était maître des eaux et forêts, et sa mère, Françoise Pidoux, fille d'un bailli de Coulommiers. Son éducation paraît avoir été fort négligée; on lui laissait lire, à l'aventure, tout ce qui lui tombait sous la main; et, de bonne heure, il prit l'habitude d'obéir à son caprice ou aux impressions du moment. Quelques livres de piété prêtés par un chanoine de Soissons ayant ému son imagination, il crut d'abord qu'il avait du goût pour l'état ecclésiastique; et, vers sa vingtième année, il entrait à l'institut de l'Oratoire, puis au séminaire de Saint-Magloire, à Paris[1]. Mais il s'aperçut vite de sa méprise, et en 1641 revint chez son père, qui, dans l'espoir de ranger à la règle un fils trop désœuvré, s'empressa de le marier[2], et de lui assurer la survivance de sa charge. Ce fut encore une erreur. Car sa vocation conjugale[3] n'était

---

1. Il y entraîna son frère Claude, qui persévéra.
2. Il épousa en 1647 Marie Héricart, qui avait de la beauté, de l'esprit et aimait beaucoup trop les romans.
3. Le seul signe qu'il en ait donné est cette exclamation qui lui échappe dans *Philémon et Baucis* :

> Ils s'aiment jusqu'au bout, malgré l'effort des ans.
> Ah! si.... Mais autre part j'ai porté mes présents.

pas plus sérieuse que l'autre; et ses inadvertances ne tardèrent point à le rendre aussi oublieux de son foyer que de son office. Des deux côtés, il ne vit qu'une sinécure, et des prétextes aux distractions insouciantes.

Tandis que, sous apparence d'inspecter les forêts, il promenait sa rêverie à l'ombre des bois soumis à sa juridiction[1], une ode de Malherbe[2] qu'il entendit réciter à un officier éveilla par hasard ses instincts poétiques[3]. Il se mit donc à lire nos vieux auteurs, surtout Rabelais, Marot, et ces fabliaux qui meublaient encore les bibliothèques de province. Épris d'une vive passion pour les pastorales de *Racan*, il s'essaya même à traduire librement l'*Eunuque* de Térence[4] (1654).

La Fontaine et Fouquet. — Ce fut alors qu'un parent de sa femme, J. Jannart, substitut de Fouquet dans son office de procureur général au Parlement de Paris, profita de l'occasion pour présenter La Fontaine au surintendant qui aimait et protégeait les lettres. Un si charmant esprit ne pouvait manquer de plaire à un connaisseur, et il devint rapidement le poëte ordinaire d'une cour célèbre par ses magnificences. Ce cercle brillant lui inspira *le Songe de Vaux*, des épîtres, des ballades, des sixains et dizains, par lesquels sa reconnaissance acquittait les quartiers de la pension[5] que lui servait son Mécène. En ces pièces légères, il ne s'élevait guère au-dessus de Voiture, de Sarrasin ou de Benserade; et s'il fut bon que la faveur de Fouquet, en l'initiant à la vie mondaine, lui donnât toute sa politesse, il risqua pourtant de s'assoupir ou de s'affadir parmi ces délices. Si ces douceurs s'étaient trop prolongées, un épicurien si naturellement ami du sommeil et du rien faire courait le péril de se relâcher en tous sens. Dans un pareil

---

1. Il avoue n'avoir appris que par un dictionnaire les termes de l'art forestier, ce qu'est un *bois en grume*, un bois *marmenteau*, un bois de *touche*.
2. Le sujet de cette ode était un des attentats sur la personne d'Henri IV : *Que direz-vous, races futures, etc.?*
3. Il composa des odes, et très-mauvaises, du moins au goût de son ami Maucroix, qui l'engagea fort à étudier les anciens.
4. C'était le temps où paraissaient les premières pièces de **Molière**.
5. Il recevait mille francs sur la cassette de Fouquet.

milieu, les bagatelles frivoles lui seraient venues plus volontiers que les fables, avec leur morale agréable et forte.

La disgrâce dont le contre-coup lui fut si cruel le sauva donc des pentes faciles, le rendit à lui-même, et nous valut la touchante élégie où son génie éclata, non moins que son cœur, en des vers éloquents et courageux (1662) :

> Remplissez l'air de cris en vos grottes profondes,
> Pleurez, nymphes de Vaux, faites croître vos ondes,
> . . . .
> Les destins sont contents; Oronte est malheureux[1].

Tout en prouvant qu'il aimait un bienfaiteur plus que ses bienfaits, il exerça sur l'opinion une influence clémente, et, mieux que tout avocat, réussit à changer en pitié la malignité publique. Aussi pouvait-il dire à bon droit :

> J'accoutume chacun à plaindre son malheur[2].

L'épicurien. — Le songe de Vaux une fois évanoui par la captivité de l'enchanteur, il retomba dans ses péchés mignons, et dépensa son temps, sa fortune ou son esprit, sans savoir comment, au jour le jour, au service de tous. Nul n'ignore de quelle façon expéditive il mangea son fonds avec son revenu[3]. Ses confessions plus enjouées qu'édifiantes nous dispensent d'entrer en des détails qui n'intéressent que sa vie privée; nous ne suivrons donc pas les allées et venues de ce pigeon voyageur que « le plaisir de voir et

---

1. « En cette pièce, comme dans son discours en vers à Mme de la Sablière, sur l'idée de se convertir, comme dans *Philémon et Baucis*, ou *le Songe d'un habitant du Mogol*, il rencontrait pour l'expression de ses vœux, de ses regrets et de ses goûts un alexandrin plein et facile qui se loge de lui-même dans la mémoire, et qui est à lui autant que ceux de Corneille et Racine leur appartiennent ». *Sainte-Beuve.*

2. Quelques années après, passant par Amboise La Fontaine voulut visiter la chambre du château où Fouquet avait été prisonnier. Ses larmes coulèrent avec amertume, et « sans la nuit, on n'auroit pu, dit-il, l'arracher de cet endroit. »

3.
> Jean s'en alla comme il étoit venu,
> Mangeant son bien avec son revenu,
> Tint les trésors chose peu nécessaire.
> Quant à son temps, bien le sut dispenser :
> Deux parts en fit, dont il souloit passer
> L'une à dormir, et l'autre à ne rien faire.

l'humeur inquiète » égaraient loin de son nid. S'il visitait parfois Château-Thierry, c'était seulement pour y vendre quelque bout de terre, lorsqu'il fallait apaiser des créanciers trop pressants[1]. Il y a toute une légende sur les dissipations de ce volage qui serait sans excuse, s'il ne nous désarmait par un air d'inconscience tellement ingénue qu'on est tenté de lui pardonner ses étourderies comme à un enfant auquel la raison n'est pas encore venue. Mais laissons dans l'ombre des faiblesses dont il fit pénitence, aux heures tardives du repentir.

Nous n'insisterons pas non plus sur les débuts qui révélèrent au public un talent de conteur qu'on ne peut louer sans en condamner l'emploi. Disons pourtant que la duchesse de Bouillon, nièce de Mazarin, partage la responsabilité morale du poëte. Car ce fut elle qui l'engagea dans un genre où il avait pour précurseurs, outre les trouvères de race gauloise, Rabelais, Bonaventure Despériers et la reine Marguerite de Navarre, sœur de François Ier, sans parler de Boccace, de l'Arioste et du Pogge. Il figure donc ici en glorieuse compagnie ; mais n'y cherchons pas les circonstances atténuantes d'une licence qu'aggrave la perfection littéraire à laquelle il dut l'équivoque popularité d'un succès assez compromettant pour que Louis XIV lui en ait gardé longue rancune.

Le fabuliste (1668). — Ce méfait d'une jeunesse trop persistante, il eut du reste à cœur de le faire oublier, au moins si l'on en juge par la préface de son premier recueil, composé de six livres, qui parurent en 1668, sous ce titre modeste : *Fables d'Ésope mises en vers par M. de la Fontaine.* En les dédiant au dauphin, à l'élève de Montausier et de Bossuet, il annonçait la bonne volonté de s'amender et de se réhabiliter. Il était temps ! ne touchait-il pas à la cinquantaine ?

L'illustre imprévoyant vivait alors au Luxembourg, sous le patronage d'Henriette d'Angleterre, dont il était gentil-

---

[1]. Son bien seul y passa ; car il n'y avait pas communauté entre sa femme et lui, de sorte qu'elle put vivre à l'abri du besoin.

homme ordinaire : fonction qui ne déroba rien à ses loisirs; car il semble que tous ses protecteurs se soient entendus pour respecter cette bienheureuse et féconde paresse qui était comme la muse du voluptueux rêveur. Mais la mort précipitée de la duchesse d'Orléans lui ravit tout à coup la sécurité du lendemain. Il allait donc, comme la cigale, se trouver fort dépourvu, si un dévouement généreux n'eût été sa providence. Grâce à l'hospitalité de Mme de la Sablière dont les prévenances délicates corrigèrent envers lui les torts de la fortune ou plutôt de son caractère, il put, durant vingt ans et plus, goûter, parmi les charmes d'une société spirituelle autant que distinguée, les bienfaits d'une libéralité discrète, et la douceur d'une amitié familière, mais respectueuse. Près de cette femme aimable, qui, savante sans afficher la science, et bonne sans ostentation, répara des légèretés mondaines par la pratique de la charité chrétienne[1], puis par une conversion aussi sincère qu'éclatante (1683), on comprend que La Fontaine ait dit avec l'accent d'une tendre gratitude :

> Qu'un ami véritable est une douce chose !

Ayant dès lors « bon souper, bon gîte et le reste », c'est-à-dire l'indépendance, les libres entretiens, l'intimité des affections choisies et toutes les joies de l'esprit, il ne cessa plus de s'appartenir sans réserve, et de s'abandonner aux enchantements de son imagination. C'est ce qu'atteste son second recueil de fables qui comprenait cinq livres, et parut en deux parties (1678 et 1679). Il s'y déploie dans la plénitude et la variété de son génie, sous les formes à la fois les plus vives et les plus sévères. Voilà son chef-d'œuvre. Car il y aura des inégalités de verve dans le douzième et dernier livre, qu'on appela le chant du cygne, et qui, destiné au jeune duc de Bourgogne, ne vit le jour qu'en 1694.

L'académicien (1684). — Louis XIV, qui voulut bien

---

1. Elle eut aussi pour hôte et commensal le voyageur Bernier. Son mari a laissé des madrigaux agréables.

accepter l'hommage de ce volume, n'y répondit cependant par aucune faveur. Car le maître tenait rigueur à l'incorrigible qui rimait encore, sous le manteau, plus d'une nouvelle grivoise, et, loin d'avoir la souplesse d'un courtisan circonspect, s'échappait en témérités à peine déguisées par le sourire d'une bonhomie malicieuse. S'il n'entra qu'à soixante-trois ans à l'Académie française, la faute n'en fut donc pas à une Compagnie dont les avances, découragées par une fantaisie peu soucieuse de sa dignité, ne devaient être agréées par le consentement royal qu'en 1684. Colbert étant mort, La Fontaine se vit pourtant admis à succéder au grand ministre qui ne lui avait pas pardonné la constance d'un attachement fidèle au souvenir de Fouquet. Élu en 1683, il n'eut le droit de s'asseoir dans son fauteuil qu'après une année d'attente, j'allais dire de purgatoire[1]. On avait fini par croire à sa promesse d'être sage, en dépit de la ballade où il disait par expérience :

Promettre est un, et tenir est un autre.

L'Académie, qui avait été sa seule ambition, devint une de ses dernières passions. Nul ne fut plus exact à toucher ses jetons de présence[2]. Il se plaisait à ces séances, où il lui était permis de rêver tout éveillé, et même de sommeiller à son aise. Attribuons à un de ces oublis la distraction qui lui fit déposer une boule noire dans l'urne du scrutin, le jour où Furetière[3], un de ses vieux amis, fut exclu par un vote auquel il n'aurait pas dû s'associer. Ce fut une faute qu'il expia. Car le grammairien bilieux qui le cribla de ses piquantes épigrammes prouva une fois de plus que les ressentiments d'une amitié morte sont impitoyables.

Il prit aussi part à un autre débat, mais courtois, que venait de réveiller la polémique de Charles Perrault (1687).

---

1. Il avait été préféré à Boileau qu'appuyait la faveur royale. Ce choix ne fut confirmé qu'après une vacance nouvelle qui permit aux deux amis d'entrer ensemble à l'Académie.
2. Hélas ! il en avait besoin.
3. On l'accusait d'avoir profité du travail commun pour composer le dictionnaire qui porte son nom.

Entre les anciens et les modernes, il n'hésita pas, et défendit avec effusion la cause de l'antiquité, sans se douter que ses œuvres pouvaient être le meilleur argument de ses adversaires. Une des pièces les plus précieuses qui figurent au dossier de ce procès n'est-elle pas l'admirable épître [1] dans laquelle, prêchant d'exemple, il enseigne les principes de cette imitation originale qui n'est que de l'émulation?

Ses œuvres diverses. — Pour compléter cette esquisse, il conviendrait de dire quelques mots des excursions que fit La Fontaine en dehors du genre auquel il doit son immortalité. Signalons surtout *les Aventures de Psyché*, roman d'Apulée qu'il embellit de sa prose et de ses vers. Il y fut plus heureux que dans ses tentatives dramatiques. Car, sauf *le Florentin*, petite comédie très-amusante, à laquelle Molière semble avoir collaboré, sa gloire ne souffre guère de l'oubli qui s'est fait sur le reste de ses divers essais, entre autres sur la *Mort d'Achille*, tragédie qu'il n'acheva pas. Mentionnons seulement un opéra que Lulli devait mettre en musique, engagement auquel il manqua : ce qui lui valut une violente satire où le *bonhomme*, qui n'aimait pas à être dupe, se vengea de ce qu'il appelait une trahison.

L'homme. Rechutes et conversion. — Ses jeux poétiques furent attristés bientôt par la mort de Mme de la Sablière qui le laissait orphelin, en 1693. Cette chère tutelle lui faisant défaut, sa vieillesse trop anacréontique eût été sans doute exposée à des rechutes périlleuses si, dans ce malheur qui le menaçait d'une affligeante détresse, un ami ne s'était encore trouvé là pour consoler son deuil. « Venez donc loger chez moi, » lui dit M. d'Hervart[2]. « J'y allais », répondit le poëte avec une charmante candeur. Ce fut dans ce dernier asile que, l'âge et les infirmités aidant, La Fontaine se sentit enfin repris, mais définitivement, par les pensées sérieuses qu'il avait exprimées avec tant d'éloquence,

---

1. A Huet, evêque de Soissons.
2. Mme d'Hervart fut pour lui plus qu'une mère, une *maman*.

en 1684, dans ce discours en vers qui est la confession naïve de ses erreurs et de ses fautes :

>De solides plaisirs je n'ai suivi que l'ombre ;
>J'ai toujours abusé du plus cher de nos biens.
>Les pensers amusants, les vagues entretiens,
>Vains enfans du loisir, délices chimériques,
>Les romans et le jeu, perte des républiques,
>Par qui sont dévoyés les esprits les plus droits,
>Ridicule fureur qui se moque des lois,
>Cent autres passions des sages condamnées
>Ont pris comme à l'envi la fleur de mes années.
>. . . . .
>J'entends que l'on me dit : quand donc veux-tu cesser ?
>Douze lustres et plus ont roulé sur ta vie :
>De soixante soleils la course entresuivie
>Ne t'a pas vu goûter un moment de repos.
>Quelque part que tu sois, on voit à tout propos
>L'inconstance d'une âme en ses plaisirs légère,
>Inquiète, et partout hôtesse passagère.
>. . . . .
>Je m'avoue, il est vrai, s'il faut parler ainsi
>Papillon du Parnasse, et semblable aux abeilles,
>A qui le bon Platon compare nos merveilles.
>Je suis chose légère, et vole à tout sujet ;
>Je vais de fleur en fleur, et d'objet en objet.
>A beaucoup de plaisirs je mêle un peu de gloire,
>J'irois plus haut peut-être au temple de Mémoire,
>Si dans un genre seul j'avois usé mes jours ;
>Mais quoi ! je suis volage en vers comme en amours.
>En faisant mon portrait, moi-même je m'accuse,
>Et ne veux point donner mes défauts pour excuse.
>Je ne prétends ici que dire ingénûment
>L'effet bon ou mauvais de mon tempérament....
>Tel que fut mon printemps, je crains que l'on ne voie
>Les plus chers de mes jours aux vains désirs en proie !

Non, cette fois, sa conversion ne fut point le caprice d'un inconstant, mais un des beaux exemples de ce siècle qui propose à notre orgueil tant d'admirables retours de consciences égarées. Car il mit dans son repentir toute la candeur de son âme, et ne se montra pas moins sincère avec Dieu qu'avec les hommes.

Revenant donc à des sentiments religieux jusqu'alors négligés plutôt que méconnus, il fut aussi rigoureux dans la pénitence qu'il avait été relâché dans les plaisirs. N'alla-t-il pas jusqu'à se couvrir d'un cilice ? Il fit même publiquement amende honorable en lisant à l'Académie une traduction du *Dies iræ.* Tout en paraphrasant les psaumes, il désavoua les écarts de sa plume. Simple dans le bien comme il l'avait été dans le mal, avec quel élan de cœur ne s'écriait-il pas, dans une prière au Rédempteur :

> Je te laisse le soin de mon heure dernière !

Lui qui jadis avait dit, d'un ton alors un peu païen :

> La mort ne surprend point le sage,

il écrivit à Maucroix cette lettre dont l'émotion est toute chrétienne : « Tu te trompes assurément, mon cher ami, s'il est bien vrai, comme M. de Soissons me l'a dit, que tu me crois plus malade d'esprit que de corps. Il me l'a dit pour tâcher de m'inspirer du courage, mais ce n'est pas de quoi je manque. Je t'assure que le meilleur de tes amis n'a plus à compter sur quinze jours de vie. Voilà deux mois que je ne sors point, si ce n'est pour aller un peu à l'Académie, afin que cela m'amuse. Hier, comme j'en revenois, il me prit, au milieu de la rue du Chantre, une si grande foiblesse que je crus véritablement mourir. O mon cher ! *mourir n'est rien : mais songes-tu que je vais comparoître devant Dieu ?* Tu sais comme j'ai vécu. Avant que tu reçoives ce billet, les portes de l'éternité seront peut-être ouvertes pour moi. »

Malgré ce tremblement d'une âme contristée, il dut à la foi de pures consolations, et vit approcher l'heure suprême avec une sérénité qui permet de dire :

> Rien ne trouble sa fin, c'est le soir d'un beau jour.

Ce fut ainsi qu'il s'éteignit doucement, dans les bras de la religion et de l'amitié, le 13 février 1695, à l'âge de soixante-quatorze ans. « Dieu le veuille mettre dans son saint repos », écrivit Maucroix, apprenant cette perte,

« c'étoit l'âme la plus vraie et la plus candide que j'aie jamais connue[1]. »

LES FABLES DE LA FONTAINE.

I. — Faits historiques.

Le genre. Origines de l'apologue. — Pilpay. — Ésope ; la fable gnomique. — Dans La Fontaine, « le poëte est tout, et le genre n'est presque rien[2]. » Nous en dirons cependant un mot, ne fût-ce que pour apprécier plus sûrement un génie qui créa la fable à son image. Récit moral dont les enseignements se dérobent sous le voile de l'allégorie, l'apologue ne fut point inventé seulement, comme on l'a souvent répété, pour faire entendre à un despote[3] des vérités dont l'audace s'enveloppait de précautions prudentes et de ruses ingénieuses. Il procéda plutôt de la même source que la métaphore, c'est-à-dire du besoin qu'a l'intelligence humaine d'exprimer ses sentiments et ses pensées par des emblèmes qui les rendent visibles à l'imagination. Voilà pourquoi nous retrouvons ce genre chez tous les peuples, dans tous les âges, et dès la plus haute antiquité. Pourtant il paraît que l'Inde fut son berceau. Aux yeux de cette race panthéiste, qui croyait au dogme de la métempsycose et à

---

1. Le lendemain de sa mort, Fénelon, qui l'avait associé à l'éducation du duc de Bourgogne, honorait le fabuliste de cette oraison funèbre : « Lisez-le, et dites si Anacréon a su badiner avec plus de grâce, si Horace a paré la philosophie et la morale d'ornements plus variés, si Térence a peint les mœurs des hommes avec plus de naturel et de vérité, si Virgile enfin a été plus touchant et plus harmonieux. »
2. M. Saint-Marc Girardin.
3. Menenius Agrippa n'usa-t-il pas de l'apologue pour soutenir les droits d'une aristocratie puissante ? (fable des *Membres et de l'estomac*). Après la prise de Sardes, Cyrus répond par la fable du *Joueur de flûte et des poissons* aux Grecs d'Ionie, qui avaient repoussé ses avances, et venaient le solliciter trop tardivement.

l'égalité de tous les êtres contenus dans le sein de Brahma, la fable devait être plus qu'un jeu d'esprit, plus que l'arme du faible contre le fort. Elle se mêlait aux croyances religieuses, comme l'attestent les livres bouddhiques, le *Mahábbárata*, le *Djataka*, le *Pantcha-Tantrá*[1] et les *Avadanas*[2]. L'Indien Bidpay ou Pilpay[3] fit entrer ces fictions dans le domaine populaire, et elles se répandirent ainsi rapidement, de proche en proche, à travers le Thibet, la Chine, la Perse et l'Arabie. L'Ancien et le Nouveau Testament proposent aussi à notre admiration d'incomparables paraboles qui traduisent les leçons d'une morale divine par des exemples et des tableaux dont la simplicité possède une vertu que l'art ne saurait égaler[4]. Mais ne donnons point un air de littérature à des beautés faites pour le salut des âmes; et, sans nous attarder non plus aux curiosités de l'érudition, passons en Grèce, où un esclave phrygien fut l'Homère de la fable.

Faut-il croire à l'existence d'Ésope, et à sa légende[5]?
— Quoi qu'il en soit des aventures prêtées à ce philosophe pratique, dont la sagesse avisée nous signale un compatriote d'Ulysse, il est certain du moins que, nés de l'occasion et transmis par la tradition orale, ses petits contes sont dignes d'avoir été voisins de l'époque primitive où Bias[6] conseillait

---

1. Ou les *Cinq-Ruses*, fables du brahme Vichnou-Sarma, traduites par l'abbé Dubois.
2. Contes et apologues indiens et chinois, publiés par M. Stanislas Julien.
3. Visir du roi indien Dabshelim, il vécut deux mille ans, ou, suivant les autres, deux cent cinquante ans avant Jésus-Christ.
4. La brebis du pauvre, le riche, le mauvais riche et Lazare, l'enfant prodigue, le pharisien et le publicain, le grain de moutarde, les arbres voulant élire un roi, la fourmi, tels sont ces apologues populaires.
5. Né en Phrygie, vers le sixième siècle avant Jésus-Christ, il aurait été esclave d'un certain Jadmon de Samos qui l'affranchit. Crésus l'appela à sa cour. Envoyé par ce prince à Delphes pour consulter l'oracle, il irrita les habitants par la liberté de son langage, et fut précipité d'un rocher en 550. Ses fables auraient été recueillies pour la première fois par Démétrius de Phalère, 230 ans après sa mort, puis par *Planude*, moine grec du quatorzième siècle, que La Fontaine prit pour un ancien. — Avant Ésope, on retrouve dans *Hésiode* (neuvième siècle), *l'Épervier et le Rossignol*. — La fable existe aussi dans *Archiloque* (l'aigle et le renard), *Stésichore* (le cheval et le cerf), *Hérodote* (le pêcheur qui joue de la flûte).
6. Bias (570 ans avant J. C.) fut un des Sept sages. Il naquit à Priène. Entre autres adages, il disait : « *Aimez vos amis avec discrétion*, comme s'ils

aux hommes d'être vertueux avec prudence, et d'éviter les maladresses encore plus que les fautes. Contemporain de la poésie gnômique[1], son apologue s'adapte étroitement à la moralité qu'il veut vulgariser. Il est comme un syllogisme auquel le récit sert de prémisses, et le précepte de conclusion. Aussi ne faut-il point y chercher la description des objets, la peinture des caractères, les mots passionnés qui saisissent, l'action, le mouvement, l'éloquence et le style. Sous leurs noms d'animaux, les personnages ne sont que des vices ou des vertus, et nullement des acteurs doués d'une vie individuelle. S'ils avaient une physionomie propre, ils risqueraient même de distraire notre attention aux dépens de l'essentiel, c'est-à-dire de la démonstration à laquelle ils doivent servir d'arguments. En un mot, la fable ésopique a la sécheresse d'un théorème de géométrie que termine cette formule : Voilà ce qu'il fallait prouver[2].

Phèdre, Babrius ; la fable littéraire. — Cette nudité va se parer d'ornements littéraires chez un écrivain secondaire, mais estimable[3], qui, contemporain d'Auguste et nourri dans le culte du génie grec, recueillit les miettes de la table où s'étaient assis les dieux, et s'empara de l'apologue, parce que tous les autres genres avaient à Rome leur représentant officiel. Chez Phèdre (car c'est de lui qu'il s'agit), la vocation ne fut donc pas un entraînement instinctif, mais

---

pouvaient devenir vos ennemis. Haïssez vos ennemis avec modération; car il se peut faire qu'ils soient un jour vos amis. »

1. De γνώμη, sentence. Elle exprimait en vers précis des vérités d'expérience, des proverbes. Elle fut inaugurée, au sixième siècle avant J. C. par Phocylide de Milet, et Théognis de Mégare. Elle compta, chez les latins, Publius Syrus, contemporain de César, chez nous Dufaur de Pibrac (seizième siècle), et ses *quatrains moraux*.

2. En voici un exemple : « Le renard et la panthère se disputent le prix de la beauté : la panthère vantait surtout la beauté de son corps. Le renard lui dit : « Combien je suis plus beau, moi qui ai cette bigarrure non sur le corps, mais dans l'esprit! » Cette fable montre que la perfection de l'âme est préférable à la beauté du corps. »

3. Né en Macédoine, esclave d'Auguste qui, dit-on, l'affranchit, attaché à la maison impériale, mais compromis dans je ne sais quelle affaire obscure, dépouillé de sa fortune pour avoir froissé un personnage, peut-être Séjan, Phèdre serait mort, sous le règne de Claude, vers l'an 44 de J. C. — Il faut lire dans les *Poëtes latins de la décadence* une excellente étude de M. Nisard sur cet écrivain (t. Ier).

le calcul réfléchi d'un talent disponible qui, voyant l'élégie prise par Tibulle et Properce, l'héroïde et la métamorphose par Ovide, l'ode par Horace, l'épopée, d'ailleurs trop inaccessible, par Virgile, la tragédie par Varius, la comédie par Térence, se résigna, faute de mieux, à tenter fortune sur un terrain tout neuf où son amour-propre n'avait point à craindre de concurrents.

Il ne paraît pas, d'ailleurs, que les Latins aient été curieux de faire fête aux jeux modestes qu'inaugura son studieux labeur. Car, en rivalisant avec Ésope, il ne réussit point à obtenir droit de cité pour d'humbles poésies que railla le goût dédaigneux de ses contemporains, s'il faut en croire les doléances d'une vanité susceptible et inquiète qui, fort ambitieuse de la gloire, la jugea lente à venir, et se plaignit sans cesse de la malignité des uns[1], ou de l'indifférence des autres[2]. Tout n'était pourtant pas injustice dans l'accueil fait à ce traducteur qui prétendait au titre d'inventeur. Fabuliste par occasion, n'osant avouer ou nier ses emprunts, il est parfois aussi embarrassé, dans ses imitations, que le geai paré des plumes du paon, ou le renard qui a perdu sa queue dans un piége. Ce qui lui manqua le plus, ce fut l'imagination. Il a beau s'ingénier, son savoir-faire et sa bonne volonté déguisent mal l'indigence de sa veine. Il ne se soutient qu'en s'appuyant sur le bras d'autrui; chez lui, point de motifs qui coulent de source : il ne s'alimente guère que de souvenirs. Au lieu d'observer la nature et de fixer des impressions vives, il paraphrase le texte grec, qu'il développe artificiellement, comme un bon écolier qui sait étendre sa matière par des procédés appris sous la discipline

---

1. Parmi ses déplaisirs réels ou imaginaires, il en appelle à la postérité qui fera repentir la fortune de son injustice : « *Donec fortunam criminis pudeat sui.* » (Epil. lib. II). Cette réparation n'eut lieu qu'après quinze siècles. Des protestants ayant pillé la bibliothèque d'une abbaye catholique, en 1562, le bailli de cette abbaye sauva quelques manuscrits précieux, parmi lesquels celui de Phèdre, acheté bientôt par François Pithou, qui se fit son éditeur.
2. Les Latins n'usèrent de l'apologue que par accident. On cite celui de Menenius Agrippa (493 avant J. C.). Dans Cicéron, on rencontre le *Vieillard et les jeunes hommes*, dans Pline l'ancien, les *Deux rats, le renard et l'œuf*, dans Horace *le Rat de ville et le rat des champs* (sixième satire du premier livre); c'est le chef-d'œuvre de la fable dans l'antiquité.

d'un maître. Sa tête n'est peuplée que de métaphores. d'expressions choisies, de formes grammaticales, d'épithètes et de synonymes, mais non pas, comme il faudrait, de sensations, de sentiments, d'idées, ou plutôt d'animaux ruminants, bêlants, mugissants, hennissants, coassants et rugissants. A peine indique-t-il les traits généraux des ébauches douteuses dans lesquelles se trahit l'effort d'une conception vague qui tâtonne. Tantôt fin sans être naïf, tantôt naïf sans être fin, il a pourtant du goût, de la mesure, de l'harmonie, la science de l'à-propos, la vivacité du dialogue, le don de repartie, et surtout une concision précieuse, parce qu'elle est exempte de recherche et ne dégénère point en obscurité[1]. Simple sans platitude, industrieux sans raffinement, plus sobre que brillant, son style est substantiel, plein, sévère, agréable et varié. Il faut louer aussi sa diction saine et circonspecte qui reste pure sans purisme. Mais, à tout prendre, sa poésie n'est que de la prose, et ce classique ne sera jamais de ceux qu'on lit au lendemain de la quatrième.

La fable populaire, au moyen âge. Marie de France; Roman de Renard. — Sans parler de Babrius[2] qui appartient à la même école, hâtons-nous de prendre pied en terre gauloise, où la fable, à peine implantée, s'acclimata si facilement qu'elle finit par oublier ses origines étrangères. Tandis que les branches hautaines de l'épopée devaient s'y dessécher avec le temps, l'humble pousse ne cessa pas de verdoyer, de bourgeonner et de fleurir sur un sol dont elle semble la flore indigène; tant il est vrai de dire que, dans le cadre d'une action familière à laquelle suffisait l'ironie native de notre bon sens, la verve de nos aïeux se trouva

---

1. M. Nisard fait cette remarque ingénieuse : « Il en est de certaines poésies trop concises comme de verres d'optique d'un degré trop fort : les unes, en demandant trop d'efforts à l'intelligence, la fatiguent ou la trompent; les autres, par une trop grande concentration des rayons lumineux, tirent la vue et la troublent. »

2. *Babrius* ou par corruption *Gabryias*, mit en vers choliambiques les fables d'Ésope. Son élégance a fait croire qu'il vécut au temps de Bion et de Moschus (290 avant J. C.). D'autres le croient contemporain d'Auguste. M. Minoïde Mynas découvrit son manuscrit en 1843 au mont Athos.

plus à l'aise que dans les détours compliqués des monuments chevaleresques. Car notre langue alerte et souple se prêtait d'elle-même aux devis plaisants et aux narrations enjouées, qui, s'adressant aux grands et aux petits, figurent, à côté des chansons de gestes, comme le vaudeville aux environs de la tragédie.

Parmi les ancêtres de La Fontaine, nous compterons tout d'abord *Marie de France* qui accompagna le duc Guillaume en Angleterre, vécut à la cour de Henri III, et anima de son esprit, de sa grâce ou de son cœur, des apologues dans lesquels une mélancolie sympathique aux opprimés censure les abus du régime féodal, rendus plus cruels encore par le droit de conquête. Les bêtes de rapine et de carnage, le lion, le loup, l'aigle et le milan, y représentent ceux qu'elle appelle les *riches voleurs*, les lieutenants de comtés, les baillis, les juges et seigneurs. Toujours tondue, suppliante et résignée, la brebis y est l'image du pauvre peuple sur le sort duquel s'apitoie sa compassion. Sans pousser les faibles à la révolte, elle sut parler avec émotion de justice et d'humanité, parmi les aventuriers avides qui criaient : *Malheur aux vaincus !* Ce titre doit suffire, aujourd'hui surtout, à la sauver de l'oubli.

Il convient de rappeler aussi les fabulistes épiques ou satiriques du moyen âge, entre autres Pierre de Saint-Cloud, Jackemars Gielée, et Richard de Lison, le curé de la Croix-en-Brie, auteurs présumés du *Roman de Renard*, où nous apparaît la hiérarchie du monde féodal, avec ses castes, ses préjugés, ses mœurs, ses institutions, ses abus et ses vices. Autour de *Goupil* et d'*Ysengrin*[1] qui personnifient la ruse et la violence, nous voyons se mouvoir ici toute une ménagerie qui figure l'aristocratie et la plèbe des animaux et des hommes. Sophiste, diplomate, casuiste, courtisan, flatteur, enjôleur, prêt à porter tous les masques et à user des expédients les plus équivoques pour triompher partout

---

1. L'un représente le renard, l'autre le loup. Près d'eux se rencontrent *Noble*, juge et roi, *Dame orgueilleuse*, sa femme, *Chantecler* ou le coq, dame *Pinte* ou la poule, *Couarz* ou le lièvre poltron, *Drouineau* ou le misérable moineau.

et toujours contre tout droit et toute vraisemblance, compère Renard tient à la fois de Pathelin, de Panurge, de Tartuffe, de Gil-Blas, de Figaro et de Robert-Macaire. Il déploie mille prodiges d'adresse pour conquérir andouilles, jambons et poulets. Les scènes amusantes où il joue ce rôle de chevalier d'industrie sont la parodie de tout ce qu'avaient révéré les siècles précédents. Ce ne fut d'abord qu'une ironie sournoise et tempérée par un fond de bonhomie joviale; mais avec Philippe le Bel et ses luttes contre le saint-siége, cette innocence primitive ne tarda pas à s'évanouir; et, sous les grondements d'une voix qui s'exaspérait, retentirent bientôt les murmures de Jacques Bonhomme. Est-il besoin d'ajouter que dans ce monument composite s'essaye maladroitement l'art d'un peuple enfant? Fabliaux, moralités, chansons, sermons, légendes, histoire, mascarade, caricature, sagesse et folie, tous les genres s'y confondent. C'est une matière diffuse qui déborde en toute licence. Sur un fond terne et uniforme où brillent quelques lueurs soudaines, le récit se déroule languissamment en longues digressions. On dirait l'interminable complainte d'un conteur qui bégaye ou balbutie.

La fable savante, au seizième siècle : Haudent, Guéroult, Habert. — Bien que la Renaissance ait répudié toutes les traditions du moyen âge, la fable fut pourtant alors protégée par son origine antique contre le dédain des érudits; mais, prenant le style du temps, elle se fit élégante, devint un objet de savante étude, ou parla même en vers latins pour se mettre à la mode du jour[1]. Sans insister sur Guillaume Haudent[2] et Guillaume Guéroult[3], qui eurent l'instinct comique, ni sur François Habert[4], qui ne manque ni de grâce, ni de naïveté, nous citerons Marot qui en 1525, dans son épître adressée à Lyon Jamet, usa si ingénieu-

---

1. Tel fut le recueil de *Faerne*, mort en 1561, et dont les fables latines furent publiées par le pape Pie IV.
2. Avant La Fontaine, il a traité des animaux malades de la peste, dans sa *Confession de l'âne*, du *renard* et du *loup*.
3. La fable du *lion, du loup et de l'âne*, est digne aussi d'être comparée à celle de La Fontaine. Mentionnons encore Gillet Corrozet, qui a son mérite.
4. Né en 1520.

sement de l'apologue pour solliciter l'assistance d'un ami dont les bons offices pouvaient l'aider à sortir du Châtelet[1]. Lui aussi, Mathurin Régnier, se soutient avec honneur dans sa fable intitulée : *le Loup, la Lionne et le Mulet*[2]. Ces heureuses rencontres attestent du moins que le genre vivait encore au seizième siècle, et n'avait pas cessé de plaire, lorsque La Fontaine, fécondant l'héritage de ses devanciers, les éclipsa tous par l'éclat de sa gloire.

II. — L'HOMME ET LE POËTE.

La Fontaine et sa légende. Le mondain, le causeur. — Avant de nous demander quelle fut son originalité, commençons par esquisser les principaux traits de sa physionomie ; car ils risquent de s'effacer un peu sous la légende qui représente ce poëte comme un enfant distrait, insouciant et paresseux, auquel une muse complaisante dicta de beaux vers dont il ne se doutait pas.

Et d'abord il ne faudrait point croire, sur la foi de certaines anecdotes, qu'un si charmant esprit fut en quelque sorte « un ours de génie[3] », qui ne s'entretenait volontiers qu'avec ses bêtes. Il serait plutôt, parmi nos écrivains de marque, un des premiers qui surent se mettre à l'aise avec les grands seigneurs, et rapprocher ainsi les deux supériorités du rang et du talent.

Aimant le monde autant qu'il en était aimé, il ne cessa pas en effet d'y porter les grâces d'un intime abandon, comme on peut en juger par ses lettres et ses épîtres, par les dédicaces flatteuses ou les billets respectueusement familiers qu'il adresse à la duchesse de Bouillon, à Mme de Thiange[4],

---

1. M. Saint-Marc Girardin préfère sa fable du *Lion et du Rat* à celle de La Fontaine.
2. Troisième satire.
3. C'est le mot par lequel M. Saint-Marc Girardin résume la légende qu'il ne faut pas croire sur parole.
4. Sœur de Mme de Montespan.

à Turenne[1], à Vendôme ou au prince de Conti. Non, Voltaire n'a pas le tour plus alerte et plus spirituel. Voilà bien le causeur qui, parlant un jour de la conversation et de ces délicieux commerces *où le Hasard fournit cent matières diverses*, disait en se souvenant de lui-même :

> La bagatelle, la science,
> Les chimères, le rien, tout est bon ; je soutiens
>   Qu'il faut de tout aux entretiens :
> C'est un parterre où Flore épand ses biens ;
> Sur différentes fleurs l'abeille s'y repose,
>   Et fait du miel de toute chose.

Mais son agrément ne s'y épanouissait que sous la douce influence d'une liberté sans contrainte ; car il fut avant tout un indépendant qui n'eut guère d'autre guide que ses instincts, et un épicurien qui tournait en volupté

> Jusqu'au sombre plaisir d'un cœur mélancolique.

Le caractère, le cœur de La Fontaine. — De là, cet enjouement d'une humeur toujours heureuse, même en ces innocentes satires, dont la malice n'exclut pas la bonhomie souriante, puisqu'il s'amuse de nos misères comme des siennes. S'il connut plus sûrement que personne nos ridicules ou nos travers, il aima donc mieux s'en égayer que s'en irriter ou s'en attrister.

Or cette habitude de clairvoyance inoffensive n'était pas seulement chez lui le symptôme d'un scepticisme trop indifférent aux principes ; mais elle recouvrait une bonté sincère. Ne fut-il pas, comme Horace, comme Montaigne, le plus tendre des amis[2] ? A Pintrel, à Maucroix, il donna le

---

1. Toujours dangers ! vous ne croyez donc pas
Pouvoir mourir ? Tout meurt, tout héros passe.
Cloton ne peut vous faire d'autre grâce
Que de filer vos jours plus lentement ;
Mais Cloton va toujours étourdiment.
Songez-y bien, si ce n'est pour vous-même,
Pour nous, Seigneur, qui, sans douleur extrême
Ne saurions voir un triomphe acheté
Du moindre sang qu'il vous auroit coûté.
(A Turenne.)

2. Chez tous les grands épicuriens, l'amitié fut la première des vertus

seul trésor qui lui restât, son temps et sa gloire. Pour sa bienfaitrice, Mme de la Sablière, il eut presque une affection filiale. « Ne confiez ces vers à personne, écrivait-il à Racine ; car elle ne les a pas encore vus. » C'est ainsi que sa gratitude, s'acquittant par l'exquise délicatesse du sentiment, réservait, faute de mieux, l'unique bien qu'il pût offrir, les prémices de ses œuvres. Même quand le mal d'autrui ne l'atteignait pas, il lui devenait une blessure. Il y eut en effet dans son cœur une source d'inépuisable sympathie. Ayant écrit un jour au prince de Conti le récit des mésaventures de Mlle de la Force, il le suppliait de ne point montrer sa lettre, « parce qu'il y auroit, dit-il, de l'inhumanité à rire d'une affaire qui la fait pleurer si amèrement. » Lui qui fut toujours si peu soucieux de ses intérêts, il écoutait avec attention les gens affligés qui venaient le consulter, « il s'attendrissoit, il cherchoit des expédients, il en trouvoit, il donnoit les meilleurs conseils du monde[1]. » Quand il se convertit, il n'entra pas facilement dans l'idée des peines éternelles, et justifia de la sorte ce mot de la garde-malade qui disait de lui : « Le bon Dieu n'aura jamais le courage de le damner. »

Sa faculté d'enthousiasme : Polyphile. Le don des métamorphoses. Le gaulois, l'observateur, le rêveur.
— Mais ce qui le caractérisait éminemment, c'était la faculté d'oublier le monde réel, et de vivre au pays de l'idéal. Enchanté par ses beaux songes, et prompt à l'enthousiasme, il trahissait sa vocation de poëte par cet aveu : « Savez-vous bien que, pour peu que j'aime, je ne vois les défauts des personnes non plus qu'une taupe qui auroit cent pieds de terre sur elle ? Dès que j'ai un grain d'amour, je ne manque pas d'y mêler tout ce qu'il y a d'encens dans mon magasin. » Aussi nul ne fut-il plus facile à s'éprendre tout à coup, et à se livrer sans réserve aux objets qu'avait transfigurés sa passion. A vingt ans, ne se crut-il pas appelé vers la vie religieuse, pour s'être laissé ravir par la lecture

---

parce qu'elle est un plaisir, supérieur à tous les autres, qui les multiplie et les avive, sans jamais déranger l'équilibre des âmes qui veulent se posséder.
1. D'Olivet.

d'un livre pieux? Plus tard, une ode de Malherbe le transporta d'une admiration si profonde, qu'il passait des jours et des nuits à le lire, à l'apprendre par cœur. Quand Platon l'eut conquis, il ne cessa plus, pendant quelque temps, de platoniser à outrance. Puis le hasard lui ayant mis sous la main le livre de Baruch, le charme fut tel, qu'il abordait chacun avec ce nom sur les lèvres. Aussi ses amis l'avaient-ils surnommé *Polyphile*, l'amateur de toutes choses. Il en convenait lui-même en ces vers :

> Je chéris l'Arioste, et j'estime le Tasse,
> Plein de Machiavel, entêté de Boccace,
> J'en parle si souvent qu'on en est étourdi :
> J'en lis qui sont du Nord, et qui sont du Midi [1].

Toute beauté le mettait en fête, et, dans son enchantement, il allait vite jusqu'à l'adoration. Un soir, il venait d'entrevoir la princesse de Conti toute parée, prête à partir pour le bal; et aussitôt, il la divinisa dans ces vers :

> L'herbe l'auroit portée, une fleur n'auroit pas
>   Reçu l'empreinte de ses pas.... [2]
> Vous portez en tous lieux la joie et les plaisirs;
> Allez en des climats inconnus aux zéphyrs,
>   Les champs se vêtiront de roses.

Si sa louange éleva jusqu'aux nues tout ce qui séduisit ses yeux, l'illusion intérieure le possédait plus souverainement encore. Une fois captivé par ses visions, il n'en détachait plus ses regards. C'est alors que se manifeste en lui le *don des métamorphoses*, ce rare privilége qui permet au génie de croire à la réalité de tous les êtres évoqués par sa fantaisie, et de se confondre avec eux par une sympathie naïve qui partage leurs sentiments, entre dans leur personnage, s'intéresse aux moindres incidents de leur rôle, et, grâce à une féconde hallucination, se transforme tour à tour en chacune de ces existences imaginaires. Voilà chez La Fontaine le signe d'élection. C'est par là qu'il égale presque Homère et Shakspeare. Comme l'un et l'autre, mais avec

---

1. Épître à Huet.
2. Ces vers sont tirés de la pièce intitulée *le Songe*.

un tour bien gaulois, et ce goût supérieur qui distingue sa muse fine, moqueuse et légère, il est aussi vrai qu'idéal ; car la nature et la société de son temps nous apparaissent, par échappées, dans ses peintures à la fois universelles et particulières. Elles reproduisent, avec leurs détails expressifs, les innombrables aspects de la vie physique ou morale, et donnent une âme aux tableaux qu'il revêt d'une immortelle lumière.

C'est ainsi qu'observateur ému par la nouveauté des choses, il tourna tout spectacle en étude, ou plutôt en contemplation émerveillée, dont il gardait le souvenir ineffaçable jusqu'à l'heure inspiratrice qui fixait définitivement ses impressions. Où le vulgaire reste inattentif, il avait, lui, des surprises d'enfant qui s'étonne ou s'amuse de ses découvertes, et cela, sans préjugés de fausse noblesse, sans préférences aristocratiques : car il ne dédaignait rien de ce qu'a produit la mère de toute créature. Tous les motifs, les plus humbles en apparence, comme les plus relevés, lui deviennent matière de poésie. Chêne ou brin d'herbe, lion ou grenouille, rois ou manants, palais ou taudis, tout ce qui voit la clarté des cieux, tout ce qui respire, fut au même titre digne de servir de modèle au peintre qui sut allier à la grâce du Corrége[1] le réalisme de Téniers. Mais cette exactitude ne fut jamais triviale ; car elle n'était que simplicité, candeur et bonne foi chez un rêveur auquel pourrait s'appliquer le sens allégorique de ce mythe platonicien : « On dit que les cigales étaient des hommes avant que les Muses fussent nées. Lorsqu'elles naquirent, et que le chant parut, il y eut des hommes si transportés de plaisir qu'en chantant ils oublièrent de manger et de boire, et moururent sans s'en apercevoir. C'est d'eux que naquit la race

---

1. Rappelons, par exemple, cette peinture de la Nuit :

>Par de calmes vapeurs mollement soutenue,
>La tête sur son bras, et son bras sur la nue,
>Laisse tomber des fleurs, et ne les répand pas.

La même main, dans *la Vieille et les deux servantes*, écrivit

>Aussitôt notre vieille, encor plus misérable
>S'affubloit d'un jupon crasseux et détestable.

des cigales, et elles ont reçu ce don des Muses, de n'avoir plus besoin de nourriture, sitôt qu'elles sont nées, mais de chanter dès ce moment, sans manger ni boire, jusqu'à ce qu'elles meurent. Ensuite elles vont annoncer aux Muses quels hommes ici les honorent[1]. »

III. — Le fabuliste.

La nouveauté de sa fable, le drame aux cent actes divers. — Telle fut la personne, tel fut le poëte. Car chez lui la poésie était moins un talent que sa vie même. Tandis que Corneille, Racine et Boileau, n'éprouvaient qu'à certaines heures choisies l'action du dieu qui ne les prit pas tout entiers, La Fontaine subit constamment, en toute rencontre, l'intime et irrésistible influence. De là ses faiblesses et sa force ; ses faiblesses, car il ne s'appartenait plus, et vivait à la merci de tous les entraînements : sa force, car il s'élevait au-dessus de lui-même par la vertu secrète qui lui fit sentir, dans l'éclair d'une rapide intuition, toute vérité comme toute beauté[2]. Aussi ses vers furent-ils une sorte d'expansion involontaire et incomparable par son ingénuité. Encore aimait-il mieux jouir solitairement de ses rêves que les saisir au passage : c'est ce que prouve le tardif éveil de sa verve ; car il avait trente-huit ans lorsqu'il se mit en train d'écrire. Mais s'il se plut, ici comme ailleurs, à prendre ses aises, il est certain du moins que ce nonchalant, une fois tenté par la gloire de bien dire, fut aussi soucieux de la perfection, qu'il l'était peu de sa fortune et de ses devoirs.

Pour résumer les mérites si divers du genre qu'il renouvela, et qui, sec et ingrat chez les uns, scolastique et diffus chez les autres, avait été jusqu'alors indiqué plutôt qu'ex-

---

1. *Le Phèdre de Platon.* Voilà pourquoi La Fontaine oublia, pour la poésie, tout ce qui fait le devoir ou l'intérêt des autres hommes. Voir l'ouvrage de M. Taine : *La Fontaine et ses fables* (Hachette).

2. Combien de pensées morales, qui, chez lui, ne viennent pas de la réflexion, et qui sont supérieures au ton habituel de sa vie ! Il les doit à la grâce de l'inspiration.

ploité par les aphorismes d'Ésope, les paraphrases de Phèdre, et l'exubérante improvisation du moyen âge, il nous suffira de rappeler ces vers par lesquels il définit son œuvre :

> J'oppose quelquefois, par une double image,
> Le vice à la vertu, la sottise au bon sens,
>   Les agneaux aux loups ravissants,
> La mouche à la fourmi, faisant de cet ouvrage
> *Une ample comédie à cent actes divers*
>   *Et dont la scène est l'univers* [1].

Faire de l'apologue un théâtre où tous les types de la physionomie humaine sont mis en scène dans de petits *drames* qui amusent la raison, et nous ménagent mille émotions indécises entre le rire et les larmes, voilà donc, chez La Fontaine, la merveille d'une invention qui tient moins à la matière de ses fables qu'à la manière dont il les a conçues [2]. Tandis que la plupart de ses devanciers, visant uniquement à la leçon morale, sacrifient le récit, et ne savent ni animer, ni peindre, lui, il ne s'intéresse qu'à la vraisemblance et à la vérité des caractères ou des mœurs. Or nul ne réussit mieux à grouper les circonstances dans l'ordre naturel qui produit l'illusion, ou à combiner d'emblée, sans calcul apparent, le choix des accessoires indispensables et définitifs [3].

---

1. Liv. V, fable première. Il ajoutait ailleurs :
> C'est ainsi que ma Muse, aux bords d'une onde pure
>   Traduisoit en langue des dieux
>   Tout ce que disent sous les cieux
> Tant d'êtres empruntant la voix de la nature.
>   Truchement de peuples divers,
> Je les faisois servir d'acteurs en mon ouvrage :
>   Car tout parle dans l'univers ;
>   Il n'est rien qui n'ait son langage :
> Plus éloquents chez eux qu'ils ne sont dans mes vers,
> Si ceux que j'introduis me trouvent peu fidèle,
> Si mon œuvre n'est pas un assez bon modèle,
>   J'ai du moins ouvert le chemin ;
> D'autres pourront y mettre une dernière main.   (L. XI.)

2. Car il a puisé ses sujets à toutes les sources.
3. Comparez par exemple Boileau et J. P. Rousseau s'essayant après lui sur la fable *la Mort et le bûcheron*

Le peintre, le naturaliste ; la sensation définitive, le sentiment ingénu. — Quant à ses héros, bêtes ou gens, ils ont tous cette vie individuelle qui, par des nuances aussi variées que précises, trahit d'un côté l'espèce et les instincts[1], de l'autre le rang, l'âge, la condition, le tempérament, les travers, les habitudes, tous les accidents que comportent les temps, les lieux et les personnes. Aussi pourrait-on dire qu'il est, sans le vouloir, naturaliste ou historien, mais par une divination *soudaine* qui n'eut pas besoin d'apprendre pour savoir. Oui, ses animaux nous laissent un souvenir plus distinct que ceux de Buffon. C'est que le savant nous montre les siens emprisonnés dans une ménagerie, ou embaumés dans les salles d'un muséum, tandis que le poëte est leur compère, leur ami, et semble avoir partagé leurs jeux, leurs joies, leurs souffrances ou leurs passions. Dans ses esquisses, tous les traits ont donc une justesse qui nous donne la sensation même de l'objet.

D'un mot, il en dit plus que n'en ferait une analyse. On en sait assez sur la tortue quand on l'a vue *aller son train de sénateur*. La belette est *Demoiselle ;* son *nez pointu* son *long corsage* et son *esprit scélérat*, lui méritent bien ce titre. Qui a mieux peint le vol de l'hirondelle *caracolant, frisant l'air et les eaux*, ou bien encore la *bégayante couvée* des oisillons gloutons?

La sotte grenouille, avec ses gros yeux ronds, et ses plongeons effarés ; le canard, au regard narquois, à la démarche goguenarde et aux refrains nasillards; le chat hypocrite en son *humble contenance ;* le renard fripon et courtisan ; l'ours misanthrope et brutal, le singe hâbleur et charlatan, le hibou grognon, frondeur et philosophe, le coq turbulent et orgueilleux, Jeannot Lapin, étourdi, sensuel et gourmand, la chèvre vive et capricieuse, gentille et proprette, le pau-

---

[1]. La violence du loup qui n'est qu'un brigand ne ressemble pas chez lui à celle du lion qui est roi. Il y a chez l'un inquiétude, sottise, poltronnerie, chez l'autre une majesté qui rappelle Louis XIV et Versailles. — « Si ses fables n'étaient pas l'histoire des hommes, a dit Bernardin de Saint-Pierre, elles seraient pour moi un supplément à celle des animaux. »

vre baudet, *bonne créature* succombant sous la charge, mais balourd et vaniteux, le loup maraudeur inquiet et efflanqué, l'agneau doux et dolent, le mouton benêt et peureux, le bœuf pacifique et patient, en un mot tous les hôtes du paradis terrestre, depuis la fourmi jusqu'au lion, ne figurent-ils pas en ses poëmes aussi naïvement que s'ils sortaient des mains du Créateur[1] ?

Le sens comique du moraliste. — La Fontaine n'est pas moins surprenant, si l'on considère en lui le moraliste qui pénétra profondément tous les replis du cœur humain. Sans aller jusqu'à chercher dans son œuvre des allusions faites, de parti pris, à la société qu'il avait sous les yeux (ce qui tournerait au paradoxe), on ne contestera pas du moins que des réminiscences et de furtifs reflets, venus d'alentour, nous permettent de reconnaître sous ses fictions non-seulement l'homme de tous les temps, mais le siècle même de Louis XIV. Car la cour, la ville, la noblesse, le clergé, la bourgeoisie, le peuple, tous les originaux de l'époque passent et repassent devant le miroir où leur image se réfléchit en de fines miniatures qui valent les fresques de Molière. C'est la même puissance, mais réduite aux proportions d'un conte qui doit tout exprimer à demi-mot, et en glissant. Cette faculté dramatique est surtout sensible dans la vive aisance des dialogues où il met directement en jeu ses acteurs, au lieu de se substituer à leur initiative, et de parler en son nom. De là vient un comique imprévu qui s'ignore, parce qu'il jaillit de ces mots spontanés qui sont une explosion de nature. Si d'aventure le poëte intervient dans sa pièce, c'est encore un attrait de plus. Ne le fait-il pas à la façon du chœur antique, pour prendre part à l'action, approuver les uns, railler les autres, admirer, gourmander, rire et pleurer avec ses personnages, ou parfois confesser ses faiblesses, regretter les années envolées, et s'échapper en aveux que l'on aime ? Car chez lui, le *moi* nous enchante toujours, et ces caprices de son humeur ont tant de grâce,

---

[1]. Lorsque Granville voulut illustrer ses fables, il eut à faire peu de frais d'invention. Il lui suffit de transposer l'air dans un autre ton.

qu'on les prendrait volontiers pour une loi de ce genre dont il dit avec un si tendre accent :

> L'apologue est un don qui vient des immortels ;
> Ou, si c'est un présent des hommes,
> Quiconque nous l'a fait mérite des autels :
> Nous devons, tous tant que nous sommes,
> Eriger en divinité
> Le sage par qui fut ce bel art inventé.
> *C'est proprement un charme :* il rend l'âme attentive,
> Ou plutôt il la tient captive,
> Nous attachant à des récits
> Qui mènent à son gré les cœurs et les esprits[1].

Sa première et sa seconde manière. — Ce n'est pas qu'il ait, de prime-saut, rempli toute l'étendue de son génie. Ses préludes, sauf le fini des détails, ne franchissent guère les limites de la tradition. *La Cigale et la fourmi*, *le Corbeau et le renard*, voilà bien la fable élémentaire[2], dans son humble simplicité ; on dirait qu'il veut essayer ses ailes. Mais elles ne tardent pas à s'enhardir, et, dès la fin du premier livre, *le Chêne et le roseau* témoigne déjà qu'il a pris son essor. Car, en un cadre modeste, il a trouvé moyen d'introduire la plus sublime poésie. Dès lors, il est maître, il excelle ; et bientôt, par exemple dans *le Meunier, son fils et l'âne*, il se joue avec tant de liberté que l'apologue semble disparaître. C'est sa seconde manière qui s'annonce. Elle consiste à s'affranchir de toute entrave, à mêler toutes les couleurs, tous les tons et tous les genres. Le motif qu'il développe va lui devenir un prétexte à l'élégie, à l'idylle, à l'épître, au conte, à l'anecdote, à la rêverie, aux mille confidences d'une fantaisie qui nous fait penser tour à tour à la grâce d'Anacréon, à l'atticisme de Térence, à la mélancolie de Virgile, à la finesse d'Horace, à la sincérité de Montaigne et à l'esprit de Voltaire, ou plutôt de Villon et de Marot : car l'ironie de La Fontaine effleure sans blesser jamais.

---

1. Dédicace du livre VII à Mme de Montespan.
2. Estimable, mais un peu mesquin, ce genre consiste en un court récit, toujours suivi de son distique ou quatrain moral approprié au sujet.

C'est surtout dans son second recueil, au septième livre, que se déclare cette pleine indépendance. Aussi l'ensemble est-il « proprement un charme », depuis *les Animaux malades de la peste*, qui ouvrent la série des chefs-d'œuvre, jusqu'à cette dernière fable où, sous ce titre : *un Animal dans la lune*, il traite des mondes astronomiques avec une majesté que ne désavouerait ni un Lucrèce, ni un Copernic et un Galilée [1].

Le paysagiste. — S'il se soutient sans effort dans les plus hautes régions, il n'a pas besoin, pour se déployer à l'aise, que la nature lui propose ses magnificences ; son train familier et quotidien suffit à lui inspirer la tendresse ou l'admiration ; croyons-en ce cri parti du cœur :

> Solitude, où je trouve une douceur secrète,
> Lieux que j'aimai toujours, ne pourrai-je jamais,
> Loin du monde et du bruit, goûter l'ombre et le frais ?
> Oh ! qui m'arrêtera sous vos sombres asiles !
> Quand pourront les neuf Sœurs, loin des cours et des villes,
> M'occuper tout entier, et m'apprendre des cieux
> Les divers mouvements inconnus à nos yeux,
> Les noms et les vertus de ces clartés errantes
> Par qui sont nos destins et nos mœurs différentes !
> Que si je ne suis né pour de si grands projets,
> Du moins que les ruisseaux m'offrent de doux objets,
> Que je peigne en mes vers quelque rive fleurie [2] !

Ce ton virgilien n'est-il pas préférable aux effusions des contemplateurs pris par le vertige du panthéisme ? La Fontaine n'est pas, en effet, de ceux qui se noient ainsi dans les abîmes infinis ; car son bon sens ne perd jamais

---

1. J'aperçois le soleil : quelle en est la figure ?
Ici-bas ce grand corps n'a que trois pieds de tour :
Mais, si je le voyois là-haut dans son séjour,
Que seroit-ce à mes yeux que l'œil de la nature ?
Sa distance me fait juger de sa grandeur :
Sur l'angle et les côtés ma main la détermine.
L'ignorant le croit plat ; j'épaissis sa rondeur,
Je le rends immobile, et la terre chemine.

2. Liv. XI, f. IV. Il imite ici Virgile. Il dit ailleurs :
Je n'ai jamais chanté que l'ombrage des bois
Flore, Écho, les Zéphyrs, et leurs molles haleines
Le vert tapis des prés, et l'argent des fontaines.

l'équilibre, et cependant quelle vivacité de sentiment ! En un temps où la littérature, toute abstraite et psychologique, n'offrait pas à l'œil un brin d'herbe ni une feuille d'arbre, il fut, avec Mme de Sévigné, le seul qui sût goûter la douceur d'un paysage rustique. Que de tableaux dont la couleur est toute locale ! Comme le trait en est toujours net et franc ! Ces immenses plaines de blé où le possesseur des champs se promène de grand matin, et où l'alouette cache son nid, ces bruyères et ces buissons où fourmille tout un petit monde, ces jolies garennes dont les hôtes *font la cour à l'aurore, parmi le thym et la rosée,* n'est-ce pas la Beauce, la Sologne, la Champagne ou la Picardie ? On en reconnaît les fermes avec leur mare, leur basse-cour, leur colombier, et leur courtil, où les plantes utiles s'égayent de fleurs bourgeoises qui feront un bouquet à la ménagère. Voilà bien le clos attenant, derrière sa haie vive, toute parfumée de troëne ou d'aubépine. Ici rien de factice ni de convenu, ce ne sont plus des réminiscences de la Grèce et de Rome ; mais le procédé n'en est pas moins antique par l'expressive sobriété d'un pinceau qui, n'appuyant jamais, éveille l'imagination du lecteur, et lui laisse achever la peinture [1].

Sa poétique. — Le culte des anciens. L'imitation originale et inspirée. — Sa poétique, il l'explique volontiers lui-même en ces pièces diverses où il se plaît à converser comme à cœur ouvert. Et d'abord, écoutez-le raillant la manie du bel esprit :

> Chacun forge des vers ; mais, pour la poésie,
> Cette princesse est morte, aucun ne s'en soucie.
> Avec un peu de rime on va vous fabriquer
> Cent versificateurs, en un jour, sans manquer [2].

S'il fustige Oronte, il ne ménage pas non plus Vadius et Trissotin ; car il écrit :

> Un sot plein de savoir est plus sot qu'un autre homme :
>   Je le fuirois jusques à Rome,

---

1. C'est qu'il peint de sentiment, à grands traits, comme Virgile, et non à la façon de Delille, dont les descriptions sont des inventaires.
2. *Clymène*, comédie, p. 299 des *Œuvres complètes*, grand in-8.

> Et j'aimerois mille fois mieux
> Un glaive aux mains d'un furieux
> Que l'étude en certains génies.
> Ronsard est dur, sans goût, sans choix,
> Arrangeant mal ses mots, gâtant par son françois
> Des Grecs et des Latins les grâces infinies.
> Nos aïeux, bonnes gens, lui laissoient tout passer,
> Et d'érudition ne se pouvoient lasser [1].

Molière ne disait pas mieux. Mais tout en se moquant du pédantisme qui ferait honnir la science, La Fontaine se montre encore plus hostile à ceux qui glorifiaient alors l'ignorance comme étant du bel air. Ce qui le prouve, parmi tant d'autres témoignages, c'est le ton de l'épître [2] dans laquelle, répondant aux attaques de Perrault contre les anciens, il s'écria, comme s'il se sentait blessé personnellement :

> Je vois *avec douleur* ces routes méprisées ;
> Art et guides, tout est dans les Champs-Élysées.

Tandis que Boileau s'intéresse à cette querelle, par raison, « et tourne tout son chagrin en plaisanteries piquantes contre l'adversaire [3], La Fontaine, qui n'aimait pas à combattre, est bien plus touché du mal qu'on fait à ses *amis*, que jaloux de le rendre à leur détracteur. Il *gémit*, et, avec une naïveté charmante, se croit seul à gémir [4]. »

> J'ai beau les évoquer, j'ai beau vanter leurs traits,
> On me laisse *tout seul* admirer leurs attraits.

Ce n'est pas qu'il méconnaisse son siècle ; il sait *qu'il n'est pas sans mérite;*

> Mais près de ces grands noms [5] notre gloire est petite :
> Tel de nous, dépourvu de leur solidité,
> N'a qu'un peu d'agrément, sans nul fonds de beauté.
> Je ne nomme personne : on peut tous nous connoître.

---

1. *Œuvres complètes*, p. 648.
2. Epître à Huet, évêque d'Avranches. Il l'improvisa d'un trait, au sortir de la séance où Perrault avait lu son *Siècle de Louis XIV*.
3. *Réflexions sur Longin*.
4. M. Nisard, *Histoire de la Littér. franç.* t. III, p. 154.
5. Ceux des maîtres classiques.

> Je pris certain auteur [1] autrefois pour mon maître ;
> Il pensa me gâter. A la fin, grâce aux dieux,
> Horace, par bonheur, me dessilla les yeux.
> L'auteur avoit du bon, du meilleur, et la France
> Estimoit dans ses vers le tour et la cadence.
> Qui ne les eût prisés ? j'en demeurai ravi ;
> Mais ses traits ont perdu quiconque l'a suivi.

Aussi quelle gratitude pour les maîtres qu'il honore, qu'il chérit comme des sauveurs !

> C'est faute d'admirer les Grecs et les Romains
> Qu'on s'égare en voulant tenir d'autres chemins..
> Térence est dans mes mains ; je m'instruis dans Horace,
> Homère et son rival sont mes dieux du Parnasse.

Gardons-nous pourtant de conclure qu'il recommande l'imitation servile : non ! sa doctrine est aussi libérale que judicieuse. Jugez-en par cette profession de foi :

> Quelques imitateurs [2], sot bétail, je l'avoue,
> Suivent en vrais moutons le pasteur de Mantoue.
> J'en use d'autre sorte, et, me laissant guider,
> *Souvent à marcher seul j'ose me hasarder.*
> On me verra toujours pratiquer cet usage.
> *Mon imitation n'est point un esclavage :*
> Je ne prends que l'idée, et les tours, et les lois
> Que nos maîtres suivoient eux-mêmes autrefois.
> Si d'ailleurs quelqu'endroit plein chez eux d'excellence
> Peut entrer dans mes vers sans nulle violence,
> Je l'y transporte, et veux qu'il n'ait rien d'affecté,
> Tâchant de rendre mien cet air d'antiquité.

Telle est sa théorie. Prenant son bien où il le trouve, il s'est assimilé la pure substance des maîtres. Car l'idée qu'il semble emprunter, il la pense et la sent pour son propre compte, de façon à lui rendre l'âme. Il y a là non pas seulement industrie adroite, mais conquête et posses-

---

1. Il s'agit de Voiture.
2. Il dit ailleurs :

> N'attendez rien de bon du peuple imitateur ;
> Qu'il soit singe, ou qu'il fasse un livre,
> La pire espèce, c'est l'auteur.

sion[1]. C'est aussi la pratique conseillée par Chénier dans ces vers :

> Je m'abreuve surtout des flots que le Permesse
> Plus féconds et plus purs fit couler dans la Grèce ;
> Là, Prométhée ardent, je dérobe les feux
> Dont j'anime l'argile, et dont je fais des dieux.
> Tantôt, chez un auteur j'adopte une pensée,
> Mais qui revêt, chez moi, souvent entrelacée,
> Mes images, mes tours, jeune et frais ornement ;
> Tantôt je ne retiens que les mots seulement :
> J'en détourne le sens, et l'art sait les contraindre
> Vers des objets nouveaux qu'ils s'étonnent de peindre.
> La prose plus souvent vient subir d'autres lois,
> Et se transforme, et fuit mes poétiques doigts :
> De rimes couronnée, et légère, et dansante,
> En nombres mesurés elle s'agite et chante....
> De ce mélange heureux l'insensible douceur
> Donne à mes fruits nouveaux une antique saveur.

Maint exemple nous apprend comment cette transfusion devint chez La Fontaine un principe d'originalité[2], et cela

---

[1]. A plus forte raison est-il dans son droit, quand il emprunte aux inconnus. C'est alors qu'on peut lui appliquer ces vers :

> *Vous leur fîtes, seigneur,*
> *En les croquant beaucoup d'honneur.*

[2]. Ces vers du *Chêne et du Roseau* :

> Le vent redouble ses efforts
> Et fait si bien qu'il déracine
> Celui de qui la tête au ciel étoit voisine
> Et dont les pieds touchoient à l'empire des morts.

Ne sont-ils pas une traduction de Virgile disant :

> *Quæ quantum vertice ad auras*
> *Ætherias, tantum radice in Tartara tendit.* (Géor. l. II, 291.)
> *Ingrediturque solo, et caput inter nubila condit.* (Énéid. l. IV, 177.)

Dans ce passage :

> Dieu permet aux moutons
> De retrancher l'excès des prodigues moissons.

Nous reconnaissons encore cette expression des *Géorgiques* :

> *Luxuriem segetum tenerâ depascit in herbâ.* (l. II, 401.)

Ailleurs, il reflète Horace ; ce trait : *Vitæ summa brevis spem nos vetat inchoare longam*, est devenu :

> Quittez le long espoir et les vastes pensées.

Il retrouve aussi le sentiment de Lucrèce, pour décrire « le temps où tout aime et pullule dans le monde. »

Il puise même dans des fragments oubliés. Ce mot des *Satires Ménip-*

d'autant plus que cet adorateur des anciens n'a jamais vu dans les livres des instruments de travail, mais la volupté d'un goût étranger à toute préférence exclusive. Disciple de « la simple nature [1], » il est d'ailleurs, parmi les poëtes du dix-septième siècle, le seul chez lequel la greffe latine ait amélioré la séve gauloise. Trouvère malin, tout imbu de l'esprit d'où naquirent les fabliaux, il en a reçu l'héritage plus directement que Marot lui-même. Le signe en est un tour d'imagination preste et leste, un vers alerte et souple, l'art d'effleurer les ridicules innocemment et sans éclat, cette délicatesse qui atténue toutes les sensations, ce coloris discret qui se joue parmi les nuances, ce sourire qui lutine autour des objets et laisse deviner au lecteur la finesse d'une arrière-pensée comique, enfin ce don merveilleux de philosopher à la dérobée, sous forme de badinage, du coin de l'œil, avec bonne humeur et sans intention méchante.

Sa langue. Saveur gauloise, franchise populaire, expressive familiarité. — Cette parenté se trahit dans la langue même qu'il emploie. Car sa verte saveur rappelle Villon, Rabelais et Régnier, non sans tempérer pourtant la crudité de leur franchise. Mais en s'accommodant à la politesse contemporaine, les termes dont il se sert gardent souvenir de leur origine : tout voisins de la source d'où ils jaillirent, ils ont une physionomie indigène où se manifestent les instincts qui les avaient jadis suscités spontanément. Ils sont si vivants, qu'ils semblent éclos, à l'heure même, sur les lèvres du poëte, et produits pour la première fois par l'impression ou le contact de la réalité présente. De là vient qu'au lieu d'avoir la sécheresse des chiffres, ou d'être une monnaie usée par la circulation, ils parlent aux yeux par les images les plus saillantes. C'est que La Fon-

---

pées de Varron; *Venti phrenetici septentrionum filii*, ne lui suggère-t-il pas :
   Le plus terrible des enfants
   Que le nord eût portés jusque-là dans ses flancs.

1. Ils se moquent de moi, qui, plein de ma lecture,
  Vais partout prêchant l'art de la simple nature.

taine ne recule jamais devant ce mot propre qui donne aux choses tout leur relief. Est-il question d'un marchand; il n'hésite point à nommer « les facteurs, les associés, les ballots et le fret »; il ne déguise pas sous des périphrases la vente « du tabac, du sucre, de la porcelaine et de la cannelle. » Met-il en scène un singe qui s'amuse à faire des ricochets avec les *louis* de son maître; il entre dans le détail du trésor, appelle chaque pièce par son titre, énumère les « pistoles, les doublons, les jacobus, les ducatons et les nobles à la rose. » Au lieu de voiler par des circonlocutions les objets que dédaignaient alors les gens de cour, il dit bravement : « une *bique*, un *loquet*, un *cotillon*, un *jupon* »; il peint « le *tripotage* des mères et des nourrissons; » il nous fait entendre les « *pétarades* » du cheval; il ne craint pas même l'odeur du fumier[1], et risque le vocabulaire villageois sans le moindre scrupule de fausse noblesse. C'est ainsi qu'il écrit :

> Et chacun de tirer, le *mâtin*, la *canaille*,
> A qui mieux mieux : ils firent tous *ripaille*[2].

Le ton famillier de cet idiôme populaire que Malherbe, aussi lui, prisait fort, agrée tellement à son humeur, que cette habitude le suit parfois jusque dans les rencontres où le sujet comporte un tour plus relevé. Voyez comme il fait la leçon à ces princes « qui vont *s'échauder* en des provinces, pour le profit de quelque roi. » Eût-il affaire à un de ces dieux dont il rajeunit l'antiquité[3], à Borée, par exemple, il dira sans façon :

> Notre souffleur à gage
> S'enfle comme un ballon,
> Fait un *vacarme de démon*.

1. Voir Taine. — *La Fontaine et ses fables* :
> Leur ennemi changea de note,
> Sur la robe du dieu fit tomber une *crotte*.

2. Ailleurs, nous rencontrons *Hère*, *goujat*, *racaille*, etc. Mais le français de Paris, celui de la cour, et le plus fin, associe chez lui ses délicatesses au dialecte provincial, aux naïvetés locales et à la rusticité expressive.

3. Les dieux mythologiques de ce poète si naïvement païen sont tous très-

De là procèdent encore les proverbes et les métaphores plébéiennes dont il foisonne. Ses rats ne trouvent à manger « que le *quart de leur soûl.* » Son cormoran « *fonde sa cuisine* sur l'étang voisin. » Son financier est « *tout cousu d'or.* » Ailleurs, Junon compare la queue du paon à la « *boutique* d'un lapidaire. » Lorsqu'il représente son amoureux entre deux veuves « l'une encore *verte*, et l'autre un *peu bien mûre*, » il dit tout bourgeoisement qu'il « *tire sur le grison*, » mais qu'il « *a du comptant*, et partant de quoi choisir. » Dans tel autre passage, il montre la goutte « *plantant le piquet* » sur l'orteil d'un pauvre diable, tandis que l'araignée « *se campe* sur un lambris, comme si de ces lieux elle *eût fait bail à vie*. » Bref, son vers abonde en expressions narquoises qui lui échappent, même quand l'occasion semble l'inviter à la gravité, par exemple, lorsqu'il traduit ainsi un beau vers de Lucrèce [1] :

. . . . . . Je voudrois qu'à cet âge,
On sortît de la vie ainsi que d'un banquet,
Remerciant son hôte, et *qu'on fît son paquet.*

A plus forte raison a-t-il tout un glossaire de formes archaïques où se conserve le goût du terroir et la marque du bon vieux temps, entre autres *chartres, déduit, boquillon, drille, liesse, chevance, lippée.* Plus d'un oublié, plus d'un trépassé trouve ainsi dans ses fables accueil hospitalier ; en dépit des puristes et des précieux, il ressuscite cette langue pittoresque, incisive, véhémente, fine ou gracieuse que Fénelon voulait restaurer, et que La Bruyère jugea digne d'une oraison funèbre [2]. Mais comment résumer en quel-

---

vivants. Il prend avec eux d'amusantes libertés. Il les a réduits aux proportions de sa fable, et s'est fait « un petit olympe qui ressemble plus à une taupinée qu'à une montagne. » Ils sont devenus gaulois, débonnaires, bons vivants. Jupiter s'y transforme en *Jupin*, mais sans malséante intention de parodie. L'*Aurore* « au voile de safran, aux doigts de rose » apparaît encore sur « le thym et la rosée ; mais c'est Jeannot Lapin qui lui fait la cour. » *Atropos* et *Neptune* recueillent des droits de *péage* sur les vaisseaux marchands. Les *Amours* « volent en bande, délogent ou reviennent au colombier. » Les grenouilles vont coasser dans le *Styx* après leur mort.

1. *Cur non, ut plenus vitæ, conviva recedis?* (Pourquoi ne pas te retirer, comme un convive, rassasié de la vie ?)

2. Il invente au besoin des épithètes homériques : « Le chat Grippe-Fromage,

ques pages les mérites de ce style inventif, dont le caractère dominant est avant tout l'inspiration rencontrant le trait définitif, le plus vrai, le plus simple, celui qui égale toujours le mot à l'idée, à la sensation et au sentiment ? Pour abréger, bornons nous à dire qu'en lisant La Fontaine, on croit l'entendre causer.

Son rhythme, sa prosodie. — Oui, l'homme fait oublier l'écrivain, tant sont libres et naïves les évolutions d'un esprit assez mobile, assez délié pour associer, presque au même instant, la noblesse et la familiarité, la malice et l'attendrissement, l'ironie et l'enthousiasme[1]. Aux contrastes de cette voix qui monte, baisse, s'infléchit, se brise, éclate ou s'atténue selon l'à-propos qui en varie les accents, il fallait une prosodie nouvelle, affranchie, non de ces lois intimes qui sont la véritable beauté du vers, mais de ces règles facultatives qui ne sauraient indistinctement s'imposer à tous les genres. La Fontaine le sentit; et voilà pourquoi, par une audace inconsciente, il improvisa son rhythme comme son dictionnaire, mais sans fracas ni bruyante préface. Car il ne prétendait point au périlleux honneur d'être un chef d'école ; il ne songeait qu'à se mettre à l'aise dans le modeste domaine que n'avaient point encore régenté les Aristarques. Profitant donc des franchises que lui valait l'obscurité provisoire de la fable, il put, sans craindre la

---

Ronge-Maille le rat, le milan Porte-Sonnette. » Il agrandit les choses par d'éloquentes hyperboles ; d'un richard il dit qu'il « pleut dans son escarcelle »; des pèlerins alléchés par la vue d'une huître, « qu'ils l'avalent des yeux. » Ailleurs, c'est « le *souper* du croquant *qui s'envole.* » Il montre Perrette « quittant d'un œil marri sa *fortune ainsi répandue.* » En un mot, partout le trait qui porte, l'image qui saute aux yeux.

1. En voici un exemple :
>   C'est du séjour des dieux que les abeilles viennent.
>   Les premières, dit-on, s'en allèrent loger
>   Au mont Hymette, et se gorger
>   Des trésors qu'en ces lieux les zéphyrs entretiennent.
>   Quand on eut du palais de ces filles du ciel
>   Enlevé l'ambroisie en leurs chambres enclose,
>   Ou, pour dire en françois la chose,
>   Après que les ruches sans miel
>   N'eurent plus que la cire, on fit mainte bougie.
>   (IX, XII.)

férule, se donner toutes les heureuses licences dont il avait besoin. Pour plier sa facture aux exigences des motifs les plus divers, que de combinaisons ingénieuses et imprévues ! Au lieu de s'assujétir à la rigide monotonie de l'alexandrin qui eût compromis l'agilité de sa démarche, il entremêle les mesures et les rimes, de manière à reproduire tous les mouvements intérieurs, par cette harmonie naturelle qui établit un accord parfait entre les idées et les mots, les émotions et l'allure de la phrase, entre le fond et la forme. De là l'élasticité de ces vers qui s'allongent ou se raccourcissent, courent ou s'attardent, se groupent ou se divisent, se coupent ou s'enchaînent, suivant les nécessités d'une logique délicate qui détermine les ondulations de la période ou plutôt de la strophe, comme les accidents d'un terrain décident de la pente et du cours sinueux d'un fleuve. De l'ensemble et des détails résulte toujours une convenance suprême qui captive l'oreille, en même temps qu'elle maîtrise l'intelligence. Il faudrait commenter ceci par des citations [1] ; mais, faute d'espace, répétons du moins que ces miracles de dextérité ne sont point des recettes enseignées

---

[1].
>Dans un chemin montant, sablonneux, malaisé
>Et de tous les côtés au soleil exposé,
>　　Six forts chevaux tiroient un coche....
>L'attelage suoit, souffloit, étoit rendu....
>Après bien du travail, le coche arrive au haut....
>　　　　　　　　　　　　　　(VII, 9.)

>Le quadrupède écume, et son œil étincelle;
>Il rugit. On se cache, on tremble à l'environ ;
>　　Et cette alarme universelle
>　　Est l'ouvrage d'un moucheron....
>　　　　　　　　　　　　　　(II, 9.)

>Un mort s'en alloit tristement
>S'emparer de son dernier gîte ;
>Un curé s'en alloit gaiement
>Enterrer ce mort au plus vite.
>　　　　　　　　　　　　　　(VII, 2.)

>Craignez, Romains, craignez que le ciel, quelque jour,
>Ne transporte chez vous les pleurs et la misère,
>Et mettant en nos mains, par un juste retour,
>Les armes dont se sert sa vengeance sévère,
>　　Il ne vous fasse en sa colère
>　　Nos esclaves à votre tour.
>　　　　　　　　　　　　　　(XI, .)

par un docteur. Car chez La Fontaine, l'exécution ne se distingue jamais de la conception : on dirait l'union de l'âme et du corps.

L'artiste patient. Les lenteurs de la lime. — Aussi serait-on tenté de croire, à première vue, que cette perfection est chez lui vertu native [1]. Sans doute il posséda, par privilége, ce je ne sais quoi, qui est le principal en poésie ; mais on se tromperait fort en supposant qu'il ne connut point le travail. Ne confesse-t-il pas en tête de *Psyché*, que la *prose lui coûte autant que les vers*? Dans une de ses dernières pièces, adressées au duc de Bourgogne, il se plaint de *fabriquer à force de temps* ces œuvres qui ne dénoncent aucun effort. On a retrouvé sa première ébauche de la fable intitulée *le Renard, les Mouches et le Hérisson*; or ces textes n'ont de commun que deux vers. Si on lui compare Ésope, Phèdre ou Pilpay traitant les mêmes sujets, on voit que ses moindres changements recouvrent un calcul, et obéissent à des principes. Très-défiant de lui-même et des inégalités de la verve, il chargeait ses manuscrits de ratures, et ne se lassait pas de les recopier, toujours avec de nouvelles corrections. Il est donc certain qu'il appartient à l'école de la *longue patience*, comme Racine et Boileau. Mais ces lenteurs de la lime ne se devinent point; car elles se dérobent sous un air d'abandon qui est sa grâce [2]. Il semble même qu'il n'y ait pas pour lui de distance ou d'intervalle entre le rêve et l'image qui le fixe. *Ses nonchalances sont ses plus beaux artifices* [3]: C'est comme l'involontaire épanchement d'un génie qui s'ignore. Nous en conclurons que le goût le plus exquis ramène les meilleurs à l'infaillible sûreté de l'instinct. Chez La Fontaine, l'art n'est que la nature prise sur le fait. Voilà ce qui lui assure la gloire d'être à jamais, avec Molière, le plus populaire de nos grands poëtes, et le plus grand de nos poëtes populaires.

1. S'il a, chemin faisant, des *distractions* qui font fuir et dévier sa pensée, si son vers, qui coule comme un ruisseau, s'égare quelquefois et semble sommeiller, cela même devient chez lui trait de caractère, et grâce piquante.

2. Et la grâce plus belle encor que la beauté.
(LA FONTAINE.)

3. Régnier parlait ainsi de lui-même.

La morale de l'expérience. Sagesse impartiale et tolérante. — S'il a mérité ce rang que nul ne lui conteste ou ne lui dispute, c'est que sa fable n'a pas seulement l'attrait du récit, mais l'intérêt d'une « *ample comédie* » qui nous apprend à nous mieux connaître, nous et nos semblables. Dans le conteur il y a donc un observateur qui nous instruit en nous charmant.

Moraliste dramatique et non dogmatique, moins soucieux de guérir les ridicules que de les peindre pour son plaisir et pour le nôtre, La Fontaine n'est ni un médecin qui propose des remèdes, ni un mentor qui prétend nous servir de guide. Aussi ne réserve-t-il point un poste d'honneur au précepte et à la maxime. L'un et l'autre ont l'air de n'intervenir qu'accidentellement, si l'occasion s'en présente. En mainte rencontre, la leçon reste à l'état latent, et circule sourdement dans l'action d'où la dégage un lecteur avisé. Ou bien, lorsqu'elle est exprimée, ce n'est plus d'une façon impersonnelle; mais elle se transforme en un tour éloquent, et devient une émotion soudaine : c'est tantôt un regret, tantôt un souhait, ailleurs un cri de l'âme ou un simple sourire, presque toujours un de ces mouvements spontanés qui nous échappent à notre insu. Il advient même qu'avouant son embarras, le narrateur dit ingénument :

> Quelle morale puis-je inférer de ce fait?
> Sans cela, toute fable est un œuvre imparfait.
> J'en crois voir quelques traits, mais *leur ombre m'abuse*[1].

Et pourtant, bien que La Fontaine n'ait point l'intention de nous édifier ou de nous instruire, ses apologues offrent réponse à toute question, petite ou grande[2]. Seulement ne lui demandons que la science de la vie, c'est-à-dire la bonne foi d'une expérience impartiale qui, sans condamner et sans absoudre nos travers, les représente fidèlement, ne conseille guère que la prudence, et réduit pour nous la sagesse à n'être ni dupeurs ni dupés. Il n'a pas en effet

---

1. Livre XII, 2.
2. « On peut en tirer a volonté une moralité familière et médiocre, ou élevée et généreuse : tout dépend du questionneur. » (*M. Saint-Marc Girardin.*)

l'étoffe d'un Alceste. Loin de jeter feu et flammes, il serait plutôt résigné d'avance au train ordinaire des choses[1]. Ce n'est pas qu'il ait le parti pris de La Rochefoucauld, et se plaise à découvrir, jusque dans nos vertus, des instincts égoïstes pullulant comme des animalcules dans une goutte d'eau vue au microscope. Ce pessimisme serait tout à fait contraire à son tempérament. Mais il n'a pas non plus l'optimisme qui s'aveugle ; car sa clairvoyance égale sa sincérité. Aussi ne nous cache-t-il pas qu'il arrive souvent aux faibles d'être opprimés sans espoir de revanche, aux moutons d'être croqués par les loups, et aux battus de payer l'amende. C'est, en général, aux renards qu'il donne les rôles avantageux ; si le tour est bien joué, il semble même oublier le guet-apens, et ne plaint pas trop les victimes. Que de vérités amères ne pourrait-on pas recueillir ici, chemin faisant !

— La raison du plus fort est toujours la meilleure[2]....
— Voilà le train du monde et de ses sectateurs,
On s'y sert du bienfait contre les bienfaiteurs[3]....
— Le fabricateur souverain
Nous créa besaciers tous de même manière,
Tant ceux du temps passé que du temps d'aujourd'hui :
Il fit pour nos défauts la poche de derrière,
Et celle de devant pour les défauts d'autrui[4].....
— Chacun tourne en réalité,
Autant qu'il peut, ses propres songes ;
L'homme est de glace aux vérités,
Il est de feu pour les mensonges[5].

Ailleurs, après avoir mis en scène une chauve-souris qui dit tantôt :

Je suis oiseau, voyez mes ailes !
Vive la gent qui fend les airs !

---

1. Voilà pourquoi Lamartine, après Jean-Jacques Rousseau, s'est montré fort dur pour La Fontaine. Il en veut à ces animaux « qui se moquent les uns des autres, sont égoïstes, railleurs, avares, sans pitié, sans amitié, plus méchants que nous. » Dans ce réquisitoire injuste et paradoxal, on sent l'antipathie de deux natures, le conflit de deux poésies.
2. Livre I, 10. *Le Loup et l'Agneau.*
3. Livre I, 3. *La Forêt et le Bûcheron.*
4. Livre I, 7. *La Besace.*
5. Livre IX, 6. *Le Statuaire.*

et tantôt :

> Je suis souris, vivent les rats !
> Jupiter confonde les chats !

n'ajoute-t-il point :

> Le sage dit, selon les gens,
> Vive le roi ! vive la Ligue !

Que serait-ce donc si nous examinions de près tous ces animaux avides, gloutons, rapaces, impudents, orgueilleux[1], serviles[2], envieux, irascibles, perfides, cruels, menteurs et hypocrites[3], qui cherchent « *leur bien premièrement, et puis le mal d'autrui ?* » Toutes les passions, tous les vices, défileraient ainsi sous nos yeux, en des satires, qui, sans en avoir l'air, sont plus hardies que celles de Molière et de La Bruyère. Car il n'est guère de condition, ni de classe qu'elles aient ménagées[4].

---

1. Orgueil et dureté, voilà le lion, ce roi des animaux. Il voit tous ses pauvres sujets comme des vermisseaux, de « chétifs insectes, excréments de la terre. » Le fond du personnage est un amour parfait de soi-même. Dans la mauvaise fortune, il débite un beau discours sur le bien public, et ne songe qu'au sien. Mais il est toujours digne ; « chargé d'ans » et pleurant « son antique prouesse », il meurt avec majesté.

2. Tel maître, tels valets. Le cerf met au rang des dieux la reine qui jadis avait « étranglé sa femme et son fils ». Le singe dépense autant d'esprit à ramper qu'à régner. Le renard a le génie de l'adulation ; quel sang froid ! quelle atrocité de sarcasme dans ses vengeances !

> D'un loup écorché *vif* appliquez-vous la peau
> Toute chaude et toute fumante.
> Messire loup vous servira,
> S'il vous plaît, de robe de chambre !

Il fait arme de tout, est toujours prêt sur le pour et le contre, prend tous les masques, imagine plus d'expédients que le hasard d'obstacles, espère encore quand il n'y a plus d'espérance, ne cesse jamais, jusqu'en ses mésaventures, d'être spirituel, inventif, maître de soi, prompt à l'à-propos, éloquent pour vivre aux dépens des autres.

3. Rappelez-vous Grippeminaud, le bon apôtre, le chat « faisant la chattemite, le saint homme de chat, bien fourré, gros et gras », cet archipatelin tout confit de mielleuses paroles.

4. Nul n'a parlé moins respectueusement des « puissances », des « mangeurs de gens », des « voleraux », de tous ceux qui ont « belle tête, mais de cervelle point. » Toutes les fois qu'il touche aux maîtres de la terre, il ne se montre ni séduit, ni ébloui. Toutefois il n'a jamais de parti pris hostile, il ne songe point à flatter ce peuple d'Athènes, qu'il appelle « *l'animal aux têtes frivoles* ».

Est-il vrai que la morale de La Fontaine soit pessimiste ou sceptique ? — Mais gardons nous d'en conclure que La Fontaine en veut à la nature humaine. Si son miroir ne nous embellit pas, c'est notre faute, et non la sienne. Au lieu de déclamer avec Rousseau[1] contre un moraliste qui ne flatte point nos défauts, et nous rappelle à une estime modeste de nous-mêmes, mieux vaut donc rendre justice à la sûreté d'un bon sens fin, profond et pratique, plus fait, j'en conviens, pour les hommes que pour les enfants, s'inspirant souvent de l'intérêt bien entendu[2], mais conseillant toujours, sinon le sacrifice et l'héroïsme, du moins les vertus moyennes et accessibles qui sont la meilleure garantie de toutes les relations sociales. En même temps qu'il nous apprend à fuir l'excès, à concilier l'habileté avec l'honnêteté, à nous tenir dans ce juste milieu qui est la raison même, il fait aimer tous les sentiments bienveillants qui naissent sans effort d'un esprit droit et d'un cœur généreux. Parmi ses acteurs, il n'y a pas seulement des lions et des loups, des renards et des singes, des chauves-souris

---

1. On fait apprendre les fables de La Fontaine à tous les enfants, dit Rousseau ; et il n'y en a pas un seul qui les entende. Quand ils les entendraient, ce serait encore pis ; car la morale en est tellement mêlée, et disproportionnée à leur âge, qu'elle *les porterait plus au vice qu'à la vertu.* » Analysant, pour le prouver, la fable du *Renard et du Corbeau*, il ajoute, à propos de la moralité (*Cette leçon vaut bien un fromage sans doute*) : « La pensée est très-bonne ; cependant il y aura bien peu d'enfants qui sachent comparer une leçon à un fromage, et qui ne préférassent le fromage à la leçon. Est-ce à des enfants de six ans qu'il faut apprendre qu'il y a des hommes qui flattent et mentent à leur profit ? Au lieu de s'observer sur le défaut dont on veut les guérir ou les préserver, ils penchent à aimer le vice avec lequel on tire parti des défauts des autres. » Le paradoxe de Rousseau vient de ce qu'il confond deux procédés d'enseignement moral, l'un, direct, celui du précepte ; l'autre, indirect, celui de l'expérience. Or ils vont au même but, par des voies différentes. Car si le premier nous instruit sur ce qu'il convient de faire, le second nous apprend ce qu'il faut éviter. Tous les deux parlent à la conscience et à la raison.

2. La Fontaine, comme Franklin, nous prend volontiers par l'idée de l'utile :

L'avarice perd tout, en voulant tout gagner.
(Livre V, fable 13.)

Quel que soit le plaisir que cause la vengeance,
C'est l'acheter trop cher que l'acheter d'un bien
Sans qui les autres ne sont rien.
(Livre IV, fable 13.)

qui changent de cocarde, et des lices qui gardent volontiers le bien d'autrui. On y rencontre aussi de bonnes et douces bêtes dont l'exemple nous invite à la compassion, à la charité, à la reconnaissance. Telle est la colombe sauvant la fourmi par le brin d'herbe qu'elle lui jette, au moment du péril[1]. Telle est la fourmi qui, par gratitude, mord au talon le villageois dont l'arbalète visait sa bienfaitrice :

> Le vilain retourne la tête.
> La colombe l'entend, part, et tire de long.

Ce devoir de mutuelle assistance est un de ceux que recommandent plus d'une fois ces apologues où le bien se trouve à côté du mal, comme dans la vie quotidienne dont ils sont l'image. Ne lisons-nous pas ailleurs cette salutaire maxime?

> En ce monde il se faut l'un l'autre secourir :
> Si ton voisin vient à mourir,
> C'est sur toi que le fardeau tombe[2].

Quant à ceux qui s'affligent d'assister ici trop souvent aux succès de la violence, de l'audace et de la ruse, ils ne doivent point oublier mainte réflexion dont le dessein manifeste est de consoler les humbles par la conscience des compensations qui les dédommagent.

> Une tête empanachée
> N'est pas petit embarras.
> Le trop superbe équipage
> Peut souvent en un passage
> Causer du retardement.
> Les petits, en toute affaire,
> Esquivent fort aisément :
> Les grands ne le peuvent faire.

Sans parler du moucheron qui déclare la guerre au roi

---

1. Ce fut un promontoire où la fourmi arrive,
    Elle se sauve.
                                    (Livre XII, fable 12.)
Il y a aussi le rat, délivrant le lion du filet où il s'est laissé prendre.
2. *Le Cheval et l'Ane*, livre VI, fable 16. Les hommes ne sont pas des héros et des saints ; il n'est pas mauvais de les intéresser à l'honnête par l'utile.

des animaux, et se retire avec gloire du combat où il demeure victorieux, l'orgueil des puissants est aussi rabattu par ces vers d'une simplicité sublime :

> Qu'importe à ceux du firmament
> Qu'on soit mouche ou bien éléphant?...
> Les petits et les grands sont égaux à leurs yeux[1].

L'indifférence pour les faux biens nous semble donc une des leçons les plus familières à la raillerie du poëte qui a dit :

> Se croire un personnage est fort commun en France ;
> On y fait l'homme d'importance,
> Et l'on n'est souvent qu'un bourgeois.
> *C'est proprement le mal François,*
> La sotte vanité nous est particulière.

L'Ane vêtu de la peau du lion, La Mouche du coche, Le Corbeau qui veut imiter l'aigle, Le Geai paré des plumes du paon, Le Mulet se vantant de sa généalogie, Le Chameau, Les Bâtons flottants, Les Deux Chèvres, Les Deux Anes, Le Pot de terre et le Pot de fer, toutes ces fables égayées d'ironie ne sont-elles pas autant de traits lancés contre ces gens qui

> De loin sont quelque chose, et de près ne sont rien?

La philosophie pratique de La Fontaine. Il rajeunit les lieux communs. — D'autre part, quelle conviction pénétrante, lorsqu'il prise les biens véritables, en particulier l'amitié, qui n'eut jamais plus touchant interprète ! De quel accent ne s'écrie-t-il pas :

> Qu'un ami véritable est une douce chose !
> Il cherche vos besoins au fond de votre cœur ;
> Il vous épargne la pudeur
> De les lui découvrir vous-même :

---

1. Livre XII, fable 21. C'est le mot de Lamartine disant :
> L'insecte vaut un monde : ils ont autant coûté.

Ailleurs, le rat dit de l'éléphant :
> Mais qu'admirez-vous tant en lui, vous autres hommes ?
> Seroit-ce ce grand corps qui fait peur aux enfants ?
> *Nous ne nous prisons pas, tout petits que nous sommes,*
>   *D'un grain moins que les éléphants.*

> Un songe, un rien, tout lui fait peur,
> Quand il s'agit de ce qu'il aime[1] !

Ce cri part d'un cœur qui fit ses preuves, et témoigna de sa constance, *malgré Jupiter même et les vents orageux*[2]. Son tour n'est pas moins personnel, lorsque, s'appropriant ce fonds d'idées générales qu'on nomme lieux communs, il les rajeunit par une émotion si naïve qu'il paraît avoir découvert le premier ces vérités qui sont du domaine public. C'est ainsi que, sans ressembler ni à Lucrèce ni à Bossuet, il les égale dans certaines fables où il prêche à sa façon sur le néant de l'homme, l'instabilité de la fortune, et l'inévitable loi de la mort. Dans le concert des voix éloquentes, la sienne n'a-t-elle pas son timbre distinct, quand, à propos du centenaire qui demande grâce, il réconforte les pusillanimes par la bonhomie attendrie et souriante de ces vœux?

> . . Je voudrois qu'à cet âge,
> On sortît de la vie ainsi que d'un banquet,
> Remerciant son hôte, et qu'on fît son paquet :
> Car de combien peut-on retarder le voyage?
> Tu murmures, vieillard! Vois ces jeunes mourir
> Vois-les marcher, vois-les courir
> A des morts, il est vrai, glorieuses et belles,
> Mais sûres cependant, et quelquefois cruelles.
> J'ai beau te le crier, mon zèle est indiscret :
> Le plus semblable aux morts meurt le plus à regret[3].

Dans *Le Vieillard et les trois jeunes hommes* sa philosophie est plus haute encore. A l'orgueil et à l'insolence des jouvenceaux qu'enivrent « le long espoir et les vastes pensées », voyez comme il oppose la sérénité mélancolique du sage, qui, prêt à perdre « les clartés de la voûte azurée »,

---

1. Livre VIII, fable 11. Il disait, dans *le Corbeau, la Gazelle, la Tortue et le Rat* :

> A qui donner le prix? Au cœur, si l'on m'en croit.
> Que n'ose, et que ne peut l'amitié violente?
> Cet autre sentiment que l'on appelle amour
>   Mérite moins d'honneur.
>   (Livre XII, fable 15.)

2. L'expression est de La Fontaine, qui l'applique à Mme Harvey.

3. Livre VIII, fable 1re. *La Mort et le mourant*. Le discours de la mort a une physionomie toute gauloise.

prend plaisir à planter cet arbre dont l'ombrage réjouira ses arrière-neveux.

> Cela même est un fruit que je goûte aujourd'hui ;
> J'en puis jouir demain, et quelques jours encore ;
> Je puis enfin compter l'aurore
> Plus d'une fois sur vos tombeaux.

Malgré les dures paroles qui l'ont offensé, la bonté clémente de ce patriarche n'en pleurera pas moins le trépas prématuré des présomptueux qu'a châtiés la divine justice. Cette indulgente pitié qui pardonne aux misères humaines, La Fontaine semble l'éprouver jusque dans ses plus rigoureuses censures ; et c'est une des grâces de sa raison aimable qui donne à la vertu l'air avenant d'une volupté supérieure à toutes les autres. Si ce mérite n'est pas de ceux que sent tout d'abord la jeunesse, il se goûte de plus en plus à la longue, à mesure que les années nous instruisent à nos dépens ; c'est comme ces vins excellents auxquels Voltaire comparait les poésies d'Horace, et qui ne peuvent que gagner à vieillir [1],

L'âme des bêtes. La providence. — Nous aimerions à extraire ainsi le suc de tant de pages exquises, où tout est substance et saveur. Mais quel serait le moyen de classer ces fables, sans en méconnaître l'esprit, et attenter à leur diversité [2] ? Il nous suffira donc de dire que ce distrait sut tout voir, et tout peindre [3]. Toutes les idées qui s'agitèrent autour de lui intéressaient sa curiosité voyageuse. C'est ainsi que nul n'a plus spirituellement réfuté l'altière doc-

---

1. Il faut lire dans l'*Histoire de la littérature française*, par M. Nisard, les pages ingénieuses où, parlant de la fable et de son attrait particulier, il analyse les impressions qu'elle laisse, à chaque âge de la vie. (T. III, p. 133).

2. Au premier rang signalons, en passant, ces grandes fables morales, *le Berger et le Roi*, *le Paysan du Danube*, où il entre un sentiment élevé de l'histoire et presque de la politique. *Le Savetier et le financier* est une comédie de Molière en miniature. *Les Deux Pigeons* sont une élégie, j'allais dire une odyssée. Ce serait d'ailleurs mal comprendre La Fontaine que de prétendre soumettre son génie à l'unité d'une doctrine littéraire ou morale. Car il n'a pas précisément de principes ; il a plutôt des sentiments, des idées provisoires. Il arrive souvent que son humeur dit *oui*, là où sa raison dit *non*.

3. On pourrait lui appliquer ce vers :

> Il ne faut pas juger des gens sur l'apparence

trine de Descartes sur l'automatisme des bêtes. Tandis que les superbes et les dédaigneux les réduisaient à n'être que d'insensibles machines, lui, le rêveur qui s'était un jour attardé jusqu'au soir à suivre l'enterrement d'une fourmi, il se fit l'avocat des humbles héros qu'illustraient ses fables, et réhabilita la merveilleuse intelligence de ces instincts que Gassendi appelait « *la fleur la plus vive et la plus pure du sang.* » Il propose donc ses explications sur ces subtiles matières, et revendique pour ses clients, pour ses amis, le privilége d'une *parcelle de souffle divin*[1],

> Quintessence d'atôme, extrait de la lumière,
> Je ne sais quoi plus vif, et plus mobile encor
> Que le feu....

Cette sorte d'âme obscure, il la met dans l'enfant, ainsi qu'en l'animal auquel il appliquerait volontiers ce vers de Lamartine :

> Frère à quelque degré qu'ait voulu la nature.

Pour démontrer ses fantaisies platoniciennes, que d'ingénieux exemples n'allègue-t-il pas, et le cerf poursuivi qui en suppose un plus jeune, et la perdrix qui contrefait la boiteuse, et les castors architectes, et la stratégie des renards polonais, et les expédients des deux rats qui veulent sauver leur œuf !

Mais ici La Fontaine ne perd point l'équilibre ; pas d'ambitieuse théorie : sa croyance n'est que sentiment : car il ne s'aventure jamais au delà du raisonnable. Cette mesure, nous la retrouvons encore en d'autres excursions de ce genre, notamment dans la fable où son *philosophe Scythe* représente « ces indiscrets stoïciens » qui retranchent de l'âme

> Désirs et passions, le bon et le mauvais,
> Jusqu'aux plus innocents souhaits.
> Contre de telles gens, quant à moi, je réclame.
> Ils ôtent de nos cœurs le principal ressort;
> Ils font cesser de vivre avant que l'on soit mort[2].

---

1. *Divinæ particulam auræ.* (Horace.)
2. Livre XII, fable 20.

Terminons en disant que, chez lui, ce goût de spéculation recouvre toujours le respect des vérités universelles, et s'associe souvent à des éclairs de foi religieuse :

> Vouloir tromper le ciel, c'est folie à la terre ;
> Le dédale des cœurs en ses détours n'enserre
> Rien qui ne soit d'abord éclairé par les dieux :
> Tout ce que l'homme fait, il le fait à leurs yeux,
> Même les actions que dans l'ombre il croit faire[1].

Aimer les hommes, leur être bienfaisant, supporter leurs défauts pour que les nôtres nous soient pardonnés, suivre la loi de nature, se confier à Dieu, ne chercher ni à juger la création[2], ni à prévoir l'avenir, voilà donc les conseils qu'insinue sa morale tolérante dont le ton s'éleva sensiblement, dans les années voisines d'une conversion aussi ingénue que ses faiblesses : témoin ces derniers vers qui furent comme son testament :

> Apprendre à se connoître est le premier des soins
> Qu'impose à tous mortels la majesté suprême.
> Vous êtes-vous connus dans le monde habité ?
> L'on ne le peut qu'aux lieux pleins de tranquillité :
> Chercher ailleurs ce bien est une erreur extrême.
>   Troublez l'eau : vous y voyez-vous ?...
> Cette leçon sera la fin de mes ouvrages :
> Puisse-t-elle être utile aux siècles à venir !
> Je la présente aux rois, je la propose aux sages :
>   Par où saurois-je mieux finir[3] ?

---

1. *L'Oracle et l'impie* (Livre VI, fable 26). Il disait dans *le Bûcheron et Mercure* :
> Ne point mentir, être content du sien,
> C'est le plus sûr : cependant on s'occupe
> A dire faux pour attraper du bien.
> Que sert cela? Jupiter n'est pas dupe.
>   (Livre V, fable 1.)

2. D'autres docteurs développeront mieux que *Garo* l'argument des causes finales, mais il juge que Dieu fait bien ce qu'il fait : il croit à la Providence

3. Livre XII, fable 28. *Le Juge arbitre, l'Hospitalier et le Solitaire*. M. Nisard a dit excellemment : « La Fontaine est le lait de nos premières années, le pain de l'homme mûr, le dernier mets substantiel du vieillard.... C'est le génie familier de chaque foyer.... Il nous fait aimer cette vie, sans nous cacher une seule de ses misères.... Il n'y a de plus populaire que le livre de la religion. Celui qui n'a que deux ouvrages dans sa maison a les fables de La Fontaine. » T. III, p. 132. *Hist. de la litt. franç.*

BOILEAU

(1636-1711).

PORTRAIT BIOGRAPHIQUE.

Son enfance. — Fils d'un greffier[1] au parlement de Paris, et d'Anne de Niélé, Nicolas Boileau Despréaux naquit à Paris, le 1er novembre 1636, rue de Jérusalem[2], non loin de la Sainte-Chapelle, dans la chambre même où le chanoine Gillot avait collaboré à la *Satire Menippée*, en face de la maison qui fut le berceau de Voltaire[3]. Agé de de deux ans lorsqu'il perdit sa mère, il ne connut point ces douces affections qui développent la sensibilité. Cadet d'une nombreuse famille[4], abandonné aux soins d'une vieille gouvernante acariâtre qui le relégua plus d'une fois au grenier, dans une sorte de guérite, il eut une enfance triste, pesante, malingre et taciturne. Aussi son père disait-il volontiers de ce dernier venu : « Pour celui-là, c'est un bon garçon qui ne dira jamais de mal de personne. » On le mit le plus tôt possible, vers sept ou huit ans, au collège d'Harcourt, puis à celui de Beauvais où se terminèrent ses études. L'opération de la taille qu'il subit, en quatrième, et

1. Gilles Boileau. Le surnom de *Despréaux* que porta son fils lui vint d'un *pré* attenant à la maison de campagne que son père possédait à Crosnes, près Villeneuve Saint-Georges.
2. Et non rue de Harlay, comme on l'imprime.
3. Né en 1694.
4. Onze enfants.

les infirmités qui en résultèrent ne durent pas être non plus sans influence sur son humeur un peu morose. Il eut pourtant de bonne heure l'instinct poétique ; mais un seul de ses maîtres, M. Sévin, régent de troisième[1], s'en aperçut et l'encouragea. On raconte aussi que l'écolier passait des nuits entières à lire des romans, et s'oubliait dans sa passion studieuse jusqu'à ne pas entendre la cloche à l'heure des repas.

A dix-sept ans, son portefeuille contenait déjà l'ébauche d'une tragédie, et bien des vers de rhétoricien préludant à une vocation qu'allait contrarier la volonté paternelle. Car on le poussa vers l'école de droit, et de là dans l'étude d'un procureur, qui le déclara tout à fait incapable. Pourvu du titre d'avocat, le 4 décembre 1656, il n'entrevit le Palais que pour prendre la chicane en dégoût. Aussi fallut-il viser ailleurs : on le destina donc à l'état ecclésiastique. Habitué à fléchir, il se laisse tonsurer ; mais la théologie ne tarda pas à lui paraître aussi épineuse que la procédure. Ce nouveau stage lui valut pourtant, parmi ses ennuis, le prieuré de Saint-Paterne, bénéfice de huit cents livres dont il restitua loyalement tous les revenus[2], lorsque, huit ans après, la mort de son père lui permit d'écouter enfin ses goûts, et de se consacrer tout entier aux lettres, sans souci du lendemain.

L'hérédité. L'air de famille. — L'exemple de ses aînés semblait lui tracer sa voie. Car la verve caustique était comme un signe de race dans la lignée toute gauloise à laquelle il appartenait. Deux de ses frères avaient déjà pris les devants. L'un d'eux, Gilles Boileau, grand lecteur de Régnier, et qu'on surnommait le *critique*, le *grammairien*, était un de ces beaux esprits bourgeois et frondeurs qui donnaient le ton aux clercs de la Bazoche, et s'égayèrent librement aux dépens du Mazarin. Il devait entrer à l'Académie, vingt-cinq ans avant celui qu'il traita d'impertinent, en le voyant marcher sur ses brisées.

---

1. Au collège de Beauvais.
2. Cette somme servit, dit-on, de dot à Mlle Marie de Bretonville qu'il avait aimée, et qui entrait en religion.

Un autre, l'abbé Jacques Boileau, docteur en Sorbonne, doyen de l'église de Sens, puis chanoine de la Sainte-Chapelle, possédait plus décidément encore le don de facétie et de gaillardise, non sans une pointe de jovialité bouffonne qui tournait volontiers les choses en caricature [1]. En cela s'accusait chez lui l'air de famille, mais avec excès. A ses coups de boutoir, à la verdeur de ses brusques gaietés manquait trop la solidité d'un emploi judicieux ; il annonçait pourtant son frère Nicolas, dont le mérite original sera d'associer la malice héréditaire à ce bon sens magistral qui fera dire à un de ses amis : « Il y a plaisir à entendre cet homme-là : c'est la *raison incarnée*. » Aussi M. Sainte-Beuve écrit-il spirituellement : « Quand la nature créa Gilles, elle essaya un premier crayon de Nicolas ; elle resta en deçà et se repentit, elle prit le crayon et appuya quand elle fit Jacques ; mais cette fois elle avait trop marqué. Elle se remit à l'œuvre une troisième fois, et ce fut la bonne. Gilles était l'ébauche, Jacques la charge, Nicolas est le portrait. »

Ses débuts, 1660. Opportunité de la satire littéraire. — Voilà ce que justifièrent dès l'abord ses premières satires [2]. A vingt-quatre ans, lorsqu'il débute, en 1660, il apparaît armé de toutes pièces. Il a déjà l'autorité de l'Aristarque, dont l'inspiration constante sera la haine d'un sot livre. Dans sa voix ne vibre pas le timbre ému de la

---

[1]. Un moliniste disant un jour devant lui que Pascal, retiré à Port-Royal, y faisait des souliers par pénitence, l'abbé répliqua : « Je ne sais s'il faisait des souliers ; mais convenez, mon révérend, qu'il vous a porté une fameuse botte. » — Un jour, le grand Condé passant par la ville de Sens, fut complimenté par les corps et compagnie de la municipalité ; il se plaisait à se moquer des orateurs ; et, quand vint le tour de l'abbé Boileau, pour le déconcerter, il avança sa tête et son grand nez du côté du doyen, comme s'il faisait semblant de le mieux écouter. L'abbé s'aperçut de la malice, et, feignant d'être interdit, il commença ainsi son compliment avec une crainte affectée : « Monseigneur, votre Altesse ne doit pas être surprise de me voir trembler en paraissant devant Elle, à la tête d'une compagnie d'ecclésiastiques : car, si j'étais à la tête d'une armée de trente mille hommes, je tremblerais bien davantage. » Charmé de ce début, le prince embrassa l'orateur, sans le laisser achever.

[2]. *Le départ du poète*, 1660. — *Le genre satirique*, 1663. — *La rime et la raison*, à Molière, 1664.

jeunesse. De cet âge il n'eut jamais le rayon et la flamme, mais seulement un entrain de vaillance prêt à tout oser pour la cause de l'esprit français. Or c'était une vertu nécessaire à son dessein; car il ne visait à rien moins qu'à faire rentrer dans le néant cette foule de rimeurs en vogue, dont le crédit ne prospérait que par l'aveuglement du goût public.

Il semble pourtant qu'après Malherbe et Corneille[1] il ait suffi de se régler sur d'excellents modèles. Mais il n'en fut rien; car de 1627 à 1660, toute tradition périclitait, faute d'une doctrine qui fît loi définitive. Dociles aux influences de la mode, les intelligences flottaient à l'aventure dans une anarchie qui ressemblait au pêle-mêle politique de la Fronde. Autant la prose était déjà sûre d'elle-même, autant la langue du vers fut alors indécise et factice. Les beautés du *Cid* n'avaient point fait prendre en dégoût les platitudes de Scudéry. On mettait le père Lemoine au même rang que Virgile. L'Espagne envahissait notre littérature comme nos provinces. La contagion de ses défauts[2] avait atteint les deux genres qui se partageaient les suffrages mondains, l'un, *soutenu*, qui comprenait les pièces de théâtre, les poëmes descriptifs et l'épopée; l'autre, *galant*, où foisonnaient les vers à Iris, les badinages renouvelés de Marot, les requêtes et les remerciements, en un mot, ces mille riens qu'on appelait *conceptos* au delà des Pyrénées, et *concetti* au delà des Alpes[3].

Les victimes de Boileau. — Deux sortes de poëtes usurpèrent la faveur des salons. C'étaient d'abord les continuateurs de Ronsard, restés fidèles à ce système de facilité prolixe qui permit à leur maître d'expédier quatre cents vers dans sa journée[4]. Puis venaient les prétendus disci-

---

1. Corneille lui-même avait eu ses écarts. En lui se confondaient le puéril et le grandiose, la déclamation et la simplicité sublime, l'emphase espagnole et le pur génie français.

2. La subtilité précieuse, l'afféterie, l'abus des métaphores, le clinquant avaient été mis à la mode par l'école de *Gongora*, d'où leur vient le nom de *Gongorisme*.

3. On cherchait *le grand fin, le fin des choses, le fin du fin*. (Voir M. Nisard, *Hist. de la litt. fr.*)

4. Godeau, évêque de Grasse, improvisait en un jour trois cents vers en

ples de Malherbe, ceux qu'il eût désavoués, ces puristes qui, outrant ses prescriptions jusqu'à l'absurde, ne se proposaient que des tours de force, transportaient la difficulté des choses aux mots, et s'ingéniaient à rimer richement des pauvretés[1].

Or ne disons pas que Boileau allait s'attaquer à des morts : car ces oubliés d'aujourd'hui tenaient alors le haut du pavé, grâce aux grands seigneurs dont ils furent les clients, ou aux coteries qui les prônèrent comme leurs patrons. S'en prendre à Chapelain, par exemple, n'était-ce pas s'exposer aux vengeances de ses Mécènes, du duc de Longueville qui doubla sa pension pour le consoler d'une épigramme, ou du duc de Montausier qui voulut bâtonner La Ménardière et jeter Linière à la Seine, pour leur apprendre à respecter son favori[2]?

Tous ces improvisateurs médiocres se tenaient d'ailleurs par la main. Le quartier général de leurs cabales fut, entre autres, le salon de Mlle de Scudéry, où, se réunissant tous les samedis autour du poëte de la *Pucelle*, ils se concertaient pour affirmer leur crédit, et ruiner celui de leurs adversaires[3]. Qui pourrait contester la puissance occulte ou déclarée de ce grand distributeur des grâces que Colbert, dans le voisinage des maîtres, choisissait pour régler la répartition des libéralités royales[4]? Oui, lancer un trait contre le *mieux renté de tous les beaux esprits*, c'était pres-

---

stances de dix. — Dans l'*Alaric* de Scudéry, il n'y a pas moins de cent cinquante descriptions. L'une, celle de la bibliothèque d'un ermite, tient presque la moitié du cinquième livre.

1. L'un d'eux, Gomberville, s'était rendu célèbre par sa haine pour le mot *car*. Il en demandait l'abolition à l'Académie, et se vantait de ne l'avoir pas employé une fois dans les cinq volumes de son *Polexandre*.

2.   Car tout n'iroit que mieux
  Quand de ces médisans, l'engeance tout entière,
  Iroit, la tête en bas, rimer dans la rivière.
              (*Sat.* IX.)

3. En 1696, ils tenaient encore La Bruyère en échec, après son discours académique.

4. Séguier se vit forcé de supprimer un privilége donné à La Ménardière, pour le punir d'une critique contre Chapelain. Des comédiens de Clermont furent censurés pour l'avoir joué sur leur théâtre.

que un crime de lèse-majesté, vers le temps où six éditions de la *Pucelle* s'épuisaient en dix-huit mois, et quand Louis XIV faillit donner pour précepteur au Dauphin celui devant lequel Racine lui-même s'inclina si bas, en disant : « Je rapporterai le jugement de M. Chapelain comme le texte de l'Évangile, sans y rien changer. »

Boileau fut donc seul contre tous lorsque, dans le silence universel, il résolut de s'insurger contre le personnage qu'il rendit ridicule, au moment où les plus grands tremblaient devant ses oracles. Cette témérité qui parut d'abord un scandale, et eut bientôt pour elle tous les rieurs, il en prit l'initiative, à ses risques et périls, et se proposa d'opérer dans la poésie française une réforme analogue à celle que Pascal avait accomplie dans la prose. Or il y réussit à ce point que l'on peut dire avec M. Nisard : « La matière d'un grand siècle littéraire existait en France, avant Boileau, de même qu'avant Louis XIV, dans la France victorieuse de l'Espagne et de la féodalité, il y avait la matière d'une grande nation. Mais comme il fallait un Louis XIV pour organiser cette nation, et lui apprendre ce dont elle était capable, il fallait aussi un Boileau pour diriger toutes les facultés, discipliner toutes les forces, et faire voir à la France une image éclatante de son génie dans les lettres[1]. »

L'originalité de Boileau. — Voilà son originalité vraie. Elle consiste dans la satire littéraire. Vengeur et conservateur du goût, il parle sur ses contemporains comme la postérité même[2]. Sans se laisser troubler par l'influence des personnes, les caprices de la mode ou les intérêts d'amour-propre, il sut mettre chacun à son rang, discréditer les uns par ses censures, consacrer les autres par son estime, enseigner toutes les bienséances du langage, et graver dans tous les esprits, en traits ineffaçables, les vérités qui doivent être la conscience de tout écrivain. En dehors de

---

1. Disons du moins que Boileau contribua plus que tout autre à enhardir Molière, Racine et La Fontaine, à les éclairer sur eux-mêmes, et hâter l'heure où ils se fixèrent dans la perfection.

2. Il ne fut en défaut que bien rarement, lorsqu'il mit Voiture à côté d'Horace, quand il méconnut Quinault, quand il oublia de nommer La Fontaine.

cette magistrature exercée par un juge presque infaillible, nous accorderons volontiers que ses devanciers lui ont été supérieurs. Horace et Régnier[1] sont des moralistes ou des peintres près desquels pâlit un talent de conception qui dévie aisément vers le lieu commun, et ne se relève que par le détail de la facture ou l'agrément du portrait. Mais, dès qu'il s'agit des ouvrages de l'esprit, il reprend tous ses avantages ; car c'est là que triomphe sa faculté souveraine, cette pure raison dont il a pu dire, sans craindre un démenti :

> Sais-tu pourquoi mes vers sont lus dans les provinces,
> Sont recherchés du peuple, et reçus chez les princes?
> Ce n'est pas que leurs sons, agréables, nombreux,
> Soient toujours à l'oreille également heureux :
> Qu'en plus d'un lieu le sens n'y gêne la mesure;
> Et qu'un mot quelquefois n'y brave la césure,
> Mais c'est qu'en eux le vrai, du mensonge vainqueur,
> Partout se montre aux yeux, et va saisir le cœur;
> Que le bien et le mal y sont prisés au juste,
> Que jamais un faquin n'y tient un rang auguste,
> Et que mon cœur toujours, conduisant mon esprit,
> Ne dit rien aux lecteurs qu'à soi-même il n'ait dit.
> Ma pensée au grand jour partout s'offre et s'expose,
> Et mon vers, bien ou mal, dit toujours quelque chose[2].

En ce domaine qui lui est propre, quelle nouveauté de style vif, net, et tout personnel ! Comme il sait donner à chaque idée son relief et sa lumière ! Quelle plénitude d'expression ! que de justesse dans sa verve ! que de sincérité dans ses éclats ! Quel accent de poëte anime les arrêts d'un législateur toujours fidèle à sa maxime :

> Rien n'est beau que le vrai, le vrai seul est aimable !

Un de ses chefs-d'œuvre en ce genre est cette satire IX qu'il adressait à *Son esprit*. Dans ce sujet familier, il revit tout entier; nous l'y retrouvons tel que nous le montre ce beau buste de Girardon, que l'on peut admirer au musée de

---

[1]. Ajoutons pourtant une restriction. Où suffisent l'imagination et l'esprit Régnier excelle ; mais pour fustiger les vices, il manque d'autorité.
[2]. Epître à Seignelay.

sculpture. C'est la même attitude un peu fière, avec ce port de tête assuré que ne dépare point la noblesse d'une ample perruque ; voilà bien son regard fin et viril, son sourire moqueur, sa bouche railleuse et mordante, dont la lèvre entr'ouverte ne sait pas retenir le trait, cette cordialité qui tempère ses brusqueries, ce mélange d'humeur sourcilleuse et de franchise enjouée, où l'ingénieux s'associe au judicieux ; ce qui communique à l'ensemble de sa physionomie un air d'autorité dont le caractère imposant n'exclut point l'attrait d'une bonhomie sympathique.

L'homme et le poëte. — Il y eut, en effet, peu d'hommes d'un commerce plus sûr. Si la sévérité de ses jugements condamna des vers misérables à un juste mépris, la dignité de sa vie fut aussi la censure des mœurs littéraires qu'il réforma par ses exemples. En recevant les dons du souverain qui représentait l'État, il n'aliéna jamais son indépendance. Louis XIV faisant un jour rechercher le grand Arnaud, pour l'envoyer à la Bastille, « Le roi est trop heureux pour le trouver, » dit Boileau. N'osa-t-il pas qualifier Scarron de « méchant poëte, » devant sa veuve, alors toute-puissante ? Tandis que tant de muses mercenaires se mettaient aux gages des sots de qualité, il conserva, par sa tenue, le droit de dire bien haut :

> Travaillez pour la gloire, et qu'un sordide gain
> Ne soit jamais l'objet d'un illustre écrivain[1] !

Car ses ouvrages, il les donna sans compter, et son désintéressement n'eut d'égale que sa générosité. Le célèbre avocat Patru ayant été réduit à vendre ses livres, Despréaux lui acheta sa bibliothèque un tiers de plus qu'elle ne valait, et à la condition qu'elle ne lui reviendrait qu'après le décès de son premier possesseur. Un de ses ennemis, Boursault, raconte qu'en 1683, la pension de Corneille ayant été supprimée, il courut chez le roi, prêt à offrir la sienne à l'au-

---

[1]. Il ajoutait, à l'adresse de Racine, forcé par des nécessités domestiques de vendre ses ouvrages :

> Je sais qu'un noble auteur peut sans honte et sans crime,
> Tirer de son travail un tribut légitime.

teur de *Cinna*, s'il n'avait pas obtenu réparation d'un oubli qui l'indignait. Aussi, de quel prix n'était pas son amitié ! Il protégea Molière vivant contre les menées d'une cabale hypocrite, et il versa sur sa tombe une larme vengeresse. Il mérita que Racine, à son lit de mort, lui fît cet adieu : « Je regarde comme un bonheur de mourir avant vous. »

L'accuser de sécheresse serait donc calomnier un honnête homme, dont la sensibilité ne fut pas moins ardente à l'éloge des bons ouvrages qu'au blâme des mauvais. Car, lorsqu'il loue, c'est à plein cœur, et d'un vers passionné, sous lequel tressaille l'émotion d'une âme que réjouit le bonheur d'admirer. Voyez alors comme il se déride, et s'épanouit. Quelle chaleur pénétrante ! Quel feu de conviction ! Y a-t-il un applaudissement plus attendri, plus fraternel que cette épître à Racine (1677), où chaque mot porte, où, par une éloquence dont les beautés ne sont que l'instinct de la justice, il se montre tout à fait digne du haut rang qu'il occupe parmi les maîtres de son siècle, c'est-à-dire arbitre puissamment établi dans un genre où il excelle, n'enviant rien à personne, distribuant la sentence avec une impartiale équité, respecté des uns, craint des autres, et classant ceux mêmes qui sont au-dessus de lui, comme le Caton de l'Élysée Virgilien ; *His dantem jura Catonem?*

Les principales époques de sa vie littéraire. — Ne pouvant ici le suivre dans toutes les occasions où se déployèrent les mérites que nous venons de signaler, distinguons du moins les principales périodes de sa vie littéraire.

1° La première, qui va de 1660 à 1668, est toute militante. Ces huit années correspondent à la jeunesse d'un poëte dont la tête grisonna de bonne heure : elles comprennent neuf satires ; les unes se distinguent par la vivacité du badinage, ou l'art de tourner élégamment les plus menus détails en descriptions plaisantes ; et les autres[1], purement

---

1. Il y en a quatre de ce genre : *A Molière, la rime et la Raison* 1664 ; — *le Repas ridicule*, 1665 ; — *le Genre satirique*, 1663 ; — *A son Esprit*, 1667. Dans les autres, il est versificateur habile, exact, scrupuleux et piquant, mais

critiques, nous font assister à ses combats contre les sots rimeurs. Ce sont les plus intéressantes ; car il est là comme à la fête, il s'en donne à cœur joie. C'est en vain que Cotin lui prodigue l'injure et la calomnie, l'appelle le sieur *Des Vipéreaux*, l'accuse « d'ériger partout des autels à la débauche, par le décri de la raison et de la justice, par la profanation du trône, » ces libelles diffamatoires ne désarment pas l'ironie d'un bon sens qui

> Appelle un chat, un chat, et Rollet un fripon.

Chapelain a beau travailler sournoisement pour faire briser le sceau du privilége accordé au « satirique effréné[1]; » Boileau, qui ne prétend à aucune pension, n'en est pas moins impitoyable à chasser les intrus du Parnasse, et à donner le coup de grâce à ses ennemis impuissants[2]. Ce fut aussi vers le même temps qu'il se moqua des héros de roman, dans un dialogue où il fustigeait le *Cyrus* et la *Clélie* de Mlle de Scudéry ; mais, pour ne point chagriner « une fille qui, après tout, avoit encore plus d'honneur que d'esprit, » il attendit sa mort avant de livrer à l'impression une parodie dont l'à-propos divertissait les compagnies.

2° La seconde époque, qui s'étend de 1669 à 1677, est celle de sa maturité. Maître du champ de bataille, fort de son crédit à la cour et des suffrages publics, il se pacifie de plus en plus. Sa réputation même l'oblige à des ménagements. Apprécié du roi, qui le nomme son historiographe, il épargne des vaincus, et songe à profiter de sa victoire, pour donner des lois à la poésie rentrée enfin dans le devoir. C'est alors que, sous la dictée d'Horace dont il n'a pas la grâce et l'abandon, il promulgue son *Art poétique* (1674), non sans récréer ses loisirs par les quatre premiers chants du *Lutrin* (1672-1674). Ce changement de ton est sensible dans ses épîtres, où il dit en propres termes :

> Aujourd'hui, vieux lion, je suis doux et traitable ;

moraliste de second ordre. Les sujets sont petits. C'est du simple bon sens relevé par des portraits.

1. Il avait cru la chose faite, et remercia même Colbert.
2. Neuvième satire.

Je ne sens plus l'aigreur de ma bile première,
Et laisse aux froids rimeurs une libre carrière[1].

Si le démon le tente encore, ce n'est que par furtive reprise, et comme à son insu. Ses hyperboles contre les *femmes* ne prouvent-elles pas, avec une certaine incompétence, qu'il a perdu l'habitude de la satire, et n'y est plus à son aise? A cette diatribe on préférera donc l'*Épître à Lamoignon*, qui témoigne d'une imagination presque souriante, d'une sérénité philosophique et capable de délicieux passetemps. Cette veine de gaieté rassise se joue aussi en toute liberté dans l'épopée comique où l'esprit des fabliaux et du *Roman de la Rose* taquine sans méchanceté les gens d'église[2], et tourne encore l'amusement en leçon littéraire. Il est, en effet, visible qu'il veut ici protester contre la manie du burlesque; car, au lieu de dégrader les grands sujets, il rehausse une humble matière, et transforme en héros de minces personnages.

3° La troisième phase, celle du déclin, va de 1677 à 1711. Elle a ses lueurs encore, puisqu'elle nous vaut deux chants du *Lutrin*. Mais il est manifeste que l'haleine commence à devenir courte; ne parlons donc pas de l'*Ode à Namur*, ni des ingrates satires sur l'*Équivoque* et l'*Amour de Dieu*. Car ce sont les derniers soupirs d'une muse désormais trop janséniste, que gagne aussi cette extinction de voix pour laquelle Boileau, valétudinaire et quinteux, allait prendre les eaux de Bourbon[3]. Les sources commençant à se tarir pour sa verve désenchantée, l'aigreur et les jeux de mots remplacent ces irrésistibles saillies qui emportaient la pièce. Bref, il ne sut pas prendre à temps sa retraite. Reçu

---

1. Épître à Guilleragues.
2. Tout en rendant justice à l'adresse du poëte, M. Nisard regrette qu'il y ait disproportion entre la richesse de son art et la pauvreté de sa matière, « qu'un esprit si viril s'épuise à peindre un lutrin, à allumer poétiquement une chandelle, à parodier les plaintes de Didon dans le discours d'une perruquière délaissée, et les paroles d'or de Nestor dans la harangue de la discorde aux amis du trésorier, à décrire un combat à coups d'in-folios arrachés à la boutique de Barbin. »
3. Été de 1687.

tardivement à l'Académie française[1], en 1683, à quarante-sept ans (car son âpreté lui avait fait bien des ennemis), attristé par la perte de Racine, il fut encore assombri par des infirmités douloureuses, une sorte de disgrâce de cour, le deuil des désastres publics, et le sentiment exagéré d'une décadence prochaine. Il désespérait de l'avenir, et sa vieillesse chagrine croyait trop à la fin du monde[2]. A ceux qui s'informaient de sa santé, il répondait par ce vers de Malherbe :

> Je suis vaincu du temps, je cède à ses outrages.

Ce fut donc sous l'impression des plus amers pressentiments qu'il mourut d'une hydropisie de poitrine, le 13 mars 1711, entre les bras du chanoine Lenoir, son confesseur, chez lequel il demeurait, au cloître Notre-Dame, depuis qu'il avait vendu sa maison d'Auteuil[3]; il avait soixante-quinze ans. On l'enterra sans pompe, suivant son désir, dans la Sainte-Chapelle, au-dessous de la place occupée par le *Lutrin* qu'il avait rendu si fameux. Exhumés en 1800, ses restes furent transportés, le 14 juillet 1819, dans l'église Saint-Germain des Prés, où ils reposent encore.

L'ART POÉTIQUE

(1669-1674).

I. — LES DEVANCIERS DE BOILEAU.

Les devanciers de Boileau. — Toutes les grandes époques littéraires ont eu leur *poétique*, c'est-à-dire ont for-

---

[1]. La Fontaine avait été son concurrent, et fut agréé au premier tour de scrutin. Le roi ajourna son consentement jusqu'à une seconde vacance qui se produisit six mois après, et permit aux suffrages académiques d'aller au-devant du désir de Louis XIV, en nommant Boileau.

[2]. Les nouveaux écrivains lui paraissaient des barbares au prix des Boyer, des Pradon et des Cotin.

[3]. Étant affecté de surdité, il se défit de cette maison qu'il avait achetée

mulé ces principes de goût qui sont l'instinct ou la conscience de l'inspiration naturelle. C'est ainsi que, dans les siècles de Périclès, d'Auguste, de Léon X et de Louis XIV, les principaux genres entre lesquels se partage la poésie eurent pour législateurs Aristote, Horace, Vida et Boileau. Sans examiner de près ces œuvres didactiques, indiquons cependant les traits qui les distinguent : car ce rapide aperçu permettra d'apprécier à sa valeur le maître qui, venu le dernier, sut rester original, tout en rivalisant avec les devanciers dont il recueillit l'héritage.

Aristote et sa poétique. — Pour l'exact et profond génie d'Aristote, la poésie ne fut pas seulement, comme pour Platon, l'essor d'une âme possédée par un enthousiasme divin [1], mais un objet de science dont il définit les caractères, et décomposa les éléments avec la précision d'un naturaliste et d'un logicien qui, les yeux fixés sur les modèles offerts à son observation [2], voulut classer les faits, en dégager les lois, et démêler, sous la variété des circonstances accidentelles, l'essence des choses, ou la constitution même de l'esprit humain. Philosophe avant tout, il réduisit donc en métaphysique la connaissance expérimentale d'une littérature privilégiée qui se prêtait merveilleusement à son dessein ; car tous les genres que vit fleurir la Grèce, et dont elle nous a transmis les exemplaires, s'épanouirent, par une sorte de génération spontanée, comme des plantes nées du sol même, sous un ciel clément, et en leur saison propice. Dans la réalité vivante à laquelle Aristote appliqua si sûrement sa puissante analyse, il y avait donc une telle perfection qu'il put se passer de tout autre idéal, et ramener la poésie à n'être que l'*imitation* [3] des types proposés

---

nuit mille livres en 1685, et où s'écoulèrent les quatorze années les plus heureuses de sa vie, dans la société de ses meilleurs amis.

1. Tout en exagérant l'influence de l'*Art* et de l'*Habitude*, Aristote reconnaît pourtant que « le talent poétique exige un heureux naturel » ou « un esprit en délire. » (Ch. XVII).

2. Il ne considère que des œuvres grecques.

3. Il veut pourtant qu'on embellisse le modèle. « La tragédie imite des personnages meilleurs que la réalité, la comédie des personnages pires que la réalité. »

par la nature, ou les œuvres d'art dont il contemplait le spectacle[1].

Malgré la sagacité de sa critique, il incline trop pourtant à regarder comme définitives, universelles et nécessaires les pratiques locales instituées par des traditions particulières à une race et à un temps[2]. Ajoutons que ce théoricien absolu érige parfois en axiomes des opinions trop exclusives, notamment lorsqu'il décide que la *terreur* et la *pitié* sont les seuls ressorts de la tragédie. C'est en effet méconnaître les sources variées du pathétique, entre autres l'admiration, dont Corneille fit le principal moteur de son drame[3]. — On peut aussi lui reprocher d'avoir trop circonscrit le champ de l'invention, quand il déclare qu'elle doit se renfermer dans un petit nombre de légendes et de familles héroïques. L'autorité de cette interdiction n'a-t-elle pas tenu trop longtemps nos poëtes à l'écart des sujets modernes, ou du moins empruntés à nos propres origines? Oui, les stériles imitateurs nous ont assez ennuyés par de monotones redites pour que nous gardions quelque rancune aux aventures des Atrides et des Labdacides.

Cependant, il serait injuste de rendre Aristote responsable de ses disciples. Disons plutôt que, faute de le bien entendre, des interprètes serviles ou aveugles ont exagéré ses rigueurs, ou calomnié ses doctrines[4]. N'oublions pas non plus qu'il ne se montre point tout entier dans un ouvrage auquel manqua la dernière main. Ce recueil de notes ne traite d'ailleurs avec détail que de la tragédie[5] et de l'épo-

---

1. Ajoutons pourtant qu'il fait sa part à l'imagination. Il dit expressément qu'il préfère « le faux vraisemblable au vrai qui ne l'est pas. » Il recommande de peindre plus beau que nature.

2. C'est ainsi que l'usage du *chœur* lui paraît une des conditions essentielles de la tragédie. — Il estime aussi que les *reconnaissances* sont indispensables à l'intérêt dramatique.

3. Chez les Grecs eux-mêmes, la tragédie des *Perses* échappe à la loi d'Aristote; car elle excite surtout les émotions patriotiques.

4. C'est ainsi qu'Aristote n'a jamais parlé de l'*Unité de lieu*. Quant à l'*Unité de temps*, il n'en dit qu'un mot, en passant. Il n'impose que l'*Unité d'action* qui est une loi de raison. (Ch. VIII, XXIV, V).

5. Dans la tragédie, Aristote voyait, il est vrai, l'essence de tous les genres.

pée. Ne soyons donc pas plus aristotéliques qu'Aristote, et n'acceptons point comme infaillible une ébauche précieuse, mais incomplète.

Horace et l'épître aux Pisons. — Après Aristote, les écoles de la Grèce, d'Alexandrie et de Pergame produisirent encore d'autres poétiques, notamment celle de Néoptolème de Parium, qu'Horace, disent les commentateurs, ne jugea pas indigne de son estime. Mais laissons les inconnus pour nous occuper du monument qui mérite le plus les regards de la postérité, bien qu'il soit en apparence le plus modeste de tous; car son auteur voulait simplement donner, sous la forme d'une épître familière, des conseils de goût aux deux fils[1] de Lucius Calpurnius Pison[2], personnage considérable qui, tour à tour gouverneur de Pamphylie, consul et préfet de Rome, cultivait et protégeait les lettres. Wieland a même pu supposer, sans trop d'invraisemblance, que cette pièce fut inspirée par les inquiétudes d'un père qui, voyant un de ses fils s'égarer dans une vocation malheureuse, pria le poëte d'éclairer un imprudent sur les difficultés d'un art compromettant pour la fortune d'un politique. Cette conjecture est encore précisée par les inductions d'Orelli, qui, frappé de l'insistance avec laquelle Horace définit les règles du drame satirique, incline à croire que le jeune patricien songeait à naturaliser ce genre sur la scène romaine. Sans aller aussi loin, M. Patin affirme du moins avec finesse qu'Horace, tout en ayant l'air de guider un disciple dans la carrière poétique, s'ingénie à l'en éconduire poliment. Sous prétexte de lui enseigner les secrets d'un art qui ne souffre pas la médiocrité, il découragerait donc les ambitions d'un amour-propre auquel il fait comprendre à demi-mot qu'il pourrait bien se tromper sur la portée de ses forces. Il lui montre, en effet, les dangers d'une méprise, et l'effraye par la crainte d'un ridicule qui ne

---

1. L'un d'eux, l'aîné, préteur en Espagne, y fut assassiné, en 778, par un indigène de la nation à moitié sauvage des Termestins.
2. Consul en 739, gouverneur de Pamphylie, vainqueur des Thraces, honoré du triomphe, promu de nouveau au consulat en 754, puis préfet de Rome en 765, il mourut en 785.

serait pas de légère conséquence[1]. Comme il s'agit d'un fils de famille appelé par sa naissance à jouer un rôle dans l'État, l'accident deviendrait plus grave que pour tout autre. Cette leçon nous rappelle Alceste disant à Oronte, non sans détours :

> Croyez-moi, résistez à vos tentations ;
> Dérobez au public ces occupations,
> Et n'allez point quitter, de quoi que l'on vous somme,
> Le nom que dans la cour vous avez d'honnête homme,
> Pour prendre de la main d'un avide imprimeur
> Celui de ridicule et misérable auteur.

Quoi qu'il en soit de ces ingénieuses hypothèses, il est certain qu'Horace ne se donna point pour un régent du Parnasse. Ce fut même après sa mort, et tardivement, que son opuscule reçut de ses admirateurs le titre d'*Art poétique*, et se vit isolé des autres épîtres.

Aussi n'y cherchons pas, comme l'ont fait quelques-uns, l'unité d'un enseignement suivi. A plus forte raison serait-il téméraire d'admettre, avec certains savants, que le décousu de la lettre aux Pisons est la faute de ses éditeurs, et qu'on peut, en imaginant un plan nouveau, rétablir en un corps harmonieux les membres épars d'un poëte que Daniel Heinsius compare à Penthée déchiré par les Bacchantes[2]. Résignons-nous plutôt à l'allure capricieuse d'un vif et libre esprit qu'eût attristé la rigueur d'un procédé trop méthodique, et dont les causeries déconcertent volontiers l'attente du lecteur par l'imprévu des soudaines rencontres auxquelles s'amuse sa fantaisie.

N'en déplaise aux compilateurs d'outre-Rhin, qui ne voudraient voir en lui qu'un traducteur d'Aristote ou de Platon[3], nous aimons donc mieux Horace tel qu'il est, ne jurant sur la parole d'aucun maître[4], se souvenant sans doute des

---

1. *Hæ nugæ seria ducent*
In mala derisum semel exceptumque sinistre.

Il faut lire dans la traduction d'Horace par M. Patin, ses profondes études sur le poëte, dont il est le plus sûr et le plus éloquent interprète.

2. C'est ce qu'ont essayé Daniel Heinsius, le président Bouhier, Peerlkamp, et Hofman.

3. Il aurait imité le Phèdre. *De Horatio Platonis æmulo.* Lipsiæ, 1798.

4. *Nullius addictus jurare in verba magistri.*

meilleurs, mais n'exprimant jamais leurs idées qu'en son nom, c'est-à-dire contrôlées par son expérience, et confirmées par son goût personnel] ; en un mot, soucieux avant tout d'une indépendance qui, étant la source même de sa verve, devient aussi la condition du plaisir qu'on éprouve à goûter la fine fleur de son bon sens discret, exquis et libéral.

Éminemment pratiques, les lois qu'il nous dicte [1] en se jouant, et sans avoir l'air de nous faire la leçon, peuvent s'appliquer à tous les emplois de l'imagination. Cependant, il a principalement en vue la tragédie et l'épopée. Or, c'est à l'antiquité grecque, à elle seule, qu'il emprunte ses modèles [2], et il n'admet rien en dehors des traditions que lui doit le génie latin. Voilà pourquoi le rôle du chœur lui paraît un élément indispensable de toute œuvre dramatique. Il ne suppose même pas qu'on puisse jamais s'en passer [3]. Lorsqu'il parle du poëme épique, l'Iliade et l'Odyssée sont aussi le seul exemplaire qu'il ait sous les yeux [4]. La Grèce est donc vraiment l'unique patrie de son imagination ; et si le Romain se retrouve ici, nous ne le reconnaissons guère que dans les censures du satirique, dont l'ironie dédaigneuse raille, chez ses compatriotes, la médiocrité négligente, l'indulgence d'un public ignorant et brutal, les grossières plaisanteries de Plaute, qu'il traite avec trop d'injustice, enfin la sottise de ces métromanes que leurs parasites décoraient du titre de poëtes. En résumé, l'*Épître*

---

1. Il fait une part égale à l'art et à la nature. — Il raille les originaux qui se croyaient de grands génies, parce qu'ils se rendaient ridicules par les excentricités de leur cerveau malade. — Il se moque de l'inspiration artificielle, et des bohêmes de son temps. — Il exige du poëte la conscience de ses forces, la raison, un fonds solide de pensées puisées dans la philosophie morale, l'alliance de l'agréable et de l'utile l'étude constante de la nature, l'unité de conception, la liaison des parties, le respect des lois qui conviennent à chaque genre, les lenteurs laborieuses de la lime, la docilité modeste aux leçons de la critique, et par-dessus tout les qualités de l'honnête homme.

2. Il oublie trop les origines littéraires de Rome. — Il veut qu'elle emprunte à la Grèce ses différentes espèces de vers, qu'elle puise même dans son vocabulaire, pour enrichir le sien.

3. Il ne voit pas que, chez les Grecs, l'importance du chœur alla diminuant à mesure qu'on s'éloignait des premiers âges.

4. Il conseille même de lui emprunter des sujets de tragédie.

aux Pisons n'a jamais eu la prétention d'être un code promulgué par un de ces Aristarques qui tiennent école. Il fut surtout un adieu aux Muses, le testament d'un poëte qui, prenant sa retraite, se fit critique[1], ou plutôt se délassait en des entretiens charmants par l'aisance du tour, la variété du ton, la souplesse d'une parole agile, et le bonheur d'une expression toujours forte, concise, mordante et spirituelle.

Vida. — Parmi les imitateurs d'Horace, une mention est due à Vida[2], ce prélat tout païen, ce latiniste élégant, qui, pénétré de l'esprit antique, prit la cour de Léon X pour celle d'Auguste, et sut accommoder au goût de la Renaissance un pastiche habile, où les rhétoriciens peuvent apprendre à dérober adroitement aux classiques les idées et les mots, le fond et la forme.

Vauquelin de La Fresnaie (1574). — Chez nous aussi, Boileau compta plus d'un prédécesseur[3]. Parmi ceux qui lui frayèrent la voie, un seul mérite l'attention : c'est un compatriote de Malherbe, Vauquelin de La Fresnaie. Il entreprit un *Art poétique*, vers 1574, sur l'invitation d'Henri III, qui venait de passer du trône de Pologne à celui de France. Tout en paraphrasant Horace avec complaisance, ce disciple de Ronsard caractérise, non sans originalité, les divers genres où s'était essayée jusqu'alors notre littérature nationale. Il anime aussi la jeunesse en célébrant les exploits de la Pléiade. Si l'art de la composition lui fait trop défaut, il ouvre des jours sur le moyen âge, et se recommande par d'heureuses rencontres de pensée, par l'abondance d'un style assez franc, surtout par le souci constant d'approprier à des temps nouveaux des préceptes antiques.

Mais les érudits seuls gardent mémoire de ces travaux auxquels manque le crédit d'une grande renommée. Hâtons-

---

1. . . . . . . fungar vice cotis, acutum
Reddere quæ ferrum valet, exsors ipsa secandi.

2. Né à Crémone en 1490, mort en 1566, il a composé *la Christiade* (six chants), *l'Art poétique* (trois chants), les *Échecs* et les *vers à soie*. Il fut évêque d'Albe.

3. Tels sont, au seizième siècle, Thomas Sebilet, Claude Boissière, Jacques Pelletier, Pierre de Loudun — puis, La Mesnardière (1648), et Colletet (1658).

nous donc d'arriver à l'œuvre décisive que Boileau composa, de 1669 à 1674, dans la force de l'âge et la verdeur de son talent. Après avoir ruiné la vogue des méchants auteurs, il voulut en effet consolider sa victoire ; et les doctrines que confirmaient ses propres exemples conquirent dès l'abord une autorité si souveraine qu'on peut les regarder comme la profession de foi littéraire du XVIIe siècle. L'analyse qui va suivre prouvera du moins que son *Art poétique* est encore le plus précis, le plus complet et le plus régulier.

II. — ÉTUDE LITTÉRAIRE.

Premier chant. — La vocation. — Le premier chant, qui sert comme de préface à l'ensemble, nous offre des préceptes généraux qui conviennent à tous les genres et à tous les écrivains. Boileau commence par interdire l'entrée du Parnasse au téméraire

> Qui ne sent pas du ciel l'influence secrète.

A propos de ce début qui est le libre commentaire d'Horace[1], la verve d'une plume satirique s'égaye aux dépens des illusions ordinaires à la vanité « qui se flatte et qui s'aime. » Tel fut, par exemple, Saint-Amand, qui sait

> Charbonner de ses vers les murs d'un cabaret,

mais échoue misérablement dans le poëme épique, et,

> Poursuivant Moïse au travers des déserts,
> Court avec Pharaon se noyer dans les mers.

Or, ces méprises, le bon sens pourra seul nous les épargner.

> Aimez donc la *raison*, que toujours vos écrits
> Empruntent d'elle seule et leur lustre et leur prix[2].

---

1. Tu nihil invita facies dicesve Minerva....
Sumite materiam vestris, qui scribitis, æquam
Viribus, et versate diu quid ferre recusent
Quid valeant humeri....

2. La poésie avait été trop longtemps regardée comme un art frivole. Il lui restitue son rang : il en fait *l'art de penser*.

Que la rime lui obéisse « en esclave : » elle le doit, elle le peut, comme le prouvent ici même, par leur perfection, des vers aussi fortement pensés que richement rimés.

La rime et la raison. L'art d'écrire, écueils à éviter. Principales règles de la prosodie. — C'est encore la raison qui préservera la plume, soit de ces « *faux brillants* » dont il faut laisser à l'Italie « l'éclatante folie, » soit de cette prolixité dont Boileau raille « l'abondance stérile, » en faisant une allusion indirecte à ce troisième chant d'*Alaric*, où Scudéry décrit avec un luxe fastidieux l'architecture d'un palais magique. De là cet axiome :

> Qui ne sait se borner ne sut jamais écrire.

N'allez pas, toutefois, vous jeter d'un excès dans un autre ; car, il faut bien le reconnaître,

> Souvent la peur d'un mal nous conduit dans un pire[1] :
> Un vers étoit trop foible, et vous le rendez dur;
> J'évite d'être long, et je deviens obscur.

Voulez-vous être assurés de plaire au lecteur qu'impatientent ces défauts, visez surtout à « *varier vos discours :* »

> Heureux qui, dans ses vers, sait d'une voix légère,
> Passer du grave au doux, du plaisant au sévère[2] !

Seulement, que la plaisanterie ne dégénère point en bassesse :

> Le style le moins noble a pourtant sa noblesse.

Aussi l'auteur du *Lutrin* profite-t-il de l'occasion, pour condamner le *burlesque*[3] comme un attentat, je dirais presque comme une impiété qui révolte à la fois son goût et sa conscience.

> Que ce style jamais ne *souille* votre ouvrage,

s'écrie-t-il avec une sorte de colère.

Mais, en revanche, gardons-nous de l'*emphase*; et n'imi-

---

1. In vitium ducit culpæ fuga (*Horace*).
2. Omne tulit punctum qui miscuit *utile dulci* (*Horace*).
3. Il détestait cordialement « ce misérable Scarron » contre lequel il maugréa, même devant Louis XIV et Mme de Maintenon.

tons pas Brébeuf qui, dans sa *Pharsale*, entassait « *de morts et de mourants cent montagnes plaintives.* »

Tout en mêlant de vifs croquis aux conseils judicieux qui nous signalent des écueils féconds en naufrages, Boileau touche aux règles de la *prosodie* en des vers dignes d'être cités comme des modèles de précision didactique, et d'harmonie imitative :

> Que toujours dans vos vers le sens coupant les mots
> Suspende l'hémistiche, en marque le repos.
> Gardez qu'une voyelle à courir trop hâtée
> Ne soit d'une voyelle en son chemin heurtée !

En résumé, l'art du poëte et du versificateur consiste à satisfaire « l'esprit et l'oreille » des Honnêtes gens.

Origines de notre poésie. Villon, Marot, Ronsard. — Ce talent, le moyen âge en ignora le secret ; et s'engageant alors témérairement, par une transition assez inattendue, sur un terrain où il tâtonne, l'Aristarque d'un siècle dédaigneux de nos anciens esquisse d'une main parfois indiscrète les *origines de notre poésie* nationale. Elles ne sont ici représentées que par trois noms jugés avec plus de décision que d'équité. Attribuer à *Villon* le mérite d'avoir su le premier,

> . . . . Dans ces siècles grossiers,
> Débrouiller l'art confus de nos vieux romanciers,

n'est-ce pas en effet avouer une ignorance que Boileau partageait avec une société trop amoureuse d'elle-même ? Comme elle, il semble donc n'apprécier que par ouï-dire cette muse plébéienne, dont les accents si gaulois ont une mélancolie qui va droit au cœur.

Marot n'est guère mieux traité, puisqu'en le louant d'avoir

> . . . . . . Fait fleurir les ballades,
> Tourné des triolets, rimé des mascarades,
> A des refrains réglés asservi les rondeaux,
> Et trouvé, pour rimer, des chemins tout nouveaux,

il met une erreur sous chaque mot. Car la ballade florissait bien avant la venue de ce gentil esprit qui ne fit ni triolets, ni mascarades, mais excella surtout dans l'épître badine, le madrigal, l'épigramme, et le coq-à-l'âne, dont Boileau ne dit rien, parce qu'il n'avait point approché ce poëte sur lequel il aurait dû, tout au moins, consulter son ami La Fontaine.

Quant à *Ronsard*, il dit de bonnes vérités à un ambitieux

> Dont la muse en françois parlant grec et latin,
> Réglant tout, brouilla tout, fit un art à sa mode.

Son ironie a beau jeu contre des prétentions pédantesques ; et pourtant, trop loué par les uns, le chef de la Pléiade n'a-t-il pas été trop dénigré par les autres ? S'il fit plus de bruit que de besogne, s'il n'a pas tenu ses promesses outrecuidantes, s'il prit l'emphase pour la noblesse, son zèle d'érudit pour du feu sacré, l'imitation pour l'inspiration, il réussit du moins à dérouiller le vers héroïque, il rencontra l'ode par hasard, il eut le sentiment du rhythme, il sut enchaîner des strophes, il assouplit l'alexandrin, il inaugura des genres inconnus de nos pères, il excella même dans l'élégie et la chanson : nous conclurons donc en disant que Boileau ne le juge pas, mais l'exécute.

Malherbe. Ses traditions ; conseils généraux. — C'était de sa part antipathie de nature. Aussi quel soupir d'aise, lorsqu'il peut s'écrier :

> *Enfin !* Malherbe vint, et le premier en France
> Fit sentir dans les vers une juste cadence,
> D'un mot mis à sa place enseigna le pouvoir,
> Et réduisit la Muse aux règles du devoir.
> Par ce sage écrivain la langue réparée
> N'offrit plus rien de rude à l'oreille épurée :
> Les stances avec grâce apprirent à tomber,
> Et le vers sur le vers n'osa plus enjamber.

Dans cette effusion, n'y a-t-il pas un accent de piété filiale ? Oui, on y reconnaît l'héritier d'une doctrine, et le continuateur d'une tradition qui fera loi.

De Malherbe à l'obligation de la clarté, de la correction, du travail patient, de l'unité, de l'ordre, le passage est facile, et Boileau prêche ici d'abondance. Aussi les sentences, les arrêts, les formules, et les oracles coulent-ils de source :

> Avant donc que d'écrire apprenez à penser....
> Ce que l'on conçoit bien s'énonce clairement,
> Et les mots pour le dire arrivent aisément....
> Travaillez à loisir, quelqu'ordre qui vous presse....
> Vingt fois sur le métier remettez votre ouvrage....
> Polissez le sans cesse, et le repolissez....
> Il faut que chaque chose y soit mise en son lieu,
> Que le début, la fin répondent au milieu.

Ce sont là paroles d'or, et qui justifient ce mot de Voltaire : « Ne médisons pas de Nicolas, cela porte malheur. »

Il n'est pas moins infaillible, quand il recommande à l'écrivain d'être pour lui-même « un sévère critique, » et ajoute :

> Faites-vous un ami prompt à vous censurer.

Or le conseil avait tout son à-propos, dans un temps où l'on pratiqua si naïvement l'art de placer l'adulation à gros intérêts, où Chapelain, par exemple, fut si complaisant, que Voiture l'appelait « *l'excuseur de toutes les fautes.* » Au portrait du flatteur toujours prêt à « trépigner de joie et à pleurer de tendresse », Boileau oppose l'ami rigoureux et inflexible dont il peut, comme Horace, tracer l'esquisse d'après nature. Car il n'a qu'à se souvenir de lui-même, de Racine et de La Fontaine. Mais s'il y a quelque chose de plus rare que la franchise d'un juge désintéressé, c'est la docilité d'un amour-propre qui se corrige. Aussi est-ce encore à l'expérience qu'est emprunté le motif de la scène comique par laquelle il termine ses préambules, et dont le dénoûment est ce vers si connu :

> Un sot trouve toujours un plus sot qui l'admire.

II. Second chant. Les genres secondaires. — Le second chant est consacré aux genres secondaires, tels que l'idylle, l'élégie, l'ode, le sonnet, l'épigramme, le rondeau, la ballade, la satire, le vaudeville et la chanson. Ces formes diverses, Boileau les définit par de vives images tirées de l'art même dont il fixe les règles, c'est-à-dire en poëte qui sait accommoder les nuances de son style à chacun des objets qu'il représente.

L'idylle. — C'est ainsi qu'imitant ces vers de Segrais :

> Telle que se fait voir de fleurs couvrant sa tête,
> Une blonde bergère, un beau jour d'une fête,

il caractérise l'*idylle*[1] par des traits élégants, qui deviennent spirituels, lorsqu'il se moque soit des bucoliques pompeuses qui mettent les nymphes en fuite[2], soit des pastorales grossières qui changent

> Lycidas en Pierrot, et Philis en Toinon.

Ce double excès, il le condamne par l'exemple de Théocrite et de Virgile, dont

> Les tendres écrits par les grâces dictés

nous apprendront comment la simplicité d'un art supérieur

> Rend dignes d'un consul la campagne et les bois[3].

L'élégie. — Puis, avec la même convenance de ton, il approprie ses couleurs à son sujet, pour personnifier l'*élégie*[4] qui, tantôt plaintive,

> Sait, les cheveux épars, gémir sur un cercueil,

tantôt passionnée,

> Flatte, menace, irrite, apaise une maîtresse.

Il est vrai que, pour y réussir, *c'est peu d'être poëte, il faut être amoureux;* et l'auteur du *Dialogue sur les héros de romans* raille avec agrément ces amants transis, dont la

---

1. De εἰδύλλιον, petit tableau.
2. . . . . . . Pan fuit dans les roseaux,
   Et les nymphes d'effroi se cachent sous les eaux.

Ce trait s'adresse à Ménage qui emboucha la trompette en l'honneur de la reine Christine.

3. Si canimus silvas, silvæ sint consule dignæ.
   (*Virgile.*)

4. Ἒ λέγειν dire hélas!).

muse glaciale nous entretient piteusement « de ses feux. »
Ce n'était pas ainsi que jadis

> Amour dictoit les vers que soupiroit Tibulle[1].

L'ode. — De là, par un saut un peu brusque[2], le chantre de la *prise de Namur* passe à la poésie lyrique, dont il parle en versificateur toujours habile, mais trop étranger au sens intime d'une inspiration que ne sauraient simuler des procédés artificiels, en dépit de ce vers qui, resté proverbe, croit, bien à tort, représenter Pindare :

> Souvent un beau désordre est un effet de l'art.

Les contemporains de Béranger, de Lamartine et de Victor Hugo ont donc le droit de lui reprocher ici beaucoup d'incompétence, non sans goûter à leur prix certains vers grandioses ou ingénieux sur l'ode héroïque ou badine.

Le sonnet. — L'adresse d'une plume qui se joue des difficultés réussit mieux à définir les lois rigoureuses d'un autre genre qui avait illustré Pétrarque, et mérité récemment à Du Bellay une légitime renommée. S'il entre de l'excès dans cet éloge :

> Un *sonnet* sans défaut vaut seul un long poëme,

on ne contestera pas du moins à l'industrieux tour de force que loue cette hyperbole, le rare et précieux avantage de la brièveté.

L'épigramme. — Plus concise encore, l'*épigramme*[3] *n'est souvent qu'un bon mot de deux rimes orné;* et en la réduisant à ces bornes trop étroites[4], Boileau se souvient sans doute du trait qu'il lança contre Corneille :

> J'ai vu l'Agésilas! hélas!

Plus elle sera courte, et mieux elle vaudra, pourvu toute-

---

1. Imité de du Bellay :
    Les vers que je soupire aux bords Ausoniens.
2. L'ode avec plus d'éclat et non moins d'énergie.
3. Ἐπίγραμμα, inscription…. Elle est plus qu'un bon mot; on la définirait mieux une *satire en abrégé*.
4. Elle est d'ordinaire un huitain, ou un dizain.

fois qu'on sache l'aiguiser finement, et fuir cette insipide bouffonnerie, dont l'abus introduisit la *pointe* jusqu'en des discours sérieux, s'il faut en croire ces vers :

> L'avocat au palais en hérissa son style,
> Et le docteur en chaire en sema l'Évangile.

La ballade. Le rondeau. — Malséante au barreau et dans le sanctuaire, cette manie de jouer sur les mots ne devra se glisser ni dans le *caprice* de la ballade [1], ni dans la *naïveté* du rondeau [2].

La satire. Le vaudeville. — La *satire* [3] même n'admettra non plus ni puériles fantaisies, ni gratuites médisances; car elle est « le miroir » de la vérité. Ce genre avait trop de droits à la gratitude de Boileau, pour qu'il ne lui fît pas la faveur d'une attention complaisante. Évoquant donc ses plus illustres devanciers, Lucile et son « aigre censure », Horace et son « enjouement », Perse et « ses vers obscurs, mais serrés et pressants », Juvénal et « sa mordante hyperbole », il n'oublie pas Régnier et « les grâces de son vieux style ». Cet éloge, qui nous semblera trop mince, ne suffit pas à tempérer ici la brutalité d'un blâme presque diffamatoire. Oui, l'on voudrait plus de clémence pour un moraliste trop peu moral sans doute, mais supérieur à Boileau par la puissance de l'imagination, et la fougue d'un style aussi franc, aussi inventif que celui de Molière. Il est vrai que cette sévérité s'excuse par l'intention excellente d'imposer à tout écrivain « le respect du lecteur »; et cela jusque dans le *vaudeville* [4], cet « agréable indiscret », qui ne saurait impunément compromettre son badinage par une licence grossière ou impie.

Omission de l'apologue. — Ainsi se termine ce dé-

---

1. *Ballade*, de *baller* (*ballare*, danser), était une chanson composée pour l'accompagnement de la danse.
2. Le *Rondeau*, de *ronde*, ou retour d'un même mot et d'une même pensée.
3. De *Satura*, mélange, plat de toutes sortes de fruits, qu'on offrait aux dieux dans certaines fêtes. Elle était d'abord un *pot-pourri*, un mélange de prose et de vers de toute longueur.
4. Ce mot, qui signifiait alors *chanson bachique*, est une altération de *vau de Vire* (val de Vire), petite ville où chanta Olivier Basselin (quinzième siècle).

nombrement auquel manque l'*apologue*, omission regrettable qui doit être non justifiée, mais expliquée.

Nous ne chercherons pas la raison de ce silence dans la crainte de déplaire à Colbert et à Louis XIV, non plus que dans l'indifférence d'un goût trop peu sensible à des beautés de premier ordre ; car ce serait accuser ou l'homme, ou le critique, ou son cœur, ou son esprit. Disons plutôt que jusqu'alors les fabulistes, étant réputés moralistes, ne comptaient pas parmi les poëtes. C'est ce que laisse entendre ce témoignage de La Fontaine, écrivant en sa préface : « Un des maîtres de notre éloquence, M. Patru, désapprouvoit mon dessein de mettre les fables en vers ; il croyoit que leur principal ornement étoit de n'en avoir aucun ; que d'ailleurs la contrainte de la poésie m'embarrasseroit en beaucoup d'endroits, et banniroit de ces récits la *brièveté qu'on peut fort bien appeler l'âme du conte.* » Telle fut l'opinion d'un temps qui n'avait pas officiellemen reconnu la fable. Elle pouvait figurer à côté des quatrains de Pibrac[1] ; mais nul ne songeait à lui donner tabouret à la cour, je veux dire un rang près de la comédie, de l'ode et de l'élégie.

Donc, loin d'avoir oublié la fable à cause de La Fontaine, et par mesquine jalousie, c'est à cause de la fable que Boileau oublia La Fontaine ; ce qui n'étonna personne. Car il fallut du temps pour que le goût public s'habituât à l'idée qu'il pouvait y avoir un grand poëte dans un petit genre. Or l'*Art poétique*, qui parut en 1674, est de beaucoup antérieur au second recueil de fables, qui date de 1678 et 79[2]. Mais nous n'en dirons pas moins que Boileau fut coupable de distraction, et qu'il eût été digne de lui de tenir à ses contemporains le langage de la postérité. Du reste, s'il a commis une faute, il en fut puni, puisqu'il a composé deux fables médiocres, l'une *la Mort et le Bûcheron*, l'autre *l'Huître et les Plaideurs*[3].

---

1. Benserade avait publié en quatrains les fables d'Ésope.
2. Le premier recueil, composé de six livres, était de 1668.
3. Il commit ce délit en 1668 ; la fable de La Fontaine est de 1678.

III. Troisième chant. Les genres principaux. — La tragédie; l'imitation; l'art de plaire et de toucher. Les trois unités. Histoire du genre. Les mystères. — Plus important que les autres, le troisième chant a pour objet la *tragédie*, l'*épopée* et la *comédie*. Cet ordre n'est pas celui que conseillait l'histoire littéraire; mais Boileau crut devoir le suivre, ne fût-ce que pour se conformer au goût d'un siècle où la tragédie avait droit de préséance. Lui donnant donc le pas sur un genre qui naquit avant elle, il commence par déclarer avec Aristote que l'*imitation* est la source de l'intérêt dramatique, pourvu toutefois que l'artifice d'un pinceau délicat la rende agréable à nos yeux. A la vérité des caractères et des mœurs doit s'allier aussi l'émotion « d'une douce terreur », et « d'une pitié charmante »,

Qui va chercher le cœur, l'échauffe, et le remue.

Pour *plaire* et pour *toucher*, il ne restera plus qu'à engager les personnages dans une action vive, d'où sera bannie toute « vaine rhétorique[1] » :

Inventez des ressorts qui puissent m'attacher.

A ces conditions générales s'ajoutent ici des règles précises que recommande ou l'autorité du bon sens, ou l'exemple des anciens. Ainsi, Boileau veut que l'*exposition* soit brève et claire, sous peine de tourner un divertissement en fatigue. Car *le sujet n'est jamais assez tôt expliqué*[2]. Il exige aussi que le principe des *trois unités* soit strictement observé,

Qu'en un lieu, qu'en un jour, un seul fait accompli
Tienne jusqu'à la fin le théâtre rempli.

Ce dogme, il le formule d'un ton qui n'admet pas de réplique. Il y a pourtant de la superstition dans ce culte d'une

---

1. Allusion à Corneille, et à ses subtiles dissertations.
2. Il lance encore ici un trait contre l'*Héraclius* de Corneille :

Je me ris d'un auteur qui, lent à s'exprimer,
De ce qu'il veut d'abord ne sait pas m'informer.

loi qu'Aristote lui-même eût jugée trop exclusive. Mais, si ces rigueurs paraissent tyranniques, nulle objection ne s'élèvera contre les conseils qui invitent le poëte à respecter la *vraisemblance*[1], à substituer parfois le récit à l'action[2], à ménager des péripéties graduées par une progression habile[3], enfin, à préparer, par des moyens logiques, un dénoûment naturel et saisissant.

Sur la foi d'Horace, qui lui sert ici de guide préféré, Boileau se risque ensuite à tenter l'histoire de la tragédie et de ses origines. Or, si l'épître aux Pisons a pu se tromper sur une question que les savantes études de M. Patin ont seules éclairée d'un jour tout nouveau, nous pardonnerons facilement à un poëte moins bien informé des erreurs répétées de confiance par les lettrés les plus consciencieux d'un âge où l'antiquité grecque ne fut intimement connue que de Racine et de Fénelon. Il loue sans doute avec justesse l'harmonieux génie de Sophocle; mais il confond les légendes de Thespis et de Susarion, il prête à Eschyle un brodequin au lieu d'un cothurne, il lui reproche à tort des vers raboteux, et ne dit pas un mot d'Euripide.

Le moyen âge lui était encore moins familier. Aussi censure-t-il vertement les plaisirs de nos aïeux, qu'il accuse d'avoir « abhorré le théâtre. » Cette boutade est presque une calomnie. C'est du moins oublier trop la vogue de ces Mystères qui, écoutés par les foules, pendant plusieurs siècles, avec édification et plaisir, furent supprimés par l'ordonnance de 1548, pour avoir dégénéré en récréation légitimement suspecte aux délicats, dont elle offensait le goût, et à l'Église qu'alarmaient les audaces de l'esprit gaulois[4].

---

1. Le vrai peut quelquefois n'être pas vraisemblable.
2. .... Il est des objets que l'art judicieux
Doit offrir à l'oreille, et reculer des yeux....
3. Que le trouble toujours croissant de scène en scène
A son comble arrivé se débrouille sans peine.
4. Il eût été digne de Boileau d'ajouter que ce genre avait été transformé et renouvelé par un coup de génie, grâce à deux rejetons imprévus, la *Polyeucte* de Corneille, et le *Saint-Genest* de Rotrou.

Boileau préfère Racine à Corneille. — Du reste, ces ébauches naïvement barbares ne pouvaient agréer à un contemporain de Corneille et de Racine. De ces deux poëtes toujours présents à sa pensée, Boileau préfère évidemment celui qu'il consola par de généreux accents, après la disgrâce de *Phèdre*. C'est ce que témoigne ici plus d'une allusion, entre autres ce passage où parlant de l'amour, dont

> . . . . la sensible peinture,
> Est, pour aller au cœur, la route la plus sûre,

il veut que cette passion *paroisse une foiblesse et non une vertu*, mais à condition que le poëte n'aille pas, reniant la vérité de l'histoire ou des mœurs,

> Peindre Caton galant, ou Brutus dameret [1].

Car il faut conserver à chacun « son caractère propre »; jusque dans les occasions où il s'agit d'un personnage imaginaire, il convient donc,

> Qu'en tout avec soi-même il se montre d'accord,
> Et qu'il soit jusqu'au bout tel qu'on l'a vu d'abord [2].

L'épopée; le merveilleux païen et chrétien. — Ces lois qui régissent le théâtre gouvernent aussi *l'épopée*, dont « le vaste récit »

> Se soutient par la fable, et vit de fiction.

C'est dire qu'ici le *merveilleux* est un de ces éléments sans lesquels *la poésie est morte, ou rampe sans vigueur*. Mais Boileau ne permet pas d'autres sources que la mythologie, qu'il célèbre sans la bien comprendre; car il ne voit guère en elle qu'un système d'allégories abstraites. Il ne conçoit pas une tempête sans l'intervention d'Éole. Pour lui, la mer, *c'est Neptune en courroux qui gourmande les flots*; la foudre, *c'est Jupiter armé pour effrayer la terre*. Il

---

1. Allusion à la *Clélie* où Brutus est aussi dameret qu'Horatius Coclès, et chante des couplets langoureux.

2. . . . . Servetur ad imum
Qualis ab incepto processerit, et sibi constet.
(*Horace.*)

ne souffre point *qu'on ôte à Pan sa flûte, aux Parques leurs ciseaux*, à Thémis sa balance, au temps son horloge, à Caron sa barque, où il passe *le monarque ainsi que le berger*. En un mot, il reste fidèle aux Dieux de l'Olympe, et ne voit pas de salut pour le poëte en dehors du paganisme.

Aussi proscrit-il *Astaroth, Belzébuth, Lucifer*, « le diable hurlant contre les cieux, » les saints et les prophètes. Il déclare très-haut que les « terribles mystères » de notre foi *d'ornements égayés ne sont point susceptibles*, n'en déplaise au Tasse dont le succès ne le désarme pas. — Avouons que ces arrêts sont sujets à révision. Sans rappeler le *Génie du Christianisme*, où Châteaubriand venge victorieusement une poétique méconnue, il suffira de nommer Dante, Milton et Klopstock pour démentir une thèse ingrate et rétrograde. Mais, au lieu de traiter avec irrévérence une opinion que partageaient tous les honnêtes gens du dix-septième siècle, mieux vaut en voir la cause dans le dégoût d'un bon esprit qui venait de lire, non le *Paradis perdu*, dont il ignora les beautés, mais le *Clovis* et la *Pucelle*. Ajoutons qu'à la prévention littéraire s'associèrent les scrupules du croyant, aux yeux duquel est coupable l'indiscrète confusion de la fable et de la vérité.

Boileau a donc du bon sens jusque dans ses préjugés. A plus forte raison l'écouterons-nous docilement, quand il s'accorde avec Horace pour conseiller le choix d'un héros intéressant, la simplicité du début, la sobriété des descriptions, et la nouveauté des images. L'éloge d'Homère, *qui partout divertit et jamais ne nous lasse*, couronne dignement ces leçons parfois incomplètes ou entêtées de parti pris, mais souvent substantielles, et toujours variées par d'ingénieuses saillies d'humeur satirique.

La comédie; ses origines; vérité des mœurs, les trois âges. — Abordant ensuite la *comédie* par une transition qui n'est pas légère, il retrace son histoire avec vivacité, mais non sans erreurs ou lacunes; car il se trompe lorsqu'il lui donne la ville d'Athènes pour berceau[1]; et, s'il indique

---

1. Κώμη, bourg, ᾠδή, chant. — Son « heureuse » folie fut promenée dans les bourgades sur le chariot de Susarion.

ses deux âges, l'ancien et le nouveau, il ne dit rien de celui qui, représenté par le *Plutus*, fut intermédiaire entre « la licence » dont il fallut « arrêter le cours » et la décente liberté de Ménandre.

Étudier la nature *qu'un geste nous découvre, et qu'un rien fait paroître*, voilà le premier devoir du poëte qui « prétend aux honneurs du comique; » et, confirmant le précepte par l'exemple, Boileau, qui se souvient de la *Lettre aux Pisons*, signale par leurs traits généraux les différents âges de la vie. Moins naturelle et moins expressive que la nerveuse paraphrase de Régnier, cette imitation porte cependant la marque du maître dont la défaite même n'est pas sans honneur.

Boileau et Molière. — Mais notre respect pour l'autorité de sa parole n'ira pas jusqu'à lui pardonner les restrictions trop sévères qu'il met à l'éloge de Molière, quand il dit :

> Étudiez la cour, et connoissez la ville ;
> L'une et l'autre est toujours en modèles fertile.
> C'est par là que Molière, illustrant ses écrits,
> *Peut-être* de son art eût remporté le prix,
> Si, moins ami du peuple, en ses doctes peintures,
> Il n'eût point fait *souvent grimacer* ses figures,
> Quitté, pour le bouffon, l'agréable et le fin,
> Et sans honte à Térence allié Tabarin [1].
> Dans ce sac ridicule où Scapin s'enveloppe
> Je ne reconnois plus l'auteur du Misanthrope.

Il y a là un *peut-être* que la postérité ne doit pas absoudre. Elle eût passé plus volontiers à Boileau l'exagération de la louange[2], surtout au lendemain du jour où il venait de perdre son ami. Si le mot de *grimace* paraît dur même pour des farces que relève tant de verve comique, il devient souverainement injuste pour des chefs-d'œuvre purs de tout mélange équivoque. On se demande, en effet, comment la haute bouffonnerie de la *Comtesse d'Escarbagnas*

---

1. Bouffon grossier qui était le valet d'un charlatan nommé Mondor, au commencement du dix-septième siècle.

2. Vellem in amicitia sic erraremus.
(*Horace.*)

peut corrompre la beauté de ces pièces qui défient la critique, et comment le sac de Scapin compromet la perfection du *Misanthrope*[1]. N'est-ce pas plutôt la gloire de Molière d'avoir eu le privilége de suffire aux plaisirs des simples comme des raffinés, et de provoquer l'hilarité bruyante dont les éclats réjouissent le cœur, comme cette gaieté réfléchie qui est le sourire de la raison? Excusons pourtant ces réserves ombrageuses par les prédilections d'un siècle trop poli qui préférait Térence et Ménandre à Plaute et Aristophane. Voilà pourquoi La Bruyère et Fénelon reprochèrent aussi à Molière, l'un de n'avoir pas évité « le jargon et le barbarisme, » l'autre « d'avoir outré les caractères, et d'être tombé trop bas, quand il imite le badinage de la comédie italienne. » Mais n'insistons pas : car, dans toutes les rencontres décisives, Boileau fut cordialement équitable pour l'ami qu'il appelait le *Contemplateur*. Il l'admire dans ses parties les plus étrangères à son propre talent[2]. Il a même été son complice dans le latin macaronique de ses plus folles inventions. Il lui fournit les malignes étymologies de l'*Amour médecin*; et, le jour où Louis XIV lui demanda quel était le plus rare des écrivains qui honoreraient son règne, le juge sourcilleux n'hésita pas à répondre : « Sire, c'est Molière[3]. »

IV. Quatrième chant; conseils pratiques sur les mœurs littéraires; leur à-propos. — Le quatrième chant qui fait honneur à la personne même de Boileau s'ouvre par un épisode satirique où nous est racontée avec enjouement la métamorphose d'un méchant médecin qui devint excellent architecte. Cette plaisante allusion à Charles Perraut, célèbre par la colonnade du Louvre, est à l'adresse des métromanes qui s'obstinent, en dépit de Minerve, à persécuter le public de leurs vers médiocres, c'est-à-dire détesta-

---

1. Le tort de Boileau est d'avoir trop généralisé un jugement qui, appliqué à Scapin, pourrait avoir sa justesse. — On s'explique du reste l'impression pénible que causait à un poëte si soucieux de dignité la vue de l'auteur du Misanthrope, malade, âgé de près de cinquante ans, et bâtonné sur le théâtre.
2. Notamment dans l'opulence de ses rimes.
3. « Je ne le croyais pas, répliqua Louis XIV ; mais vous vous y connaissez mieux que moi. »

bles : car, dans cet « art dangereux, » *il n'est point de degrés du médiocre au pire.*

C'est pour corriger ces incorrigibles, c'est aussi pour rappeler les écrivains au respect d'eux-mêmes que Boileau termine par des conseils pratiques qui intéressent le caractère, la conduite et les mœurs du poëte.

Pour apprécier l'à-propos de cette conclusion, il ne faut pas oublier qu'au commencement du dix-septième siècle, beaucoup d'auteurs, et des plus huppés, n'avaient ni tenue, ni sentiment de leur dignité. M. Nisard en cite plus d'un trait curieux. Voiture, par exemple, « assez homme d'esprit pour se faire respecter » ne souffrait-il pas qu'on le *bernât?* Que dis-je? Il s'en vantait « d'un ton à mériter qu'on recommençât[1]. » Tallemant des Réaux nous apprend ailleurs « qu'il étoit forcé de changer de chemise, toutes les fois qu'il sortoit du jeu, tant il y mettoit d'ardeur. » La Calprenède, qui traitait avec son libraire pour un ouvrage de deux ou trois volumes, menaçait « de l'allonger jusqu'à *trente*, pour gagner plus d'argent. » Scarron demandait à ses convives d'apporter chez lui de quoi faire bonne chère. Ménage, que nourrissait le cardinal de Retz, installait indiscrètement ses valets à la table de l'office. Sorti de chez Son Éminence, « il y envoyoit quérir tous les soirs sa chandelle, et se faisoit saigner par le chirurgien de ses domestiques. » Faret, chez Boileau, rime avec *cabaret*, et le mérite. Que serait-ce donc si nous passions en revue tous les rimeurs auxquels les satires de Boileau valurent une notoriété de mauvais aloi? L'un, Théophile[2], n'est qu'un esprit-fort de bas étage, un Arétin de carrefour. Il semble balbutier à travers l'ivresse.

---

1. L'usage en était venu des Romains, chez qui c'était un passe-temps fort goûté sous les Césars, de berner les ivrognes. Voiture écrivait :

> Tenez bon, roidissez les coings;
> Y estes-vous ? serrez les poings,
> Et faisons sauter jusqu'aux nues
> Par des secousses continues
> Sans crier jamais : c'est assez.

2. Il a pourtant ses lueurs; son ode à *la Solitude* a de la grâce et de la couleur.

L'autre, Saint-Amand, est toujours chancelant comme Silène. Comparées à ses tableaux, les peintures de Téniers sont des pastels. Anacréon de mauvaise compagnie, il n'a racheté les méfaits de son lyrisme aviné que par la plus ennuyeuse des idylles, le *Moïse sauvé*. A la suite viendraient les faméliques dont le type est ce « poëte crotté, » ce maigre hère, *passant l'été sans linge, et l'hiver sans manteau*, battant, du matin au soir, le pavé de Paris, pour colporter des dédicaces, toucher les quartiers de quelque chétive pension dont il donne quittance en sonnets, ou attraper ailleurs un dîner, à l'office. Dans cette foule de quémandeurs se disputant la faveur des ducs et des traitants, faisant trafic de la louange et tenant boutique d'encens, on n'aurait que l'embarras du choix, depuis ce fou de Neuf-Germain qui se qualifie de *poëte hétéroclite* de Monsieur, jusqu'à l'illustre Chapelain, qui était aux gages du duc de Longueville.

Entre ces mercenaires, point d'amitié sérieuse : ils n'avaient d'autre lien qu'un commerce de louanges réciproques, prodiguées à charge de revanche par une complaisance égale à leur vanité. Ce n'était qu'échange de certificats signés des noms à la mode, et imprimés à profusion en tête des œuvres nouvelles. « Cette adulation, disait la *Logique* de Port Royal, détruit toute la force du langage, les mots n'étant plus les signes de nos jugements, mais d'une civilité toute extérieure qu'on rend à ceux qu'on veut louer, comme pourroit être une révérence. » C'est ainsi qu'on fermait la bouche à la critique par les compliments et les caresses [1].

Mais ne poussons pas plus avant ce croquis d'histoire littéraire : nous en avons dit assez pour faire valoir l'importance de ce dernier chant, où Boileau nous démontre que le beau n'est pas distinct du bien, et que le poëte doit être avant tout honnête homme. — Et d'abord, point

---

[1]. Personne ne trouva ridicule le neveu de Voiture, Pinchène, recommandant les œuvres de son oncle à la bienveillance du lecteur, « par la raison qu'on n'avoit rien lu de lui qui ne fût à l'avantage de ceux dont il avoit parlé. » Voir M. Nisard. *Hist. de la litt. franç.*

de sot orgueil, point d'envieuses cabales, point de coteries intéressées :

> Faites choix d'un censeur solide et salutaire,
> Que la raison conduise, et le savoir éclaire,

qui, sans chicane pointilleuse, vous apprenne au besoin « à franchir les limites de l'art » et vous corrige, sans vous décourager par d'injustes dégoûts.

> Fuyez surtout, fuyez ces basses jalousies,
> Des vulgaires esprits malignes frénésies.

Laissez l'intrigue aux impuisssants, mais ne négligez pas les offices de la société civile.

> Que les vers ne soient pas votre éternel emploi ;
> Cultivez vos amis, soyez homme de foi.

Chassez de votre cœur les soucis vulgaires. S'il est juste de tirer de son travail un profit légitime, travaillez surtout pour la gloire, et non pour le gain. D'un « art divin, » ne faites jamais « un métier mercenaire. »

Enfin, que vos œuvres attestent la pureté de votre vie.

> Que votre âme et vos mœurs peintes dans vos ouvrages,
> N'offrent jamais de vous que de nobles images !

Ce n'est pas qu'il faille interdire à la scène l'analyse des passions, ou, comme firent des docteurs trop austères, *traiter d'empoisonneurs et Rodrigue et Chimène*[1]. Ce fanatisme janséniste, Boileau le condamne ; mais il s'indigne contre les « infâmes » dont les écrits *aux yeux de leurs lecteurs rendent le vice aimable*. Or, ces accents ont ici l'autorité des exemples[2] ; et, après avoir débuté dans son poëme par ces mots : *Aimez donc la raison*, il avait le droit de conclure par ceux-ci :

> Aimez donc la *vertu*, nourrissez-en votre âme :

---

1. *Nicole*, dans ses *Visionnaires*.
2. Chez Boileau, le souci de la dignité morale ne se tourne point en rêves d'orgueil. Le poëte alors ne se croyait pas *conducteur de peuples, prophète, homme d'État, révélateur*.

> En vain l'esprit est plein d'une noble vigueur,
> Le vers se sent toujours des bassesses du cœur[1].

C'est ainsi qu'en réveillant des vérités essentielles, Boileau, plus que tout autre, a su parler, en quelque sorte, à la conscience littéraire, et prononcer, sous une forme définitive, des arrêts souverains, ou des axiomes de goût qui méritent de servir de ralliement à tous les bons esprits. Tous ceux qui ont étudié l'art d'écrire reconnaissent en effet leur propre expérience dans ces vers où sont à jamais fixés des principes dont l'excellence est démontrée par toutes les œuvres dignes de vivre. Ces sentences ne sauraient perdre de leur prix, parce que leur popularité nous les a rendues familières comme des lieux communs. Ce serait même en méconnaître la portée que d'en réduire l'application aux ouvrages de poésie. Aussi, malgré les réserves qui précèdent, dirons-nous avec M. Nisard : « Ses prescriptions s'étendent à toutes les pensées, à toutes les manières de les exprimer, et, par analogie, à tous les arts dont l'idéal est le vrai. » Ils y trouvent non-seulement leurs règles, mais leur morale. Il y a là des décisions qui ne sont pas plus contestables que les lois de l'intelligence humaine. Elles gouvernent la prose comme les vers, et leur vertu est prouvée par ceux qui leur résistent, aussi bien que par ceux qui leur obéissent[2].

---

1. L'éloge de la poésie, et celui de Louis XIV servent d'épilogue au poëme. — Quand il célèbre l'influence de la poésie, sa foi modeste, n'est point, comme elle le fut pour d'autres, une apothéose de son propre génie.

2. D'Alembert a dit : « Boileau eut le premier en France le mérite rare de former une *école de poésie*. Il eut dans Racine un disciple qui aurait suffi pour lui assurer l'immortalité. »

BOSSUET

(1627-1704).

PORTRAIT BIOGRAPHIQUE.

Son enfance prédestinée. Influence de l'esprit biblique. — Fils d'un conseiller au parlement, né le 27 septembre 1627, à Dijon, dans une ville qui donna Saint-Bernard à la France[1], Jacques Bénigne Bossuet appartenait à une famille où, dès le berceau, la leçon de l'exemple devait le former sans effort à la pratique des vertus chrétiennes. « Dans cette maison respectable, dit M. Patin, c'était un usage digne de la gravité de ces temps que les principaux événements de la vie domestique fussent consignés sur un registre particulier, et sanctifiés par une citation de l'Écriture. *Dieu l'a guidé, Dieu l'a conduit*[2], voilà par quelles paroles avait été consacrée, dans ces touchantes annales, la naissance de celui qui devait si sûrement accomplir ce vœu de la tendresse paternelle. » Confié aux soins d'un oncle[3], il fut dès l'enfance un de ces écoliers extraordinaires qui ont leur histoire. Au collége des jésuites, il se distingua par l'étonnante capacité de son entendement et de sa mémoire, ce trésor de l'orateur[4]. Il allait d'instinct vers les

1. Lacordaire devait naître aussi près de Dijon, à Recy-sur-Ource, 1802.
2. Deutéronome XXXII, 10.
3. Son père alla s'établir à Metz, en qualité de conseiller au Parlement.
4. Ses noms et prénoms prêtaient au jeux scolaires. *Bos suetus aratro*, disait-on de lui : car il était des plus assidus : *Bénigne* convenait aussi à sa douceur.

intelligences souveraines, vers les plus divins des poëtes. Homère et Virgile, qu'il sut bientôt par cœur, furent dès l'abord ses maîtres préférés, jusqu'à l'heure décisive où, pour la première fois, il ouvrit la Bible, dans laquelle, par une illumination soudaine, lui apparut son génie. Il la lut par hasard, dans le cabinet de son père : mais ce livre lui fit une impression aussi profonde que l'œuvre d'Euclide sur Pascal, de Descartes sur Malebranche. « Le fleuve naissant, dit Sainte-Beuve, avait reconnu son réservoir natal. » Il ne cessera plus d'en découler. Désormais, « dans les écoles et dans les temples, à la ville, à la cour, en ses voyages et au sein de la retraite, l'Écriture sera sa joie, sa consolation, son espérance, son étude, la source sublime et cachée de son éloquence[1]. » Car il aura de Moïse le verbe impérieux, mais attendri par la charité chrétienne; il aura de David la poétique ivresse, le pathétique ardent et sublime. De cette perpétuelle et vivifiante lecture ne disait-il pas : *Certe in his consenescere, in his immori summa votorum est*[2] ?

Les siens le promirent de bonne heure à l'Église. Tonsuré à huit ans, il en avait treize, quand il fut nommé à un canonicat de la cathédrale de Metz. En 1642 il arrivait à Paris, le jour même, s'il faut en croire la tradition, où Richelieu mourant, mais encore tout puissant et soucieux de ses vengeances, revint du Midi, porté dans une litière couverte de pourpre, et fit son entrée avec une pompe toute royale, bien que voisine de ses obsèques. La vision de l'oraison funèbre dut alors traverser l'imagination du jeune lévite qui allait être bientôt le prodige du collège de Navarre, où il fit sa philosophie.

Son génie précoce. — Des exploits ne tardèrent pas en effet à signaler en lui un des princes de la jeunesse, et comme l'ange de l'École. « Or, par un singulier contraste de grandeur et de frivolité, ce fut dans un salon que s'annonça cette voix qui devait plus tard troubler les joies du monde par de solennels et terribles avertissements[3]. » Pré-

---

1. M. Patin. Éloge couronné par l'Académie française.
2. Y vieillir, y mourir, oui voilà mon vœu le plus cher.
3. M. Patin.

senté par Arnauld à l'hôtel de Rambouillet en 1643, à seize ans, il y improvisa un sermon, vers onze heures du soir; ce qui provoqua ce mot de Voiture: « Je n'ai jamais vu prêcher ni si tôt ni si tard. » Applaudi par de beaux esprits, il fut aussi admiré par le grand Condé, dans une soutenance dont le bruit alla jusqu'à la reine régente, Anne d'Autriche[1]. Cette thèse portait cette épigraphe : *Timete Deum, honorificate Regem*[2]. N'est-ce pas encore une sorte de présage ?

Mais son sens chrétien ne se laissa point séduire par ces avances de la faveur mondaine. Au lieu de se produire avec impatience, et de pousser sa fortune, il s'empressa d'échapper aux périls de l'amour-propre. A un de ces postes en vue qui pouvaient tenter une légitime ambition il préféra donc l'obscurité d'une retraite où il voulait s'aguerrir par la méditation, la prière, les travaux apostoliques, et se préparer ainsi aux devoirs de son ministère.

Le prêtre. Retraite à Metz (1652-1659). — Ce fut le 18 mars 1652, après s'être initié à la science de l'Évangile sous la discipline de Vincent de Paul, qu'il s'approcha du sanctuaire, pour y recevoir, avec l'onction du prêtre, la mission du docteur. Là, devant un autel placé sous l'invocation des martyrs, il s'engagea par ce serment : « O vérité suprême, conçue dans le sein paternel de Dieu, nous nous enchaînons à votre cause, nous lui consacrons toutes nos forces, tout notre être, le souffle qui nous anime. » Dans cette promesse est contenue sa vie tout entière ; elle n'en sera que le fidèle témoignage.

Fuyant donc la renommée, il imita ces saints personnages de la primitive Église, qui se dérobaient aux honneurs ecclésiastiques comme à un dangereux écueil. Songeant du moins à fortifier pour la lutte sa vocation militante, il ensevelit, à distance de la cour, en de modestes fonctions, un génie qui, durant sept années, devait oublier le siècle, et se faire oublier de lui. Archidiacre de Metz (de 1652 à

---

1. Dont il fit l'oraison funèbre.
2. *Craignez Dieu, honorez le Roi*. Cette thèse était dédiée au prince, protecteur de sa famille. Le Héros, voyant le répondant assailli de toutes parts, et faisant face à tous, fut tenté de courir à son aide, et d'entrer dans la mêlé

1659), il porta les armes de son zèle dans une province reculée où les progrès de la réforme ouvraient carrière à la ferveur de son apostolat. Là, tout en se vouant dans l'ombre du sanctuaire à la constante pratique de la tradition qui sera toujours sa force, le théologien préludait aux triomphes de l'avenir par des controverses ou des sermons vraiment évangéliques. Dans le pasteur Paul Ferry « ce ministre à la bouche d'or », et dans son jeune émule David Ancillon, il trouva des adversaires dignes de lui. L'*Exposition de la foi catholique* couronna cette campagne de laquelle date son premier essor. Elle va du *panégyrique de saint Gorgon* prêché à Metz, le 9 septembre 1649, à celui de *sainte Thérèse* prononcé dans la même ville, en présence de la reine mère, le 15 octobre 1657. L'éloge de *saint Bernard* (20 août 1655) est un des épisodes de cet éclatant début, ainsi que le sermon pour le neuvième dimanche après la Pentecôte, (sur la *tendresse et la sévérité de Jésus*.) Dans ces prémices de sa parole, il est déjà tout entier. Parmi les hasards d'un goût qui deviendra plus sûr, on y sent un feu singulier, une imagination ardente, la fraîcheur d'une séve printanière, je ne sais quoi de vif et de jeune, où se mêle pourtant l'accent d'une autorité précoce et l'onction d'un cœur inspiré. Familiarité hardie, pathétique ingénu, poésie de l'expression, exubérance de verve soudaine, brusques saillies, essor impétueux, tels sont les principaux traits de ces premiers discours qui nous ravissent par la grâce de leur nouveauté. Bossuet deviendra plus égal et plus châtié ; mais jamais il ne sera plus merveilleusement orateur. Aussi est-il étrange que cette vérité ait mis si longtemps à se faire jour, et que la gloire du prédicateur ait été une laborieuse découverte de la critique contemporaine.

Retour à Paris (1659). Bossuet et Louis XIV. Les sermons. — Ce fut en 1659, à l'âge de trente-deux ans, que Bossuet, après des préludes qui pouvaient suffire à l'illustration d'un autre, entra définitivement dans la sphère du règne dont il sera dès lors le docteur et l'oracle. Entre Louis XIV et lui semblait exister une sorte d'harmonie préétablie. Tous deux ne représentent-ils pas la foi dans la tradition et l'autorité? Tous deux n'ont-ils point par excellence un bon sens auguste? Jamais le souverain n'a douté de sa puissance, jamais l'évêque n'hésitera dans sa soumission. De là chez l'un cette majesté qui tempère le despotisme; de là chez l'autre cette dignité qui ennoblit l'obéissance. Aussi, dès qu'ils furent en présence, reconnurent-ils, celui-ci le roi selon son cœur, celui-là son orateur, son prélat de prédilection.

Sans parler du sermon sur l'*Éminente dignité des Pauvres*[1], et du *Panégyrique de saint Paul* (29 juin 1657)[2], ce chef-d'œuvre qui contient toute la rhétorique de Bossuet, les Carêmes des Minimes (1660)[3], des Carmélites (1661)[4], et enfin du Louvre (1662)[5], inaugurèrent ces trente années pendant lesquelles il soutint la perfection de son éloquence par des coups d'éclat qui ne cessèrent pas d'étonner l'admiration. Si dans la période qui précède il y eut, non pas des tâtonnements, mais un apprentissage nécessaire à tout talent, surtout au novateur qui s'éprouve; si on put lui reprocher, parmi d'incomparables élans, des rudesses, de l'archaïsme, une certaine crudité de diction, des sauts imprévus et comme de violentes secousses, nous le voyons désormais pleinement maître de toutes ses ressources. Il n'aura plus qu'à se continuer, à s'égaler, mais ne pourra se surpasser. L'influence de Louis XIV n'y fut pas étrangère. Sans perdre ses audaces et ses éclairs, l'orateur de la cour dut polir son langage, surveiller ses aventures, acquérir la proportion, l'entière justesse; et il le fit en sachant dire devant le roi ce qui pouvait prévenir l'idolâtrie prochaine. Car tous ses discours, comme tous ses écrits, seront toujours l'accomplissement d'un devoir pastoral.

Ses oraisons funèbres. — Il ne sera pourtant pas un de ces ingénieux qui ont l'art d'exceller dans les occasions médiocres. Mais il eut besoin d'une matière digne de lui:

1. Prononcé dans la maison des filles de la Providence, à Paris.
2. Prêché à l'hôpital général.
3. Illustré par le sermon sur l'*Honneur du monde*.
4. On y distingue les sermons sur la *Parole de Dieu*, la *Haine de la vérité*, les *Souffrances*, la *Mort*.
5. Remarquons les discours sur l'*Impénitence finale*, et les *Devoirs des rois*.

plus il y a de grandeur dans son objet, plus il est dans son élément propre. Voilà pourquoi ses premières oraisons funèbres, celles du P. Bourgoing, général de l'Oratoire (1662), et de Nicolas Cornet, grand-maître de Navarre (1663), pâlissent auprès de celles qui suivirent. Malgré de belles pages, dans l'une sur l'institution de l'Oratoire, dans l'autre sur le jansénisme et le molinisme jugés par la sûreté d'un arbitre gallican et libre de tout parti-pris, il est visible que l'espace fait défaut à l'ampleur de sa voix; elle en est comme réduite à tonner dans le vide. Le trépas de la reine Anne d'Autriche (1667) lui ouvrit bientôt le vaste champ de l'histoire, et il dut s'y sentir à l'aise; mais l'œuvre n'est pas parvenue jusqu'à nous. La rencontre grandiose qui convenait à la majesté de son génie lui fut offerte enfin en 1669 par la mort de la reine d'Angleterre, et, quelque temps après, par celle de la duchesse d'Orléans (1670). « A l'aigle, dit Sainte-Beuve, il fallait en effet la vaste profondeur des cieux, et en bas les abîmes, les orages de l'océan », c'est-à-dire les révolutions des empires, la chute et la restauration d'un trône, toutes les fortunes diverses assemblées en une seule existence, et pesant sur une même tête ; ou bien encore un de ces coups de foudre qui terrassent les vanités de la terre, et par lesquels triomphe le néant de toute grandeur.

Le précepteur du dauphin (1670-1681). — Quand il parut dans ces solennités glorieuses, il était déjà évêque de Condom (1669), mais sans être assujéti à la résidence ; et ce titre ne lui fut qu'un acheminement aux fonctions de précepteur du Dauphin (1670). Dans une monarchie, l'éducation du prince est une sorte de ministère ; et Bossuet, qui ne se chargea de cette responsabilité qu'avec effroi, vit encore un devoir là où d'autres n'eussent vu qu'un honneur. Ajoutons que son dévouement n'eut pas sa récompense. Car l'élève d'un tel maître, étant de ceux qui écoutent sans entendre et regardent sans voir, ne profita guère des chefs-d'œuvre qui passèrent par-dessus sa tête, parce qu'ils étaient trop au-dessus de sa portée. Le véritable Dauphin a été la France qui adopta parmi ses classiques, je ne dis pas la

Politique tirée de l'Écriture Sainte (car elle fut trop théocratique même pour la cour de Versailles), mais le *Traité de la connaissance de Dieu et de soi-même*, où se concilient l'Évangile et Platon, saint Thomas d'Aquin et Descartes; mais le *Discours sur l'histoire universelle*, cette nouvelle oraison funèbre, où tous les empires viennent tour à tour témoigner de leur faiblesse, et avouer que Dieu seul est grand. Car cet ouvrage est encore une déduction de la doctrine qui est le centre de sa croyance, à savoir le gouvernement de la Providence. « Bossuet y pousse les uns sur les autres tous les siècles et tous les peuples. En vain ils veulent faire halte; *marche, marche!* dit-il à l'Égypte, et le trône des pharaons, et ce sacerdoce imposant, et ce peuple grave passe, et disparaît bientôt. *Marche, marche!* dit-il à la Grèce, et ces républiques turbulentes, cette nation de poëtes et d'orateurs va se perdre dans le gouffre.... Rome elle-même, et cette nation invincible qui sert d'instrument aux desseins de Dieu, sera à son tour effacée de la terre, qu'elle n'aura conquise que pour Jésus-Christ; son aigle, qui croyait voler au gré de la politique du sénat, est forcée de reconnaître qu'elle a suivi le doigt de Dieu plutôt que l'ambition des Sylla et des Pompée : ainsi Dieu est partout, il renouvelle à son gré la figure du monde; et, à la voix de Bossuet, l'antiquité semble se réveiller du tombeau, pour s'entendre révéler ce Dieu inconnu qui présidait à ses destinées, et qui est le seul qu'elle n'ait point adoré[1]. »

L'éducation du Dauphin une fois terminée (1681); Bossuet qui appartenait à l'Académie depuis 1671, fut intronisé dans le siége de Meaux, où l'apôtre prodigua le pain quotidien de sa parole avec une libéralité touchante, qui ne crut pas déchoir en faisant même le catéchisme à des enfants. Cependant le clergé de France saluait en lui par avance un Père de l'Église; simple évêque, il exerçait par son incorruptible orthodoxie une sorte de dictature unanimement acceptée. Réprimant par sa fermeté les prétentions outrées ou les manœuvres turbulentes, conciliant par

---

[1]. Saint-Marc Girardin. *Éloge de Bossuet.* 25 août 1827.

sa modération tous les droits légitimes, n'est-ce pas lui qui, dans l'assemblée de 1682, rédigea les quatre articles de la déclaration gallicane, et marqua si sûrement les rapports du sacerdoce et de l'État, deux puissances qui ne doivent ni se confondre, ni se combattre, ni s'opprimer?

Les adieux à la chaire. Le théologien. — Il remontait aussi dans la chaire pour y célébrer Marie-Thérèse (1683), la princesse Palatine (1685), Michel Le Tellier (1686), et le prince de Condé (1687) ; ce qui n'empêcha pas sa verte vieillesse d'édifier les religieuses de son diocèse par les *Méditations sur l'Evangile*, et les *Elévations sur les mystères*. Gardien de l'immuable unité, il écrivait en même temps l'*Histoire des variations* (1688), où, sous le théologien dont la passion est tempérée par les ménagements de la charité, on aime le peintre impartial qui réserve ses véhémentes sévérités pour les doctrines, mais justifie ces paroles adressées à un adversaire : « Je sais honorer en vous, outre la nature qui nous est commune, le baptême de Jésus-Christ que vos erreurs n'ont point effacé. » Par la simplicité de l'exposition, l'enchaînement lumineux des faits, l'entrain et l'éclat du style, il échauffe une matière en apparence aride. Cette poussière des systèmes usés par la dispute, il l'anime si bien, que leurs abstractions deviennent pour nous comme les personnages d'un drame, où se meuvent et revivent les passions de l'homme, ses vices, ses vertus, ses talents et son génie représentés par l'impétuosité belliqueuse et bouffonne de Luther, la douceur tendre et résignée de Mélanchton, la tristesse flegmatique et sombre de Calvin. Dans le fond de la scène s'entrevoient aussi les peuples et les rois emportés dans la carrière sanglante des persécutions, des révoltes et des guerres civiles. Tandis que son imagination évoque ces fières peintures, les polémistes les plus savants ou les plus subtils, les Burnet, les Basnage, les Jurieu, sont pressés par sa dialectique comme dans un défilé sans issue. Un tel docteur méritait bien d'être choisi pour un essai de réconciliation, le jour où Leibnitz conçut le généreux dessein d'opérer un accord désirable entre des croyances trop longtemps ennemies. Si cette tentative ne réussit pas, si dans ce débat la supériorité du savoir demeure indécise, « l'avantage de la franchise semble appartenir à Bossuet qui se montra toujours aussi inflexible sur le dogme que facile sur la discipline[1]. »

Mais, dans la querelle du quiétisme, il allait subir les gênes d'une situation fausse. Car il avait en face de lui une doctrine neuve et mystérieuse, un antagoniste insaisissable, qui eut l'art de mettre une apparente clarté, et le charme de ses vertus comme de ses talents dans les plus aventureux raffinements de ses mystiques ambitions. Plaignons donc les disgrâces de Fénelon ; révérons sa candeur, sa constance, et l'humilité glorieuse de son obéissance ; mais ne reprochons pas à Bossuet d'avoir fait ce qu'il crut son devoir, en combattant un péril dissimulé par tant de séductions qui protégent encore aujourd'hui le vaincu.

L'homme et l'évêque. — Jusque parmi ces orages il conserva cette sérénité que son grand esprit trouvait dans sa hauteur. Car, s'il est quelque chose de supérieur encore à son génie, c'est son caractère, si éminemment sacerdotal, où la simplicité, la droiture, le bon sens et la mesure s'allièrent toujours aux ardeurs les plus vives des questions alors les plus brûlantes. Ses actes et ses discours se confondent ; les uns ajoutent aux autres la force des exemples. Jamais il n'eut souci de l'éloge, ni de l'opinion. Éclairer, diriger les âmes, fut toute sa vie, et c'est de lui que l'on peut dire : « Il ne se sert de la parole que pour la pensée, et de la pensée que pour la vérité et la vertu. » Dans cette éloquence si substantielle rayonne donc la beauté morale. L'homme vaut l'écrivain, et tous deux peuvent être, comme tout ce qui est parfait, une matière infinie de contemplation féconde.

Aussi une brève notice ne peut-elle qu'effleurer un sujet inépuisable. Terminons en rappelant qu'en 1695 Bossuet fut élu *conservateur des priviléges de l'Université* dans une assemblée générale réunie sous la présidence de Rollin, alors recteur ; et qu'en 1697 Louis XIV le nommait son

---

[1]. Ce jugement a une grave autorité : nous l'empruntons à M. Patin.

conseiller d'État, seule dignité que ce grand homme ait paru désirer, et la dernière que lui conféra le souverain. Atteint de la pierre en 1701, il rendit son âme à Dieu le 12 avril 1704. Il avait demandé, dans son testament, à être enterré aux pieds de ses prédécesseurs, dans l'église de Meaux. Ce vœu fut accompli. Le 14 novembre 1854, on a retrouvé sa tombe, et ouvert son cercueil. Après un siècle et demi, on put reconnaître ses traits. Plus inaltérable encore aux injures du temps et aux révolutions du goût, sa gloire sera toujours une des religions de la France. Elle ne se discute plus; on s'honore soi-même en lui apportant un nouveau tribut.

SERMONS DE BOSSUET

I. — Faits historiques.

Les auditeurs font les orateurs. Réforme de la prédication au dix-septième siècle. Influence de Bossuet. — « Ce ne sont pas les prédicateurs qui se font eux-mêmes, disait Bossuet ; c'est aux orateurs à les faire tels qu'ils doivent être. Il faut d'abord qu'ils s'adressent à des oreilles dociles. » A ce titre, le dix-septième siècle ne pouvait manquer d'être un âge d'élection pour l'éloquence sacrée. Suscitée par cet esprit chrétien dont le réveil se manifeste souvent au lendemain des malheurs publics, fortifiée par la réforme des mœurs et des études ecclésiastiques, assurée de son empire par les sentiments du Prince et la croyance des peuples, servie par la maturité d'une langue qui pouvait enfin suffire à tous les besoins de la pensée, elle eut seule, sous la monarchie la plus absolue, le privilège d'une liberté que Louis XIV respecta comme le droit, ou plutôt comme le devoir de l'Église[1]. Aussi devint-elle

---

1. La Prédication était alors la seule carrière où pût se déployer cette faculté oratoire qui est propre à notre race. Aussi est-ce de ce côté que se tournèrent des

vraiment une de ces institutions souveraines qui agissent sur les consciences et gouvernent les âmes.

Même avant l'avènement des grands initiateurs, plus d'une chaire avait déjà substitué, par des exceptions heureuses[1], à une ingrate scolastique la science féconde des Écritures, aux licences d'une fantaisie triviale[2] ou à la pompe d'un luxe fastueux[3] la modestie et l'efficacité du discours pastoral[4]. Mais cette révolution, commencée par l'instinct du bon sens, le génie seul devait l'accomplir définitivement. Lorsque l'élite de la Cour et de la Ville eut admiré un théologien profond, un moraliste clairvoyant, un dialecticien pathétique, un orateur majestueux et simple, familier sans bassesse, hardi sans témérité, riche de tous les accents qui expriment sous une forme incomparable les tendresses ou les sévérités du christianisme, une lumière soudaine éclaira tous les yeux ; on s'étonna d'avoir si longtemps souffert la réputation usurpée de déclamateurs insipides ; et l'indifférence ou le mépris de tous fit justice d'un art théâtral ou frivole qui déshonorait le ministère évangélique.

intelligences qui, dans un autre milieu, eussent illustré la tribune ou le barreau. L'Église permit l'accès des honneurs à des talents de naissance obscure. Il y avait là de quoi stimuler les ambitions et les courages.

1. Parmi ces précurseurs il faut citer : — le Père Bourgoing, Supérieur de l'Oratoire, qui eut l'enviable fortune d'être loué par Bossuet ; — le Père Le Jeune, qui prêcha de 1625 à 1660, et transporta dans la chaire les habitudes familières du catéchisme ; — le Père Sénault qui « fut à l'égard de Bourdaloue ce que Rotrou est pour Corneille » (*Voltaire*) ; — Claude de Lingendes, né en 1580, homme de sens et de cœur dont la raison fut éloquente.

2. En 1602, le plus considérable représentant de la chaire sous Henri IV, Pierre de Besse, prêchant sur la *Passion*, appelait les sacrements *aqueducs de la grâce*, les mauvaises pensées *allumettes des vices*, Jésus-Christ le *procureur d'Abraham*, la sainte Vierge l'*Infante de la Trinité*, Lucifer le *Concierge des démons*. — En 1616, le P. Valladier, dans son sermon sur la *Mort*, apostrophait ainsi les riches : « Vous estes gras de chair, gras de lard, gras de plaisir : tant mieux pour le diable ! Bon pour la marmite du diable ! »

3. En 1610, Cospéan, l'évêque d'Aire, amalgamait, dans l'oraison funèbre d'Henri IV, des citations de Salomon, Ronsard, Platon, Pythagore, Salluste et Plutarque.

4. Malgré le charme de sa candeur, Saint François de Sales se permit pourtant bien des pensées alambiquées ou des jeux de bel esprit.

Des compagnies célèbres furent aussi de vaillants foyers d'apostolat, et contribuèrent à la rénovation des mœurs ou des études ecclésiastiques. Signalons surtout l'*Oratoire* et *Port-Royal* : (voir l'ouvrage de M. Jacquinet sur les *Prédicateurs du XVIIe siècle avant Bossuet*.)

Dans cette éducation du goût public, la meilleure part d'influence revient donc à Bossuet : car il justifia le mot de Voiture disant : « Nul n'a prêché ni si tôt, ni si tard. » J'entends par là que sa prédication dura plus d'un demi-siècle, depuis le collège de Navarre, où il se signalait par la précocité de sa parole, jusqu'à sa verte vieillesse qui fut encore un apostolat. Si, de 1670 à 1682, il ne reparut dans la chaire qu'en de rares occasions, c'est que les devoirs de son préceptorat ne lui en laissaient plus le loisir ; mais, le lendemain même du jour où il prit possession du siège épiscopal de Meaux, sa voix retentit de nouveau devant les fidèles, et ne cessa plus de répandre la doctrine non seulement dans la cathédrale de son diocèse et dans les synodes annuels du clergé, mais jusque dans les plus humbles couvents de religieuses ou dans de pauvres églises de campagne.

Inventaire des sermons. Désintéressement de Bossuet. Méprise de ses contemporains. — Ce zèle infatigable nous est attesté par des reliques dont l'ensemble comprend cent quarante-sept sermons, treize discours de vêture, vingt-trois panégyriques et dix oraisons funèbres[1] ; voilà les épaves d'un naufrage où ont péri plus de cent autres pièces oratoires dont nous ne connaissons que les sujets ou les titres. Si l'œuvre n'a pas sombré tout entière, on s'en étonne, quand on sait quelles vicissitudes subirent les manuscrits du grand Évêque, avant d'être enfin sauvés de l'oubli, soixante-huit ans après sa mort.

D'abord, est-il besoin de dire que Bossuet ne songea point à les faire paraître ? Non, le souci de la gloire humaine n'entra jamais dans son cœur. Si tous ses écrits sont des actes, à plus forte raison les bienfaits de sa parole furent-ils le premier devoir de ce sacerdoce militant auquel il se dévoua sans penser à lui-même. De son vivant, il ne publia personnellement que six oraisons funèbres, et

---

[1]. Dans ce chiffre il faut compter les fragments, esquisses, exordes, péroraisons ou abrégés de Discours. Les sermons de Bourdaloue ne vont pas au delà de cent cinquante ; Massillon nous en a laissé une centaine.

cela pour satisfaire à des amitiés illustres, ou à des prières qui valaient des ordres[1]. Quant à l'unique sermon dont il surveilla l'impression, celui qui traite de l'*Unité de l'Église*, il obéit à des convenances officielles, en faisant connaître à toute la France cette déclaration religieuse et politique, où l'interprète des libertés gallicanes essayait, non sans quelque gêne, de concilier les droits de deux puissances également ombrageuses[2]. Si l'on ajoute à ces textes le discours prononcé pour la *Profession de Mme de la Vallière*, et l'*Oraison funèbre de Nicolas Cornet*, qui virent le jour l'un en 1691, l'autre en 1698, mais sans l'aveu du Maître (car il ne voulut pas s'y reconnaître)[3], l'éloquence de Bossuet n'était représentée que par neuf monuments, lorsqu'il mourut en 1704, après quatre-vingts années d'une existence digne d'un Père de l'Église. Outre qu'il fut désintéressé de tout amour-propre, on s'explique pourquoi, dans une carrière si pleine, il ne voulut point recueillir les saillies éparses d'une improvisation qui se prodiguait au jour le jour, sans viser au lointain avenir. Ce fond de doctrine devint pour lui comme un réservoir où le controversiste, le théologien, le philosophe et le moraliste puisèrent incessamment pour suffire aux obligations pressantes d'une activité religieuse qui se déployait sans relâche dans les directions les plus diverses. Ce fut ainsi que bien des idées générales passèrent de la chaire, où elles s'étaient essayées, dans des ouvrages où elles revêtirent une forme définitive, par exemple dans le *Traité de la concupiscence*, la *Politique tirée de l'Écriture sainte*, les *Élévations sur les Mystères*, et les *Méditations sur l'Évangile*[4]. Quoi qu'il en soit de ces nécessités ou de

1. Les vœux instants de Madame, duchesse d'Orléans, le décidèrent seuls à faire imprimer, en 1669, l'*Oraison funèbre d'Henriette de France*.
2. Ce discours fut prononcé dans l'église des Grands-Augustins, le 9 novembre 1681, à la messe solennelle du Saint-Esprit, et imprimé par ordre, dans les premiers jours de 1682, chez Frédéric Léonard imprimeur ordinaire du roi et du clergé de France. — (Voir l'excellente notice de M. Brunetière, dans son recueil de sermons, où on lira tout ce discours).
3. C'est du moins le témoignage de l'abbé Ledieu, son secrétaire. *Mémoires et Journal sur la vie de Bossuet*. Un domestique infidèle aurait dérobé dans les papiers de Fénelon une copie de l'*Oraison funèbre de Nicolas Cornet*.
4. Dans l'*Oraison funèbre* d'Henriette d'Angleterre se retrouve une partie du

ces scrupules, l'orateur n'assura pas même la renommée de ses sermons par des dispositions posthumes.

D'ailleurs, il faut bien avouer que la réputation du docteur avait fait tort à celle du prédicateur. Ces méprises sont fréquentes en face des intelligences qui déconcertent les contemporains par leur supériorité même. Vue de trop près, la variété de leurs aptitudes échappe par quelque endroit à des yeux trop débiles pour l'embrasser d'un seul regard. Il est plus commode de leur imposer une formule étroite qui accorde un talent à l'exclusion d'un autre, et fait payer l'admiration par une injustice. La Cour et la Ville eurent alors ce travers; et plusieurs qui se croyaient des arbitres ne mirent point ces merveilles de l'éloquence chrétienne à leur vraie place, c'est-à-dire au-dessus de toute comparaison. Voilà du moins ce que semble prouver maint témoignage. En 1675, Bayle, jugeant le sermon pour la *Profession de Mme de la Vallière*, n'écrit-il pas à son père : « J'ai ouï dire que M. de Condom n'a guère réussi, et qu'il ne fit que rebattre les pensées dont s'étoit servi M. l'évêque d'Aire, le jour de la prise d'habit[1] ». En 1687, Mme de Sévigné ne préférait-elle pas l'oraison funèbre du prince de Condé, par Bourdaloue, à celle de Bossuet? En pleine Académie, l'abbé Clérembaut n'osa-t-il pas affirmer que l'évêque de Meaux « avait laissé obtenir à ses rivaux le premier rang dans l'éloquence?[2] » Voltaire ne redressa point cette erreur de l'opinion; et l'on ne fut pas surpris de lire, dans le *Siècle de Louis XIV*, « qu'au jour où parut Bourdaloue, Bossuet ne passa plus pour le premier prédicateur de son temps. »

Les héritiers des sermons. — Du reste, il fut le premier à négliger la fortune de ses précieux manuscrits, et l'abbé de Ledieu lui-même, son secrétaire, son confident le

---

sermon sur la *Mort*: dans celle d'Anne de Gonzague se sont glissés des fragments du sermon sur la *Vérité de la religion*. Il va de soi qu'il ne se copiait pas.

1. Voir M. Brunetière : *Introduction*, p. 5.
2. La Bruyère lui-même, célébrant dans Bossuet un Père de l'Église, rappelle qu' « *il a fait parler longtemps une envieuse critique, et qu'il l'a fait taire.* »

plus intime, ignorait leur existence, lorsqu'après la mort de l'illustre prélat, ils tombèrent dans les mains de son neveu, l'abbé Bossuet, devenu plus tard évêque de Troyes, en 1710[1]. Lui, du moins, il y regarda plus attentivement ; il se fit même donner, en 1708, un privilège royal qui l'autorisait à imprimer les œuvres posthumes « du feu sieur évêque de Meaux. » Mais il se contenta de publier la *Politique*, les *Élévations* et les *Méditations*. Quant aux sermons, il en transcrivit quelques-uns, mais pour s'en faire honneur en les débitant comme siens du haut de la chaire : ce qui dut aider à sa promotion épiscopale[2]. Il est vrai qu'une fois intronisé, il prêta quelques originaux à des prêtres de son diocèse, qui les copièrent pour l'édification du troupeau, mais oublièrent de les rendre. Aussi beaucoup de textes autographes s'étaient-ils égarés quand le premier légataire mourut à son tour, en 1743, et eut pour héritier un autre petit-neveu de Bossuet, M. de Chasot, premier président du parlement de Metz. C'était jouer de malheur, puisqu'il fut encore plus complaisant et plus imprudent. Mais l'excès même de cette incurie finit par se tourner en une chance de salut : car il y eut des indiscrétions, et l'éveil fut donné plus facilement à la piété de ceux qui conservaient le culte de Bossuet.

Son premier biographe, Burigny, put écrire, en 1762 : « Le détenteur de ses papiers a beaucoup de canevas de ses sermons, et *quelques-uns entiers*, que l'on croit être les premiers qu'il ait prêchés. » Ce fut un trait de lumière pour l'abbé Leroy, qui se mit en quête, en découvrit plusieurs et les vendit à la Bibliothèque royale ; l'abbé Lequeux suivit de nouvelles pistes ; et, chargé en 1763 de préparer une seconde édition des œuvres de Bossuet, il résolut d'y faire entrer enfin quelques sermons[3]. Il en

---

1. L'abbé Ledieu dit en ses mémoires : « La plupart des sermons qu'il a laissés ne sont qu'une ou deux feuilles volantes, où est un texte en tête, un raisonnement, une division. » C'était confondre les derniers sermons avec les premiers.
2. Il prononça notamment un sermon sur la *Toussaint*.
3. Continuateur de l'abbé Pérau dans le travail qu'exigeait cette seconde édition, (la première était de 1704), l'abbé Leroy découvrit onze pièces manuscrites, qu'il vendit 2400 livres à la Bibliothèque du Roi. C'étaient trois sermons sur la *Nativité de la Vierge*, deux pour l'*Annonciation*, un sur les paroles prononcées par

avait déjà réuni dix-sept, lorsque sa mort subite laissa la responsabilité de l'entreprise à des Bénédictins dirigés par Dom Déforis[1].

Dom Déforis. État des manuscrits. Mérites du premier éditeur. Son erreur. Ingratitude de l'opinion. — C'était un office aussi laborieux que délicat ; il fallait d'abord retrouver ces manuscrits que tant de hasards périlleux avaient dispersés à tous les vents. Or, il y réussit au delà de toute espérance. On ne saurait donc louer trop cordialement le zèle de l'habile explorateur auquel nous devons cette sorte de résurrection : car ce fut lui seul qui tira de la poussière toutes les reliques perdues soit dans des archives de famille, soit dans les diocèses de Troyes, de Metz et de Meaux. Pendant vingt-quatre ans, il n'eut pas un instant de défaillance, et l'adresse de sa diplomatie triompha de tous les obstacles.

Pour apprécier le service rendu, il nous suffira de dire que les cinq volumes publiés par ses soins contiennent près de deux cents sermons, et que, depuis un siècle environ, ce recueil ne s'est pas grossi d'un seul discours complet[2].

Il n'était pas moins difficile de débrouiller le pêle-mêle de ces feuilles volantes, de reconstituer un ensemble et une suite avec ces débris confus et disparates, de lire l'indé-

---

le Christ au pied de la Croix, deux pour la *Visitation*, deux pour la *Purification*, et deux autres fragments. L'abbé Lequeux en retrouva d'autres, sur la *Compassion de la Vierge*, l'*Assomption*, la *Virginité*, le *Jour des Rameaux*, et deux panégyriques, ceux de Saint François de Sales et de Saint Benoît.

1. Ils appartenaient au monastère des Blancs-Manteaux : c'étaient dom Coniac, dom Tassin, dom Clément et dom Clémencet.

2. Les trois premiers volumes furent publiés en 1772, le quatrième en 1778, le cinquième en 1788, chez Antoine Boudet, imprimeur du Roi. On doit aussi quelque gratitude à l'abbé Delamotte grand vicaire du neveu de Bossuet, à Mme de Chasot, veuve d'un petit-fils d'une sœur de Bossuet, à son gendre, M. Choppin d'Arnouville, aux couvents des Ursulines et de la Visitation. — Dom Deforis, déclaré suspect après les massacres de septembre, ne se fit point illusion sur le sort qui l'attendait. Il mourut sur l'échafaud le 25 juin 1794, avec la sérénité d'un martyr. Avant d'être incarcéré, il avait pris pour ses précieux manuscrits des précautions qu'il ne prenait pas pour sa vie. L'édition générale n'étant pas terminée, il les confia à une personne qui dut les remettre au libraire Lamy « vingt-quatre heures après sa mort. » Ce dossier fut communiqué à M. de Bausset. C'est seulement vers 1817 que ces papiers autographes rentrèrent, non sans peine, à la Bibliothèque nationale, où ils sont encore.

chiffrable, de ne point s'égarer à travers les abréviations, les ratures et les surcharges, dans ces notes où se croisent souvent deux ou trois rédactions successives, improvisées par une plume qui courait à bride abattue. Durant sa première jeunesse, Bossuet écrivait sur un papier de grand format, avec une fougue juvénile, sans la moindre marge. Mais, à mesure que son goût devint plus exigeant, il se servit de petites feuilles pliées en deux, où il se ménagea des espaces libres qu'il couvrait de corrections, d'additions et de renvois. Il lui arrive même fréquemment d'insérer ses variantes, sans effacer les lignes qu'elles semblent remplacer[1], sans même les barrer ou les souligner, comme il en a l'habitude, lorsqu'il supprime. Or, dans ce cas, sied-il de reproduire tout ce qu'il maintient, mais en se réservant la faculté de choisir entre des expressions qu'il jugeait provisoires? Je ne parle pas des recherches minutieuses qu'imposait encore le contrôle des dates, ou des citations faites de mémoire, sans que les sources fussent indiquées. Bref, il y avait dans tous ces écueils de quoi effrayer les plus intrépides Bénédictins. Or, on ne saurait nier du moins la probité du savant qui voua presque la moitié de sa vie à cette enquête aussi érudite que patiente. Ses méprises mêmes font honneur à son caractère : car, le plus souvent, elles sont un témoignage de ses scrupules. Pour ne rien sacrifier, il prit le parti de coudre ensemble toutes les variantes du même sermon, ou des fragments de dates différentes, lorsqu'ils traitaient le même sujet. Rencontre-t-il deux discours qui se ressemblent, il les confond en un seul. Il soude même artificiellement trois ou quatre exordes ou péroraisons mobiles que Bossuet mettait en réserve pour les approprier à des occasions nouvelles, par des reprises, des raccords ou des retouches qui nous font assister aux secrets de sa pensée. Ces rapprochements forcés de lambeaux mal assortis produisent donc un amal-

---

[1]. Ainsi, dans le sermon pour la *Fête de tous les saints*, il adresse cette apostrophe à Montaigne : « Mais, dites-moi, subtil philosophe, qui vous riez si *éloquemment, galamment, finement*, de l'homme. » Or, le premier adverbe seul est dans le texte : les deux autres sont en marge.

game où disparaît quelquefois ce qui est un des principaux mérites de l'éloquence, la teneur logique des idées, et la justesse des proportions. Le style de Bossuet prend ainsi un faux air de prolixité qui calomnie le penseur et l'écrivain. Mais ces graves inconvénients ne justifient point les critiques injurieuses de ceux qui, depuis, ont diffamé dom Deforis, tout en profitant de ses travaux[1]. Sachons-lui gré plutôt d'avoir tenu bon contre le purisme d'un temps où les éditeurs traduisaient le français d'Amyot, rajeunissaient Saint François de Sales, mutilaient Corneille, et faisaient toilette à Mme de Sévigné. Il eut au moins le courage de résister, même au risque d'un procès, à la sottise de son libraire qui lui reprochait sa conscience comme un « manque de discernement, » et à l'impertinence de l'abbé Maury, l'orateur à la mode, qui l'accusa de « ramasser le linge sale de Bossuet[2] ».

Les sermons et la critique. Réparation tardive. — Il a d'autant plus de droits à notre gratitude qu'il ne fut point alors récompensé par la reconnaissance publique ; car l'esprit du siècle n'était pas favorable aux maîtres de la chaire. Les mondains accueillirent cette restitution avec froideur ou indifférence. Dans l'Église même, on craignit de faire tort à Bourdaloue, en applaudissant Bossuet. Des préventions s'élevèrent aussi contre un religieux suspect de Jansénisme[3]. L'orthodoxie littéraire, plus ombrageuse encore, jeta les hauts cris devant des audaces qui la scandalisaient. Le bon Rollin n'y reconnut pas « la pureté du

---

[1]. M. Lachat fut ingrat pour dom Déforis ; car, sans lui, ses estimables travaux eussent été impossibles.

[2]. Il aurait voulu qu'on fît « des *triages*, des *retranchements* », qu'on effaçât ce qu'il appelait « des tours incorrects, des négligences, des chutes. » Il est vrai que plus tard, en 1810, le cardinal Maury, dans ses *Réflexions sur les sermons de Bossuet*, fit tapage d'une admiration trop bruyante pour être sincère. Il connaissait l'art des palinodies.

[3]. Déforis fut dénoncé comme hérétique devant l'assemblée du clergé. Signalons une protestation généreuse ; elle vint d'un jésuite, le Père de Neuville, prédicateur célèbre. On lui conseillait de publier ses sermons. Mais, après avoir lu ceux de Bossuet, il y renonça, et écrivit : « Y pensez-vous, monsieur ? vous souhaitez que mes sermons paraissent, et vous m'envoyez Bossuet !.... Que mes paperasses me semblent froides et inanimées ! que je me trouve petit et rampant ! combien je sens que je ne suis rien ! »

goût ». Associant deux mots incompatibles, La Harpe déclara que « *Bossuet* était *médiocre* dans le sermon. » L'oracle ayant parlé, la foule s'inclina. D'Alembert seul vit clair, lorsqu'il admira dans ces « dessins heurtés et rapides les traits hardis d'une touche libre et fière, et la première sève de l'enthousiasme créateur. » Mais le préjugé des prétendus connaisseurs[1] fut si tenace et si contagieux que Châteaubriand lui-même, dans son *Génie du Christianisme*, compare les sermons de Bossuet à « ces fleuves dont l'eau est d'abord trouble et limoneuse, et qui ont besoin de s'éloigner de leur source pour devenir aussi limpides qu'ils sont profonds et majestueux. » Un retour d'opinion ne se produisit qu'en 1816, sous l'influence de la révolution littéraire qui allait régénérer l'histoire et affranchir la critique. Or, le signal de cette justice tardive vint d'abord de l'Université, « toujours si dévouée à la gloire de Bossuet, alors même qu'elle n'accepte pas toutes ses maximes. »[2] Tandis que M. Villemain prenait l'initiative de cette réparation, deux de ses disciples, MM. Patin et Saint-Marc-Girardin, célébraient l'éloquence des sermons dans un concours où ils se partagèrent la couronne Académique. Depuis lors, M. Nisard a dit le dernier mot sur une question à laquelle on n'ose plus toucher après lui.

Les sermons et l'érudition. L'abbé Vaillant; MM. Floquet, Lachat, Gandar. — La cause étant gagnée par les lettrés, les savants pouvaient se mettre à l'œuvre pour confirmer la victoire par la restauration d'un texte auquel devaient s'appliquer les procédés d'une méthode scientifique. Telle fut la prétention des éditeurs de Versailles[3]; mais, en dépit de leurs belles promesses, ils jetèrent à

---

1. Tel fut Dussaux qui, malgré son admiration classique pour les *Oraisons funèbres*, appelle les Sermons « des matériaux *informes*, souvent *infectés de la rouille d'un temps* où l'éloquence était encore sauvage, et notre littérature à demi barbare. »

2. Gandar. *Bossuet orateur*; introduction, p. XXVIII.

3. Les tomes XI-XVII, qui contiennent les sermons, les panégyriques et les oraisons, parurent en 1816. Cette édition, préparée à Saint-Sulpice, fut la première qui prit rang dans les bibliothèques.

peine les yeux sur la minute originale. Reproduisant la version de dom Déforis, ils se bornèrent à donner des titres à quelques discours, à résumer les sommaires, à vérifier les renvois, et à émonder au bas des pages le luxe des variantes. — C'est seulement en 1851 que l'abbé Vaillant essaya de faire pour Bossuet ce que M. Faugère venait d'accomplir pour Pascal, sous les auspices de M. Cousin[1]. Il prouvait du moins qu'en examinant de près les allusions historiques, les formes du style et le caractère de l'écriture, on pouvait assigner une date à la plupart des sermons. Or, n'est-il pas fort intéressant de suivre ainsi, avec le cours des années, le développement d'un génie qui ne cessa pas de se renouveler et de tendre vers la perfection ? Voilà ce que l'auteur de cette thèse se proposait de démontrer ; mais il mourut à la peine. Les voies étant frayées, d'autres s'y engagèrent. Après les curieuses monographies de M. Floquet[2], parut en effet l'édition de M. Lachat, qui reprit et acheva l'œuvre inaugurée par un jeune docteur de Sorbonne[3]. Il sut restituer dans leur intégrité des sermons que Déforis avait défigurés par sa manie de les fondre ensemble. Il sépara ce qui était distinct, et rétablit à leur vraie place bien des interpolations malencontreuses. On peut dire qu'une vingtaine de discours lui doivent[4] d'être lus pour la première fois. C'est un titre considérable ; mais il s'est trompé en substituant l'ordre liturgique à l'ordre chronologique, comme l'avait déjà fait Dom Déforis, qu'il a traité si injustement. Quant au texte, il a été revu d'assez près sur les originaux, mais non sans des erreurs qui rendent nécessaires de nouvelles corrections. Aussi

---

[1]. Études sur les sermons de Bossuet, d'après les manuscrits. Plon, 1851.
[2]. *Études sur la vie de Bossuet jusqu'à son entrée en fonctions comme précepteur du Dauphin*, Didot, 1855. *Bossuet précepteur du Dauphin*, 1864.
[3]. On lui doit quelques morceaux inédits : une esquisse du beau sermon sur l'*Éminente dignité des pauvres*, une méditation pour la *Veille de l'Assomption*, l'exorde et le premier point d'une méditation sur la *Dévotion à la Sainte Vierge*, trente-cinq sommaires écrits par Bossuet sur l'enveloppe de ses Discours.
[4]. Les éditeurs de Versailles avaient découpé en deux le sermon sur les *Démons*, publié en 1772. Sous les redites des sermons pour la *Toussaint* et l'*Annonciation*, il démêla deux compositions différentes. — Les tomes VIII-XII contiennent les sermons : ils ont paru de 1862 à 1864.

était-il possible de l'épurer encore, et de combler bien des lacunes regrettables. C'est ce qu'atteste le livre excellent où M. Gandar suit pas à pas l'abbé Bossuet dans les débuts de sa carrière, fixe la date de ses plus anciens sermons ou panégyriques, en détermine les occasions, et nous offre un modèle de cette critique exacte qui concilie le sentiment de l'art avec la philologie et l'histoire. En même temps, il éditait dans toute la rigueur du mot les premiers sermons prêchés soit à Metz et à Dijon, soit dans les églises de Paris et à la chapelle du Louvre[1]. Guidés par sa méthode, d'autres iront peut-être plus avant, mais ne le feront pas oublier ; car son nom mérite de rester désormais gravé au bas de la statue de Bossuet.

Les cadres de sa prédication. — Est-ce à dire que ce concours de doctes recherches ait éclairé tous les problèmes dont nous désirons la solution? Nullement ; et M. Brunetière a pu écrire, sans qu'on ait droit de le démentir : « Il n'y a pas un sermon de Bossuet dont on puisse véritablement répondre. » Par exemple, il est certain que son orthographe ne saurait être respectée ; car elle échappe à toute règle, et sa bizarrerie déjoue toutes les lois de l'usage[2]. Sa ponctuation était encore plus étrange. A plus forte raison le choix ne saurait-il être infaillible parmi les variantes qui trahissent les hésitations succes-

---

1. Gandar. *Bossuet orateur*, 1866. — *Choix de sermons de la jeunesse de Bossuet*, 1867.
2. Ce fut seulement vers l'âge de quarante ans qu'il essaya de se conformer à des habitudes de correction relative. J'emprunte à M. Gazier quelques échantillons de ses fantaisies grammaticales :
Sermon sur la loi de Dieu (1653-1656) : Hipocondriaque ; Aspec, foles, depanse, parêtra, aprandre, nous conessons, vous navigez, cadance, toute à l'heure ; les hommes ayans perdus les principes ; je ne me rons pas l'étomac ; adrettement. les faire céder au tens et aux occurances présentes ; exemple, la sciance du monde ; il nous a laissées les paroles, conséquances.
Sermon sur l'éminente dignité des pauvres (1659) : pleindre, ausmosne, atandons, tandre, mistérieuse, etc. Pourtant il y a progrès.
Sermon pour la Toussaint (1669) : augmente, contant, anchre, navige, atantions, corp, pront, etc.
Sermon pour le jour de Pâques (1681) : compaigne, adjouttons, l'aigneau, gouttant, je croi, progez, pante, panchant, ureiment, (vraiment), os desseichoz ; squelette décharnée, etc. — C'est l'orthographe qu'il enseigna au Dauphin, pendant dix ans.

sives de sa plume[1]. Quant à l'ordre chronologique, il comporte encore bien des incertitudes, puisqu'il résulte d'hypothèses fondées sur l'écriture, la teinte du papier, ou de l'encre, les tours de style, les circonstances de temps, de lieux, et de personnes; la doctrine, les allusions faites aux événements heureux ou malheureux, aux victoires, aux défaites, aux traités de paix, aux calamités publiques.

L'accord ne s'est pas même produit sur les cadres généraux des campagnes oratoires où figura Bossuet. Ainsi, l'on a singulièrement grossi la liste des *Carêmes* ou des *Avents* qu'il prêcha, dans les chaires de Paris, durant les années d'apostolat qui s'écoulèrent de 1659 à 1670. Pour ce qui est des *Carêmes*, l'abbé Vaillant lui en attribue six[2]. Plus généreux encore, M. Floquet en imagina deux autres[3]. Or, M.M. Gandar et Brunetière ont de bonnes raisons pour estimer qu'il en faut rabattre[4], et que, selon toute vraisemblance, Bossuet fut uniquement chargé de quatre *Carêmes*, parmi lesquels deux seulement ont été prêchés devant la Cour, ceux de 1662 et 1666. Il y prononça dix-huit sermons pour le premier[5], les mercredis, vendredis et dimanches de chaque semaine, seize pour le second[6], les mardis et jeudis[7]. — Étant moins nombreux, ses

---

[1]. La difficulté de l'éditeur se complique de l'habitude qu'avait Bossuet de ne jamais se recopier quand il exerçait des reprises sur d'anciens sermons. Il intercalait simplement dans un nouveau manuscrit cinq ou six feuillets de l'ancien. — La règle serait alors pour l'éditeur d'adopter comme définitive, parmi ses retouches, l'expression qui, d'après l'examen de l'écriture, semble s'être présentée la dernière, et de rejeter les autres leçons dans les variantes.

[2]. 1660, aux Minimes de la place Royale. — 1661, aux Carmélites de la rue Saint Jacques. — 1662, au Louvre. — 1663, au Val-de-Grâce, devant la Reine-mère. — 1665, à Saint-Thomas du Louvre. — 1666, à Saint-Germain-en-Laye.

[3]. 1659, aux Carmélites. — 1674, à Saint-Sulpice.

[4]. Par exemple, il est incontestable que le *Carême* du Val-de-Grâce, en 1663, fut prêché par le R. P. de la Noue-Bouet. — De même, en 1665, on sait d'assurance que le P. Ceuillens fut désigné pour prêcher le *Carême* à la Cour. — Quant au *Carême* de Saint-Thomas du Louvre, pas un des sermons de Bossuet ne peut lui être légitimement attribué.

[5]. Citons, entre autres, les sermons sur la *Mort*, et sur la *Providence*; ce dernier est du mercredi 8, ou du vendredi 10 mars 1662.

[6]. Tel est le sermon sur l'*Ambition*. Il est vrai qu'il ne compte pas moins de trois rédactions (1661-62-66).

[7]. Cette liste a été dressée par l'abbé Hurel (*Les Orateurs sacrés de la Cour de Louis XIV*). Le sermon pour le jour de Pâques manque au deuxième *Carême*.

Avents sont plus faciles à reconstituer. Tout porte à croire qu'il convient d'en compter trois, de 1660 à 1670 : le premier au Louvre, devant la Cour, en 1665[1] ; le second à Saint-Thomas du Louvre, en 1668[2] ; le troisième à Saint-Germain en Laye, devant la Cour, en 1669, deux mois après la nomination à l'évêché de Condom[3]. Tels sont les résultats les plus authentiques d'une enquête dont les dossiers composent toute une bibliothèque, et dont les conclusions peuvent tenir en quelques lignes.

II. — ÉTUDE LITTÉRAIRE.

Les différentes époques des sermons. Transformations progressives de l'orateur. Période de Metz, (1652-1658). Crudité d'expression. Ferveur de néophyte. Intempérance. — Les détails ingrats qui précèdent sont loin d'être indifférents à une étude littéraire. Il en ressort du moins avec évidence que les intelligences privilégiées ne possèdent point dès le premier jour toute l'autorité de leur talent. Il ne faudrait pas en effet croire ingénument avec le P. de Neuville «qu'un Bossuet naît tout formé.» Non, il n'échappa nullement à la loi commune, et ses transformations progressives justifient ce qu'il disait en un sermon sur la *Nativité de la Vierge* : « On crayonne avant que de peindre ; on dessine avant que de bâtir ; et les chefs-d'œuvre sont précédés par des coups d'essai. » Il eut donc ses préludes, c'est-à-dire des rudesses, des aventures de diction, une

---

1. Dans ce premier *Avent*, celui de 1665, il ne fit entendre que deux sermons, l'un sur la *Nécessité de travailler sans délai à son salut*, (le dimanche 29 novembre) ; l'autre sur la *Vérité de la Religion*, (le dimanche 6 décembre).

2. Du second *Avent*, celui de 1668, il nous reste le sermon sur les *Fondements de la Justice divine*, et le *Panégyrique de Saint Thomas de Cantorbéry* (29 décembre).

3. Du troisième *Avent* nous avons cinq sermons : 1ᵉʳ novembre, *Deuxième sermon pour la Toussaint* ; 1ᵉʳ décembre, le *Jugement dernier* ; 8 décembre, *Fête de la Conception* ; 15 décembre, *Nécessité de la pénitence* ; 22 décembre, *la Véritable Pénitence*.

A ce propos, faisons remarquer, avec M. Brunetière, que Bossuet avait passé la quarantaine, quand Louis XIV le nomma au petit et lointain évêché de Condom, et qu'il fut toujours écarté du maniement des grandes affaires.

exubérance et une témérité que Châteaubriand appelle
« l'écume au mors du jeune coursier. » Voilà sa première
manière : elle règne de 1652 à 1658, durant les six années
du noviciat fait à Metz, où il remplissait avec assiduité
les fonctions d'archidiacre et de chanoine.

Ce fut là qu'il s'aguerrit au feu, par des controverses
contre les juifs et les protestants qu'il combattit avec
l'entrain d'un Polyeucte impatient de briser les idoles. Sans
parler des esquisses où l'apprentissage est trop visible [1],
on peut choisir comme spécimen de cette période le
sermon prêché, le neuvième dimanche après la Pentecôte,
en 1653, *sur les bontés et les rigueurs de Dieu*. La première partie de ce discours est attendrie par une onction
toute chrétienne ; mais, dans la seconde, où il représente
Jésus implacable et faisant éclater ses vengeances contre
une cité ingrate, il nous inquiète ou nous révolte par une
crudité, ou même une cruauté d'expression vraiment trop
hébraïque. A la peinture touchante d'un Dieu « débonnaire », et de son infinie miséricorde succèdent des paroles sanglantes où un autre Joseph de Maistre semble
exécuter un arrêt de mort contre une nation maudite [2]. Ces
âpretés de colère font horreur, et contrastent brusquement avec les effusions d'un cœur presque mystique. Les
inégalités du style ne sont pas moins heurtées. Parmi d'admirables élans, on est étourdi par d'étranges secousses.

1. Tel est le *Panégyrique de Saint Gorgon* (Metz, 9 septembre 1649), dont le premier brouillon, corrigé depuis, portait ces mots : « O spectacle horrible ! Gorgon gisait sur un lit de charbons ardents, *fondant* de tous côtés par la force du feu, et *nourrissant* de ses entrailles une flamme pâle qui le dévorait. Cependant, au milieu de ces *exhalaisons infectes* qui sortoient de la *graisse de son corps rôti*, il ne cessoit de louer J.-C. Les prières qu'il faisoit monter au ciel *changeoient cette fumée noire en encens.* »

2. « Il fallait à la justice divine un nombre infini de victimes ; elle vouloit voir onze cent mille hommes couchés sur la place dans le siège d'une seule ville. Et après cela encore, poursuivant les restes de cette nation déloyale, elle les a dispersés par toute la terre.... comme *les magistrats, après avoir fait rouer quelques malfaiteurs, ordonnent que l'on exposera en plusieurs endroits, sur les grans chemins, leurs membres écartelés, pour faire frayeur aux autres scélérats*. Cette comparaison vous fait horreur ; tant y a que Dieu s'est comporté à peu près de même. » — Dans son exorde, il divisait ainsi son discours : « Écoutez premièrement la voix douce et bénigne de cet agneau sans tache ; et après, vous écouterez les terribles *rugissements* de ce Lion victorieux né de la tribu de Juda. »

L'orateur nous enlève d'un bond comme sur des cimes escarpées où l'on côtoie l'abîme : on frémit, on a le vertige ; mais le péril passe, et l'on se trouve tout à coup charmé soit par des strophes pleines d'allégresse, soit par une fraîcheur d'émotion où déborde une sève printanière.

Cette surabondance de l'âge se manifeste jusque dans l'emploi des textes saints qu'il commente avec une sorte de délectation. Quand il use des termes de l'Apôtre, non seulement il donne à sa traduction un puissant relief, mais il les paraphrase à outrance. Jugez-en par cet exemple : « Jésus, dit l'Ecriture, *appréhenda* la nature humaine. Elle s'enfuyoit, elle ne vouloit point du Sauveur. Qu'a-t-il fait ? Il a *couru après* d'une course précipitée, sautant les montagnes. Il a couru comme un géant à grands pas et démesurés, passant en un moment du ciel à la terre. Là, il a atteint cette fugitive nature. Il l'a saisie, il l'a *appréhendée au corps et à l'âme.* » C'est avec la même fécondité qu'il interprète la prophétie où le Deutéronome annonçait les ruines fumantes de Jérusalem. Alors, il se complaît à la tourner et retourner dans tous les sens ; il s'acharne à en dérouler les conséquences ; il la suit pas à pas, il l'accompagne de ses cris d'aigle ; il conduit comme par la main l'empereur Tite devant la ville condamnée ; puis, quand elle est bien emprisonnée par l'assiégeant, quand nul ne peut échapper, « comme un loup affamé pour chercher sa nourriture », il triomphe de cette agonie, il contemple avec joie les angoisses du désespoir, les tortures de la famine, l'incendie, la peste, le pillage, le meurtre, enfin la dispersion de la race entière dont il étale sous les yeux du monde « les membres écartelés [1]. »

Ces violences et cette fougue de peinture appliquées à la Bible, à l'Évangile ou aux Pères de l'Église sont un des traits qui caractérisent le premier essor de Bossuet. Dans

---

[1]. Il va jusqu'à l'anathème ; écoutez ; « Peuple monstrueux qui n'a ni feu, ni lieu, sans pays et de tous les pays : autrefois le plus heureux du monde, maintenant la fable et la haine de tout le monde, misérable sans être plaint de qui que ce soit, devenu, dans sa misère, par une certaine malédiction, la risée des plus modérés. »

cette prodigalité de citations entre la ferveur d'un néophyte qui parfois se souvient trop de l'école, et est comme énivré par la doctrine : cette ébriété ne permet pas encore au théologien la mesure qui convient à un auditoire mondain. Plus tard, il ne sera pas moins soucieux d'invoquer l'Écriture sainte ; mais elle va devenir sa substance, et ses emprunts paraîtront sobres, parce qu'ils ne se distinguent plus guère de sa propre parole. Ajoutons que certains discours appartenant à cette période provinciale ont l'air dominés par des habitudes scolastiques : les procédés de composition gardent je ne sais quoi d'un peu artificiel ; les cadres pourraient bien avoir été tracés d'avance, et transmis par tradition [1]. Ce n'est point encore l'ampleur, l'aisance et la liberté de ces plans qu'il saura distribuer avec une logique si naturelle et si lumineuse. A une imagination qui tire du merveilleux chrétien des ressources poétiques, et rend toutes les pensées visibles et palpables, à des mouvements impétueux qui rappellent l'inspiration lyrique, à l'analyse enthousiaste des textes sacrés s'associent encore dans ces rapides ébauches les audaces d'un style qui dut effaroucher d'abord les pusillanimes ; car son indépendance native est d'autant plus aventureuse que l'inspirateur préféré de Bossuet fut alors Tertullien, c'est-à-dire le plus ardent, le plus énergique, mais aussi le plus subtil et le plus barbare des docteurs. En attendant que la pratique de saint Augustin mitige cette influence, et en amortisse les effets, il faut s'attendre aux saillies d'un novateur qui n'a pas trouvé son équilibre.

La langue de ces premiers sermons est aussi plus ancienne que celle dont usera l'orateur de Louis XIV. Parfois énergique et brève comme le verbe d'un Corneille, elle n'évite pas toujours les locutions triviales. Elle a des formes surannées, celle-ci, par exemple : « Encore que nous fassions semblant d'être chrétiens, *si est-ce néanmoins* que

---

[1]. Tel est par exemple le sermon sur la *Passion*, prêché à Metz, dans le carême de 1655 ou 1656. Il le divise en trois points, et démontre que Jésus-Christ a été tourmenté 1° par lui-même, 2° par les créatures, 3° par son Père. Puis, il analyse subtilement chacun de ces motifs.

nous n'épargnons rien.... » Elle sent l'archaïsme, notamment lorsqu'il est dit que la ruine de Jérusalem « doit servir de *mémorial ès siècles des siècles.* » Ailleurs, elle est bien contemporaine de Pascal par son tour latin et sa rude concision. Ne croirait-on pas lire une de ses *Pensées*, quand on rencontre ce passage : « Car enfin ne vous persuadez pas que Dieu vous laisse *rebeller* contre lui des siècles entiers : sa miséricorde est infinie, mais ses effets ont leurs limites prescrites par sa sagesse. Elle qui a compté les étoiles, *qui a borné cet univers dans une rondeur finie*, qui a prescrit des bornes aux flots de la mer, a marqué la hauteur jusqu'où elle a résolu de laisser monter vos iniquités. » Les mots qui lui manquent, Bossuet n'hésite pas à les créer de vive force[1]. Mais ce qui prévaut, en dépit des écarts, c'est la majesté d'une parole qui va dominer les âmes.

Période de Paris. (1659-1670). Bossuet se discipline. Influence de la société polie. Ascendant de Louis XIV. — Dès qu'il a quitté Metz pour Paris, l'action de ce milieu se manifeste bientôt[2]. Il semble vraiment qu'il ait passé d'un climat à un autre. Les vieux vocables tombent peu à peu, comme des feuilles mortes. Les couleurs criantes se tempèrent. A des expressions trop populaires se substitue cette familiarité qui ne reculera pas « devant les glorieuses bassesses du chistianisme », mais les relèvera toujours par la magnificence de l'idée, ou la fierté triomphale du sentiment. Cette période, qui comprendra une dizaine d'années (1659-1670), il l'inaugure par le panégyrique de saint Paul qu'il prêcha probablement le 29 juin 1659[3], à l'Hô-

---

1. Il dit que les bienheureux ont la chair *angélisée*. Il est vrai qu'il traduit alors Tertullien. — Ailleurs, il y a des fleurs un peu fanées qui viennent de l'hôtel de Rambouillet. Je lis encore : « L'âme *angoissée* », (*angustatur*, Saint-Augustin). Il appelle les hypocrites « des *abuseurs* publics. » Plus loin, il dit : il *adultère* les ouvrages de Dieu » ; « ce Dieu *soulé* d'opprobres. »

2. Il y eut encore une transition dans ce développement. On peut signaler une année d'hésitation, (1659) celle où il fut tenté de suivre les exemples de saint Vincent de Paul, dont il était le disciple. Sous l'influence d'un tel maître, il faillit renoncer à des ornements qu'il jugeait trop profanes, et *mortifia* sa parole, pour la rendre plus évangélique. Mais il comprit bientôt qu'il fallait faire des concessions au goût du monde, dans l'intérêt même de la doctrine.

3. Il est vrai qu'on peut hésiter sur cette date. M. Floquet propose 1657, M. La-

pital général (aujourd'hui la Salpétrière), qui venait d'être fondé, et avait besoin d'être soutenu par la charité publique. Jamais il ne se montra plus tendre, plus véhément, plus évangélique. En célébrant l'apôtre qui « ne cherche pas à flatter les oreilles par des cadences harmonieuses, » ni « à charmer les esprits par de vaines curiosités, » mais « persuade contre les règles, captive les entendements, et porte ses coups droit au cœur, » il nous découvre, sans le vouloir, un des secrets de son propre génie [1]. Mais, tout en se proposant l'idéal de la primitive église, il comprend aussi les nécessités d'un autre âge, et ne refuse pas de reconnaître que « les dégoûts des délicats » peuvent contraindre l'orateur « à chercher des ornements étrangers, » dans l'intérêt même de la vérité. Les fleurs de l'élocution, il les tolère donc, mais pourvu que le discours « les entraîne après lui par sa propre impétuosité. » N'est-ce pas faire la poétique du genre où il est déjà maître ?

Oui, afin d'être efficace, Bossuet va, comme tout grand orateur, s'accommoder de plus en plus aux convenances d'un nouvel auditoire. Bien que ses origines soient antérieures à Louis XIV, son plein épanouissement n'éclate

---

chat 1661, M. Gandar 1659. Comme le manuscrit fait défaut, on ne peut décider en connaissance de cause. Mais l'hypothèse de M. Gandar paraît la plus vraisemblable. Cet hôpital contenait 4300 pensionnaires. Son discours avait pour texte ces paroles de saint Paul « Je ne me plais que dans mes faiblesses ; car, lorsque je me sens faible, c'est alors que je suis puissant. » Bossuet avait alors trente-deux ans.

[1]. Il faut citer tout ce passage : « Il ira cet ignorant dans l'art de bien dire, avec cette locution rude, avec cette phrase qui sent l'étranger, il ira en cette Grèce polie, la mère des philosophes et des orateurs ; et, malgré la résistance du monde, il y établira plus d'églises que Platon n'y a gagné de disciples, par cette éloquence qu'on a crue divine. Il prêchera Jésus dans Athènes, et le plus savant de ses sénateurs passera de l'Aréopage en l'école de ce Barbare. Il poussera encore plus loin ses conquêtes, il abattra aux pieds du Sauveur la majesté des faisceaux romains en la personne d'un proconsul, et il fera trembler dans leurs tribunaux les juges devant lesquels on le cite. Rome même entendra sa voix ; et un jour cette ville maîtresse se tiendra plus honorée d'une lettre du style de Paul, adressée à ses concitoyens que de tant de fameuses harangues qu'elle a entendues de son Cicéron. — Et d'où cela vient-il, chrétiens ? C'est que Paul a des moyens pour persuader que la Grèce n'enseigne pas, et que Rome n'a pas appris. Une puissance surnaturelle qui se plaît de relever ce que les superbes méprisent, s'est répandue et mêlée dans l'auguste simplicité de ses paroles. De là vient que nous admirons dans ses admirables Épîtres une certaine vertu plus qu'humaine qui persuade contre les règles, ou plutôt qui ne persuade pas tant qu'elle captive les entendements, qui ne flatte pas les oreilles, mais qui porte ses coups droit au cœur. »

qu'à partir du jour où le voisinage de la société polie lui conseille de ne rien forcer, et lui devient un de ces avertissements dont le génie lui-même a besoin pour produire tous ses fruits. Le commerce du monde polira son langage sans l'énerver. Il n'usera plus de ces termes qui pouvaient offenser les ombrageux. Il n'osera plus dire « *cette canaille* », en parlant des valets du grand prêtre, et des soldats de Pilate. Mais, s'il s'épure autant qu'il le faut, il ne s'appauvrit point; car il est de ces vaillants que fortifie la discipline; et, tout ce que perd sa fantaisie, sa raison le gagne. Il sera donc un des exemples de l'ascendant exercé par la personne même de Louis XIV sur tous ceux qui l'approchaient. Cette auguste présence lui fut un encouragement, et un aiguillon en même temps qu'un point d'appui[1].

Admis à parler devant un prince qui, de l'aveu de tous, eut tant de rectitude et de justesse, il sentit le bienfait de ce bon sens régulateur, et s'imposa la proportion, la bienséance, la réserve, c'est-à-dire des mérites qui contribuent à l'autorité morale.

Si, dans cette longue série de sermons dont les dates ne sont pas encore définitivement établies, vous voulez mettre la main sur un chef-d'œuvre, cherchez donc d'abord ceux dont il est dit : *Prêché devant le Roi;* cette épreuve est infaillible[2]. A mesure qu'il entre ainsi de plus près dans les réalités de la vie, son austérité s'adoucit par la pratique des hommes, mais sans que les principes fléchissent et que le désir de plaire fasse tort à la vertu de l'enseignement. Car Bossuet ne fut jamais un casuiste qui capte la faveur des puissants : témoin les mémorables sermons prononcés sur l'*Ambition* (19 mars 1662), l'*Honneur* du monde (21 mars 1660)[3], ou l'*Amour des plaisirs* (28 mars 1666)[4]. En face de la Cour et du Roi, il cherche à prévenir l'idolâtrie prochaine, et ne craint même pas

---

1. Il n'aurait pas eu la même assurance sous la Fronde.
2. Lisez par exemple le sermon sur la *Providence*, prêché au Louvre (9 ou 10 mars 1662), ou sur la *Mort* (le 24 mars 1662).
3. A Paris, chez les Minimes de la place Royale, devant le Prince de Condé.
4. A Saint-Germain-en-Laye.

de montrer, par l'exemple d'un Néron, ou d'un Nabuchodonosor « ce que peut faire dans le cœur humain cette terrible pensée de ne voir rien sur sa tête. » Toutes les grandes idées qui rappellent à l'orgueil les extrémités nécessaires des choses humaines, il les vit donc du premier coup d'œil, et les exprima d'une façon souveraine.

Dernière période, toute pastorale (1670-1704). — Après avoir effacé tous ses rivaux, il eût gardé le sceptre, si d'autres devoirs n'avaient réduit sa voix au silence. Dès lors, on ne l'entendit que dans les heures solennelles où il fut l'oracle du clergé Gallican et fêta quelque mort retentissante. En dehors de ces rencontres, il échappe du moins à la critique : car, de 1670 à 1704[1], il ne rédigea plus guère les exhortations où il réservait aux humbles « les restes d'une ardeur » qui ne s'éteignit jamais, comme l'atteste cette page de l'abbé Ledieu : « Le 2 avril 1702, M. de Meaux a assisté à la grand'messe, pour commencer le Jubilé ; et, sur les deux heures, il a fait un grand sermon dans sa cathédrale. Ce discours était très tendre, et M. de Meaux l'a prononcé avec toutes ses grâces, et aussi avec une voix nette, forte, en sorte qu'on l'a aisément entendu jusqu'aux portes de l'Église. Chacun se réjouissait de lui voir reprendre sa première vigueur. Il est sorti de chaire sans aucune fatigue, et néanmoins par précaution s'est mis au lit jusqu'au soir pour se reposer. Chacun l'est venu voir en sa chambre. » Il avait alors soixante-quinze ans. Cette journée pastorale ne nous montre-t-elle pas au naturel la vieillesse d'un génie qui n'eut pas de déclin ?

La théologie de Bossuet. L'interprète philosophique du dogme. Enthousiasme du docteur. Foi immuable, impérieuse. — Voilà une fin digne de celui qui disait : « Les prédicateurs doivent monter en chaire dans le même esprit qu'ils vont à l'autel, pour y célébrer un mystère, et un mystère semblable à celui de l'Eucharistie. » Oui, le

---

[1]. Voyez, dans l'édition de M. Brunetière, les sermons sur la Profession de madame de la Vallière (1675), sur la *Circoncision* (1687), sur la *Fête de Noël* (1691), sur l'*Octave du Saint-Sacrement* (1702).

dogme est l'essence de ses discours, et jamais la France ne vit une âme plus sacerdotale. A ce signe on reconnaît l'esprit d'un temps où les mondains eux-mêmes n'étaient pas indifférents aux questions théologiques. Mais nul autre aussi ne fut plus capable de forcer au moins l'attention des rebelles ; car sa doctrine n'a point les sécheresses d'un docteur. Elle procède moins par la dialectique et le raisonnement que par des éclairs d'intuition et des élans d'enthousiasme. Il tente l'insondable avec une sorte d'héroïsme. Ecoutez-le s'écriant : « O largeur! ô profondeur! ô longueur sans bornes et inaccessible Hauteur! pourrai-je vous renfermer dans un seul discours? Allons, mes frères ; *entrons dans cet abîme* de gloire et de majesté! *Jetons-nous* avec confiance *sur cet Océan!* ». Tantôt il regarde ainsi le mystère en face, et, comme dit M. Nisard, « se porte impétueusement au plus épais des saintes obscurités », en soldat courageux qui se lance dans la mêlée. « Tantôt il s'arrête ébloui, contraint de baisser la vue, et demande à remettre ses sens étonnés. » Ailleurs, il décide impérieusement, par autorité, comme un prophète qui a reçu les confidences de Jéhovah. Parfois, si les preuves manquent, cette impuissance même se tourne en motifs nouveaux de croyance ou d'émotion religieuse. S'il ne transforme pas ces ténèbres en lumière, il sollicite une inquiétude généreuse par l'exemple d'une haute raison qui s'humilie. Le plus souvent, il commence par démontrer rationnellement un principe, avant de le confirmer par l'Ecriture; mais, alors même, les arguments n'ont rien de didactique : ce sont plutôt les mouvements d'un cœur que la contemplation de la vérité toute pure ravit et transporte. On dirait qu'il tient la lyre de David, et chante dans la nuit.

Plus il s'élève vers l'infini, plus il se sent à l'aise dans ces libres espaces où se déploie le vol de sa pensée. Alors, l'abstraction prend corps et âme. Il a des images pour exprimer ce que l'œil ne peut voir, des harmonies pour traduire ce que l'oreille ne peut entendre; et, parmi ces méditations d'une conscience, rien de subtil ou de raffiné. La raison est présente jusque dans l'oubli qu'elle fait d'elle-même ; et le philosophe paraît encore jusque dans les occasions où il avoue son ignorance avec une simplicité d'enfant.

Cette obéissance qu'il pratique et qu'il commande ne lui coûte aucun sacrifice ; car il n'a jamais éprouvé ni les rêveries de Fénelon, ni les transes de Pascal, ni la curiosité ambitieuse de Malebranche. Il est évident que du premier au dernier jour il a cru, naturellement, et d'une foi immuable, à une révélation dont il est l'interprète et le ministre, presque au même titre que les Apôtres, auxquels l'unissent d'irrésistibles affinités. Il a le droit de dire comme eux : « Mon Évangile, mon Deutéronome, mon maître, mon Dieu. » N'est-il pas, comme eux, l'Homme du Très-Haut, et son Lévite par excellence? Aussi leur langage est-il le sien, et nul ne s'étonne qu'il les égale, ou même qu'il les surpasse.

Le moraliste pratique. Le directeur des consciences. Mesure. Franchise et courage. La vérité dite aux grands, à la cour, au roi. Discrétion et liberté. — Bien que Bossuet soit théologien par amour de la théologie, cependant il vise à la pratique ; car il estime que les vérités ne sont pas « des meubles superflus, mais des instruments nécessaires qu'il faut avoir toujours sous la main, parce qu'on en a toujours besoin pour *agir*. [1] » Il veut donc avant tout convertir des âmes. Sa parole est un exercice de charité ; elle éclaire les intelligences, pour gouverner les cœurs.[2] Or, il serait inique de le regarder comme un moraliste impitoyable qui propose un idéal inaccessible. Son bon sens connaît trop la faiblesse humaine pour ne pas proportionner le remède au mal, et la leçon aux courages. Il est trop soucieux de produire une action salutaire

---

1. Il dit ailleurs : « Ne combattez pas les doutes par des raisons, ni par des disputes, mais par des *œuvres*. »

2. « Mes frères, s'écrie-t-il avec un accent pratique, faites pénitence tandis que le médecin n'est pas encore à vos côtés, vous donnant des jours et des heures qui ne sont pas en sa puissance, et toujours prêt à philosopher admirablement de la maladie après la mort. Que la pensée du salut vienne de Dieu, et non de la fièvre, de la raison et non du trouble, du choix et non de la contrainte. »

pour épouvanter les pénitents. Il censure également tout excès de rigueur ou d'indulgence, et ne veut ni rétrécir, ni élargir les voies de Dieu[1]. » Au lieu d'engourdir ou d'abattre ainsi la volonté, il la réconforte en lui parlant comme ferait tout honnête homme à sa propre conscience.

Aussi, ne lui reprochons pas d'avoir été pliant et faible devant les forts. Non, il ne flatte pas les grands, et les vérités qu'il leur dit tombent d'aplomb sur les vices du temps. Quel autre a censuré plus énergiquement les habiles, les superbes, les égoïstes, les pharisiens, les hypocrites ? Quel avocat des pauvres s'est plus sincèrement révolté contre la cruelle indifférence des riches[2] ? Que d'allusions directes à tous les faux semblants ! « L'impudicité ne perd-elle pas son nom pour prendre celui de galanterie; et n'avons-nous pas vu le monde poli traiter de sauvages et de rustiques ceux qui n'avoient point de telles attaches ?... La dignité d'homme de bien se soutient plus par esprit et industrie que par probité et par vertu : on est assez réglé pour le monde, quand on a l'adresse de se ménager, et l'invention de se couvrir. » Que de précision et de franchise dans ses tableaux de mœurs : « Les dettes du jeu sont privilégiées; et, comme si ses lois étoient les plus saintes et les plus inviolables, on se pique d'honneur d'y être fidèle... pendant qu'on ne craint pas de faire misérablement languir des marchands et des ouvriers qui seuls soutiennent depuis si longtemps cet éclat que je puis bien appeler doublement trompeur et doublement emprunté, puisque vous ne le tirez ni de votre vertu, ni même de votre bourse : leur famille éplorée, que votre vanité réduit à la faim, crie vengeance devant Dieu, contre

---

1. « Il a pris à quelques docteurs une malheureuse et inhumaine complaisance; une *pitié meurtrière, qui leur a fait porter des coussins sous les coudes des pécheurs*, chercher des couvertures à leurs passions, pour condescendre à leur vanité, et flatter leur ignorance affectée... Quelques autres non moins extrêmes ont tenu les consciences captives sous des rigueurs très injustes. Ils ne peuvent supporter aucune faiblesse. *Ils traînent toujours l'Enfer après eux*, et ne fulminent que des anathèmes. » (Oraison funèbre de Nicolas Cornet).

2. Il leur montre Lazare expirant à la porte de leurs hôtels et de leurs châteaux. Il compare leurs passions à « d'autres pauvres affamés et insatiables qui exigent l'aumône avec impudence, et l'arrachent par violence. »

votre luxe. Ou bien, si l'on est soigneux de conserver son crédit en certaines choses, de peur de faire tarir les ruisseaux qui entretiennent votre vanité, on néglige les vieilles dettes ; on ruine impitoyablement les anciens amis, amis infortunés devenus ennemis par leur bons offices : on ne les regarde plus désormais que comme des imposteurs qu'on veut réduire, en les fatiguant, à des accommodements déraisonnables, ou à qui l'on croit faire assez de justice quand on leur laisse, après sa mort, les débris d'une maison ruinée, et les restes d'un naufrage que les flots emportent. » Ailleurs, on croirait lire Molière, quand il s'écrie avec Alceste : « L'amitié n'est qu'un nom en l'air dont les hommes s'amusent mutuellement, encore qu'on ne vît jamais plus de caresses, plus d'embrassements, plus de paroles choisies pour témoigner une parfaite cordialité. »

Quelle science de la ville et de la cour, quelle pitié pour les humbles et quel mépris des insolents, lorsqu'il dit : « Les péchés qui naissent du besoin sont serviles et timides. Quand un pauvre vole, il se cache ; quand il est découvert, il tremble. Il n'oseroit soutenir son crime, trop heureux s'il le peut envelopper dans les ténèbres. Mais ces péchés d'abondance, ils sont superbes et audacieux ; ils veulent régner : vous diriez qu'ils sentent la grandeur de leur extraction. C'est là que la convoitise va tous les jours se subtilisant et renviant sur soi-même. Pendant que tout le monde applaudit, on se résout facilement à se faire grâce ; et, dans cette licence infinie, on compte parmi ses vertus tous les crimes dont on s'abstient. » Ne reconnaissez-vous pas encore la clairvoyance d'un juge, quand il tourne en dérision le zèle de ces mondains qui viennent à Dieu « pleins de leurs pensées, non pour entrer tremblants dans l'ordre de ses conseils, mais pour le faire entrer dans leurs sentiments. Vous *prétendez que lui et ses saints épousent vos intérêts, sollicitent vos affaires,* favorisent votre ambition. Dans l'espérance de ce secours, vous lui promettez de le bien servir, et vous *voulez qu'il vous achète à ce prix, comme si vous lui étiez né-*

cessaires. C'est méconnoître votre Sauveur, et traiter avec lui d'égal à égal. Vous mettez à la fin de la prière : *Votre volonté soit faite,* comme à la fin d'une lettre, *votre serviteur*. »

Il ne ménage pas davantage les prétendues pénitentes. Que de grandes dames durent se reconnaître dans cette plainte contre le luxe que la coquetterie apporte au pied des autels : « Que vous veniez dans ce temple mieux parée que le temple même, que vous y veniez la tête levée orgueilleusement, *comme l'idole qui y veut être adorée...,* que vous fendiez la presse avec grand bruit pour détourner sur vous et les yeux et les attentions que Jésus-Christ présent demande, que, pendant la terrible représentation du sacrifice sanglant du calvaire, vous vouliez que l'on songe non point combien son humanité a été indignement dépouillée, mais combien vous êtes indignement vêtue, ni combien son sang a sauvé d'âmes, mais combien vos regards en peuvent perdre, n'est-ce pas une indignité insupportable ? » Ailleurs, c'est de l'ironie contre les mensonges de la dévotion : « Le carnaval, dit-il, mieux observé que le carême va devenir la grande affaire du monde... *Infatigable pour les plaisirs, on commence à devenir infirme pour la pénitence. Les médecins ne suffiront pas à écrire des attestations d'infirmités, ni les prélats à en donner les dispenses.* » La Bruyère ne peindra pas plus au vrai la vie des courtisans qui « s'abîment dans un commerce éternel d'intrigues », et « ce mouvement perpétuel qui... ne laisse pas de satisfaire par l'image d'une liberté errante, promenant de çà, de là, ses désirs vagues et incertains. » L'Église n'est pas même épargnée, quand, affligé de voir les dignités ecclésiastiques prodiguées à l'ambition « d'une jeunesse imprudente et ignorante », il s'écrie : « Quel spectacle, lorsque... celui qui devroit payer de sa personne, paye à peine de mine et de contenance ! »

Pour ce qui est du roi, il évite, je l'avoue, de le mettre ouvertement en cause, et ne publie pas du haut de la chaire des secrets trop connus ; mais il sait concilier le respect du sujet avec la liberté du prédicateur. Ses ménagements n'adoucissent le blâme que pour le rendre plus pénétrant. S'il ne froisse pas inutilement l'orgueil du souverain, et se garde bien d'offenser la majesté du trône, il se fait comprendre à mots couverts, lorsqu'il lui dit par exemple : « Faisons retentir le calvaire de nos cris et de nos sanglots : *rompons tous ces indignes commerces* [1] » ; ou bien, ailleurs : « Il y a un Dieu dans le ciel qui venge les péchés des peuples, mais surtout qui venge les péchés des rois. C'est lui qui veut que je parle ainsi ; et, *si votre Majesté l'écoute, il lui dira dans le cœur ce que les hommes ne peuvent pas dire.* [2] » N'y a-t-il pas quelque courage dans cette tristesse du moraliste chrétien dont la réserve n'est qu'une précaution pour mieux dire tout ce que le devoir commande ?

La question littéraire. Simplicité lumineuse de ses plans.—Ce souci de la responsabilité pastorale est tellement habituel chez Bossuet qu'on a l'air de lui faire injure en le soumettant à une étude littéraire. Ce sera pourtant rendre un nouvel hommage à son caractère que de louer en ses discours la composition ou le style : car c'est démontrer une fois de plus qu'il va toujours droit à la substance des choses.

Voilà pourquoi ses idées s'engendrent par une sorte de nécessité ; c'est qu'elles sortent des principes, comme un flot de sa source. Il semble monter, dès l'abord, sur un de ces sommets d'où son regard embrasse d'une seule vue comme un immense horizon. Aussi n'a-t-il jamais besoin de ces divisions étroites qui ménagent des repos à la faiblesse, ni de ces liaisons factices qui aident une courte mémoire. Il raisonne logiquement sans artifice logique, par des pensées maîtresses qu'unissent les rapports les plus généraux et les plus naturels. De là ce mouvement qui entraîne l'ensemble de ses preuves, et

---

[1]. Troisième sermon sur la *Passion*.
[2]. Sermon pour la *Charité fraternelle*. Je lis ailleurs : « Sire, vous savez les besoins de votre peuple, le *fardeau excédant ses forces* dont *il est chargé*. Il se remue pour Votre Majesté quelque chose d'illustre et de grand qui passe les destinées de vos prédécesseurs. Soyez fidèle à Dieu, et *ne mettez pas d'obstacles par vos péchés aux choses qui se couvent.* »

leur communique une force persuasive. De là cette aisance d'un esprit tout plein de son sujet, et qui le domine, sans le moindre effort.

Il improvise toujours. Candeur de son style. — Aussi n'imposait-il point à sa verve les contraintes de la mémoire. Ces ébauches qui sont parvenues jusqu'à nous n'étaient donc qu'une première improvisation qui préparait l'autre. A peine prenait-il le temps d'achever ou de relire cette rédaction rapide et récente qui, tout en fixant les lignes essentielles d'un développement, le laissait libre de se livrer à toutes les heureuses rencontres d'une inspiration excitée sans cesse par la vue de son auditoire, et l'entrain du champ de bataille[1]. Il retrouvait alors la route tracée d'avance, mais sans être jamais l'esclave de ses souvenirs.

Or, si sa parole écrite a conservé tant de flamme, que dirions-nous donc de ces accents imprévus qui furent le miracle de son éloquence soudaine? Ce qu'on peut du moins affirmer, c'est qu'il ne pensa jamais à lui-même et à la renommée. Voilà ce que proclame ce style tout voisin de l'âme, et dont le pathétique va d'instinct au sublime. Quand on le lit, on croit l'entendre; soit qu'il s'élève sans se guinder, soit qu'il s'abaisse sans déroger, il nous charme par la naïveté d'un premier et irrésistible élan. Que de fois il lui arrive de laisser échapper des cris involontaires comme ceux-ci : « Ah! mes frères, je n'en puis plus... non, je ne peux plus retenir mon cœur »; ou bien encore ce sont de brusques apostrophes : « Parlez, parlez, Messieurs : démentez-moi hautement, si je ne dis pas la vérité. » On voit son geste; sa physionomie est en jeu, on assiste à l'éclosion de sa pensée. Partout se trahit une candeur qui enchante. Parfois, il désespère d'exprimer ce qu'il sent : « Je ne sais, dit-il, si j'enfanterai ce que je conçois. » Ailleurs, il a l'air d'écouter l'Esprit, et d'atten-

---

1. Il le disait à l'abbé Ledieu : « La nécessité d'apprendre par cœur eût fait languir mon action, et eût énervé mon discours. » Avec Fénelon, il pensait que la science de la religion, la méditation du sujet, et l'esprit évangélique doivent suffire à l'orateur sacré pour se présenter avec assurance devant des chrétiens.

dre le Dieu. Il en est tout plein dans ce *Te Deum* qu'il entonne en faveur de la paix des Pyrénées, avec une effusion vraiment patriotique : « Ça, ça, peuples, qu'on se réjouisse ; et, s'il y a encore quelque maudit reste de malignité passée, qu'elle tombe aujoud'hui devant ces autels... Je ne brigue point de faveur, je ne fais pas ma cour dans la chaire. A Dieu ne plaise ! Je suis François, et je suis chrétien : je sens, je sens le bonheur public, et je décharge mon cœur devant Dieu sur le sujet de cette paix bien heureuse qui n'est pas moins le repos de l'Église que de l'État. »

L'imagination de Bossuet. Le sermon dramatique. Le poète. Le peintre. — L'ingénuité de Bossuet n'a d'égale que son imagination. Plusieurs de ses sermons ressemblent à un drame où les vices et les vertus, la raison et la foi, deviennent autant de personnages qui prennent figure et jouent un rôle tragique sur la scène de la Corscience [1]. Il revêt la métaphysique ou la morale de formes et de couleurs qui parlent aux yeux ; mais ces métaphores, ces comparaisons et ces allégories ne sont pas l'amusement d'un bel esprit ; car, outre qu'elles naissent sans qu'il les cherche, elles sont toujours des arguments qui rendent la vérité plus visible et touchent la raison par les sens. Jugez-en par ce trait : « L'inclination rend le vice aimable, l'habitude le rend nécessaire. Nous n'avons en notre pouvoir ni le commencement de l'inclination, ni la fin de l'habitude. L'une nous *enchaîne et nous jette dans une prison. L'autre nous y enferme et mure la porte sur nous*, pour ne plus nous laisser aucune sortie. » C'est ainsi qu'il dit encore, au risque de paraître trop familier : « Ignorez-vous de quelle sorte les péchés s'engendrent en nous. Ils y naissent *comme des vers*, non engendrés par le dehors, mais conçus et *bouillonnants* au dedans de la pourriture invétérée de notre substance. » Quelle spontanéité dans ces similitudes qui veulent forcer les plus distraits à entendre la leçon, et à la retenir ! C'est aussi que

---

[1]. « Les passions, *troupe mutine* et emportée, font retentir de toutes parts un cri *séditieux*, où l'on n'entend que ces mots : *Apporte, apporte.* »

sous l'orateur il y a un poète, et que pour lui toute pensée est vraiment une vision. Par là, son langage est une peinture. S'il parle des démons, il les représente « comme des victorieux cruels qui se rendent maîtres d'une âme, y *entrent avec furie*, la *pillent*, la *ravagent*, la *violent*. » S'il flétrit la cupidité, il dira : « Vous avez dépouillé cet homme pauvre, et vous êtes devenu un grand fleuve engloutissant les petits ruisseaux : par quels moyens ? je ne me soucie pas de le pénétrer, que ce soit en levant les bondes des digues, ou par quelque machine plus délicate : enfin, vous avez mis cet étang à sec, et il vous redemande ses eaux. Que m'importe, ô grande rivière, par quels détours elles ont coulé dans ton sein ? Je vois que vous l'avez desséché. » Mais il suffit de lire n'importe quelle page pour s'assurer que Bossuet vaut Homère par la faculté de créer des images [1].

La langue de Bossuet. Ses latinismes. Fécondité d'invention. — Cette liberté d'invention, nous la retrouvons dans sa langue même, la plus audacieuse et la plus personnelle qui soit dans l'histoire de notre littérature. Il l'a forgée de toutes pièces par une fréquentation constante de la double antiquité profane et sacrée. « J'ai fait peu de lectures des livres françois », disait-il dans un opuscule postérieur à 1670 [2]. Mais ce qu'il savait à fond, c'était le latin, celui de Cicéron comme celui de Tertullien et de saint Augustin. Il le parlait ou l'écrivait aussi couramment que son idiome maternel. De cette science intime, et de l'usage quotidien qu'il en fit découla son français original qui se souvient encore de ses racines. Cette sève

---

1. Il n'est pas moins inventif et pittoresque dans le détail de l'expression. En voici quelques exemples : « Le péché fait un *cri terrible* aux oreilles toujours attentives de Dieu. — En *croupissant*, la colère s'aigrit. — Le *hennissement* des cœurs lascifs. — Écoutez, esprits téméraires et follement curieux..., laissez *traiter vos yeux malades*. Souffrez qu'on les *nettoie*, qu'on les fortifie. — Vous avez acquis de grands biens, mais vos infirmités vous empêchent d'en jouir : c'est *avoir le verre en main, et ne pouvoir boire*, bien que tourmenté d'une soif ardente. — Donnez-moi ce *couteau*, que je le porte jusqu'à la racine, que je *coupe* jusqu'au vif, que j'aille chercher jusqu'aux moindres fibres des inclinations corrompues. »

2. *Sur le style et la lecture des Pères de l'Eglise pour former un orateur.*

romaine éclate non seulement dans le détail des expressions, mais dans l'ampleur des tours, les mouvements, les jointures de la phrase, et le geste familier de l'orateur, c'est-à-dire dans ces brusqueries grandioses auxquelles se plaisait la nation qui porta la toge. Chez lui, ce n'est pas accident curieux à noter, mais bien caractère, habitude et principe, comme le déclarent ces conseils qu'il donne à l'orateur sacré : « On prend dans les écrits de toutes les langues le tour qui en est l'esprit, *surtout dans la latine dont le génie n'est pas éloigné du nôtre, ou plutôt qui est tout le même.* » C'est ainsi que, réintégrant les formes du langage dans leur sincérité native, il en renouvelle la saveur et la verdeur. De là vient la vertu de son élocution : il la déduit, et la conclut d'autorité, sur la foi de ce qu'on pourrait appeler son extrait de naissance.

Bossuet comparé à Bourdaloue. — On appréciera mieux encore l'originalité de Bossuet, si on le compare à Bourdaloue qui continua ses exemples sans le faire oublier. Logicien grave et pénétrant, trop attentif aux choses pour s'inquiéter des mots, écrivain clair, exact et probe, il ne songeait, lui aussi, qu'à l'édification des fidèles. Il se montra supérieur par la beauté de ses plans, la rigueur de sa dialectique, le tissu serré de l'exposition, l'autorité d'une irréprochable orthodoxie, la science du cœur humain[1], et la ferveur de sa charité. Mais sa méthode rappelle trop qu'il avait enseigné les sciences pendant dix-huit ans. Il n'est aucun terme qu'il ne définisse, aucune proposition qu'il ne prouve ; il abuse de l'appareil technique. Dans la nudité de son style exact mais timide, véhément mais décoloré, vigoureux mais froid, il n'y a rien pour l'imagination. Chez lui ne s'éveille jamais cet œil intérieur qui voit l'objet et le fait voir. S'il est par excellence le prédicateur ordinaire qui fait un cours de christianisme pratique, et l'ouvrier apostolique distribuant le pain quotidien, s'il atteint sûrement la moyenne des auditeurs, il doit pourtant

---

1. Il « frappait comme un sourd » sur les vices assis au pied de sa chaire. Sa parole avait la véhémence d'un réquisitoire. « Silence, voici l'ennemi » ; disait de lui le Prince de Condé. Il faisait trembler les courtisans.

céder la palme à un génie dont le verbe est ailé comme celui des prophètes.

Bossuet et Massillon. Conclusion. — Quant à Massillon, qui reçut le redoutable héritage de ces deux maîtres, son enseignement devait se signaler aussi par des mérites qui s'accommodèrent à des temps nouveaux. La part du dogme déjà réduite par Bourdaloue, il la supprime tout à fait, ou ne la rappelle que par acquit de conscience. Sa doctrine n'est plus guère qu'une philosophie morale. Il fallait bien faire quelques avances à ces esprits qui se piquaient de ne connaître que la raison. Ces transactions qui donnèrent l'exemple du respect humain sont-elles dignes de l'Évangile et de ses ministres? Ne risquent-elles pas de compromettre les principes qu'elles désirent sauver? C'est une question que chacun résoudra selon ses sentiments. Toujours est-il que Massillon ne fut point homme à braver des oreilles superbes. Au lieu de résister à l'opinion, il crut plus sage de lui céder; et, pour compenser ce sacrifice, il rassura ses propres scrupules en exagérant les obligations du devoir jusqu'à désespérer les saints. Telle est du moins l'impression que laisse son discours sur le *Petit nombre des Élus*; car il y apparaît, « l'épée en main, dit M. Nisard, comme un ange exterminateur ». Or, le péril de ce zèle intempérant ne serait-il pas d'ôter au pécheur le désir même de s'amender? Demander aux faibles plus qu'ils ne peuvent, c'est en effet les enfoncer plus avant dans l'inertie : voyant que l'innocence est interdite aux meilleurs, les uns se résignent à mériter l'anathème, et les autres en sourient; car il ne les effraie pas plus qu'une figure de rhétorique.

Ajoutons que, s'il est maître à son tour dans l'art de l'amplification, il fait montre de son industrie, au point qu'il nous semble parfois plus soucieux de plaire que de persuader. Ses divisions et subdivisions ne portent pas toujours sur l'essentiel; il confond les petites raisons avec les grandes, énerve quelquefois son sujet à force de l'étendre, et a l'air d'avancer, lorsqu'il piétine. Enfin, tout en admirant sa richesse cicéronienne, les ressources ingénieuses de sa diction, une mélodie incomparable, et le savant équilibre de ses périodes symétriquement balancées pour le plaisir de l'oreille, nous applaudissons dans cette dextérité un contemporain des beaux esprits que charmait Fontenelle.

Mais ne soyons pas trop rigoureux pour des défauts qui se dérobent sous l'agrément. Puisque l'auditoire crée l'orateur, il faut bien que les formes du discours varient avec les mœurs. Seulement, si Massillon a pu être appelé le Racine de la chaire, mettons hors de pair celui qui en fut le Corneille, et parfois l'Eschyle; car ses sermons restent l'exemplaire unique de la plus haute éloquence dans la plus belle des langues.

DE L'ORAISON FUNÈBRE.

ÉTUDE HISTORIQUE ET LITTÉRAIRE

L'oraison funèbre et ses origines. — Interprète du deuil, du regret et des consolations, le discours funèbre procède des sentiments les plus naturels au cœur humain. Aussi est-il une des formes primitives de l'éloquence. Si rien n'est plus spontané que le culte des morts, si la reconnaissance superstitieuse des moindres peuplades élevait au rang des dieux les chefs ou les bienfaiteurs de la tribu la plus obscure, on ne s'étonnera pas de rencontrer chez des nations fameuses ces solennelles expressions d'une commune douleur. C'est ainsi que les livres saints nous font entendre la plainte de David pleurant le courage de Saül et la beauté de Jonathas. Jusque dans cette Égypte monotone où les mœurs, les coutumes, l'immobilité des castes et « le muet langage » des hiéroglyphes semblaient « avoir établi l'empire du silence »[1], les priviléges d'une ombrageuse théocratie conféraient aux prêtres le droit de soumettre les

---

1. Ces expressions ingénieuses sont de M. Villemain.

rois à un jugement posthume, et d'exalter ou de condamner leur mémoire devant une assemblée populaire[1].

Chez les Athéniens, elle fut un hommage de reconnaissance nationale. Son caractère démocratique. Grandeur et décadence du genre. — A plus forte raison la Grèce républicaine ne pouvait-elle manquer de consacrer avec éclat les funérailles des citoyens dont elle voulait perpétuer les exemples. Chez les Athéniens surtout, dans une cité que gouvernait la souveraineté de la parole, ces hommages furent une sorte d'institution nationale. Au lendemain de la victoire ou de la défaite, on recueillait pieusement les dépouilles de ceux qui venaient de succomber pour la défense de la patrie; puis, exposées durant trois jours à la vénération publique, et, le quatrième, ensevelies dans des cercueils de cyprès, elles étaient conduites au lieu de la sépulture sur des chars qui portaient chacun le nom du dême auquel appartenaient les morts. Nul dévouement ne demeurait sans récompense; car en ce cortège un cénotaphe représentait les combattants dont les corps étaient restés au pouvoir de l'ennemi. C'est alors qu'un orateur choisi par le peuple, ou désigné[2] par les magistrats, prononçait l'éloge des victimes, et animait les vivants soit à venger leur trépas, soit à soutenir leur renommée par l'émulation des mêmes vertus.

Au sein d'une démocratie jalouse[3], où le patriotisme fut d'ailleurs le plus naturel des devoirs, ces louanges ne publiaient donc point les mémorables actions d'un grand homme : elles s'adressaient aux humbles soldats qui s'étaient sacrifiés à une cause généreuse. Le génie d'Athènes remplissait seul un panégyrique anonyme et collectif, qui associait aux larmes des familles l'enthousiasme dont la fierté respire dans les *Perses* d'Eschyle « cet Homère de

---

1. C'est du moins ce qu'affirme le témoignage de Diodore de Sicile.
2. Cet usage de louer les morts nous explique la sentence des Athéniens condamnant dix stratèges au supplice, parce qu'ils avaient négligé de recueillir les corps de leurs soldats naufragés.
3. L'ostracisme y laissait rarement un grand homme mourir dans sa patrie.

la Grèce historique[1]. » Tels furent les honneurs décernés aux héros de Marathon, de Salamine et de Platée. De ces monuments, le plus antique est celui qui nous fait admirer Périclès parlant ainsi des guerriers qui avaient péri dans un combat contre Samos : « Ces hommes sont devenus immortels comme les dieux eux-mêmes ; car nous ne voyons pas les dieux en réalité, mais par le culte qu'on leur rend et les biens dont ils jouissent, nous jugeons qu'ils sont immortels. Or les mêmes signes existent dans ceux qui meurent pour le salut de leur pays. » Mais, à partir du jour où des conflits fratricides éclatèrent entre les cités, ces pompes traditionnelles devinrent moins imposantes, et finirent même par dégénérer en un cérémonial où les hommes d'État, se trouvant à l'étroit, s'étudiaient à éluder par des digressions politiques les lieux communs d'une rhétorique vulgaire. Thucydide nous en offre un exemple lorsqu'aux débuts de la guerre du Péloponèse, après le premier sang versé, il prête à Périclès les virils accents de cette harangue où, faisant un tableau rapide et embelli d'Athènes, de ses lois, de ses fêtes et de ses mœurs sociables, il oppose cet idéal à la rudesse inhospitalière et à la sombre discipline de la barbarie lacédémonienne. Au milieu de ces détours où se complut un auditoire amoureux de lui-même, il se montre plus soucieux de lui plaire par de flatteurs encouragements, que fidèle au pathétique simple et touchant d'une oraison funèbre[2]. Il y revient pourtant avec une austère sobriété dans la péroraison où son stoïcisme exige des Athéniennes l'impassible résignation des mères spartiates.

La décadence de l'esprit civique devait entraîner celle d'une éloquence dont il est l'âme. Il convient cependant de signaler encore parmi les modèles dignes d'échapper à l'oubli ce discours où Lysias appelait la gratitude de ses concitoyens sur les familles décimées par la guerre, dans la

---

1. M. Villemain.
2. Est-ce dans cette circonstance que Périclès prononça ces mots qu'on lui attribue : « *L'année a perdu son printemps* » ? On l'ignore. Toujours est-il que Thucydide n'a pas cru devoir reproduire ce trait.

ligue qu'Athènes, Corinthe et Thèbes, avaient formée contre le joug de Sparte. « Nous n'avons, disait-il, qu'un moyen d'acquitter notre dette ; c'est d'honorer les pères des morts, comme eux-mêmes l'auraient fait, de chérir leurs enfants, comme s'ils étaient les nôtres, et d'assurer à leurs femmes la protection qu'elles eussent trouvée dans leurs époux. Il faut regarder comme fortunés ceux qui, bravant le plus noble des périls, ont terminé leur vie sans s'exposer aux caprices de la fortune, et, loin d'attendre la volonté de la mort, ont choisi de leur plein gré la fin la plus glorieuse. Pour moi, j'envie leur trépas ; car j'estime que la naissance est un bien pour ceux-là seulement qui, délivrés de ce corps périssable, nous lèguent par leurs vertus un éternel souvenir. »

Si, dans ce genre qui commençait à s'épuiser, Démosthène ne nous a laissé que des fragments dont l'authenticité parut contestable aux anciens eux-mêmes, c'est que son génie militant préférait la lutte au panégyrique. Il ne possédait toutes ses ressources que dans les occasions où il avait un ennemi à vaincre et un adversaire à persuader. Quoi qu'il en soit, il sut pourtant se plier aux formes de la louange, s'il est vrai qu'on puisse lui attribuer ce passage où il aurait dit : « Ceux qui tombent sur le champ de bataille ne sont pas compris dans la défaite ; tous, ils participent également à la victoire[1]. » Pour compléter cette esquisse, mentionnons Hypéride[2]. Car, dans les suprêmes convulsions de la Grèce agonisante, quinze ans après Chéronée, il brava l'épée brutale d'Antipater, par l'intrépidité d'une parole qui consacra la dernière libation du sang répandu vainement pour l'indépendance d'Athènes. Il n'assista pas du moins aux hontes de la servitude. N'eut-il pas, comme Démosthène, la gloire de périr avec la liberté ?

L'éloge funèbre à Rome. Son caractère aristocratique Son rôle sous l'empire.. — A Rome, nous retrouvons l'oraison funèbre ; mais au lieu de paraître une sorte de cou-

---

[1]. Denys d'Halicarnasse et Libanius refusent à Démosthène l'éloge des morts de Chéronée.
[2]. L'avocat de Phryné. Il mourut en 322.

ronne déposée par la Patrie sur la tombe des fils qu'elle décorait d'un triomphe, elle ne cessa pas d'être une prérogative que les patriciens se réservèrent, avec le droit d'être ensevelis dans un linceul de pourpre. Si dans l'origine le peuple fut convoqué sur le Forum pour entendre l'éloge de Brutus[1] et des vertus républicaines, l'usage de louer les morts ne tarda point à se tourner en démonstrations ambitieuses où s'étalait l'orgueil d'une aristocratie puissante. C'est ainsi que durant sa questure, sous prétexte de rendre de pieux devoirs à sa tante Julie et à sa femme Calpurnie, César, non sans arrière-pensée politique, fit remonter l'origine de sa race au sang des rois et des dieux. Ces mensonges furent poussés à un tel excès que les historiens eurent peine à reconnaître la vérité parmi tant d'impudentes falsifications[2]. Il y eut aussi là des menaces de tyrannie prochaine, comme le prouva l'apologie du dictateur déclamée par Antoine devant ses restes sanglants. Si quelque temps après, à une époque où les armées n'étaient plus que des instruments de domination aux mains d'un maître passager, Cicéron put encore, devant le sénat, dans la dernière de ses Philippiques, honorer les morts de la légion de Mars[3] par les accents d'une voix vengeresse, qu'allaient étouffer les sicaires du triumvir, ce fut en vain qu'il tenta d'encourager le patriotisme par la gloire; car le vainqueur d'Actium devait bientôt monter seul à la tribune définitivement « pacifiée[4] ». Dès lors, soumise à la censure du pouvoir[5], l'oraison funèbre n'eut pas d'autre office que de flatter les souverains;

---

1. On cite aussi l'éloge de Valerius Publicola par Brutus, et d'Appius Claudius Cæcus par son fils.
2. C'est ce que dit Cicéron : « *His laudationibus historia rerum nostrarum est facta mendacior; multa enim scripta sunt eis quæ facta non sunt, falsi triumphi, plures consulatus, genera etiam falsa :* Par ces panégyriques, notre histoire est devenue plus mensongère : car on imagina bien des faits supposés, de faux triomphes, des consulats renouvelés, ou même des généalogies controuvées.
3. Quatorzième Philippique. Ces soldats avaient péri dans un combat contre Antoine, sous les murs de Modène.
4. Pour louer son neveu Marcellus, et Drusus, le fils de sa femme.
5. Le droit de prononcer ces discours n'appartenait qu'à certains magistrats désignés par le prince.

ou plutôt ils jugèrent plus sûr de célébrer eux-mêmes leurs prédécesseurs. Ainsi firent Tibère, Caligula, Claude et Néron que l'on vit, tout enfant, débiter, en l'honneur de son père adoptif empoisonné par le *mets des dieux*[1], un discours composé par Sénèque. Plus tard Rome applaudit l'apothéose de Poppée, et Domitien osa parler de sa douleur sur la tombe du frère qu'il venait d'assassiner. Plusieurs de ces monstres prirent même la précaution de prononcer, de leur vivant, leur propre éloge. Bref on peut dire, sauf exception rare[2], que les héros valurent les panégyriques.

L'oraison funèbre aux premiers temps de l'Église grecque et latine. — Il appartenait au christianisme de purifier ces souillures, et de réhabiliter un genre justement décrié. Aussi respectueux pour la mort que pour la vie des hommes rachetés par le sang du Rédempteur, ouvrant aux âmes les perspectives d'une immortalité qui n'était plus la récompense précaire décernée par une patrie terrestre[3], il transforma l'orateur en un moraliste qui, tout en proclamant notre misère, nous fortifie par le sentiment de notre grandeur, nous révèle nos destinées, nous console par le dogme de la vie future, et nous anime à d'infaillibles espérances par des leçons dont l'autorité s'adresse au riche comme au pauvre, au prince comme au sujet, humiliés dans la même poussière, devant l'égalité que la loi de nature établit entre toutes les conditions. C'est dire que cet enseignement de l'exemple aura plus d'influence et de portée, s'il nous offre une de ces existences illustres auxquelles est assuré le retentissement durable de l'histoire.

---

1. Agrippine hâta la fin de Claude par un plat de champignons empoisonnés.

2. Antonin fut célébré par Marc-Aurèle, et Pertinax par Septime Sévère.

3. « Rappelez dans votre éloge, disait Cicéron, la noble naissance de votre héros, sa beauté, sa force, ses richesses. Si de tels avantages sont par eux-mêmes peu dignes de louanges, c'est un mérite d'en avoir bien usé. Vantez ses vertus, et celles qui furent surtout utiles à lui-même, et celles qui tournèrent au bien de ses semblables, les unes, parce qu'elles produisent l'admiration, les autres, parce qu'elles excitent la reconnaissance. Célébrez surtout les belles actions accomplies par le courage sans espoir de récompense. Louez même le bonheur comme un don des immortels. »

Mais l'Église souffrante ne pouvait nous transmettre que des noms obscurs de héros sanctifiés par le martyre, et leur éloge, comme leurs reliques, dut se dérober à la lumière, dans le secret des catacombes. Même au quatrième siècle, quand la société religieuse parut au grand jour, les premières oraisons funèbres qui méritent l'attention ne sont point un panégyrique officiel, mais une sorte de sermon où les souvenirs du foyer se mêlent à des conseils édifiants. Tel fut, entre autres, le tribut de regrets dont s'acquitta saint Grégoire de Naziance envers son frère Césarius qui, médecin de la cour impériale, était demeuré fidèle à sa foi, dans le palais même de Julien l'apostat[1]. Ces adieux se distinguent par l'onction d'une sensibilité sincère, et des élans qui ne languissent pas dans le voisinage de Bossuet[2], témoin cette péroraison : « Alors, Césarius, je pourrai te revoir, non plus exilé, non plus enseveli, non plus objet de larmes et de pitié, mais glorieux, triomphant et couronné, tel que souvent, ô le plus tendre des frères, tu m'apparus en songe soit par une illusion de mes désirs, soit par l'effet de la réalité même. » A cette homélie domestique nous préférons toutefois l'éclat du discours où il solennisa les funérailles de saint Basile[3]. Car l'éloquence de son deuil fut alors digne de l'amitié qui avait uni les cœurs de ces grands évêques, tous deux chrétiens dès le berceau, tous deux aussi épris d'admiration pour les lettres profanes que de ferveur pour les saintes Écritures, tous deux promus aux suprêmes honneurs du sacerdoce, et non moins inséparables par la fraternité de leur apostolat que par celle de leurs talents.

Si l'Église latine est inférieure[4] à sa sœur d'Orient, élevée

---

1. Il est vrai que l'empereur ne l'en estima pas moins; il ne voulut pas lui opposer d'autres armes que le raisonnement.
2. Ce passage rappelle un mouvement analogue qui termine l'oraison funèbre de Condé. — Saint Grégoire eut aussi la douleur de faire des adieux publics à sa sœur Gorgonia, et à son père, évêque de Naziance.
3. Il était alors patriarche de Constantinople.
4. Si saint Grégoire n'eut pas le goût irréprochable; s'il manque de pathétique, il rappelle Isocrate par la richesse des images et la symétrie savante d'une diction ingénieuse. — Saint Grégoire de Nysse, frère de saint Basile, fit

à l'école de la Grèce, il serait pourtant injuste de méconnaître le mérite de saint Ambroise et de saint Jérôme. L'un, qu'immortalise l'arrêt dont il osa frapper le crime de Théodose, loua son frère Satyrus avec le charme des sentiments vrais et les défauts d'un style gâté par la rouille de la barbarie. L'autre ne monta jamais dans la chaire, pour présider à d'illustres obsèques; mais quelques-unes de ses lettres sont émues d'une tristesse pathétique, entre autres, celles que lui inspira la mort de Népotien, le plus cher de ses disciples, ravi dans la fleur de l'âge à ses religieuses espérances, et la perte plus cruelle encore de Paula, cette fille des Scipions qui, préférant Bethléem à Rome, aima mieux nourrir les indigents, et veiller près du lit des malades que goûter les hommages du monde, et briller parmi ses splendeurs.

Le panégyrique au moyen âge et après la Renaissance. — Tel fut l'héritage que devait recueillir le siècle de Louis XIV. Mais avant l'avénement des noms glorieux, il nous faut traverser la période ingrate qu'affligèrent les épreuves d'une société dont les éléments féconds s'organisaient comme au sein d'un chaos. Pourtant, bien que ces crises intéressent surtout la curiosité savante, ne traitons pas avec dédain ces âges intermédiaires qui contenaient en germes les créations de l'avenir. Si toute clarté semble alors s'éclipser ou s'éteindre sous un ciel orageux, la faute en est seulement au malheur des temps; et il faudrait plaindre ceux qui étudieraient sans plaisir les premiers bégaiements d'une langue dont l'inexpérience même eut ses grâces. Laissons donc à Voltaire l'ironie d'un mépris qui n'accuse que ses préventions ignorantes. Regrettons plutôt que l'espace nous manque pour signaler ici les lueurs dans lesquelles se pressent l'aurore d'une civilisation nouvelle, et pour suivre les traces d'un progrès continu, dont l'Église peut, à bon droit, revendiquer l'initiative, jusqu'au jour où, la chute de Constantinople et la découverte de l'im-

---

aussi son éloge, et quelques mois après, ceux de Pulchérie fille de Théodose, et de l'impératrice Flaccile. On peut comparer ces deux discours, l'un à l'oraison funèbre de la duchesse d'Orléans, l'autre à celle de Marie-Thérèse.

primerie renouant une chaîne brisée, les intelligences s'éveillèrent tout à coup de leur sommeil apparent, et finirent par renaître à la vie littéraire.

Pour revenir à l'objet qui nous occupe, nous aimerions à dire un mot de saint Bernard et des plaintes mystiques inspirées à ce belliqueux apôtre par le regret d'un frère chéri [1]. On pourrait citer aussi le sermon naïf que Robert de Sinceriaux versifia sur l'héroïque trépas de saint Louis, *le roi le plus preudomme et le plus droiturier*. Nous rappellerions encore l'éloge que l'évêque d'Auxerre fit entendre, devant Charles V, dans la basilique de Saint Denis, aux funérailles du connétable du Guesclin. — Quant au seizième siècle, on y verrait figurer des orateurs funèbres, tantôt ouvrant le paradis à l'âme de François Ier, non sans paraître téméraires aux docteurs de Sorbonne [2]; tantôt célébrant les malheurs de Marie Stuart et sa fin tragique [3], ou bien fêtant l'immortalité viagère de Ronsard [4]; ailleurs jouant un rôle factieux parmi les violences des guerres civiles [5], puis rivalisant de zèle pour pleurer avec la France « le bon roi Henri », frappé par un poignard qui blessait la patrie au cœur [6].

Certes des occasions grandioses s'offraient en foule aux panégyristes. Mais, si l'on excepte quelques bons esprits, le cardinal du Perron, le père Sénault, supérieur général de l'Oratoire, Nicolas Grullié, évêque d'Uzès, et Claude de

---

1. In obitu domini Humberti, monachi Clarævallensis; sermo 1066.
2. L'orateur fut Pierre du Catel, évêque de Mâcon. La Sorbonne voulait envoyer le roi au purgatoire. Un plaisant répondit : « Il estoit homme à ne s'arrêter guère en un lieu. S'il est allé au purgatoire, il y restera tout au plus pour gouster le vin en passant. »
3. Elle fut célébrée par Claude d'Espence et Renaud de Beaune.
4. Le cardinal du Perron s'en acquitta dignement, en 1586.
5. L'assassinat des princes de Lorraine provoqua de fougueuses harangues. A Paris, Pierre Pigenat, curé de Saint-Nicolas-des-Champs, osa prêter ces vers à la duchesse de Guise .

> Exoriare aliquis nostris ex ossibus ultor,
> Qui face *Valesios* ferroque sequare tyrannos!

« Que de nos ossements se lève un vengeur qui poursuive par le fer et le feu les tyrans *Valois!* »

6. Parmi quinze autres, citons l'académicien Coeffeteau et l'évêque d'Aire, Philippe de Cospéan.

Lingendes qui échappèrent plus ou moins à la contagion environnante, la plupart des œuvres qui datent de cette époque font aujourd'hui sourire la critique par des défauts applaudis alors comme des beautés. Aux parodies macaroniques des Ménot, des Maillard et des Barlet, avaient succédé l'étalage d'une érudition pédantesque, la confusion du profane et du sacré, le luxe des fausses couleurs, l'incohérence d'images disparates, bizarres ou triviales, en un mot une recherche de bel esprit qui compromettait par des jeux puérils le sérieux du ministère évangélique. Non-seulement on citait pêle-mêle Pythagore et Moïse, Virgile et Salomon, Plutarque et saint Jérôme, Platon et Tertullien, Aristote et les Prophètes, Homère et saint Paul[1]; mais dans les déclamations d'une prose indigeste s'entrecroisaient des épigrammes, des odes, des sonnets, des épitaphes et autres bagatelles si frivoles que la sévérité des conciles dut, mais en vain, proscrire ces fantaisies ridicules[2]. Pour ne pas parler des plus obscurs, jugez-en par cet exorde d'un prédicateur en vogue, de Jean Camus, évêque de Belley, ouvrant ainsi son éloge du maréchal de Rantzau[3]. « Tant de vertus qui ont esclaté en luy ont esté comme cette myrrhe, cet aloès, ce benjouin, ce storax, cette cannelle et cet ambre dont le roy Prophète parle, qui s'exhale des vestements des personnes vertueuses.... Ce que fit matériellement la reine de Saba qui apporta tant de parfums en Jérusalem que les rues par où elle avoit passé en estoient toutes remplies, se peut dire moralement de ce grand homme que nous loüons; et, tandis que notre jeune Salomon a esté dans la couche de sa minorité, son nard a respandu tant d'odeurs dans tous les emplois dont il a esté honoré, que, comme la panthère laisse au repaire où elle a demeuré une nuit une suavité qui y dure tout le jour sui-

---

1. Arnaud Sorbin, évêque de Nevers, ligueur passionné, fit, dans ce style, l'oraison funèbre de Charles IX.
2. « *Ineptas et inanes nugas orator devitabit* (Concile de Cologne, 1536). — *Comicas, aniles et interdum obscenas fabulas, quæ risum moveant sæpius quàm lacrymas, auribus non ingerant.* » (Concile de Trèves, 1549.)
3. XXIII septembre MDCL.

vant, et, comme toutes les odeurs de l'Arabie se trouvent ramassées dans les cendres du lit, du nid ou du buscher du phénix, ainsi cet excellent personnage qui est venu fondre en nostre France, et y laisser ses os qu'il n'y avoit pas pris, après avoir remply les païs estrangers de l'odeur de son nom, nous a laissé, par son exemple, de quoy mourir en l'odeur de ses parfums par l'imitation de ses vertus héroïques. » Ecoutez encore cette apostrophe dédiée à la reine mère, avec *privilége de sa Majesté :* « Quoy! corps précieux[1], souffrir jusqu'à estre rongé tout vivant des vers qui anticipent la proye de la mort! vers exécrables, que vous me faites d'horreur! vers favorables, que vous insinuez d'amour dans mon cœur! Je vous déteste, petits criminels de lèse-majesté! On ne peut sans impiété toucher à un de ces cheveux, et vous succez la mouelle de ses os! Je vous chéris, exécuteurs de la douce rigueur d'une amoureuse Providence. Cessez, cessez, las! Il en est aux derniers abois. Achevez, achevez! Ah! la belle victime! d'un roy, un ver, qui crie au roy des roys : *Ego vermis, et non homo.* » Voilà donc où en étaient les talents à la mode, aux environs du *Discours de la méthode,* au lendemain du *Cid,* d'*Horace,* de *Cinna* et de *Polyeucte* (1636-1640). Quelle distance entre ces prétentieuses misères, et les préludes de Bossuet prenant enfin possession du domaine où il allait régner souverainement[2]!

Réforme du genre. Avénement de Bossuet. — Dans l'intervalle, une réforme avait sans doute été préparée par de salutaires influences, entre lesquelles il faut compter celle de Pascal et de Port-Royal. Mais, pour assurer la victoire au bon sens, il fallait qu'un maître inaugurât une tradition par la vertu de ses exemples, et que son génie surgît tout à coup comme un lever de soleil qui chasse la nuit et ses brouillards. Tel fut l'effet d'une parole dont les essais même révélèrent dès l'abord jusqu'en leurs plus

---

1. Tiré d'un éloge de Louis XIII.
2. Oraisons funèbres du père Bourgoing (1662), et de Nicolas Cornet, grand-maître du collége de Navarre (1663).

audacieuses saillies, les prodiges d'un art déjà presque définitif[1].

Puisque Bossuet nous propose des modèles accomplis, indiquons les traits essentiels du genre qui, chez lui, tient à l'histoire par le récit des faits, à la politique par les jugements portés sur la conduite des personnages et les révolutions des empires, à la morale par la peinture des caractères, enfin à la religion, par l'obligation constante de démontrer qu'elle est le tout de l'homme, c'est-à-dire le principe et la fin d'une destinée en dehors de laquelle les grandeurs terrestres ne sont qu'un pur néant.

A-t-il évité les écueils du panégyrique officiel ? Si l'oraison funèbre eut ses détracteurs, c'est qu'on a souvent mis en doute son indépendance et sa sincérité. On lui reproche surtout de n'être qu'une louange officielle, qui, dédaigneuse des vertus roturières et vouée à la gloire des grands, expose le prêtre à taire ou déguiser la vérité sous des flatteries indignes de son ministère. Il est certain que ce danger est à craindre. On ne saurait le nier puisque Bossuet fut le premier à s'en défier. Quand il entra dans la carrière[2], ne disait-il pas : « Je vous avoue, chrétiens, que j'ai coutume de plaindre les prédicateurs, lorsqu'ils font les panégyriques funèbres des princes…. Car la licence et l'ambition, compagnes presque inséparables des grandes fortunes ; car l'intérêt et l'injustice, toujours mêlés trop avant dans les grandes affaires du monde, font qu'on chemine parmi des écueils ; et il arrive ordinairement que Dieu a si peu de part dans de telles vies, qu'on a peine à y trouver quelques actions qui méritent d'être louées par ses ministres. » Il redoutait donc ces discours « *où l'on ne parle qu'en tremblant*, où il faut plutôt passer avec adresse que s'arrêter avec assurance, où la prudence et la discrétion tiennent toujours en contrainte l'amour de la vérité ». Parler ainsi, n'est-ce pas s'engager d'avance à ne jamais la démen-

---

[1]. Il y a parfois quelque indécision, et certaines témérités de goût dans les fragments, d'ailleurs incomplets, où il célèbre des héros trop inférieurs à son éloquence.

[2]. Exorde de l'oraison du père Bourgoing.

tir? Aussi, disons le très-haut, toujours étranger aux intérêts et aux passions comme aux vanités de l'esprit, Bossuet, dans le détail des opinions particulières, a pu se méprendre avec les plus sages de son temps [1]; mais, tout en étant soucieux des bienséances, il ne cessa pas d'être, en face des puissants, l'orateur évangélique dont le premier devoir est de diriger les consciences. Là où d'autres se seraient épuisés en précautions, il raconte les faits, ou juge les acteurs avec une franchise aussi ferme que décente. Voilà ce qu'attestent les passes périlleuses qu'il sut, en mainte rencontre, franchir sans faiblesse. Quant au souci de convertir les âmes, il éclate dans toutes les parties de son discours, mais surtout en ses péroraisons, où sa charité fait pour ainsi dire des sommations instantes à ces auditeurs profanes qu'il veut ramener au pied de la Croix, confondus et repentants [2].

Aussi n'a-t-il trompé personne, en disant de lui-même : « Ce n'est pas un ouvrage humain que je médite, je m'élève au-dessus de l'homme, pour faire trembler toute créature sous les jugements de Dieu. »

De là, tant de fortes pensées, qui ont ici pour centre l'idée fixe de la mort dont les leçons retentissent parmi les oublis et les enchantements du monde. Mais cette tristesse religieuse n'exclut pas de son cœur une émotion sympathique aux intérêts des rois et des peuples, les éclats de l'enthousiasme, et les mouvements d'une sensibilité que passionne le spectacle des fortunes humaines. « Car ce contempteur de la grandeur et de la gloire en est touché comme nous ; il est homme en même temps qu'apôtre; aussi leur donne-

---

1. « Là où Bossuet a manqué, dit M. Nisard, c'est de l'humanité, non d'un homme en particulier. »

2. Voyez comme il termine l'oraison funèbre de Marie-Thérèse : « La sentence partira d'en haut, la fin est venue, le feu est venu : tout va finir pour vous en ce moment. Tranchez, concluez ; frappez l'arbre infructueux qui n'est plus bon que pour le feu. Coupez, abattez ses branches: périsse d'un seul coup tout ce qu'il avoit avec lui-même. Alors s'élèveront des frayeurs mortelles.... Ah! mes frères, n'attendez pas ce coup terrible. Le glaive qui a tranché les jours de la reine est encore levé sur nos têtes; nos péchés en ont affilé le fatal tranchant. Glaive du Seigneur! quel coup vous venez de faire! Toute la terre en est étonnée. »

t-il ses louanges[1] et ses larmes. » Dans ses accents, nous reconnaissons bien l'ami du prince de Condé, l'admirateur de Turenne, celui qui tombait évanoui en apprenant sa mort.

Nouveautés de l'oraison funèbre chez Bossuet. Composition, élocution, style. — Sa supériorité ne paraîtra pas moins éminente, si l'on ne considère que la perfection de son industrie oratoire. En effet quelle majestueuse économie dans la structure de ces plans dont les lignes se développent avec tant d'ampleur et de souplesse, sans jamais s'asservir à l'usage des divisions scolastiques[2] ! Au lieu d'indiquer sa route par des procédés qui ne semblent qu'un secours fait pour la mémoire, il s'avance d'un pas libre et naturel, déploie les événements à mesure qu'ils se produisent, selon le degré de leur importance, et ne montre son héros que dans le cadre où l'histoire le découvre à son intuition profonde. De l'ensemble ressort une physionomie vivante, qu'il éclaire des lumières de la foi. Car tel est le foyer permanent d'une éloquence où le théologien et le poëte ne font qu'un.

Parmi ces merveilles d'une imagination qui se met toujours au service de la doctrine, et ne vise qu'à persuader ou convaincre par un enseignement efficace, à peine a-t-on le loisir de remarquer les incomparables richesses d'une diction qui, égalant les mots aux choses, ne fait aucun effort pour s'élever au sublime, et sait redescendre au ton le plus familier, sans que sa simplicité vraiment auguste ait jamais l'air de déroger. Ne pouvant analyser ici tous les mérites originaux d'un écrivain qui n'a point une forme particulière, mais s'accommode à chaque sujet par une franchise ingénue, dont le trait dominant est la grandeur,

---

1. Ce jugement est de M. Patin qui remporta le prix d'éloquence en 1827. Son éloge de Bossuet restera comme un modèle du genre.

2. Mascaron et Fléchier, célébrant la mort de Turenne, ont tous deux divisé et subdivisé leur vaste sujet.

« Le héros, dit M. Villemain, n'en paraissait pas plus grand, et les orateurs en sont moins naturels. »

Bossuet est logicien, sans les procédés de la logique. C'est la différence de l'ordre et de l'arrangement.

Il est de ces grands esprits qui ne raisonnent que par les idées principales.

disons du moins que la moelle des deux antiquités nous semble être le fond même de son style. Nourri des livres saints, dont les tours et les images sont devenus le mouvement naïf et l'involontaire essor de sa parole, son français si neuf, si plein, et si substantiel découle directement du latin, qu'il pratiquait avec autant d'aisance que sa langue maternelle [1]. Ainsi s'explique cette abondance de sève qui se fait sentir non-seulement dans l'expression [2], mais dans la contexture de ses puissantes périodes, et la liaison de ses phrases. Ses latinismes n'ont rien d'accidentel ; ils lui échappent spontanément : c'est son habitude intime. Même quand il invente, pour mieux dire ce qu'il veut, c'est encore dans le sens de l'analogie, et en vertu de l'hérédité latine. Aussi ses hardiesses ne sont-elles jamais des témérités ; elles obéissent à la logique de l'instinct populaire, et ces coups d'autorité s'acceptent comme des institutions nécessaires [3]. Mais abrégeons, et, faute d'espace, terminons notre étude par la revue rapide des noms que l'erreur du goût contemporain opposa, préféra même à Bossuet [4].

Ses émules au dix-septième siècle. — Parler de ses rivaux, c'est continuer son éloge : car, sans les déprécier, nous n'hésitons plus entre son génie et les talents qui lui font cortège ; Fléchier par exemple, que distinguent une composition adroite, un développement soutenu, l'élégance d'un style grave, la science d'une symétrie cadencée, une

---

1. Il en usait quotidiennement dans les disputes de l'école, dans les lettres adressées aux prélats étrangers, dans les notes dont il chargeait les marges de ses livres.

2. Chez lui, le sens des mots se rapproche toujours de leur racine. Il les réintègre dans la propriété de leur acception primitive. Il en renouvelle la saveur. On pourrait dire de sa langue, comme un ancien de Caton et de Lucrèce, qu'elle est *docte et cordiale* (docta et cordata.)

3. Dans les conseils qu'il adresse à l'orateur sacré, il dit : « Prenez dans les écrits de toutes les langues le tour qui en est l'esprit..., *surtout dans la latine*, dont le génie est tout le même que celui de la nôtre ».

4. Bussy osait dire que l'oraison funèbre de Condé « ne fait honneur ni au mort, ni à l'orateur ». Mme de Sévigné reproche à Bossuet « le parallèle *un peu violent* » de Turenne et de Condé. L'abbé de Clérambaut prononça cet étrange jugement, en pleine Académie : « Méditant des victoires contre les ennemis de l'Église, M. de Meaux laissa obtenir à ses rivaux le premier rang dans l'éloquence sacrée. »

coquetterie ingénieuse, la noblesse, l'harmonie, la mesure, la discrétion, le fini des nuances, parfois même la magnificence ; mais qui, ne s'oubliant jamais, calcule ses moindres effets, combine toutes ses émotions, et ne nous offre que l'excellence d'un langage académique[1]. Pour ce qui est de Mascaron[2], il eut ses journées triomphales, et nous ne lui refuserons pas ce que Mme de Sévigné appelait « des bouffées d'éloquence. » Accordons même que son oraison de Turenne fut, comme disait son admiratrice, « une action pour l'immortalité. » Mais il y eut trop d'intempérance dans sa verve inégale, et les écarts de son goût compromettent trop souvent des beautés de premier ordre. Bourdaloue, non plus, ne soutient pas la comparaison[3] ; et, malgré l'énergique simplicité d'une forme toute désintéressée, son panégyrique de Condé n'est, suivant le mot de Fénelon, que « l'ouvrage d'un grand homme qui ne fut pas orateur. » Quant à Massillon, dont la prédication ouvrit avec tant d'éclat un âge nouveau, il dessine trop faiblement les caractères pour que l'oraison funèbre nous le montre tout entier. Cependant celle de Louis XIV s'annonce par un début sublime que ne dépare point la suite d'un discours brillant, mais parfois trop pompeux[4].

Décadence du genre au dix-huitième siècle. — Du reste, bien que le genre fût encore populaire[5], il touchait à sa décadence. Outre que parvenus au sommet, tous les arts subissent un inévitable déclin, et deviennent la proie de l'imitation qui étouffe l'inspiration, le changement des

---

1. Fléchier (1632-1710) prononça les oraisons funèbres de la duchesse de Montausier (1672), de la duchesse d'Aiguillon (1675) et de Turenne (1676).
2. Mascaron (1634-1703) célébra Henriette d'Angleterre (1670), le chancelier Séguier (1672) et Turenne (1679). Il fut évêque de Tulle.
3. Bourdaloue (1632-1704) prononça l'éloge de Condé, cinq semaines après Bossuet, et devant lui. — Parmi les noms secondaires, signalons aussi le P. La Rue, qui fit l'oraison funèbre du maréchal de Luxembourg, du duc et de la duchesse de Bourgogne, enfin de Bossuet.
4. Massillon, évêque de Clermont, vécut entre 1663 et 1742.
5. Il y eut cinquante-trois éloges de Louis XIV. De vastes affiches annonçaient en caractères monstrueux le nom des panégyristes. Les successeurs de Bossuet furent le P. Neuville, l'abbé de Boismont, qui manque de naturel, et M. de Beauvais, évêque de Senez, dont l'élégance est froide, et la diction pure, mais terne.

mœurs, des sentiments et des croyances devait précipiter la chute d'une éloquence qu'avait portée si haut, dans le siècle précédent, le culte de l'autorité monarchique et religieuse, l'esprit d'obéissance et de respect[1]. Or ce temps n'était plus. Il y avait dans l'air d'irrésistibles courants de scepticisme. Toute tradition s'en allait en ruines. Sous l'action dissolvante de l'opinion, la chaire elle-même se sécularisait de plus en plus. Au lieu de puiser aux sources sacrées, elle semblait ignorer l'Écriture et les Pères. A la suite de Massillon qui en avait donné le signal, on ne prêchait plus guère que la morale sociale. On finit par disserter sur *les petites vertus, le demi-chrétien, le luxe, l'humeur, l'égoisme, l'antipathie, l'amitié, l'amour paternel, la société conjugale, la pudeur, la compassion, la bienfaisance*, ou même sur la *sainte agriculture*. Entrainée sur cette pente, l'oraison funèbre, elle aussi, cessa de propager la doctrine, pour devenir toute mondaine et profane. Ajoutons que la faculté d'admirer semblait découragée par l'ironie d'un dénigrement universel, aussi bien que par l'abaissement des caractères. Tandis que de froids panégyristes faisaient concurrence à Dorat[2] ou à Thomas, les uns par la fadeur, les autres par l'emphase de leurs éloges, le discrédit du dégoût et de l'ennui s'étendit de jour en jour sur des rapsodies fastidieuses qui ne réussissaient plus à piquer l'attention que par des allusions politiques, sous lesquelles s'entrevoyaient les signes précurseurs d'une révolution. Au zèle évangélique s'était substituée l'amertume d'une censure parfois irrévérente qui, sous prétexte d'indépendance, manquait à la discrétion comme à la charité[3]. Tout pouvoir

---

1. On rencontre alors des oraisons funèbres jusque dans les lettres et les mémoires les plus familiers. Quand mourut le duc de Bourgogne, Saint-Simon écrivit : « La France tombe sous ce dernier châtiment. Dieu lui montra un prince qu'elle ne méritoit pas. La terre n'en étoit pas digne. » Lisez Mme de Sévigné parlant de la mort de Louvois.

2. Tel fut l'insipide éloge du Dauphin, prononcé par le P. Fidèle de Pau.

3. Sur la tombe de Louis XV, l'abbé de Beauvais ne disait-il pas, du reste avec à-propos et courage : « Quand le prince parait en public, il n'entend plus retentir autour de lui les acclamations de ses sujets : le peuple n'a pas sans doute le droit de murmurer ; mais il a celui de se taire, et *son silence est la leçon des rois.* »

était du reste tombé si bas, qu'il devenait malaisé de croire à la grandeur. Aussi la louange n'aurait-elle été qu'un mensonge oratoire. Mieux valait ce silence qui fut alors, plus que jamais, la leçon des rois. Notre étude n'est donc que l'oraison funèbre d'un genre qui, créé par Bossuet, ne lui survécut pas, et devait disparaître avec le régime dont il décora les fastes. Si, de nos jours, des voix éloquentes ont relevé ses traditions et les ont fait applaudir encore[1], il y a lieu de regarder cette restauration comme passagère. Car les partis ont tellement divisé la France en factions hostiles, que les opinions ne sauraient s'accorder sur la valeur absolue des événements et de leurs acteurs. Chez nous, les morts offrent des armes aux vivants. Faisons cependant des vœux pour que notre démocratie n'imite pas l'ingratitude des Athéniens, et, au lieu de renverser les statues de ses grands hommes, s'honore elle-même par une patriotique reconnaissance.

ORAISON FUNÈBRE

D'HENRIETTE-MARIE DE FRANCE, REINE DE LA GRANDE-BRETAGNE

(1669).

I. — Faits historiques.

Dernière enfant d'Henri IV et de Marie de Médicis, née au Louvre, le 25 novembre 1609, six mois avant la mort de son père, Henriette-Marie de France avait épousé (1625) Charles Ier, roi d'Angleterre. Le pape Urbain VIII, son parrain, espérait, par son influence, réconcilier l'Église et la Grande-Bretagne. Ce fut sous ces auspices que la jeune et pieuse reine partit pour

---

[1]. Lacordaire a fait un brillant éloge d'O'Connel, de M. de Forbin-Janson, et surtout du général Drouot. Lamoricière a été bien dignement célébré par Mgr Dupanloup.

Londres, accompagnée d'une carmélite, la mère Madeleine de Saint-Joseph, de son confesseur Pierre de Bérulle, fondateur de l'Oratoire, et de douze prêtres appartenant à cette congrégation. Mais dès le jour de son arrivée les persécutions se rallumèrent contre les catholiques, et quelques mois après sa religieuse escorte dut rentrer en France. Il se mêla donc bien des nuages « aux seize années d'une prospérité accomplie » dont parle Bossuet.

Lorsqu'en 1639 éclata l'orage qui couvait sourdement, les conseils de la reine contribuèrent à perdre celui qu'elle voulait sauver. Par ses terreurs, elle eut le tort de décider un souverain trop faible à livrer Strafford, concession aussi cruelle qu'inutile, et que suivit bientôt la fuite de la famille royale (1640). On sait qu'après huit années d'angoisses, Henriette, proscrite et poursuivie à coups de canon jusque sur les mers, vint chercher un asile dans sa patrie, au Louvre, près d'Anne d'Autriche, que des embarras politiques empêchèrent de lui prêter secours. Ce fut là que, réduite à demander l'aumône au parlement, elle apprit la fin tragique de son époux.

Privée de son douaire que le cardinal Mazarin sollicita vainement (car le Protecteur lui répondit par un refus outrageant), elle se retira dans le couvent de la Visitation[1], dont elle était fondatrice, et y vécut, parmi des œuvres saintes, jusqu'à la restauration de Charles II (1660), événement qui lui permit de marier sa fille au duc d'Orléans en 1661. Elle était retournée à la cour d'Angleterre; mais la ferveur de son zèle l'y rendit suspecte; et, après avoir vu mourir sa fille aînée, la princesse d'Orange, et son fils, le duc de Glocester, elle dut se fixer définitivement en France, à Colombes, où elle termina ses jours, en 1669.

Son oraison funèbre fut prononcée, le 16 novembre 1669, en l'église des religieuses de Sainte-Marie de Chaillot. La duchesse d'Orléans avait chargé Mme de Motteville de rédiger pour Bossuet une vie de sa mère. Ce monument existe encore aujourd'hui à la Bibliothèque nationale.

---

[1]. A Chaillot. Le cœur de cette princesse fut déposé dans l'église du couvent.

II. — Esquisse littéraire.

Exorde et proposition. — Par une rencontre qui peut-être ne fut pas fortuite, cette oraison funèbre a pour texte[1] un verset que Cromwell avait fait graver, après la mort de Charles Ier, sur une médaille commémorative du régicide. Ce qui n'était alors qu'une sacrilège menace devient ici la pensée maîtresse d'un discours qui nous montre Dieu donnant aux peuples et aux rois « de grandes et terribles leçons. » Dans la vie d'une princesse qui « connut toutes les extrémités des choses humaines », Bossuet cherche donc un *double enseignement* : — d'un côté, celui que comporte une *félicité sans bornes*, honorée par des vertus dignes d'être proposées pour exemple ; — de l'autre, celui que nous offrent des *infortunes inouïes* noblement supportées par une âme supérieure à toutes les épreuves.

Telles sont les *deux parties* de cet éloge, dont le plan s'annonce librement dans un exorde majestueux qui, abaissant les pouvoirs humains sous la souveraineté divine, rappelle au monde « le néant de ses pompes et de ses grandeurs. »

Première partie. Seize années de félicité sans bornes. La piété de la reine. Disputes religieuses de l'Angleterre. — La piété de la reine, voilà de tous ses mérites celui que Bossuet devait célébrer avec le plus d'effusion, dans une « fille de saint Louis. » Mais il ne pouvait en parler comme l'histoire. Aussi convient-il de rappeler que la ferveur intempérante d'Henriette de France eut des conséquences redoutables pour la sécurité de son trône. A une époque où fermentait avec tant de violence la fureur des sectaires, elle fit de nombreux ennemis à Charles Ier par des mesures impolitiques, notamment lorsque le cardinal de Bérulle lui persuada d'introduire en pays protestant la congrégation de l'Oratoire. Ces apôtres, qui durent bientôt

---

1. *Et nunc, reges, intelligite; erudimini, qui judicatis terram!* PSAL. II, 10. Maintenant, ô rois, apprenez; instruisez-vous, juges de la terre!

repasser le détroit, ne réussirent en effet qu'à susciter les défiances d'un parlement ombrageux, et à réveiller les édits intolérants d'Élisabeth. Les cérémonies dont elle se plut à déployer l'appareil ne contribuèrent pas moins à l'effervescence des haines religieuses. On lui reprocha de vouloir « transformer la cour en un cloître »; et ce grief n'était pas dénué de tout prétexte, si l'on en juge par ce fragment d'une lettre que cite M. Cousin : « Je vous diray que nous faisons une sorte de couvent, qui sera comme celuy des vierges Carmélites, en petit; mais j'espère, avec l'ayde de Dieu, que, quelque jour, il y en aura un tout de bon. »

Bossuet partage donc ici les illusions d'un cœur mystique, lorsqu'il nous représente « les agrémens infinis » et « le charme innocent de l'épouse qui employoit son crédit auprès du Roy son Seigneur à procurer un peu de repos aux catholiques accablés. » On croirait entendre ces vers de Racine :

> Tout respire en Esther l'innocence et la paix;...
> Tout ressent de ses yeux les charmes innocents....
> Jamais tant de vertu fut-elle couronnée?

Ces analogies sont surtout sensibles dans la louange d'une souveraine infatigable à « consoler la captivité des fidèles », en ces temps douloureux où « il falloit cacher la pénitence avec le même soin qu'on eût fait les crimes. » Elle aussi, elle relevait l'espérance de ses compagnes, et semblait leur dire :

> Mes filles, chantez-nous quelqu'un de ces cantiques,
> Où vos voix si souvent se mêlant à mes pleurs
> De la triste Sion célèbrent les malheurs.

Sous son règne, les chrétiens « qui ne cherchoient Dieu qu'en tremblant » purent enfin respirer. Aussi est-ce avec complaisance que Bossuet arrête ses regards sur ces « seize années d'une prospérité accomplie qui coulèrent sans interruption, avec l'admiration de toute la terre, et furent seize années de douceur pour l'Église affligée. »

Mais le ton change lorsqu'il aborde ces disputes religieuses qui devinrent une guerre civile, suivie d'une révolution. On pourrait alors appliquer à son éloquence ce qu'il a dit lui-même de Moïse et de son langage : « Hardi, extraordinaire, propre à représenter la nature dans ses transports, son style marche par de vives et impétueuses saillies; affranchi des liaisons ordinaires que recherche le discours uni, renfermé dans des cadences nombreuses qui en augmentent la force, il surprend l'oreille, saisit l'imagination, émeut le cœur, et s'imprime tout vif dans la mémoire. » C'est ainsi que, s'armant du courroux des prophètes, il condamne « cet esprit de révolte, ce chagrin superbe, et cette indocile curiosité » qu'il compare « à la fumée sortant du puits de l'Abîme, pour obscurcir le soleil. » Mais à ces colères se mêle une pitié tout évangélique pour l'aveuglement de « l'Angleterre qui ne sait plus elle-même à quoi s'en tenir, et est plus agitée en sa terre et dans ses ports que l'océan qui l'environne. » Si la hautaine orthodoxie de Bossuet s'indigne et s'attriste de « ces prodigieuses erreurs », dont elle prédit la fin prochaine avec une confiance démentie par l'avenir, son respect pour la dignité royale persiste aussi jusque dans la sévérité des jugements qu'il porte sur les souverains qui participèrent aux attentats commis contre la croyance. On devra donc remarquer ici la réserve discrète de l'allusion faite aux forfaits d'Henri VIII, « ce prince en tout le reste accompli, qui s'égara dans les passions par lesquelles fut perdu Salomon. » Cette nuance est un trait de caractère, et découvre l'homme dans l'orateur.

Deuxième partie. Les infortunes inouïes. Portraits de Charles Ier et de Cromwell. Épisodes dramatiques. Le régicide. — Remonter à la cause des infortunes royales, en exposer le récit pathétique, rendre hommage à l'héroïsme ou à la résignation d'une reine qui ne fut jamais plus auguste que dans l'adversité; tel est le plan de la seconde partie, dont nous indiquerons seulement les plus mémorables passages.

Signalons d'abord l'émotion avec laquelle Bossuet s'engage dans le récit « des indignes traitements faits à la Majesté et à la Vertu. » On dirait qu'il voit un abîme ouvert sous ses pas; et « son esprit *rebuté*... » ne se résoudrait jamais

« à se jeter parmi tant d'horreurs », si la fermeté d'une âme inébranlable « ne surpassoit de beaucoup tous les crimes » dont elle a souffert. Il est donc soutenu par le sentiment d'un grand devoir. Car « il faut qu'il s'élève au-dessus de l'homme, pour faire trembler toute créature sous les jugements de Dieu », et découvrir les merveilles de ses conseils : « *conseils de vengeance* sur l'Angleterre, *conseils de miséricorde* pour le salut de la reine. »

Bien qu'il « ne médite pas un ouvrage humain », la nécessité du sujet l'oblige pourtant sinon à « développer le secret des cabinets et les intérêts des partis », du moins à rechercher la raison des événements, à esquisser la figure des principaux acteurs, et le tableau des scènes dramatiques qu'il va décrire avec l'imagination du poëte et la passion de l'orateur.

C'est ainsi qu'une sympathique douleur anime le *portrait de Charles I*[er], transfiguré pas ses respects et sa pitié. Il le représente « juste, modéré, magnanime, très-instruit des affaires, plus capable que tout autre de rendre la royauté non-seulement vénérable et sainte, mais aimable et chère à ses peuples. » Il ne lui reproche que « d'avoir été clément jusqu'à être obligé de s'en repentir. » Il le protége contre ceux qui veulent croire que « tout est foible dans les malheureux et les vaincus. » Bien qu'il lui en coûte de « contempler son grand cœur dans les dernières épreuves », il apprend aux hommes par son attitude « qu'il n'est pas permis aux rebelles de faire perdre la Majesté à un roi qui sait se connoître. » Un évêque ne pouvait tenir un autre langage en présence du cercueil où reposait un cœur « prêt à se réveiller au nom d'un époux si cher. » Aussi dans le prince qu'il idéalise ne voit-il qu'une victime innocente expiant les torts d'Henri VIII, dont « il ne répudia pas l'usurpation. » C'est donc le chef irrégulier de l'Église qui est tombé sous la hache de Withehall. Car « la source de tout le mal est dans ceux qui n'ont pas craint de tenter la réformation par un schisme. »

A partir de ce jour, « les terres trop remuées, et devenues incapables de consistance, se sont écroulées de toutes parts, et n'ont fait voir que d'effroyables précipices » Mais si, « tombant de ruine en ruine », et divisés en mille sectes, les peuples en sont venus à conspirer ensemble contre le trône, c'est « qu'un homme s'est rencontré d'une profondeur d'esprit incroyable, hypocrite raffiné autant qu'habile politique, capable de tout entreprendre et de tout cacher, également actif et infatigable dans la paix et dans la guerre, qui ne laissoit rien à la fortune de ce qu'il pouvoit lui ôter par conseil et par prévoyance; au reste, si vigilant et si prêt à tout qu'il n'a jamais manqué les occasions qu'elle lui a présentées; enfin un de ces esprits remuants et audacieux qui semblent nés pour changer le monde. »

Tel est ce portrait fameux par son mouvement rapide, sa verve, sa vérité, sa concision et son énergie. Remarquons-y surtout l'impartialité d'un prélat jugeant sans colère, et même avec une involontaire admiration, ce personnage dont le deuil fut porté par toutes les cours de l'Europe, et qui, dans les traités, signait au-dessus de Louis XIV. Le peintre de Cromwell est ici supérieur à Salluste, disons mieux, à Tacite. Pour trouver son égal, il faudrait le comparer à lui-même, et relire l'esquisse vigoureuse qu'il consacre au cardinal de Retz, dans l'Oraison de Le Tellier.

Mais ces touches hardies vont s'attendrir, lorsqu'en face de ces victoires « dont la vertu étoit indignée », associant le sublime au familier, il raconte « ce que la grande Henriette a entrepris pour le salut du royaume, ses voyages, ses négociations, ses traités, tout ce que sa prudence et son courage opposoient à la fortune de l'État, enfin la constance par laquelle, n'ayant pu vaincre la violence de sa destinée, elle en a si noblement soutenu l'effort. » — Ne se met-elle pas en mer, au mois de février, « malgré l'hiver et les tempêtes », pour engager les États dans les intérêts du roi? — Assaillie dix mois après par les vents furieux, « tandis que les matelots sont alarmés jusqu'à en perdre l'esprit », Elle, « toujours intrépide autant que les vagues étoient émues, rassuroit tout le monde par sa fermeté...; elle disoit, avec un air de sérénité, que les Reines ne se noyoient pas. » — « Après s'être sauvée des flots, cent canons tonnent sur elle, à son arrivée »; on lui amène l'auteur d'un si noir attentat[1], et elle lui pardonne, « le livrant, pour tout supplice, à la honte d'avoir entrepris sur la vie d'une princesse si bonne et si généreuse. »

C'est ainsi qu'à des épisodes dignes d'une épopée, Bossuet mêle jusqu'à des anecdotes dont la grâce naïve tempère le deuil de scènes poignantes. Telle est cette imprudence d'une enfant, de la jeune Henriette, qui, née en la puissance des ennemis de sa maison, et arrachée par miracle, sous un déguisement, aux mains des rebelles, s'obstine à dire « qu'elle est Princesse », et se découvre par une fierté candide « qui sent sa grandeur. » Ces transes, elles semblent rappelées ici par un témoin, par un acteur qui a suivi la reine parmi tous ses périls, qui a souffert toutes ses humiliations jusqu'au jour où « elle fut contrainte de paroître au monde, et d'étaler au Louvre, où elle étoit née avec tant de gloire, toute l'étendue de sa misère. »

Les secours qu'elle fut alors contrainte de solliciter, « Anne d'un si grand cœur » ne put les offrir. Le cardinal de Retz ne nous apprend-il pas que la petite-fille d'Henri IV en était réduite « à manquer d'un fagot, pour se lever, au mois de janvier, dans le Louvre, sous les yeux d'une cour de France ? » Voilà ce que Bossuet voile noblement sous sa pitié respectueuse pour une femme et une mère « digne d'une meilleure fortune, si les fortunes de la terre étoient quelque chose. » Or, tandis que la reine languissait dans cette détresse, Charles Ier mourait sur l'échafaud, comme le laisse entendre l'euphémisme de cette plainte : « Non, messieurs, Jérémie lui-même qui semble être capable d'égaler les lamentations aux calamités, ne suffiroit pas à de tels regrets.... Elle s'écrie avec le prophète : *Laissez-moi, je pleure amèrement; n'entreprenez pas de me consoler; l'épée a frappé au dehors; mais je sens en moi-même une mort semblable.* »

Péroraison. — Puis, détournant nos yeux d'un si cruel spectacle, Bossuet les arrête sur la royale douleur de cette

---

1. Batten, amiral parlementaire.

veuve qui s'ensevelit dans la retraite claustrale où elle remercie humblement Dieu « de deux grâces, l'une de l'avoir fait chrétienne, l'autre, messieurs, qu'attendez-vous ? peut-être d'avoir rétabli les affaires du roi son fils ? Non..., c'est de l'avoir fait reine malheureuse. » Tel est le motif religieux qui termine ce discours. Cet asile où elle trouve enfin la paix, après tant de traverses, Henriette ne le quittera plus, même quand Dieu « prendra son fils comme par la main pour le conduire à son trône. » Car, préférant la Croix à une couronne, « elle avoit appris par ses malheurs à ne changer pas, dans un si grand changement de son état. » Elle mourra donc saintement, loin des hommes et de leurs discours. « Ses disgrâces auront fait ses félicités. »

Cette péroraison, qui contraste avec la splendeur de l'exorde, nous touche par son accent de mélancolie. L'éclat du style s'y éteint doucement, comme la vie même d'Henriette de France. Après avoir ému les âmes par de tragiques infortunes, Bossuet les repose dans la douceur d'une religieuse espérance.

ORAISON FUNÈBRE

D'HENRIETTE-ANNE D'ANGLETERRE, DUCHESSE D'ORLÉANS

(1670).

I. — Faits historiques.

Son enfance tragique. — Henriette-Anne d'Angleterre naquit en 1644, au plus fort de la guerre civile, à Exeter, où sa mère proscrite s'était réfugiée, et dut, quinze jours après, pour fuir en France, la laisser aux soins de la comtesse Morton. Elle avait deux ans lorsqu'elle put échapper à cette captivité, grâce au dévouement de sa gouvernante qui fut réduite à la déguiser en petit garçon, sous le nom d'Henri, pour détourner les soupçons des Parlementaires.

Conduite en France, elle y grandit au milieu des larmes, dans le couvent[1] fondé par sa mère qui l'éleva, loin de la cour, parmi les pratiques d'une austère dévotion. Les jours de fête, elle servait les religieuses au réfectoire, pour s'exercer à l'humilité d'une vie obscure. — Quand se fit sentir en France le contre-coup d'une révolution terminée par un régicide et l'avènement de Cromwell, les troubles de la Fronde inquiétèrent en sa pieuse retraite la veuve de Charles Ier, et le Louvre devint alors son asile. Mais, dans ce palais où elle était née, telle fut sa détresse qu'en plein hiver la petite-fille d'Henri IV garda plus d'une fois le lit, faute de feu. La pension servie par le cardinal n'étant pas payée depuis dix mois, « les marchands, dit Retz, ne vouloient plus rien fournir, et il n'y avoit pas un morceau de bois dans la maison. »

Restauration des Stuarts. — Bientôt, le trône des Stuarts s'étant relevé comme par miracle (1660), la sœur de Charles II put enfin prétendre à une alliance digne de sa naissance et de sa beauté. « Quoiqu'elle ne fût pas bien faite, dit Mme de Motteville, ses manières et ses agréments la rendoient toute aimable. Elle avoit le teint fort délicat, et fort blanc. Il étoit mêlé d'un incarnat naturel, comparable à la rose et au jasmin. Ses yeux avoient de la douceur et de l'éclat. Sa bouche étoit vermeille, et ses dents fines autant qu'on le pouvoit souhaiter ; mais son visage trop long et sa maigreur sembloient menacer sa beauté d'une prompte fin. Comme il y avoit en elle de quoi se faire aimer, on pouvoit croire qu'elle y devoit aisément réussir, et qu'elle ne seroit pas fâchée de plaire. »

En effet, dans le voyage qu'elle fit à Londres, avec sa mère, vers les débuts de la Restauration, elle enchanta tous les cœurs ; et, au retour « cette princesse *si touchante* », comme dit Choisy, fut l'objet de flatteurs empressements. Elle faillit même devenir reine de France ; car Anne d'Autriche songeait à l'unir à Louis XIV. Mais l'idée ne sourit pas au jeune souverain qui, sans doute par des considérations

---

1. De la Visitation, à Chaillot.

politiques, dut préférer la main de Marie-Thérèse. Aussi Henriette se résigna-t-elle au second rang, et, le 31 mars 1661, elle épousait Philippe, duc d'Orléans.

Séductions de son esprit; sa grâce. — A défaut de couronne, « elle régna sur les honnêtes gens par les charmes de sa personne [1] », et inaugura cette saison première qu'on pourrait appeler le *printemps* du siècle. Elle donna le ton à cette jeune cour où la modestie de la reine lui laissait l'honneur périlleux de présider à tous les divertissements. Aux promenades, aux tournois, aux ballets, à la comédie, en ces mille occasions brillantes où étaient conviés l'esprit et la grâce, Madame vit en effet se presser autour d'elle tous les hommages, surtout ceux du Roi « qui paraissoit n'avoir de plaisir que par celui qu'elle goûtoit elle-même [2]. » Car il s'était bientôt aperçu « qu'il avoit été injuste, en ne la trouvant pas la plus belle du monde. » Sans insister sur cette période d'enivrement, disons pourtant que d'indignes libelles imprimés en Hollande noircirent la réputation de celle qui, à l'article de la mort, pouvait dire : « Je n'ai jamais manqué à mes devoirs. » Il lui fallut même dépêcher à La Haye un ami tout dévoué qui réussit à obtenir des États la confiscation de ces feuilles diffamatoires. Or elle n'avait eu que le tort de se jouer parmi les piéges dont ne se défia pas assez son imprudence innocente.

Ce fut ainsi qu'elle embellit les préludes d'un règne glorieux. Après elle on verra plus de grandeur, mais moins de distinction. Si elle eut ses faiblesses, elle aima l'esprit, l'allait chercher, le réveillait chez les vieux poëtes, et l'encourageait chez les jeunes. Car elle inspira *Bérénice* à Corneille et à Racine; *Andromaque* la fit pleurer; après la chute de Fouquet, elle nomma La Fontaine gentilhomme de sa maison; et, plus sérieuse que ne devait être par la suite la duchesse de Bourgogne, elle sut toujours mêler à ses agréments le solide ou le judicieux. Croyons-en cette esquisse, digne d'illustrer comme un frontispice l'oraison funèbre de

---
1. Mme de Motteville.
2. Daniel de Cosnac.

Bossuet. Elle est aussi d'un prélat, Daniel de Cosnac, évêque de Valence, qui écrivit au lendemain de sa mort : « Madame avoit du bon sens, l'âme grande et juste, éclairée sur tout ce qu'il falloit faire, mais quelquefois ne le faisant pas, ou par indolence naturelle, ou par une certaine hauteur qui se ressentoit de son origine. On trouvoit en sa conversation une douceur infinie, non qu'elle eût moins de majesté que les autres personnes royales ; mais elle en savoit user d'une manière plus facile ; on eût dit qu'elle s'approprioit tous les cœurs. »

Ses amertumes ; influence de Bossuet. — Ajoutons que ses triomphes eurent leurs amertumes. Car il y eut plus d'un sombre lendemain aux fêtes qu'elle animait de sa présence ; et son palais connut la tristesse d'orages intérieurs qui souvent lui firent regretter la solitude où s'écoula son enfance, affligée pourtant par de si tragiques infortunes.

Au milieu de ces peines dont l'histoire ne peut soulever les voiles que d'une main discrète, Bossuet devint le guide d'une conscience profondément religieuse sous des dehors frivoles. Rappelée aux graves pensées par la voix éloquente qui venait de consacrer les vertus de sa mère, elle comprit la leçon d'un tel exemple, et fit demander à l'évêque de Condom des règles de conduite qui lui parurent si appropriées à sa situation morale, qu'elle voulut le prendre pour directeur habituel. Il vint donc régulièrement l'entretenir trois fois par semaine, et ne tarda pas à raviver les plus généreux mouvements d'un naturel que les vanités du monde avaient pu égarer sans le corrompre.

Cependant la politique traversa tout à coup ces salutaires influences. Car Louis XIV, qui appréciait de plus en plus des mérites ornés par tant de séductions, crut pouvoir confier un secret d'État à une princesse de vingt-six ans, et il la choisit pour médiatrice, à la veille du jour où allaient éclater ses desseins contre la Hollande (juin 1670). Elle partit donc pour Londres, avec mission de tout faire en vue de nous assurer l'alliance du roi son frère, et au besoin de l'amener à se déclarer catholique. On peut lire, dans le tome III de M. Mignet sur les négociations relatives à la succession d'Espagne, tout le détail de cette affaire qui devait rester mystérieuse. Si la conversion ne fut pas obtenue, Henriette revint du moins avec un traité qui garantissait la complicité de Charles II dans une guerre aussi imprudente qu'injuste. Ce succès avait mis le comble à une faveur toujours croissante, lorsque retentit comme la foudre ce cri de deuil et d'effroi : « *Madame se meurt, Madame est morte!* »

Récit authentique de sa mort. — On sait dans quelles circonstances se produisit cette sinistre nouvelle. Le 29 juin, sur le soir, vers cinq heures, Madame se trouvant au palais de Saint-Cloud avait demandé un verre d'eau de chicorée à la glace. Aussitôt après l'avoir pris, elle ressentit les douleurs les plus aiguës, et, à deux heures du matin, elle expirait, au milieu d'une cruelle agonie. Tous les incidents de « cette nuit désastreuse » ont été recueillis par un témoin oculaire[1]. On y verra qu'en cette soudaine atteinte, où la mort la saisit comme à la gorge, la charmante victime garda toute sa présence d'esprit, pensa aux choses essentielles, aux siens, à ses amis, au roi, à Monsieur, à son âme, à Dieu, en un mot que tous eurent d'elle des paroles simples, vraies et d'une suprême convenance.

Dans le premier émoi, l'on avait fait venir le docteur Feuillet, chanoine de Saint-Cloud, grand rigoriste, qui ne ménagea nullement la pauvre princesse. « A onze heures du soir, écrit-il, elle me fit appeler en grande diligence. Étant arrivé proche de son lit, elle fit retirer tout le monde, et me dit : « Vous voyez, Monsieur Feuillet, en quel état je suis réduite. — En un très-bon, madame, lui dis-je. Car vous confessez à présent qu'il y a un Dieu, que vous avez très-peu connu pendant votre vie. » — Il ajouta que toutes ses confessions passées ne comptaient pas, que toute sa vie n'avait été qu'un péché; il l'aida, autant que le permettait son état, à faire une confession générale, et elle s'en acquitta de son mieux, en toute piété. — Un capucin, son confesseur ordinaire, était là près du lit; et ce bon religieux qui voulait l'exhorter se perdait en de longs discours.

[1]. Relation de M. Feuillet, chanoine de Saint-Cloud.

Regardant alors Mme de Lafayette, *avec un mélange de pitié et de souffrance* : « Laissez parler M. Feuillet, mon père », lui dit-elle doucement, comme si elle eût craint de le fâcher ; « vous parlerez à votre tour. » Cependant, le docteur Feuillet lui disait à haute voix : « Humiliez-vous, Madame ; voilà toute cette grandeur trompeuse anéantie sous la pesante main de Dieu. Vous n'êtes qu'une misérable pécheresse, qu'un vaisseau de terre qui va tomber, et se cassera en pièces ; et de toute cette grandeur il ne restera aucune trace. — Il est vrai, ô mon Dieu ! » s'écriait-elle, acceptant tout de la bouche du prêtre avec soumission, non sans quelque chose d'obligeant, de tendre, et de résigné.

Dans ce péril, on était allé en toute hâte à Paris chercher M. de Condom. Le premier courrier ne l'ayant pas rencontré, on en dépêcha un second, puis un troisième. Après avoir reçu les sacrements avec grand respect et grande joie, Madame était à l'extrémité, et venait de prendre le dernier breuvage, quand arriva Bossuet. Ici, la relation du sévère docteur change de ton, et s'émeut sensiblement. « Elle fut, dit-il, aussi aise de le voir, comme il fut affligé de la trouver *aux abois. Il se prosterna contre terre, et fit une prière qui me charma; il entremêloit des actes de foi, de confiance et d'amour.* »

Cette prière de Bossuet prosterné à genoux devant ce lit de mort, cet épanchement naturel et prompt d'un grand cœur attendri n'a-t-il pas été le trésor où il puisa la touchante éloquence de l'oraison funèbre qu'il allait prononcer, à Saint-Denis, le 21 août 1670 ? Oui, ce que le monde devait admirer ne fut qu'un écho de ces accents qui échappèrent alors à la douleur religieuse du prêtre, et se perdirent au sein de Dieu, avec l'âme purifiée qui s'envola bientôt du même essor.

Pendant cette prière même, la première femme de chambre de Madame s'approcha d'elle, pour lui donner quelque chose dont elle avait besoin. C'est alors que Madame, conservant jusqu'à la fin toute la délicatesse de son procédé, dit à celle-ci, en anglais, afin de n'être pas entendue de Bossuet : « Donnez à M. de Condom, lorsque je serai morte, l'émeraude que j'avois fait faire pour lui. » L'oraison funèbre en a gardé mémoire. Car nous y lisons : « Cet art de donner agréablement qu'elle avoit si bien pratiqué durant sa vie, l'a suivie, *je le sais*, jusqu'entre les bras de la mort.[1] »

II. — Esquisse littéraire.

Exorde et proposition. — La notice qui précède est déjà le commentaire d'un discours qui justifia si bien ce texte de l'Ecclésiaste : *Vanité des vanités, tout n'est que vanité.* Aussi bornons-nous à indiquer les principales lignes du développement.

Un exorde aussi simple qu'ému, et dont la première pensée est une allusion à l'oraison funèbre de la reine d'Angleterre, annonce que Bossuet veut, « dans un seul malheur, déplorer toutes les calamités du genre humain, et, dans une seule mort, faire voir la mort et le néant de toutes les grandeurs humaines. »

Mais comme il ne faut pas « permettre à l'homme de se mépriser tout entier[2], » il enseignera : — d'un côté, « que tout est vain, si nous regardons le cours de la vie mortelle »; — de l'autre, « que tout est précieux et important, si nous contemplons le terme où elle aboutit, et le compte qu'il en faut rendre. »

C'est ce que démontre l'exemple de la princesse pleurée par la France. Il examine donc d'abord « ce qu'une mort soudaine lui a ravi »; ensuite, « ce qu'une sainte mort lui a donné. »

Première partie. Ce qu'une mort soudaine lui a ravi.
— Passant en revue les avantages les plus enviés, la naissance, l'esprit et la beauté, Bossuet trouve dans les impressions religieuses qu'il veut produire l'occasion même des éloges discrets qu'il consacre aux mérites gracieux ou solides d'une princesse qui fut sa pénitente, et dont il peut

---

1. L'autopsie démontra, malgré des soupçons calomniateurs, que Madam périt victime du choléra-morbus.

dire avec autorité : « Elle étudioit ses défauts, et aimoit qu'on lui en fît des leçons sincères : marque assurée d'une âme forte que ses fautes ne dominent point, et qui ne craint pas de les envisager de près, par une secrète confiance des ressources qu'elle sent pour les surmonter. »

De ces traits distincts, et sous lesquels tressaille l'accent d'un regret personnel, ressort une physionomie rendue avec autant de puissance que de délicatesse par un génie sublime et touchant qui concilie toutes les nuances. Ne croirait-on pas entendre Fénelon, lorsque le pathétique récit, interrompu par des sanglots, se continue par cette plainte ? « Madame a passé du matin au soir, ainsi que l'herbe des champs. Le matin, elle fleurissoit; avec quelles grâces ! vous le savez : le soir, nous la vîmes séchée; et ces fortes impressions, par lesquelles l'Écriture sainte exagère l'inconstance des choses humaines, devoient être pour cette princesse précises et littérales. » Si une mélancolie presque virgilienne anime cette élégie oratoire, elle se termine par ces sombres couleurs : « Notre corps prend un autre nom : même celui de cadavre ne demeure pas longtemps. Il devient un je ne sais quoi qui n'a plus de nom dans aucune langue; tant il est vrai que tout meurt en lui jusqu'à ces termes funèbres par lesquels on exprimoit ses malheureux restes! »

Deuxième partie. Ce qu'une sainte mort lui a donné.
— Mais de même que la justice de Dieu confond notre orgueil, en ne faisant de nous qu'une même cendre, sa bonté qui nous aime ne nous détruit que pour réparer nos ruines. Cette transition conduit Bossuet à la seconde partie de son discours qui se résume en deux mots : elle est une consolation, et un enseignement.

Après nous avoir affligés par le spectacle de notre misère, il nous relève par celui de notre grandeur. Venant de Dieu, l'âme en effet « se sauve de ce débris universel et inévitable. » Elle peut donc « mépriser la mort », si elle se rend digne d'être « réunie à son principe », par la vertu de la Grâce, qui nous fait « sortir du temps, et entrer dans l'éternité. »

Expliquant alors par des images sensibles ce miracle de la prédestination, le théologien et le philosophe la montre à l'œuvre dans la vie de celle qu'il nomme « son héroïne chrétienne. » C'est avec une sorte de tendresse qu'il « glorifie », dès sa naissance, cette âme privilégiée « que Dieu prit sur ses ailes, comme l'aigle prend ses petits, et porta lui-même dans le sein de l'Église. » Pour la lui donner, « il avoit fallu renverser tout un royaume! » N'en soyons pas surpris, dit-il. Car l'Éternel « remue le ciel et la terre, pour enfanter ses élus. »

Mais à la faveur de cette vocation manifeste devait s'ajouter celle de la *persévérance*; et, revenant au récit d'une mort soudaine qu'il appelle « le dernier combat », Bossuet la propose comme un exemple digne d'envie. « Ne mêlons pas, s'écrie-t-il, de foiblesse à une si forte action, et ne déshonorons point par nos larmes une si belle victoire! » Il aime mieux y chercher un enseignement pratique pour « ces lâches chrétiens » qui craignent d'avancer leur fin en recevant les sacrements suprêmes. Combien fut différente l'ardeur empressée avec laquelle « Madame appela les prêtres plutôt que les médecins! Tout étoit simple, tout étoit solide, tout étoit tranquille, tout partoit d'une âme soumise et sanctifiée. » Aussi, qu'importe « que le temps ait été court? L'opération divine a été puissante, la fidélité parfaite. » Alors, sans oublier les moindres détails d'une scène religieuse à laquelle il assista de si près, il laisse à ceux qui pleurent ce témoignage consolant : « Je me confie pour Madame en cette miséricorde qu'elle a si humblement réclamée. Elle a aimé, en mourant, le Sauveur Jésus. *Les bras lui ont manqué plutôt que l'ardeur* d'embrasser la Croix; *j'ai vu sa main défaillante* chercher encore en tombant de nouvelles forces, pour appuyer sur ses lèvres ce bienheureux signe de notre Rédemption. N'est-ce pas *mourir entre les bras, et dans le baiser du Seigneur?* »

Péroraison. — Elle aussi, la péroraison a l'onction mystique d'un adieu qui pressent l'éternel retour, et dont la tristesse, douce comme une espérance, est sereine comme la foi.

ORAISON FUNÈBRE

DE MARIE-THÉRÈSE D'AUTRICHE, REINE DE FRANCE

(1683).

I. — Faits historiques.

Sans l'oraison funèbre qui fait vivre encore sa mémoire, Marie-Thérèse ne serait guère connue de la postérité. Car ses vertus ne firent jamais de bruit; et, parmi les splendeurs de cette cour où elle ne régnait qu'en apparence, sa vie s'écoula toujours dans l'isolement d'une tristesse résignée qui cherchait l'ombre et le silence[1].

Fille unique de Philippe IV, roi d'Espagne, et d'Isabelle de Bourbon, elle avait épousé Louis XIV, son cousin germain, le 4 juin 1660, au lendemain de cette glorieuse paix des Pyrénées (1659) qui, grâce au succès de nos armes et à l'habileté de Mazarin, terminait enfin les différents de deux grands empires. On vit bientôt que la politique avait seule engagé cette union troublée si vite par l'indépendance d'un cœur trop passionné. Aussi le jour vint-il où, malgré les marques extérieures d'une estime qui ne se démentit jamais, et valut même à Marie-Thérèse le titre de Régente, pendant la campagne de Hollande, il lui fallut reconnaître avec larmes que « le Roi ne l'aimoit plus », et que le mal était sans remède. Certaine de cette infortune, elle en souffrit cruellement : car la constance de son affection fut digne de retour. Cette humiliation qu'il fallait dérober à tous les regards ne fit que rendre encore plus défiante une timidité naturelle dont l'excès eut je ne sais quoi de maladif. « Cette pauvre princesse, dit Mme de Caylus, avoit

---

1. Saint Grégoire de Nysse fit l'éloge funèbre de l'impératrice Flaccile, femme de Théodore; elle fut aussi un personnage sans physionomie. Bossuet seul a réussi, même en ces sujets ingrats.

tant de peur du Roi qu'elle n'osoit lui parler, ni s'exposer au tête à tête avec lui : ses mains mêmes en étoient tremblantes. »

Dès lors, elle s'ensevelit dans une sorte de solitude, où l'amertume de ses pensées ne fut adoucie que par la pratique de ses devoirs religieux et maternels. Encore fut-elle éprouvée par de nouvelles et bien poignantes douleurs. Car elle vit mourir cinq de ses enfants, et faillit perdre l'aîné de ses fils, le Dauphin, sa seule et dernière espérance. Il y eut pourtant un éclair de joie dans ces années sombres. Ce fut le jour où la naissance d'un petit-fils promit à sa race une suite d'héritiers. L'influence de Mme de Maintenon commençait aussi à lui ramener les hommages presque repentants de Louis XIV, lorsqu'après un voyage où elle venait de l'accompagner, le 26 juillet 1683, elle fut prise d'un mal soudain qui l'emporta brusquement le 30 du même mois, à l'âge de 45 ans.

« Voilà le premier chagrin qu'elle m'ait causé », dit le Roi, sous le coup d'une impression qui dura peu. Car « il fut, dit Saint-Simon, plus attendri qu'affligé. Mais, comme tout semble considérable dans les grands, la cour fut en peine de sa douleur. Quelques jours après, Mme de Maintenon parut à ses yeux dans un si grand deuil, et avec un air si triste, que lui, dont la douleur étoit passée, ne put s'empêcher de lui en faire quelques plaisanteries. » Voilà bien « l'homme tout personnel qui ne comptoit les autres que par rapport à soi[1]. »

Ce fut à Saint-Denis, le 1er septembre 1683, en présence du Dauphin, que Bossuet prononça l'oraison funèbre de la Reine. Trente-quatre éloges retentirent en d'autres chaires ; mais, dans ce concert, se distingua seulement la voix de Fléchier.

---

1. Saint-Simon.

II. — Esquisse littéraire.

Exorde et proposition. — L'exorde est le commentaire de ces paroles empruntées à l'apôtre saint Jean : « *Ils sont sans tache devant le trône de Dieu*[1]. » Nul texte ne pouvait être mieux approprié à des vertus qui fuyaient les regards du monde. Bossuet comprit que des accents dignes de sainte Thérèse convenaient seuls à l'éloge d'un cœur si pur et si tendre, qu'avaient brisé tant de muettes douleurs. Aussi, transfigurant la pieuse reine, la montre-t-il rayonnante de gloire, au milieu des « âmes vierges » que leur innocence prédestine à la béatitude. Un charme de poésie toute mystique distingue cet exorde, dont la douceur surpasse ces vers de La Fontaine :

> Sire, le temps de pleurs
> Est passé : la douleur est ici superflue.
> Votre digne moitié, couchée entre des fleurs,
> Tout près d'ici m'est apparue ;
> Et je l'ai d'abord reconnue.
> « Ami, m'a-t-elle dit, garde que ce convoi,
> Quand je vais chez les dieux, ne t'oblige à des larmes :
> Aux Champs Élyséens j'ai goûté mille charmes,
> Conversant avec ceux qui sont saints comme moi[2]. »

Par une allusion ingénieuse, Bossuet voit un emblème d'élection jusque dans la blancheur d'un teint que pâlirent encore de longues tristesses : « La mort ne l'a point changée, si ce n'est qu'une immortelle beauté a pris la place d'une beauté changeante et mortelle. Cette *éclatante blancheur, symbole de sa candeur*, n'a fait pour ainsi dire que passer au dedans, où nous la voyons rehaussée d'une lumière divine. » Voilà des traits qu'eût enviés Fénelon, dans la séraphique peinture de ses champs bienheureux.

Ce spectacle du ciel entr'ouvert prépare la division qui

---

1. Sine maculâ enim sunt ante thronum Dei.
2. *Les Obsèques de la Lionne*, VIII, 14.

va résumer l'éloge : — *Il n'y a rien que d'auguste* dans sa personne ; — *Il n'y a rien que de pur* dans sa vie : tels sont les deux motifs qu'il développera, le premier avec la noblesse qu'exige une solennité officielle ; le second avec l'onction d'un pasteur qui veut toucher des âmes, et la prudence d'une parole adroite à éviter les piéges de son sujet.

Première partie. Il n'y a rien que d'auguste dans sa personne. — Avouons que la première partie du panégyrique se prêtait malaisément au ministère évangélique, et trahit quelque peu d'embarras. J'oserai même dire, en dépit de Chateaubriand, qui prononce ici les noms d'Isaïe et d'Ézéchiel, qu'on sent trop les procédés oratoires dans cette fameuse *apostrophe à l'île de la Conférence :* « Ile pacifique, île éternellement mémorable où l'on vit se développer toutes les adresses et tous les secrets d'une politique si différente, où l'un se donnoit du poids par sa lenteur, et l'autre prenoit de l'ascendant par sa pénétration..., fêtes sacrées, mariage fortuné, voile nuptial, bénédictions, sacrifice, puis-je mêler aujourd'hui vos cérémonies avec ces pompes funèbres, le comble des grandeurs avec leurs ruines ? » Il y a là comme un air d'expédient, où se dénonce la gêne d'une imagination qui s'excite à froid, et s'ingénie trop à grandir de petites circonstances. — J'en dirais volontiers autant de cette autre figure de rhétorique : « Cessez, princes et potentats, de troubler par vos prétentions le projet de ce mariage. Que *l'amour*, qui semble aussi le vouloir troubler, cède lui-même ! L'amour peut bien remuer le cœur des héros du monde..., mais il y a des âmes d'un ordre supérieur à ses lois, à qui il ne peut inspirer des sentiments indignes de leur rang. » Signalons seulement ici l'allusion faite à l'étoile pâlissante d'Henriette de Mancini, et l'analogie lointaine qui nous rappelle ces mots de Pauline disant à Sévère :

> De quelque amant pour moi que mon père eût fait choix,
> Quand à ce grand pouvoir que la valeur vous donne,
> Vous auriez ajouté l'éclat d'une couronne ;
> Quand je vous aurois vu, quand je l'aurois haï,
> J'en aurois soupiré, mais j'aurois obéi.

Bossuet est plus à l'aise lorsqu'il aborde la louange directe de Louis XIV qui « apprit à la nation à se connoître... », qui « foudroie les villes plutôt qu'il ne les assiége », qui « transforme la France en une seule forteresse, montrant de tous côtés un front redoutable », et « couvrant les mers de ses flottes victorieuses ». On retrouve en effet ici l'entente naturelle et l'affinité vraiment intime qui existait entre le prélat et le souverain dont il dit : « La noblesse de ses expressions vient de celle de ses sentiments, et ses paroles précises sont l'image de la justesse qui règne dans ses pensées. » Cet enthousiasme part du cœur, et devient presque lyrique dans ce mouvement célèbre : « Tu céderas, ou tu tomberas sous ce vainqueur, Alger, riche des dépouilles de la chrétienté. Tu disois en ton cœur avare : Je tiens la mer sous mes lois, et les nations sont ma proie. — La légèreté de tes vaisseaux te donnoit de la confiance ; mais tu te verras attaqué dans tes murailles comme un oiseau ravissant qu'on iroit chercher parmi les rochers, et dans le nid où il partage son butin à ses petits. » Remarquons toutefois que Bossuet enrichit ainsi l'indigence de sa matière, comme fit le Simonide de La Fontaine :

> Le poëte d'abord parla de son héros ;
> Après en avoir dit ce qu'il en pouvoit dire,
> Il se jette à côté.

En résumé, dans cette partie du discours, où il fallait montrer la reine *auguste* par ses aïeux, par son époux, par son fils, le grand et médiocre Dauphin, qui a, lui aussi, son grain d'encens, le rôle de Marie-Thérèse n'est pas moins effacé qu'il le fut dans l'État.

Deuxième partie. Il n'y a rien que de pur dans sa vie. — Mais la seconde moitié de l'oraison lui appartiendra tout entière. Ici commence véritablement un sermon pratique.

Inaltérable pureté, ferveur pieuse et active, humilité dans la grandeur, délicatesse d'une conscience qui ne se pardonne pas les moindres oublis, renoncement et sacrifices d'un cœur aussi tendre que courageux à supporter les déplaisirs ou les mortelles angoisses « qui se cachent sous la pourpre », fermeté dans les pertes irréparables, accomplissement de tous les devoirs qui s'imposent à la fille, à l'épouse, à la souveraine; en un mot prodiges de la Grâce concourant à former l'exemplaire parfait d'une chrétienne qui, « malgré le tumulte de la cour, se fait une solitude parmi la foule », et y trouve « le Carmel d'Élie, le désert de Jean, la montagne si souvent témoin des gémissements de Jésus », tels sont les traits de la figure que Bossue propose comme un modèle à ceux qu'entraîne le courant du siècle.

Le cadre d'où elle se détache est cet *oratoire* où Dieu la voyait, comme Esther,

> Humilier ce front de splendeur couronné,
> Et, confondant l'orgueil par d'augustes exemples,
> Baiser avec respect le pavé de ses temples.

C'est « de là que les peuples croyoient voir partir la foudre qui accabloit tant de villes. » Car la vertu de ses prières l'associait aux triomphes de la France, et « les mains élevées à Dieu enfoncent plus de bataillons que celles qui frappent. »

Parmi ces enseignements éloquents, il y a des vérités faites pour Louis XIV, et l'on pourrait noter ici plus d'un conseil qui s'adresse à la conscience royale, ne fût-ce que l'hommage rendu « à la *prudence tempérée d'une femme sage, calmant les passions violentes qu'une résistance trop emportée ne feroit qu'aigrir* ». C'est ainsi que Bossuet ne perdit jamais l'occasion d'exercer son devoir sacerdotal, jusque dans les convenances qui s'imposaient à un discours de cérémonie. Il sut donc toujours concilier le respect et la reconnaissance avec la liberté du prédicateur. Les ménagements conseillés par la charité n'adoucissaient sa parole que pour lui assurer plus d'efficace. Car sa maxime était de dire la vérité avec force, mais utilement, sans froisser l'orgueil du souverain, sans le mettre en cause devant sa cour, comme un accusé devant ses juges, et sans porter atteinte à la majesté du trône : tempéraments qui ne l'empêchaient pas de pénétrer au fond d'un cœur, et d'y « porter le glaive[1] ».

Péroraison. — Des leçons générales se dégagent aussi de ce discours dont certaines pages ont l'intimité d'une exhortation faite au confessional plus encore que dans la chaire. Tel est le caractère de la péroraison, où, rappelant que « la mort vient comme un voleur », il cherche à réveiller ces endormis que trompent « les plaisirs, le jeu, la santé, la jeunesse, l'heureux succès des affaires, les flatteurs, parmi lesquels il faudroit peut-être compter des directeurs infidèles que nous avons choisis pour nous séduire, et enfin nos fausses pénitences qui ne sont suivies d'aucun changement de nos mœurs ». Ces austères avertissements tombaient d'aplomb sur cet auditoire frivole, où se trouvait, entre autres Mlle de Montpensier, qui, au retour de cette fête funèbre, écrivit ces mots : « Quand on sort de ces lieux-là, on est las ; chacun s'en va chez soi ; moi, j'allai à Eu, fort fatiguée des cérémonies des morts ; *elles m'avoient donné des vapeurs.* »

ORAISON FUNÈBRE

D'ANNE DE GONZAGUE DE CLÈVES, PRINCESSE PALATINE.

(1685).

I. — Faits historiques.

Sa jeunesse romanesque. — Née en 1616, seconde fille du duc de Nevers et de Catherine de Lorraine, Anne de Gonzague avait été, toute jeune encore, sacrifiée à la grandeur de sa maison, qui devait donner une souveraine

---

[1]. C'est ce qu'atteste encore la lettre si courageuse qu'il écrivit à Louis XIV sur *la Pénitence* à la veille de la *Pentecôte*. Voir nos *Extraits classiques* cours supérieurs), prose, t. I, p. 114. (Édition *Fouraut*).

à la Pologne. Dès son enfance, on la destinait à la vie religieuse; mais elle s'échappa du cloître de Farmoustiers, comme d'une prison, pour se réfugier près de sa sœur Bénédicte, abbesse d'Avenai. L'exemple de ses douces vertus l'eût engagée peut-être à prononcer des vœux, si la mort de son père ne lui avait rendu son indépendance. Maîtresse d'elle-même, elle commença par user et abuser d'une liberté qui ouvrait carrière à ses caprices. Mais, à la suite d'aventures trop romanesques dont le principal héros fut le jeune duc Henri de Guise, elle finit par épouser, contre le gré des siens, un prince besoigneux, Édouard, comte Palatin du Rhin; et, pour rétablir sa fortune, elle vint déployer à la cour de France les ressources d'un esprit aussi remuant qu'adroit à mêler les plaisirs aux affaires, et la galanterie à la politique.

Son rôle politique, ses égarements. — La guerre de Paris lui offrit un théâtre et un rôle. Attachée d'abord aux frondeurs, elle se dévoua bientôt à la cause royale, et prit à de folles ou sérieuses intrigues une part si active qu'elle mérita cet éloge fait par le cardinal de Retz (un connaisseur, s'il en fut) : « Je l'ai vue dans la faction, je l'ai vue dans le cabinet; et je ne crois pas que la reine Élisabeth d'Angleterre ait eu plus de capacité pour conduire un État. » C'est ce que confirme ce témoignage de Mme de Motteville : « Elle se gouverna si judicieusement qu'elle rompit presque tous les desseins des princes au profit de la reine, et fit plus d'une fois changer les intérêts et les sentiments des principaux acteurs. »

Nommée surintendante de la maison royale, mais dépouillée de ce titre en 1660 par une disgrâce qu'elle put appeler une ingratitude, elle s'éloigna de la cour pendant trois ans; et, ramenée un instant à de pieuses pensées par une retraite qui fut un premier essai de repentir provisoire, elle réussit à s'acquitter de toutes ses dettes avec une fidélité scrupuleuse qui fit grand honneur à son caractère. Quoique très-obérée, elle trouvait encore moyen d'envoyer d'importants secours d'argent à la reine de Pologne, sa sœur, réduite aux dernières extrémités par la guerre désastreuse qu'elle soutenait contre les Suédois. Cette conduite lui gagna donc l'estime de tous les partis, unanimes à reconnaître la droiture de son esprit et la générosité de son cœur.

Mais ce cœur était encore bien fragile, comme le prouvèrent les fantaisies d'un veuvage (1663) qui lui permit de se livrer sans contrainte aux goûts les plus dissipés. Elle en vint même à perdre entièrement la croyance, et à tourner en railleries les vérités religieuses, « dont elle ne pouvoit, disait-elle, entendre parler, sans avoir envie de rire. »

Sa conversion. — Comment s'opéra sa tardive et soudaine conversion? Elle nous le raconte elle-même dans une lettre curieuse et touchante. C'est aussi ce que Bossuet redit publiquement, lorsqu'il mêle à la solennité de son oraison le simple récit des deux songes qui parurent à une imagination mystique et tendre un pressant appel de la Grâce. Docile à cette voix intérieure, elle effaça par une éclatante pénitence les erreurs ou les scandales du passé. Douze années de vertus édifiantes permirent donc à son panégyriste de présenter comme un miracle de miséricorde l'exemple d'une princesse qui, rompant avec le monde, ne visita plus que les hôpitaux et les églises, vendit ses meubles, ses tableaux et ses bijoux pour en faire des charités, et mourut comme une sainte, dans sa soixante-huitième année, le 6 juillet 1684.

Un an après, le 9 août 1685, sur les instances du grand Condé, dont le fils était gendre d'Anne de Gonzague, Bossuet prononça son éloge dans l'église des Carmélites du faubourg Saint-Jacques.

II. — Esquisse littéraire.

Exorde et proposition. — Dans un exorde qui annonce un sermon plus qu'un panégyrique, Bossuet commente ce texte d'Isaïe : « *Je t'ai pris par la main pour te ramener des extrémités de la terre; je t'ai appelé des lieux les plus éloignés, je t'ai choisi, et ne t'ai pas rejeté : ne crains point, parce que* *je suis avec toi*[1]. » L'histoire d'une mémorable conversion va lui servir à « confondre » les incrédules et les endurcis.

Condamnant donc ceux qui seraient tentés « d'écouter sa parole avec des oreilles curieuses », et des sentiments profanes, il les avertit ainsi de la dignité de son ministère : « Ou la princesse Palatine portera la lumière dans vos yeux, ou elle fera tomber, comme un déluge de feu, la vengeance de Dieu sur vos têtes. Mon discours, dont vous vous croyez peut-être les juges, vous jugera au dernier jour : ce sera pour vous un nouveau fardeau, comme disoient les prophètes[2] ; et, si vous n'en sortez plus chrétiens, vous en sortirez plus coupables. »

De cette proposition qui procède si naturellement du sujet, se dégage une division, qui n'a rien d'artificiel, et se trouve contenue dans cet appel : « — *Venez voir d'où la main de Dieu a retiré la princesse Anne; — Venez voir où la main de Dieu l'a élevée.* » Ses erreurs et sa pénitence, voilà le double enseignement qu'il développe avec autant de franchise que d'onction.

Première partie. D'où la main de Dieu l'a tirée. — Remontant jusqu'au berceau de la princesse Anne de Clèves, Bossuet peint d'une touche gracieuse le charme innocent de ses premières années : « Jamais plante ne fut cultivée avec plus de soin, et ne se vit si tôt couronnée de fleurs. » Mais elles ne tardèrent pas à se flétrir; et la faute en fut à un zèle indiscret qu'il censure avec autorité. Sacrifiant les intérêts de l'Église à des ambitions de famille, une violence téméraire « précipita vers le cloître celle qu'il falloit y conduire doucement », et ne craignit point de mettre les plus graves dignités « comme un jouet aux mains d'un enfant ». Sans excuser les conséquences fâcheuses d'une contrainte qui provoqua la révolte, ni les enivrements d'une liberté qui ne sut pas se régler, une pitié sympathique tempère ici le blâme qui se mêle au souvenir d'une jeunesse trop

---

1. Apprehendi te ab extremis terræ, et a longinquis ejus vocavi te ; elegi te, et non abjeci : ne timeas, quia ego tecum sum. *Isaïe*, chap. XLI, v. 9-10.
2. Onus verbi Domini super Israël.

égarée par les plaisirs du monde. Signalons la réserve et la fermeté des traits par lesquels l'orateur représente les pièges ordinaires à la vie des cours : « Par un mélange étonnant, il n'y a rien de plus sérieux, ni ensemble de plus enjoué. Enfoncez ; vous trouverez partout des intérêts cachés, des jalousies délicates, qui causent une extrême sensibilité, et, dans une ardente ambition, des soins et un sérieux aussi triste qu'il est vain. » C'est moins vif, mais plus profond encore que du La Bruyère[1].

Détachons aussi cette esquisse de la Fronde : « Quel trouble, quel affreux spectacle se présente ici à mes yeux! la monarchie ébranlée jusqu'aux fondements, la guerre civile, la guerre étrangère, le feu au dedans et au dehors ; les remèdes de tous côtés plus dangereux que les maux ; les princes arrêtés avec grand péril, et délivrés par un péril encore plus grand ; ce prince que l'on regardoit comme le héros de son siècle, rendu inutile à sa patrie dont il avoit été le soutien, et ensuite, je ne sais comment, contre sa propre inclination, armé contre elle ; un ministre persécuté, et devenu nécessaire, non-seulement par l'importance de ses services, mais encore par ses malheurs où l'autorité souveraine étoit engagée. Que dirai-je? Étoit-ce là de ces tempêtes par où le ciel a besoin de se décharger quelquefois? et le calme profond de nos jours devoit-il être précédé par de tels orages? Ou bien, étoit-ce le dernier effort d'une liberté remuante, qui alloit céder la place à l'autorité légitime? Ou bien étoit-ce comme un travail de la France prête à enfanter le règne miraculeux de Louis? » Que de nuances dans ce résumé! Mais le style pourra nous en paraître bien solennel ; car cet accent de terreur tragique semble détonner en face d'une comédie politique dont les espiègleries ont un air d'enfantillage, du moins si on les compare aux crises des siècles suivants. Il est vrai que Bossuet parle ici

---

1. « Il y a un pays où les joies sont visibles mais fausses, et les chagrins cachés mais réels. Qui croiroit que l'empressement pour les spectacles, que les éclats et les applaudissements aux théâtres de Molière et d'Arlequin, les repas, la chasse, les ballets, les carrousels, couvrissent tant d'inquiétudes, de soins et de divers intérêts, tant de craintes et d'espérances, des passions si vives et des affaires si sérieuses ? » (LA BRUYÈRE, chap. VIII, *De la cour.*)

comme on pensait au temps de Louis XIV. Aussi ne sourions pas quand il attribue cette folle équipée à Dieu même, « qui vouloit montrer qu'il donne la mort et qu'il ressuscite, qu'il plonge jusqu'aux enfers et qu'il en retire, qu'il secoue la terre et la brise. »

D'autres passages ne saisissent pas moins l'attention par la puissance du relief, ou l'éclat des couleurs. Tel est, par exemple, ce tableau tout biblique : « Charles-Gustave parut[1] à la Pologne surprise et trahie, comme un lion qui tient sa proie dans ses ongles, tout prêt à la mettre en pièces. Qu'est devenue cette redoutable cavalerie qu'on voit fondre sur l'ennemi avec la vitesse d'un aigle ? Où sont ces âmes guerrières, ces marteaux d'armes tant vantés, et ces arcs qu'on ne vit jamais tendus en vain ? Ni les chevaux ne sont assez vites, ni les hommes ne sont adroits que pour fuir devant le vainqueur.... Tout nage dans le sang, et on ne marche que sur des corps morts.... La reine n'a pas de retraite, elle a quitté le royaume ; après de courageux, mais vains efforts, le roi est contraint de la suivre.... Il ne leur reste qu'à considérer de quel côté alloit tomber ce grand arbre ébranlé par tant de mains, et frappé de tant de coups à ses racines, ou qui en enlèveroit les rameaux épars. »

Tel est le fond historique sur lequel ressort la figure de la princesse Palatine, avec ses rares talents, son art de concilier les intérêts opposés, son insinuante éloquence, sa fidélité aux engagements ; mais aussi avec les faiblesses d'un cœur où se fera bientôt « sentir le vide des choses humaines », et avec l'intempérance « d'une raison superbe qui ne tenoit plus à Jésus-Christ par aucun lien » : déplorable aveuglement, où Bossuet trouve l'occasion de foudroyer « ces rares génies qu'on appelle par ironie des esprits forts ».

Deuxième partie. Où la main de Dieu l'a élevée. — Mais la pécheresse et l'incrédule va revenir à la foi comme aux vertus de son enfance. Car « à la souveraine misère reste la

---

1. Charles X, né en 1622. La bataille de Varsovie qui dura trois jours lui livra toute la Pologne.

souveraine miséricorde », qui suit de son regard une âme déchue, pour la relever par un miracle. Cette opération de la Grâce est le sujet que se propose l'orateur. Il l'emprunte aux confidences d'une âme illuminée tout à coup par deux songes. C'est la morte elle-même qui prend ici la parole, et nous redit avec ravissement ses joies intimes. Il était malaisé d'assortir au ton de l'éloquence funèbre le détail de ces rêves, où une imagination exaltée crut entendre un ordre du ciel. Mais un art qui se dérobe se joue de ces difficultés. Dans ce « *poussin* » enlevé par un chien, sous l'aile de sa mère, nous ne voyons plus qu'une parabole rehaussée par le sentiment qui l'interprète. L'émotion d'une foi naïve communique donc à ce merveilleux l'air de vraisemblance qu'aurait un fait tout naturel.

Cette familiarité, nous ne l'aimons pas moins dans les pages où Bossuet admire l'active charité d'une Madeleine repentante. Il se garde bien alors de nommer les choses par les termes les plus généraux, comme le voudra plus tard Buffon. Mais, préférant la franchise de l'expression vive à la fausse noblesse des périphrases, il enchâsse dans l'or de sa parole les traits naïfs que lui offre le journal de la princesse Palatine : « Otons vivement cette *bonne femme* de *l'étable* où elle est, et mettons-là dans un de ces petits lits. » Si les délicats s'en offensent, que lui importent leurs dégoûts? Ne dit-il pas très-haut : « je voudrois ne plus parler que ce langage; car il efface les discours les plus magnifiques. »

Péroraison. — Cette impression nous suit dans la péroraison, qu'on pourrait résumer par ce vers de Virgile :

Discite justitiam moniti, et non temnere divos[1].

Car elle met encore en scène la princesse Palatine faisant trembler par son exemple « tant d'âmes insensées qui cherchent le repos dans le naufrage de la foi ». A des censures menaçantes qui vont droit aux orgueilleux s'associent des encouragements pour « ces fidèles pauvres, ignorés et

---

1. *Enéide* VI. « Apprenez par mon exemple à respecter la justice, et à ne pas mépriser les dieux. »

connus de Dieu seul », qui se cachent derrière « les piliers du temple », derrière les grands et les princes. Bossuet va chercher dans l'ombre ces affligés que consola souvent la pieuse défunte ; et c'est en glorifiant les humbles qu'il prend congé « de son illustre audience [1]. »

ORAISON FUNÈBRE

DE MICHEL LE TELLIER, CHANCELIER DE FRANCE

(1686).

I. — Faits historiques.

Né en 1603, fils d'un conseiller à la cour des aides, Michel Le Tellier fut un personnage heureux, dont la fortune ressemble, dit M. Nisard « au légitime avancement d'un fonctionnaire exact et capable. »
Conseiller au grand conseil, dès l'âge de vingt et un ans, bientôt procureur du roi au Châtelet, puis maître des comptes en 1630, il attira l'attention de Richelieu par la fermeté peu commune avec laquelle lui et le chancelier Séguier contribuèrent à réprimer une sédition soulevée par des paysans de basse Normandie qui, sous le nom de Va-nu-pieds, s'étaient révoltés contre les impôts et la taille. Ces services lui valurent les fonctions délicates d'intendant à l'armée de Piémont, où il connut Mazarin (1640), qui le proposa au roi en 1643 pour la charge de secrétaire d'État à la guerre. Maintenu dans ce poste sous la régence d'Anne d'Autriche, il devint, durant les troubles de la Fronde, un des plus dévoués serviteurs de la cour. Souple, circonspect, et adroit à user des occasions, comme à s'armer d'autorité pour frapper à propos des coups décisifs, il prit une part importante au traité de Rueil (1649) et à l'emprisonnement

---

1. Auditoire.

des princes (1650); il sauva Péronne des mains de l'Espagnol (1654), et mérita la confiance du cardinal dans les négociations qui menèrent à bonne fin la paix des Pyrénées (1659).

Sa récompense fut l'office de trésorier du roi, dont il obtint la survivance pour son fils aîné, le marquis de Louvois, qui entrait alors dans sa treizième année. Louis XIV, qui appréciait son expérience et sa discrétion, le garda près de sa personne, et fit de lui l'exécuteur testamentaire d'Anne d'Autriche, poste de confiance, où il se rendit fort utile, jusqu'au jour où il crut devoir remettre à son fils sa charge de secrétaire d'Etat (1666), non sans conserver le droit d'assister aux conseils du souverain. A ce témoignage d'estime s'ajouta la dignité de chancelier, dont il fut investi en 1677. « Sire, dit-il alors en remerciant son maître, vous avez voulu honorer ma famille et couronner mon tombeau. » Garde des sceaux, il exigea des magistrats plus d'instruction et de régularité, ranima dans les écoles l'étude de la jurisprudence, ne fut pas étranger à la déclaration du clergé français dans l'assemblée de 1682, et signa la Révocation de l'édit de Nantes (28 octobre 1685). Il mourut l'année même où, pleurant de joie, il venait de sceller cette désastreuse ordonnance qu'il regardait, hélas! comme le triomphe de la foi.

Bossuet, que des liens de reconnaissance attachaient à Le Tellier[1], ne put refuser à l'archevêque de Reims, fils du chancelier[2], une faveur qui lui parut un devoir; et il prononça son oraison funèbre, le 25 janvier 1686, en l'église de Saint-Gervais.

Le correctif de ses éloges est dans cette page d'un contemporain, l'abbé de Choisy : « Michel Le Tellier avoit tous les dehors d'un honnête homme, l'esprit doux, facile,

---

1. Il avait été signalé par lui à l'attention de Louis XIV.
2. C'est le prélat dont Mme de Sévigné raille avec esprit les prétentions dans une lettre célèbre, où elle le montre culbutant un pauvre diable de son équipage, et criant à tue-tête : « *Arrête, arrête ce coquin! qu'on lui donne cent coups!* » Voir notre recueil d'*Extraits classiques* (cours supérieurs et moyens), p. 55.

insinuant : il parloit avec tant de circonspection qu'on le croyoit toujours plus habile qu'il n'étoit.... Modeste sans affectation, cachant sa faveur avec autant de soin que son bien. ... il promettoit beaucoup, et tenoit peu ; timide dans les affaires de sa famille, courageux et même entreprenant dans celles de l'État ; génie médiocre, vues bornées, peu propre à tenir les premières places, où il payoit souvent de discrétion, mais assez ferme à suivre un plan, quand une fois il avoit été aidé à le former, incapable d'en être détourné par ses passions, dont il étoit toujours le maître ; régulier et civil dans le commerce de la vie, où il ne jetoit jamais que des fleurs ; mais, ennemi dangereux, il cherchoit sans cesse l'occasion de frapper celui qui l'avoit offensé, et toujours en secret, par la peur de se faire des ennemis qu'il ne méprisoit pas, si petits qu'ils fussent. »

II. — Esquisse littéraire.

Exorde et proposition. — Dans un exorde grave et un peu froid, dont le ton convient à l'éloge d'un personnage représenté comme un modèle « d'incomparable sagesse », Bossuet annonce un *sermon en trois points,* qui sont la *Modestie,* l'*Amour de l'intérêt public,* et le *Désir des biens éternels.* — Ces idées se retrouvent en effet dans le corps du discours, mais non exposées avec la suite d'un plan rigoureux. Car ses principales lignes se ramènent aux divisions que voici : l'orateur va célébrer 1° l'homme et le magistrat, 2° le politique, 3° le chancelier, 4° le chrétien.

Première partie. L'homme et le magistrat. — Sans entrer dans le détail d'une analyse qui serait ingrate, bornons-nous à remarquer la complaisance avec laquelle Bossuet, pour faire valoir son héros, met en lumière les qualités solides qu'il aime par-dessus tout, parce qu'il en est lui-même un modèle parfait ; je veux dire le sens, la mesure, la justesse et la raison. Voilà les mérites dont il pare le magistrat qui disait : « Je veux que les lois gouvernent, et non pas les hommes. » En admirant sa modération si ferme, il condamne « ces juges artificieux », qu'il compare « à des sépulcres blanchis ». Il y a là comme une mercuriale courageuse dont certains traits font penser à Molière, Racine et Boileau censurant, eux aussi, de leur vive ironie les lenteurs d'une procédure équivoque, les arrêts ambigus, les faux-fuyants intéressés, en un mot ce que Bossuet appelle « les lâchetés d'une justice si arbitraire et si captieuse » que l'on voit souvent « l'iniquité sortir du lieu d'où elle devroit toujours être foudroyée. »

Après avoir suivi Le Tellier dans les glorieux emplois qui « vinrent à lui comme d'eux-mêmes », et où sa main ne fit jamais pencher la balance, il le montre aussi capable de quitter les honneurs sans regret que de les accepter sans orgueil. C'est ainsi qu'au jour de sa retraite volontaire, « Chaville[1] le vit goûter un véritable repos dans la maison de ses pères qu'il avoit accommodée peu à peu à sa fortune présente, sans lui faire perdre les traces de son ancienne simplicité ». Dans ce tableau, dont la couleur est tranquille et douce, revit une physionomie toute patriarcale. Ajoutons toutefois que ce charme vient ici du peintre plus que du modèle, et que l'éloquence, surtout dans l'oraison funèbre, a ses fictions, comme la poésie.

Deuxième partie. Le politique. — Consacré au rôle du personnage qui fut le plus sûr agent de Mazarin, le développement qui suit nous transporte au milieu de la Fronde, sur le théâtre plein d'embûches, où se produisit une figure trop idéalisée par un panégyriste, qui pourtant laisse entrevoir les traits dominants du caractère. Le Tellier parut sur cette scène, non pas « comme un génie principal » (ce mot de Bossuet semblerait excessif), mais en homme de conseil et d'action « capable de profiter des moments », habile « à ne pas irriter la haine publique déclarée contre le ministère... », à « se conserver la créance de tous les partis »..., à manœuvrer parmi les écueils « en sage pilote, sans s'étonner des orages », sachant prévoir et prévenir, parler et se taire, « rompre les liaisons

---

[1]. Sa maison de campagne.

des factions, déconcerter leurs desseins, encourager les bonnes intentions » des égarés, « céder au temps » et à la nécessité, comme aussi faire montre de vigueur, et « aller où la raison d'État le déterminoit ». Dans cette esquisse, la sagacité du moraliste égale donc la clairvoyance du politique.

Signalons surtout, parmi les mérites propres à Bossuet, l'exactitude et la sûreté de ses vues historiques. Il connaît les ressorts des événements, comme s'il les avait maniés de près. En cela, il est fort supérieur à Fléchier, pour lequel les faits contemporains ne sont qu'un texte d'amplification vague, et non d'allusions fines et précises, adroites et franches. — Telle est, par exemple, celle qui intéresse la captivité des princes. Ici Bossuet se tire d'embarras, sans paraître embarrassé. Jugez-en : « On en fait des coupables, en les traitant comme tels. Mais où garder ces lions toujours prêts à rompre leurs chaînes, pendant que chacun s'efforce de les avoir en sa main, pour les retenir, ou les lâcher au gré de son ambition ou de sa vengeance ? » Ces euphémismes respectueux sans faiblesse ne sauvent-ils pas toutes les convenances?

Bien que la part faite à Michel Le Tellier soit certainement trop belle, Bossuet ne diminue pas celle de Mazarin et du cardinal de Retz. L'un, « ce judicieux favori », qu'il ne loue pas sans quelque réserve, il le représente parmi les joies d'une paix glorieuse « troublé tout à coup par la triste apparition de la mort, mais dominant encore jusqu'entre ses bras, et au milieu de son ombre ». L'autre, qu'il juge avec une sympathie involontaire, nous le voyons « aussi fidèle aux partis que redoutable à l'État, d'un caractère si haut qu'on ne pouvoit ni l'estimer, ni le craindre, ni l'aimer, ni le haïr à demi....; ferme génie, qui remua tout par de secrets et puissants ressorts. Après que tous les partis furent abattus, il semble encore se soutenir seul, et seul encore menacer le favori victorieux de ses tristes et intrépides regards. » Cette page qu'il faut lire tout entière est digne de la main qui traça le portrait de Cromwell : c'est, avec une sorte de mélancolie clémente, la même profondeur d'observation, et la même énergie de style.

Troisième partie. Le chancelier. — En introduisant le chancelier parmi les grands hommes qui précédèrent un règne privilégié, Bossuet vante son ministère avec un ton de grave sérénité qui rappelle tantôt les dialogues philosophiques de Cicéron, tantôt les remontrances d'un L'Hôpital ou d'un d'Aguesseau. C'est l'imposant commentaire de cette parole : « Ne doit-on pas sa vie à Dieu, au prince, à l'État[1] ? »

Dans l'exposition des actes qui confirment cette pensée, il aborde résolument la question si délicate des rapports de l'Église et du pouvoir séculier. Il le fait avec le bon sens pratique et l'esprit conciliant d'un évêque soucieux d'entretenir une durable concorde entre les deux puissances. A l'impression d'un si judicieux langage se mêle cependant pour nous le regret d'entendre ici la même voix saluer la révocation de l'édit de Nantes comme « le plus bel usage de l'autorité, et le miracle d'un nouveau Constantin, d'un nouveau Théodose ». Ces applaudissements donnés à une iniquité aussi préjudiciable à la religion qu'à la France, affligent vraiment notre admiration. Déplorons qu'une raison si pure ait pu se laisser aveugler ainsi par les préjugés de son temps. Mais n'oublions pas non plus que Bossuet fut étranger aux conseils qui préparèrent une mesure néfaste. Il est du moins certain qu'il repoussa toujours du troupeau confié à sa garde des violences dont il ne partage point la responsabilité. Ne soyons donc pas trop sévères pour un oubli fâcheux que nous expliquent les entraînements de l'opinion. Voilà comment les oraisons funèbres raniment parfois sous nos yeux les mœurs, les idées et les passions d'un âge disparu. A l'attrait de l'éloquence elles ajoutent l'intérêt de l'histoire.

Quatrième partie. Le chrétien. — Mais Bossuet redevient ce qu'il est, éminemment évangélique, lorsqu'il nous propose la leçon édifiante d'une fin chrétienne qu'il avait

---

[1] Corneille dit aussi dans Polyeucte:

> Vous n'avez pas la vie ainsi qu'un héritage
> Le jour qui vous la donne en même temps l'engage;
> Vous la devez au prince, au public, à l'Etat.

encouragée de ses exhortations, et accompagnée de ses prières. L'accent d'un souvenir personnel est sensible sous les détails familiers que nous rend précieux l'émotion du prêtre. Il y a autant de simplicité que de grandeur dans ce spectacle du juste s'entretenant avec la Mort, d'un esprit si calme et si détaché « qu'on croiroit assister à la paisible audience d'un ministre, ou à la douce conversation d'un ami commode ».

Péroraison. — Cette vie « dont le dernier jour fut le plus heureux », lui semble faite pour enseigner aux grands le mépris des honneurs et des richesses. Tel est le motif de la péroraison qui se termine par cette apostrophe célèbre : « Dormez votre sommeil, riches de la terre, et demeurez dans votre poussière !... Ah ! si quelques générations, que dis-je ? quelques années après votre mort, vous reveniez, hommes oubliés, au milieu du monde, vous vous hâteriez de rentrer dans vos tombeaux, pour ne pas voir votre nom terni, votre mémoire abolie, et votre prévoyance trompée dans vos amis, dans vos créatures, et plus encore dans vos héritiers et vos enfants. Est-ce là le fruit du travail dont vous vous êtes consumés sous le soleil, vous amassant un trésor de haine et de colère éternelle, au juste jugement de Dieu ? » A de telles beautés que ne pardonnerait-on pas ?

ORAISON FUNÈBRE

DE LOUIS DE BOURBON, PRINCE DE CONDÉ

(1687).

I. — Faits historiques.

Relations de Bossuet et de Condé. — La vie d'un grand homme de guerre ne se résume point en quelques lignes[1]. Aussi ne tentons pas l'impossible, et rappelons

---

1. Arrière-petit-fils du célèbre Louis Ier, prince de Bourbon, qui fut tué à

seulement les faits dont le souvenir intéresse les relations de Bossuet et de son héros.

Elles remontaient à l'époque même où le prince vint succéder à son père dans le gouvernement de la Bourgogne. Sa faveur était acquise d'avance à la famille des Bossuet qui, depuis longtemps, y jouissait d'une haute estime. Grâce à ce patronage, un oncle du jeune Bénigne fut nommé vicomte-majeur de Dijon. Un autre, avocat au conseil, ne cessa pas d'être l'intermédiaire officiel du prince, toutes les fois que celui-ci quittait sa province. Ce fut au retour de l'expédition de Catalogne, en novembre 1647, que, passant par Dijon, Condé se vit sollicité par Claude Bossuet d'accepter la dédicace de la première thèse où son neveu allait faire l'essai public de sa science et de son talent. Or nous savons que, dans la soirée du 24 janvier 1648, le vainqueur de Rocroy se rendit, escorté de flambeaux, avec une suite imposante, au collége de Navarre, pour y entendre le théologien adolescent qui devait y disputer sur les attributs de Dieu. Il paraît même qu'il eut

---

Jarnac en 1569, le prince de Condé naquit à Paris, le 8 septembre 1621. Élevé chez les jésuites de Bourges, général en chef à vingt-deux ans, il bat les Espagnols à Rocroy (19 mai 1643), prend Thionville (10 août 1643), est vainqueur à Fribourg (3 avril 1644), à Nordlingen (3 août 1645), enlève Courtrai (29 juin 1646), Mardyck (25 août), Furnes (7 septembre) et Dunkerque (11 octobre).

Moins heureux en Catalogne, où il échoue devant Lérida, il bat l'archiduc Léopold à Lens (20 août 1648), et permet à Anne d'Autriche de signer avec l'Allemagne la paix de Munster (24 octobre 1648).

Pendant la Fronde, il prend d'abord parti pour la cour, qu'il ramène à Paris ; mais son orgueil ne connaît plus de bornes, il outrage Mazarin, offense la reine ; et, conduit à Vincennes en 1650, sort de prison, treize mois après, pour ne plus songer qu'à la vengeance.

Battu par Turenne dans le faubourg Saint-Antoine (1652), il se jette entre les bras de l'Espagne, mais sans lui rendre la victoire. De 1653 à 1659, il prolonge, d'échec en échec, une lutte que rend impuissante la victoire des Dunes remportée par Turenne (14 juin 1658), et que termine la paix des Pyrénées (7 novembre 1659).

Huit années de retraite suivirent le pardon de Louis XIV. Il reparut enfin à la tête des armées royales, soumit en trois semaines toute la Franche-Comté (1668), prit une part glorieuse à la campagne de Hollande (1672) ; et, à 53 ans, défit les Espagnols et les Autrichiens réunis à la journée de Sénef (1674). Après la mort de Turenne, il rassura la France consternée, en forçant Montecuculli à lever le siége de Hagueneau et de Saverne.

Retiré dès lors à Chantilly, dont il fit un autre Versailles, il mourut, le 11 novembre 1686, à Fontainebleau, près de sa petite-fille, la duchesse de Bourbon, avec le calme d'un héros et la piété d'un chrétien.

la tentation de prendre part à un combat tout nouveau pour lui. « L'imagination, dit M. Patin, aime à s'arrêter sur cette première rencontre de deux hommes extraordinaires que rapprochait, malgré des fortunes et des conditions si diverses, une certaine ressemblance de génie ; qu'allait unir, pendant leur vie, le sentiment d'une admiration réciproque, et, dans la postérité, le partage d'une gloire où se confondent le héros et l'orateur. »

Ils ne cesseront pas en effet d'être attirés l'un vers l'autre par cette espèce de curiosité ou de sympathie qui fait rechercher aux grands esprits la compagnie de leurs pairs.

Le prince, que ses infirmités avaient éloigné du commandement des armées depuis la campagne de 1675, s'était fixé définitivement à Chantilly, vers 1680, peu de temps après la mort de sa sœur, la duchesse de Longueville. Cette noble retraite, embellie par son nom et le souvenir de ses victoires plus encore que par les merveilles de l'art, lui fut alors un autre Versailles, dont Mme de Sévigné put dire : « M. le prince est là dans son apothéose. Il y vaut mieux que tous vos héros d'Homère ! » Or Bossuet figura toujours au premier rang des privilégiés qu'il conduisait « dans ses superbes allées, au bruit de tant de jets d'eau qui ne se taisoient ni jour ni nuit ». La douceur d'une telle fréquentation était précieuse et comme indispensable à une conscience chrétienne où se faisait sentir le vide des ambitions humaines, et qui s'ouvrait enfin à ces sentiments religieux dont la sérénité consola sa vieillesse. Les liens qui unirent ces deux âmes supérieures devinrent donc de plus en plus intimes ; et chez Bossuet cet attachement fut assez profond pour survivre à celui qui en était l'objet. L'ancien précepteur du Dauphin ne s'imposa-t-il pas l'office volontaire de surveiller avec une tendre sollicitude l'éducation du petit-fils de Condé ? Un an avant sa mort, il assistait encore aux leçons de ses maîtres.

Aussi n'eut-il qu'à écouter son cœur, lorsqu'il fut choisi par Louis XIV pour satisfaire par un éloge solennel « à la reconnoissance publique et aux ordres du plus grand des rois ». Ce devoir suprême lui était réservé par une sorte de prédestination. Car en 1660, prêchant devant Condé qui venait de rentrer en France, Bossuet lui souhaitait « une gloire plus solide que celle que les hommes admirent, une grandeur plus assurée que celle qui dépend de la fortune, une immortalité mieux établie que celle que promet l'histoire, et des espérances plus durables que celles dont tous les hommes flattent les héros ». Or vingt-six ans plus tard, l'oraison funèbre qu'il prononça, le 10 mars 1687, dans l'église de Notre-Dame, ne fut que la confirmation et l'accomplissement de cette prière prophétique.

Portrait du prince par La Bruyère. — Avant d'entendre Bossuet, écoutons l'hommage que La Bruyère rendit à la mémoire de son protecteur[1] : « Émile étoit né ce que les plus grands hommes ne deviennent qu'à force de règles, de méditation et d'exercice. Il n'a eu, dans ses premières années, qu'à remplir des talents naturels et à se livrer à son génie. Il a fait, il a agi, avant que de savoir; ou plutôt il a su ce qu'il n'avoit jamais appris. Dirai-je que les jeux de son enfance ont été plusieurs victoires ? Une vie accompagnée d'un extrême bonheur joint à une longue expérience seroit illustre par les seules actions qu'il avoit achevées dès sa jeunesse. Toutes les occasions de vaincre qui depuis se sont offertes, il les a embrassées; et celles qui n'étoient pas, sa vertu et son étoile les ont fait naître : admirable même, et par les choses qu'il a faites, et par celles qu'il auroit pu faire[2]. On l'a regardé comme un homme incapa-

---

1. Du *mérite personnel*.
2. Le cardinal de Retz le jugeait ainsi: « M. le prince est né capitaine, ce qui n'est jamais arrivé qu'à lui, à César et à Spinola. Il a égalé le premier, il a passé le second. L'intrépidité est un des moindres traits de son caractère. La nature lui avoit fait l'esprit aussi grand que le cœur. La fortune, en le donnant à un siècle de guerre, a laissé au second toute son étendue. La naissance, ou plutôt l'éducation, dans une maison attachée et soumise à son cabinet, a donné des bornes trop étroites au premier. L'on ne lui a pas inspiré d'assez bonne heure les grandes et générales maximes qui sont celles qui font et forment l'esprit de suite. Il n'a pas eu le temps de les prendre par lui-même, parce qu'il a été prévenu, dès sa jeunesse, par la chute imprévue des grandes affaires, et par l'habitude au bonheur. Ce défaut a fait qu'avec l'âme du monde la moins méchante il a commis des injustices; qu'avec le cœur d'Alexandre, il n'a pas été exempt non plus que lui de foiblesse; qu'avec un esprit merveilleux il est tombé dans des imprudences; qu'ayant toutes les

ble de céder à l'ennemi, de plier sous le nombre ou sous les obstacles, comme une âme de premier ordre, pleine de ressources et de lumières, qui voyoit encore où personne ne voyoit plus ; comme celui qui, à la tête des légions, étoit pour elles un présage de victoire, et qui valoit seul plusieurs légions ; qui étoit grand dans la prospérité, plus grand, quand la fortune lui a été contraire. La levée d'un siége, une retraite l'ont plus ennobli que ses triomphes ; l'on ne met qu'après les batailles gagnées et les villes prises ; qui étoit rempli de gloire et de modestie : on lui a entendu dire : « *Je fuyois* » avec la même grâce qu'il disoit : « *nous les battîmes* » ; un homme dévoué à l'État, à sa famille, au chef de sa famille, sincère pour Dieu et pour les hommes, autant admirateur du mérite que s'il lui eût été moins propre et moins familier ; un homme vrai, simple, magnanime, à qui il n'a manqué que les moindres vertus. »

Le revers de la médaille. — Cette belle médaille a son revers ; et la postérité ne doit pas oublier non plus le rôle joué, durant la Fronde, par le prince français qui se révolta contre son pays et son roi, s'obstina pendant huit années dans la trahison, et ne rendit les armes qu'au jour où l'impuissance de ses alliés le réduisit à solliciter sa grâce.

Aussi incommode à ses amis qu'à ses ennemis, Condé finit par baisser la tête devant un maître, mais non sans avoir voulu disputer à l'Espagne le prix de ses services, et à la France, le gage de sa réconciliation. C'est ce que prouve la note qu'il remit à Madrid, durant les préliminaires de la paix des Pyrénées. Il y emploie tour à tour l'audace et la dissimulation ; il entend qu'on lui rende tous ses biens, honneurs et gouvernements. Il lui faut une position de souverain indépendant, la Franche-Comté, par exemple, « *qui pourra servir de retraite à tous les mécontents de France*». Au besoin, il acceptera Cambrai, pourvu qu'on y joigne le Cambrésis et le Catelet ; mais à condition

---

qualités de François de Guise il n'a pas servi l'État en de certaines occasions aussi bien qu'il le devoit, et, qu'ayant toutes celles de Henri du même nom, il n'a pas poussé la faction où il le pouvoit. Il n'a pu remplir son mérite : c'est un défaut, mais il est rare, mais il est beau. »

qu'on assure à son fils un gouvernement en France, et la charge de grand-maître. Il n'oublie pas même le million d'écus promis par l'Espagne [1] : il exige qu'il lui soit payé argent comptant !

En revanche, il fut aussi humble pour obtenir l'oubli de sa faute qu'il avait été insolent contre la faiblesse de ses adversaires. Mais insister sur ces misères serait irrévérence envers le génie de Bossuet, et ingratitude envers le vainqueur de Rocroy. Soyons donc aussi cléments que Louis XIV disant au coupable, qui s'agenouillait devant lui pour implorer son pardon : « Mon cousin, après les grands services que vous avez autrefois rendus à ma couronne, je n'ai garde de me ressouvenir d'un mal qui n'a apporté de dommage qu'à vous-même ». Après tout, on se plaît à penser que ces nobles esprits, que ces cœurs impatients et égarés n'étaient pas à l'origine aussi livrés à leur sens personnel et pervers qu'ils le parurent depuis, quand les passions et les cupidités de chacun furent déchaînées. Un des plus grands malheurs des guerres civiles est de corrompre, ou du moins d'égarer bientôt les meilleurs et les plus généreux [2].

II. — Esquisse littéraire.

Exorde et proposition. — Dans un exorde [3] inspiré par une douleur sincère et le sentiment d'une responsabilité périlleuse, Bossuet semble craindre que « sa louange ne languisse auprès d'un si grand nom ». Or cette défiance n'est point ici précaution oratoire, mais aveu d'un génie qui a conscience d'être écouté non-seulement de la France et de l'Europe, mais de la postérité tout entière.

---

1. Voir l'excellente *Histoire du règne de Louis XIV*, par M. Gaillardin : elle a remporté le grand prix Gobert, à l'Académie.
2. Il faut consulter aussi l'*Histoire de la maison de Condé*, par Mgr le duc d'Aumale.
3. Le texte du discours est ce verset : *Dominus tecum, virorum fortissime. Vade in hâc fortitudine tuâ, ego ero tecum.* — Le Seigneur est avec toi, ô le plus brave des hommes. Marche dans ta bravoure : je serai avec toi.

De ce début simple, naturel et grandiose, il s'élève sans effort à l'idée supérieure qui va dominer un sujet déjà si vaste par lui-même. « *Pousser à bout la gloire humaine* » par un exemple mémorable, telle est la pensée de ce discours dont la *proposition* et la *division* se confondent en cette période : « Montrons dans un prince admiré de tout l'univers que ce qui fait les héros, *valeur, magnanimité, bonté naturelle*, voilà pour le COEUR ; *vivacité, pénétration, grandeur et sublimité de génie*, voilà pour l'ESPRIT, ne seroit qu'une illusion, si la piété ne s'y étoit jointe, enfin, que la piété est le tout de l'homme. »

Première partie. Le cœur de Condé : valeur, magnanimité, bonté naturelle. — L'attention de l'auditoire est appelée d'abord sur les qualités du cœur, le courage, la générosité, l'humanité, qui feront paraître non-seulement le héros dans l'éclat de ses exploits, mais l'homme dans le repentir de ses fautes et la paisible majesté de sa retraite.

Animée par le souffle lyrique des prophètes, l'imagination de Bossuet emprunte à la Bible les mouvements et les vives figures sous lesquelles le prince de Condé nous est représenté comme un de ces élus que « le Dieu des armées veut faire servir à ses desseins ». Tout en ménageant l'amour-propre d'un souverain ombrageux, qui veut entrer en partage de toutes les louanges, il salue dans le vainqueur de Rocroy un génie que la Providence destinait à sauver la France, durant la minorité d'un roi de quatre ans. « Laissez-le croître ce roi, chéri du ciel : tout cédera à ses exploits ; *supérieur aux siens*, comme aux ennemis, il saura tantôt se servir, tantôt *se passer* de ses plus fameux capitaines ; et, *seul*, sous la main de Dieu, on le verra l'assuré rempart de ses Etats. » Mais Dieu avait choisi le duc d'Enghien, pour le défendre dans son enfance.

Alors s'ouvre la narration vraiment épique de cette première victoire « qui fut le gage de tant d'autres ». En ce tableau, dont la poésie est de l'histoire (comme le prouve le parti qu'en a tiré Voltaire), la précision des détails les plus expressifs se mêle partout à la magnificence et aux élans d'un style enflammé par une sorte d'ardeur guerrière.

C'est exact comme un bulletin écrit, au soir de l'action, par une main qui tremble encore d'avoir tenu l'épée ; et, en même temps, c'est une page homérique, mais dont l'accent est tempéré par la clémence d'un christianisme chevaleresque. Des épisodes dramatiques ou touchants gravitent pour ainsi dire autour du héros qu'on voit presque en même temps « pousser l'aile droite des ennemis, soutenir la nôtre ébranlée, rallier les François à demi vaincus, mettre en fuite l'Espagnol victorieux, porter partout la terreur, et étonner de ses regards étincelants ceux qui échappoient à ses coups ». A cet entrain, à cette fougue, qui n'exclut pas le sang-froid d'un art maître de ses ressources, on dirait que Bossuet fut de ceux qui, sur le champ de bataille, « fléchirent le genou », pour célébrer dans un *Te Deum* « Rocroy délivré, les menaces d'un redoutable ennemi tournées à sa honte, la régence affermie, la France en repos, et un règne qui devoit être si beau commencé par un si heureux présage ».

Cet enthousiasme se soutient dans le résumé solennel qui embrasse les campagnes de Flandre et d'Allemagne. Par l'entrain martial de sa parole, Bossuet rivalise avec « la divine ardeur de cet autre Machabée » qu'il suit dans sa course triomphante, depuis Fribourg où la nature, comme les hommes, lui oppose d'invincibles obstacles, jusqu'à la prise de Philisbourg « qui tint si longtemps le Rhin captif sous ses lois », jusqu'à la chute de Mercy, qui tombe enfin à Nordlingue « digne victime de sa valeur ». Un lieutenant du prince, un témoin de ses hauts faits ne le peindrait pas avec plus de compétence et sous des couleurs plus vives, soit dans ces rencontres où il sut « aussi bien céder à la fortune que la faire servir à ses desseins [1] », soit dans ces périls où « paraissant en un moment comme l'éclair à toutes les attaques, à tous les quartiers », il se multipliait, et animait tout de sa présence.

Cette profonde intelligence de la guerre, cette allégresse héroïque n'a d'égale que l'adresse et la franchise avec la-

---

[1]. Lérida, dont il leva le siége en 1647.

quelle Bossuet aborde « ces choses dont il voudroit pouvoir se taire éternellement ». Par l'indulgence de l'expression, il désarme la sévérité des reproches que lui arrache la vérité. Au lieu de « trembler, comme tant d'autres, de tirer le rideau, et de passer les éponges », suivant l'expression de Mme de Sévigné, il confesse vaillamment les torts de son héros, mais sans humilier sa fierté. Car « jusqu'à cette fatale prison où il étoit entré le plus innocent des hommes pour en sortir le plus coupable », le prince n'avait jamais songé qu'il pût faillir. S'il « fut poussé si loin par ses malheurs », les fautes qu'il a hautement condamnées, et que « pardonna la clémence d'un grand roi », ne sont-elles pas d'ailleurs, « comme celles des saints pénitents, couvertes de ce qu'ils ont fait pour les réparer, et de l'éclat infini de la divine miséricorde ? » Aussi, cet égarement, Bossuet le tourne à l'honneur du souverain, et je dirais presque de Condé lui-même. Car, entraîné « dans des guerres infortunées, il ne cessa pas du moins de garder son rang de prince françois »; et l'on sait comment il apprit à l'Espagne trop dédaigneuse « que la mauvaise fortune ne peut ravir sa majesté à un roi déchu [1] ».

La magnanimité de Condé brille donc en ses disgrâces. C'est que Dieu mit d'abord la bonté dans son cœur; et, pour le prouver, nous conduisant à Chantilly, « où le prince parut comme à la tête de ses troupes », Bossuet célèbre d'un ton aussi religieux que philosophique cette vertu « faite pour aider la grandeur à se communiquer, comme une fontaine publique qu'on élève pour la répandre ». C'est ainsi que la première partie du discours se termine par des souvenirs intimes, dont l'émotion paisible nous repose du spectacle des batailles.

Deuxième partie. L'esprit de Condé. Vivacité, pénétration, grandeur et sublimité de génie. — Les qualités de l'esprit dans un génie militaire de premier ordre, son activité, son audace, ses saillies impétueuses, son sang-

---

[1]. Allusion à la leçon donnée à Don Juan, qui traitait si cavalièrement Charles II, roi d'Angleterre.

froid parmi les hasards, telle est la matière d'un nouveau développement varié par trois épisodes, la journée de Sénef, le combat de la porte Saint-Antoine, la victoire de Lens, et conclu par un parallèle fameux entre Turenne et Condé.

Tous ces motifs d'analyse éloquente ou de peintures hardies concourent à faire revivre la figure d'un homme de guerre représenté au vif par un prélat, dont la mémoire garde l'ineffaçable impression des entretiens où il put recueillir les confidences, j'allais dire les commentaires d'un autre César. On sent ici tout ce que peut sur l'accent de la louange une harmonie naturelle entre des âmes faites pour s'entendre, s'aimer et s'admirer. La parole de l'un ne vaut-elle pas l'épée de l'autre? Oui, nés pour exceller dès le premier jour, ils eurent tous deux ce don d'inspiration native qui supplée aux lenteurs de l'expérience. Ils surent d'intuition l'art qu'ils pratiquèrent en maîtres, presque sans avoir eu besoin de l'apprendre.

Aussi quelle sympathique clairvoyance dans le portrait tout ensemble idéal et vrai dont voici l'expression définitive! « Dans le feu, dans le choc, dans l'ébranlement, on voit naître tout à coup je ne sais quoi de si net, de si posé, de si ardent, de si doux, de si agréable pour les siens, de si hautain et de si menaçant pour ses ennemis, qu'on ne sait d'où lui peut venir ce mélange de qualités si contraires.... Si l'on avoit quelque affaire à traiter avec ce prince, on eût pu choisir un de ces moments où tout étoit en feu autour de lui, tant son esprit s'élevoit alors, tant son âme paraissoit éclairée comme d'en haut, en ces terribles rencontres, semblable à ces hautes montagnes dont la cime, au-dessus des nues et des tempêtes, *trouve la sérénité dans sa hauteur*, et ne perd aucun rayon de la lumière qui l'environne. »

Cette *sublimité de génie*, Bossuet en trouvait l'image en lui-même. Car on pourrait lui appliquer la plupart des traits par lesquels il caractérise Condé, lorsque, pour éclairer sa physionomie par un contraste, il la compare à celle de Turenne, et oppose aux profondes réflexions de l'un les illuminations soudaines de l'autre. Si ses préférences sont alors visibles, son impartialité n'en laisse pas moins notre admiration indécise entre des mérites aussi divers qu'extraordinaires. Saint-Évremond [1], qui servit sous les ordres de ces deux capitaines, ne les a pas jugés plus sûrement, et d'une touche plus fine ou plus fière. Par une ingénieuse convenance, ce double panégyrique devient ici l'occasion d'un hommage délicatement flatteur pour l'orgueil du souverain qui, privé de tels généraux, « sut s'élever au-dessus de lui-même, surpasser et l'espérance des siens, et l'attente de l'univers ». Il fallait bien faire encore la part du lion !

Troisième partie. La piété, qui est le tout de l'homme, consacre les vertus et la gloire du héros. — Mais cette gloire faite pour être « l'ornement du siècle présent », Dieu la donne même à ses ennemis. Elle ne serait donc d'aucun prix, si la piété ne la sauvait du néant. « Car il n'y a de vraie grandeur que dans l'abaissement devant Dieu. »

C'est ainsi qu' « après avoir porté la gloire du monde jusqu'au comble », Bossuet veut « détruire l'idole des ambitieux », et la fait « tomber anéantie devant les autels ». Il va justifier ce qu'il disait en son exorde : « Sans ce don inestimable de la piété, que seroit-ce que le prince de Condé, avec tout ce grand cœur et ce grand génie ? »

Autant il y a d'ironique mélancolie dans les accents que lui inspirent les vanités de la terre, autant l'onction d'une sensibilité toute religieuse attendrit les louanges consacrées au chrétien « qui n'attend point l'heure dernière pour commencer à bien vivre ». Avec une simplicité presque familière, qui ne recule pas devant d'humbles détails [2], toujours relevés par le sentiment et par l'éloquence des choses, il tire un enseignement pratique de cette journée suprême où

---

1. « L'un s'avance par ordre, et vient comme par degrés aux prodiges qui ont fini le cours de sa vie. L'autre, comme un homme inspiré, dès sa première bataille, s'égale aux maîtres les plus consommés. L'un, par la profondeur de son génie et les incroyables ressources de son courage, s'élève au-dessus des plus grands périls, et sait même profiter des infidélités de la fortune. L'autre..., par une espèce d'intuition merveilleuse dont les hommes ne connoissent pas le secret, semble né pour entraîner la fortune dans ses desseins et forcer les destinées. » (Voir *Saint-Évremond*, par Gustave Merlet. 1 vol. elzévir, édition *Jouaust*.)

2. Il parle, à mots voilés (bien entendu), de la *fistule* de Louis XIV.

son héros, « tel qu'on l'avoit vu dans tous les combats, résolu, paisible », se montra prêt à soutenir le choc décisif, sans que la mort « lui parût plus affreuse, pâle et languissante, que lorsqu'elle se présentoit au milieu du feu, sous l'éclat de la victoire. Car, pendant que les sanglots éclatoient de toutes parts, comme si un autre que lui en eût été le sujet, il continuoit de donner ses ordres ; et, s'il défendoit de pleurer, ce n'étoit pas comme un objet dont il fût touché, mais comme un empêchement qui le retardoit. »

Libéralité des dons qui honorent les services dévoués, confession humble et confiante, pardon public demandé au monde, aux amis, « aux domestiques », devoirs religieux accomplis sans trouble, prières des agonisants écoutées par une âme contristée, sérénité du prince et désespoir de ce fils qui « le visage en pleurs, et la bouche collée sur ces mains victorieuses et maintenant défaillantes, sembloit vouloir retenir ce cher objet de ses respects et de sa tendresse », fermes adieux et bénédiction paternelle, témoignages de repentir accueillis par le deuil d'un roi, dont les larmes font voir « ce que les héros sentent les uns pour les autres », doux transports aux approches de la délivrance, opération soudaine de la grâce, « lumière qui dissipe les saintes obscurités de la foi », tel est le tableau dramatique où se transfigure le héros, et dont on pourrait dire, comme fit Mme de Sévigné, parlant de l'oraison funèbre prononcée par Bourdaloue[1] : « Je gâte cette pièce par la grossièreté dont je la croque. C'est comme si un barbouilleur vouloit toucher à une toile de Raphaël ».

Péroraison. — Il est encore plus vrai que toute analyse

---

[1]. Bourdaloue, qui eut l'influence la plus directe sur les dernières années du prince de Condé, prononça son oraison funèbre six semaines après Bossuet. Il ne fut pas écrasé par la comparaison, et put se soutenir en face du chef-d'œuvre. Il eut même l'avantage par un côté : son langage est plus vrai, plus conforme à la chaire chrétienne.

Laissant de côté la vie glorieuse et mondaine du prince, il ne voulut s'attacher qu'à son cœur, à ce qui s'y conserva d'intègre, de droit, de fidèle, jusque dans ses infidélités envers son roi et son Dieu. Il va dégageant de plus en plus cette partie pure, héroïque et chrétienne, jusqu'à ce qu'il la considère en plein, dans la maturité finale, bien qu'un peu tardive, de ses dernières années.

se sent impuissante devant cette incomparable péroraison qui invite « les peuples, les princes, et les seigneurs à venir voir le peu qui nous reste » du grand capitaine « dont l'ombre même eût pu gagner des batailles ». Mais tout en versant, aussi lui, « ses larmes avec des prières », Bossuet laisse à ceux qui le pleurent la consolation de « l'immortalité bienheurese », au sein de laquelle il le verra « plus triomphant qu'à Fribourg et à Rocroy ». Cette espérance est l'adieu touchant du pasteur que « ses cheveux blancs, » avertissent de réserver à son troupeau « les restes d'une voix qui tombe, et d'une ardeur qui s'éteint ».

DISCOURS SUR L'HISTOIRE UNIVERSELLE

(1681).

I. — ÉTUDE HISTORIQUE.

De l'histoire universelle. Ses conditions. Son importance. — La tradition rapporte que Sir Walter Raleigh,[1] enfermé pendant douze années dans la Tour de Londres, avait entrepris d'écrire l'histoire du genre humain lorsqu'un jour le bruit d'une querelle éclata tout à coup dans sa prison, et vint l'interrompre en son travail. Voulant savoir ce qui s'était passé, il interrogea tous les acteurs et tous les témoins de ce démêlé ; mais leurs contradictions furent telles qu'il ne réussit pas à dégager le vrai du faux. Alors, tout confus de se voir si impuissant à connaître exactement un fait unique et très voisin, il sourit du projet ambitieux qu'il avait conçu, et jeta tristement au feu le manuscrit où il prétendait embrasser l'ensemble des évènements qui ont rempli la vaste scène du monde.

---

1. Né en 1552, dans le Devonshire, favori de la Reine Elisabeth, emprisonné sous Jacques 1er, il prit possession de la Guyane au nom de l'Angleterre, et fut condamné à mort, en 1618. Il avait composé une *Histoire du Monde*.

Cette leçon, Sir Raleigh eut raison de l'écouter, s'il se proposa le dessein chimérique de raconter en détail les annales de tous les siècles ; mais il perdit trop tôt courage, s'il songeait seulement à esquisser les lignes principales de cet immense tableau. Car, si, dans la vie de l'humanité, les incidents particuliers, les causes immédiates, les moyens d'exécution et les effets prochains sont plus ou moins enveloppés d'une obscurité qui les dérobe à nos regards, de grands souvenirs brillent en pleine lumière, et les résultats décisifs de certaines crises mémorables peuvent être le domaine de la certitude, par conséquent la matière de l'histoire universelle [1].

Mais il ne suffit pas de les recueillir et de les classer. Il faut encore qu'un penseur les fasse paraître dans un ordre logique, et nous révèle comment ils s'enchaînent ou s'engendrent, quelles lois ont déterminé le mouvement de ces flots changeants, et quelle pente a conduit tant de fleuves dans l'Océan où se rassemblent leurs eaux. C'est par cet esprit de synthèse que l'histoire devient une philosophie, une école d'expérience, et par suite le plus efficace des enseignements : car elle ramène ainsi à un équilibre harmonieux les désordres apparents qui troublent le monde moral ; dans ce qui paraissait le jeu de fortuites rencontres elle découvre une raison intelligente ; sous les défaites passagères du Droit, elle montre les victoires définitives qui en sont l'inévitable revanche ; et, par ce spectacle, elle apprend aux plus incrédules que les destinées des nations ne donnent aucun démenti à la Conscience, c'est-à-dire que les révolutions des différents âges sont les étapes d'un progrès indéfini. Éclairé par ces exemples, l'homme ne se sent plus isolé dans l'espace et le temps. Il reconnait cette loi de solidarité qui veut que tout legs du passé soit gros de l'avenir, que toute semence donne ses fruits, que le bien et le mal se retrouvent toujours

---

1. Il y a eu par exemple une bataille de Waterloo. On peut discuter sur les faits particuliers qui en ont déterminé l'issue. Mais qui donc pourrait révoquer en doute les conséquences de ce drame militaire, la chute de l'Empire, et le rétablissement de la Monarchie constitutionnelle ?

dans les gains ou les pertes du patrimoine transmis aux générations successives[1]. Si ces conclusions n'ont point encore la rigueur d'une science, elles nous invitent du moins à croire que le hasard est un mot inventé par notre ignorance, et à mettre la justice ou la vérité sous un patronage digne de tous nos respects, l'autorité du Genre humain.

Les cités païennes n'ont pu concevoir l'idée de l'histoire universelle. Elle a eu pour berceau le Christianisme. Saint Augustin. Salvien. — Cette intuition de l'Histoire universelle ne put appartenir à l'antiquité païenne. Outre que le lointain d'une perspective est nécessaire à la réflexion pour soupçonner un plan et une suite dans l'instabilité des formes passagères, la Cité grecque ou romaine fut trop égoïste et trop jalouse pour abdiquer ses mépris ou ses haines, et entrevoir sous l'hostilité des races les plus diverses la fraternité d'une origine commune. Si Hérodote, Polybe ou Tite Live franchissent les frontières de leur patrie, c'est qu'Athènes et Rome furent tour à tour des capitales pour les arts de la paix ou de la guerre : la force des choses fit donc que l'Orient ou l'Occident fut entraîné dans leur orbite; mais ce n'est là qu'une illusion ; car les auteurs de ces récits n'ont jamais imaginé qu'il pût y avoir des liens de famille ou un concert providentiel entre des vainqueurs et des vaincus.

C'est donc au Christianisme que revient l'honneur de cette doctrine clémente et généreuse. Elle convenait à une croyance qui professe l'égalité des fils d'Adam rachetés par le sang du même rédempteur. Aussi, dès le quatrième siècle, Saint-Augustin[2] et Salvien[3] ont-ils parfois

---

1. L'hérédité joue pour l'espèce le même rôle que la mémoire pour l'individu. Elle accumule les souvenirs, les tendances, les aptitudes, et rend ainsi chaque génération capable de nouveaux développements. (Voir le livre de M. Ribot sur l'*Hérédité psychologique*.)

2. *La Cité de Dieu*, en vingt-deux livres, composée après la prise de Rome par Alaric, justifie les chrétiens accusés de ce désastre, et l'explique par les vues de la Providence qui gouverne le monde.

3. Né en 390 à Trèves, et mort à Marseille en 490, Salvien écrivit un traité *de Gubernatione Dei* : il y démontre que l'invasion des barbares fut providentielle. N'oublions pas non plus l'ouvrage de *Paul Orose* (415). *Historiarum adversu*

devancé Bossuet en expliquant la chute de l'empire Romain par un arrêt de cette Providence qui gouverne les rois et les peuples. Mais, dans le chaos des invasions, et parmi les convulsions d'une société agonisante, ils ne surent que tourner leurs yeux vers la cité céleste et consoler les cœurs, sans ranimer les courages par l'espoir d'une rénovation politique et sociale. Ils en avaient pourtant l'instinct, lorsqu'ils répétaient avec Saint-Paul : « Il n'y a plus de Juif ni de Grec, il n'y a plus d'esclaves ni de maîtres, il n'y a plus d'hommes ni de femmes : car vous n'êtes tous que des frères en Jésus-Christ. »

On comprend pourquoi la pensée religieuse a été le berceau de l'histoire universelle ; car les dogmes et les sentiments qu'ils expriment sont les manifestations les plus spontanées de la conscience. C'est dans les symboles de sa croyance que chaque nation a déposé son idéal : c'est sous leur abri tutélaire qu'un peuple naît, vit et meurt. Même quand ils ne sont plus qu'une habitude ou un souvenir, ils donnent encore la mesure de ce que vaut une race ; car, à son insu, ils la façonnèrent à leur image, et cette cause contribua plus que toute autre à engendrer ses institutions ou ses mœurs. Si la civilisation a des intermittences, la foi n'en a guère ; elle ne recule d'un côté que pour avancer de l'autre, et ses rivages peuvent changer sans que son lit soit moins large ou moins profond.

La théologie sociale. Vico. Herder. Michelet. — Aussi tous les vaillants esprits qu'a tentés la philosophie de l'histoire ont-ils plus ou moins donné pour centre à leur doctrine l'idée d'une logique divine qui préside à l'univers moral comme à l'autre. Herder [1] ne disait-il pas : « Celui qui a tout ordonné dans la nature, de telle sorte qu'une même sagesse, une même bonté, une même puis-

---

paganos libri VII. Il y réfute les païens qui attribuaient au nouveau culte les maux de l'Empire, et la colère des Dieux.

1. Né à Morhungen (Prusse Orientale), le 24 août 1744, mort à Weimar le 18 décembre 1803 ; il publia en 1784 ses *Idées sur la philosophie de l'Histoire de l'Humanité*. On y admire un métaphysicien et un poète. Nul n'a mieux compris la solidarité des peuples.

sance règnent partout, depuis le système des mondes
jusqu'au tissu d'une toile d'araignée, aurait-il donc abdiqué sa puissance, sa bonté, sa sagesse dans la direction
des affaires humaines; et, là seulement, procéderait-il
par pur caprice, sans le moindre dessein ? Non : ce plan
existe, et c'est notre devoir de chercher à l'entendre. »
Lui aussi, à la suite de Vico [1], et de sa *Science nouvelle*
toute pénétrée d'un mysticisme ardent, M. Michelet n'a-t-il pas rendu le témoignage que voici : « Décrire le cercle
idéal dans lequel tourne le monde réel, c'est faire une
sorte de théologie sociale, une démonstration historique de
la Providence et des décrets par lesquels, à l'insu des hommes, souvent malgré eux, elle a gouverné la grande cité
du genre humain. Qui ne ressentira un divin plaisir en
ce corps mortel, lorsqu'il contemplera ce monde des nations si varié de caractères, de temps et de lieux, dans
l'uniformité des idées divines ? »

Bossuet. La tradition hébraïque et chrétienne. —
A plus forte raison le génie de Bossuet, si éminemment Hébraïque, devait-il considérer le règne temporel de la Providence comme l'article essentiel de son *credo*, et adopter ce
dogme avec l'enthousiasme d'une conviction si impérieuse
qu'il semble en avoir été le promulgateur unique et privilégié.
Ici pourtant, comme ailleurs, il ne fit que recevoir la tradition sacrée, que la puiser à sa source, chez les Pères et
dans les Écritures, surtout dans la Bible qu'elle domine
comme l'idée fixe du peuple juif. En effet, la vocation
d'Israël fut d'inaugurer une foi précise en un Dieu personnel, de la propager par ses propres infortunes, d'en
être le gardien, le confesseur et le martyr. Bien qu'enfermé dans l'enceinte de la synagogue et obstinément fidèle
à une patrie toujours errante ou dispersée, il fut aussi le
premier à ne plus voir les aveugles combinaisons de la force
dans la grandeur ou la décadence des empires, mais à cher-

---

[1]. Né à Naples en 1668, mort en 1744, professeur de Rhétorique à l'université de cette ville, puis historiographe du royaume, philologue, jurisconsulte, historien, philosophe, il a composé longtemps avant Herder la *Science nouvelle*, où il explique le développement de l'humanité par les trois âges théocratiques, héroïques et civilisés.

cher sous ces crises la main d'un vengeur et d'un justicier infaillible. Que ce point de vue soit exclusif comme tout système, nous l'accordons volontiers ; mais il n'en est pas moins certain que nulle autre théorie n'a compté plus de maîtres et de disciples, depuis les Macchabées jusqu'à nos jours ; et Bossuet lui-même n'en a pas été le créateur, mais seulement l'interprète le plus populaire, dans le siècle le mieux fait pour l'accepter, puisque sa parole répondait à l'esprit monarchique et théocratique de son temps. Ces influences du milieu se sont donc intimement accordées avec les inspirations d'une éloquence incomparable pour produire ce *Discours* où les empires nous apparaissent comme des personnages de tragédie dont les destinées sont les actes ou les scènes d'un drame unique dénoué par la naissance du Christ et la rédemption du genre humain [1].

Les origines et l'occasion de son discours. Le précepteur du Dauphin. — Les éléments d'un si important travail durent être préparés de longue date. Il est probable que Bossuet y préluda tout jeune encore, dès sa retraite de Metz, en cette province peuplée de Juifs nombreux, et où il eut maintes fois l'occasion de conférer avec leurs plus savants rabbins. Ce dessein lui tenait au cœur ; et les matériaux qu'il avait recueillis patiemment il eut enfin l'occasion de les mettre en œuvre, lorsqu'il fut nommé précepteur du Dauphin. Comme le *Traité de la connoissance de Dieu et de soi-même*, ce livre appartient donc à ce qu'on pourrait appeler l'*époque littéraire* de Bossuet, si les écrits composés durant cette période n'étaient encore l'office de son ministère. Toujours est-il que, de 1669 à 1687, dans ces dix-huit années qui s'écoulent entre les sermons et les controverses théologiques de sa vieillesse, il parut sensible à la gloire de bien dire, et dut revenir à cette antiquité profane dont il avait été détourné

---

[1]. On pourrait dire que le *prologue* est la création, l'*exposition* la chute d'Adam, le *nœud* la dispersion des ommes, le progrès de l'idolâtrie et la durée du peuple de Dieu, la *péripétie* la corruption et le déclin du monde idolâtre, enfin le *dénouement* la venue du Sauveur.

par les devoirs de la prédication[1]. Ajoutons qu'il visait d'abord à tracer tout simplement un abrégé de l'histoire ancienne. Mais les considérations qui devaient en être la préface prirent assez d'importance pour constituer le corps même de l'ouvrage; et la matière narrative ou chronologique n'en fut dès lors que le préambule. Rédigé, du moins dans sa première partie, pour servir à une éducation aussi laborieuse que stérile, ce discours ne fut publié qu'en 1681, après le mariage d'un prince peu digne d'un tel maître[2].

Il est permis de croire que l'illustre Evêque le destinait à la postérité plus qu'à son royal mais très médiocre élève. Cependant, le souci de former un souverain se déclare dans toutes les pages de ce livre, et d'abord en ce magnifique *Avant-propos* où Bossuet esquisse le dessein du monument que nous allons parcourir.

II. — ÉTUDE LITTÉRAIRE.

L'avant propos. Division de l'ouvrage. Les époques. La suite de la religion. La suite des Empires. — Il s'ouvre en effet par quelques réflexions générales sur l'utilité de l'histoire dont l'ignorance serait « honteuse non seulement à un prince, mais à tout honnête homme. » Or,

---

[1]. Les textes classiques lui devinrent aussi familiers que les livres saints. Pour l'éducation de son royal élève, il composa un abrégé de grammaire latine, des fables, des tables de chronologie, et des résumés historiques. Il fit de nombreux extraits des principaux historiens, et particulièrement sur les annales de la France. Pour mieux graver ces leçons dans un esprit assez rétif, il lui récitait chaque jour de vive voix une suite de faits et de considérations, puis l'obligeait à rédiger ces exercices en français, et en latin. Ainsi fut composé un Abrégé de l'histoire de France, jusqu'à la fin du règne de Charles IX. Bossuet fit aussi des vers grecs et latins.

[2]. Il parut sous ce titre complet qui en résume l'intention : *Discours sur l'Histoire universelle, à Monseigneur le Dauphin, pour expliquer la suite de la Religion et les changements des Empires, depuis le commencement du monde jusqu'à l'empire de Charlemagne.* La seule édition qui fasse loi est celle de 1700, la plus complète de celles qui furent revues par Bossuet. Dans les années suivantes jusqu'à sa mort (1704), il prépara plusieurs additions, dont une considérable (le XXIX chapitre de la II° partie). Restées en manuscrit, elles ont été publiées en 1818 par les éditeurs de Versailles à la place que Bossuet leur assignait dans son texte.

cette étude ne doit pas se réduire aux annales de telle ou telle nation : elle ne sera lumineuse que si elle fait comprendre la dépendance logique de tous les siècles, et nous permet ainsi de « tenir pour ainsi dire le fil de toutes les affaires humaines. » Cet enchaînement providentiel, Bossuet prétend le rendre visible « en un tableau raccourci », qu'il compare à une sorte de carte embrassant l'ordre universel des temps. Dans ce cadre chronologique il fera entrer tout l'univers ancien, de manière à fixer des souvenirs indispensables à l'intelligence de ce vaste ensemble, à savoir la *suite* de la *Religion*, et celle des *Empires*[1].

Mais, de même que pour la science des lieux géographiques la mémoire s'attache principalement à certaines villes « autour desquelles se distribuent les autres, chacune selon la distance », ainsi, dans la série des âges, il convient d'appeler d'abord l'attention sur « certains temps marqués par quelque grand événement auquel on rapporte tous les autres. » C'est ce que Bossuet nomme une *Epoque*[2], je veux dire une de ces stations élevées, où l'esprit se repose, et d'où ses regards peuvent discerner sans confusion les lignes les plus saillantes d'un horizon immense. Or, ces postes où s'arrêtera l'observateur sont ici au nombre de douze: Adam, ou la création; Noé, ou le Déluge; la vocation d'Abraham, ou le commencement de l'alliance de Dieu avec les hommes; Moïse, ou la loi écrite; la prise de Troie; Salomon, ou la fondation du Temple; Romulus, ou Rome bâtie; Cyrus, ou le peuple de Dieu délivré de la captivité de Babylone; Scipion, ou Carthage vaincue; la naissance de Jésus-Christ; Constantin ou la paix de l'Église; Charlemagne, ou l'établissement du nouvel Empire.

Après ce résumé synchronique, *il* se propose de reprendre et d'interpréter chacune de ces mutations dans une

---

1. « Comme la Religion et le Gouvernement politique sont les deux points sur lesquels roulent les choses humaines, voir ce qui regarde ces choses renfermé dans un abrégé, et en découvrir par ce moyen tout l'ordre et toute la *suite*, c'est comprendre dans sa pensée tout ce qu'il y a de grand parmi les hommes, et tenir, pour ainsi dire, le fil de toutes les affaires de l'univers. »

2. Du mot grec ἐπέχειν, s'arrêter ; ἐποχή, suspension.

seconde partie destinée spécialement « à nous faire entendre la durée perpétuelle de la Religion », et à démontrer comment les prophéties se sont accomplies. C'est un commentaire exclusivement théologique dont le centre est l'histoire du peuple juif.

Enfin, il termine son œuvre par un dernier discours dont il semble n'avoir voulu tracer que la magistrale ébauche, mais qui n'en est pas moins le principal titre de l'historien à l'admiration de l'avenir. C'est cette troisième partie qu'il intitule *la suite des Empires*, et sur laquelle nous insisterons de préférence; car, ici du moins, la liberté humaine joue son rôle, tandis que le reste du livre est uniquement une apologie du Christianisme, et encourt les censures de la critique moderne par ses lacunes, ou le parti pris d'une opinion préconçue.

Les époques. Bossuet et l'art de vérifier les dates. Écueils du genre. — Les chapitres où Bossuet déroule la succession des faits depuis la Genèse sont d'une contexture si serrée que, dans l'intervalle, il n'y a guère de place pour des vues personnelles, et si unie qu'elle n'admet pas d'ornements étrangers. Par lui-même, le genre est donc austère jusqu'à la tristesse, et nu jusqu'à l'aridité. Le premier mérite qu'il comporte ne peut être que l'exactitude; or, Bossuet ne possède que la science du dix-septième siècle. Empruntée à Ussérius[1], sa chronologie ne nous laisse point aujourd'hui la même sécurité qu'aux lecteurs d'un âge où l'on connaissait imparfaitement l'art de vérifier les dates. Bien des doutes s'élèvent donc contre l'autorité de ses affirmations. Tout en rendant justice à une érudition qui ne plie point sous le fardeau, et à la clairvoyance relative d'une enquête qui sait éliminer ou choisir, nous devons avouer aussi que l'on éprouve une espèce de vertige en face de ce tourbillon d'hommes et d'événements qui risque de dissiper ou de fatiguer la cu-

---

1. Jacques Usher, prélat anglican né à Dublin en 1580, mort en 1656, professeur de théologie à l'Université de cette ville, chancelier de l'église de Saint-Patrice, archevêque d'Armagh, est célèbre comme chronologiste. Il a fixé l'an du monde à 4004 avant J.-C. On cite son ouvrage intitulé *Annales veteris et novi testamenti*.

riosité. L'écueil de ce précis était la sécheresse, et Bossuet, qui songe avant tout à l'utile, n'a pas eu souci de l'éviter. Il semble même qu'impatient d'arriver le plus tôt possible au terme d'une ingrate énumération, il s'empresse d'en précipiter le cours, et s'interdise comme des digressions les développements dont l'occasion s'offrait à sa pensée. Ne perdant jamais de vue le but où il tend, il estime superflu ce qui l'en écarterait; et, se résignant par devoir à un laconisme qui ne lui est point naturel, il subit ces contraintes comme un frein qui modère son ardeur.

L'orateur, le peintre et le poëte sous l'abréviateur. Instinct des lois historiques. — Si parfois l'aile paraît s'entrouvrir et prendre l'essor, c'est malgré lui : car il est évident qu'il se réserve, et attend la clôture de cette revue pour se déployer librement. Cependant, un génie tel que le sien laisse partout sa marque, et sa supériorité se révèle même parmi les gênes qui l'entravent. C'est ainsi que le poète, le peintre et l'orateur se trahissent par des échappées furtives. On goûtera plus encore les mérites de l'abréviateur, si on le compare à ses devanciers, entre autres à Velleius Paterculus et à Florus, ces beaux esprits plus curieux d'étonner que d'instruire, et qui se tourmentent pour orner leur récit de fausses couleurs ou de traits maniérés. Quant à l'abrégé chronologique du Président Hénault, il est digne sans doute de notre estime; mais, si l'on y retrouve des idées judicieuses, elles ne tiennent pas suffisamment à la narration; et, si les recherches inspirent confiance, elles ne forment pas une composition assez suivie : on dirait plutôt des notes juxtaposées. Or, tout autre est le manuel de Bossuet; car l'ensemble a l'entrain d'un discours, et les détails sont d'un puissant relief.

Dans cet inventaire de nations et d'États qui se fondent, s'élèvent, marchent, courent, chancellent, tombent et meurent, quelle vigoureuse concision ! que de formules gravées comme des inscriptions sur un marbre funèbre ! que d'esquisses où la vie est aussi intense que dans les cartons d'un Michel-Ange ! Par exemple, le drame de la seconde guerre Punique a-t-il jamais été raconté plus vivement que dans les pages qui terminent la huitième époque? Scipion, Alexandre, Théodose et Charlemagne furent-ils représentés plus au vrai qu'en ces médaillons où leur physionomie est si rapidement fixée? En pleine mêlée de faits et de dates, brille souvent un de ces mots qui éclairent tout à coup une situation, découvrent le fond des âmes, et signalent le caractère d'une société. Ainsi, lorsqu'après le meurtre de Virginie, Bossuet dit avec tant de force : « Le sang de cette seconde Lucrèce a réveillé les Romains, » qui ne s'attend à une révolution? Les causes qui expliquent la mort de Tiberius Gracchus et ses conséquences n'éclatent-elles pas énergiquement par la simplicité de cette parole : « *Tout le Sénat le tue par la main de Scipion?* » Ailleurs, on croirait lire du Tacite, quand on rencontre telle ou telle expression analogue à celle-ci : « L'Empire mis à l'encan par les meurtriers de Pertinax trouve un acheteur : un Didius Julianus *hasarde ce hardi marché.* » Citons encore ce trait d'ironie : « Probus est forcé par l'acclamation des légions d'accepter la pourpre, *encore qu'il les menace de les faire vivre dans l'ordre.* » S'il est trop silencieux sur Cicéron, et sur César, si l'on regrette parfois des brusqueries et des rudesses où s'accuse trop la hâte d'en finir, il communique je ne sais quoi de grandiose au procédé de l'énumération, notamment dans ce passage où il résume les conquêtes d'Auguste avec autant de sobriété que d'ampleur : « Les Indes recherchent son alliance; ses armes se font sentir aux Rhètes ou Grisons..., la Pannonie le reconnaît; la Germanie le redoute, et le Weser reçoit ses lois; victorieux par mer et par terre, il ferme le temple de Janus : tout l'univers vit en paix sous sa puissance, et Jésus-Christ vient au monde[1]. »

L'art de condenser ou de grouper les événements, et l'instinct des lois qui les ont produits justifient donc cet

---

[1]. Signalons aussi le passage où il oppose aux subtilités de cette Grèce curieuse la philosophie pratique, mâle et frugale qui rendit les Romains maîtres du monde.

éloge de Daunou : « On n'a jamais établi entre des notions d'histoire un enchaînement plus étroit et plus naturel. Tous les faits sont à la fois présents à la mémoire de Bossuet : il n'en cherche aucun ; il sait, il possède tous les détails de son livre, avant de commencer à l'écrire. Tant de liaison règne entre ces idées que toujours l'une éveille l'autre, et que cette multitude d'origines, de catastrophes et de noms célèbres semble se disposer dans le seul ordre qui lui convienne. » Oui, on croit voir un général en chef qui range ses corps d'armée. Il prépare ici d'avance son plan de campagne. Il n'aura plus qu'à livrer bataille.

La suite de la religion. Pascal et Bossuet. Thèse paradoxale. Le judaïsme centre du monde antique. Foi impérieuse. — Dans ses *Pensées*, Pascal avait dit : « S'étendant depuis les premiers temps jusqu'aux derniers, l'histoire du peuple juif enferme dans sa durée celle de toutes nos histoires. » Il ajoutait : « Qu'il est beau de voir par les yeux de la foi Darius et Cyrus, Alexandre, les Romains, Pompée, Hérode agir, sans le savoir, pour le triomphe de l'Évangile[1] ! » Cette parole contenait en germe tout le livre de Bossuet, et surtout cette seconde partie où le dogme commence, mais où l'histoire cesse. Bornons-nous à exposer une doctrine que notre siècle ne saurait admettre : car elle veut nous persuader que le monde ancien a gravité autour de Jérusalem, ainsi que notre système planétaire autour du Soleil. Oui, pour Bossuet, les destinées exceptionnelles des Hébreux sont le nœud du passé comme de l'avenir. A ces douze tribus perdues parmi tant de nations comme des grains de sable dans l'Océan, il subordonne les vertus, les grandeurs, les arts, les sciences, la civilisation de l'Orient et de l'Occident, d'Athènes et de Rome, de tant de races glorieuses qui ont compté plus de quatre mille ans d'existence. Cantonné dans un coin de la terre de Chanaan, comme un autre Moïse dictant le Décalogue, il prononce les oracles

---

1. V. édition *Havet* : articles XIV et XVII, t. 1ᵉʳ p. 200.

d'un symbolisme historique contre lequel surgit mainte objection. N'ayant nulle compétence pour juger le théologien, nous dirons seulement qu'en voyant de loin, à chaque pas, le Messie prédit, à travers les révolutions de la Judée, par des faits qui se transforment en prophéties, Bossuet nous semble excéder la mesure d'attention dont un lecteur profane est capable, en face du mystère.

Mais, s'il lui arrive de vouloir trop prouver ce qu'il désire, nul n'a mieux compris l'originalité d'une nation dont la croyance a été la tige sur laquelle s'est greffée la foi du genre humain : car on ne niera pas que le Judaïsme fut le Christianisme antérieur et expectant. On comprend donc que le génie sacerdotal de Bossuet contemple avec complaisance l'étrange fortune d'Israël qui vécut pour une idée, s'en fit le missionnaire, et n'eut pas d'autre patrie que son Temple, d'autre littérature que sa Bible, ce livre écrit pour tant de millions d'âmes [1]. Mais, on lui voudrait parfois plus de clémence et de pitié sympathique aux souffrances d'une race qui paya si cher sa périlleuse et salutaire vocation.

Sans approuver les colères de Bossuet, ni souscrire à bien des vues contestables, admirons du moins la dialectique d'une thèse qui, du premier au dernier mot, de l'Eden à l'Evangile, part d'un même principe et vise à la même fin. Les prophéties et les miracles forment ici comme les anneaux d'une chaîne qui unit la terre au ciel. Les prémisses une fois données, c'est à prendre ou à laisser ; car Bossuet ne discute pas : il commande. On sent qu'il n'a jamais connu le doute ; sa foi inébranlable, imperturbable,

---

[1]. Cette race dont l'esprit fut étroit et intolérant, qui ne connut ni l'art, ni la science, ni les lettres, ni la philosophie, ni la vie politique, est pourtant marquée d'un signe d'élection. Pour simplifier toutes les complications mythologiques et cosmogoniques où se perdait l'antiquité profane, il lui a suffi d'écrire ce mot : « Au commencement, Dieu créa le ciel et la terre. » Nulle part n'éclate mieux la conscience d'une supériorité religieuse. Le monothéisme a été l'œuvre de son apostolat. Ce peuple le savait, et voilà pourquoi, parmi tant de malheurs, il attendait sa revanche de l'avenir. Une poignée de captifs avait l'assurance d'affirmer que le monde lui appartiendrait un jour. Sur les ruines de Jérusalem, les Juifs triomphaient presque des désastres qui réalisaient leurs prédictions.

prend possession de l'absolu, sans laisser entamer sa sécurité par aucune incertitude. Intrépide dans ses déductions, il accepte sur parole, et impose sans controverse toute une théodicée où la rigueur du logicien s'associe à l'enthousiasme des prophètes. « Ce programme surnaturel son génie impétueux l'entrevit, dit Sainte-Beuve, dans la lueur soudaine d'un éclair, et dut aussitôt l'embrasser, comme l'œil d'aigle du grand Condé parcourait l'étendue des batailles[1]. »

Le Dieu de Bossuet. Le confident de la Providence. — Son Jéhovah n'a point une divinité métaphysique et lointaine. Tantôt bienfaisant, tantôt terrible, toujours efficace, il est partout vivant et vigilant; « il tient vraiment le monde dans sa main », et ne permet pas un instant à l'humanité d'oublier qu'il est son maître. Jamais les poètes les plus religieux n'ont exprimé plus fortement cette toute-puissance d'un Dieu personnel. Bossuet parle comme son premier ministre : tous ses secrets d'État, il en a reçu confidence; et, si des objections se produisent, il ne veut même pas les entendre, ou les traite par un dédain superbe qui ne s'abaisse point à démontrer l'évidence. C'est ainsi qu'il formule cet arrêt : « Si l'on ne voit pas un même ordre des conseils de Dieu qui prépare dès l'origine du monde ce qu'il achève à la fin des temps, et qui, sous divers États, mais avec une succession toujours constante, perpétue aux yeux de tout l'univers la sainte société où il veut être servi, on mérite de ne rien voir, et d'être livré à son propre endurcissement comme au plus juste et au plus rigoureux de tous les supplices. »

Le Moïse de Bossuet. L'apologie historique du christianisme. Le faible et le fort de cette thèse. — La critique a beau jeu contre cette méthode. Mais on ne refusera pas du moins à Bossuet l'autorité d'un verbe auguste, une imagination qui a le sens des symboles, et parfois une clairvoyance qui perce l'obscurité des nuages groupés aux horizons lointains de l'histoire. Parmi ces commentaires

---

1. Port-Royal, t. III, p. 378.

de l'Écriture, signalons surtout les pages consacrées à Moïse : car jamais le grand précurseur ne fut représenté sous des traits plus majestueux, même par le ciseau de Michel Ange[1]; et ceux qui ont le mieux pénétré l'esprit des poésies sacrées, les Lowth ou les Herder, n'ont rien dit que Bossuet n'ait devancé par un jugement définitif et souverain.

Dans l'ordre des considérations morales, il garde aussi tous les avantages que pouvait compromettre près de certains lecteurs un mysticisme trop continu; car on ne saurait mieux exprimer les difficultés qu'il y eut pour le monde païen à faire le pas décisif, à sortir, non plus par exception et dans la personne de quelques penseurs d'élite, mais par classes et par nations, de ce chaos impur qui s'appelait l'idolâtrie. S'il n'est pas tout à fait juste pour la philosophie des Grecs qu'il regarde comme une émanation de l'Orient et du judaïsme, s'il la croit trop faible et trop désarmée contre l'erreur publique, il est merveilleux lorsqu'il caractérise l'avènement du christianisme dont la doctrine est, dit-il, « du lait pour les enfants et tout ensemble du pain pour les forts. » Pascal lui-même n'a pas célébré plus magistralement la nouveauté qu'inaugura Celui dont Bossuet dit : « On le voit plein des secrets de Dieu; mais on voit qu'il n'en est pas étonné comme les autres mortels à qui Dieu se communique. Il en parle naturellement, comme étant né dans ce secret et dans cette gloire; et, ce qu'il a sans mesure, il le répand avec mesure, afin que notre foiblesse le puisse porter. »

On sent bien qu'il est ici comme au fort de son œuvre. Tout ce que les Pères ont écrit avant lui, il le rajeunit par l'onction d'un accent qui lui est propre; et ces beautés

---

[1]. Bossuet semble se souvenir de lui-même quand il admire dans les révélations de Moïse « un style hardi, extraordinaire, propre à représenter la nature dans ses transports, qui marche par de vives et impétueuses saillies, affranchi des liaisons ordinaires que recherche le discours uni, renfermé d'ailleurs dans des cadences nombreuses qui en augmentent la force : il surprend l'oreille, saisit l'imagination, émeut le cœur. » Il dit encore : « Il parle en maître ; il a dans sa simplicité un sublime si majestueux que rien ne le peut égaler... C'est Dieu même qu'on croit entendre dans la voix et les écrits de Moïse. » (Chap. III).

coulent d'abondance, tant il est inépuisable dans les effusions que lui inspire « la folie de la croix. » C'est ce qu'atteste un témoignage peu suspect de partialité, celui de Sainte-Beuve faisant cet aveu : « Autant j'ai pu paraître en garde précédemment, autant je dirai ici en toute conviction que ces pages sont vraies, de quelque côté qu'on les envisage. Il fallait bien, en effet, tout ce sacrifice, toutes ces vertus, toutes ces croyances pour que des pauvres et des souffrants trouvassent en eux la force d'entreprendre une telle œuvre, de sauver le monde, de le tirer des duretés et des cruautés de l'esclavage, enfin de l'affranchir et de le régénérer. » Des misères désespérées n'appelaient-elles par des remèdes extrêmes? En résumé, si dans les autres chapitres les preuves sont surabondantes pour les croyants et insuffisantes pour les incrédules, nul ne sera rebelle à tout ce qui intéresse le christianisme social; et l'on y applaudirait sans réserve si le dernier mot de l'orateur ne semblait la provocation des rigueurs intolérantes qui aboliront l'édit de Nantes[1].

La suite des empires. La liberté humaine retrouve ses droits. Le peintre de la mort et de la vie. Oraison funèbre des peuples. — Les chapitres que conclut si malheureusement cet anathème furent ceux que Bossuet estima le plus. Il tirait gloire d'avoir ajouté à cette apologie de la religion des preuves qui lui étaient propres[2]. On raconte même que, dans sa vieillesse, il prenait plaisir à se faire relire ces pages de prédilection. Tel ne fut pas le sentiment de l'avenir; car des lecteurs laïques sont plus à l'aise dans cette troisième partie qui a pour titre la *Suite des Empires*, et où Bossuet retrouve un peu tardivement des voies qui nous sont enfin accessibles. Ce n'est pas sans un certain regret qu'il redescend ainsi sur la terre; car il a quelque peine à se dégager des visions prophétiques dont il était comme ébloui. Il lui faut donc un effort pour

---

1. « Monseigneur, tout ce qui rompt cette chaîne, tout ce qui sort de cette suite, tout ce qui s'élève de soi-même, et ne vient pas en vertu des promesses faites à l'Église dès l'origine du monde, *vous doit faire horreur*. Employez toutes vos forces à rappeler dans cette unité tout ce qui s'en est dévoyé. »
2. Entre autres, les chapitres XXVII et XXVIII.

consentir à démêler des causes naturelles au-dessous de la cause première qui décide tout. On s'en aperçoit trop dans un exorde qui, servant de transition entre la théologie et la politique, est encore un sermon sur la Providence [1].

Pourtant, bien que prévenu par le dessein de faire aboutir au christianisme toute l'histoire du monde ancien, il finit par se résigner à concilier le dogme de l'omnipotence divine avec le respect de la liberté humaine. Tout en réservant au Roi des Rois les occasions extraordinaires où son bras s'atteste par des coups de foudre, il ne fera donc plus appel qu'à la prudence et au bon sens, pour expliquer en moraliste la grandeur ou la décadence des nations. C'est ce qu'annonce cette proposition du discours : « A ne regarder que les rencontres particulières, la Fortune semble seule décider de l'établissement et de la ruine des Empires; mais, à tout prendre, il en arrive à peu près comme dans le jeu, où le plus habile l'emporte à la longue. En effet, dans ce jeu sanglant où les peuples ont disputé de l'Empire et de la puissance, qui a prévu de plus loin, qui s'est le plus appliqué, qui a duré le plus longtemps dans les grands travaux, et enfin qui a su le mieux ou se pousser ou se ménager suivant la rencontre, à la fin a eu l'avantage, et a fait servir la Fortune même à ses desseins. »

Par ce côté, le libre arbitre commence à recouvrer ses droits un instant méconnus, et la conduite des événements ne nous paraît plus soumise à une fatalité qui les enchaîne. C'est ce qui va ressortir des jugements si fermes que Bossuet porte sur les erreurs ou les fautes des hommes d'État, sur les causes morales dont les effets sont des succès ou des revers, par conséquent, sur la responsabilité des souverains ou de leurs sujets. S'il distribue ainsi l'éloge ou le blâme, c'est que le choix lui a semblé possible entre les

---

1. « Dieu apprend aux rois ces deux vérités fondamentales : premièrement que c'est lui qui forme les royaumes pour les donner à qui il lui plaît ; et secondement qu'il sait les faire servir, dans les temps et dans l'ordre qu'il a résolu, aux desseins qu'il a sur son peuple. C'est ce qui doit tenir tous les princes dans une entière dépendance, et les rendre toujours attentifs aux ordres de Dieu, afin de prêter la main à ce qu'il médite pour sa gloire, dans toutes les occasions qu'il leur en présente. »

routes qui vont soit au salut, soit à la ruine. Il ne serait donc pas équitable de reprocher à ce peintre de la mort le mépris de la vie, et une indifférence dédaigneuse pour les œuvres de la paix ou de la guerre. Sans être dupe de la gloire, il aime à en contempler les images. Tout en sachant ce qu'il y a de périssable dans les édifices les plus solides en apparence, il admire le génie des législateurs ou des conquérants qui ont accompli de grandes choses. Bien que sa foi chrétienne soit orgueilleuse et jalouse, il a cependant rendu pleine et entière justice aux fastes de la civilisation païenne, et à des vertus d'autant plus méritoires qu'elles ne devaient rien à l'Évangile. Voilà pourquoi cette troisième partie reste encore si populaire. Ici du moins, malgré les progrès de l'érudition moderne qui a réparé plus d'une méprise ou comblé de nombreuses lacunes, tous s'accordent à louer l'initiative et les vues profondes d'un penseur qu'on n'a point appelé sans raison « l'homme de toutes les sciences et de tous les talents. » C'est ce que nous essaierons de confirmer par l'analyse de cette Oraison funèbre [1] où nous voyons toutes les nations paraître et disparaître tour à tour, sans avoir pu soutenir le poids de la monarchie universelle. Dans ce passage rapide, Bossuet surprend leur physionomie, trace vivement le tableau de leurs révolutions, esquisse le caractère de leurs grands hommes, représente les mœurs et les institutions, en un mot fait revivre la poussière des morts. Oui, il y a vraiment de l'Ezéchiel dans ce privilège de ressusciter les générations éteintes.

Les Egyptiens. Sympathies de Bossuet pour leur théocratie. Sens de la grandeur. L'histoire édifiante. — C'est par les Egyptiens que débute cette imposante

---

[1] Ce mot est justifié par les traits que voici : « Quand vous voyez passer comme en un instant devant vos yeux, je ne dis pas les rois et les empereurs, mais ces grands empires qui ont fait trembler tout l'univers ; quand vous voyez les Assyriens anciens et nouveaux, les Mèdes, les Perses, les Grecs, les Romains se présenter devant vous successivement, et tomber pour ainsi dire les uns sur les autres ; ce fracas effroyable vous fait sentir qu'il n'y a rien de solide parmi les hommes, et que l'inconstance et l'agitation est le propre partage des choses humaines. » (Ch. I).

revue; car, après quelques mots sur les Scythes qui firent
« des courses plus que des conquêtes », et sur les Éthiotiens, nation sauvage « où la nature commence de beaux sentiments, mais ne les achève pas [1], » il s'empresse d'en venir à un empire digne d'entrer dans la hiérarchie des peuples policés. Or, quel autre pouvait solliciter la sympathique curiosité de Bossuet plus que ce pays gouverné par une théocratie puissante, et dont l'immutabilité devait le ravir d'admiration. « Les Égyptiens furent, en effet, comme le dit M. Maspero, la plus dévote des races. Ils voyaient Dieu partout dans l'univers, ils vivaient en lui et pour lui. Lorsqu'on parcourt les recueils de leurs monuments, ce qui frappe tout d'abord, c'est l'abondance incroyable des tableaux mystiques et des scènes religieuses. En face de ces représentations sacrées, on dirait que cette terre fut habitée seulement par des Dieux, et renfermait d'hommes juste ce qu'il en fallait pour les besoins du culte. » [2] L'auteur de la *Politique tirée de l'Écriture* fut donc séduit par les légendes d'Hérodote et de Diodore. Comment n'eut-il pas retrouvé son idéal dans le pieux cérémonial d'une cour où régnaient ces Pharaons irresponsables, mais esclaves volontaires d'une loi parfaite, entourés de sages pontifes qu'ils écoutaient comme des conseillers infaillibles? « Une coutume nouvelle y étoit un prodige : tout s'y faisoit toujours de même, et l'exactitude qu'on y avoit à garder les petites choses maintenoit les grandes. » Devant un pareil spectacle, il s'épanouit d'aise, et ne se lasse point d'admirer cette discipline qui emprisonne chacun dans sa caste et sa profession. Fénelon, lui aussi, n'a-t-il pas regardé comme désirable cette hérédité dont la servitude serait le meilleur moyen d'anéantir les talents, et de fausser les vocations naturelles? Ajoutons qu'ailleurs,

---

1. On s'étonne que Bossuet fasse à ces barbares obscurs l'honneur de les nommer tout d'abord. Ils le doivent à la leçon de prudence que contiennent les récits sur les Scythes et Cyaxare, sur les Ethiopiens et Cambyse. Il eût mieux fait de réserver une place aux Phéniciens sur lesquels il a le tort de se taire. Quant aux Indiens et aux Chinois, ils méritaient aussi plus qu'une mention. Mais au dix-septième siècle, la science était silencieuse sur ces races lointaines.

2. *Histoire ancienne des peuples de l'Orient.* Maspero, p. 27.

parlant de ces jugements posthumes auxquels étaient publiquement soumis les souverains défunts, Bossuet a l'air d'envier ces panégyristes dont la sincérité avait le droit de tout dire, sans obéir à d'officielles contraintes [1].

Malgré des illusions trop complaisantes, le sentiment général est aussi juste que le comportaient les connaissances de son temps. Il cite les voyages publiés alors par M. Thévenot. Il présage les mystères ensevelis dans les hypogées. S'il ne propose pas à Louis XIV, comme Leibnitz, de conquérir au commerce de l'Europe une terre ruinée par les Mamelucks, il l'invite à faire explorer la Thébaïde, il prédit de merveilleuses découvertes; et, prévoyant sinon un Champollion, du moins un Mariette, il pressent que la France peut jouer son rôle dans cette antique contrée où elle a laissé de si glorieux souvenirs, au treizième siècle avec Saint Louis, au dix-huitième avec Bonaparte, au dix-neuvième avec ceux de nos compatriotes qui ont ouvert l'isthme de Suez, et réalisé victorieusement le projet d'un Pharaon mort depuis plus de trois mille ans [2]. Tout ce qui est grand charme Bossuet. Aussi quelle magnificence dans ses vives peintures des ruines de Karnak et de Louqsor! [3] Quand il décrit le cours du Nil « le nourricier, le défenseur de l'Égypte », et ces villes qui « regardoient avec joie toute la plaine fertilisée par un fleuve bienfaisant, » et les travaux immenses exécutés pour les irrigations, et ces lacs qui « tendoient leur sein aux eaux répandues, » on croit entendre un voyageur qui revient de Thèbes ou de Memphis, tout plein de ses propres souvenirs.

---

1. Ne se plaignait-il pas de ces entraves dans l'Exorde de l'Oraison funèbre du Père Bourgoing?

2. La monarchie Égyptienne, selon M. Maspero, dura au moins quatre mille ans, sous trente dynasties consécutives, de Ména jusqu'à Nectanébo.

3. Il avait lu la relation d'un *Voyage dans le Sayd* par les Pères Protais, et Ch. F. d'Orléans, missionnaires. L'architecture égyptienne est sans rivale : témoin les temples de Thèbes, la salle de Karnak, où la voûte est portée par 140 colonnes gigantesques dont plusieurs ont 70 pieds d'élévation sur 10 de diamètre, et les pyramides, dont l'une, haute de 150 mètres, est le plus formidable entassement de pierres que les hommes aient construit : rappelons encore les Hypogées, le Labyrinthe, le grand Sphinx qui mesure 20 pieds du menton au sommet de la tête, et ces obélisques de Louqsor, dont l'un, monolithe de granit, haut de 23 mètres, élevé par Ramsès II, se voit aujourd'hui sur la Place de la Concorde.

Sans doute, il ne se demande pas assez quel degré de
confiance méritent les témoignages anciens qui lui servent
de guides, et l'on dirait parfois qu'il rêve, comme l'auteur
du Télémaque, son utopie de Salente, quand il préconise
dans les lois d'une « nation grave et sérieuse la vraie fin de
la politique qui est de rendre la vie commode et les peuples
heureux [1]. » Mais n'oublions pas que Bossuet voulait instruire un jeune prince. Cette préoccupation a donc pu
l'incliner à l'optimisme, notamment lorsqu'il s'étudie à
mettre sous les yeux du Dauphin dans la figure de Sésostris
un autre Salomon aussi sage qu'habile et entreprenant.
C'était peut-être faire indirectement la leçon à Louis XIV
lui-même ; et, si la vérité en souffre, on ne peut qu'honorer
l'intention qui dicta ces exemples édifiants [1] : car ce fut
une façon respectueuse d'avertir l'orgueil du conquérant,
et de le rappeler au devoir qui l'obligeait à ménager son
peuple.

**Les Assyriens. Les Mèdes. Dédain des Barbares.
Les Perses idéalisés par le précepteur du Dauphin.** —
Nous n'insisterons pas plus que Bossuet sur les deux
empires d'Assyrie, les Mèdes et Cyrus. Aimant la certitude,
il n'ose prendre pied sur le terrain mouvant des conjectures,
et ne dissimule pas l'embarras que lui causent ici les ténèbres de la tradition. Il ne sied donc point de lui imputer
l'ignorance séculaire dont il subissait la gêne. De nos jours
seulement les découvertes inespérées des archéologues ont
exhumé les vestiges d'une capitale et d'une civilisation
détruites, sans qu'on pût même savoir le lieu de la terre
où s'élevaient ses monuments [3]. Privé de ces lumières, le

---

1. Il se trompe notamment, lorsqu'il dit que l'Égypte « envoyait ses colonies
par toute la terre, et avec elles sa sagesse et ses lois. » C'était une race sédentaire,
aussi peu soucieuse de communiquer ses idées que de s'ouvrir à celles des étrangers.

2. Il loue Sésostris de s'être voué aux travaux de la paix, après neuf années de
campagnes heureuses. Il le blâme d'avoir fait traîner son char par des rois
vaincus. Il lui reproche d'avoir été le premier à « ramollir les mœurs des
Égyptiens dans la crainte des révoltes. » Il déclare qu' « un grand empire ne dure
guère, et qu'il faut périr par quelque endroit. »

3. En 1844, M. Botta, consul de France, a retrouvé à Mossoul les reliques de
Ninive, sculptures, bas-reliefs, inscriptions cunéiformes. On peut les visiter dans les
salles du Louvre.

précepteur d'un prince a du moins relu Hérodote et Xénophon, pour leur emprunter un modèle de magnanimité dans la personne de Cyrus embelli par l'imagination romanesque d'un Fénelon athénien. — Quant aux Perses, dont la religion fut la plus pure et la plus douce qu'ait connue le polythéisme, il n'en parle point avec assez de développement et de suite ; mais c'est à leur supériorité morale qu'il attribue un empire dont la durée eût été plus longue s'ils avaient su « trouver ce bel art d'unir les parties d'un grand État, et d'en faire un tout parfait[1]. » Faute de mieux, il profite de l'occasion pour vanter, sur parole, d'après Hérodote et Platon, les mœurs d'une nation amie de la vérité, honnête, civile, libérale envers l'étranger, et naturellement généreuse pour les vaincus. Mais il ne l'approuve point d'avoir porté le respect de l'autorité royale jusqu'à un excès voisin de « l'adoration; » car c'était paraître « plutôt des esclaves que des sujets soumis par raison à un empire légitime[2]. » Voilà un des vices qui précipitèrent la chute d'une monarchie à laquelle manquait d'ailleurs une milice réglée, c'est-à-dire des chefs entendus, et des soldats disciplinés. Un Turenne, ou un Condé n'eussent pas mis plus de précision à dégager les causes d'impuissance qui, sur le champ de bataille, allaient paralyser ces multitudes désordonnées, en face des armées grecques « médiocres il est vrai, mais semblables à ces corps vigoureux où il semble que tout soit nerf et plein d'esprits, » d'ailleurs si souples et si bien commandées « que les soldats paroissoient avoir tous une même âme, tant on voyoit de concert dans leurs mouvements. »

La Grèce. Impartialité de Bossuet. Hommage rendu à des cités démocratiques, prédilection pour Athènes. — Avec l'invasion de Darius, Bossuet aborde l'histoire

---

1. La conquête Persane est le dernier acte des révolutions qui précèdent. Elle met fin au royaume d'Égypte, elle renvoie les Juifs dans leur patrie; elle force les murs de Babylone, et renverse les héritiers de Déjocès ; elle occupe Sardes et envahit l'Ionie. Dès lors, commence le conflit de la Grèce et de l'Asie.

2. Bossuet, quoi qu'on en dise, n'est pas partisan du despotisme pur. Il l'a condamné même dans sa *Politique tirée de l'Écriture*, où il dit ; « Les rois sont soumis comme les autres à l'équité des lois. »

proprement dite. Bien qu'il nous offre simplement un profil de la Grèce, et fasse surtout valoir dans sa physionomie les qualités d'ordre, de discipline, ou de dévouement à la patrie et à la loi, il faut lui savoir gré de s'être montré cordial pour cette race heureuse qu'animaient l'ardeur du progrès, et l'amour de la liberté. Il s'est laissé gagner par l'attrait d'un génie éminemment social. Pour le louer, il ne prononce pas le mot de *civilisation*, mais celui de *civilité* qu'il comprend dans son acception la plus large : « Il ne signifioit pas seulement, dit-il, la douceur et la déférence mutuelle qui rend les hommes sociables : l'homme civil n'étoit autre chose qu'un bon citoyen qui se regarde toujours comme membre de l'État, qui se laisse conduire par les lois, et conspire avec elles au bien public, sans rien entreprendre sur personne. » Intelligence trop élevée pour n'être pas capable d'impartialité, Bossuet confirme ici ce qu'il disait ailleurs de lui-même : « Je respecte dans chaque peuple le gouvernement que l'usage y a consacré [1]. »

En effet, on ne saurait nier l'accent très sincère des louanges qu'il accorde à l'esprit des cités démocratiques; quelques-uns même ont jugé le portrait un peu flatteur, lorsqu'il écrit : « La liberté que se figuroient les Grecs étoit soumise à la loi, c'est-à-dire à la raison reconnue par tout un peuple. Elle étoit regardée comme la maîtresse; c'étoit elle qui établissoit les magistrats, et en régloit le pouvoir... Chaque forme politique ayant ses avantages, celui que la Grèce tiroit du sien étoit que les citoyens s'affectionnoient d'autant plus à leur pays qu'ils le conduisoient en commun, et que chaque particulier pouvoit parvenir aux premiers honneurs. » Entre deux républiques « toujours ennemies plus encore par la contrariété de leurs intérêts que par l'incompatibilité de leurs humeurs », l'une rigide, farouche, austère et impérieuse, l'autre vive, douce, séduisante, « délicieuse à voir », où « l'esprit et les passions donnoient tous les jours de nouveaux spectacles », mais inégale, mobile, turbulente et

---

1. Cinquième avertissement aux protestants. Dans la *Politique sacrée*, (t. II art. I*er*), il disait aussi : « Chaque forme de gouvernement a ses avantages. »

gâtée par des adulateurs [1], ses préférences n'hésitent même pas. Il tient pour Athènes contre Sparte. Il faudrait citer tout ce parallèle, aussi sobre de mots que riche de sens. Par sa concision substantielle, il mérita bien de stimuler l'émulation de Montesquieu. Ne croirait-on pas entendre ce publiciste quand Bossuet dit : « On ne pouvoit avoir plus d'esprit qu'on en avoit à Athènes, ni plus de force qu'on en avoit à Lacédémone. Athènes vouloit le plaisir : la vie de Lacédémone étoit dure et laborieuse. L'une et l'autre aimoient la gloire et la liberté ; mais, à Athènes, la liberté tendoit naturellement à la licence ; et, contrainte par des lois sévères à Lacédémone, plus elle étoit réprimée au dedans, plus elle cherchoit à s'étendre en dominant au dehors. » Mais abrégeons ; car ce passage est dans toutes les mémoires, comme l'esquisse où Bossuet peint à grands traits « le génie perçant et sublime d'Alexandre..., la hauteur de ce courage invincible qui se sentoit animé par les obstacles, cette ardeur immense d'accroître tous les jours son nom, au point de préférer à mille morts le moindre degré de gloire..., cette confiance qui lui faisoit sentir au fond du cœur que tout lui devoit céder comme à un homme supérieur aux autres par sa destinée. » Ce souffle, ce mouvement est d'un orateur égal à son héros.

Pourtant, je l'aime mieux encore lorsqu'il exalte Homère, les poètes, et les philosophes avec un enthousiasme où il y a de la gratitude pour les bienfaits que leur doit l'éducation du citoyen. Ces pages, il ne les aurait pas signées avant ce préceptorat qui le réconciliait avec la littérature profane. Aussi ne nous plaignons pas trop, si nous en lisons d'autres trop évidemment écrites *ad usum Delphini*.

Rome et Bossuet. Affinités entre l'une et l'autre. — Mais nous avons hâte de pouvoir dire avec Bossuet : « Nous sommes *enfin* venus à ce grand empire qui a englouti tous les empires de l'univers, d'où sont sortis les plus grands royaumes du monde que nous habitons [2], dont nous

---

1. C'est la ville la plus moderne de l'antiquité.
2. « On est encore effrayé quand on considère que des nations qui font à pré-

respectons encore les lois, et que nous devons par conséquent mieux connoître que tous les autres empires. » A la solennité de cet exorde on devine qu'il existe ici des affinités natives entre l'écrivain et son sujet. Oui, Bossuet est Romain du même cœur qu'il était Hébreu. L'autorité, la règle, l'ordre, la suite, la discipline, le sens pratique de l'utile : voilà un spectacle qui l'enchante; et il a presque le ton du vieil Horace, lorsqu'il résume ce qu'il y eut de mémorable dans les vertus civiles et militaires du peuple « le plus fier, le plus hardi, mais tout ensemble le plus réglé dans ses conseils, le plus constant dans ses maximes, le plus laborieux, et enfin le plus patient » qui fût jamais.

Ne lui demandons pas de discuter le fond des anciens récits; car il croit à Tite-Live comme à Moïse. D'ailleurs, outre que ces questions d'origines n'avaient pas encore été soulevées, il s'applique surtout à découvrir le ressort caché des institutions; et c'est par là qu'il fait œuvre d'initiateur. On n'a pas défini plus nettement cette liberté rude et pauvre par laquelle le Romain des premiers âges se distinguait du Grec et de sa politesse brillante. Est-il possible de caractériser ce qu'on appelle l'esprit public avec plus d'ampleur et de sûreté que par ces généreuses maximes? « Qui peut mettre dans l'esprit des peuples la gloire, la patience dans les travaux, la grandeur de la nation, et l'amour de la patrie, peut se vanter d'avoir trouvé la constitution d'État la plus propre à produire de grands hommes. C'est sans doute les grands hommes qui font la force d'un empire. La nature ne manque pas de faire naître dans tous les pays des esprits et des courages élevés, mais il faut lui aider à les former. Ce qui les forme, ce qui les achève, ce sont des sentiments forts et de nobles impressions qui se répandent dans tous les esprits, et passent insensiblement de l'un à l'autre... Durant les bons temps de Rome, l'enfance même étoit exercée par les travaux; on n'y entendoit parler d'autre chose que de la grandeur du nom romain... Quand on a commencé à prendre ce train,

sent des royaumes si redoutables n'ont été durant plusieurs siècles que des provinces romaines. »

les grands hommes se font les uns les autres ; et, si Rome en a porté plus qu'aucune autre ville qui eût été avant elle, ce n'a point été par hasard ; mais c'est que l'État Romain constitué de la manière que nous avons vue étoit, pour ainsi parler, du tempérament qui devoit être le plus fécond en héros. » Voilà bien ce discours solide et nerveux que Montaigne admirait ainsi chez les maîtres antiques : « Quand je veois ces braves formes de s'expliquer, si vifves et si profondes, je ne dis pas que c'est bien dire, je dis que c'est bien penser. »

Le citoyen romain. L'initiateur. Le précurseur de Montesquieu. — Lorsqu'il raconte le duel de Rome contre Annibal, son langage est d'un contemporain de Scipion : il a je ne sais quelle sécurité de courage et d'orgueil. Les expressions simples et fières lui viennent d'instinct[1]. Montesquieu ne verra pas les choses de plus haut. Il ne fera que pousser plus avant l'enquête et serrer de près les détails ; mais son analyse scientifique ne va pas au delà de cet infaillible coup d'œil qui pénètre dès l'abord au cœur de son objet. Il serait long de relever les mots qui demeurent, entre autres celui que Bossuet prononce sur la majesté des lois romaines dont la sagesse a survécu à la ruine même de l'empire, « parce que le bon sens est le maître de la vie humaine, et y règne partout. » Que de vérité dans ce tableau où se déroulent les conséquences des guerres puniques : « Polybe voyoit les Romains, du milieu de la mer Méditerranée, porter leurs regards partout aux environs jusqu'aux Espagnes, et jusqu'en Syrie, observer ce qui s'y passoit, s'avancer régulièrement et de proche en proche, s'affermir avant que de s'étendre, ne se point charger de trop d'affaires, dissimuler quelque temps et se déclarer à propos, attendre qu'Annibal fût vaincu pour désarmer Philippe de Macédoine qui l'avoit favorisé ; après avoir commencé l'affaire, n'être jamais las ni contents jusqu'à ce que tout fût fait ; ne laisser aux Macédoniens aucun moment pour se reconnoître ; et, après

---

[1] Parlant de Cannes, il dit : « Le sénat vit bien qu'un ennemi capable de manquer à sa fortune n'étoit pas né pour vaincre les Romains. »

les avoir vaincus, rendre par un décret public à la Grèce si longtemps captive la liberté à laquelle elle ne pensoit plus; par ce moyen répandre d'un côté la terreur, et de l'autre la vénération de leur nom [1]; c'en étoit assez pour conclure que les Romains ne marchoient pas à la conquête du monde par hasard, mais par conduite. » Il convient de signaler aussi le fameux parallèle de la légion et de la phalange [2]; Turenne ou Vauban n'eût pas été plus compétent; c'est que Polybe fut aussi familier à Bossuet que les pères de l'Église; ce qu'il ne sait pas, il le devine, et inaugure ainsi la philosophie de l'histoire.

Le peintre ému. Le psychologue. Son optimisme. — Montesquieu fera sans doute connaître plus intimement la police des camps, l'économie des conquêtes, les traditions de la diplomatie, les formes de la société politique et le jeu de son mécanisme. Mais faire revivre l'âme qui anima ce grand corps, voilà le miracle par lequel Bossuet défie toute comparaison. Psychologue et peintre, il associe à son intuition une faculté de sympathie par laquelle il devient témoin et acteur du drame dont il met en scène les intérêts et les passions. Bien que toujours maître de lui-même pour rester impartial, il entre dans les émotions de la défaite ou de la victoire, comme s'il était citoyen de Rome, je dirais presque patricien et consul. Peut-être même estimera-t-on que sa critique en souffre [3] : il lui arrive en effet d'être un panégyriste plus qu'un juge; car, s'il a raison de louer le sénat et sa conduite si constante au dehors, si ferme au dedans, il croit trop volontiers à sa magnanimité, à sa clémence, à sa justice, à sa modération. Il y aurait donc à en rabattre, et le moraliste soucieux de beaux exemples oublie trop que la foi romaine valut souvent la foi punique.

1. Bossuet prend ici trop au sérieux cette vaine démonstration.
2. D'un côté une lourde et grosse machine, terrible par son poids, mais qui s'embarrasse et se rompt par son propre mouvement; de l'autre, une armée qui s'accommode à tous les lieux, s'unit, se sépare à volonté, défile aisément, et se rassemble sans peine.
3. Oui, il est plus romain que les romains mêmes. Il se tait sur les perfidies et sur les crimes. Il pallie les vices. Il ne croit pas à l'inimitié du peuple et du sénat. Il met tout sur le compte des tribuns.

Il ne peut se résoudre à raconter la décadence de Rome. — C'est aussi cette prévention favorable qui nous explique pourquoi Bossuet tourne court, lorsqu'il aborde l'époque de la décadence. C'est à regret qu'il en indique les causes, ou en mesure les progrès. Bien qu'il soit plus que tout autre habile à sonder le néant de toute gloire humaine, il semble vouloir se dérober à la tristesse de la ruine imminente. Lui qui triomphe des grands écroulements, il n'ose regarder en face le naufrage de la Fortune romaine. Aussi est-ce là surtout que sont les lacunes. Il faudra que Montesquieu fasse parler ce silence, ou supplée à l'insuffisance d'un résumé tumultueux qui se précipite, comme par impatience d'en finir. Ici donc, la dernière main a fait défaut. Il n'y a plus qu'un canevas; Bossuet ne dit rien ni de Sylla, ni de César; il écourte l'empire, il néglige Trajan, il se borne à nommer Marc-Aurèle; et, brusquant le dénouement[1], il retourne à son dessein principal, dans une péroraison où le politique cède la plume à l'évêque, à celui qu'on a pu nommer le conseiller d'État de la Providence[2].

La perfection du style. Souci du détail. Le commerce des anciens a servi l'écrivain. La langue. Ses latinismes. — Tel est ce noble ouvrage qui voulut démontrer par l'histoire la vérité du christianisme. Ce fut ici surtout que Bossuet atteignit la perfection du bien dire. Il n'y a plus dans sa manière ni hasard, ni intempérance. Son énergie se modère, sa verve se règle, son imagination s'impose un frein; sa langue s'épure sans s'énerver. La pratique des anciens, et tant de lectures faites de près par un maître qui s'instruisait pour enseigner donnèrent à son

---

1. « Un mot d'éloge excessif et vague sur Charlemagne montre qu'il n'avait pas étudié de près ce dernier des grands conquérants dont il parle comme d'un Saint-Louis. Il lui eût été difficile de poursuivre son dessein jusqu'aux âges suivants : l'érudition n'avait point assez aplani les voies. » *Ste-Beuve*.

2. M. Doudan a dit : « Bossuet est le seul ministre en ce monde qui eût pu faire le *Discours du Trône* de Dieu, si Dieu souffrait un gouvernement représentatif. Milton et Pindare n'eussent été que de beaux esprits, en regard de Bossuet, dans cette occasion. C'est la plus grande voix que vous ayez entendue, depuis qu'il y a des hommes, une voix qui s'entendait au fond des forêts, et qui faisait rêver aux choses éternelles. On dit que le lion produit un effet de ce genre, quand, se promenant lentement, il rugit dans la nuit, et que les Arabes en tremblent sous leurs tentes, à dix lieues à la ronde. »

génie la mesure, la convenance et la sobriété. En même temps que l'obligation d'accommoder ses leçons aux exigences d'une haute responsabilité lui apprit de plus en plus la proportion et le choix, son autorité s'adoucit sous l'influence de la morale antique et de ses vertus aimables. Mais il n'en reste pas moins original, et cela tout en cessant d'être le commentateur des Écritures ; car, dans la la dernière partie de son livre, il n'a plus le soutien de ces prophètes et de ces pères dont le génie provoquait le sien. En tirant toutes ses ressources de son propre fonds, il a, dans chaque ordre d'idées, le langage le plus exact et le plus élevé : « Le prince de Condé, dit M. Nisard, n'eût pas mieux peint ses propres modèles, les Alexandre, les Annibal et les Scipion. Colbert n'aurait pas jugé en termes plus précis la sage administration des Égyptiens, la grandeur pratique de leurs arts, l'économie de leurs travaux publics. Richelieu n'eût pas mieux pénétré la profonde conduite du sénat romain. Machiavel n'eût pas vu plus clair dans les rivalités des Grecs, même avec l'aide du spectacle que lui offrait l'Italie agitée de rivalités analogues ; ni Cujas ni Pothier n'auraient mieux montré le sens des lois romaines. » Mais, parmi ces mérites, Bossuet se retrouve toujours ce qu'il est par excellence, un orateur dont le mouvement nous entraîne d'un élan irrésistible, et un poète dont l'imagination conçoit l'histoire comme une sorte d'épopée[1] où ne manque ni l'unité d'action et d'intérêt, ni l'intervention merveilleuse d'une main divine, ni la sublimité du discours : car ce sont les fastes du genre humain contemplés comme des hauteurs du Sinaï.

Le soin du détail étant ici plus visible qu'en tous les autres écrits de Bossuet, nous devons dire encore un mot de la langue, et de ce qui la distingue, vers la date où parut ce livre, en mars 1681. Je veux parler de certains tours qui ont vieilli, d'idiotismes que le temps a discrédités, de termes dont l'acception s'est modifiée, de nombreux latinismes tombés en désuétude, et qui n'existent pas en

---

1. L'humanité en est le héros.

des ouvrages également célèbres et contemporains de cette époque, par exemple dans la prose de Fénelon, de Boileau, de Racine et de La Bruyère [1]. Au contraire, ces formes sont fréquentes chez les écrivains qui les ont précédés, entre autres Corneille, Molière, La Fontaine, Saint-Evremond, Mézeray, qui débutèrent ou fleurirent sous Louis XIII. C'est que, tout en appartenant au siècle de Louis XIV, Bossuet a toujours gardé sa marque originelle. Or, âgé de trente-trois ans lorsque les *Provinciales* virent le jour, il a grandi dans la liberté féconde des temps qui avoisinent Richelieu et Mazarin. Tout en s'accommodant plus tard à la régularité de l'âge suivant, il n'abdiqua jamais son indépendance, et n'obéit que librement aux servitudes de l'usage. D'ailleurs, ces archaïsmes étaient en harmonie avec un sujet où mille réminiscences soit des prophètes et des pères, soit des écrivains profanes, répondent naturellement comme des échos à la voix d'un historien tout imbu de la double antiquité.

Conclusion. Les parties caduques. La liberté humaine, la raison et le progrès. — C'est surtout par l'éloquence que vit encore aujourd'hui un ouvrage où notre siècle ne se reconnaît pas : car, pour l'avenir, la *Cité de Dieu* ne s'immobilisera jamais dans un peuple, et dans une croyance. Loin d'être immuable, elle doit s'agrandir et s'embellir d'âge en âge, par le concours de tous les arts, de toutes les sciences, de toutes les formes sociales, philosophiques ou religieuses qui poursuivent l'idéal, sans l'atteindre, mais se rapprochent du moins chaque jour de la justice et de la vérité. C'est ainsi que tous les peuples et tous les siècles collaborent, par leur civilisation qui est l'œuvre de

---

[1]. Les exemples sont très nombreux ; en voici quelques uns pris au hasard dans les premières pages : « La *malice* de l'esprit tentateur, *dénoncer* (pour annoncer), le *génie* (sens d'*ingenium*), *oppressés* (pour opprimés), *environ* le temps, rien ne *remuait* (sens neutre), les *brouilleries*, *nourris* dans (pour élevés), *par où* (locution conjonctive), *sujet à* l'empire (pour soumis à), *dans* le trône, *le commun* (pour la plupart des hommes), *conseils* (desseins), *étonné* (interdit, frappé de la foudre), *tempérament* (mesure), *converser* avec (vivre avec), les Espagnols lui *quittent* l'Espagne (pour abandonnent). » — Chacun peut continuer cette étude. Montesquieu lui-même, dans sa *Grandeur et décadence*, parle la langue de Bossuet, tant elle s'applique à sa matière.

la raison et de la liberté, à des progrès indéfinis qui ne sauraient s'arrêter qu'avec la vie même. Un système est donc nécessairement trop étroit pour contenir les destinées de l'humanité, surtout s'il les ramène à une race, à une époque, et à un dogme [1]. Sourd à ces théories que démentent nos révolutions, le monde moral ne cesse de continuer sa course vers des cieux inconnus.

Par conséquent, il y a des parties caduques dans le *Discours sur l'Histoire universelle* [2]. Mais, si la critique et l'érudition en ont infirmé les doctrines, ceux mêmes qui s'inspirent d'un autre esprit, et, sans sortir du domaine des faits, réduisent leur champ visuel aux causes secondes, ne refuseront point leur admiration à l'ordonnance du monument, à l'audace de l'architecte, à la force de sa conception, aux fières beautés d'un style qui ne saurait s'imiter et ferait vivre jusqu'à l'erreur.

---

1. Je lis dans un ouvrage de M. *Castelar* : « Ne séparons point les diverses révélations de la vérité. L'idée ne connaît ni nation, ni secte. Elle passe de la pagode à la pyramide, de la pyramide à la synagogue, de la synagogue à la basilique, de la basilique à la cathédrale, de la cathédrale à l'université, de l'université au parlement, avec la célérité de la foudre qui retentit, illumine, brûle et purifie. — Le peuple grec croyait sa vie originale et indépendante de toute vie barbare, et ses Dieux nationaux, indigènes. Or, sa chaste Diane avait eu des temples dans l'Asie-Mineure ; et son Bacchus venait des forêts de l'Inde. Quand le peuple juif s'isolait au pied de ses autels, il croyait conserver là son Dieu éloigné de toute tentation païenne. Or, Alexandre le Grand alla troubler ce monologue, et, après son char de guerre, il apporta les divinités grecques au son de la cymbale et de la flûte phrygienne. — Le messianisme n'était pas une espérance Hébraïque, mais universelle. La Sibylle de Cumes le devinait dans sa grotte, en même temps que Daniel comptait les semaines d'années qui manquaient à l'accomplissement des prophéties. Sur le Pausilippe, Virgile annonçait un rédempteur universel presque en même temps que St-Jean-Baptiste le demandait dans le sein désolé du désert. » (*L'art, la religion et la nature en Italie*).

2. Le Dieu de Bossuet me semble trop aristocratique. Il a des favorisés, des élus : il ne daigne pas étendre sa providence sur les païens. Il se repose pendant des siècles, et de temps en temps sort de son silence par des coups de foudre. Vico admettait aussi le gouvernement divin, mais croyait à sa permanence. Il le cherche jusque chez les peuples étrangers à une révélation particulière. Il le retrouve dans la mythologie comme dans la Bible, chez les Romains comme chez les Juifs. Plus l'histoire est vraiment universelle, plus elle conseille la tolérance, plus elle renverse de barrières, plus elle apaise et détruit les haines.

FÉNELON

(1651-1715).

PORTRAIT BIOGRAPHIQUE.

L'humaniste. — Né le 6 août 1651, au château de Fénelon, en Périgord [1], François de Salignac de Lamothe-Fénelon fut entouré, dès le berceau, de tendre dévotion, et préparé aux délices du pur amour par la piété d'une mère qui consacra son fils à la sainte Vierge. Un docte précepteur conduisit de bonne heure sa précoce intelligence à la double école de Rome et d'Athènes; mais les préférences de l'enfant allaient d'instinct vers les grâces de l'esprit grec. Homère surtout enchanta ses premières années, et l'*Odyssée*, plus encore que l'*Iliade*, ravit une imagination qui semblait se reconnaître dans la simplicité de ces naïves peintures. A douze ans, il lisait aussi Sophocle et Démosthène. Quant aux Latins, et à leur génie plus viril ou plus pratique, ils eurent pour lui moins d'attrait. Il les fréquenta pourtant avec complaisance; mais ses prédilections furent, parmi les prosateurs, pour Cicéron et Tite-Live, plutôt que Sénèque ou Tacite; et, parmi les poëtes, pour les Muses harmonieuses et sensibles, Térence, Virgile et Catulle lui-même, qui parlaient à son cœur ou flattaient son

---

1. De Pons Salignac, comte de Lamothe-Fénelon, et de Louise de la Cropte de Saint-Abre.

goût, bien plus que Lucrèce et son abrupte grandeur, que Lucain et son éloquence tourmentée.

Après avoir terminé ses humanités dans un milieu tout patriarcal, et fait sa philosophie à l'université de Cahors, il compléta ses études au collége du Plessis, à Paris, sous les auspices de son oncle, le marquis de Fénelon, un de ces grands seigneurs qui conservaient les plus pures traditions d'une politesse où se confondaient la dignité patricienne et les généreux sentiments d'un cœur haut placé. A l'élégance des manières, et aux agréments de l'honnête homme s'alliait chez lui l'austérité des principes; aussi son influence dut-elle agir sur le caractère d'un neveu qu'il aimait comme son fils, et dont il produisit dans le monde les qualités brillantes. On raconte en effet qu'à l'âge de quinze ans à peine, l'abbé de Fénelon renouvela l'épreuve oratoire par laquelle Bossuet étonna l'hôtel de Rambouillet. Mais, alarmé par des applaudissements dont la douceur lui parut périlleuse, le marquis crut devoir dérober à des succès trop profanes un talent qui, du reste, fut heureux de fuir ces tentations de l'amour-propre. Sans se laisser éblouir par une faveur pleine de promesses, il se livra donc courageusement à la science théologique, durant plusieurs années recueillies et ferventes, qui s'écoulèrent au séminaire de Saint-Sulpice, sous la forte discipline de MM. Olier et Tronson, dont les vertus et la doctrine le guidèrent vers le sacerdoce.

Le prêtre, le directeur des nouvelles catholiques. Le missionnaire (1675-1685). — Ordonné prêtre à vingt-quatre ans (1675), il voulait, dans le premier élan d'un zèle qui ne comptait point avec ses forces, partir pour les missions du Canada. Mais la faiblesse d'une constitution trop frêle lui conseillant de renoncer à ce projet, il se tourna vers la Grèce, où l'appelaient ses souvenirs classiques et ses ambitions évangéliques. C'est ce qu'atteste l'enthousiasme ingénu d'une lettre où l'on pourrait voir la préface lointaine du *Télémaque*. Toutefois les instances de sa famille finirent par le retenir en France, où lui fut bientôt confiée la direction des jeunes protestantes qui, récemment converties, achevaient leur éducation religieuse dans la *Maison des Nouvelles catholiques*[1]. A ces fonctions délicates où se déploya, durant dix années, sa charité prudente et persuasive, nous devons le plus charmant des livres, le *Traité sur l'éducation des filles* (1687), admirable fruit d'une expérience discrète et hardie, venant d'un esprit fin, d'un cœur pur et d'une raison supérieure. Écrit pour la duchesse de Beauvilliers, il apprend tout ce qu'une mère de famille doit savoir sur un si cher sujet.

A cette époque aussi remontent ses *Dialogues sur l'éloquence*, qui furent sans doute composés entre les années 1681 et 1686. Pendant le carême de 1684, Fénelon et l'abbé Fleury, réunis à Meaux près de Bossuet, prêchaient tour à tour avec lui, sans autre préparation que la prière, avec une onction familière dont la liberté rappelait les beaux jours de la primitive Église. Ce fut probablement pour fixer ces souvenirs, et pour l'instruction des prédicateurs novices, que fut tenté cet essai judicieux où la pensée littéraire est dominée par l'intention d'ouvrir à l'éloquence de la chaire des voies plus religieuses, de la délivrer des servitudes scolastiques, et de substituer à la froideur, à la recherche, au vain souci de plaire, l'idéal du vrai, du simple, du naturel et de l'aimable, c'est-à-dire l'exemple des anciens, mais tempéré par les qualités propres dans lesquelles Fénelon excellait entre tous, comme le prouve le beau sermon qu'il prononça sur la *Vocation des gentils*, en janvier 1685.

Mis en vue par les succès de sa parole, qui sut paraître originale dans le voisinage de Bossuet et de Bourdaloue, il ne tarda pas à être chargé d'une mission en Saintonge et en Aunis, vers le temps où une intolérance impolitique préludait à la révocation de l'édit de Nantes. Les lettres datées de ces provinces nous le montrent doux, humain, insinuant, très-habile à manier les consciences, à ménager des volontés rebelles et à faire aimer la vérité, au lieu de l'imposer par contrainte. Mais si quelques esprits sages approuvèrent cette mansuétude, elle se vit contrariée ou blâmée par d'autres, et leurs rancunes réussirent même à pri-

---

[1]. Placées sous l'autorité du ministre Seignelay.

ver Fénelon d'une distinction bien due à ses mérites. Car, désigné pour l'évêché de Poitiers et la coadjutorerie de la Rochelle, il en fut écarté par de secrètes intrigues.

Le précepteur du duc de Bourgogne (1689). Le lettré.
— Sa réputation n'en était pas moins hors de pair; et, grâce au crédit du duc de Beauvilliers, il put être nommé, en 1689, précepteur des fils du dauphin, des ducs de Bourgogne et d'Anjou. C'était un poste où le portait vraiment sa vocation; car il excella dans l'art de façonner les caractères et les esprits, comme en témoigne la métamorphose accomplie par sa victorieuse dextérité. « Né terrible.... dur et colère jusqu'aux derniers emportements, même contre les choses inanimées, impétueux avec fureur, incapable de souffrir la moindre résistance, même des éléments, sans entrer dans des fougues à faire craindre que tout ne se rompît dans son corps[1] », le duc de Bourgogne devint, entre ses mains, attentif à tous ses devoirs, affable, doux, modéré, charitable, patient, modeste, humble et austère pour soi. Ce fut le triomphe d'un maître qui alliait l'affection à l'autorité, la douceur à l'énergie, la décision à la souplesse. Il lui fallut huit années de patience et de ruse pour dompter ainsi des vices ou des défauts dont il fit des grâces et des vertus, qui devinrent le charme de la cour et l'espoir de la France. La transformation fut même si complète qu'il faillit former un saint, en voulant élever un roi[2].

Ce fut pour son royal disciple qu'il imagina ces *Fables*[3] ingénieuses qui nous font assister à tous les incidents d'une éducation où il fallait à la fois user du frein et de l'éperon. Quelques-uns de ces apologues ne languissent pas auprès de La Fontaine. C'est encore au Dauphin que furent destinés ces *Dialogues des morts*, où l'histoire est morale sans fadeur et sans ennui. Peut-être aussi le désir d'initier son élève aux principes de la philosophie cartésienne ne fut-il

---

1. Saint-Simon.
2. De là des hésitations, des scrupules d'enfant qui cherche sa mère, et a toujours besoin de mentor. Sous le canon de l'ennemi, il demandait s'il pouvait en conscience aller loger dans un couvent.
3. Publiées en 1712, ainsi que les *Dialogues des morts*.

pas étranger à l'idée du *Traité sur l'existence de Dieu*, dont la première partie parut en 1712, à l'insu de l'auteur, et par l'infidélité d'un copiste. Quant au *Télémaque*, où tant d'allusions trahissent le gouverneur d'un prince, ce roman ne dut qu'à une indiscrétion la publicité qui consomma la disgrâce de l'archevêque de Cambrai[1].

Le théologien, le mystique (1697-1699). — L'occasion, ou plutôt le prétexte en fut la querelle du quiétisme. Il serait long d'en raconter ici les différentes phases. Bornons-nous à rappeler que, séduit par un mysticisme trop séraphique, dont Mme Guyon avait été l'interprète, et auquel le livre sur les *Maximes des saints* (1697) semblait donner des encouragements, Fénelon fut enveloppé dans les défiances ou les alarmes que suscitèrent ces nouveautés en apparence innocentes. Le bon sens de Bossuet y vit du moins un péril pour la pureté des croyances ; et Louis XIV, qui ne goûtait pas plus les chimères que Napoléon l'idéologie, n'hésita point à poursuivre dans un théologien trop raffiné le censeur indiscret qui osait apprendre à l'héritier de sa couronne que les rois sont faits pour les peuples, et non pas les peuples pour les rois.

Tandis qu'une ombrageuse orthodoxie se croyait engagée par devoir à défendre les intérêts spirituels compromis dans les subtilités d'un docteur trop soucieux de perfection, le souverain, qui avait appelé Fénelon *le bel esprit le plus chimérique de son royaume*, traitait comme un téméraire le clairvoyant prélat dont le dévouement ne fut point aveuglé par l'éclat de son règne, et songeait à conjurer les menaces de l'avenir. A la suite d'une controverse où la politique se cacha sous les scrupules de la foi, Fénelon, condamné par la cour de Rome (1699), mais courtoisement, et non sans regret, déconcerta ses adversaires par une humble soumission qui lui mérita des sympathies universelles.

Le politique. — Dès lors, dépouillé de ses fonctions de précepteur, il vivait comme en exil dans son diocèse de Cambrai, lorsque l'apparition du *Télémaque* (1699) déroba

---

[1] Il avait été promu en 1624.

par un valet de chambre au profit d'un libraire de Hollande, vint mettre le comble aux ressentiments de Louis XIV. Dans cette fiction où la morale chrétienne se mêle aux agréments d'un paganisme épuré, la malveillance de ses ennemis se plut à dénoncer la satire personnelle du maître et de ses ministres. On pouvait, il est vrai, s'y méprendre ; car la postérité même se demande encore aujourd'hui ce qu'il faut penser de cet ouvrage, s'il est le rêve d'un utopiste et d'un poëte, ou le vœu d'un philosophe et d'un sage, si les inquiétudes d'un mécontent et d'un réformateur ne se trahissent point sous les jeux d'une imagination romanesque, mais inspirée toujours par la passion du bien et du beau. En cette épopée dont la prose nous ravit par son tour poétique et son élégante souplesse, se combinent des nuances si diverses qu'elles défient l'analyse. Il est du moins certain que de courageuses hardiesses s'y dissimulent parmi les lieux communs d'une morale pleine de sous-entendus politiques.

On ne put en douter lorsque, douze ans plus tard, le 14 avril 1711, la mort du grand Dauphin fit du duc de Bourgogne l'héritier présomptif de la couronne. Réduit jusqu'alors à ne correspondre que furtivement avec son élève[1], Fénelon put enfin formuler en théories les vagues tendances du *Télémaque*. Si ses *Directions pour la conscience d'un roi*, et son *Plan dressé pour le gouvernement d'un royaume* ne sont pas d'un homme d'État pratique, ces conseils, dont quelques-uns eussent pu prévenir plus d'un malheur public, font du moins honneur au patriotisme d'un esprit inquiet du lendemain, et soucieux de concilier ses instincts aristocratiques avec les garanties exigées par l'intérêt des peuples.

Bien que tenu toujours à l'écart, il reprit un grand rôle, celui d'oracle consulté dans le secret, comme le ministre d'un avenir prochain. Mais ces joies furent de bien courte durée. Car, le 12 février 1712, la duchesse de Bourgogne mourut subitement, et, le 18 du même mois, à vingt-neuf

---

[1]. Il ne le revit qu'en passant, dans la guerre de la Succession.

ans, périssait aussi le prince qui devait faire le bonheur de Salente. Avec lui s'évanouirent les beaux songes inspirés par Mentor. Ce fut une cruelle blessure pour le cœur de Fénelon. « Tous mes liens sont rompus, s'écria-t-il, rien ne m'attache plus à la terre. » D'autres épreuves l'attendaient. La mort du duc de Beauvilliers (31 avril 1714) devait être comme le coup de grâce pour celui qui écrivait alors : « Tous les bons amis devroient s'entendre pour disparoître ensemble, comme Philémon et Baucis. » Malgré ses tristesses, sa correspondance sut pourtant sourire encore de cette gaieté sérieuse qui, chez lui, fut toujours le mouvement naturel d'une âme égale et tempérante. Il conserva même assez de sérénité pour écrire d'une main ferme et légère sa délicieuse *Lettre à l'Académie* (26 mai 1714). Non moins inépuisable que son esprit, sa bienfaisance se prodiguait aussi dans les œuvres pastorales où son épargne, comme son éloquence, se donnait toute à tous, soit pour secourir les affligés, soit pour édifier les fidèles, avec un dévouement qui ne ménagea ni ses ressources ni ses forces. On peut dire que les trois dernières années de sa vie, les plus belles peut-être, furent consacrées à réparer les maux qu'avait prévus la sagesse de ses avertissements. Aussi fut-il adoré comme un saint, lorsque son cœur si tendre eut cessé de battre, le 7 janvier 1715, après soixante-trois ans et cinq mois passés sur cette terre qu'enchanta pour toujours la séduction de ses douces vertus et de son génie aimable.

LETTRE A L'ACADÉMIE FRANCAISE

(1714)

I. — Faits historiques.

L'occasion et l'à-propos de cette lettre. Au lendemain de la paix d'Utrecht (1713), qui faisait enfin renaître la sécurité, l'Académie française crut devoir secon-

---

1. Il naîtra en 1694.

der par une initiative opportune le mouvement des esprits qui revenaient d'eux-mêmes aux arts et aux lettres trop oubliés durant les crises d'une guerre désastreuse. Dans une séance du 29 novembre 1713, il fut donc décidé que chacun de ses membres proposerait un programme de travaux et d'études, dont la compagnie s'occuperait activement, après avoir publié la seconde édition de son dictionnaire. Ce fut alors que le secrétaire perpétuel, M. Dacier[1], fit appel à Fénelon, qui, depuis dix-huit ans, subissait une sorte de relégation dans son archevêché de Cambrai.

Affligé par l'isolement d'une disgrâce, par la crainte de l'avenir, par la vue des malheurs publics, par les fatigues de l'âge, par la perte de ses amis, et la mort du duc de Bourgogne, sur lequel reposaient des espérances qu'inspira toujours la plus pure ambition, un lettré si délicat ne pouvait manquer de répondre à des avances qui offraient à ses tristesses une douce diversion, et à ses goûts de réforme un emploi moins périlleux que les doléances politiques, ou les controverses théologiques. Il rédigea donc un *mémoire* qui se distingua parmi tous les autres; car, le 26 mars 1714, l'Académie s'empressa d'en voter l'impression. Mais, pour donner suite à cette décision, il fallait le consentement de l'auteur ; et, par une flatteuse démarche, M. Dacier avertit Fénelon qui répondit en demandant la remise de son manuscrit. Car il voulait le rendre plus digne de l'honneur dont il était l'objet. C'est à cette révision, ou plutôt à cette refonte que nous devons la *lettre à l'Académie*, dont la publication définitive n'eut lieu qu'en 1716, un an après la mort de l'illustre prélat[2].

Physionomie de Fénelon; son inquiétude généreuse; son goût de nouveautés parfois chimériques. — Avant d'apprécier le critique et l'écrivain, disons d'abord quelques mots sur l'homme, et la personne même. Ce n'est pas

---

[1]. André Dacier, né à Castres (1651), mort en 1722. Il avait été chargé par M. de Montausier de commenter les auteurs anciens pour l'usage du Dauphin, et fut bibliothécaire du cabinet du roi. Il est surtout célèbre par sa femme, qui traduisit *Anacréon* (1681), *Térence* (1688), l'*Iliade* (1699), et l'*Odyssée* (1708).

[2]. 7 anvier 1715.

que nous prétendions ici démêler les nuances compliquées d'un caractère qui déconcerte l'observateur par sa finesse et sa mobilité. Les plus habiles ont pu s'y tromper. Car il y a dans sa physionomie je ne sais quoi de fuyant et d'insaisissable. Au moment où l'on croit fixer la ressemblance, des surprises nous déroutent, et dérobent le modèle à toute définition.

Parmi les contrastes qui déjouent notre curiosité domine pourtant un trait essentiel, je veux dire l'inquiétude, parfois aventureuse, d'une imagination qui se laisse prendre aux nouveautés, et s'écarte volontiers des voies communes, à la recherche de ce qui charme sa généreuse fantaisie. Indépendant jusque dans les liens de la tradition, enclin à suivre son sens particulier même sous la discipline de l'obéissance, aussi hardi qu'insinuant, Fénelon est de ceux pour lesquels le désir du mieux peut devenir un piége d'autant plus périlleux qu'il y tombe avec une sorte d'innocence. Il est du moins incontestable qu'il n'eut pas toujours, comme Bossuet, l'autorité d'un bon sens souverain; et le parfait équilibre. Sans aller jusqu'à dire avec Louis XIV qu'il fut *un bel esprit chimérique*, il faut pourtant convenir qu'en certaines rencontres il faillit faire plus d'un faux pas, notamment dans la question du quiétisme, où risquèrent de s'égarer les candides audaces d'un docteur épris d'une perfection inaccessible.

Chez le politique comme chez le théologien apparaît donc un tour d'esprit trop prompt à poursuivre les décevants mirages. S'il lui arriva de pressentir et de signaler des réformes qui auraient pu dispenser la France d'une révolution, si des vues justes et des vérités courageuses recommandent sa mémoire à tout ami des sages progrès, on ne saurait cependant se refuser à voir dans ses vœux les plus légitimes une impatience remuante qui s'élance au delà du but, un excès de sollicitude susceptible de compromettre les meilleures maximes de gouvernement, enfin un luxe de prescriptions minutieuses qui recouvrent trop de secrète défiance contre la nature humaine. Le législateur de Salente n'est-il pas vraiment tyrannique, lorsqu'il se plaît à mesurer pour chacun l'air et l'espace, à élever comme des murailles infranchissables entre les diverses classes de sa cité bienheureuse, à multiplier des lois impuissantes ou importunes, à régler les moindres mouvements du corps social par les ressorts d'un mécanisme artificiel, en un mot à concevoir les visions d'un rêve aussi souriant que trompeur?

Si, dans la spéculation, il eut ses méprises ou ses erreurs, il ne fut pas non plus infaillible dans la pratique, comme l'apprennent à ses admirateurs les plus sincères ces *mémoires* où il conseillait à Louis XIV d'acheter la paix coûte que coûte, « et de sacrifier la Franche-Comté, les Trois Evêchés, plus encore, s'il le falloit. » Dans sa lettre au roi qui l'avait nommé précepteur de son fils, n'allait-il pas jusqu'à censurer l'acquisition de Strasbourg, jusqu'à proposer de faire réparation à la Hollande pour la guerre de 1672, et de restituer Valenciennes et Cambrai, sauf à donner à la France « pour toute frontière la vertu, la modération et la bonne foi ? »

Mais n'insistons pas davantage sur le faible de ce génie supérieur dont l'unique tort fut de trop croire à l'idéal. De ce rapide aperçu, nous voulons seulement tirer cette conclusion, que, dans l'ordre littéraire, on doit aussi s'attendre à retrouver, sous l'indécision de doctrines parfois un peu flottantes, des instincts novateurs qui visent toujours à l'excellent, mais ne sont point étrangers au caprice, à l'humeur, j'allais dire aux témérités du goût personnel. Hâtons-nous d'ajouter que ces saillies sont ici plus que jamais tempérées par la réserve d'une intelligence discrète, et assez maîtresse d'elle-même pour s'arrêter à temps sur le bord des écueils autour desquels sa libre fantaisie semble se jouer en toute sécurité. On aurait donc mauvaise grâce à se plaindre de ce travers, si c'en est un ; car il lui devient un mérite qui le rapproche de nous ; et c'est peut-être par cet endroit que s'explique surtout la prédilection dont il n'a pas cessé d'être favorisé, en plein dix-huitième siècle, sous le règne de Voltaire. On lui sut gré d'avoir eu des pressentiments d'avenir en un temps où les plus satisfaits du présent se croyaient les plus clairvoyants. Lui aussi, comme La Fontaine, on l'aime par entraînement involontaire ; car il émane de ses écrits un parfum qui prévient et attire. La physionomie de l'homme parle d'abord pour l'auteur ; il semble que le sourire et le regard s'en mêlent : en l'approchant, le cœur se met donc de la partie, sans en demander un compte bien exact à la raison, tant est puissant le charme d'une âme sympathique jusqu'en ses défauts, si l'on peut donner ce nom à des qualités qui nous annoncent l'âge nouveau à l'entrée duquel Fénelon se tient, comme un introducteur hospitalier.

Rôle de Fénelon dans la querelle des Anciens et des Modernes. — Pour bien comprendre toute la pensée de Fénelon écrivant sa *lettre à l'Académie*, il convient aussi de ne point oublier les circonstances littéraires dont il put alors subir l'influence. Or au moment où il prit la plume, la guerre des *Anciens* et des *Modernes* venait de se rallumer entre La Motte et Mme Dacier, avec autant de vivacité que vingt-cinq ans auparavant, entre Perrault et Boileau. Cette fois encore, le prétexte de la querelle fut le nom d'Homère attaqué par les uns avec une présomptueuse ignorance, défendu par les autres avec une admiration souvent aveugle, et qui portait à faux. La curiosité publique, à laquelle une paix récente donnait loisir et relâche, était d'ailleurs singulièrement attentive à ce débat, dans lequel la tradition se trouvait aux prises avec l'esprit de libre examen.

Ce fut alors que Fénelon se vit invité à dire tout haut son avis sur des questions en apparence étrangères à cette lutte, mais qui n'étaient en réalité pour les deux partis qu'une façon détournée de solliciter l'appui de son suffrage. Il eut mieux aimé n'être pas ainsi mis en demeure de choisir ; car il lui en coûtait de rompre un silence dont l'habileté ne blessait personne. Mais provoqué sérieusement à se prononcer entre des adversaires qui se disputaient son alliance, il ne put se tenir en dehors d'une controverse à laquelle l'intéressait sa conscience d'écrivain.

Toutefois, si l'on se rappelle la dextérité merveilleuse dont il fit preuve dans le duel du quiétisme, ses ruses instinctives ou calculées, ses détours, ses plis et replis, sa vigilante attention à prévenir ou à éluder l'attaque, à profiter des occasions, à échapper aux prises, et à se ménager l'opinion par *un art d'ensorcellement* qui fit dire à Joubert qu'il était « plus doux que la douceur même, et plus patient que la patience », on pressent que, réduit à entrer en scène sous le regard de toute la France lettrée, le partisan éclairé des Anciens saura concilier ses affections avec le désir de plaire à tous, et de donner gain de cause à chacun.

Voilà ce qui doit guider notre critique, lorsque nous abordons cet opuscule qu'on regarde généralement, mais à tort, ce me semble, comme une exposition de principes ou de sentiments étrangers à toute arrière-pensée.

A ne considérer que les titres des chapitres, il est permis de s'y tromper. Mais une lecture attentive y découvre bien vite un parallèle perpétuel entre les Anciens et les Modernes, rapprochés indirectement par un arbitre courtois, qui, tout en ménageant un parti puissant alors dans l'Académie française, veut défendre poliment l'antiquité contre l'irrévérence de ses détracteurs.

Dans les jugements portés sur les genres et les écrivains, nous chercherons donc autant de répliques faites à mi-voix aux paradoxes bruyants de La Motte. De comparaison en comparaison, nous serons ainsi conduits à une conclusion dont la réserve nous étonnerait à bon droit, si cette attitude même ne trahissait le manége d'un esprit circonspect qui nous laisse deviner la sentence, mais sans avoir l'air d'en assumer la responsabilité, ni de s'engager à fond dans un procès embarrassant.

En résumé, il aborde l'ennemi de biais, par un mouvement tournant, sans annoncer ouvertement son dessein, ni au début, ni à la fin du livre. Par la prudence de cette manœuvre, il donne à sa polémique un air d'impartialité. Mais s'il n'exprime ses convictions qu'incidemment, par des échappées furtives, et des confidences voilées, la vérité n'y perdra rien ; car à la façon dont il traite les vices de l'éloquence ou de la poésie contemporaine, l'affectation des uns, la pédanterie des autres, la subtilité, le ton déclamatoire, le sécheresse et la froideur d'une vaine rhétorique ; au tour de fine raillerie qui conseille la modestie à un siècle trop amoureux de lui-même ; aux restrictions souvent rigoureuses qui atténuent, de propos délibéré, les louanges les mieux méritées, il est visible que Rome, et surtout la Grèce, demeurent la patrie préférée de son imagination et de son goût. Seule, la vanité de La Motte ne voulut pas s'en apercevoir ; mais la postérité ne saurait prendre le change, et, pour qui sait lire entre les lignes, Fénelon reste ici ce qu'il fut toujours, l'admirateur enthousiaste et passionné des Anciens.

II. — ÉTUDE LITTÉRAIRE.

Le sujet. — Quelques mots sur le *Dictionnaire*, des projets de traités sur la *Grammaire*, sur les *Moyens d'enrichir la langue*, sur la *Rhétorique*, la *Poétique*, la *Tragédie*, la *Comédie* et l'*Histoire*, des *Réponses à une objection* faite à ces projets, enfin un *Jugement sur les Anciens et les Modernes*, tels sont les *dix* chapitres qui composent cette causerie dont l'allure vive, libre et familière, rappelle la *Lettre aux Pisons*. Des sujets si divers ne comportant pas la rigueur d'un ordre didactique, nous n'essayerons point de réduire en système des doctrines éparses, des sentiments rapides, des vues fugitives, les digressions d'une plume légère qui suit sa fantaisie, et ne s'assujettit qu'à la logique de l'instinct. Mettre la méthode où elle n'est pas, serait fausser l'impression du lecteur. Bornons-nous donc à dégager, en les discutant, si l'occasion l'exige, les idées principales qu'entraîne ici le courant un peu capricieux d'un entretien aussi éloquent que les dialogues de Cicéron, et aussi fin que les épîtres d'Horace.

Dictionnaire. — Après un mot d'hommage aussi courtois pour M. Dacier que déférent pour l'Académie, Fénelon débute par des formules de politesse un peu froide à l'endroit du *Dictionnaire* qui « mérite, dit-il, d'être achevé », mais dont il semble révoquer en doute l'autorité. Car il laisse entendre que ses services les plus efficaces seront d'offrir, un jour, une sorte de « clef » pour l'intelligence de « tant de bons livres », qui deviendront plus tard aussi difficiles à comprendre que les chroniques de « Villehardouin et de Joinville. » Il estime en effet que les langues se transforment sans cesse, et n'obéissent pas à d'autres législateurs que l'*usage*. Enregistrer ses arrêts, voilà donc le seul droit qu'il reconnaisse à un tribunal académique. Que ses confrères n'en doutent pas, et se tiennent pour avertis !

Grammaire. — Il suit de là qu'ils ne sauraient avoir la prétention de « fixer une langue vivante », par des règles définitives. Tout au plus peuvent-ils se permettre l'espérance de « diminuer les changements capricieux par lesquels la mode règne sur les termes comme sur les habits. » Or, pour y réussir « peut-être », il faut, non pas « un de ces traités trop curieux et trop chargés de principes, qu'un savant risque de composer », mais une *grammaire modeste*, « simple, courte, claire, facile », sobre d'exceptions, et surtout pratique, c'est-à-dire visant moins à la théorie qu'à l'application.

Projet d'enrichir la langue. Goût libéral, mais aventureux; archaïsmes, néologismes, mots composés. — Si le présent n'enchaîne pas l'avenir, il ne faut point qu'il dédaigne les siècles passés, mais plutôt qu'il s'enrichisse de leurs ressources. Or il semble à Fénelon « qu'en voulant purifier » notre langue, *on l'a trop appauvrie et gênée*, depuis environ cent ans. Au lieu d'être, comme Boileau, contempteur superbe des âges précédents, il regrette donc, avec La Bruyère, l'ancien idiome qu'il apprécie fort « dans Marot, Amyot et le cardinal d'Ossat, dans les ouvrages les plus enjoués et les plus sérieux. Car il avoit *je ne sais quoi de court, de naïf, de hardi, de vif et de passionné.* » Cette protestation fait grand honneur à un goût éminemment libéral, et l'on ne saurait mieux penser ni mieux dire. Mais Fénelon ne va-t-il pas un peu loin, quand il ajoute : « Je voudrois ne perdre aucun terme, et en acquérir de nouveaux? » Oui, il nous paraît que c'est exagérer l'insuffisance de l'instrument dont il se servait si bien, lui et ses grands contemporains.

Nous n'approuverons pas non plus sans restrictions les

expédients dont il s'avise pour combler des lacunes imaginaires. Je ne parle point ici de ces *mots étrangers* dont il autorise, à bon droit, l'importation par l'exemple des Latins et des Anglais. Les *néologismes*, il est bon de les admettre dans les cas indispensables, pourvu toutefois que cette liberté ne dégénère pas en une licence qui méconnaîtrait les lois de l'analogie, et finirait par altérer le fond même de notre vocabulaire national. Mais n'y a-t-il pas imprudence à nous conseiller l'essai des *mots composés*, rappelant le procédé grec, comme *pantocrator*, *glaucopis*, et *euchnémides*? Renouveler la tentative de Ronsard[1] serait évidemment s'exposer au même ridicule ; et ces prétendues richesses ne feraient que nous appauvrir.

Il y a bien aussi quelque péril à prôner trop complaisamment ces *alliances de mots* « qu'on n'a pas coutume de mettre ensemble » comme les expressions latines, *remigium alarum*, et *lubricus adspici*[2]. Car, si ces combinaisons réussissent à des écrivains de marque, ils nous avertissent eux-mêmes de n'en user que très-sobrement ; et, si le procédé devenait habituel, la simplicité risquerait d'en souffrir.

A plus forte raison Fénelon fait-il fausse route, quand il défère à l'Académie *le droit de créer des locutions* pour des idées nouvelles ; car ce privilége n'appartiendra jamais qu'au génie, ou, mieux encore, à l'invention populaire dont l'anonyme vertu produit seule ces générations spontanées. Du reste, l'objection n'échappe pas au sens éveillé de Fénelon : il n'a voulu que flatter ici l'amour-propre de la docte Compagnie, et remarque malicieusement que « le public se révolteroit, si elle faisoit un édit, avec une affiche, en faveur d'un terme nouveau. »

---

1. Il disait : *Le sommeil charme-souci, l'abeille suce-fleurs, les dieux chèvre-pieds.* Il s'écriait :

> Combien je suis marry que la muse Françoise
> Ne fasse pas ses mots comme fait la Grégeoise,
> *Ocymore, Dyspotme, Oligochronien* :
> Certes je te dirois du sang Valésien.
> (ὠκύμορος, δύσποτμος, ὀλιγοχρόνιος.)

2. *Rames aériennes.* (Virgile parlant d'Icare. VI-19). — *Vultus nimium lubricus adspici.* (Horace, O. L. 19-V 8 : un visage qu'il n'est pas sûr de regarder.)

En résumé, plus d'une velléité chimérique se glisse dans ces aperçus ingénieux auxquels des juges sévères peuvent reprocher de contrarier le tempérament naturel de notre langue. Parti de ce principe qu'elle s'est exténuée jusqu'à l'indigence (ce qui fut alors une exagération), Fénelon en tire des conséquences qui, appliquées à la lettre et sans les ménagements dont il enveloppe ses hardiesses, mèneraient peut-être à une décadence.

Projet de rhétorique, autorité du maître. Anciens et Modernes. Les orateurs de la chaire. Démosthène et Cicéron. Définition de l'éloquence. — Nous serons plus à l'aise pour louer pleinement le chapitre où il substitue enfin des doctrines fécondes, une érudition vivante, des lois sûres, et des jugements définitifs à la sécheresse des préceptes arbitraires, et à l'artifice de ces procédés ingrats qui constituaient jusqu'alors, ou encombrent aujourd'hui même plus d'un aride traité de rhétorique. Lui, il réduirait volontiers la sienne « à n'être que la fleur de la plus pure antiquité, dont on feroit un ouvrage court, exquis et délicieux. »

Laissant donc de côté le lourd bagage de l'école, il va droit à l'éloquence même ; et, préoccupé de la dispute qui mit alors aux prises les Anciens et les Modernes, il déclare d'abord, non sans précautions oratoires, que l'exercice du discours a besoin d'être favorisé par des *conditions propices*, dont la plus importante est «*la forme du gouvernement*. Chez les Grecs, tout dépendoit de la parole. » Or parmi nous le ressort de la liberté faisant défaut à nos institutions, *les assemblées ne sont que des cérémonies et des spectacles*.... Car tout se décide en secret, dans le cabinet des princes. » Nous en sommes donc réduits soit au *barreau*, soit à la *chaire;* l'un qui, ne conduisant plus à la tribune, n'est qu'une arène de stérile chicane ; l'autre qui pourrait être l'asile d'un art indépendant et désintéressé, mais qui sert trop souvent de théâtre au bel esprit, ou, ce qui n'est pas moins regrettable, à une ambition médiocrement évangélique, et plus soucieuse « de sa fortune que du salut des âmes. »

Il y a là bien des vérités toutes neuves, et qui s'expriment avec autant de force que de tact et de convenance. Nous remarquerons cependant que Fénelon, dans sa prédilection pour les Anciens, est un peu dur pour les Modernes. Car, s'il est certain que la France n'avait pas encore eu son Mirabeau, il était juste d'accorder au moins un souvenir aux orateurs des États-généraux de 1614, qui ne dataient pas de si loin. Des doléances courageuses, et plus d'une belle harangue prouveraient combien est vrai ce mot de Mme de Staël disant de la France : « C'est le despotisme qui est moderne, c'est la liberté qui est ancienne. » — Dans les limites même où Fénelon renferme notre éloquence, n'aurait-il pu citer un monument digne d'attention ? Ne voir dans les *avocats* que des *parleurs à gages*, et des hommes d'affaires « plaidant pour la rente d'un particulier, ou s'enrichissant aux consultations », est peut-être un parti pris trop sévère. Le souvenir d'un Pellisson ou d'un Patru devait tempérer ces préventions. — Ce qui nous surprend encore davantage, c'est que, parlant d'un genre ignoré de l'antiquité, de la *prédication*, Fénelon n'ait pas eu l'idée d'opposer aux maîtres classiques le génie d'un Bossuet ou d'un Bourdaloue.

Cela vient de ce qu'il est préoccupé surtout de la cause des Anciens. Or il y aurait ingratitude à lui en faire un sérieux grief. Car nous devons à son admiration si dévouée des pages incomparables, entre autres ce *parallèle de Cicéron et de Démosthène* : « Je proteste que personne n'admire Cicéron plus que je fais : il embellit tout ce qu'il touche, il fait honneur à la parole ; il fait des mots ce qu'un autre n'en sauroit faire ; il a je ne sais combien de sortes d'esprit ; il est même court et véhément, toutes les fois qu'il veut l'être, contre Catilina, contre Verrès, contre Antoine. Mais on remarque quelque parure dans son discours ; l'art y est merveilleux, mais on l'entrevoit ; l'orateur, en pensant au salut de la république, ne s'oublie pas, et ne se laisse pas oublier. Démosthène paroît sortir de soi, et ne voir que la patrie. Il ne cherche point le beau ; il le fait sans y penser ; il est au-dessus de l'admiration. *Il se sert de la parole comme un homme modeste de son habit, pour se couvrir.* Il tonne, il foudroie ; c'est un torrent qui entraîne tout ; on ne peut le critiquer parce qu'on est saisi.

On pense aux choses qu'il dit, et non à ses paroles; on le perd de vue; on n'est occupé que de Philippe qui envahit tout. »

Combien d'autres esquisses magistrales sur saint Augustin[1] « si sublime et si populaire », sur saint Cyprien et « sa magnanime véhémence », sur saint Chrysostôme et « ses nobles images, sa morale aimable et sensible », sur saint Bernard, « ce prodige dans un siècle barbare! » — Que d'autorité dans les conseils relatifs à l'importance « de la *passion* qui est l'âme de la parole », à la nécessité de la logique, et de cet *ordre* lumineux « qui est ce qu'il y a de plus rare dans les opérations de l'esprit! » Mais ne pouvant extraire tout le suc de ces leçons si substantielles, résumons-les du moins dans cette définition où se condense, comme en un germe, tout ce qui échappe à notre analyse : « Il ne faut pas faire à l'éloquence le tort de penser qu'elle n'est qu'un art frivole, dont un déclamateur se sert pour imposer à la foible imagination de la multitude, et pour trafiquer de la parole. C'est un art très-sérieux qui est destiné à instruire, à réprimer les passions, à corriger les mœurs, à soutenir les lois, à diriger les délibérations publiques, à rendre les hommes bons et heureux. » C'est ainsi que Fénelon, confondant la rhétorique avec la morale, et l'éloquence avec la conscience, ramène toute sa doctrine à cet axiome : « L'homme digne d'être écouté est celui qui ne se sert de la parole que pour la pensée, et de la pensée que pour la vérité et la vertu ». Or cette formule, il l'a trouvée toute vive dans son propre cœur. Pour enseigner le secret de l'art, il s'est souvenu de lui-même.

Projet de poétique; procès intenté à notre poésie. La simplicité antique; jugements et exemples. — Dans son projet de poétique, nous goûterons aussi l'amour du simple, du vrai, du naturel; maintes sentences courtes et décisives, des analyses émues, des citations appropriées au précepte, une candeur ingénue qui enchante, une littéra-

---

[1]. Dont il cite le sermon sur *l'abus des festins trop libres*, et le discours contre les combats entre concitoyens.

ture aussi variée que profonde, en un mot toutes les séductions qui, mêlant le profit au plaisir, nous font estimer l'honnête homme chez le plus exquis des lettrés. Cependant, si le critique ne cesse pas d'être judicieux et aimable, quand il se borne à nous faire confidence de ce que j'appellerai les voluptés intimes de son intelligence, ou quand il emprunte à la science du cœur humain les raisons délicates qui justifient ses préférences, il faut avouer que la *partie technique* de son sujet ne lui a pas également réussi.

Bien que Fénelon ait toujours l'imagination et la sensibilité du poëte, la prose seule lui porta bonheur. Or, à voir la façon dont il se plaint ici de notre vers et de son mécanisme, il est vraisemblable qu'il a des raisons personnelles d'en médire, ou qu'en ces questions la compétence pratique lui fait trop défaut. Quand il se montre si rigoureux pour la prosodie française, quand il reproche à notre versification de multiplier d'inutiles obstacles, de rendre « la perfection presque impossible », de *perdre plus qu'elle ne gagne par les exigences de la rime*, et de condamner « les plus estimables à des épithètes forcées », à une facture « raboteuse ou languissante », la cause de cette humeur chagrine pourra sembler à quelques-uns la rancune secrète d'un bel esprit qui en veut aux servitudes dont il a souffert, et s'en venge, à son insu.

Ce n'est pas que Fénelon prétende «abolir la *rime*». Il a trop de goût pour ne pas sentir que « sans elle, notre versification tomberoit». Il voudrait simplement alléger ces chaînes qu'alors portaient avec aisance et grâce d'heureux génies qui ne songèrent point à murmurer. Or cette indulgence qu'il réclame ne serait d'aucun profit pour les élus; elle deviendrait seulement une tentation fâcheuse pour ces improvisateurs médiocres dont il faudrait décourager l'impuissance, au lieu de l'enhardir par la suppression de salutaires entraves.

Il est moins paradoxal lorsqu'il fait valoir les avantages de l'*inversion*, et censure l'uniformité d'un ordre trop scrupuleux « qui exclut toute suspension de l'esprit, toute surprise, toute variété, souvent même toute magnifique cadence. » Mais ici encore, il oublie trop le caractère d'une langue avant tout analytique, et dont l'instinct ne comporte guère des qualités d'emprunt qui se prêteraient malaisément à ses mérites propres. Disons toutefois, en passant, que l'école romantique a tenté, non sans succès, certaines réformes indiquées par Fénelon, plus d'un siècle auparavant Pourvu qu'on respecte les lois du rhythme et de l'harmonie, on peut donc faire bon accueil aux conseils qu'il donne, à propos de la coupe, du rejet et de l'enjambement.

Dans le procès qu'il intente aux contraintes de la poésie française, il est évidemment dominé par le radieux souvenir des Anciens auxquels il envie les ressources de l'*accent*, la durée variable des syllabes, la facilité du tour, le son musical des désinences, les mouvements passionnés, en un mot tous les bénéfices de la synthèse et des flexions grammaticales. Aussi est-ce encore à l'école de Rome et d'Athènes qu'il demande ici la leçon du précepte et de l'exemple. De là découle, comme d'une source inépuisable, tout un choix de citations qui échappent à son cœur plus qu'à sa mémoire. C'est sa façon d'enseigner ; il ne discute pas, il ne dogmatise jamais ; il se souvient et admire, avec l'accent persuasif et la bienveillante sérénité d'un patriarche, d'un Nestor qui s'oublie en intarissables réminiscences.

Or, parmi tant de beautés chères à son imagination, il va surtout aux plus naïves, aux plus *aimables*. Ce dernier mot qui sans cesse lui revient aux lèvres est ici la confidence de son génie même. Combien d'aveux involontaires semblent en effet trahir l'idéal qu'il recherche partout, parce qu'il le rencontre en soi ! Voici quelques-unes de ces notes vibrantes ; écoutez : « *Le goût exquis craint le trop en tout....* — Je veux un *sublime si familier*, si doux et si simple, que chacun soit tenté de croire qu'il l'auroit trouvé sans peine.... — *Oh ! qu'il y a de grandeur à se rabaisser ainsi*, pour se proportionner à tout ce que l'on peint !... Il faut que l'auteur s'oublie, et me permette de l'oublier.... C'est le beau simple, *aimable* et commode que je goûte. » On pressent dès lors quels seront ses modèles favoris. Homère, Térence, Virgile, Horace, Raphaël (car il compare volontiers la poésie aux arts, et c'est encore une de ses fécondes nouveautés), voilà ses délices, voilà ses ravissements, dont l'émotion est, à elle seule, la plus éloquente des poétiques.

Quant aux *Modernes*, ils ne figurent dans ce tableau que pour faire ombre. Quelques phrases sèches lui suffisent à résumer l'histoire de la poésie française. Il se borne à citer deux noms. « Personne, dit-il, n'a fait de plus beaux vers que *Malherbe*, mais combien en a-t-il fait qui ne sont pas dignes de lui ! » Plus loin, il ajoute : « *Ronsard* parle grec en françois. Il avoit forcé notre langue par des inversions trop hardies, et obscures. Cet excès choquant nous a jetés dans l'extrémité opposée. » De ceux qui précédèrent, de ceux qui suivirent, pas un mot. Franchement, c'est un peu court !

La Tragédie. Scrupules d'un prélat. Corneille et Racine. — Ce silence, l'art dramatique lui offrait l'occasion de le réparer. Mais à l'embarras d'un prélat qui va dire son avis sur le théâtre, on prévoit dès l'abord qu'il ne peut se montrer indulgent pour des divertissements trop mondains qui furent toujours suspects à l'Église, et que Bossuet avait cru devoir foudroyer dans sa lettre au père Caffaro. Il y a pourtant une distance entre ces anathèmes presque cruels et les censures mitigées de Fénelon qui, partagé entre ses goûts classiques et ses scrupules ecclésiastiques, ne cesse pas d'aimer les poëtes qu'il a l'air de proscrire, un peu, ce me semble, par tradition, et comme par acquit de conscience. « Loin de vouloir qu'on perfectionne de tels spectacles, je ressens, dit-il, une véritable joie de ce qu'ils sont chez nous imparfaits en leur genre. » Ce sourire qui n'a rien de méchant, et ces plaisanteries enjouées qu'il fait sur des « héros fades et doucereux qui veulent mourir en se portant bien », nous prouvent qu'il ne redoute guère la contagion « d'un poison dont la foiblesse diminue le mal ». Mais on s'aperçoit aussi très-vite que les Modernes vont être plus que jamais sacrifiés aux Anciens, chez lesquels la tragédie « étoit complétement indépendante de l'amour profane », comme Fénelon l'affirme d'une manière trop absolue.

Ici donc se trahit encore l'intention peu déguisée d'un parallèle qui ne tourne point à notre avantage. Car il ne cite le nom de *Corneille* que pour préférer à son *Œdipe* celui de Sophocle, pour se moquer des stances où *le Cid* fait des antithèses affectées et pompeuses, pour accuser le vieil *Horace* d'avoir compromis un mot sublime par un vers médiocre dont la rime est responsable, enfin pour condamner l'emphase d'*Auguste*, au nom de Suétone et « de sa modeste simplicité ». Bref, il termine en disant que « si les Romains étoient des hommes hautains par leurs sentiments,... ils n'ont aucune ressemblance avec les héros *bouffis et empesés*. »

Dans ces critiques injustes, et que n'atténue pas le moindre éloge, signalons aussi le désaccord de deux esprits peu compatibles, parce qu'ils n'ont point le même idéal. Car l'un vise toujours à l'héroïsme, et le pousse parfois jusqu'à étonner notre faiblesse, tandis que l'autre, tout uni, tout simple, exagérait plutôt le naturel jusqu'à l'abandon. De là l'iniquité d'un arrêt qui se réfute par son excès même.

Le tempérament de Fénelon devait le rendre plus sympathique à *Racine*, « qui a fort étudié l'antiquité ». Mais, en dépit de certaines affinités de nature, il n'en parle cependant que pour donner la palme à l'*Hippolyte grec* sur la *Phèdre* française, et mettre l'invraisemblable récit de *Théramène* au-dessous des plaintes entrecoupées de *Philoctète*. Sans discuter ce blâme, nous estimons que le peintre d'Eucharis et de Télémaque devait être plus indulgent pour les amours d'Hippolyte et d'Aricie. Remarquons aussi qu'il lui convenait de juger avec moins d'irrévérence une narration épique, un peu longue sans doute, mais autorisée par les Anciens eux-mêmes. En somme, Fénelon traite mal notre scène, parce qu'il fait ici de la polémique sans le savoir.

La comédie. Plaute. Térence. Molière. — Voilà ce que prouvent encore ses réflexions sur la comédie. Sans prescrire aucune règle à ce genre, auquel il fut d'ailleurs plus étranger qu'à tout autre, il s'étend complaisamment sur *l'inimitable naïveté* de Térence, dont « le dramatique ingénu » devait lui être singulièrement agréable par son élégance et son atticisme. Il se reconnaît en ce modèle, et l'oppose soit à Plaute, chez lequel la force comique lui paraît une « basse plaisanterie », soit à Molière qu'il admire pourtant, malgré lui; car il l'appelle « un grand auteur qui trouva un chemin tout nouveau »; il loue « la variété de ses sujets », la puissance de sa conception, et la profondeur de ses peintures. Mais aussitôt viennent ces restrictions qui portent sur le fond comme sur la forme : « S'il pense bien, il parle souvent mal[1] », surtout en vers; « la multitude de ses métaphores approche du galimatias. » Pour plaire à la foule, « il outre les caractères »; enfin, ce qui est plus grave, « il prête un tour gracieux au vice, avec une austérité ridicule et odieuse à la vertu ». Voilà surtout ce que Fénelon « ne pardonne pas » à l'auteur du *Tartufe* et du *Misanthrope*. Or, si comparé aux violences de Bossuet, ce sentiment nous semble presque modéré, nous regretterons pourtant les duretés qu'il contient. Mais Fénelon est encore ici plus excusable que Boileau disant de son ami .

> Dans ce sac ridicule où Scapin s'enveloppe
> Je ne reconnois plus l'auteur du *Misanthrope*.

Projet d'un traité sur l'histoire. Le choix, la critique, la vérité des mœurs et du costume. — En revanche, nous n'avons qu'à souscrire à la plupart des idées contenues dans le chapitre suivant. Si, comme Lucien, Fénelon confond trop l'impartialité avec l'impassibilité, s'il force une maxime juste au fond, quand il conseille à l'historien de « n'être d'aucun temps, ni d'aucun pays », il est excellent lorsqu'il lui recommande de fuir la vaine science, « les minuties, les faits vagues, les dates stériles, la *superstitieuse exactitude des compilateurs* », d'entrer d'abord « dans le fond des choses, d'en découvrir les liaisons », d'embrasser l'ensemble d'un sujet, « de tirer d'une seule source tous les

---

1. « L'*Avare* est moins mal écrit que ses pièces en vers.... il a mieux réussi dans l'*Amphitryon*, où il a pris la liberté de faire des vers irréguliers. »

principaux événements », de placer son tableau dans un jour avantageux », et de se hâter vers le dénouement.

Pour ce qui est du style, ses préceptes n'ont pas moins de portée. On dirait qu'il prévoit l'art de Voltaire, quand il loue dans les commentaires de César la beauté d'une forme toute nue[1], et redit avec Cicéron : *Nihil est, in historiá, purá et illustri brevitate dulcius*[2].

Mais il faut lui savoir gré surtout des vues que lui inspire la nécessité de ce qu'il appelle *il costume*, c'est-à-dire la vérité de la couleur. Car il est le premier qui, chez nous, se soit douté du ridicule qu'il y avait à étouffer la vie de nos annales sous le vernis d'une fausse rhétorique, par exemple « à représenter Clovis environné d'une cour polie, galante et magnifique ». Il veut donc que « l'on sache exactement la forme du gouvernement, ou le détail des mœurs », et qu'ainsi l'on puisse ranimer la poussière des morts. Traçant même une rapide esquisse des changements opérés dans notre nation, il ouvre la voie aux maîtres, qui plus tard sauront transformer la science en poésie, et ressusciter les générations éteintes. Non, Augustin Thierry ne dirait pas mieux.

Mais c'est encore aux Anciens qu'il a recours pour encourager leurs émules ; et si, parmi les Modernes, il cite en passant Froissart, d'Ossat et Davila, il se tait sur Villehardouin, Joinville et Commines.

Les Anciens et les Modernes. Précautions oratoires. Préférences secrètes pour l'antiquité, mais voilées par des faux-fuyants. Fénelon se dérobe au lieu de conclure. L'ami de tout le monde. — Après un mot de réponse sur une objection faite à ces divers projets[3], Fénelon arrive enfin au chapitre délicat entre tous. Ici son attitude devient plus indécise. Sachant que le public l'attend à ce défilé dangereux, il va se dérober par des faux-fuyants, et nous aurons affaire à un habile qui sous-entendra ses sentiments vrais.

---

1. Nudi sunt, recti et venusti.
2. En histoire, rien de plus doux qu'une éclatante et pure brièveté.
3. Cette objection est que l'Académie n'adoptera pas les ouvrages proposés,

Il commence par déclarer qu'il s'agit là d'une matière où chacun *est libre de suivre ses idées* : ce qui réduit une question de principes à la mesure changeante des goûts individuels. Il affirme que cette *guerre civile* ne l'alarme point, pour peu qu'elle se renferme dans l'Académie, où elle ne manquera pas d'être « douce, polie et modérée ». Ce compliment, qui cache un conseil détourné, est accompagné de concessions généreuses. Souhaitant, non sans une nuance d'ironie, que « les Modernes surpassent les Anciens », il accorde qu'il y aurait « de l'entêtement à juger d'un ouvrage par sa date », et que les Modernes ont raison de vouloir vaincre les Latins et les Grecs, pourvu toutefois que cette rivalité « ne se tourne pas en mépris », mais en étude féconde, qui « profitera de tout ce qu'ils ont d'exquis ». Il est « charmé » de cette ambition ; et, pour l'encourager, « *ne craint pas* de dire » que parmi les maîtres antiques *les plus parfaits ont des imperfections*, comme le prouvent les chœurs tragiques « souvent insipides ou vagues », les froides plaisanteries de Cicéron vaniteux jusqu'au ridicule ou violent jusqu'à la trivialité, telle ode[1] ou telle satire[2] d'Horace, dont les longueurs nous feraient « bâiller », si on ignorait le nom du poète.

Il ajoute que la religion des païens est « un monstrueux tissu de fables » aussi absurdes que « les contes des fées » Leur philosophie ne vaut guère mieux. « Elle n'a rien que de vain et de superstitieux », témoin Platon qui « fait raisonner foiblement Socrate sur l'immortalité de l'âme », témoin Virgile et ses Champs Élysées dont il se moque spirituellement. Homère lui-même, il ne l'épargne point ; car il confesse que ses héros « ne ressemblent pas à d'honnêtes gens » et que ses dieux « sont fort au-dessous de ses héros ». En-

---

ce qui découragera les auteurs. Fenelon répond que ses confrères peuvent *tenir un journal* des observations faites sur les travaux envoyés, *le publier*, et donner ainsi de l'éclat à leurs séances, en même temps que de l'émulation aux concurrents.

1 Liv. IV, Od. 3; *Qualem ministrum fulminis alitem...* Il y raille une parenthèse (*Quibus mos inde deductus*).

2. Celle qui commence ainsi : *Proscripti regis Rupili pus atque venenum* (Liv. I, sat. 7.)

fin il avoue « qu'on se passeroit volontiers » d'Aristophane, de Plaute, de Sénèque le tragique, de Lucain et d'Ovide. Bref, c'est toute une hécatombe qu'il immole en l'honneur des contemporains, «qu'on goûte et qu'on admire avec raison. »

Après ces flatteries d'autant plus complaisantes qu'à cette époque tous les grands écrivains du siècle étaient morts, sauf Massillon, Fénelon, qui veut tenir un juste-milieu entre les opinions extrêmes, n'en revient pas moins aux avantages qui militent en faveur des Anciens, auxquels « nous devons ce que nous avons de meilleur. » Il faut donc, avec Longin, les admirer « jusqu'en leurs négligences. » Car ils visaient trop au grand pour s'arrêter à des minuties ; et, plus leur religion fut grossière, plus il y eut de mérite à « la relever par de belles images. » Moins leurs mœurs étaient polies, plus il nous convient d'être sensibles à la grâce ou à la force de leurs peintures. Blâmer Homère d'avoir été fidèle aux tableaux qu'il eut sous les yeux, ce serait donc « reprocher à MM. Mignard et Rigaud[1] la ressemblance de leurs portraits. »

Puis, partant de là pour s'abandonner aux rêves d'une imagination riante, le législateur de Salente oppose l'aimable simplicité des premiers âges à notre « luxe ruineux qui est la perte et l'opprobre de la nation. » — Qui ne voudrait être, s'écrie-t-il, le vieillard d'Œbalie, ou habiter les jardins d'Alcinoüs ? Les occupations de Nausicaa ne sont-elles pas « plus estimables que le jeu et les intrigues des femmes de notre temps ? Et l'on ose mépriser Homère, pour n'avoir pas peint par avance *ces mœurs monstrueuses*, pendant que le monde étoit encore assez heureux pour les ignorer ! »

En éludant ainsi la question littéraire pour dévier vers la morale, il se dispense de formuler un arrêt embarrassant ; mais ses prédilections n'en éclatent pas moins, ne fût-ce que dans « l'espèce d'apologue » où il compare les caprices,

---

1. Nicolas Mignard, né à Troyes en Champagne (1608), mort en 1668, et Hyacinthe Rigaud, né à Perpignan (1663), mort en 1745, furent de célèbres peintres de portraits.

la barbarie, et les « vains raffinements » de l'architecture gothique à la simplicité de ces édifices grecs, « où toutes les pièces nécessaires se tournent en grâce par leurs proportions[1]. »

Voilà son dernier mot; mais à peine l'a-t-il laissé deviner, qu'il se rétracte, ou du moins se récuse ainsi : « *Je n'ai garde de vouloir juger*, en parlant de la sorte. » Au moment de conclure, il s'évade donc par cette porte dérobée : « Je croirois m'égarer au delà de mes bornes, si je me mêlois de décerner le prix; » et une citation latine favorise sa retraite :

*Non nostrum inter vos tantas componere lites;
Et vitula tu dignus, et hic*[2]....

Ces deux vers, qui partagent la couronne, résument bien ce dernier chapitre, mais non l'ouvrage tout entier. Dans cet art de pondérer les arguments il y a plus de politesse que de conviction. Pour expliquer toute cette diplomatie, il faut se rappeler que, dans le courant de l'année précédente, le traducteur de l'Iliade, l'académicien La Motte, venait d'échanger avec Fénelon une série de lettres relatives aux Anciens. Très-obséquieuse d'un côté, très-complimenteuse de l'autre, mais non sans restrictions polies que la vanité du poëte ne voulut pas comprendre, cette correspondance imposait à un confrère l'apparente neutralité de Philinte. Pris pour confident, il se crut donc obligé par ces relations à garder jusqu'à la fin l'attitude d'un témoin désintéressé plus que d'un juge. L'aménité de son caractère relâchant la fermeté de son esprit, il s'avança pour ainsi dire entre les deux camps, une branche d'olivier dans la main; et sa devise fut un peu celle de Sosie : *Ami de tout le monde.* C'était perdre en autorité ce qu'il gagnait en séduction. Mais nous

---

1. La façade du Louvre, construite dans le style grec, était l'œuvre du frère de Perrault, l'adversaire des anciens. Ici donc, Fénelon flatte toute 1 famille.

2. Il ne m'appartient pas de trancher entre vous tel procès.
Tu es digne de la génisse, et toi aussi.
Virg. Ecl. III, v. 108.)

ne serons pas aussi naïfs que La Motte qui dans ces ménagements vit un assentiment. En dépit des contradictions qui proviennent d'une tolérance courtoise et d'une situation gênante, Fénelon n'en est pas moins, comme nous l'avons dit, le champion de l'antiquité.

LA BRUYÈRE

(1645-1696).

PORTRAIT BIOGRAPHIQUE.

Débuts pénibles et obscurs. — Il est désormais incontestable que Jean de la Bruyère, fils d'un contrôleur des rentes et d'Élisabeth Hamonin, fut baptisé, le 17 août 1645, dans l'église de Saint-Christophe, en la Cité. Il était né probablement la veille[1]. Il faut donc restituer à Paris l'honneur attribué longtemps à Dourdan, ou à quelque village voisin. Il appartenait à une famille d'anciens ligueurs, et il paraît qu'il fut élevé à la congrégation de l'Oratoire; mais, tout en passant par les écoles, il dut connaître de près la campagne et la province, comme l'atteste d'un côté sa sympathie compatissante pour les misères du paysan[2], de l'autre la description de cette petite ville dont la physionomie est si expressive. Il étudia le droit, et eut titre d'avocat au Parlement; mais, abandonnant le barreau à vingt-huit ans, il acheta, le 23 décembre 1673, l'office de trésorier des finances dans la généralité[3] de Caen, sans être assujetti à la résidence. Car les honoraires d'une charge qui lui rapportait deux

---

1. C'est ce que prouve l'extrait des registres de la paroisse fait sur les indications de M. A. Jal par M. E. Chatel.
2. Il le vit à la peine : car il parle de sa misère avec un accent poignant.
3. Les généralités étaient les circonscriptions financières de l'ancienne France.

mille trois cent quarante-huit livres[1] lui permirent de vivre à Paris, dans une studieuse indépendance qui convenait à ses goûts. On conjecture qu'il essuya des revers de fortune vers l'époque où un contemporain[2] le représente habitant « une chambre proche du ciel, séparée en deux par une légère tapisserie que le vent soulevoit », à l'arrivée des visiteurs ouvrant la porte de cette mansarde. Toujours est-il, du moins si l'on en juge par certains accents du chapitre sur le *mérite personnel*, qu'il n'ignora pas *l'horrible peine de se faire jour*. Ce fut sans doute alors que, sacrifiant sa chère liberté, il consentit, en 1680, sur la recommandation de Bossuet, à entrer dans la maison du grand Condé, pour y enseigner l'histoire à son petit-fils, le duc de Bourbon, élève peu digne d'un tel maître, mais intelligent, et qui conserva toute sa vie, dit Saint-Simon, « les restes d'une excellente éducation. »

L'événement qui décide de son génie. Occasion de son livre. — Cet emploi fut pour sa destinée un événement décisif. « Qu'aurait-il été sans ce jour inattendu qui lui fut ouvert sur le plus grand monde, sans cette place de *coin* qu'il occupa dans une première loge, au spectacle de la vie humaine et de la haute comédie de son temps? Il eût été comme un chasseur à qui manque le gros gibier, et qui en est réduit à se contenter d'un pauvre lièvre rencontré en plaine[3]. » Au peintre, il faut en effet des modèles ; or, dans cette cour princière, dont les fêtes rivalisaient avec Versailles, il put observer à loisir la fleur des originaux les plus huppés, toute une collection qui vint, sans le savoir, s'offrir d'elle-même à ses pinceaux. Un habile aurait pu profiter de cette situation pour des visées ambitieuses, tenter un rôle, et servir sa fortune[4]. Mais La Bruyère, vrai philosophe d'une âme fière et d'un cœur élevé, ne voulut être que

---

1. Il ne résigna cette sinécure qu'en 1687, et attendit cette époque pour exercer sa malignité contre les gens de finance.
2. Bonaventure d'Argonne, un de ses détracteurs.
3. Sainte-Beuve. — *Nouv. Lundis.*
4. Comme Gourville, le factotum du grand Condé, comme Chaulieu chez les Vendôme, et Malézieux, à Sceaux, chez la princesse du Maine.

témoin, que moraliste, pour son plaisir et celui du public. C'était retrouver l'indépendance.

A l'attrait d'une curiosité qui éveilla sa vocation s'ajoutait pour lui l'avantage de la sécurité. Car un talent qui allait s'essayer en un sujet plein de périls, avait besoin de se sentir protégé par un asile inexpugnable aux inimitiés du dehors.

Outre que ce patronage le mit à couvert, le plus vif des encouragements l'animait au jeu; car, si les Condé avaient bien des travers et des vices, leurs ennemis mêmes ne leur refusaient pas le goût de l'esprit, et, avec la méchanceté, le don de fine raillerie. Chantilly, qui passait pour être *l'écueil des mauvais livres*, mérita donc de voir naître un chef-d'œuvre de sagacité malicieuse; et l'audacieux put oser impunément, sous le regard de juges délicats, dont la verve provoquait la sienne.

Grâce à toutes ces influences qui secondèrent l'irrésistible instinct de l'artiste, l'idée de son ouvrage dut germer, pour ainsi dire, spontanément. Il se fit, en quelque sorte, tout seul, au jour le jour, sous le coup d'impressions toutes récentes. Ce fut, dans l'origine, comme un album de croquis enlevés d'après nature. Aussi ne saurait-on rattacher le genre où il excelle à ces portraits dont la mode régna, trente ans auparavant, dans certains salons du dix-septième siècle[1]. Car ces fadeurs insipides et justement oubliées n'ont rien de commun avec un ingénieux inventeur dont les seuls devanciers furent la Rochefoucauld et Pascal parmi les modernes, Théophraste surtout chez les anciens.

Les éditions des Caractères. — Sa première édition, qui parut en 1688, sans nom d'auteur, eut, en effet, pour titre : *les Caractères de Théophraste, traduits du grec, avec les caractères ou les mœurs de ce siècle*. Il semblait faire simplement les honneurs de son modèle, et ne glissait qu'à la suite les essais anonymes auxquels il n'avait pas l'air de tenir. Ce fut discrétion et prudence. Dans un temps où les

---

[1]. Par exemple au recueil que publia la grande Mademoiselle aidée de Segrais.

classiques de Rome et d'Athènes étaient pour les lettrés aussi inviolables que les Pères de l'Église pour les théologiens, il crut sage d'abriter sous ce bouclier la liberté de ses satires. En se faisant petit, il se faufilait sans qu'on y prît garde, ou plutôt entrait dans la place, comme Ulysse à Troie, par une ruse de guerre. Il obtenait ainsi le principal : le cadre littéraire une fois accepté, il n'aura plus qu'à le remplir, et, sans risquer de faire scandale, il saura bien conquérir son rang, sous le couvert d'un maître inoffensif. La faveur publique va d'ailleurs le dispenser bientôt des précautions qui s'imposaient à un début. Car, dans les huit années qui suivirent (1688-1696), neuf éditions suffirent à peine à une vogue toujours croissante.

Or, l'audace lui venant avec le succès, il ne cessera plus, à chaque nouveau tirage, de «mettre double et triple charge[1], dût la balle forcée faire éclater la carabine. » D'abord, presque timide, il procédait par maximes générales, et semblait éprouver discrètement la patience de ses victimes. — Puis, une fois sûr de la complicité de ses lecteurs, il vise au portrait direct, il s'attaque aux ridicules les plus en vue, aux gros bonnets, sauf à compenser ses témérités par un trait de plus ajouté à l'éloge du souverain. Bref, l'ensemble fut comme une gazette où, d'année en année, figurèrent, à leur date, tous les événements de la chronique courante. Le nombre des caractères, qui n'était d'abord que de 418, va s'élever ainsi graduellement à 925, 997, 1073, et enfin à 1119. Les blessés ont beau crier : leur plainte est dominée par les applaudissements de l'opinion. D'ailleurs, les Condé sont là qui prennent leur part du triomphe; car, depuis que l'éducation du jeune duc est terminée (1685), La Bruyère est un des gentilshommes de M. le Prince. Quant à Louis XIV, il se tait ou sourit, c'est-à-dire consent ou approuve.

La Bruyère et l'Académie. — Après la publication du livre, l'incident mémorable de sa biographie est sa candidature à l'Académie. Un écrivain si mordant ne pouvait manquer d'avoir une nuée d'envieux et d'ennemis, surtout à

---

1. Sainte-Beuve.

l'heure où se réveillait avec tant de passion la querelle des anciens et des modernes dans laquelle il avait pris couleur. Aussi, quand on sut qu'un fauteuil lui était destiné, ce fut toute une explosion de rires ironiques, de murmures indignés. Quoi! nommer un libelliste, un pamphlétaire! après l'expulsion de Furetière, chassé comme indigne! La cabale n'en revenait pas, et elle fit si bien qu'une première fois, en 1691, l'Académie, moins sept voix, donna le siége de Bensérade à Étienne Pavillon, poëte frivole, qui, du reste, avait eu le bon goût de s'effacer devant l'auteur des *Caractères*. — Mais, en 1693, à la mort de l'abbé Cureau de la Chambre, les bons offices de Boileau, de Racine et de Regnier-Desmarets réussirent à réparer la faute. Élu presque à l'unanimité, La Bruyère fut donc reçu, en même temps que l'abbé Bignon, le 15 juin 1693, dans une séance présidée par Charpentier.

Très-attendue, elle eut un bruyant retentissement[1]. Les ennemis du récipiendaire avaient répété d'avance, et bien haut, qu'il était incapable de *suite*, de *transitions*, d'éloquence soutenue. Mis au défi, La Bruyère se piqua d'honneur, et se proposa de renouveler un genre qui commençait à s'user, depuis le jour où Fléchier, en 1673, avait inauguré l'usage de ce remerciement solennel. Il y réussit au delà de toute espérance, et prouva aux plus incrédules qu'un peintre de caractères pouvait, à l'occasion, devenir orateur. Quoiqu'un peu long, son discours fut en effet très-distingué. Il contenait les portraits frappants des plus illustres académiciens, des cinq grands génies qui vivaient encore, La Fontaine, Boileau, Racine, Fénelon et Bossuet, qu'il représenta de main de maître. Eux présents, il parla comme la postérité. Quant au rival de Corneille, il recueillit plus d'éloges que ne le voulaient les partisans du vieux poëte, entre autres son frère Thomas, et son neveu Fontenelle. Ils sortirent donc outrés; et, comme ils disposaient du *Mercure galant*, dès le lendemain, ils se déchaînèrent en épigrammes

---

[1]. Ce fut depuis lors que l'Académie jugea prudent de soumettre préalablement le discours du récipiendaire à une commission.

et chansons dont la rage égalait l'injure. Ne disait-on pas en un de ces couplets :

> Quand la Bruyère se présente,
> Pourquoi faut-il crier *haro*?
> Pour faire un nombre de quarante,
> Ne falloit-il pas un zéro?

Des griefs personnels envenimèrent ces diatribes. Car un bel esprit se vengeait d'avoir été peint sous le nom de *Cydias*[1], et une feuille frivole d'avoir été placée *immédiatement au dessous de rien*[2].

Irrité d'une mauvaise foi qui, s'acharnant à nier un succès incontestable, voulait donner le change à l'opinion, La Bruyère se crut en droit de riposte ; et, quelques mois après sa réception, il fit paraître son discours précédé d'une préface, où, prenant à partie un certain Théobald, dans lequel il personnifie ses diffamateurs, il démasque de basses jalousies, et s'applaudit d'avoir pu déplaire à Mévius. La fureur des médiocres est, en effet, la consécration de toute supériorité. N'est-ce pas l'usage « des vieux corbeaux de croasser autour de ceux qui, d'un vol libre et d'une plume légère, se sont élevés à quelque gloire par leurs écrits[3]? »

Cette apologie est sa dernière page. Trois ans après, il venait d'imprimer une neuvième édition, lorsqu'il mourut subitement, à Versailles, d'une attaque d'apoplexie, le 11 juin 1696[4].

---

1. Fontenelle. *De la société et de la conversation*, p. 91. (*Hachette.*)
2. *Ouvrages de l'Esprit*, p. 19, id. Il s'agit du *Mercure*.
3. Préface du discours de réception.
4. Après un souper prolongé fort gaiement dans la nuit. Il vivait chez les Condé : ce régime de bons repas ne lui valait rien. L'année suivante, Santeuil en était aussi victime. La Bruyère laissait inachevés des dialogues sur le quiétisme. L'amitié de Bossuet dut l'engager dans cette controverse. Il y suit d'un pas inégal les traces de Pascal. On attribue aussi ces dialogues au docteur Ellies du Pin.

ÉTUDE LITTÉRAIRE

SUR LA BRUYÈRE ET SON LIVRE.

(1688).

I. — L'HOMME.

Son indépendance et sa réserve dans une condition assujétie. — On le voit par la notice précédente; peu d'écrivains furent à la fois plus célèbres et moins connus que La Bruyère. Sa vie est renfermée presque tout entière dans son livre. Or, puisque le caractère de l'homme est la meilleure garantie du moraliste, interrogeons d'abord ses confidences involontaires, pour esquisser les principaux traits de sa physionomie. Nous étudierons ensuite son œuvre, et son art.

Une honorable domesticité dans une famille voisine du trône, tel avait été le terme de sa fortune. Soumis à une dépendance nécessaire, près de ces deux princes, dont l'un, le père de son élève « tenoit tout dans le tremblement, » dont l'autre n'épargnait pas même à ses amis « des insultes grossières et des plaisanteries cruelles [1] », le serviteur de cette maison hautaine, celui qui écrivait à Bussy : *les Altesses à qui je suis*, n'oublia jamais ce qu'il devait à ses maîtres, mais ne permit non plus à personne d'oublier ce qu'on lui devait à lui-même. Évitant donc une familiarité qui lui eût été rendue en mépris, il se retrancha « dans un sérieux » qui força le respect. « On me l'a dépeint, dit l'abbé d'Olivet,

---

1. *Saint-Simon.* Un jour, Santeuil reçut, en pleine table, un soufflet de madame la duchesse, suivi, pour le calmer, d'un verre d'eau jeté à la figure. Il se contenta de chanter en vers latins cette colère d'une déesse contre un favori des muses. — La légende veut même qu'il soit mort à la suite d'une plaisanterie de monsieur le duc qui lui fit boire du tabac versé dans un verre de champagne.

comme un philosophe qui ne songeoit qu'à vivre tranquille avec des amis et des livres, faisant un bon choix des uns et des autres, ne cherchant ni ne fuyant le plaisir, toujours disposé à une joie modeste, ingénieux à la faire naître, poli dans ses manières, sage dans ses discours, et craignant toute sorte d'ambition, même celle de montrer de l'esprit. » Ce dernier mot est peut-être de trop; mais il est du moins certain que, soucieux de sa dignité, cet honnête homme, instruit des faiblesses de l'amour-propre, sut toujours s'en défendre, pour rester maître de soi.

Son désintéressement. — Son désintéressement égala sa réserve. « Car il se contentoit, dit Saint-Simon, d'une pension de mille écus faite par M. le duc, et ne chercha pas à tirer parti de son livre. » Maupertuis raconte que La Bruyère, encore inconnu, venait journellement s'asseoir dans la boutique d'un libraire de la rue Saint-Jacques, nommé Michallet, pour y feuilleter les nouveautés. Sa fille était une gentille enfant qu'il avait prise en amitié. Or, un jour, tirant de sa poche un manuscrit, il dit au père : « Voulez-vous imprimer cela? Je ne sais si vous y trouverez votre compte; mais, en cas de succès, le produit sera pour ma petite amie. » Quelques années après, l'ouvrage avait rapporté deux ou trois cent mille francs; et, plus tard, Mlle Michallet épousait un homme de finance, nommé Jolly, qui, devenu fermier général, n'en resta pas moins honnête. Cette anecdote a d'autant plus de prix qu'à sa mort le donateur de la dot ne possédait qu'un tiers dans un petit bien situé à Sceaux, et estimé à quatre mille francs.

Ajoutons que sa fierté, presque ombrageuse, n'avait pas voulu s'astreindre aux démarches exigées des candidats à l'Académie[1]. Croyons-en son discours où il put dire, sans être démenti : « Il n'y a ni poste, ni crédit, ni richesses, ni titres, ni autorité, ni faveur, messieurs, qui aient pu vous plier à faire ce choix; je n'ai rien de toutes ces choses : tout me manque. Un ouvrage qui a quelque succès, et dont

---

[1]. Pontchartrain, un de ses amis, s'employa vivement pour lui, mais à son insu.

les fausses, je dis les fausses, et malignes applications pourroient me nuire auprès de personnes moins éclairées et moins équitables que vous, a été toute la médiation que j'ai employée, et que vous avez reçue. »

Sa sensibilité contenue. — Sous cette discrétion s'entrevoit une sensibilité qui nous touche. L'ami de La Boétie[1] n'eût-il pas envié ces pensées : « Quelque désintéressement qu'on ait à l'égard de ceux qu'on aime, il faut parfois se contraindre pour eux, et avoir la générosité de recevoir. — Celui-là peut prendre qui goûte un plaisir aussi délicat à recevoir, que son ami en sent à lui donner. » Dans son chapitre sur le *Cœur*, se rencontre encore plus d'un aveu furtif qui nous charme ainsi par une émotion profonde.

La blessure d'une âme fière; sa revanche. — Mais cette cordialité contenue recouvre certain accent amer qui trahit en son livre comme une blessure secrète. Quelles sont donc les sources de l'humeur chagrine qui le fit satirique? Serait-ce la souffrance de ces débuts lents et difficiles qu'il lui fallut traverser avant l'heure où, longtemps obscur, il passa subitement à la pleine lumière? Oui, La Bruyère eut le droit de dire : « Personne presque ne s'avise par lui-même du mérite des autres » ; et il est manifeste qu'il garde rancune aux indifférents ou aux maladroits qui ne l'ont ni apprécié, ni deviné. Pauvre, pensionné par un Grand, commensal d'une Altesse, sans nom, sans crédit, simple précepteur et homme de lettres, dans un monde qui considérait peu l'esprit, et traitait les écrivains avec une hauteur humiliante, il dut sentir, plus d'une fois, la gêne de cette condition subalterne; et les témoignages en éclatent de toutes parts. Écoutez : « Je ne sais, dites-vous avec un air froid et dédaigneux; Philinte a du mérite, de l'agrément, de l'exactitude sur son devoir, de la fidélité et de l'attachement pour son maître, et il ne plaît pas, il n'est pas considéré : — expliquez-vous. Est-ce Philinte ou le Grand que vous condamnez? » — « Il est savant, dit un politique, il est donc incapable d'affaires. Je ne lui confierois

---

1. Montaigne.

pas l'état de ma garde-robe » et il a raison. Ossat, Ximenès, Richelieu étoient savants. Étoient-ils habiles? Ont-ils passé pour de bons ministres? — « *Il sait le grec*, continue l'homme d'État; c'est un grimaud, c'est un philosophe. » Les Bignon, les Lamoignon étoient de purs grimauds. Qui peut en douter? Ils savoient le grec! » A ce ton de sarcasme douloureux, qui ne reconnaît une rancune? Si vous en doutez, lisez encore cette plainte : « Chrysante, homme opulent et impertinent, ne peut pas être vu avec Eugène, homme de mérite, mais pauvre. Il croiroit en être déshonoré. Eugène est pour Chrysante dans les mêmes dispositions; ils ne courent pas risque de se heurter. » Dans ce dédain rendu au centuple, n'y-a-t-il pas une revanche contre les insolences du privilége, de la naissance et de la fortune, contre ces orgueilleux qui, pour avoir titre ou équipage, toisaient de haut le talent perdu dans l'ombre, mais ayant conscience de sa valeur?

Certaines saillies nous autoriseraient même à croire que, témoin de la comédie jouée par les élus de la faveur, il fut peut-être tenté de s'écrier un jour : « Pourquoi donc n'entrerais-je pas en scène, aussi moi? » N'a-t-il pas maintes fois raillé les gens à courte vue qui s'imaginent qu'un talent en exclut un autre? Mais, toute réflexion faite, il s'abstint, et finit par se dire, comme Montesquieu : *Le mérite console de tout.*

N'exagérons donc pas l'âpreté de ses griefs. Ils n'allèrent jamais jusqu'à la noire misanthropie de Rousseau. Sans doute, il sent et exprime vivement ce qu'il y a de contraire à la justice dans un ordre social où il n'est pas à son rang. Il lui arrive même d'écrire : « Le peuple n'a guère d'esprit, et les grands n'ont point d'âme. Celui-ci a un bon fond et n'a point de dehors; ceux-là n'ont que des dehors et une simple superficie. Faut-il opter? je ne balance pas, je veux être peuple. » Mais ces échappées, qui devancent les temps où l'oppression produira la révolte, ne l'empêchent pas d'appartenir à son siècle par la foi monarchique et religieuse. Tandis que son goût le porte à la censure, son habitude l'incline au respect de la hiérarchie à laquelle il obéit par devoir. Les inégalités qui choquent l'instinct de sa raison ne l'aigrissent donc pas jusqu'à en faire un réformateur, un utopiste, un révolté. L'ami de Bossuet reste sujet docile, et chrétien sincère. L'honnête homme qui s'attendrit avec une sorte de colère poignante sur la condition du laboureur[1], ignora toujours cette jalousie et cette haine vindicative qui, dans l'âge suivant, sera le poison d'une philanthropie déclamatoire.

II. — Le moraliste.

Misanthropie du satirique. — Pourtant, ne demandons pas une philosophie sereine à celui qui a dit : « Il faut rire avant d'être heureux, de peur de mourir sans avoir ri. » Non ; il aura des émotions extrêmes, de la véhémence, de l'ironie, un pessimisme qui en veut à l'espèce humaine et à son temps. En un mot, il est satirique.

N'oublions pas, en effet, que La Bruyère intitula son livre *les Caractères, ou les Mœurs de ce siècle*. Ce titre seul nous avertit que des *portraits* sont là, si ressemblants que l'histoire contemporaine en est souvent l'indispensable commentaire. Par exemple, quand il écrit : « Qui considérera que le visage du prince fait toute la félicité du courtisan, qu'il s'occupe et se remplit toute sa vie de le voir et d'en être vu, comprendra un peu comment voir Dieu peut faire toute la gloire et la félicité des saints, » ne vous hâtez pas de traiter cette phrase d'hyperbole. Le maréchal de Villeroy ne s'écriait-il pas : « Le roi me traite avec une bonté qui me rappelle à la vie ; je commence à voir les cieux ouverts ; il m'a accordé une audience. » Le duc de Richelieu allait encore plus loin lorsqu'il disait : « Je prie le roi à

---

1. « On voit certains animaux farouches, des mâles et des femelles, répandus par la campagne, noirs, livides, et tout brûlés du soleil, attachés à la terre qu'ils fouillent et remuent avec une opiniâtreté invincible. Ils ont comme une voix articulée ; et, quand ils se lèvent sur leurs pieds, ils montrent une face humaine, et, en effet, ils sont des hommes. Ils se retirent, la nuit, dans des tanières où ils vivent de pain noir, d'eau et de racines. Ils épargnent aux autres hommes la peine de semer, de labourer, de recueillir pour vivre, et méritent ainsi de ne pas manquer de ce pain qu'ils ont semé. »

genoux qu'il me permette d'aller lui faire quelquefois ma cour ; car j'aime autant mourir que d'être deux mois sans le voir. » Saint-Simon, Dangeau, Mme de Sévigné, Bussy-Rabutin sont donc autant d'autorités qui garantissent la parole du moraliste choisissant pour principal observatoire cet étroit espace qui s'appelle *la Cour*, ce point du globe qu'il place « à quarante-huit degrés d'élévation du pôle, et à plus de onze cents lieues de mer des Iroquois et des Hurons. »

A-t-il fait des portraits contemporains ? — Seulement, ce peintre fidèle ne nomme pas ses victimes, comme fit Boileau. Il laisse au public le plaisir de les reconnaître ; car il se sait assez habile pour que les noms viennent s'inscrire d'eux-mêmes au bas du portrait. C'est ce qu'indiquent ses protestations contre les *clefs* qui prétendaient révéler les sous-entendus de sa discrétion redoutable. « Si j'avois voulu mettre les vrais noms à mes peintures, je me serois épargné, dit-il, le travail d'emprunter des noms à l'histoire ancienne, d'employer des lettres initiales qui n'ont qu'une signification vaine et incertaine, de trouver enfin mille tours et mille faux fuyants pour dépayser ceux qui me lisent, et les dégoûter des applications. » Se justifier ainsi, c'est avouer ce que l'on nie ; et la preuve en est que, malgré leurs contradictions, ces clefs diverses se rencontrent souvent sur les personnages les plus connus de la cour et de la ville. Sans accepter toutes ces conjectures, et en les réduisant au certain ou au probable, on ne saurait donc contester que La Bruyère ranime sous nos yeux tous les originaux d'une société disparue.

Mais, comme il n'en résulte pour nous qu'un intérêt historique, cette exactitude n'est pas aujourd'hui ce qui importe le plus ; et il ne serait point un maître si, sous ces costumes d'autrefois, il n'avait aussi représenté l'homme lui-même, en des types permanents qui, depuis, n'ont pas cessé de vivre parmi nous, et près de nous. Il nous apprend donc à nous mieux connaître.

Il est moraliste littérateur. — A ce titre, il compte dans l'élite de nos moralistes, mais s'en distingue par des traits personnels. Il ne fut pas, en effet, comme Pascal, La Rochefoucault, et Vauvenargues, de ceux qui veulent ou peuvent remonter aux principes des sentiments primitifs par lesquels s'explique le secret de notre nature. Ils sont rares chez lui ces mots qui éclairent les profondeurs de l'âme, ou montrent les ressorts habituels de nos actions. Peu faite pour les vues d'ensemble, sa curiosité n'ouvre pas de voies nouvelles, mais s'applique de préférence aux formes individuelles de la passion, aux cas particuliers d'humeur et de caractère, à leurs combinaisons, à leurs effets, et aux variétés produites dans les mœurs par les différences d'état ou de profession. Son esprit d'observation s'exerce donc avec entrain sur les vérités de détail, il a l'intuition de la réalité vive, il est physionomiste : c'est par le dehors qu'il atteint l'être moral, et dans l'accidentel qu'il surprend le définitif. En cela, il est incomparable; et, si d'autres le surpassent par la puissance ou l'autorité de la doctrine, nul n'a le sens plus fin, plus délié, j'ajouterai plus raisonnable. Car ce chrétien sans raideur, et ce philosophe sans morgue, n'est ni voluptueusement égoïste comme Montaigne, ni paradoxal comme La Rochefoucauld, ni farouche comme Pascal. Sa vertu ne fait peur à personne. Il est même, avant tout, désireux de nous plaire, et l'on pourrait l'appeler le premier des moralistes littérateurs.

III. — L'ARTISTE ET L'ÉCRIVAIN.

Le plan et l'ordonnance du livre. — Puisque l'art est une de ses préoccupations les plus vives, examinons maintenant les ressources de l'écrivain. Nos remarques porteront sur la composition et le style.

On a souvent dit avec Boileau que La Bruyère, par l'économie de son livre, s'était dérobé à la difficulté des transitions. Mais nous ne devons point le lui reprocher; car, la monotonie étant l'écueil du genre, il visait surtout aux surprises qui nous sollicitent, et nous tiennent sans cesse en arrêt. Tantôt il a des maximes frappées au coin de *La*

Rochefoucault; tantôt c'est un portrait qui s'anime; ailleurs il entre lui-même en scène par des exclamations ou des apostrophes directes; parfois il cède la parole au personnage; plus loin, il use du dialogue ou de la narration; bref, ce sont partout et toujours les jeux de l'imprévu.

Cependant, s'il évita tout ce qui pouvait donner à son recueil l'air d'un traité, les éléments de cette œuvre n'en sont pas moins disposés dans un ordre qui n'est point pur caprice, et dont il convient d'indiquer les principales lignes. N'a-t-il pas dit lui-même : « Des seize premiers chapitres, il y en a quinze qui, s'attachant à découvrir le faux et le ridicule qui se rencontrent dans les objets des passions humaines, ne tendent qu'à ruiner tous les obstacles qui affoiblissent d'abord, et qui éteignent ensuite dans tous les hommes la connoissance de Dieu. Ainsi, ils ne sont que la préparation au seizième et dernier chapitre, où l'athéisme est attaqué et peut-être confondu...., où la Providence de Dieu est défendue contre l'insulte, et les plaintes des libertins [1]. »

Mais, sans prendre à la lettre ce plan conçu peut-être après coup, passons en revue de plus près les groupes dont la liaison n'a pas été jusqu'ici remarquée suffisamment. Le premier comprend cinq chapitres : *des Ouvrages de l'esprit, du Mérite personnel, des Femmes, du Cœur, de la Société et de la Conversation.* C'est une sorte de préambule qui nous ouvre les avenues du sujet. Il est suivi de quatre chapitres (*les Biens de fortune, la Ville, la Cour, les Grands*), entre lesquels existe un enchaînement encore plus sensible; car ils produisent devant nous les principales classes de la société, gens de finance, de robe et d'épée, personnages constitués en pouvoir ou en dignité, héros et demi-dieux : ensemble que termine naturellement le chapitre intitulé *du Souverain* ou *de la République.* On dirait donc une galerie à l'extrémité de laquelle s'élève la statue de Louis XIV, hommage de respect qui est tout à la fois un calcul de prudence, et un sentiment d'artiste voulant nous ménager une perspective.

1. Préface du discours à l'Académie.

Quand La Bruyère loue indirectement le prince, et trace l'image d'une royauté toute idéale, non-seulement il exprime ainsi la foi monarchique de son siècle, mais il prend ses précautions contre les coups d'autorité qui pourraient venir d'en haut, et place une sorte de paratonnerre sur le faîte de son monument. En même temps, l'écrivain s'arrange de manière à nous présenter ses tableaux sous le jour qui les fait le mieux valoir. Il nous conduit comme par degrés successifs au trône éclatant qui, dans son livre comme dans l'État, est le centre auquel tout aboutit, d'où partent le mouvement et la vie.

De cette hauteur, nous retombons brusquement au chapitre *de l'Homme*. Or, cette secousse pourrait bien avoir été préméditée par un philosophe qui veut maintenant considérer non plus les acteurs contemporains, les conditions et les mœurs du jour, mais les travers qui sont inhérents à notre nature même. Sans doute, ce dessein va se déconcerter dans les études intitulées *des Jugements, de la Mode, de quelques Usages*. On verra bien que La Bruyère est rebelle aux vues abstraites, et à la doctrine proprement dite. Il y aura donc des retours en arrière, un va et vient qui ne s'assujétit pas à un premier projet. Mais, en dépit de ces écarts qui nous ramènent à Versailles, il est manifeste que l'écrivain tient à couronner son œuvre par des principes de morale universelle.

C'est ce qu'annoncent déjà les pages où, à propos de la *Mode*, il flétrit si courageusement l'hypocrisie. C'est ce qui paraîtra mieux encore dans les deux derniers chapitres, sur la *Chaire* et les *Esprits forts*. Car l'un, bien que plus particulièrement littéraire, mêle à la satire des prédicateurs en vogue des leçons de rhétorique supérieure qui font pressentir une conclusion religieuse. L'autre est une profession de foi, se développant avec une ampleur dont la complaisance témoigne assez qu'il ne faut pas y voir simplement l'habileté d'un penseur adroit à se concilier les deux pouvoirs temporel et spirituel. Non, c'est une conscience qui affirme les convictions du chrétien formé à l'école de Bossuet et de Fénelon, de Descartes et de Port-Royal. Dans cette fin, dont le ton tranche avec le reste de l'ouvrage, nous devons donc voir comme la frontière qui sépare La Bruyère du dix-huitième siècle.

Avantages de son procédé discursif. — De même que certaine unité d'intention se trahit dans les tours et détours de ce labyrinthe, on pourrait aussi prouver qu'une logique instinctive ou calculée préside à l'agencement des pièces rapprochées par l'architecte dans l'intérêt du contraste ou des ressemblances. Mais n'insistons pas sur des rapports subtils ; car ce ne fut point sans raison que La Bruyère, dans ses premières éditions, séparait chacun de ses Caractères par des astérisques[1]. C'est avertir le lecteur qu'il veut entrer en matière de prime saut, que mille avenues mènent à son sujet, et qu'il en sort par autant d'issues, pour y rentrer à son gré par des portes dérobées. Ainsi, le chapitre *de la Cour* débute par de vives maximes, se continue par des portraits individuels ou des types généraux, s'entremêle de petits discours inattendus, de scènes comiques, de monologues, et se conclut, comme il a commencé, par des sentences où s'encadre le tableau. Le réseau est donc assez souple pour se prêter à toutes les pensées qui s'intercaleront dans le texte primitif.

Mais ce procédé discursif ne dissipe nullement l'attention ; car tous les traits concourent à des souvenirs distincts. Disons plus ; cette libre ordonnance donne un air de réalité plus vivante à ces originaux qui se coudoient dans le livre comme dans les galeries de Versailles. Ils y gardent leur naïveté d'allure ; on sent qu'ils ont été pris sur le fait, dans le flagrant délit de leurs ridicules, au moment où se dénonçaient à leur insu les petitesses de leur grandeur. Ce pêle-mêle et ces disparates trahissent les impressions d'un témoin oculaire. N'ayant pas à produire ses Caractères dans une action suivie, il n'a pas été forcé de retrancher ceci, d'ajouter cela, d'exagérer tel ou tel détail, d'approprier le relief et l'ombre aux lois de la perspective, par conséquent de modifier le train ordinaire de la vie. Non, La

---

1. Ces signes ont été rétablis dans l'édition de M. Servois (*Hachette*).

Bruyère est fidèle à ce qu'il entend, à ce qu'il voit; il serre de près le fait exact, et l'étudie minutieusement, à loisir. Pour vous en assurer, comparez, par exemple, Onuphre et Tartuffe. Si le premier semble bien pâle auprès du second, vous le jugerez pourtant plus voisin de nous, plus vraisemblable et plus vrai. C'est qu'entre les deux il y a la distance du moraliste au poëte dramatique, de la description à l'action, l'une qui peut s'attarder aux lenteurs de l'analyse, l'autre qui doit en quelques heures frapper un coup décisif, devant la foule, sous le feu de la rampe. En résumé, le peintre nous inspire toute confiance, et le décousu même de ses esquisses est déjà presque une garantie de sa bonne foi.

L'écrivain; artifices d'exécution; variétés des tours. — Elle n'éclate pas moins dans le fini de l'exécution. Car ses portraits ne sont pas fondus d'un seul jet, mais élaborés patiemment par un observateur qui a recueilli des notes successives, en combine les nuances, et dégage ainsi des physionomies, mais par réflexion plus que par intuition. Parmi les toiles où triomphe ce procédé, nous signalerons les deux *pendants* du *Riche* et du *Pauvre*. La Bruyère excelle en ces contrastes concertés pour l'effet. Tels sont aussi *Démophon* et *Basilide*, les nouvellistes *Tant pis* et *Tant mieux*, *Gnathon* et *Cliton*, le gourmand et le gourmet. N'oublions pas non plus l'incomparable personnage du ministre *plénipotentiaire*. Un des motifs les plus heureux dans un autre genre est encore celui du pâtre enrichi qui achète, pour l'embellir, la maison de ses maîtres[1]. Mais à ces pages faites pour être en vue on ne devra pas sacrifier tant de remarques soudaines, et tant de traits pénétrants qui jaillissent de tous les recoins de l'œuvre. Peut-être même faudrait-il les préférer à ces morceaux de montre, où l'industrie est consommée, mais non suprême, puisqu'elle se voit.

Ce défaut, si c'en est un, n'est pas du moins celui de tout le monde[2]. Quel autre sait plus merveilleusement s'in-

---

1. « Ni les troubles, Zénobie, qui agitent votre empire... » Il songeait ici Gourville, embellissant la capitainerie de Saint-Maur.
2. La Bruyère a dit : « L'on a mis dans le discours tout l'ordre et toute la

génier pour varier à l'infini ses tours, ses mouvements et ses couleurs? Quelle science du langage, quelle énergique gradation dans le *crescendo* que voici! « Il y a des âmes vénales, pétries de boue et d'ordure, éprises du gain et de l'intérêt comme les belles âmes le sont de la gloire et de la vertu, capables d'une seule volupté, qui est celle d'acquérir et de ne point perdre, curieuses et avides du denier dix, uniquement occupées de leurs débiteurs, toujours inquiètes sur le rabais ou sur le décri des monnoies, enfoncées et comme abîmées dans les contrats, les titres et les parchemins. De tels gens ne sont ni parents, ni amis, ni citoyens, ni chrétiens, ni peut-être des hommes; ils ont de l'argent. » — Qui ne se rappelle cette brusque apostrophe : « Fuyez, retirez-vous; vous n'êtes pas assez loin. Je suis, dites-vous, sous l'autre tropique. Passez sous le pôle et dans l'autre hémisphère; montez aux étoiles, si vous le pouvez. M'y voilà. Fort bien, vous êtes en sûreté. Je découvre sur la terre un homme avide, insatiable, inexorable, qui veut vivre aux dépens de tout ce qui se trouvera sur son chemin, et, quoi qu'il en puisse coûter aux autres, grossir sa fortune et regorger de biens. » Ne dites pas qu'il y a là trop d'apprêt; car cette ironie qui va toujours s'aiguisant jusqu'au trait final n'est ici que la logique même du sentiment, ou plutôt d'une conscience qui s'indigne.

Frapper l'attention, voilà son secret. Ce qu'il touche, il le marque d'une empreinte ineffaçable. Des vérités même ordinaires, il les rend originales par des artifices qui déjouent l'analyse. Tantôt il introduit des personnages fictifs, leur prête des dialogues, et transforme la leçon morale en scène de comédie. Tantôt il fait parler un ancien, Héraclite, puis Démocrite, et nous réveille par l'étrangeté de leur discours. Ailleurs, c'est son lecteur qu'il prend à partie. Quelquefois il pique notre curiosité par des énigmes ou des naïvetés apparentes. Souvent, il grossit à plaisir les objets, et prodigue des couleurs qui appellent et retiennent les re-

---

netteté dont il est capable; cela conduit insensiblement à y mettre de *l'esprit.* »

gards les plus distraits. Partout éclatent des métaphores passionnées qui poussent l'hyperbole à outrance : « Vient-on de placer quelqu'un dans un nouveau poste, c'est un nouveau débordement de louanges en sa faveur, qui gagne l'escalier, les salles, la galerie, tout l'appartement : on en a par-dessus les yeux, on n'y tient plus. » — Mais énumérer ses ressources, c'est tenter l'impossible. Résumons : « Des paradoxes simulés, des alliances de mots frappantes, des oppositions saisissantes, de petites phrases concises et entassées qui partent et blessent comme une grêle de flèches, l'art de mettre un mot en relief, de résumer toute la pensée dans un trait saillant, les expressions inattendues et inventées, les phrases heurtées, à angles brusques, à facettes étincelantes, les apologues ingénieux[1], les allégories soutenues, l'imagination, l'esprit à profusion, tel est le style de la Bruyère[2]. » Quelle nouveauté dans ses alliances de mots ! Que de vivacité pittoresque dans ces figures qui vont sans cesse du sentiment à la sensation ! Quel accent personnel et convaincu ! Que de finesse dans la force ! Qui s'entend mieux à façonner la langue, à lui donner le brillant, le poli, à faire jaillir l'étincelle ? « Chez lui, dit M. de Sacy, tout est calcul, jusqu'à ses points et virgules. »

Par cet éloge qui comporte certaines réserves on voit qu'il s'écarte de la simplicité qui recommande ses grands contemporains. C'est qu'il annonce un autre âge, dont il fut l'initiateur inconscient, comme Fénelon, qui se rencontre avec lui dans une sympathie commune pour nos anciens auteurs et l'idiome du seizième siècle.

La langue de La Bruyère. L'emploi du mot propre. — Tandis que le goût classique se plaît aux traits généraux et à l'expression noble, La Bruyère emploie presque toujours le mot propre. En dépit des convenances qui imposaient les raffinements du style tempéré, il aime à nommer les choses par leur nom, à ne rien déguiser, à désigner les objets les plus populaires ou réputés les plus vils. Il

---

1. Par exemple, celui d'*Irène* allant consulter le Dieu, parce qu'elle vieillit. — L'histoire d'*Émire* est un tout petit roman plein de grâce.
2. Taine. *Journal des Débats.*

entre même en des détails qui peuvent choquer les délicats. Jugez-en par la crudité de ce croquis : « Gnathon ne se sert à table que de ses mains ; il manie les viandes, les remanie, démembre, déchire et en use de manière que les conviés, s'ils veulent manger, mangent ses restes. Il ne leur épargne aucune des malpropretés dégoûtantes, capables d'ôter l'appétit aux plus affamés. Le jus et les sauces lui dégouttent du menton et de la barbe. S'il enlève un ragoût de dessus un plat, il le répand en chemin dans un autre plat et sur la nappe ; on le suit à la trace. Il mange haut, et avec grand bruit : il roule les yeux en mangeant. La table est pour lui un râtelier ; il écure ses dents, et continue à manger. » La vie réelle, les circonstances vulgaires, les petits faits précis et familiers sont donc ceux que préfère cette imagination forte qui, suivant son expression « relève les petites choses par la beauté de son génie ». Si le mot n'avait été compromis, nous dirions qu'il recherche le *réalisme*. En voici un autre témoignage : « M*** est moins affoibli par l'âge que par la maladie ; car il ne passe pas soixante-huit ans. Mais il a la goutte, il est sujet à une colique néphrétique, il a le visage décharné, le *teint* verdâtre et qui menace ruine. Il fait marner sa terre et compte que de quinze ans il ne sera obligé de la fumer. Il fait bâtir dans la rue*** une maison en pierres de taille, raffermie dans les encoignures par des mains en fer, et dont il assure, en toussant, et avec une voix frêle et débile, qu'on ne verra jamais la fin ; il se promène tous les jours dans ses ateliers sur le bras d'un valet qui le soulage ; ce n'est point pour ses enfants qu'il bâtit ; car il n'en a point, ni pour ses héritiers, personnes viles et qui sont brouillées avec lui : c'est pour lui seul, et il mourra demain. »

Par ces hardiesses, le précepteur de M. le duc se rapproche de nous. Plus on compare les variantes de ses éditions, et plus il est visible que ses retouches tendaient à cette exactitude minutieuse qui vivifie le style. Il ne cessait pas de reviser son travail à la loupe ; il est tel mot qu'il change trois ou quatre fois de place, avant de trouver la bonne. Tantôt il transpose des phrases, tantôt il réunit des traits séparés, ou sépare ceux qu'il avait réunis. Ailleurs, tel caractère émigre d'un chapitre dans un autre. Il retranche, ajoute, condense, ajuste avec un scrupule inquiet, qui vise à la perfection, et ne pèche que par excès de conscience.

En résumé, son talent, qui regarde deux âges, termine l'un, et inaugure l'autre. Patronné par Bossuet, accepté par Boileau, accueilli par Racine, il précède Montesquieu, présage les *Lettres persanes*, et reste maître dans un genre qu'il a créé. Les plus vifs esprits du dix-huitième siècle, les Duclos, les Chamfort, les Rivarol, les Beaumarchais relèveront de lui par le mot ironique et mordant, par le propos plaisant et amer. Aujourd'hui, de tous ses pairs, il est encore le plus vivant. Tandis que Fénelon lui-même a pâli par endroits, les peintures de La Bruyère sont aussi solides qu'au premier jour. On peut l'appeler le plus contemporain de nos anciens classiques.

MONTESQUIEU

(1689-1755.)

PORTRAIT BIOGRAPHIQUE

Le girondin. Le patricien. Le disciple de l'Oratoire. L'humaniste. Le doctrinaire. — Compatriote de Montaigne et des Girondins, Montesquieu naquit le 18 janvier 1689, au château de la Brède, près de Bordeaux, dans cette heureuse province de Guienne où les dons natifs de la race Gauloise, la franchise, le bon sens, l'esprit, la verve et l'imagination s'associent en un si juste équilibre [1]. Il appartenait à une famille de robe et d'épée : « Quoique mon nom ne soit ni bon, ni mauvais, disait-il, n'ayant guère que deux cent cinquante ans de noblesse prouvée, cependant j'y suis attaché. » Jamais il ne fut indifférent aux avantages que conférait alors la naissance, et qu'il regarda toujours comme une des conditions essentielles de toute monarchie bien constituée. Jaloux de ses droits féodaux [2], il sollicita même l'érection de sa terre en marquisat ; ce

---

[1]. Il s'appela Charles-Louis de Secondat de la Brède jusqu'à la mort de son oncle, le baron de Montesquieu, qui l'institua son légataire, en 1716. Sa mère, Marie Françoise de Penel, était originaire d'une famille anglaise. Ses ancêtres paternels avaient occupé des emplois à la cour protestante de Navarre, et se convertirent en même temps qu'Henri IV. Leur devise était : *Virtutem fortuna secundat.*

[2]. Il soutint un procès contre la ville de Bordeaux, au sujet des limites de Martillac et Léogan, paroisses dont il était seigneur. Il y gagna 1200 arpents de landes.

qui ne l'empêcha pas d'écrire dans ses *Pensées* : « Je vais faire une assez sotte chose ; c'est ma généalogie. »

Son éducation fut très soignée. Le 11 août 1700, il entra chez les Oratoriens de Juilly, et quitta ce collège le 11 août 1705. Le goût de l'étude devint de bonne heure sa principale passion. Il avouait, à la fin de sa vie, « n'avoir jamais eu de chagrin qu'une heure de lecture n'eût dissipé. » Or, il lisait beaucoup, plume en main, avec une réflexion intense, surtout les maîtres anciens. « Cette antiquité m'enchante, s'écrie-t-il ; et je suis toujours prêt à dire avec Pline : *C'est à Athènes que vous allez ; respectez les Dieux.* » Mais, bien qu'il aimât ces traits brillants qui relèvent l'idée, ou lui donnent une forme sensible, il préférait les prosateurs aux poètes, et les Latins aux Grecs. On le destinait à la magistrature[1] ; et, dès qu'il aborda des livres de droit, « *il en chercha l'esprit*[2]. » Car, dès sa jeunesse, il éprouvait le besoin de remonter aux principes, et sa curiosité se tournait par instinct vers les considérations historiques ou politiques.

Le Président à mortier. Son discours de rentrée en 1725. L'académicien de Bordeaux. Préludes scientifiques. — Le 15 septembre 1713, il perdit son père, et, le 24 février 1714, fut nommé conseiller au parlement de Guienne. Marié, depuis le 30 avril 1715, à Jeanne de Lartigue, fille d'un gentilhomme calviniste, il avait vingt-sept ans, lorsque la mort d'un oncle lui laissa en legs le nom de Montesquieu, et la charge de président à mortier (29 juin 1716). Ce poste de dignité lui rendit plus facile son rôle d'observateur ; il put alors choisir entre les relations qui s'offraient, et traiter de pair avec les personnages en vue. Ce fut ainsi qu'il connut intimement le maréchal de Berwick, fils naturel de Jacques II, gouverneur de la province. Pourtant, à mesure que s'élargit l'horizon de ses visées scientifiques, il se trouva trop à l'étroit dans la con-

---

1. Ses deux grands-pères avaient été présidents du Parlement de Guienne, et son oncle l'était encore.
2. Il se traça un plan de travail dont l'esquisse existe dans ses manuscrits, sous ce titre : *Manière d'apprendre la jurisprudence*

trainte de ses fonctions. « Ce qui m'a toujours donné une assez mauvaise opinion de moi, écrivait-il, c'est qu'il y a fort peu d'états dans la république auxquels j'eusse été véritablement propre. Quant à mon métier de président, j'ai le cœur très droit; mais je n'entendois rien à la procédure. Je m'y suis pourtant appliqué; mais ce qui me dégoûtoit le plus, c'est que je voyois à des bêtes le même talent qui me fuyoit pour ainsi dire. »

Nous savons cependant que, malgré cette aversion secrète pour la pratique, il fut très estimé dans sa Compagnie qui, en 1725, lui confia le *Discours de rentrée*. Or, il s'en acquitta si bien que cette *mercuriale* eut longtemps la faveur d'être réimprimée tous les ans, au même anniversaire, et se vendit, ce jour-là, aux portes du Palais de Justice. En 1722, il avait aussi été délégué vers le Régent, pour lui soumettre des remontrances contre l'impôt de quarante sols qui frappait chaque tonneau de vin sortant de la Guienne. En cette occasion, il se montra d'autant plus habile qu'il était propriétaire de vignobles; l'avocat réussit à gagner sa cause [1].

Les devoirs du magistrat permettaient des loisirs au savant; et nous ne pouvons oublier la part très active qu'il prit, à dater du 3 avril 1716, aux travaux de l'Académie instituée à Bordeaux par lettres patentes de 1712 [2]. Aucun de ses membres ne fut plus zélé; mais il cherchait encore sa voie: car il s'annonça comme un disciple de Fontenelle par des dissertations variées sur des sujets de médecine, de physique et d'histoire naturelle [3]. Payant ainsi tribut à la mode, il se plaisait trop à enjoliver la science; mais ces erreurs mêmes annoncent déjà l'éveil d'un esprit avide de lumière et impatient de se satisfaire, faute

---

1. A propos des *Lettres Persanes*, le Régent lui ayant dit : « Que vous ont-elles coûté à composer ? » — « Le papier, Monseigneur, » répondit Montesquieu.
2. Elle avait été organisée par un avocat, nommé Melon, qui plus tard devint secrétaire de Law. Le duc de la Force était protecteur de cette Académie.
3. L'essence des maladies, — l'usage des glandes rénales, — la cause de l'écho — la transparence des corps, — le flux et le reflux de la mer, — la pesanteur, — le mouvement relatif. Quoique myope, il observait à la loupe et disséquait des grenouilles.

de mieux, sur les plus menus objets. C'était une façon de tromper sa curiosité inquiète et désœuvrée. Il y avait là des symptômes d'aptitude à laquelle manquait un emploi capable de la passionner et de la retenir. A ces jeux de son loisir se mêlait encore le souci du bien public ; car il faisait des recherches sur la qualité nutritive des divers végétaux et fondait à ses frais un prix d'anatomie. Dans un de ses mémoires, n'écrivait-il pas : « Ceux qui vivent au milieu d'une société ont des devoirs à remplir ; nous devons compte à la nôtre de nos moindres amusements. » Cet apprentissage l'habituait d'ailleurs à comparer les faits, à les analyser, à les classer, et à en dégager des lois [1].

Les Lettres Persanes, 1721. Le goût du temps. Crébillon et Tacite. La Bruyère et Montesquieu. — Tout en se consacrant avec entrain à ces distractions sérieuses, il préludait à sa renommée littéraire par un livre dont l'apparente légèreté fut éminemment propre à égayer le public, après l'ennui des dernières années de Louis XIV, et à le faire réfléchir, après l'orgie de la Régence. Je veux parler des *Lettres Persanes*, qu'on peut appeler la plus profonde des œuvres frivoles. Elles parurent en 1721, à Amsterdam, sans nom d'auteur [2]. Le cadre de cette satire fut-il suggéré par les *Siamois* de Dufresny, ou le *Spectateur* d'Addison ? Nous ne saurions en décider. Toujours est-il qu'elle inaugura parmi nous un genre qui eut depuis bien des imitateurs. Sans entrer dans le détail de ce roman trop sensuel où des Parisiens déguisés en Persans, sous les noms d'Usbek et de Rica, critiquent la France de 1712 à 1720, nous regretterons qu'un grand esprit ait commencé par obéir à son siècle, avant de lui commander. Mais ne nous laissons pas tromper par ce libertinage qui est la date d'un écrit approprié au goût d'une société licencieuse.

---

1. Ce fut aussi pour l'Académie de Bordeaux qu'il composa des opuscules récemment découverts : *Un traité général des devoirs de l'homme*, 1er mai 1725 ; un *Discours sur la différence entre la considération et la réputation* ; enfin, la *Politique des Romains dans la religion*.

2. La première page portait un nom d'auteur supposé, et un lieu d'impression inexact. Son intermédiaire fut un abbé, nommé Duval. Voici leur rubrique : *Cologne 1721 Marteau*.

Tous ces parfums énervants du Sérail furent des amorces destinées à capter la faveur des salons : pour conquérir leur attention, il fallait bien les flatter. Ces concessions étaient donc les calculs d'un penseur habile à s'assurer le droit de toucher à toutes les nouveautés qui allaient devenir le péril et la gloire de son temps. C'est ainsi qu'alliant Tacite à Crébillon, son badinage affronte, sans en avoir l'air, les plus graves problèmes de la science sociale, provoque de généreuses recherches, éveille des espérances de réformes, discrédite les abus, dissipe les préjugés, propage l'esprit de tolérance et montre aux hommes d'État l'idéal d'un avenir meilleur. Politique et métaphysique, institutions et croyances, mœurs et coutumes, travers, ridicules, caractères, toutes les idées qui sollicitent l'opinion[1] sont effleurées en passant par une ironie dont les épigrammes donnent à la vérité l'attrait du paradoxe. Mais ces audaces qui sentent la jeunesse sont tempérées par la prudence d'un caprice qui semble se jouer. Le plus souvent même, le trait n'est lancé que d'une main discrète qui ménage ses victimes ; car Montesquieu saura toujours garder la mesure. S'il s'amuse aux dépens de ce qui blesse sa raison, il incline à croire que ce qui est doit être, et il n'a point le tempérament d'un révolutionnaire.

Tandis que les boutades de son irrévérence laissent entrevoir le publiciste dont le génie ne peut se contenir dans les bornes de la fantaisie, ou de la fiction, nous admirons le moraliste qui rivalise avec Pascal par l'énergique précision de sa raillerie sentencieuse[2], et le peintre qui rappelle La Bruyère par la verve de ses portraits. Telles sont les esquisses du *Fermier Général*, du *Directeur*, du *Casuiste*, de l'*Abbé de Salon*, du *Pédant*, du *Poète*, de

---

1. Par exemple, le Jansénisme, la querelle de la bulle *Unigenitus*, la révocation de l'Edit de Nantes, le système de Law. Quand la satire directe est impossible, il passe de Paris à Constantinople. Alors, le sultan paye pour Louis XIV, l'Alcoran pour la Bible, et le despotisme oriental pour la monarchie du bon plaisir.

2. Écoutez l'aimable Rica disant : « Je ne puis comprendre comment les princes croient si aisément qu'ils sont tout, et comment les peuples sont si prêts à croire qu'ils ne sont rien. » Citons encore cette définition de la noblesse : « Un grand seigneur est un homme qui voit le roi, qui parle aux ministres, qui a des ancêtres, des dettes et des pensions. »

l'*Homme à bonnes fortunes*, de la *Femme jalouse*, de l'*Intrigante*, et du *Nouvelliste*. Toutes ces pages révèlent un maître qui, pour signaler son avénement, n'attend plus que des sujets dignes de lui[1].

Le candidat à l'Académie française, où il est reçu en 1728. — Classé bon gré mal gré dans la confrérie des hommes de lettres par un succès à demi clandestin qui compromettait la responsabilité du magistrat, Montesquieu finit par vendre, en 1726, une charge qui gênait son indépendance. Dès lors, délivré de tout lien, il put suivre sa destinée. Pour consacrer sa réputation d'écrivain, il ne désirait plus que devenir membre de l'Académie française. La mort de Louis de Sacy, le traducteur de Pline, lui en offrit bientôt l'occasion. Mais, quoiqu'il fût désigné par le suffrage des salons[2], l'affaire n'alla pas toute seule. Au premier bruit de cette candidature, le Père Tournemine, directeur du Journal de Trévoux, s'empressa d'extraire les passages les plus scabreux des *Lettres Persanes*, et les mit sous les yeux du cardinal Fleury. Ce vieux ministre, qui s'effarouchait aisément, fit dire à l'Académie que « son choix serait blâmé par tous les honnêtes gens. » C'était le jeudi, 11 décembre 1726. Irrité de ce *veto*, Montesquieu déclara très haut « qu'après cet outrage, il irait chercher à l'étranger la récompense qu'il ne pouvait espérer de son pays. » Pour apaiser sa colère, on lui offrit une pension. Mais il répondit que, « n'ayant pas fait de bassesses, il n'avait pas besoin d'être consolé par des grâces. » Cependant, des amis puissants intervinrent : on essaya de négocier, une audience fut accordée par le cardinal, et la paix finit par être conclue. Suivant les uns, Montesquieu se refusa nettement aux désaveux qu'on exigeait. Selon d'autres, il improvisa en quelques jours une édition expurgée qu'il soumit au jugement du Ministre. Quoi qu'il en soit de ce stratagème auquel celui-ci se serait prêté complaisamment,

---

1. Aussi ne citerons-nous que pour mémoire deux méprises de son talent, le *Temple de Gnide* et le *Voyage à Paphos*, 1725, 1727. Mlle de Clermont, Princesse du sang des Condé, fut responsable de ces erreurs.

2. Il avait surtout le patronage de Mme de Lambert dont le salon était le vestibule de l'Académie.

la liberté du vote fut rendue à l'Académie qui nomma Montesquieu tout d'une voix, le 5 janvier 1728, et le reçut, le 24 du même mois. Dans cette séance, le directeur, qui s'appelait Mallet, lui lança plus d'une malice à bout portant[1], et l'amour-propre du récipiendaire en garda si profonde rancune qu'il vint trois fois seulement aux réunions de la Compagnie, n'y ouvrit pas la bouche, et cessa d'y reparaître.

Les voyages. —Trois mois après, le 5 avril 1728, il partait avec le comte de Waldegrave pour ce long voyage qu'il entreprit comme un complément indispensable de ses études politiques. La première station fut Vienne où il retrouva dans la société du prince Eugène toute la politesse de la France. Il alla jusqu'en Hongrie surprendre les derniers vestiges de ce régime féodal qu'il devait peindre si vivement dans quelques lignes de l'*Esprit des Lois*.

Accompagné de lord Chesterfield, le plus parisien de tous les Anglais d'alors, il visita ces petits États de l'Italie qui, sous un pouvoir absolu, mais patriarcal, jouissaient de la liberté, sans l'indépendance[2]. On prétend qu'à Venise son imagination fut frappée de terreur par ce gouvernement mystérieux qui pourtant n'était plus qu'un vain épouvantail[3]. En remontant par la Suisse et les bords du Rhin, il gagna la Hollande où il put contempler le spectacle d'une république enrichie par son industrie. Mais ce fut surtout l'Angleterre qui le captiva. Il séjourna dix-huit mois dans ce pays qu'il regardait comme la principale école de liberté constitutionnelle, et dont il disait : « Là seulement sont nés des gens de vrai bon sens. » Parmi les notes du *Journal* qu'il écrivit alors, celles qui nous sont parvenues attestent qu'il vit tout, et cela, sans illusion ni engouement. Car, malgré ses sympathies, il censure la

---

1. En voici une : « Rendez au plus tôt vos ouvrages publics... notre ambition est d'écrire des choses dignes d'être lues. »

2. A Florence, il écrit : « Un des objets les plus agréables pour moi, ce fut de voir le premier ministre du Grand-Duc sur une petite chaise de bois, en casaque et en chapeau de paille, devant sa porte. Heureux pays où le premier Ministre vit dans une pareille simplicité, et un tel désœuvrement ! »

3. On sait l'anecdote qui courut sur la mystification faite par un ami, sur la visite d'un inconnu, ses papiers brûlés, et son départ précipité.

vénalité des consciences, il juge au vrai l'égoïsme d'un peuple calculateur, et prédit l'émancipation prochaine de l'Amérique anglaise. Mais il envie à nos voisins leur respect de la loi, le sérieux des mœurs, et le mécanisme de leurs institutions. Bref, il revint de là, comme Voltaire, muni d'idées nouvelles qu'allaient féconder la méditation et la retraite.

La retraite studieuse de la Brède. Les Considérations sur la grandeur et la décadence des Romains, 1734. Le Dialogue de Sylla et d'Eucrate, 1745. — Il ne se pressa pas en effet de produire ses trésors d'observation; mais, durant deux années, loin de Paris et de sa turbulence, il s'enferma dans son château de La Brède où il ne vécut qu'avec ses livres, sans autre souci que de recueillir et d'ordonner ses pensées. Se détournant même des sujets contemporains, et ajournant l'éloge de la constitution anglaise, il donna la préférence à l'inoffensive antiquité. C'est ce qui nous vaut le livre des *Considérations*, qui parut en 1734, et restera le plus solide de ses ouvrages. On y sent comme la joie d'un génie qui reconnaît enfin son idéal, je dirai presque sa patrie de prédilection; car il y a du Romain dans Montesquieu, du moins dans ce style dont la rigidité stoïcienne a je ne sais quel air de commandement. Par la vertu d'un sujet qui l'affranchit de toute influence mondaine, il redevient simple et naturel, il demeure toujours maître de lui; la gravité du ton ne se dément pas, et son accent égale la majesté du Peuple-Roi.

A ce monument se rattache comme une de ses dépendances ce fameux *Dialogue de Sylla et d'Eucrate* qui, publié en 1745, remontait plus haut: car l'Académie de Bordeaux en eut la primeur; depuis lors, il s'était aussi produit au Club de l'Entre-Sol, devant ce petit parlement composé d'économistes, de diplomates et d'hommes d'État qui s'assemblaient chez l'abbé Alary, place Vendôme, dans l'hôtel du président Hénault. Ces origines académiques expliquent peut-être l'éloquence un peu théâtrale qui se mêle à l'énergie ou au pathétique de cet essai. Si Montesquieu cache trop l'horreur d'une âme atroce sous le faste de la grandeur et l'ostentation de l'audace, il fait du moins comprendre la puissance et l'impunité de ce dictateur sanguinaire qui rappelle Marius et prédit César. Il est visible que désormais Rome appartient à un maître; et l'on prévoit tous les tyrans qui vont naître de ce despotisme accepté comme un bienfait, ou souffert comme une nécessité par des âmes lâches et indignes de la liberté [1].

Son idée fixe. L'Esprit des Lois. Infatigable labeur. L'œuvre paraît à Genève, en 1748. — Sous leurs titres spéciaux, les études dont nous venons de parler n'étaient que les chapitres détachés du grand ouvrage auquel nous conduisent ces degrés successifs; car il fut la première et la dernière pensée de Montesquieu. Oui, depuis 1724, à travers les salons, et les pays étrangers, comme dans la solitude de la Brède, il ne cessa pas de porter en lui l'*Esprit des Lois*. C'était le quartier général de la longue enquête qu'il poursuivait depuis vingt-cinq ans.

Ses amis en avaient eu déjà confidence, entre autres d'Argenson qui, dès l'année 1736, exprimait ce pronostic : « Je crains bien que l'ensemble n'y manque, et qu'il n'y ait plus de chapitres agréables à lire, plus d'idées ingénieuses et séduisantes que de véritables et utiles instructions sur la façon dont on devroit rédiger les lois et les entendre. » C'était juger bien sévèrement ce qu'on pourrait appeler l'idée fixe d'une si puissante intelligence; car ce livre ne fut pas seulement élaboré dans le cabinet. Soit qu'il causât diplomatie avec lord Waldegrave, stratégie avec le prince Eugène, finances avec Law, soit qu'il observât le mouvement social dans le commerce du monde, Montesquieu sut puiser à toutes les sources d'information, comme l'attestent six volumes in-quarto d'extraits, de réflexions et de notes rédigées de sa main [2]. C'est là qu'il réunit ses

---

[1]. Mentionnons encore l'épisode de *Lysimaque* où respire l'orgueilleux enthousiasme du stoïcisme.

[2]. Mme Geoffrin disait : « Cet homme venoit faire son livre dans la société. Il retenoit tout ce qui s'y rapportoit. Il ne parloit qu'aux étrangers dont il croyoit tirer quelque chose d'utile. » Nous lisons dans Montesquieu : « Le malheur de certaines lectures, c'est qu'il faut se tuer à réduire ce que l'auteur a pris tant de peine à amplifier. »

idées éparses, avant de les ordonner en corps de doctrine, ou de les formuler en axiomes : bel exemple de cette longue patience qui est une des conditions du génie !

Aux abords de l'heure décisive où il fallait satisfaire à l'attente du public, il y eut trois années d'ardente activité (1743-46), pendant lesquelles nous le voyons, en sa terre de Guienne, dégrossir sa matière, avec la collaboration de de son fils Secondat, de sa fille Denise, de son secrétaire d'Arcet, et de l'abbé Guasco, homme de bon conseil et d'agréable érudition. Puis suivirent encore deux autres années de lutte vaillante lorsqu'il s'agit de fixer la forme et de graver le trait sur l'airain. Il faillit y perdre la vue ; il succombait de lassitude. Ne lisons-nous pas dans sa correspondance : « J'ai pensé me tuer, depuis trois mois, afin d'achever un morceau qui formera trois heures de lecture. Cela m'a coûté tant de travail que mes cheveux en sont blanchis. » Enfin, en 1748, parut l'œuvre où Montesquieu surpassa les espérances de ses amis mêmes. Pour échapper à la censure, elle dut s'imprimer à Genève[1], d'où elle se répandit en France à la dérobée, mais en Angleterre et en Italie avec une faveur telle qu'on en fit vingt-deux éditions en dix-huit mois, et qu'elle fut traduite dans toutes les langues de l'Europe.

Le grand esprit sous le bel esprit. L'initiateur. Le citoyen. — Si les craintes du marquis d'Argenson furent parfois justifiées, si Mme du Duffant put dire trop malicieusement : « C'est de l'esprit sur les lois », il n'en faut pas moins honorer d'une admiration reconnaissante un de ces génies qui ont eu la gloire de restituer à l'humanité ses titres les plus précieux. Qu'il y ait là des contradictions, des lacunes, des problèmes suscités sans être résolus, des opinions trop exclusives, des citations inexactes, une mé-

---

[1]. Le livre fut publié dans les premiers jours de novembre, en deux vol. in-4°, chez Barillot. Malgré des corrections attestées par 14 cartons, il avait été interdit en France. Cet ouvrage contient 32 livres. Dans le XI°, le chapitre des *Lois qui forment la liberté politique* est l'analyse de la constitution anglaise. Il portait cette épigraphe hautaine : *Prolem sine matre creatam* (Ovide). Montesquieu voulait dire qu'il n'avait pas eu de modèle. Quelques-uns ont prétendu qu'il faut traduire *sans mère* par *sans liberté*. Cette leçon est douteuse.

thode arbitraire ou discursive qui morcelle les chapitres et déconcerte l'attention, nous l'accorderons volontiers. Il est certain que Montesquieu n'a pas toujours dominé son vaste sujet. Outre que la science politique, enrichie par l'expérience d'un autre âge, s'est portée plus avant, il faut bien avouer aussi que je ne sais quel ton d'oracle, et surtout la recherche de l'effet dénoncent ici le crû de Gascogne. Mais, à chaque pas, éclatent, soit des beautés qui consolent de ces défauts, soit des découvertes qui rachètent de rares erreurs. Dans ce labyrinthe, le fil se brise parfois; mais le flambeau ne s'éteint pas; à travers les routes qui se croisent et semblent se confondre, le philosophe triomphe de la plupart des obstacles; car la lumière des principes éclaire sa marche et lui montre le but.

Ce n'est pas qu'il ait le goût des doctrines ou des théories préconçues. Il serait plutôt un historien qui se propose d'expliquer le droit positif des gouvernements établis; car son livre rappelle ce Panthéon qui donnait l'hospitalité à tous les Dieux du monde païen [1]. Mais, si Montesquieu n'est pas de la famille des utopistes, comme l'abbé de Saint-Pierre ou J.-J. Rousseau, et s'il préfère aux systèmes l'étude impartiale des faits, il les juge toujours avec sa raison et sa conscience. En s'appliquant aux choses passées, il a donc plus que personne propagé des vérités d'avenir; et, en traitant des lois mortes, il en a préparé d'autres qui feront vivre à jamais les sociétés civilisées. Voilà pourquoi le dix-huitième siècle reconnut un de ses guides dans ce penseur fécond en paroles mémorables que les peuples ou les souverains ne sauraient oublier impunément.

Sous la réserve d'un sage qui ne parle jamais à la passion, se déclarent ouvertement les préférences d'un citoyen qui appartient à la race des L'Hôpital, des Vauban, et des Catinat, à cette élite dont le vœu constant fut le bonheur de la patrie et du genre humain. Son livre confirme le témoignage qu'il se rendait en disant : « J'ai toujours senti

---

[1]. Le *Contrat Social*, qui parut 14 ans après, en 1762, recherche au contraire l'*origine* et la *nature* du droit. Visant à l'absolu, il commence là où Montesquieu finit.

une joie profonde lorsqu'on a fait quelque règlement qui alloit au bien commun. » Il fut le premier qui posa les principes du droit politique et civil, en le fondant sur la division des trois pouvoirs [1]. Il essaya de tempérer les rigueurs du droit pénal par un esprit de douceur et d'équité. Lorsqu'en 1764 Beccaria publia son beau traité des *Délits et des Peines*, il s'annonça comme le disciple du publiciste qui avait donné le signal d'une éloquente protestation contre le scandale de la torture et de l'esclavage. Enfin, c'est de Montesquieu que relèvera l'école des hommes d'État qui, depuis Turgot et Malesherbes jusqu'à Royer-Collard et Tocqueville, ont avec tant d'éclat représenté parmi nous la cause du gouvernement parlementaire et des libertés publiques.

Injustice des salons et des sectes philosophiques. Apologie de Montesquieu. Sa vie privée. Le philanthrope. Sa mort, 1755. — Cependant, ce salutaire ouvrage ne reçut pas en France l'accueil qu'il méritait. Tandis que des reines de salon le condamnaient lestement par un bon mot, le lourd Crevier osa le trouver trop léger. Voltaire lui-même affecta de ne voir que de l'esprit dans sa justesse [2]. Aux censures de la Sorbonne et aux épigrammes des mondains s'associèrent les ombrages de la Cour, les rancunes des financiers et les critiques des philosophes. Montesquieu expiait ainsi une qualité maîtresse qui aurait dû le recommander plus sûrement encore à des lecteurs français, je veux dire ce tour ingénieux qui, chez lui, est l'ornement du bon sens. Mais ne nous plaignons pas de ces injustices, auxquelles nous devons la riposte d'une apologie si vive, si moqueuse, si étincelante de malice et d'imagination [3].

---

1. Quinze ans auparavant, Voltaire, dans ses *Lettres anglaises*, n'avait fait qu'un assez froid éloge de l'Angleterre et de sa constitution. Montesquieu l'offre à l'Europe comme un objet d'envie, et en comprend les ressorts mieux que les Anglais eux-mêmes.

2. Les Docteurs de Sorbonne l'accusèrent d'irréligion. Pour désarmer leurs censures, Montesquieu dut promettre de corriger son livre. Après de longues négociations, et malgré le bon vouloir du Pape Benoit XIV, il fut aussi condamné par la Congrégation de l'*Index*, le 2 mai 1752.

3. Cette *défense* qui répondait à la *Gazette Janséniste* parut à Paris, chez Guérin, sous cette rubrique : 1750 *Genève. chez Barillot*.

Ce chef-d œuvre de logique fut le dernier écrit de Montesquieu; car tant de travaux avaient épuisé ses forces. Vieilli prématurément, il vécut cinq années encore, et put jouir d'une gloire qui lui vint d'elle-même, sans aucune impatience d'ambition, paisible et sereine comme son génie.

Nous aimerions à peindre dans le cadre de sa vie seigneuriale le penseur que nous enviait l'Europe, et dont la bonhomie charma tous ceux qui l'approchèrent. Il y aurait du moins à esquisser le portrait de l'administrateur économe qui, très avisé en culture comme en politique, mit son point d'honneur à mieux aménager ses domaines, « plutôt pour une certaine idée d'habileté qui lui en reviendroit, que dans l'intention de s'enrichir. » Il sut accroître la valeur de ses vignobles, et, selon son aveu, « profita du succès de ses livres pour assurer celui de ses crûs à l'étranger. » L'Angleterre rendit hommage à l'*Esprit des Lois*, en accordant aux vins de l'auteur la dispense du droit d'entrée. Il en use avec ses terres comme il désirait que le pouvoir en usât avec la France. Il ne cesse d'y introduire toutes les améliorations que lui ont enseignées ses nombreux voyages. Il fait venir de Flandre un trèfle qu'il acclimate en Gironde. Il défriche ses landes et y crée des métairies. Il arrange à l'anglaise le parc de la Brède, pour se consoler de ne pouvoir en faire autant de la constitution qui régit son pays. Il paraît parcimonieux et frugal; mais il est généreux pour ceux qui souffrent : témoin cette famine durant laquelle il fonde à ses frais des greniers de charité, et fait distribuer à ses vassaux plus de cent boisseaux de froment. Autant il est fier avec les puissants, autant il se montre affable avec ses inférieurs. Ce stoïcien auquel on reproche de n'avoir pas le cœur assez chaud répand partout des bienfaits que révèle seule, malgré lui, la reconnaissance de ses obligés. Bref, il est aussi grand de près que de loin, et sa bonté vaut sa raison.

Il avait l'instinct de sa fin prochaine, et l'envisageait sans trouble. Presque aveugle, il parlait gaiement de sa cataracte : « Mon Fabius Maximus, M. Gendron, écrivait-il, me dit qu'elle est de bonne qualité, et qu'on ouvrira le volet de la fenêtre. » Puis, il ajoutait avec mélancolie : « Il me semble que ce qu'il me reste encore de lumière n'est que l'aurore du jour où mes yeux se fermeront pour jamais ».

Ce pressentiment n'était que trop vrai. Car, le 10 février 1755, il s'éteignit doucement, à Paris, où il venait chaque année passer quelques mois, dans son appartement de la rue Saint-Dominique Saint-Germain [1].

Après sa mort, Voltaire put enfin régner sans partage sur la société française, jusqu'à l'avènement de Rousseau, et de son influence toute démocratique [2].

CONSIDÉRATIONS SUR LES CAUSES DE LA GRANDEUR DES ROMAINS ET DE LEUR DÉCADENCE

(1734.)

I. — ÉTUDE HISTORIQUE.

Le ministère Fleury. Montesquieu prélude à l'Esprit des lois par ses études sur les Romains. Elles dataient de loin. — Les *Considérations* furent composées sous le ministère du cardinal Fleury, dans le voisinage d'un pouvoir ombrageux qui ne tolérait pas les controverses politiques, mais laissait le champ libre aux recherches inoffensives de l'érudition ou de l'histoire [3]. Ces régions sereines ne déplaisaient point à un publiciste dont l'esprit était

---

[1]. Probablement, à l'ancien n° 27. Son corps fut déposé dans le caveau de la chapelle Ste-Geneviève, à Saint-Sulpice.

[2]. Montesquieu disait de Voltaire : « Il est comme les moines qui n'écrivent pas pour le sujet qu'ils traitent, mais pour la gloire de leur ordre : Voltaire écrit pour son couvent. »

[3]. En même temps qu'il fermait le *Club de l'Entre-sol*, le cardinal Fleury favorisait des travaux où se distinguèrent alors Bouhier, dom Calmet, dom Bouquet, dom Rivet, le P. Brumoy, Fréret, d'Olivet, Rollin, et Mably. C'était le temps où Voltaire lui-même écrivait *Charles XII*.

plus lumineux qu'ardent; et il se tourna d'autant plus volontiers vers cet asile, que, depuis longtemps, il avait conçu le dessein d'essayer sur le peuple romain la méthode dont il devait un jour appliquer les procédés aux lois de l'humanité tout entière [1]. Sans insister sur un manuscrit latin de soixante-dix-huit pages, où le jeune écolier de Juilly avait réduit en résumé substantiel toute l'histoire de la république romaine, rappelons du moins qu'il lut, en 1716, devant l'Académie de Bordeaux, une dissertation sur la *Politique des Romains dans la Religion*, et, en 1721, devant le Club de l'Entre-Sol, le *Dialogue de Sylla et d'Eucrate*. Ce sont les premiers symptômes d'un projet que dut raviver ce voyage d'Italie, où le spectacle de Rome agit puissamment sur une intelligence toute pleine de l'antiquité. Il est du moins permis de croire que ces émotions ne furent point étrangères à la pensée d'un sujet qui méritait de solliciter une telle plume. N'a-t-il pas fait cet aveu : « On ne peut jamais quitter les Romains; c'est ainsi qu'aujourd'hui même, dans leur capitale, on laisse les nouveaux palais, pour aller chercher des ruines. »

Durant son séjour en Angleterre, cette idée ne l'abandonna pas; et son fils nous apprend qu'à Londres « il commença d'immenses lectures » dont elle fut le centre. Parmi les sources qu'il consulta, figura sans doute un *Essai sur le gouvernement de Rome*, rédigé par le puritain Moyle, membre de la Chambre des Communes. Divisé en deux parties, ce travail envisageait à la fois les causes qui firent la fortune de la République et celles qui précipitèrent sa ruine. N'était-ce pas déjà le plan que se proposait l'auteur des *Considérations*?

Travaux préliminaires. Prudence du publiciste. Première édition, 1734. Indifférence publique. Succès à Londres et à Berlin. — A son retour, il poursuivit de plus près encore des études auxquelles collaborait un bénédictin de Saint-Maur qui, mécontent de son cloître,

---

1. Il disait plus tard : « Je me trouve fort dans mes *Maximes*, lorsque j'ai pour moi les Romains. »

vint demander l'hospitalité au château de la Brède. Deux mémoires présentés à l'Académie de Bordeaux, l'un en 1731 sur la *Campagne de Rome*, l'autre en 1732 sur l'*Intempérance des anciens Romains*, précédèrent l'apparition de l'ouvrage qu'il fit imprimer en Hollande, par l'intermédiaire de l'ambassadeur des Pays-Bas, le comte de Vanhœ. Usant d'un surcroît de précautions, Montesquieu avait eu soin de soumettre les premières épreuves à un jésuite, le P. Castel, professeur au collège Louis-le-Grand[1]. Il le pria de « corriger religieusement » tous les passages qui pouvaient sembler périlleux. Docile à ses conseils, il supprima tout un chapitre sur la constitution anglaise, une phrase sur Charles Ier, un double éloge du suicide, et quelques traits qui se souvenaient trop des *Lettres Persanes*. Ainsi révisée, la première édition vit le jour en 1734[2]. Un second tirage fut rapidement épuisé avant que le livre pût obtenir en France le privilège du Roi. Quelques mois après, il parut enfin à Paris, chez Huart; et, dans les *Mémoires de Trévoux*, le P. Castel en publia deux extraits qu'accompagnait un éloge de l'auteur encore anonyme.

En ce moment, les hommes d'État n'étaient préoccupés que de la succession de Pologne, où la diplomatie française se battait pour sauver au moins notre honneur militaire. Quant au Parlement et au Clergé, que venaient de passionner les miracles du diacre Pâris, ils continuaient à se quereller sur la Bulle *Unigenitus*. De leur côté, les savants ne parlaient que du voyage de Maupertuis et de Clairaut, partis pour déterminer la figure de la Terre. Enfin, les mondains et les philosophes favorisaient de leur engouement le roman de *Manon Lescaut* et les *Lettres Anglaises*. Aussi l'attention publique n'eut-elle plus guère de loisir pour les Romains de Montesquieu.

1. C'était lui que Voltaire appelait « le fou de mathématiques. »
2. Amsterdam. Desbordes, in-12. Il y a des cartons aux pages 17 et 18, 121 et 122, 179 et 180, 199 et 200.
L'édition définitive fut celle de 1748 qu'il revit lui-même. Il y ajouta au moins quarante pages, modifia la plupart des anciennes notes, en intercala quelques-unes, retoucha le style en maint endroit, supprima l'apologie du suicide, arrêta le texte qui depuis n'a plus varié.

Mais, si de beaux esprits de salons osèrent dire que les *Lettres Persanes* « avaient été sa grandeur », et que les *Considérations* « étaient sa décadence », les étrangers réparèrent l'injustice de ces indifférents. A Londres, le chef-d'œuvre conquit d'emblée les suffrages de tous les connaisseurs. Il y en eut quatre contrefaçons en Hollande ; il ne tarda pas à être traduit dans les principales langues de l'Europe ; et Frédéric II écrivit sur la marge de son exemplaire des remarques encore plus piquantes que celles dont il avait enrichi le *Prince* de Machiavel.

Les Devanciers. Polybe. Machiavel. Paruta. Bossuet et Montesquieu. L'évêque et le philosophe. Le XVIIe et le XVIIIe siècle. la Foi et la Raison. — Il serait long de passer en revue les écrivains qui furent plus ou moins les devanciers de Montesquieu : aussi ne dirons-nous rien ni de Polybe, ce soldat et ce diplomate dont les récits offrent un enseignement si précieux aux politiques et aux gens de guerre, ni de Florus ce rhéteur à la fois vague et concis, ni de Machiavel dont les réflexions profondes mais sceptiques sont l'apologie du succès et justifient les moyens par la fin[1], ni de Paruta, ce Vénitien avisé que l'expérience des affaires préparait à bien juger les choses antiques[2]. Mieux vaut indiquer les rapports et les différences qui existent entre Montesquieu et son vrai précurseur, Bossuet, dont l'éloquence avait si magistralement esquissé la physionomie du peuple Romain. Tous les deux se ressemblent par la grandeur du sujet, la sûreté des vues, la plénitude de la conception, la majesté du discours. Mais, de l'un à l'autre, il y a la distance qui sépare un orateur d'un historien, un moraliste d'un politique, un évêque d'un philosophe, le dix-septième siècle du dix-huitième. Bien que leur plan soit à peu près analogue, ils n'ont ni la même méthode, ni le même esprit, ni le même but. Si Bossuet a saisi quelques traits primitifs avec une force qui lui assure

---

1. *Discours sur Tite-Live*, par Machiavel.
2. Né à Venise en 1540, mort en 1598, sénateur, ambassadeur, procurateur de Saint-Marc, il a laissé un très judicieux *Traité de la vie politique*, dont le premier discours traite des Romains.

la gloire de l'invention, Montesquieu, par l'analyse des détails, va découvrir des causes invisibles jusqu'à lui. Peut-être sa laborieuse sagacité paraîtra-t-elle moins admirable que les éclairs soudains d'une intuition qui devançait la science, et pouvait presque s'en passer; mais les résultats conquis par ses investigatious patientes seront plus précis et plus certains que ces saillies d'une clairvoyance instinctive. Tandis que le précepteur du Dauphin cherchait surtout dans les fastes de Rome de beaux exemples propres à l'édifiante éducation d'un jeune souverain, l'auteur de l'*Esprit des Lois* ne demande à l'histoire que des leçons d'intérêt pratique, et ne craint pas de se faire le panégyriste d'une nation dont l'empire fut l'œuvre de la violence et de la ruse conjurées pour l'asservissement du monde.

C'est que leurs doctrines sont opposées comme leurs intentions. Sans doute ils croient tous les deux que les destinées des peuples « dépendent d'un conseil souverain. » Mais cette conduite du monde est pour l'un toute providentielle, et pour l'autre exclusivement humaine. En effet, la foi que Bossuet fait remonter à Dieu seul, Montesquieu ne l'attribue qu'à la nature des choses, c'est-à-dire à la Raison, ainsi qu'il le professe dans la déclaration que voici : « Ce n'est pas la Fortune qui domine le monde : on peut le demander aux Romains qui eurent une suite continuelle de prospérités, quand ils se gouvernèrent sur un certain plan, et une suite non interrompue de revers, lorsqu'ils se conduisirent sur un autre. Il y a des causes générales, soit morales, soit physiques, qui agissent dans chaque monarchie, l'élèvent, la maintiennent ou la précipitent: tous les accidents sont soumis à ces causes ; et, si le hasard d'une bataille, c'est-à-dire une cause particulière, a ruiné un État, il y avoit une cause générale qui faisoit que cet État devoit périr par une seule bataille; en un mot, l'allure principale entraîne avec elle tous les accidents particuliers. » Fatalisme! direz-vous : Non; car cette *allure principale* ne procède plus ici, comme chez Bossuet, d'une sorte de prédestination infaillible qui mène les hommes où elle veut, à leur insu, et de toute éternité ; mais elle vient surtout de la liberté morale, qui produit la sagesse ou la folie, et par conséquent est responsable du bien ou du mal, du succès ou de l'échec. Voilà ce que va démontrer ce livre dont les vingt-trois chapitres embrassent vingt-deux siècles, depuis l'origine de Rome jusqu'à la chute de son empire.

II. — Étude littéraire.

Méthode. A un discours il substitue des considérations. Habitudes de légiste. — Cette œuvre n'a point, ainsi que celle de Bossuet, le mouvement d'un discours, ni l'unité d'un drame. On dirait plutôt que Montesquieu veut peindre la société Romaine, comme La Bruyère la Cour et la Ville. Il se promène à travers l'Histoire, résume ses principales phases, observe les mœurs, étudie les caractères, trace des portraits ou des tableaux et fixe des impressions. Il fallait s'y attendre ; car ce penseur indépendant n'a jamais pu s'assujettir aux contraintes d'une composition savante, équilibrée, se développant avec ampleur. La sienne est presque toujours, non pas décousue, mais brusque et heurtée. Il aime mieux assembler des notes que construire un système, et suivre les faits pas à pas qu'ordonner une thèse ou combiner une théorie ; mais il excelle à interroger les événements et à les interpréter en jurisconsulte, en financier, en stratégiste, en économiste, en géographe. On retrouve dans cette habitude le légiste qui s'appuie toujours sur des textes. C'est ainsi qu'à propos de chaque guerre, de chaque révolution, de chaque grande figure il s'arrête comme sur un article du Code, pour éclairer les causes et les effets par son lumineux commentaire. Il en résulte que ses idées, même quand elles se suivent, paraissent détachées. Les soudures manquent. Il laisse au lecteur le soin de suppléer aux transitions et de relier entre elles ces sentences d'oracle que rendent plus solennelles encore des pauses ou des silences. Bref, son titre ne nous ment pas; car il déroule une série de *Considérations*, mais dont l'ensemble marche pourtant d'un pas superbe vers des formules, des définitions, des lois générales, et une conclusion logique[1].

L'idéal du Romain jugé, avant Montesquieu, par la rhétorique et la morale. Saint-Évremond, le premier, réagit contre ces panégyristes, mais avec trop de scepticisme. — Ce sens critique fut alors une nouveauté; car l'histoire n'était pas encore une science. Les travaux de Beaufort, qui devaient susciter ceux de Niebuhr, furent en effet postérieurs de plusieurs années (1738-1766)[2]. Aussi les annales de Rome avaient-elles été jusqu'alors exploitées par la rhétorique. C'était à qui célébrerait avec le plus d'onction la tempérance, le désintéressement, la modération, la piété, le patriotisme des grands hommes auxquels les maîtres de la jeunesse empruntaient des lieux communs de morale. On répétait à satiété les déclamations des Sénèque ou des Valère-Maxime. La conquête du monde passait pour n'être qu'un prix de vertu décerné par la Providence à une race de héros, dont la perfection humaine était comme un article de foi consacré par le génie de Corneille. Malgré ses vues perçantes, Bossuet lui-même avait trop respecté cet idéal. Seul, dans ce concert, Saint-Evremond fit entendre une note discordante. Impatienté par des admirateurs à outrance, ce frondeur sembla prendre plaisir à contredire et taquiner la routine d'une opinion toute faite qui sentait l'école. Aux belles phrases il opposa l'ironie d'un mondain qui nargue les régents, et

---

1. Il ne faudrait pas en effet exagérer notre critique. Si la composition ne paraît point assez stricte, c'est une illusion d'optique. L'erreur vient de ce que les chapitres contiennent beaucoup d'alinéas très courts, et une grande abondance de faits où d'idées. Montesquieu, qui songeait depuis longtemps à l'*Esprit des Lois*, laisse déborder ici comme le trop plein de sa méditation. De là mille allusions qui font un instant oublier les Romains, quoiqu'elles éclairent leur histoire. De là des digressions qui sont les entraînements du penseur. S'il a moins d'unité que Bossuet, c'est parce qu'il a plus de fécondité. Ne confondons pas la variété avec le désordre. Admirons plutôt la conscience du savant qui se plaît à tout préciser, à tout définir, à tout prouver.

2. Dissertation sur l'incertitude des cinq premiers siècles de la République Romaine, 1738, Histoire de la République Romaine, 1766. Louis de Beaufort mourut à Maëstricht, en 1795.

le scepticisme d'un raffiné qui ne veut pas être dupe d'un naïf enthousiasme. L'Epicurien de la Régence persifla des républicains farouches dont le stoïcisme ne lui parut que du fanatisme [1]. Le lieutenant de Condé ne consentit pas à voir les premiers capitaines du monde dans « ces consuls qui ôtoient la bride à leurs chevaux pour donner plus d'impétuosité à la cavalerie, et se reposoient de la sûreté de leurs gardes sur des oies et des chiens dont ils punissoient la paresse ou récompensoient la vigilance [2] ». Il sut ainsi rajeunir par ses boutades et souvent par son bon sens une matière qui paraissait usée. De cette esquisse trop cavalière se détachaient des portraits ingénieusement tracés par un fin psychologue [3]. Mais le peintre manquait d'érudition et de gravité. Il fut trop aventureux, trop paradoxal, et trop enclin à décrier, à dénigrer, ou du moins à expliquer les grands effets par de petites causes.

Esprit critique de Montesquieu. Ses erreurs furent de son temps. — Tel n'est point Montesquieu; car, s'il y eut aussi chez lui du bel-esprit, il se double d'un grand esprit, dont le savoir, bien que légèrement porté, mérite toute confiance. Ce n'est pas qu'il soit infaillible; mais ses lacunes et ses erreurs furent imputables à son temps plus qu'à lui-même. On pourra par exemple lui reprocher d'affirmer avec trop d'assurance l'existence des premiers rois [4]. Mais jusque dans cette crédulité brillent des lueurs subites; car il devine dès l'abord que Rome naissante fut un camp de brigands, « comme ces villages de Crimée faits pour enfermer le butin, les bestiaux et les

---

1. Dans la frugalité des vieux Romains, il ne voit que « l'usage rustique de ce qu'avoit entre les mains un peuple grossier qui se contenta de peu, parce qu'il se passoit des plaisirs dont nul n'avoit l'idée. »

2. « C'étoient des gens fort braves et peu entendus qui avoient affaire à des ennemis moins courageux et plus ignorants. »

3. Telles sont les figures de Scipion, de Marius, de Sylla, de César, de Pompée, d'Auguste.

4. Il ne parle pas de la religion ; il ignore l'organisation du patriciat, et celle de la famille. Il a des vues indécises sur la *Cité* antique. Son imagination de poète et d'orateur le tire parfois d'une difficulté par un mot éloquent. Sans se demander comment une ville de pâtres a construit ces immenses égoûts dont les vestiges nous saisissent encore aujourd'hui d'étonnement, il se borne à dire : « On commençoit à bâtir la Ville Éternelle. »

fruits de la campagne. » Il est si naturellement prompt à raisonner sur les faits qu'il ne peut s'en défendre, même quand ils sont légendaires. Ainsi, de ce que Romulus remplaça, dit-on, le petit bouclier Argien par celui des Gabiens qui était plus large, il conclut à une pratique définitive qui consistait à emprunter aux vaincus ce qu'ils eurent de meilleur. A ces signes, on reconnaît l'explorateur qui fera merveille, quand il pourra mettre enfin le pied sur un terrain solide.

Dès lors, ses affirmations ont autant de force que d'autorité. Guidés par cette lumière, essayons d'analyser sommairement les principaux ressorts de l'*institution* qui rendit une ville maîtresse du monde.

Causes de grandeur. Foi des Romains dans leur destinée. Constance. La guerre. La politique. — Parmi les causes qui, dès l'origine, concoururent à la *Grandeur de Rome*, il faut compter la foi qu'elle eut dans son avenir. Oui, elle dut en partie l'empire à cette conscience de sa destinée[1]; car ce sentiment créa des vertus, et il fit des Romains le plus fier, le plus hardi, mais tout ensemble, le plus réglé, le plus ferme, le plus avisé, le plus laborieux, et le plus patient de tous les peuples. Voilà pourquoi, parmi de cruels revers, il n'a jamais désespéré. Sa constance fut un prodige, comme son orgueil; il ne voyait dans la défaite que l'aiguillon de la revanche, et ne se décidait à la paix que victorieux. Or, sa supériorité morale et militaire méritait de vaincre[2], et son habileté sut toujours profiter de la victoire. La guerre et la politique, voilà donc les deux secrets de sa fortune.

La guerre, les Romains l'apprennent, parce qu'ils la font sans cesse ; et ils la font, parce qu'elle est une nécessité pour le Sénat qui par ce dérivatif veut distraire l'humeur séditieuse des plébéiens, pour les consuls qui sont

---

1. On peut dire des Romains : *Possunt, quia posse videntur*. Ils peuvent parce qu'ils croient pouvoir.

2. « Ce n'est pas la perte réelle que l'on fait dans une bataille qui est funeste à un État, mais la perte imaginaire et le découragement qui le privent des forces mêmes que la Fortune lui avoit laissées. » (Ch. IV).

ambitieux d'honorer par un triomphe leur magistrature annuelle, pour le peuple qui a besoin de gagner du butin et des terres. Les premières luttes soutenues contre des voisins pauvres sont l'école militaire où se forme, pour la conquête de l'Italie, de l'Espagne, de l'Afrique, et de l'Asie, toute une nation de soldats animés par le culte de la patrie, et disciplinés par une règle inflexible. Ils s'instruisent même à leurs dépens, et par leurs échecs; car ils s'approprient souvent les armes et la tactique de leurs ennemis. Ainsi se constitue peu à peu la Légion, c'est-à-dire l'instrument le plus solide et le plus souple, soit pour l'attaque, soit pour la défense.

Il faut voir avec quelle justesse Montesquieu compare aux Romains les différents adversaires dont ils ont triomphé, les Gaulois, Pyrrhus, Carthage, la Macédoine, la Grèce, la Syrie et l'Egypte, comment il mesure leur force ou leur faiblesse aux conditions que comportent le climat, le sol, le génie de la race, l'éducation, le gouvernement, les croyances, la concorde ou la discorde des citoyens, le courage et les talents des rois et des chefs. C'est la première fois qu'une étude minutieuse des faits, des mœurs et des lois introduit dans l'histoire la rigueur du calcul, et substitue la logique des causes intelligentes aux chances aveugles du hasard.

Le Sénat, centre de la tradition. L'âme de Rome. Sa diplomatie. Montesquieu patricien, stoïcien. — Mais à ce corps si fortement organisé il fallait une âme toujours agissante au dedans comme au dehors, pour concevoir, élaborer et suivre sans défaillance un plan régulier de domination universelle. Cette permanence d'une pensée politique était d'autant plus nécessaire qu'à l'expiration de leurs pouvoirs les consuls rentraient dans la vie privée. Autrement, nulle entreprise de long avenir n'eût été possible. Or, le Sénat fut le centre d'une tradition souveraine qui sans cesse veillait sur la guerre ou la paix. « Pendant que les armées consternoient tout, c'est lui qui tenoit à terre les nations abattues. » *Diviser pour régner*, telle est la pratique de sa diplomatie qui fit encore plus de conquêtes par la ruse que par la force. S'il offre son alliance aux rois, c'est pour les asservir, quand il n'a plus besoin de leur concours ou de leur neutralité. S'il accorde des trêves à ses ennemis, c'est pour mieux les détruire, lorsque leurs amis auront été ou gagnés, ou soumis. Tout en combattant l'indépendance des peuples, il dissout les ligues, sous couleur d'affranchir les cités. Il protège parfois les faibles, mais pour isoler les forts. Aux uns il suscite des rivaux intéressés à leur abaissement; chez les autres, il soudoie des traîtres qui fomentent la révolte. Ailleurs, il exige pour otage le plus proche parent des princes qu'il tient en respect par la crainte de ce prétendant. Où manquent les causes de guerre, il en fait naître, ne fût-ce qu'en se portant comme arbitre entre deux adversaires, en revendiquant l'héritage d'une couronne, ou en provoquant des insultes par l'insolence de ses ambassadeurs. Après la défaite, il se dispense des traités, sous prétexte qu'ils n'ont pas été ratifiés, ou les élude par des faux-fuyants. Après la victoire, il tourne à son avantage l'ambiguïté volontaire des clauses qu'il a dictées, pour exiger au delà des conventions. Ainsi, la paix achève l'œuvre des armes. Carthage, par exemple, est condamnée à payer des tributs écrasants, à brûler ses vaisseaux, à tuer ses éléphants, à licencier ses armées, à subir une sorte de servitude. C'est inaugurer la Terreur. « Rome mit d'abord les rois dans le silence, et les rendit comme stupides; il ne s'agissoit pas de leur puissance, mais leur personne même étoit attaquée. Risquer une guerre, c'étoit s'exposer à la captivité, à la mort, à l'infamie du triomphe; ainsi les rois, qui vivoient dans les délices et le faste, n'osoient jeter des regards fixes sur le peuple Romain; et, perdant courage, ils attendoient de leur patience et de leurs bassesses quelque délai aux misères dont ils étoient menacés. »

En face de ces pages, ne dirait-on pas que Montesquieu a vécu dans l'ancienne Rome, qu'il a retrouvé les registres du Sénat, et qu'il a pris part à ses délibérations les plus secrètes? Lui-même, il semble parfois éprouver cette illusion : car il a, par inclination, le cœur d'un patricien de la République. On le verra bien quand la guerre civile éclatera. Loin de se tenir à l'écart pour juger les partis, il entrera dans les intérêts et les passions des acteurs ou des victimes. Il sera volontiers intransigeant comme un Caton ou un Brutus. Il célèbrera leurs suicides avec l'accent d'un stoïcien qui les absout et les tourne en apothéose.

Causes de décadence. Extension de la conquête. Appauvrissement de la race. Inégalité sociale. Mœurs étrangères. Les guerres lointaines. Les chefs ambitieux. L'Empire. — Au spectacle d'une grandeur toujours croissante va succéder le contraste d'une progression inverse ; nous assistons à l'expiation qui fait tomber Rome au dernier degré d'abaissement, la punit par ses propres mains et venge enfin l'Univers.

Or, les germes de cette décadence qui dura plusieurs siècles (car les peuples mettent longtemps à mourir), Montesquieu ne les cherche pas seulement, comme firent la plupart de ses devanciers, dans la révolution morale qui ruina les maximes antiques. Tout en attribuant une juste influence à l'invasion des richesses étrangères et des idées qui, venues de la Grèce, minèrent insensiblement les vertus et les traditions du vieil esprit Romain, il comprend que ce changement social est l'effet d'une cause plus profonde, et que la république a péri par la raison même qui avait fondé l'édifice de sa puissance, c'est-à-dire par la conquête ; car « des lois qui étoient excellentes pour un petit État sont détestables pour un grand. »

Sans énumérer toutes les conséquences de ce principe, signalons du moins les plus décisives, celles qui expliquent Marius, Sylla, Pompée, César, les dissensions civiles, la dictature d'Octave, l'établissement de l'Empire, les usurpations militaires, et les hontes d'un despotisme imbécile ou féroce.

La première suite d'un perpétuel état de guerre ne fut-elle pas l'appauvrissement du sang Romain ? Tant que la cité put se recruter parmi ses voisins, dans les populations belliqueuses du Latium, de l'Etrurie ou du Samnium, elle répara ses pertes, et cicatrisa ses blessures[1]. Mais, ce fonds une fois épuisé par tant de combats et par la misère (car l'usure réduisit la plèbe à la mendicité), les citoyens, sinon les soldats, firent défaut. Dès le temps des Gracques, au-dessus d'une tourbe de pauvres, d'affranchis, ou d'étrangers, il ne restait plus qu'une aristocratie corrompue, insatiable, maîtresse de scandaleuses richesses, et de clientèles immenses, mais exposée bientôt elle-même aux entreprises de tout ambitieux qui, profitant de ses divisions, s'appuierait, pour la dominer, sur les convoitises de cette populace vénale, ou de ces légions indifférentes à toute idée de patrie[2].

Or, ces tentations de tyrannie devinrent de plus en plus redoutables, à mesure que les expéditions lointaines habituèrent les armées à se détacher de l'intérêt public, et à ne servir que la fortune d'un général prêt à tout oser contre les lois. C'est ainsi que les forces vives de Rome se consumèrent toutes les unes les autres. Le peuple fut détruit par le sénat, le sénat par les Césars, les Césars par les armées, et les armées par les Barbares. C'est ce que prouve l'histoire des guerres civiles où sombra la République, et de l'Empire qui, commencé par Auguste, et finissant par Augustule, s'anéantit insensiblement, comme ces fleuves qui disparaissent dans les sables.

Concision éloquente. Ame antique. Montesquieu ne s'oublie pas. Les allusions contemporaines. Art de piquer l'attention. — Tel est le cadre, telles sont les principales lignes d'un tableau dont l'éloquence mérite l'éloge que Montesquieu fit lui-même de Tacite, lorsqu'il dit : « Il abrégeoit tout, parce qu'il voyoit tout. » Lui aussi, il réduit sans amoindrir, et résume sans obscurcir. Sa concision est un foyer de rayons dont les clartés intenses illuminent de vas-

---

1. « Ces nations furent les mains par lesquelles Rome enchaîna l'Univers. »
2. Les Gracques avaient pressenti ce péril ; et voilà pourquoi ils voulaient reconstituer l'élément romain, soit par les lois agraires qui proposaient une restitution de domaines usurpés sur l'État, non une spoliation, soit par l'extension du droit de cité accordé aux Italiens. Montesquieu a tort de condamner cette dernière mesure, et d'y voir une cause de décadence.

tes profondeurs. Ses jugements ont une brièveté grandiose qui ressemble à l'accent impérieux, calme et solennel des anciens jurisconsultes. On dirait qu'il dicte des lois aux événements du même ton que le sénat aux peuples. Pour égaler son expression à la majesté du spectacle, il a pris une âme antique, et renoncé presque à son habitude de traduire des pensées fortes en mots spirituels.

Cependant, il est encore aisé de reconnaître ici les artifices ordinaires à un écrivain qui s'oublie rarement, et aime à se faire valoir. Remarquons d'abord les diversions ingénieuses par lesquelles il se plaît à renouveler l'intérêt d'une histoire lointaine, et à la rapprocher de ses lecteurs, comme s'il doutait de leur courage ou de leur attention. De là mainte allusion à des faits modernes ou contemporains. A propos d'Antiochus qui consent à un traité infâme, n'admire-t-il pas « la résolution magnanime » que prit Louis XIV « de s'ensevelir sous les débris du trône plutôt que d'accepter des propositions qu'un roi ne doit pas entendre? » Ailleurs, il interrompt ses réflexions sur les guerres civiles de Rome pour dire : « Les Français n'ont jamais été si redoutables au dehors qu'après les querelles des maisons de Bourgogne et d'Orléans, après les troubles de la Ligue ou de la Fronde. » Plus loin, appelant Rome « la tête d'un corps formé par tous les peuples du monde, » il ajoute, non sans subtilité : « Si les Espagnols, après la conquête du Mexique et du Pérou, avoient suivi le même plan, ils n'auroient pas été obligés de tout détruire pour tout conserver. » Annibal à Capoue évoque le souvenir de « Kouli-Kan vainqueur des Indes » et « ne laissant à ses soldats que cent roupies d'argent. » Il compare les Romains de Tibère aux lazzaroni de Naples[1], et les coups d'état du Bas-Empire à ceux de la milice turque dont le caprice « fait ou défait le dey d'Alger. » Ne s'avise-t-il même

---

1. « Il y a aujourd'hui à Naples cinquante mille hommes qui ne vivent que d'herbe, et n'ont pour tout bien que la moitié d'un habit de toile ; ces gens-là, les plus malheureux de la terre, tombent dans un abattement affreux, à la moindre fumée du Vésuve : ils ont la sottise de craindre de devenir malheureux. »

pas de rapprocher Servius Tullius d'Henri VII, roi d'Angleterre, et d'affirmer que « l'un étendit les privilèges du peuple afin d'abaisser le Sénat », comme l'autre « augmenta le pouvoir des communes, afin d'avilir les grands? »

C'est une manière de piquer sans cesse la curiosité, pour tenir les esprits en éveil, et en arrêt. Le même souci lui inspire ou ces sentences qu'il formule d'un ton de président, ou ces comparaisons saisissantes qui sont tantôt le début, tantôt la conclusion de ses chapitres, entre autres celle-ci : « Comme on voit un fleuve miner lentement et sans bruit les digues qu'on lui oppose, et enfin les renverser dans un moment, et couvrir les campagnes qu'elles conservoient, ainsi la puissance souveraine sous Auguste agit insensiblement, et renversa sous Tibère avec violence. » Que de magnificence dans cette autre image: « L'empire réduit aux faubourgs de Constantinople finit comme le Rhin qui n'est plus qu'un ruisseau, lorsqu'il se perd dans l'Océan[1]! » Parfois le coup de pinceau est plus rapide, mais d'un puissant effet. C'est ainsi qu'il compare Mithridate à « un lion qui regarde ses blessures », et le repos silencieux du despotisme à la paix d'un tombeau où « des corps sont ensevelis les uns près des autres. » Sa familiarité n'est pas moins heureuse, quand il dit : « Il n'est point de plus cruelle tyrannie que celle qui s'exerce à l'ombre des lois, et avec les couleurs de la justice, lorsqu'on va pour ainsi dire noyer des malheureux sur la planche même sur laquelle ils s'étoient sauvés. » Il y a du Corneille dans cette prose auguste, par exemple, dans la sobriété vigoureuse du trait que voici : « Lorsqu'ils faisoient la guerre à quelque prince, ils l'accabloient du

---

1. Notons encore ce rapprochement : « Il est admirable qu'après tant de guerres les Romains n'eussent perdu que ce qu'ils avoient voulu quitter, comme la mer qui n'est moins étendue que lorsqu'elle se retire d'elle-même. »

Je l'aime moins, lorsqu'il compare les Stoïciens à « ces plantes que la terre fait naître dans des lieux que le ciel n'a jamais vus. » Il est bien alambiqué, lorsqu'il dit que « l'amour-propre nous porte à sacrifier notre être, par amour de notre être. »

Dans l'*Esprit des Lois*, on lit un chapitre qui se réduit à cette image : « Quand les sauvages de la Louisiane veulent avoir du fruit, ils abattent l'arbre au pied, et coupent le fruit. Voilà le gouvernement despotique. »

poids de tout l'Univers. » Par la netteté du relief, l'idée s'imprime d'emblée dans la mémoire[1].

Le ton cavalier. Les boutades. L'accent personnel.

— A des notes héroïques ou tragiques s'associe chez lui le ton dégagé de la causerie, et la liberté d'un style qui s'amuse, qui prend ses aises. Citons au moins ce joli passage où se joue un sourire d'ironie : « Falloit-il faire la guerre à Sertorius? On en donna la commission à Pompée. Fallait-il la faire à Mithridate? Tout le monde cria Pompée. Eut-on besoin de faire venir des bleds à Rome? Le peuple croit être perdu, si on n'en charge Pompée. Veut-on détruire les pirates? Il n'y a que Pompée; et, lorsque César menace d'envahir, le Sénat crie à son tour, et n'espère plus qu'en Pompée. » C'est une petite scène de persiflage comique[2].

En bien d'autres rencontres se manifeste l'homme du monde qui ne veut pas être ennuyeux, le grand seigneur qui craint de paraître pédant, mais surtout l'historien ingénieux et sincère qui prend plaisir à ses recherches, et trahit ses impressions par des mouvements involontaires. C'est ce que témoignent des façons de dire spontanées et personnelles. Ainsi, parlant du triumvir Lépide sacrifié par Octave, il laisse échapper cet aveu : « *On est bien aise* de voir son humiliation : c'étoit le plus méchant citoyen qui fût dans la République. » A ces saillies se reconnaît l'écrivain qui, à force de pratiquer intimement son sujet, devient contemporain du drame, compatriote des acteurs, et se sent ici dans ses propres Pénates.

Il lui arrive encore d'entamer son discours brusquement,

---

[1]. L'antithèse est encore une de ses figures favorites. Il dira que « Rome étoit gouvernée par des lois, et Carthage par des abus. » Parfois l'opposition est plus spécieuse que vraie : « Après l'abaissement de Carthage, Rome n'eut plus que de petites guerres et de grandes victoires, au lieu qu'auparavant elle avait eu de petites victoires et de grandes guerres. »

[2]. Il a parfois et volontiers des tours cavaliers. Il dit : « Le portrait de Tarquin *n'a pas été flatté.* » — « Le Sénat se crut *au dessus de ses affaires.* » — « Avant de *faire le coup.* » — « Que de malhonnêtes gens dans un seul contrat ! » — « Un honnête homme pour Antoine ne devoit guère l'être pour les autres. » — « Les moines ne cessèrent d'agiter le monde qu'ils avoient quitté. »

comme une conversation où il entre de prime-saut[1]. Ce sans-gêne a sa grâce : c'est le geste d'un homme vif qui, tout à coup, prend le bras de l'interlocuteur, et, tout plein de sa conviction, l'endoctrine en conscience, avec entrain. Parfois, le causeur se transforme en orateur. Jugez-en par le souffle qui anime cette période : « C'est ici qu'il faut se donner le spectacle des choses humaines. Qu'on voie dans l'histoire de Rome tant de guerres entreprises, tant de sang répandu, tant de peuples détruits, tant de grandes actions, tant de triomphes, tant de politique, de sagesse, de prudence, de constance, de courage ; ce projet d'envahir tout si bien formé, si bien soutenu, si bien fini à quoi aboutit-il qu'à assouvir le bonheur de cinq ou six monstres ? »

Habitudes latines de sa langue. Monument Romain. — Par une harmonie qui sied, la langue de Montesquieu garde l'habitude latine ; et, en plein dix-huitième siècle, elle est aussi voisine de Bossuet [2] que de Tacite et de Salluste. Pris toujours dans leur acception propre, les mots dont il use conservent toute leur vertu primitive. C'est ce qui donne tant de force à sa simplicité, notamment lorsqu'il écrit : « La dissimulation et la *tristesse* du prince se communiquoit partout.... La Grèce avoit été bien *étonnée* par le premier Philippe ; » ou bien encore : « Les légions commencèrent à ne reconnoître que leur général, à fonder sur lui toute leur espérance, et à voir de plus loin la *Ville* [3]. » Quantité d'autres vocables figurent ici avec une

---

1. Par exemple, à propos d'Alexandre, il dit : « Parlons-en à notre aise », ou bien encore « On ne peut jamais quitter les Romains.... » — « Je prie qu'on fasse un peu d'attention.... » — « Il faut que je rapporte ici.... » — « Remarquez, je vous prie.... » etc.

2. Serait-ce pour cette raison que Voltaire a compté Montesquieu parmi les écrivains du siècle de Louis XIV ?

3. *Urbs*, la ville par excellence, Rome. Voici quelques locutions bien latines : « Il rendit les rois comme *stupides*..... Les armées *consternoient* tout...... La cour gouverne par des *arts plus exquis*..... Sylla, dans la *fureur* de ses succès..... Ce n'étoient pas seulement les actions qui *tomboient dans le cas de cette loi*...... Il ne put *opprimer* la grandeur de cette âme..... Dans la *confusion des choses*..... Les mœurs anciennes *n'étoient plus*..... Les vétérans craignoient qu'on ne *répétât* les dons reçus.... Étrange *succès* d'une dispute qui avoit mis en combustion l'Univers ! » Il faudrait un glossaire, pour épuiser cette liste.

exactitude qui en double la valeur[1]. C'est même chez lui un procédé si constant qu'il a l'air d'une manière. A cette date, il faut, pour le soutenir, de l'étude, et du calcul. En cela, Montesquieu est au-dessous de Bossuet dont les latinismes instinctifs coulent de source, à son insu, entraînés par le flot d'une verve qui déborde.

Mais il faudrait plaindre ceux qui verraient de l'affectation sous ces formes de langage imposées par la convenance même du sujet. Disons plutôt que, dans ce livre, le style de Montesquieu défie toute censure. Depuis les *Considérations*, la science historique a découvert des vérités auxquelles il n'avait pas songé. Elle a donc pu compléter son œuvre, redresser quelques erreurs, ou confirmer ses conclusions par des arguments nouveaux. Mais, fût-il vaincu dans certaines controverses de détail, il l'emporte sur tous ses successeurs par la vigueur de la pensée, la beauté de l'exécution, et l'éloquence d'une parole impérissable comme ces monuments Romains bâtis pour l'Eternité.

---

1. C'est par là qu'il rappelle la langue de Bossuet : « Cicéron avoit des *parties* admirables. — Rome *travaillée* par ses dissensions...... Tout ce que pouvoit faire une bonne *police*, ils l'abolirent..... Ils étoient *entêtés* d'une religion grossière..... Ses entreprises demandoient de la *conduite*...... Une bigoterie universelle abattit les *courages*. »

VOLTAIRE

(1694-1778).

I. — PORTRAIT BIOGRAPHIQUE.

Le génie de Voltaire étant l'ubiquité même, il est malaisé de résumer en quelques pages une existence dont l'histoire est celle d'un siècle. Afin de rendre notre esquisse plus nette, nous lui donnerons pour cadre trois époques : l'une s'étendra de la naissance de Voltaire à son retour de Londres, (1694-1730) ; l'autre, où figurera l'épisode de Postdam, suivra sa biographie jusqu'à l'installation aux Délices (1730-1755) ; la dernière comprendra les vingt-trois années de séjour à Ferney, et le voyage à Paris (1755-1778).

Première époque (1694-1730). Son enfance, la Bastille, Œdipe (1718). La Henriade, fuite à Londres. — Né à Chatenay, ou peut-être à Paris, le 22 novembre 1694, fils d'un ancien notaire, trésorier de la chambre des comptes, et de Marguerite d'Aumart, tous deux d'origine poitevine, François-Marie Arouet fut, dans son enfance, si chétif et si frêle [1] qu'il semblait toujours prêt à rendre l'âme ; ce qui ne l'empêcha pas d'aller au-delà de quatre-vingt-quatre ans. Privé de sa mère [2], élevé dans un milieu très-libre de propos et d'allure, remarqué par Ninon de

---

1. Comme Fontenelle, qui mourut centenaire
2. Il la perdit à l'âge de sept ans.

Lenclos, qui lui légua 2000 francs pour acheter des livres, filleul de l'abbé de Châteauneuf, qui n'était point un modèle d'austérité, il entra de bonne heure au collége Louis-le-Grand, chez les jésuites, qu'il éblouit et scandalisa par les agréments et les audaces d'un esprit merveilleux [1]. Si le Père Le Jay lui prédit qu'il serait un jour le champion du *Déisme*, les Pères Tournemine, d'Olivet et Porée lui restèrent sincèrement attachés, et furent payés de retour par des coquetteries qui ressemblèrent à la reconnaissance. Notons même en passant qu'en 1763, quand la compagnie fut expulsée, le patriarche des philosophes recueillit à Ferney le Père Adam, qui se distinguait par un excellent appétit, et l'art de perdre galamment sa partie d'échecs.

Écolier déjà célèbre par ses couronnes et ses escapades, lauréat embrassé solennellement par Jean-Baptiste Rousseau, il débuta en pleine régence, dans un monde où l'on n'apprenait guère le respect et la règle. La vocation littéraire le tourmentait impérieusement, mais contrariée par un père qui lui destinait son office : faute de mieux, on lui permit pourtant de tenter la diplomatie, sous les auspices du marquis de Châteauneuf, ambassadeur en Hollande. L'essai fut bientôt si malheureux qu'on dut l'enfermer de force chez un procureur. Le jeune Arouet feignit la résignation; mais, plus soucieux de vers que de requêtes, il n'en continua pas moins ses jeux poétiques, et avec une malignité si étourdie qu'il finit par être mis à la Bastille. Car sa réputation satirique était déjà si bien établie qu'en dépit de son innocence on lui attribuait de sanglantes épigrammes terminées par ce trait :

J'ai vu ces maux, et je n'ai pas vingt ans!

Il est vrai qu'il ne tarda pas à être relâché par le Régent qui le gratifia même d'une pension, en faveur d'une épître où son prisonnier, tout en le remerciant d'avoir bien voulu sub-

---

1. Ses études y furent plus latines que grecques : car les Pères n'étaient pas hellénistes; le goût de la poésie légère dut être aussi encouragé par ses maîtres. (Voir *Voltaire au collége*, par M. Pierron, *Didier*.)

venir à sa nourriture, le priait de ne plus se charger désormais de son logement.

Son père lui tenait rigueur, mais il s'adoucit au lendemain de la représentation d'*Œdipe* (1718) ; et désarmé par un triomphe encore plus éclatant que mérité, il finit par consentir à la gloire de son fils. Pouvant dès lors être poëte à visage découvert, il donne coup sur coup *Artémire*, *Ériphyle* et *Mariamne*, avec des revers ou des succès douteux, puis l'*Indiscret*, où, par exception, il faillit rencontrer le ton de la vraie comédie. Quittant le nom d'*Arouet* « sous lequel il avait été trop malheureux », pour emprunter celui de *Voltaire* à un petit domaine venant de sa mère, il est tout ensemble très-laborieux et très-dissipé, fréquente le monde et la cour, voyage de châteaux en châteaux, mêle les vers aux plaisirs ; et, s'occupant de tout à la fois, même de sa fortune, il pratique déjà l'art de flatter les souverains pour oser impunément. — Tandis que, de Cambrai même, il adresse des louanges à l'indigne successeur de Fénelon, au cardinal Dubois, la vue d'Amsterdam lui arrache un cri d'indépendance, ce qui ne l'empêche pas de revenir aux grands seigneurs, aux Villars, aux Sully, aux Richelieu, de chanter Madame de Prie, et d'encenser la jeune reine qui l'appelle « *mon pauvre Voltaire.* »

Déjà paraissait une édition de la *Henriade*, mais incomplète, furtive, et menacée des censures de la Sorbonne, lorsque le chevalier de Rohan dont il avait relevé l'impertinence par une épigramme, à table, chez le duc de Sully, s'en vengea par le plus lâche guet-apens. Saisi et bâtonné par ses laquais, Voltaire disparaît, s'enferme, apprend nuit et jour l'escrime et l'anglais pour se préparer une vengeance et un asile, puis envoie un cartel au gentilhomme qui feint d'accepter, mais dans la nuit obtient une lettre de cachet, et fait jeter son adversaire à la Bastille, d'où il ne sortit que six mois après pour s'exiler.

Ne l'en plaignons pas. Car si la grâce et la vivacité de l'imagination lui avaient suffi jusqu'alors, il n'acquit toute la vigueur de son talent et tout le ressort de son caractère qu'au jour où il connut l'injustice. Les iniquités sociales, qu'on ne juge bien qu'après les avoir senties, l'avertirent enfin que l'esprit n'était pas tout en France.

Fuyant donc la Bastille et des ministres qui interdisaient l'impression de la *Henriade*, il arrive à Londres, au mois d'août 1726. Ce fut un des événements décisifs de sa vie. Et d'abord, son poëme, dont Louis XV avait refusé la dédicace, fut si généreusement patronné par la reine qu'il lui rapporta 150 000 livres, premier échelon d'une fortune qui, devenue plus tard l'opulence [1], grâce à d'heureuses entreprises financières, sera pour le publiciste une garantie d'indépendance. Mais, ce qui valait encore mieux, ce fut le trésor d'idées et d'exemples qui s'ouvrit à lui, dans cette « Athènes sérieuse [2] », où accueilli par lord Bolingbroke et ses amis, il put s'armer de toutes pièces pour entrer en campagne contre ce qui lui parut, à tort ou à raison, une entrave mise au droit de penser, de parler ou d'écrire. Tandis qu'il assiste aux royales funérailles de Newton (1727), s'initie au pathétique « *barbare* » de Shakspeare, lit Bâcon et Milton, il voit de près le mouvement et la vie d'une société libre où les savants et les gens de lettres, au lieu de faire antichambre chez les grands, parlent à la nation, jouissent de l'estime publique, et peuvent même prétendre aux plus hauts postes de l'État. Mais, sa moisson faite, il regretta Paris ; et, un nouveau ministre, Maurepas, lui ayant fait un signe rassurant, il accourut en France, non pas corrigé de cette pétulance d'instinct qui chez lui sera toujours incorrigible, mais aussi prudent et aussi réfléchi que le comportait son tempérament.

Seconde période (1730-1755). Le poëte dramatique, l'historien, le philosophe. Versailles et Postdam. — Il y retrouvait, sous la léthargique domination du cardinal de Fleury, le train d'autrefois, une cour brillante, une grande ville où le goût des plaisirs et du luxe allait croissant, une noblesse oisive, mais passionnée pour l'esprit, et prête à fêter en lui un écrivain que la persécution avait rendu

---

1. A sa mort, il laissera deux cent dix-huit mille livres de rentes qui valent aujourd'hui sept ou huit millions
2. Expression de M. Villemain.

plus célèbre encore. Tandis que la *Henriade*, agrandie et remaniée, faisait bruyamment applaudir son élégance froide, mais ingénieuse, son merveilleux sceptique, et surtout les nouveautés hardies de sa philosophie sociale, Voltaire signalait sa venue par vingt ouvrages qui devaient porter son nom à tous les centres retentissants. Ici nous en sommes réduits à la sécheresse d'un catalogue. Pour ne parler que de son théâtre, il continuait, à distance respectueuse, la tradition de Corneille et de Racine, non sans introduire sur la scène plus d'action, plus de mouvement, des effets pathétiques, des allusions militantes, et le savoir faire d'une industrie timide qui corrigeait Shakspeare. A cette époque se rattachent *Brutus* (1730), où apparaissent pour la première fois des sénateurs en robe rouge, la *Mort de César* (1731), drame patriotique et républicain qui se souvient du séjour à Londres, *Zaïre* (1732), tragédie touchante heureusement suggérée par Othello, puis *Adélaïde Duguesclin* (1734), l'*Enfant prodigue*, *Alzire* (1736), *Mahomet* (1742), *Mérope* (1743), *Sémiramis* (1748), *Nanine* (1749), *Oreste* (1750), le *Duc de Foix*, *Rome sauvée* (1752). En même temps qu'il publie son *Discours sur l'homme*, un de ses chefs-d'œuvre, ces mille poésies légères où il reste sans rival, le *Mondain* qui le force à se tenir caché durant deux mois, et le *Temple du goût* qui lui fait craindre une lettre de cachet, il lance à tous les vents ses *Lettres philosophiques*, dont le scandale est tel qu'il juge prudent de se réfugier en Lorraine, à Cirey, près de la marquise du Châtelet. En 1731 avait aussi paru l'*Histoire de Charles XII*, que la censure fit rentrer dans l'ombre, de peur de déplaire à Auguste, roi de Pologne. Enfin il recueillait les matériaux de son *Essai sur les mœurs*, tout en menant de front ses premiers *Romans*; le *Siècle de Louis XIV*, les *lettres Anglaises*, et la *philosophie de Newton*, qui lui avait inspiré naguère l'*Epître à Uranie*, dédiée à la docte Émilie. Parmi tant de monuments, d'essais et de projets tentés ou accomplis en tous sens, nous ne disons rien d'une infatigable *Correspondance* qui volait déjà par toute l'Europe, des pages fugitives écloses dans une heure de caprice et d'à-propos, ni des bagatelles complaisantes qu'improvisait sans relâche le gentilhomme de la Chambre, et l'historiographe royal, auquel sa Majesté Louis XV, grâce au crédit de madame de Pompadour, permettait enfin d'entrer à l'Académie française, en 1746, à cinquante-deux ans !

Ne l'oublions pas en effet : malgré des déboires qui ne tiraient plus à conséquence, et des taquineries officielles qui ne faisaient qu'aviver une popularité redoutable et irrésistible, Voltaire, pendant toute cette période, se montra courtisan autant que philosophe. Ses coquetteries voltigèrent sans cesse de Cirey à Versailles, comme de Versailles à Postdam, où l'appelaient les avances de son disciple, le prince royal de Prusse, qui fut depuis Frédéric le Grand. Celles-ci devinrent même si séduisantes qu'après un premier voyage diplomatique il finit par quitter Paris, le 28 juin 1750, et partit définitivement pour Berlin, avec le titre de chambellan, et vingt mille livres de pension, sans autre charge que de redresser les vers boiteux d'un métromane tudesque : ce qu'il appela bientôt « blanchir le linge sale de sa Majesté ». Ce n'est point là le plus beau chapitre de sa vie. Nous ne raconterons pas tous les incidents comiques de ce rapprochement traversé par tant d'orages. Même en amitié, Frédéric était un despote, et, les amours propres s'aigrissant, Voltaire ne tarda pas à se moquer du roi, comme du poëte,

> Assemblage éclatant de qualités contraires,
> Écrasant les humains, et les nommant ses frères,
> . . . .
> Pétri de passions, et cherchant la sagesse,
> Dangereux politique, et dangereux auteur,
> Son patron, son disciple, et son persécuteur[1].

Aussi, après trois ans de soupers philosophiques, de confidences littéraires, de tracasseries et de ruptures, Voltaire éprouva-t-il le besoin d'aller prendre les eaux à Plombières, c'est-à-dire de briser une chaîne qui lui pesait. Ce départ « du palais d'Alcine » ressembla fort à une évasion. Car on

---

[1]. Poëme sur la *Loi naturelle*.

sait l'avanie de Francfort, où la politesse prussienne le fit arrêter, rançonner, fouiller et garder à vue par douze baïonnettes berlinoises, lui et sa nièce, sous prétexte qu'il avait enlevé « l'œuvre de POÉSHIE du roi ». Ce lourd manuscrit s'étant retrouvé par bonheur, le captif put enfin franchir la frontière. Mais de nouveaux mécomptes l'attendaient, et il s'aperçut bientôt que l'air de la France lui était malsain.

Troisième période (1755-1778). Ferney, la dictature de Voltaire. — Ayant tâté le terrain à Strasbourg, à Colmar, à Lyon, et dans plusieurs autres villes, puis voyant que les portes de Paris lui restaient fermées, il crut sage de se rabattre sur les environs de Genève. Il s'établit alors, loin de la Sorbonne, du Parlement et des lettres de cachet, en pays neutre, dans une terre qu'il appela les *Délices*, et dont il inaugura gaiement la résidence par l'*Orphelin de la Chine* (1755). Mais ce ne fut qu'une station provisoire. Car après s'être partagé entre Lausanne, où il passait les hivers, et son domaine seigneurial de Tournay, il finit par se fixer en 1758 dans son château de Ferney, au pied du Jura, sur les bords du lac Léman. Il était âgé de soixante-quatre ans. C'est sa royauté qui commence. Cette gloire et cette influence qu'il poursuivait depuis sa jeunesse, par les grands travaux et les essais légers, par les plus belles inspirations comme par la licence, il va désormais en jouir pleinement, en dépit de toutes les haines. Affranchi de toute contrainte, il n'aura plus besoin de flatter les souverains pour s'assurer la faveur d'une tolérance précaire. Ce sont plutôt les souverains qui vont le flatter à leur tour, et lui payer tribut d'hommages. Dans la joie de cet affranchissement, ne s'écrie-t-il pas avec une verve émue :

> La Liberté! j'ai vu cette déesse altière,
> Avec égalité répandant tous les biens,
> Descendre de Morat en habit de guerrière,
> Les mains teintes du sang des fiers Autrichiens,
>   Et de Charles le Téméraire!
> Devant elle, on portait ces piques et ces dards,
> On traînait ces canons, ces échelles fatales,
> Qu'elle même brisa, quand ses mains triomphales

De Genève en danger menaçaient les remparts.
Un peuple entier la suit !...

De cette émancipation date une dictature qui est un des faits les plus considérables de notre histoire littéraire. L'activité qu'il déploya dans ces vingt-trois dernières années est si prodigieuse qu'elle effraie l'analyse [1]. Disons seulement que, dans un temps où éclata de toutes parts une polémique dont les tendances ont été trop souvent compromises par l'esprit de secte, Voltaire fut le chef d'un parti qui eut le tort de confondre ses passions avec ses doctrines, et d'opposer ses préjugés aux abus qu'elle prétendait abolir. Aussi alerte qu'insaisissable, informé par ses nombreux correspondants de tout ce qui se produisait à l'Académie, au théâtre, dans les cercles, dans les salons, dans les tribunaux, à la Sorbonne, à la ville et à la cour, protégé par son âge, sa fortune et sa renommée, inspiré par son humeur non moins que par son bon sens, Voltaire usa et abusa du droit de tout dire avec une impunité qu'encourageait l'applaudissement universel.

L'homme et son œuvre. — C'est ce qui nous explique pourquoi il fut exalté sans mesure par les uns, et maudit sans réserve par les autres. Il mérita la louange comme le blâme, et il convient de faire un choix circonspect dans un héritage qu'on ne saurait accepter tout entier sans péril. Si nous devons garder son respect pour la raison, sa haine de la violence et du fanatisme, son vif sentiment du droit, son zèle pour la tolérance, nous lui laisserons ses faiblesses, ses injustices, ses incertitudes, son parti pris d'incrédulité, ses sarcasmes, ses boutades impies, et son mépris de la vie humaine qu'il appelait « un jeu entre un berceau et une tombe ». Il y a donc dans sa vie des taches qui ne s'effaceront pas, comme dans ses écrits des torts que ses séductions ne feront point oublier. M. Sainte-Beuve n'a-t-il pas dit : « Je le compare-

---

[1]. Indiquons en vers les satires intitulées le *Pauvre diable*, le *Russe à Paris*, la *Vanité*, les épîtres sur *Horace et Boileau*, *Tancrède*, les *Scythes*, les *Guèbres*, les *Pélopides*, la comédie de *l'Écossaise*; en prose ses *factums* pour Calas, Sirven, Lally, son *Commentaire* de Corneille, son *Essai sur les mœurs, et l'esprit des nations*, l'*Histoire de Pierre le Grand*, celle du *Parlement de Paris*, la *Philosophie de l'histoire* le *Dictionnaire philosophique*.

rais volontiers à ces arbres sous l'ombre desquels il est dangereux de s'asseoir. » Un de ses amis, d'Argenson, fut prophète, lorsqu'en 1734 ses sympathies pour Voltaire âgé de quarante ans lui suggéraient ce vœu : « Plaise au ciel que la magie de son style n'accrédite pas de fausses opinions ; qu'il ne déshonore pas ce style ravissant, en le faisant servir à des ouvrages dont les sujets soient indignes du peintre ; que ce grand écrivain ne produise pas une foule de mauvais copistes, et qu'il ne devienne pas le chef d'une secte à qui il arrivera, comme à bien d'autres, que les sectateurs se tromperont sur les intentions de leur patriarche ! » Plus soucieux de plaire que d'instruire, il fut donc un démon charmant de grâce et d'esprit, mais n'eut point assez d'autorité morale. Car la vérité même, suivant l'expression discrète de M. Nisard, « il la traita en homme qui pouvait s'en passer, et lui préféra la gloire. »

Mais il est équitable d'attribuer aux mœurs de son temps et aux entraînements du combat certains écarts d'une plume dont la première illusion fut peut-être de se croire philosophique. Ajoutons aussi que, s'il a fait du mal, il eut pourtant le droit de dire :

J'ai fait un peu de bien ; c'est mon meilleur ouvrage.

S'il a été coupable de propager un scepticisme épicurien et irréligieux, si un de ses poëmes l'accuse à jamais lui et son siècle, il a défendu souvent avec courage des causes généreuses. Tandis qu'il fondait à Ferney une colonie d'ouvriers, qu'il y bâtissait une église et des écoles, il affranchit ses paysans, dota la nièce de Corneille, flétrit plus d'un crime juridique, plaida victorieusement la cause de Calas et de Sirven, protesta contre la condamnation de Lally-Tolendal, et fut en mainte rencontre l'avocat du bon sens, de la justice, ou de l'humanité. La *Tolérance*, voilà le mot qui résume la meilleure part d'une influence, dans laquelle le XVIIIe siècle reconnut tous ses instincts bons et mauvais. De là le prestige et l'ascendant de son génie.

Tandis que toutes les voix répétaient à l'envi son nom, tandis que Catherine de Russie, Christian VII de Danemark, Gustave III de Suède, et l'empereur Joseph II, croyaient se rendre populaires en lui faisant la cour, il était salué dans toute la France comme un arbitre de l'opinion. Ses admirateurs qui lui avaient élevé une statue, dès l'année 1770, le décidèrent enfin à quitter sa retraite pour venir à Paris jouir une dernière fois de sa gloire. Ce voyage fut un triomphe. Tous, grands seigneurs et artisans, rivalisèrent d'enthousiasme. A la représentation d'*Irène*, il vit son buste couronné sur la scène, au milieu d'applaudissements frénétiques. Mais tant d'émotions épuisèrent un vieillard qui n'était plus que le souffle d'une ombre. La fièvre le prit; et, le 30 mai 1778, il s'éteignit dans l'hôtel du marquis de Villette, sur le quai des Théatins, qui porte aujourd'hui son nom. Transportés clandestinement à l'abbaye de Scellières par les soins de l'abbé Mignot, son neveu, ses restes devaient plus tard être transférés au Panthéon, en 1791. La Restauration les en exila, et aujourd'hui son cœur est déposé à la Bibliothèque nationale.

II — LE POËTE TRAGIQUE.

La décadence de la tragédie classique. — Après Corneille et Racine, la tragédie se réduisit de plus en plus à l'imitation; « et, comme on n'imite pas la vérité des caractères et des passions, ni les beautés du génie[1] », on se porta vers les défauts. Campistron, la Grange-Chancel et Duché, crurent donc continuer de beaux exemples en se traînant sur les traces des maîtres. Ils empruntèrent à l'un l'abus du raisonnement et de l'intrigue, à l'autre l'étiquette et la galanterie[2]. Une facture incorrecte, vague et terne, un air de fatigue et d'épuisement, nulle invention, point de style, tels

---

1. *Histoire de la Littérature française*, par M. Nisard.
2. « Étant le dernier venu, Racine fut le plus imité. On crut lui prendre ses plans en s'assujettissant étroitement à ses règles, et son harmonie en évitant les vers durs. » *M. Nisard.*

furent les symptômes de cette décadence, où l'on distingue à peine le *Manlius* de la Fosse, et le *Rhadamiste* de Crébillon qui, tout en déviant vers le mélodrame, et intéressant les nerfs plutôt que l'esprit, rappelait cependant la race des héros[1].

Œdipe (1718). — Huit ans après, en 1718, le succès d'*Œdipe* semblait inaugurer une renaissance; et, bien que la majesté de l'antique légende fût singulièrement compromise par le ridicule amour du prince Philoctète et de la reine Jocaste, les contemporains jugèrent égal à Racine et supérieur à Sophocle, le poëte de vingt-trois ans qui, passionné pour la gloire, et jaloux d'avoir autant d'admirateurs que de prosélytes, allait demander au théâtre la célébrité pour son nom et la popularité pour ses doctrines.

Voltaire et Shakspeare; respect de la tradition et instinct de réformes. Action plus vive; prestiges du décor. — Quand Voltaire débuta par cette tragédie médiocre malgré quelques scènes remarquables, il ne songeait qu'à faire revivre les traditions léguées par le dix-septième siècle; et si plus tard l'étude de la littérature anglaise lui ouvrit des horizons nouveaux, l'influence de Shakspeare, qu'il eut le mérite de révéler à la France[2], ne l'empêcha pas de rester fidèle à la discipline de ces bienséances classiques que devait toujours respecter son génie si peu fait pour le respect. En 1732, au retour de l'exil, il persistait à regarder comme des principes essentiels non-seulement la loi des unités, mais toutes les élégances sociales que le voisinage d'une cour polie avait imposées à notre scène. Lui qui jugeait Corneille « rude et négligé », même en ses meilleurs ouvrages, il se garda bien d'être trop favorable à des beautés incultes qu'il taxait de barbarie. Sous les

---

1. Il força le ressort de la terreur.
2. Dans ses lettres sur les Anglais, en 1732. Voici son sentiment sur Shakspeare : « C'est une belle nature, mais bien sauvage; nulle régularité, nulle bienséance, nul art; de la bassesse avec de la grandeur, de la bouffonnerie avec du terrible; c'est le chaos de la tragédie dans lequel il y a cent traits de lumière »

éloges décernés à Shakspeare, et dont il se repentit en sa vieillesse (car ils ne furent que le mouvement involontaire d'un premier instinct), se trahissent donc dès l'abord les réserves d'une secrète raillerie. A plus forte raison n'eut-il point l'idée d'importer parmi nous une action irrégulière, des horreurs sanglantes, et la violation des règles qu'il avait défendues contre La Motte.

Ses tentatives de réforme visaient seulement à concilier une liberté de pensée qui flattait l'opinion avec des effets de théâtre plus hardis, des combinaisons d'événements plus rapides, la richesse du costume, l'appareil du décor, et ces prestiges qui aident le plaisir de l'esprit par celui des yeux.

Brutus (1730). L'innovation timide. — Telle fut l'intention de son *Brutus* (1730), joué l'année même où il revint de Londres. Une des audaces dont il se vante dans sa préface est de produire pour la première fois des sénateurs revêtus de leurs toges bordées de pourpre. Il se conforme du reste à la dignité convenue de nos mœurs dramatiques ; ici, nulle familiarité, rien d'intime ni de populaire. Apprise à l'école de ses devanciers, sa langue abstraite ou pompeuse n'a pas même l'austère simplicité d'*Horace*, ou ces tours naïfs que Corneille trouvait dans son cœur, et Racine dans les délicatesses de son art. Docile à la routine de l'usage, il mêle encore à une matière toute politique la fadeur d'une intrigue romanesque[1] ; et cela sans rajeunir ce lieu commun par quelque vive peinture des périls et des erreurs que pouvait courir une liberté récente.

Ériphyle, et le merveilleux artificiel (1732). — Toutefois le souvenir des spectres shakspeariens hantait son imagination, lorsqu'il affronta le terrible sujet d'*Ériphyle* (1732), qui rappelait celui d'Oreste et d'Hamlet. Mais cette réminiscence resta lointaine et indécise. Car si quelques impressions de sombre mélancolie s'entrevoient dans sa fable, il les déguise sous les redites d'une mythologie artificielle. A ce prix seulement, il osa se passer d'amour, non sans

---

1. La passion du jeune Titus, fils de Brutus, pour Tullie, fille de Tarquin.

demander grâce pour une témérité dont il avait l'air de s'accuser dans un ingénieux prologue. A l'apparition que Shakspeare avait su rendre presque naturelle par les ténèbres de la nuit, par la solitude d'une plage déserte et les troubles d'une imagination égarée, il substitua l'involontaire parodie d'un merveilleux froidement invraisemblable qui éclatait, en plein midi, devant tout un peuple [1].

Mais la maladresse ou la timidité de ces innovations fut la faute du temps plus que du poëte. Il lui fallait bien s'accommoder à la mode du jour, comme le fit plus tard Ducis, lorsqu'il s'avisa d'acclimater les drames de Shakspeare, sous le regard indigné des Aristarques dont la cabale poussa des cris d'alarme, et voulut étouffer le monstre naissant. On ne pouvait abolir brusquement des formes consacrées par une sorte de culte qui allait jusqu'à la superstition. Car les préjugés littéraires sont chez nous plus vivaces que tous les autres. Au lendemain d'une révolution qui avait renversé tout l'édifice du passé, ne vit-on pas la poétique de l'ancien régime survivre seule à tant d'institutions détruites, et défier le flot qui n'avait rien épargné ?

Zaïre (1732). — D'ailleurs la critique doit désarmer devant *Zaïre* (1732), ce chef-d'œuvre que Rousseau nomma « la pièce enchanteresse. » Jamais en effet le talent dramatique de Voltaire n'eut plus de grâce et de vivacité ; jamais la faiblesse ordinaire de son expression ne réussit mieux à tromper des yeux éblouis. « C'est, dit M Villemain, l'inspiration la plus heureuse d'un génie qui n'était pas né pour la perfection. » On y surprend encore l'influence adoucie de Shakspeare. Car le pathétique d'*Othello* s'y prête aux exigences d'un siècle raffiné. Le Maure de Venise y devient le Soudan d'Egypte, le jeune et brillant Orosmane. Desdémone, si dévouée à ses tendresses, se transforme en une captive respectée jusque dans le sérail. La convenance des susceptibilités les plus délicates et les

---

[1]. Ériphyle, coupable du meurtre de son époux, conduit en grande pompe devant les autels son fils Alcméon qu'elle ne connaît pas, et veut épouser, lorsque l'ombre d'Amphiaraüs apparaît devant la foule, à la porte du temple. — Dans *Sémiramis*, Voltaire évoque aussi une ombre, en grande compagnie.

ornements d'un goût ombrageux ont donc remplacé l'ardente vérité des passions, et les éclats redoutables qui pouvaient seuls donner à la catastrophe toute sa vraisemblance. Ajoutons cependant que Voltaire « nous dédommage de ce qu'il a trop faiblement imité [1] » par ce qu'il tire de lui-même, je veux dire la conception de l'épisode chrétien dont l'éloquence, puisée aux sources nationales, porta bonheur au détracteur irrévérent du christianisme [2].

La tragédie républicaine. La mort de César. — Au lendemain de ce triomphe, Voltaire, revenant à l'idée d'une tragédie plus austère, voulut enfin réaliser le drame patriotique et républicain que lui avait offert le théâtre de Londres. Il supprima donc toute intrigue amoureuse pour composer, d'après Shakspeare, la *Mort de César*. Mais en cette étude il ne se borna pas à reproduire, dans sa diversité grandiose, la tragédie toute faite que lui proposait l'histoire. Ici encore il choisit, il atténue, il élimine, il invente. Cherchant le nœud de sa pièce dans le vague soupçon que Brutus est fils de César, il dérobe sous un parricide l'intérêt dominant qui s'attache à la lutte suprême du sénat contre l'empire. Pour avoir ainsi exagéré l'horreur morale de l'assassinat politique, il est obligé de jeter un voile sur la scène sanglante qui se passe dans la curie. Au lieu de se produire devant nous, le meurtre du dictateur n'est connu que par le cri lointain des conjurés, et le retour de Cassius accourant un poignard à la main. Cependant si Voltaire ne ressuscite pas la vie sociale d'une époque historique, si son goût dédaigneux s'est trop empressé de condamner comme étranges ou bouffonnes les beautés familières vers lesquelles l'invitait un génie merveilleux par l'intuition du vrai, sa verve s'anima d'un souffle inspirateur qui parfois le rapproche d'un puissant modèle.

L'ubiquité de Voltaire. Sa propagande philosophique. — Sans passer en revue la suite de ses œuvres, *Al-*

---

1. M. Villemain.
2. Il y eut une nouveauté très-méritoire dans cet emprunt fait pour la première fois aux fastes héroïques de notre histoire.

zire, *Mahomet*, *Mérope*, *Sémiramis* (1748), *Oreste* (1749), *Rome sauvée* (1752), *Zulime*, l'*Orphelin de la Chine*, *Tancrède* (1760), et d'autres esquisses brillantes, mais trop rapides, dont la dernière fut *Irène*[1], avec ses funèbres ovations (1778), résumons nos impressions en disant que, si Voltaire mérite une place honorable, à distance de Corneille et de Racine, il ne fut cependant pas, sauf exception, un de ces créateurs désintéressés qui ont le privilége de charmer tous les âges. Trop engagé dans les luttes de la polémique pour demeurer maître de lui-même, trop disputé par mille inquiétudes pour avoir le temps de se recueillir, mettant sa coquetterie à mener de front les travaux les plus variés, il n'eut guère ce qu'on pourrait appeler le sérieux de la paternité dramatique. Dispersée sur mille objets, son ubiquité prodigua ses caprices, sans se concentrer jamais en un foyer de lumière féconde. Aussi ses héros de théâtre furent-ils, en général, des personnages de circonstance, suscités par l'occasion, et plus ambitieux de flatter les passions contemporaines que de plaire à l'impartial avenir par l'accent définitif des sentiments et les traits permanents de la nature humaine.

Ce travers s'accusa surtout avec l'âge; car le poëte perdit alors ce que voulait gagner le philosophe. Sans doute il lui arriva de faire applaudir plus d'une maxime utile ou généreuse; mais ce fut au prix d'anachronismes flagrants qui trahissaient trop l'idée fixe d'enrôler dans le parti de ses haines ou de ses intérêts les grandes figures qu'il empruntait à l'histoire[2]. Quant aux rôles imaginés en toute indépendance, ne les regardons pas de trop près; car ils ne sont bien souvent que le jeu d'une fantaisie qui fut la première à se moquer, dans la coulisse, des improvisations trop hâtives que le parterre prenait au sérieux. « C'est de la

---

1. Il laissa une tragédie posthume, *Agathocle*, où il met en scène un tyran abdiquant en faveur de son fils, qui abdique lui-même en faveur de la république.

2. Il altère la physionomie de Cicéron et de César, comme celle de Gengiskan, dont il fait, dans l'*Orphelin de la Chine*, un *sauvage doucereux*.

crème fouettée », disait-il de *Zulime*. « C'est du gros vin », dit-il de *Mahomet*.

Sous des costumes grecs ou romains, espagnols, américains, turcs ou chinois, on reconnaît ici des encyclopédistes travestis, et la pièce où ils agissent n'est qu'un prétexte pour les plaidoyers qu'ils débitent.

Malgré ces défauts qui, d'abord furtifs, finirent par se donner toute licence, Voltaire ne fut pas seulement habile aux ressources de l'expédient ou de l'à-propos; car on ne saurait lui refuser sans injustice l'entrain de l'invention, le mouvement alerte du dialogue, le talent de combiner des ressorts, de provoquer des secousses inattendues, de remuer les âmes par une chaleur qui n'est pas toujours factice, et de préparer des situations terribles et touchantes où se déploie, non sans force, la souplesse de ses facultés les plus brillantes[1]. Il eut donc la gloire de réveiller la muse tragique, engourdie par un trop long sommeil. *Mérope* en est un magnifique témoignage.

MÉROPE.

(1743).

I. — Faits historiques.

Les devanciers. Euripide. — Le sujet de *Mérope* remonte à l'antiquité grecque. D'après le mythologue Hy-

---

[1]. Il abrégea, et finit par supprimer les tirades et les monologues. — Revendiquant la liberté de la scène, il obtint la suppression des banquettes réservées jusqu'alors aux gentilshommes. — Il comprit, trop peut-être, l'importance du décor et du costume. N'en vint-il pas à dire très-haut que le poëte dramatique doit songer non pas au lecteur, mais seulement au spectateur? Ajoutons aussi que ses acteurs de prédilection, Le Kain et Mlle Clairon, substituèrent à la déclamation chantante du dix-septième siècle la simplicité du débit naturel. La mélopée du récitatif se prêtait mal au vers prosaïque de Voltaire.

gin[1], qui nous a conservé l'argument d'Euripide, voici quel fut le motif de la tragédie que ce poëte composa sur cette tradition héroïque.

Polyphonte a tué Cresphonte, roi de Messénie, massacré ses enfants et épousé sa veuve, Mérope. Seul de ses fils, Téléphonte a pu échapper au fer des assassins. Confié par sa mère, dès le premier âge, à un habitant de l'Élide, à Nessus, qui l'élève dans des sentiments dignes de sa race, il revient enfin à Messène sous un nom supposé, pour annoncer à Polyphonte qu'il a tué le fils de Cresphonte. Cette nouvelle, que le tyran accueille avec joie, cause à Mérope les plus cruelles angoisses. Elle ne doute plus de son malheur, surtout quand Nessus lui apprend qu'il n'a pas retrouvé Téléphonte. Aussi ne songe-t-elle qu'à venger son trépas. Cet étranger que cherche sa colère, elle le rencontre endormi dans une salle du palais, et s'élance sur lui, la hache à la main; elle va lui porter un coup mortel lorsque, par bonheur, Nessus arrive, reconnaît Téléphonte, et arrête le bras de sa mère. Préservé de ce péril, le fils de Mérope ne tarde pas à punir l'usurpateur, et à recouvrer le trône paternel.

La Mérope de Torelli (1595). — Cette fable était digne d'exciter une émulation féconde. Dès le seizième siècle, en 1595, un ambassadeur, un poëte, le comte Torelli, qui mêlait les affaires aux lettres, restaura cette légende avec une simplicité touchante. Plusieurs scènes semblent vraiment retrouvées de l'antique; et ce qui aide à l'illusion, c'est le rôle du chœur, dont la voix s'associe à toutes les émotions du drame. Par exemple, lorsque Téléphonte, égaré dans la demeure de ses aïeux, s'endort sur le trône de son père[2], l'âme tout émue de respect, de joie et d'espérance, les strophes que voici ne semblent-elles pas un

---

[1]. Grammairien latin, natif d'Alexandrie ou d'Espagne, d'abord esclave de Jules César, puis affranchi d'Auguste qui lui confia la garde de la bibliothèque Palatine; il a laissé un recueil de *Fables mythologiques*, et l'*Astronomicum pœticum*, publiés dans les *Mythographi latini* de *Muncker*, Amsterdam, 1681.

[2]. Un oracle d'Apollon lui prédit qu'il trouverait la fin de ses malheurs, quand il serait assis sur le siége de son père.

fragment d'*Euripide?* « Il dort comme sur un lit délicieux; il dort dans le calme et la sécurité, au moment du péril et de la mort! Il dort, l'impie et le meurtrier[1]! et ses yeux se sont fermés un instant pour se reposer, ses yeux que va bientôt couvrir une éternelle nuit! O Jupiter! tu ôtes la prudence et le jugement aux hommes qui, chargés du poids de leurs crimes, ont passé l'heure du repentir et épuisé la source de la clémence! C'est toi qui les remplis d'audace, et les pousses comme des aveugles au précipice[2] où ils vont s'engloutir! »

Au moment même où éclatent ces accents, Mérope, pleine de douleur et de colère, lève déjà le bras pour immoler celui qu'elle croit l'assassin de son fils. Mais, avant de le frapper, elle veut qu'on l'enchaîne, afin qu'il s'éveille et sente la mort. Alors Téléphonte, en cet extrême danger, laisse échapper ces plaintes : « Apollon, est-ce donc là ton oracle? Est-ce ainsi que je devais trouver le repos sur ce siége? Hélas! mon père ne sera donc pas vengé! Et moi-même, malheureux, je ne le serai pas non plus! La mort n'a pour moi qu'une consolation, c'est qu'au moins j'expire dans mon palais, et sur le trône où je devais vivre! » Ces gémissements inattendus étonnent Mérope qui, dans son trouble, interroge ainsi l'inconnu : « O Dieu! qui es-tu? Dis-moi : ce palais, ce trône qui est le tien, ce père qui ne sera pas vengé?.... Parle, parle, ne tarde pas, n'essaye pas de me tromper en ce terrible moment. Qui donc es-tu? » Et Téléphonte de répondre : « Je n'ai personne ici qui me connaisse, excepté Nessus, le vieux serviteur de la reine. » Or, tandis que ces mots font déjà pressentir le mystère de sa naissance, voici que Nessus arrive comme un Dieu libérateur; et, du plus loin qu'il paraît, il s'écrie: « Jetez, jetez cette hache, ô reine : *C'est mon Téléphonte! c'est votre fils*[3]. »

---

1. Le chœur regarde comme un meurtrier du fils de Cresphonte cet étranger qui, pauvre, inconnu et persécuté, rentre enfin dans sa patrie, après un long exil.
2. Mérope s'arme en effet pour sa vengeance.
3. . . . . .Oimè! reina.

Telle est cette fameuse péripétie qui, selon le témoignage de Plutarque[1], provoquait, dans le théâtre grec, un frémissement universel. Car la foule redoutait que Nessus n'accourût pas à temps pour sauver la victime innocente. Dans cette esquisse pathétique, Mérope est déjà plus mère que reine; et, dès qu'elle a retrouvé son fils, ses angoisses redoublent. Ne lui dit-elle pas : « Je ne sais, en t'embrassant, si mon cœur est plus agité de terreur que de plaisir. » A l'héroïne de Torelli on ne peut reprocher qu'un tort, grave il est vrai, celui de n'être pas insensible à l'amour de Polyphonte. Ce trait la *défigure*[2].

La Mérope de Maffeï (1713). — Cette erreur ne fut point commise par un autre Italien, le marquis de Maffeï[3], pour lequel le même sujet devint en 1713 l'occasion d'un succès encore plus éclatant. Il sut, aussi lui, peindre avec force l'amour maternel, mais sans y mêler aucun sentiment étranger. En revanche, il s'étudia trop à multiplier les périls d'Égisthe[4]; et ces complications altèrent la simplicité primitive d'une donnée assez dramatique pour n'avoir pas besoin de ressorts artificiels. Il se rencontre aussi dans sa pièce des détails trop naïfs[5], aux dépens desquels s'égaya l'ironie de Voltaire, non sans ingratitude, puisqu'il devait à Maffeï l'idée de sa tragédie[6] et quelques-unes de ses plus belles scènes.

La Mérope de Voltaire (1743). — Composée en 1738, la *Mérope* française ne fut jouée qu'en 1743. Elle faillit même rester en portefeuille; car Voltaire craignait qu'on ne fît un accueil froid à une œuvre d'où l'amour était exclu. Le 5 février 1738, n'écrivait-il pas au prince royal de Prusse :

> Oimè! pon giu quell' azza : Telefonte
> E questo mio, quest' è il tuo amato figlio.
>   (Page 383.)

1. Plutarque. *De usu carnium.* II, 5.
2. Après le meurtre du tyran, ne s'avise-t-elle pas de dire : « Une femme honnête ne peut refuser quelques larmes à la mort d'un amant, fût-il son ennemi. »
3. Né à Vérone en 1675, il mourut en 1755.
4. C'est le nom qu'il donne à Téléphonte.
5. Mérope n'y reçoit pas de visites, parce qu'elle a la fièvre.
6. Elle fut dédiée à l'auteur italien.

« Votre Altesse me tiendra lieu du public; car je ne ferai pas à notre parterre et à nos loges l'honneur de leur présenter un ouvrage qui condamne trop ce goût frelaté et efféminé, introduit parmi nous. Nos Français sont si galants et si jolis, que tous ceux qui ont traité de pareils sujets les ont toujours ornés d'une petite intrigue entre une jeune princesse et un fort aimable cavalier. On voit une partie carrée tout établie dans l'*Electre* de Crébillon, d'ailleurs si tragique. L'*Amasis* de Lagrange[1], qui est le sujet de *Mérope*, est enjolivé d'un amour très-bien tourné. Enfin voilà notre goût général; Corneille s'y est toujours asservi. Si César vient en Égypte, c'est pour voir une *reine adorable*; et Antoine lui répond: *Oui, seigneur, je l'ai vue; elle est incomparable.* Le vieux Martian, le ridé Sertorius, sainte Pauline, sainte Théodore[2] ne sont pas moins amoureux. » Ces alarmes reçurent un heureux démenti; car *Mérope* excita le plus vif enthousiasme. Par l'ordonnance d'un plan sévère, par l'émouvante majesté des situations, par le naturel et la franchise des caractères, elle conquit,

---

1. Avant Voltaire, Lagrange-Chancel, dans le personnage de *Nitocris*, qui est *Mérope* transportée en Égypte, avait représenté, lui aussi, l'amour maternel. Il y a même dans cette pièce un vers très beau. Nitocris menace Amasis de la vengeance de son fils; et, comme le tyran rit de cette menace, on assiste à ce dialogue :

NITOCRIS.
Dis, qui peut l'empêcher de t'immoler?
AMASIS.
Sa mort.
NITOCRIS.
Mon fils est mort?
AMASIS.
Conduit par sa noire furie,
Il venait dans ces lieux pour m'arracher la vie,
Lorsqu'un bras triomphant envoyé par les dieux,
L'a privé pour toujours de la clarté des cieux.
NITOCRIS.
Non, je ne le crois point....
AMASIS.
Si vous n'en croyez rien, d'où vient que vous pleurez?

« Ce vers, dit M. Saint-Marc Girardin, exprime admirablement et la joie du tyran, et la douleur de cette mère qui essaye de douter de la mort de son fils, mais qui pleure cependant, parce qu'une mère craint pour ses enfants les malheurs mêmes qu'elle ne croit pas. »

2. Personnages des tragédies de Corneille.

dès le premier jour, tous les suffrages et mérita d'être appelée l'*Athalie* de Voltaire.

La Mérope d'Alfieri. — S'il compta des devanciers, il eut un imitateur; et un disciple de sa philosophie, une imagination fougueuse, mais trop préoccupée de doctrine politique, un talent âpre et altier, une âme malade et passionnée, Alfieri[1], reprit à son tour un sujet qu'il ne jugeait point épuisé par ses concurrents. Dans son admiration presque superstitieuse pour l'art antique, il crut devoir rester fidèle au précepte d'Horace, qui réduisait à quatre le nombre des acteurs tragiques[2]. Il ne mit donc en scène que Polyphonte, Egisthe, Mérope et Polydore, qui devint le principal instrument de l'action; car il sert tout ensemble à la nouer et à la dénouer; il cause l'erreur de Mérope, et finit par la détromper. Tuteur d'Égisthe, c'est lui qui, rencontrant l'armure sanglante du jeune homme dont il est séparé, la porte à sa mère; c'est aussi lui qui répare bientôt sa première méprise. Cette combinaison adroite est la nouveauté d'un poëme qui se passait de confidents[3]. Ce fut à sa mère qu'Alfieri dédia cette œuvre, où l'on distingue des élans hardis et de véhémentes tirades, plutôt que la connaissance intime du cœur humain. Car sa *Mérope* a moins de douleur que de colère, et de tendresse que de violence. Elle prodigue trop d'injures au tyran, et, plus citoyenne que mère, semble détester surtout dans Polyphonte, non l'assassin de son époux, mais l'oppresseur de Messène. Ainsi conçu, le caractère a de la sécheresse et de la froideur. On y sent le parti pris d'un tribun. En résumé, Voltaire garde encore ici l'avantage. Il est le plus logique et le plus vrai[4].

1. Né à Asti, en Piémont, en 1749, il mourut en 1803. En moins de sept ans, (1775-1782) il composa quatorze tragédies, dont quelques-unes sont des chefs-d'œuvre. Ses deux traités de la *Tyrannie*, du *Prince et des lettres*, le rapprochent de Machiavel.

2. « Ne quarta loqui persona laboret. » *Hor.* : Art poétiq.

3. En Italie, on railla la conduite d'une pièce qui économisait ainsi les personnages. Dans une parodie, la *mort de Socrate*, drame à 3 acteurs, la scène la plus pathétique se réduit à ces mots : « *Socrate*. Je meurs. *Platon*. O mon maître ! *Xantippe*. O mon époux ! »

4. Le sujet de *Mérope* avait été indiqué par Aristote, et tenté par les *cinq*

II. — ÉTUDE LITTÉRAIRE.

Le sujet; conduite adroite de l'action. — Dans Mérope comme dans Zaïre, on ne saurait trop louer la conduite d'une action que ne ralentit pas la moindre langueur, mais dont l'intérêt va toujours croissant depuis le premier vers jusqu'au dernier.

Sans nous engager dans le détail d'une analyse continue, signalons du moins l'adresse avec laquelle Voltaire éveille en nous, dès l'abord, une curiosité sympathique aux alarmes de son héroïne, et à la tendresse qu'elle éprouve pour le seul fils qui survive à la ruine de sa maison. Avant la venue de Polyphonte, une exposition vive et précise nous apprend toutes les circonstances qui d'avance expliquent et préparent nos émotions. Égisthe, qui ne paraîtra qu'au second acte, est déjà présent dans les craintes et les vœux de celle qui pleure son exil, et attend son retour, à l'heure décisive où le peuple de Messène, las enfin de l'anarchie qui suivit la révolte, va donner un successeur à Cresphonte. Nous savons en effet, par l'entretien d'Isménie et de Mérope, qu'arraché dès l'enfance aux bras maternels, et réduit à se dérober encore aux meurtriers de son père, le dernier rejeton d'une dynastie détruite par un crime est, depuis quinze ans, sous la garde d'un vieillard qui veille au salut du proscrit. Nous pressentons les pièges dont le menace Polyphonte, ce scélérat ambitieux qui, tout en se déclarant le vengeur du droit outragé, soudoie des assassins contre l'héritier légitime du souverain qu'il égorgea pour usurper son trône. En face des embûches qu'il ourdit

---

auteurs que Richelieu faisait travailler sous ses ordres, par ce même Gilbert qui voulut faire une *Rodogune* après Corneille, puis par La Chapelle, sous le titre de *Téléphonte*.

Voltaire, dans sa préface, ne dissimule pas les obligations qu'il avait à Maffeï; mais, comme on se plaisait à les exagérer, il supposa une lettre d'un inconnu *La Lindelle*, où l'amertume de la censure formait une espèce d'antidote contre les louanges prodiguées à son devancier dans sa dédicace. Le procédé n'était pas très-loyal, mais les critiques furent justes.

dans l'ombre, notre pitié tremble avec Mérope pour ce fils qui est l'unique pensée d'une reine déchue. Le premier mot qu'elle prononce ne nous découvre-t-il pas le cœur d'une mère? Sa confidente a beau faire briller à ses yeux l'espoir prochain d'une couronne, elle n'a pas l'air d'entendre; mais, sous la préoccupation de son idée fixe, elle s'écrie, comme en un monologue :

> Quoi ! Narbas ne vient point ! reverrai-je mon fils [1]?

Ce cri intérieur nous avertit que l'amour maternel sera l'âme de toute la tragédie.

Aussi n'avons-nous à redouter aucune défaillance, lorsque Polyphonte, affectant un zèle hypocrite, vient, au nom de ses prétendus services, parler de mariage à la veuve de sa victime. Outre qu'ici nulle bienséance n'est blessée (car Mérope ignore les forfaits du « soldat heureux », qui a chassé les brigands de Pylos et d'Amphryse [2]), nous sommes assurés qu'elle n'acceptera pas ces offres. Elle ne songe qu'aux intérêts et aux droits de son fils.

Maintenant il peut entrer en scène. Grâce à l'habileté du poëte, tous les cœurs voleront au-devant de lui. Ce coup de théâtre, quel effet ne produit-il pas, lorsque, arrêté comme un aventurier coupable d'un meurtre, Égisthe apparaît, non devant Polyphonte [3], mais en face de sa propre mère, qui soupçonne cet inconnu d'être l'assassin de son fils !

Ici triomphe un art tout voisin de la nature. Or le caractère de Mérope étant la pièce tout entière, concentrons sur lui notre étude, pour démêler les nuances d'une grande passion, dont l'éloquence ne se répète jamais, bien qu'elle semble dire constamment la même chose.

---

1. Cette distraction pathétique rappelle la scène où la Phèdre de Racine, livrée à sa passion, oublie, elle aussi, la présence de sa nourrice Œnone, et, au lieu de lui répondre, se parle à elle-même, et continue son rêve.

2. Il lui dit d'ailleurs :

> . . . . C'est à moi de défendre la mère,
> Et de servir au fils et d'exemple et de père·

3. Comme dans le drame de Maffei.

Les caractères. — Mérope; la reine, la mère. — De toutes les héroïnes de Voltaire, Mérope est peut-être celle qui a le moins de prétentions philosophiques. Sauf certains traits qui sont d'un esprit fort, elle n'exprime que le sentiment maternel, et toujours avec autant d'énergie que de vérité. Rien de plus pathétique et de plus ingénieux tout ensemble que cette rencontre où, pour la première fois, sont mis en présence le fils et la mère : l'un qui nous émeut par son accent religieux, sa retenue, sa noblesse, et qui semble oublier ses propres périls pour compatir aux disgrâces d'une auguste infortune; l'autre, chez laquelle parle déjà la voix du sang : car la candeur de ce jeune inconnu l'étonne et la trouble à ce point qu'elle présume son innocence, avant même qu'il se soit justifié.

> Te le dirai-je? hélas! tandis qu'il m'a parlé,
> Sa voix m'attendrissait, tout mon cœur s'est troublé.
> Cresphonte, ô ciel!... j'ai cru.... que j'en rougis de honte!
> Oui, j'ai cru démêler quelques traits de Cresphonte[1].

Égisthe, aussi lui, semble interdit, agité par de tendres réminiscences d'un passé lointain; et ces confuses impressions n'ont rien que de vraisemblable, tant est puissante la vivacité des affections naturelles. C'est donc la situation même qui inspire ce vague pressentiment qu'attendait le spectateur :

> Il me rappelle Égisthe; Égisthe est de son âge[2];
> Peut-être, comme lui, de rivage en rivage,
> Inconnu, fugitif, et partout rebuté,
> Il souffre le mépris qui suit la pauvreté[3].

Il n'y a pas moins de logique morale dans le brusque

---

1. Acte II, scène I. C'est un souvenir de Maffei.
2. Virgile avait dit :
> O mihi sola mei super Astyanactis imago!
> Sic oculos, sic ille manus, sic ora ferebat;
> Et nunc æquali tecum pubesceret ævo. (*Énéide*, III, 489.)
3. Acte II, scène II. C'est imité de Maffei :
> In tal povero stato
> Oimé ch' anche il mio figlio occulto vive
>   (Édition de Vérone 1722, acte III, scène III.)

changement qui va succéder à ces échappées involontaires d'une sensibilité douloureuse. Car c'est encore la mère qui fait entendre ses imprécations de vengeance, lorsque, abusée par des apparences perfides[1], et croyant voir le meurtrier de son cher Égisthe dans l'étranger qu'elle vient d'interroger, elle s'écrie :

> Qu'on amène à mes yeux cette horrible victime[2] !
> Inventons des tourments qui soient égaux au crime ;
> Ils ne pourront jamais égaler ma douleur !

La voilà cette scène qu'Aristote proposait, dans sa poétique[3], comme un parfait exemplaire de terreur et de pitié. Qui ne frémirait d'une tragique angoisse, quand accourt Narbas, pour arrêter la main d'une mère prête à frapper celui qu'elle aime plus qu'elle-même[4] ?

Cette crise n'a d'égale que la péripétie qui nous montre Mérope trahissant, par l'imprudent aveu de sa tendresse, le fils qu'elle voudrait défendre au prix de sa vie[5]. Citons les vers qui provoquent ce mouvement :

> ÉGISTHE.
> J'ai tué justement un injuste adversaire.
> Mérope veut ma mort ; je l'excuse, elle est mère ;
> Je bénirai ses coups prêts à tomber sur moi ;
> Et je n'accuse ici qu'un tyran tel que toi !
> POLYPH..
> Malheureux ! oses-tu, dans ta rage insolente....
> MÉROPE.
> Hé ! seigneur, excusez sa jeunesse imprudente !

Dans cette explosion irréfléchie, dont l'élan dénonce le se-

---

1. Après que le peuple a proclamé roi Polyphonte, Euryclès vient annoncer à Mérope qu'Égisthe est mort assassiné, et que l'inconnu récemment interrogé par elle est le meurtrier. Erox réclame l'étranger. Mérope répond qu'elle veut frapper elle-même l'assassin, et que sa main est à ce prix.

2. Acte III, scène IV. Voltaire prodigue trop l'épithète d'*horrible*.

3. *De poeticâ*, ch. XIX.

4. Acte III, scène V.
> MÉROPE.
> J'allais venger mon fils.
> NARBAS.
> Vous alliez l'immoler.

5. Acte IV, scène II.

cret qu il faudrait dissimuler, ne voyons point un artifice concerté par calcul, mais une de ces irrésistibles surprises que comporte le cœur humain.

Il convient encore ici d'appeler l'attention sur un trait qui n'est pas moins conforme à la nature. Aussitôt qu'Égisthe connait enfin sa naissance[1], il prend des sentiments dignes de son rang. Lui qui avait la fierté d'un homme de cœur, il a facilement la dignité d'un roi[2]. Aussi est-ce lui qui dès lors joue le premier rôle. Tandis que sa mère s'efface, il se charge d'attaquer et de châtier son ennemi. « Mérope naguère si hardie à se jeter au milieu des soldats, pour sauver son fils, Mérope qui bravait sans hésiter la colère de Polyphonte, Mérope aujourd'hui devient faible et timide; elle conseille de céder, et d'attendre des jours meilleurs. Égisthe au contraire veut courir au temple où le tyran qu'il punira doit épouser la veuve de Cresphonte[3].

Cette métamorphose, d'où vient-elle? Pourquoi d'un côté cette assurance, de l'autre cette soudaine défiance? C'est qu'une mère ignore ce que peut être ou le courage ou la lâcheté. Elle sait seulement ce qui sauvera son fils. Or, depuis que Mérope a serré le sien dans ses bras, son œuvre est accomplie. Sans doute, elle désire qu'il remonte au trône paternel. Mais avant tout, elle veut qu'il vive.

---

1. Acte IV, scène II.

ÉGISTHE.
Quoi! de pitié pour moi tous vos sens sont saisis!
POLYPHONTE.
Qu'il meure
MÉROPE.
Il est.
POLYPHONTE.
Frappez.
MÉROPE.
Barbare, il est mon fils.

2. Voir M. Saint-Marc Girardin. *Cours de littérature dramatique*, t. 1er.

3. . . . . J'y trouverai des dieux,
Qui punissent le meurtre, et qui sont mes aïeux.
(Acte IV, scène IV.)
Il descendait d'Hercule.

Elle y tient plus qu'à la gloire. Car elle est mère. Il n'en sera pas ainsi d'Égisthe. Il faut qu'il se venge, il tient plus à régner qu'à vivre. Car il est homme[1]. »

En résumé, l'unité du caractère ne se dément pas un instant. Aussi fidèle à son époux que dévouée à son fils, Mérope excite en nous tous les généreux sentiments qui nous intéresent à la grandeur, à l'infortune, à la vertu, aux plus pures affections[2]. « Nous pouvons donc, dit M. Saint-Marc Girardin, l'aimer et la plaindre, à notre aise. » Car rien ne gêne, ne contrarie, ne divise ou n'altère nos respects et nos sympathies[3].

Égisthe. Le prétendant. — Pour ce qui est des autres personnages, ils ne paraissent que secondaires auprès d'elle, mais ils suffisent à ce que l'action exige d'eux. Égisthe surtout soutient noblement sa double fortune. Si, dans sa condition obscure et précaire, il montre, sans arrogance, une âme supérieure à sa destinée[4] nous ne sommes point

---

1. M. Saint-Marc Girardin.
2. Il n'en va pas de même dans le drame de Lucrèce Borgia, par M. Victor Hugo. L'amour maternel n'y est plus qu'une passion aveugle et violente, agissant par fougue et par caprice. Le sentiment y devient sensation, la pitié s'y transforme en souffrance. — Nous voyons dans la première partie de cette pièce une mère qui cherche à sauver son fils; dans la seconde, un fils qui tue sa mère. C'est d'un côté la situation de *Mérope;* de l'autre, celle de *Sémiramis*. Deux tragédies de Voltaire ont été ainsi combinées. Lucrèce est punie de ses crimes par la défiance qu'ils inspirent à son fils quand elle veut le sauver. En mettant la *mère* dans le *monstre*, le poëte essaie en vain de réparer la difformité morale par la beauté du sentiment maternel.
3. Disons pourtant que si Mérope emprunte à Andromaque la fidélité conjugale, à Clytemnestre l'orgueil de la reine déchue, elle leur est inférieure, comme le remarque M. NISARD : « Quand Polyphonte la force à choisir entre sa main et la mort d'Égisthe, je regrette qu'elle n'ait rien de l'innocente habileté d'Andromaque, faisant servir au salut de son fils la passion qu'elle inspire à Pyrrhus. Quand la vie d'Égisthe est menacée, je regrette qu'à l'exemple de Clytemnestre défiant Agamemnon d'arracher sa fille d'entre ses bras, elle ne rende pas à Polyphonte menace pour menace, et ne sache pas en même temps prier et se faire craindre. Elle dit même parfois plus d'une chose vaine.... Toutefois, si elle n'est pas une de ces vigoureuses créations auxquelles le génie d'un poëte donne une existence historique, c'est une *admirable esquisse*. » *Hist. de la littérature française.* IV, p. 179.
4. La vérité voulait que le trait de nature, la fierté d'âme, se retrouvât dès son entrée en scène, et que notre imagination pût ainsi deviner ce qui va suivre. — Quand Égisthe va mourir, il ne brave point la mort, il s'y résigne. Il ne s'abaisse pas, comme dans Maffeï, à implorer la protection de Poly-

surpris de voir sa fierté croître avec le sentiment des obligations que lui impose la conscience de son origine et de ses droits. Il n'y a point ici, comme chez Maffeï, une sorte de contradiction entre le pupille de Narbas et le descendant d'Hercule, l'un vulgaire dans son humilité, l'autre orgueilleux jusqu'à l'outrecuidance. Une juste mesure a su tout concilier; et ce qui domine, c'est encore la simplicité d'un héroïsme qui s'exalte par degrés, en proportion des périls et des devoirs.

Polyphonte. Le tyran. — Quant à Polyphonte, qui dans Maffeï se donne pour un scélérat, il devient chez Voltaire, un traître assez présentable, sous son masque d'honnête homme, ou plutôt de politique avisé. S'il veut s'unir à la veuve de sa victime, ce n'est point par une faiblesse de cœur amoureux, ce qui, chez Maffeï, le rend un peu ridicule ; mais il suit les vues de son ambition ; car il sait que la mémoire de Cresphonte est restée populaire. S'il consent à laisser vivre Égisthe, pourvu qu'il vienne lui jurer obéissance, à l'autel même où sa mère le prendra pour époux, c'est que le meurtre de ce jeune prince pourrait rendre odieux un parvenu qui ne doit son élévation qu'au caprice d'une multitude séduite et inconstante. Ainsi toute sa conduite est raisonnée. Il n'y a dans sa noirceur rien d'excessif, ni de superflu. La seule invraisemblance de la pièce est dans les faits qui précèdent l'intrigue : car on s'explique malaisément que, depuis quinze ans, le tyran passe aux yeux de tous pour le vengeur de ceux qu'il a massacrés. On dirait vraiment que Cresphonte s'est assassiné lui même. Mais il est de règle qu'on ne doit jamais contester à un poëte les épisodes anté-

---

phonte; il ne le remercie pas de lui avoir sauvé la vie. Il lui dit seulement :

>....Je suis malheureux, innocent, étranger;
>Si le ciel t'a fait roi, c'est pour me protéger.

Quand il apprend qu'il est fils de Cresphonte, ce titre ne lui ajoute rien; mais il prépare froidement son grand dessein, sans forfanterie, ni vaine témérité. Il épie l'heure favorable en implorant les dieux. Lorsqu'il a vengé son père, il dit simplement :

>. . . . . . . La gloire en est aux dieux;
>Ainsi que le bonheur, la vertu nous vient d'eux.

rieurs à la fable qu'il développe. S'ils sont nécessaires aux effets qu'il médite, il est absous par notre émotion.

Le style tragique chez Voltaire. Conclurons-nous de ce qui précède que Mérope soit un chef-d'œuvre? Non : car les détails de l'exécution ne nous offrent pas cette facture définitive dont se passait volontiers la dextérité d'un génie trop impatient et trop mobile pour viser à la perfection. Cependant, de toutes ses tragédies, celle-ci est encore la plus soignée. Car l'ayant gardée sept ans dans ses cartons, il eut le temps de la retoucher à loisir, ce qui n'était pas l'habitude d'un écrivain plus soucieux de disperser son talent sur tous les sujets que d'exceller en un seul. Voltaire ne mettait-il pas sa vanité à faire dire qu'en trois mois il avait mené de front la *mort de César*, *Eriphyle*, et l'*histoire de Charles XII*? Ici du moins, il put se recueillir, et surveiller de plus près sa verve primesautière. Mais, bien que ce travail de révision soit sensible, nous ne serons point aussi indulgents que La Harpe, qui, jugeant les vers de son maître avec autant de complaisance que les siens, réduit ses censures à signaler seulement *neuf fautes* commises contre la grammaire ou l'élégance. Voltaire lui-même s'en serait reproché davantage, s'il avait pris la peine de se commenter aussi sévèrement qu'il le fit pour Corneille. Dans le tissu d'une versification trop lâche, il serait donc facile de relever bien des expressions qui vont au delà[1], ou restent en deçà de la pensée.

Mais nous n'en ferons pas le catalogue. Disons plutôt en général que le théâtre de Voltaire perd beaucoup à la lecture. S'il touche, amuse ou éblouit le spectateur par la prestesse de ses évolutions, ce mouvement et cette chaleur parfois factices supportent mal l'enquête de la réflexion. On sent alors qu'il y a du vide ou du vague sous ces vers sonores qui trompent l'oreille. Sa diction a peu d'accent et de franchise, peu de formes hardies, de tours originaux, ou de saisissantes images. On y reconnaît l'improvisateur

---

[1]. Il abuse jusqu'à la satiété du mot *monstre*; il prodigue les grands ou les gros mots. Il a du vague, de l'à-peu-près, du remplissage, de la fausse noblesse, de la déclamation.

qui, après avoir d'abord défendu la poésie contre les sophismes de La Motte et de Fontenelle, se mit plus tard trop à l'aise dans un domaine où il régnait seul, et, de moins en moins fidèle au grand art, finit par prétendre que « les bons vers ne doivent pas différer de la prose bien faite : » théorie commode, empruntée aux adversaires qu'il avait combattus, et par laquelle il excusait ses propres faiblesses.

De là vient que son théâtre n'a point « ces fortes teintes qui gagnent à vieillir[1]. » Aussi le temps, ce critique souverain, ne lui a-t-il pas été clément. Plus rapproché de nous que Corneille et Racine, il est cependant moins compris, et moins goûté. Dans son éclat, il entre trop de fausses couleurs qui ne tiennent pas, et, dans sa bruyante éloquence, trop de lieux communs qui ne vivent plus. Par son exemple, il démontre ce qu'il a dit un jour : « Il y a des beautés de sentiment, et des beautés de déclamation. » Celles-ci prédominent chez cet esprit, d'ailleurs si juste et si étincelant, mais dont le faible fut d'adopter le genre tragique comme un rôle de convention qu'il exploitait au profit de ses doctrines, sauf à s'en moquer dans sa correspondance, où il médit de ceux qui applaudissent « son fracas et sa pompe[2]. »

Un style brillant, plus que vrai, voilà le caractère qui distingue les esquisses dramatiques dont nous admirons l'invention ingénieuse plus que la profondeur et la solidité. On pourra sans doute détacher de l'ensemble de beaux échantillons qui figureraient avec honneur dans un traité de rhétorique; mais en ces passages mêmes, le discours manque souvent de substance, et de corps. On regrette du moins d'y rencontrer trop de locutions toutes faites, des expédients d'amplification, et une phraséologie d'emprunt

---

1. M. Villemain.
2. Mérope, écrit M. Nisard, dit plus d'une chose vaine :

> .... Quoi ! ce jour que j'abhorre,
> Ce soleil luit pour moi ! Mérope vit encore !

et plus loin :

> .... Ne m'ôtez pas la douceur de le voir,
> Rendez-le à mon amour, à mon vain désespoir.

dont il se serait raillé cruellement dans les écrits d'un autre; car nul n'a mieux vu ses propres défauts chez autrui.

En résumé, l'on peut s'en tenir au jugement de M. Nisard écrivant avec tant d'autorité : « Il est plus aisé de dire ce que n'est pas le style de Voltaire que ce qu'il est. Sa légèreté dans le choix des sujets, ses caresses au goût du jour, ses tragédies en collaboration, ses corrections rapides, tout cela n'est guère compatible avec un *style*. On trouve dans ses tragédies des exemples de toutes les qualités du style, force, douceur, délicatesse, coloris poétique. *On y cherche un style.* »

LE SIÈCLE DE LOUIS XIV

(1751.)

1. — Voltaire historien.

Décadence du genre historique sous Louis XIV et sous Louis XV. — Si l'on excepte l'incomparable génie de Bossuet ou l'excellent style de Saint-Réal et de Vertot, l'histoire, sous Louis XIV, était bien dégénérée de ce qu'elle avait été au quinzième et au seizième siècle. Pour conserver sa franchise, elle dut se dérober dans le secret des mémoires posthumes. Mais, en dehors de ces confidences qui pouvaient tout dire, nous ne voyons qu'une rhétorique officielle, imposant au passé ses mensonges oratoires. Outre qu'une circonspection pusillanime défigure ou supprime les faits, un art de convention falsifie la couleur des événements et des mœurs par un perpétuel anachronisme qui donne aux acteurs d'autrefois le costume des contemporains.

Cette contrainte qui s'aggrava dans les dernières années de Louis XIV dura, même après sa mort, dans la licence qui suivit. En 1715, un célèbre érudit[1] était embastillé pour avoir osé dire que les *Francs ne formaient pas une nation à part*, et avaient reçu de l'empire romain le titre de *patrices*. A plus forte raison les questions récentes furent-elles interdites à qui n'était pas rêveur privilégié, comme l'abbé de Saint-Pierre. En 1731, le *Charles XII* de Voltaire ne put se produire en France, à Rouen et à Lyon, qu'à force de ruse, et par contrebande. Les entraves politiques et la routine littéraire étaient donc autant d'obstacles à cette vraie critique, sans laquelle il n'y a pas d'historiens.

Tentative de réforme. L'école critique. Charles XII.
— Cependant, on vit alors un groupe savant qui tenta des recherches consciencieuses, mais dans un cercle de problèmes assez lointains pour ne pas inquiéter la censure. Tel fut Fréret qui, le premier, offrit des modèles de méthode sûre, et d'investigation impartiale. Mais Voltaire, qui devait remuer tant d'idées et susciter tant de réformes, contribua plus que tout autre à renouveler un genre dont le fond et la forme ressentirent son initiative.

Le signal en fut donné par son *Charles XII*, qu'il commença vers la fin de son séjour en Angleterre. Tout en relisant Quinte-Curce, il fit causer le chevalier Dessaleurs, qui avait servi sous l'aventureux conquérant, il recueillit en courant des témoignages tout vifs; et, en quelques mois, sans perdre de vue son *Ériphyle* et la *Mort de César*, il enleva ce travail avec l'entrain qui était sa verve même. Cette prestesse d'exécution convenait bien au sujet : entre le héros et l'écrivain, il y eut comme un rapport d'action rapide qui nous entraîne. Un goût parfait, une simplicité clairvoyante, rien d'oiseux, nulle parure, un langage net, agile et précis, qui va droit au but, voilà le mérite de cette narration où les portraits, les marches, les combats, la peinture des mœurs, tout en un mot se suit et s'enchaîne avec une aisance légère qui intéresse et amuse. Si, dans sa funeste campagne de 1812, Napoléon, repassant

---

[1]. Fréret, auteur du beau mémoire sur la certitude historique.

sur les traces de Charles XII, jugea la géographie de Voltaire insuffisante aux exigences de la stratégie militaire[1], ne soyons donc pas ingrats pour celui qui, le premier, sut mêler l'image des lieux au tableau des faits, et ouvrir ainsi à l'imagination des perspectives dont le seul tort est de ne pas avoir l'exactitude topographique d'une carte d'état-major.

L'essai sur les mœurs. — Entrepris et achevé dans la ferveur de sa vie militante[2], l'*Essai sur les mœurs* ne nous montre pas avec moins d'éclat les lumières et les préjugés de l'école dont Voltaire est le maître. Dans ce vaste cadre, ses opinions se meuvent librement; c'est comme son *Discours sur l'histoire universelle*. En le louant d'avoir professé des principes de tolérance auxquels l'avenir devait donner raison, nous regretterons toutefois qu'une irrévérente ironie tourne trop souvent ses esquisses en caricatures. Injuste pour le moyen âge, où il ne voit que superstition, barbarie et décadence, il s'emporte, en effet, d'une colère aveugle contre ces temps dont l'histoire, dit-il, ne vaut pas plus la peine d'être écrite que celle « des ours et des loups ». Il ne comprend pas que le christianisme fut l'héritier plutôt que le destructeur de l'antique société, dont il sauva les précieuses reliques ; et l'aveuglement de ses haines lui cache l'aurore d'une civilisation nouvelle. De là ces erreurs d'un avocat passionné, qui n'est jamais moins philosophe que dans les occasions où il croit l'être. Sous ses préjugés, on aime cependant un sentiment d'humanité sincère, et une éloquente sympathie pour tout ce qui peut adoucir les mœurs, ou orner la vie. L'admiration finit même par le rendre équitable pour le pape Léon le Grand, et pour saint Louis. A mesure qu'il se rapproche de la Renaissance, il devient moins partial; aussi est-ce avec une brillante facilité de génie qu'il expose le mouvement du seizième siècle, et les progrès qui se continuent sous Henri IV et Richelieu. Depuis, on est entré sans doute

---

1. Il lui préféra le journal d'Adlerfeldt.
2. Genève, 1756 : Il l'avait retouché pendant vingt années.

plus avant dans le détail ; mais jamais on n'a mieux réussi à être peintre dans un abrégé, à rendre la clarté expressive, et à faire lire ce qui, jusqu'alors, était illisible chez les compilateurs.

Dans sa façon d'entendre l'histoire, signalons surtout une méthode que ne soupçonnaient guère ses devanciers[1] « Les petits faits, disait-il, ne doivent être accueillis que s'ils ont produit des résultats considérables. Car, dès qu'ils ne mènent à rien, ils sont comme les bagages d'une armée, des *impedimenta*. Il faut voir les choses en grand, par cela même que l'esprit humain est petit, et s'affaisse sous le poids des minuties. » Ailleurs, il écrivait encore au marquis d'Argenson : « Il semble que, pendant quatorze cents ans, il n'y ait eu dans les Gaules que des rois, des ministres et des généraux. Mais nos mœurs, nos lois, nos coutumes, et notre esprit ne sont-ils donc rien ? » Il suit de là que son idée fixe fut d'introduire dans le récit des événements les vues d'une critique féconde, et d'étudier, non plus des souverains, mais des époques, ou du moins les objets les plus divers de l'activité sociale, tous les ressorts du gouvernement intérieur ou extérieur, les finances, l'industrie, le commerce, les lettres, les arts, les sciences, les courants de l'opinion, les controverses religieuses, c'est-à-dire tout ce qui constitue la vie d'un peuple.

L'histoire des idées. — Cette intention, nous allons la voir à l'œuvre dans le *Siècle de Louis XIV*, comme en témoigne non-seulement une lettre écrite en 1740 à milord Harvey, pour justifier le titre de ce livre, mais cette déclaration qui en est le début : « Ce n'est pas seulement la vie d'un prince qu'on prétend écrire : on se propose un plus grand objet. On veut essayer de peindre *l'esprit des hommes dans le siècle le plus éclairé qui fût jamais*. Il ne faut pas qu'on s'attende à trouver ici les détails immenses des guerres, des attaques, des villes prises et reprises par les armées, données et rendues par les traités. Mille petites circonstances intéressantes pour les contemporains se

---

1. Exceptons Bossuet et Saint-Évremond.

perdent aux yeux de la postérité, et disparaissent pour ne laisser voir que les grands événements qui ont fixé la destinée des empires.... On ne s'attachera donc qu'à ce qui mérite l'attention de tous les temps, à ce qui peut peindre le génie et les mœurs des hommes, servir d'instruction, et conseiller l'amour de la vertu, des arts et de la patrie. »

En résumé, Voltaire a parcouru tous les tons de l'histoire, depuis les recherches savantes jusqu'aux anecdotes cyniques. Ses *Annales de l'Empire* prouvent même qu'il était capable d'un aride travail de dates et d'analyse, sans un trait d'esprit, ni une épigramme. S'il a souvent altéré la vérité, s'il rabaisse de grands événements, s'il hésite entre le pamphlet et le panégyrique, si son scepticisme a plus détruit que créé, il a du moins émancipé la science, fait justice de mainte erreur, coupé court à une pompe factice, préparé les intelligences à mieux connaître le passé, frayé les voies à la critique ; et, sans le vouloir, par ses préventions mêmes, rendu nécessaire l'impartialité qui saura tout comprendre.

II. — L'historien de Louis XIV.

Faits historiques. Les éditions du livre. — Agé de trente-huit ans, déjà célèbre par la *Henriade*, *Zaïre* et *Charles XII*, Voltaire conçut en 1732 le projet de raconter le *Siècle de Louis XIV*. Tout en se délassant par deux tragédies, *Mahomet* et *Mérope*, il eut bientôt poussé son travail jusqu'au siége de Turin ; et une de ses lettres nous apprend que son manuscrit était, vers l'année 1737, entre les mains de Frédéric, prince de Prusse. Il voulait alors faire de ce livre la suite d'une histoire universelle remontant à Charlemagne, et consacrée aux progrès de la civilisation, des lettres et des arts.

En 1739, pour pressentir l'opinion, il commença par lancer dans le public, comme un ballon d'*essai*, les deux premiers chapitres de son ouvrage ; mais ils furent supprimés par arrêt du conseil; ce qui fit dire à l'auteur[1] : « J'ose affirmer que, dans tout autre temps, une pareille entreprise serait encouragée par le gouvernement. Louis XIV donnait dix mille livres de pension aux Valincourt, aux Pellisson, aux Racine et aux Despréaux, pour faire son histoire qu'ils ne firent point; et moi, je suis persécuté pour avoir fait ce qu'ils devaient faire. J'élevais un monument à la gloire de mon pays, et je suis écrasé sous les premières pierres que j'ai posées. »

Mais il n'était pas homme à quitter la partie; et terminée en 1745, imprimée en 1750, l'œuvre put paraître à Berlin, d'où il écrivait à Mme Denis : « Ma chère enfant, pour raconter l'histoire de son pays, il faut être hors de son pays[2]. » La date de cette édition, à laquelle présida M. de Francheville[3], conseiller aulique du roi de Prusse, doit flotter entre le 20 février 1751, époque où il annonce à sa nièce qu'il « s'amuse, dans les intervalles de sa maladie, à finir le *Siècle de Louis XIV*; » et, le 7 octobre 1751, comme l'indique un billet adressé au marquis de Thibouville, et où il traite en fait accompli une « esquisse trop incomplète et trop fautive. »

Le succès fut prodigieux. Voltaire eut même les honneurs d'une audacieuse contrefaçon. Car, en moins de dix mois, les libraires d'Allemagne et de Hollande imprimèrent, sans son aveu, huit éditions, dont la plus bruyante fut celle d'un Français, le sieur La Beaumelle, un de ces littérateurs qui couraient l'Europe, pour y chercher fortune par tous les moyens. Arrivé depuis peu à Berlin, où il se fit connaître par un libelle intitulé *Mes pensées*, ou *Qu'en dira-t-on?* il s'était permis quelques épigrammes contre Voltaire, qui riposta si vertement que l'aventurier dut au plus vite s'enfuir à Francfort. Ce fut là que, pour se venger, il falsifia le *Siècle de Louis XIV*, « livre excellent, disait-il, mais grossi de quelques remarques qui le rendront meilleur. »

---

1. Lettre à d'Argenson, 8 janvier 1746.
2. 28 octobre 1750.
3. Elle fut cédée à Conrad Walther, au prix coûtant.

Tel ne fut pas l'avis de Voltaire, qui usa cruellement du droit de représailles, dans un *supplément* où éclatait sa colère légitime, mais trop injurieuse[1]. Il dit quelque part, qu'en ses prières il s'écriait chaque jour : « Mon Dieu, rendez mes ennemis ridicules. » Or, cette fois, il aida le ciel plus qu'il ne fallait.

C'est à cet accès de mauvaise humeur que nous devons l'*Édition de Genève* (1756), et l'*Essai sur les mœurs*, qui lui servit comme d'introduction. Il y trouva l'occasion de réparer plus d'une erreur, et de combler certaines lacunes, grâce aux informations envoyées à l'envi par les lettrés ou les hommes d'État, auxquels il avait fait appel, en 1752, « dans l'espoir de rendre moins indigne de la France le monument qu'il voulait élever en son honneur. »

Ajoutons pourtant que le texte définitif est celui de 1763, qui parut encore à Genève, corrigé, considérablement augmenté, et enrichi d'un *Précis* sur le règne de Louis XV.

Quelle confiance mérite l'histoire de Louis XIV? — Si l'exactitude est le premier titre d'un historien, rendons tout d'abord hommage aux scrupules d'un écrivain qui ne craignit pas de consacrer à son travail vingt années d'étude, et seize années de révision.

Sans doute, nous ne prendrons pas à la lettre tous les éloges qu'il se décerne dans sa propre correspondance; mais, en faisant la part de ce charlatanisme inconscient ou calculé, qui est le faible des auteurs parlant d'eux-mêmes, on ne contestera pas du moins le souci qu'il eut de puiser toujours aux sources directes. Elle serait longue, en effet, la nomenclature des ouvrages consultés par son enquête[2]. Pièces politiques, recueils littéraires, traités spéciaux, an-

---

[1]. Il regretta même cette violence, lorsque La Beaumelle, quelques jours après, fut mis à la Bastille, pour une note outrageante contre le duc d'Orléans.

[2]. *Histoires générales de Louis XIV* par Pellisson, Riencourt, Reboulet, Larrey, La Hode, La Martinière, Roussel, Lamberty, le comte Ottieri, le bénédictin Siri, etc.; *Abrégés chronologiques* du P. Daniel, du président Hesnault; *Lettres* de Mazarin, du comte d'Avaux, de Mme de Maintenon, de Fénelon, de Bolingbroke; *Annales politiques de l'abbé de Saint-Pierre*; *Recherches sur les finances* par Forbonnais; *Recueils littéraires* du P. Niceron, du P. Lambert, du P. Desmolets; *Mémoires des intendants* publiés vers 1700, etc.

nales générales et particulières, il vit tout de ses yeux; et cela, chez l'étranger comme chez nous; car il interrogea les ennemis comme les amis de la France, et il exagère peu quand il dit que « *dix lignes* de tel ou tel chapitre lui ont coûté parfois *quinze jours* de lecture. » N'a-t-il pas poussé la conscience jusqu'à faire le voyage de Hollande, pour y feuilleter les pamphlets calvinistes que la censure arrêtait à nos frontières? Parmi les documents dont il eut la primeur, notons les mémoires alors inédits de Villars, du maréchal de Berwick, de Torcy, de Mme de Caylus, du marquis Dangeau, et peut-être même de Saint-Simon ; sans parler de ceux que laissa Louis XIV, et qui lui furent communiqués par le maréchal de Noailles, grâce à des louanges qui lui ouvraient toutes les portes. Outre que son savoir-faire se glissait partout, son titre d'historiographe lui permit aussi de pénétrer dans les archives secrètes de certains ministères, où il put « travailler six mois, sans relâche. » Récemment encore, plus d'un texte original ne nous était guère connu que par Voltaire, entre autres le *Journal de la cour de Louis XIV*[1], dont il put détacher d'importants extraits.

N'omettons pas non plus les traditions orales qui vivaient encore dans le souvenir des contemporains, et les confidences que sut provoquer cette adresse où triomphait son vif esprit. Les d'Argenson, les d'Argental, les Bouillon, les Choiseul, les La Feuillade, les Noailles, les Richelieu, les Villeroi, les Villars et les Vendôme n'envièrent point leurs trésors au causeur insinuant qui pratiquait victorieusement l'art de délier les langues. En sa correspondance se trahit, à chaque instant, l'éveil d'une curiosité qui n'hésita pas à être pressante jusqu'à l'importunité, pour « meubler son magasin de témoignages. » Dans cette instruction, il déploya la dextérité d'un diplomate qui excellait à prendre chacun par son faible, comme le prouve entre autres cette caressante prière faite au président Hesnault : « Oserais-je vous supplier de m'honorer de vos remarques sur ce volume? Ce serait un nouveau bienfait. *Vous, qui avez bâti un*

---

[1]. Il s'agit du *Journal de Dangeau*, publié de 1854 à 1860.

si beau palais, mettez quelques pierres à ma maisonnette. »
Ailleurs, n'écrivit-il pas à l'abbé Dubos : « A qui daignerez-vous communiquer vos lumières, si ce n'est à un homme qui aime sa patrie et la vérité, qui ne cherche à écrire l'histoire ni en flatteur, ni en gazetier, mais en philosophe ? »

Bref, il se dévoua vraiment à son œuvre ; et si nous sourions, quand il se compare à « un bénédictin enfermé dans son couvent », nous ne lui refuserons pas l'éloge auquel a droit une patience plus méritoire en lui qu'en tout autre. On ne peut lui reprocher des lacunes comblées, depuis, par les maîtres auxquels il fraya la voie[1]. Quant aux erreurs involontaires qu'on relève dans le détail, Voltaire les excuse, lorsqu'il dit : « Il ne faut pas juger d'un grand édifice par quelques pavés qu'un maçon aura mal arrangés dans la cour. »

La réhabilitation d'un grand règne méconnu par l'opinion. — S'il donna le nom de Louis XIV à l'un de ces âges qui ajoutent des œuvres immortelles au patrimoine de l'humanité, il n'y fut point invité par un mouvement de l'opinion. Bien loin de répondre à un appel de l'esprit public, Voltaire dut, en effet, remonter un courant tout contraire. Car, on le sait, les impressions qui suivirent la mort du roi n'étaient nullement favorables à sa mémoire. Le premier acte de la régence ne fut-il pas d'infirmer ses dernières volontés, et cela, par la voix d'un parlement chargé de maintenir les décrets de la couronne ? Quand la grand'chambre se rendit au Louvre, pour accomplir ce coup d'État, elle fut applaudie, non-seulement par cette foule aveugle qui avait troublé de ses clameurs les obsèques de Saint-Denis, mais par les honnêtes gens et les sages, unanimes à protester contre un règne dont les fautes avaient égalé les services.

---

1. *Histoire de Louvois*, par M. Camille Rousset, de l'Académie française.
Négociations relatives à la succession d'Espagne, par M. Mignet.
Port-Royal, par Sainte-Beuve.
Lettres de Colbert, par M. Pierre Clément.
Histoire de Louis XIV, par M. Gaillardin.

Parmi les adversaires de Louis XIV, les uns l'accusaient avec raison des attentats commis contre la liberté de conscience ; d'autres lui imputaient la responsabilité des revers dont souffrait si cruellement la fortune publique et privée. Une détente subite succédant à une longue contrainte, des représailles éclatèrent donc de toutes parts. On allait jusqu'à dédaigner « la gloire comme trop coûteuse », et railler la poésie ou les arts comme un luxe inutile. En un mot, c'était l'heure d'un dénigrement si injuste, que Colbert lui-même ne trouva pas grâce devant ces censures. Car on osa écrire « que le peuple n'avait pas été si fou, lorsqu'il voulut déchirer ses restes, le jour de ses funérailles[1]. » On alla jusqu'à faire chorus avec les ennemis du dehors, qui ne pardonnaient pas à Louis XIV son ambition, et à la France son prestige.

Il y avait donc pour une réhabilitation bien des rancunes à braver ou à vaincre. Or Voltaire eut le courage de la tenter, et le bonheur d'y réussir ; car ce qui fut alors une témérité est devenu le jugement de l'avenir ; et il eut le premier, je ne dis pas l'instinct, mais la pleine conscience d'une vérité maintenant si reconnue qu'elle en est un lieu commun.

Dans ce livre, dont le titre seul fut alors une hardiesse, comment expliquer la complaisance qui, tout à coup, imposa silence à l'ironie de sa polémique habituelle, et presque à tous ses préjugés ? Serait-ce qu'écrivant à Potsdam, il voulut se faire pardonner sa désertion par un gage de patriotisme flatteur pour l'arrière-petit-fils et le successeur du souverain, dont il loue la cour et le gouvernement ? Non, l'accent même de l'œuvre le défend d'un tel soupçon. Car il est visible que son cœur est gagné d'avance à tout ce qui brille, à tout ce qui représente les douceurs de la civilisation, et les élégances de la politesse. Son idéal, c'est une société

---

1. Voltaire lui-même, en sa jeunesse, avait payé tribut à ces préventions, au point de louer Fouquet,

.... Dont Thémis fut le guide,
Du vrai mérite appui ferme et solide.
(Épître à l'abbé Servien.)

parée de toutes les gloires, et capable de satisfaire tous les goûts de l'esprit. Voilà pourquoi son imagination fut séduite par l'éclat d'un âge digne de rivaliser avec ceux de Périclès, d'Auguste et des Médicis. S'il voulait en retrancher quelque chose, ce n'était ni la guerre (pourvu qu'elle fût heureuse), ni même le pouvoir absolu (car il a ses compensations, du moins pour un courtisan), mais cet esprit religieux, qui semblait alors comme une âme répandue partout. Et encore! Une religion n'est-elle pas utile, à ses yeux, pour contenir ceux qui n'auraient pas le frein d'une modération naturelle? Malgré des arrière-pensées que l'on devine, l'homme de parti va donc ici s'observer assez pour que l'Église elle-même profite de la splendeur que le génie des lettres a répandue sur elle. Disons seulement que cette justice paraît lui coûter : car elle ne part pas de son cœur ; c'est une tenue de pure bienséance, et toute prête à se déconcerter à la première occasion. Aussi lui arrive-t-il, par furtive échappée, de démentir cette réserve, surtout en certaines pages ajoutées après coup par l'auteur des *Lettres anglaises*.

Ce livre est-il un panégyrique? — Toutefois, l'on peut dire en général que, dans nul autre ouvrage, Voltaire n'a montré plus de modération. Loin de le taxer d'irrévérence, on serait tenté plutôt de se tenir en défiance contre un panégyriste trop ébloui par son admiration. Le Montey ne l'accusa-t-il pas « d'avoir traité un roi qui fondait des académies, comme les moines traitaient jadis les princes qui dotaient les églises[1]. » Ce fut le sentiment des lecteurs, que dominaient encore des griefs récents. Plus tard aussi, M. Lacretelle lui reprocha d'excuser les entraînements du luxe, ou le fléau de la guerre, « d'effacer les ombres du tableau, d'écouter à peine les rumeurs des mécontents; » en un mot, d'avoir été trop louangeur. Il est certain que l'historien a, de temps en temps, perdu l'équilibre. On ne le niera pas, surtout depuis que les indiscrétions des mémoires contemporains nous ont découvert les

---

1. Essai sur la monarchie de Louis XIV.

coulisses de ce théâtre, où de spécieux décors cachèrent bien des intrigues, des scandales et des misères. Reconnaissons même que Voltaire se montre ici, parfois, un épicurien trop préoccupé des plaisirs ou des commodités de la vie. Son amour du bien-être, de la gloire et des beaux vers manque, en effet, d'une certaine élévation morale : au lieu de trouver à redire aux faiblesses des princes, il les accepte, ou les absout. Enfin, nous devons ajouter qu'aux heures tragiques, le narrateur n'a pas toujours la mâle tristesse où tressaille l'émotion des grandes catastrophes.

Mais n'allons pas au delà, et gardons-nous d'appeler flatteur l'historien qui parut téméraire au gouvernement ombrageux de Louis XV, lorsqu'en 1739, son premier essai fut supprimé par arrêt du conseil. N'oublions pas non plus que, douze années après, l'ouvrage, accueilli dans toute l'Europe, dut faire quarantaine à nos frontières ; ce qui justifie cette plainte de l'auteur : « J'ai un privilége de l'Empire pour dire que Léopold était un poltron ; j'en ai un en Hollande pour dire que les Hollandais sont des ingrats, et que leur commerce dépérit ; je puis hardiment imprimer, sous les yeux du roi de Prusse, que le grand électeur s'abaissa inutilement devant Louis XIV : il n'y aurait donc qu'en France où il ne me serait pas permis de faire paraître l'éloge de Louis XIV et de la France ; et cela, parce que je n'ai eu ni la bassesse, ni la sottise de défigurer cet éloge par de honteuses réticences et de lâches déguisements ! » La manie de dégrader les grands hommes a d'ailleurs fait chez nous trop de progrès, pour qu'il nous déplaise de voir Voltaire abonder ici dans le sens d'une admiration dont la candeur (si ce mot peut convenir à une telle plume) est l'éloquence et l'originalité même de son livre. Nous conclurons donc en répétant avec lui : « Ne reprochons pas à une statue bien faite quelques plis négligés à la draperie. »

Les défauts du livre ; sa composition. — Est-ce à dire que l'ensemble soit invulnérable à la critique ? Non : car elle a prise sur les défauts d'un plan auquel on voudrait plus d'unité. Génie pénétrant, mais inquiet, mobile, et trop prompt à se disperser en étincelles, ou du moins plus fait pour l'analyse que pour la synthèse, Voltaire ne sut point embrasser d'un seul coup d'œil la continuité d'un récit complexe. Gibbon, le premier, regretta qu'il se fût réduit à composer comme une galerie de tableaux; et M. Villemain a dit avec autorité : « Il aime mieux diviser sa matière par groupes distincts de faits homogènes, racontant d'abord toutes les guerres, depuis Rocroy jusqu'à la bataille d'Hochstett, puis les anecdotes, puis le gouvernement intérieur, puis les finances, puis les affaires ecclésiastiques, le jansénisme et les querelles religieuses », jusqu'à ce dernier chapitre, qui ressemble fort à une épigramme, et ne convient point à la majesté du sujet[1]. Les inconvénients de cette méthode discursive frappent tous les yeux.

N'est-il pas manifeste que les guerres ne sauraient être bien comprises sans l'intelligence des réformes intérieures, qui en précédèrent ou en préparèrent le succès? « On aurait voulu voir grandir au milieu de la Fronde ce jeune roi, despote par fierté naturelle et par nécessité. Or, ce n'est qu'au second volume, après toutes les victoires et toutes les défaites de Louis XIV, qu'est racontée sa visite menaçante au Parlement, et ce coup d'État qu'il fit en habit de chasse et en bottes fortes. Cette révolution est reléguée parmi les anecdotes[2]! »

Oui, il valait mieux mettre à la fois en jeu tous les rouages dont l'action fut réciproque et simultanée. Par exemple, pour démêler les secrets de la ligue d'Augsbourg, on a besoin de connaître les querelles de la Régale, et la question de l'infaillibilité. Une des causes majeures de la guerre de Hollande échapperait aussi à qui ne verrait pas, avant l'explosion, Colbert à l'œuvre, méditant la ruine commerciale des Provinces-Unies, et ne laissant aux marchands d'Amsterdam, par la rigueur de ses tarifs, d'autre ressource que les armes pour sauver leurs richesses. On ne s'étonnerait pas non plus des embarras financiers de Louis XIV,

---

1. Le nombre de chapitres que contient l'édition classique s'élève à *trente-quatre*. Les cinq derniers qui roulent sur les querelles religieuses en ont été retranchés.
2. M. Villemain, *Tableau du dix-huitième siècle.*

prêt à entrer en lutte contre Guillaume III pour Jacques II, si, après la paix de Nimègue, on assistait à ces prodigalités dispendieuses qui achèvent Versailles, créent Marly et l'aqueduc de Maintenon. Un ordre synoptique mêlant les fêtes aux entreprises militaires, les lois aux conquêtes, la religion aux intrigues de cour, et les lettres à tout, nous permettrait de considérer, dans toutes ses phases, la grandeur croissante du souverain et de la nation, puis leur déclin et leur suprême effort. La vérité gagnerait donc à la marche d'une narration moins morcelée. Elle aurait, comme une tragédie, son exposition, son nœud et son dénoûment. Il s'en dégagerait des leçons plus pratiques et plus expressives. Cela vaudrait mieux que de conclure un si grand règne par une boutade sur les *cérémonies chinoises.*

Le peintre, le narrateur, l'écrivain. — Mais il serait excessif de trop insister. Car ces inconvénients sont facilement oubliés par qui s'abandonne à l'intérêt d'une lecture où chaque chapitre forme un tout, et satisfait la curiosité, sans la rebuter jamais par le bagage d'une érudition bonne à figurer dans les pièces justificatives. Le choix serait malaisé parmi tant d'épisodes, dont le ton varié s'approprie toujours au drame et à ses péripéties. D'ailleurs, Voltaire, par la simplicité même d'un style où la couleur n'appelle point les regards, se prête mal au relief des citations. Indiquons seulement, comme le modèle d'un art consommé, le récit de la campagne de Hollande. Tout y est clair et rapide. Les causes principales de la guerre sont jugées avec précision; la situation rel tive des deux peuples est expliquée nettement; les physionomies des principaux acteurs se détachent en pleine lumière. Les faits militaires sont décrits, comme par un témoin, d'un pinceau vif et sobre. Le sentiment reste toujours national, sans méconnaître les sympathies dues à la faiblesse et au droit. La justice s'y concilie avec le patriotisme. — La main n'est pas moins ferme pour peindre la résurrection de la France sortant du chaos de la Fronde, sous l'influence du jeune prince qui, passionné pour la gloire, la cherche sous toutes les formes, relève partout les ruines, poursuit à la fois le grand et l'utile, enfin rend à tous les ressorts de l'État le mouvement et la vie. — On doit encore comparer aux pages épiques de Bossuet la noble aisance de Voltaire racontant la bataille de Rocroy. On y verra l'orateur et l'historien accommoder le même sujet au tour de leur esprit, et aux conditions du genre qu'ils traitent. — Tous deux se rencontrent aussi dans le portrait du cardinal de Retz, sans que l'un fasse tort à l'autre. Mais comment choisir dans l'excellent? Tout, ici, est digne d'étude, depuis les fresques jusqu'aux esquisses, jusqu'à ces deux chapitres sur les *anecdotes, les lettres et les arts*, qui tiennent plus que ne promet leur titre. Car l'un est tantôt un album de croquis gracieux, tantôt une chronique spirituelle qui sent le voisinage de ces libres mémoires où la cour est représentée au vrai. L'autre, définitif dans ses jugements sommaires, s'anime de cette curiosité généreuse qui faisait dire à Voltaire :

Tous les goûts à la fois sont entrés dans mon âme.

Aujourd'hui surtout qu'on a tant abusé du pittoresque, et remplacé la raison par l'imagination et ses excès, on ne saurait trop estimer la discrétion d'un style toujours si grave, si naturel, si transparent, et dont l'élégance n'est que de la précision. Enjoué sans familiarité, simple dans le grand et le sérieux, il est la plus fine essence du goût, de l'esprit et du bon sens.

Nous conclurons donc, en disant avec M. Villemain : « On portera plus de critique dans le même sujet, mais on ne montrera pas mieux le génie de cette société puissante et polie, dont Voltaire avait vu la splendeur, et dont il parlait la langue. C'est par là que son récit ne peut plus être surpassé. » Notre patriotisme, attristé par tant de malheurs, est, maintenant plus que jamais, intéressé à la gloire d'un livre qui nous laisse fiers du rang que notre pays occupa dans le monde, et jaloux de maintenir la suprématie des lettres françaises.

LETTRES DE VOLTAIRE

(1711-1778.)

I. — Faits historiques.

La correspondance de Voltaire est la plus vivante de ses œuvres. — Il y a dans Voltaire des parties caduques et oubliées. S'il est digne d'Horace par ses *Épîtres* et incomparable en ses *Poésies légères*, sa *Henriade* n'a plus aujourd'hui de lecteurs. En dehors de *Mérope* et de *Zaïre*, on ne connaît plus son *Théâtre* que de loin, et par ouï-dire. *Charles XII* et le *Siècle de Louis XIV* sont encore des livres classiques; mais les autres essais de l'historien n'inspirent guère de confiance ou de curiosité : outre qu'il manque de cette éloquence soutenue qui est nécessaire au genre, il n'a pas toujours le sens des grandes choses, la passion l'aveugle souvent, et les progrès de l'érudition l'ont rendu suspect de lacunes ou d'erreurs. Bien que l'esprit du philosophe circule partout dans l'air que nous respirons, sa philosophie, n'étant que du bon sens, paraît maintenant trop timide aux audaces de la libre pensée. Quant au polémiste, il a été contesté par ses continuateurs qui ne peuvent plus se servir des mêmes armes contre les mêmes adversaires. De toutes ses œuvres, la plus vivante, la plus impérissable est donc sans contredit cette merveilleuse correspondance dont l'auteur justifie ce mot de Mme du Deffant : « Vous êtes un être bien singulier, et tel qu'il n'y en a jamais eu de semblable. Tout ce que vous avez dit, tout ce que vous avez vu, tout ce qui vous est arrivé feroit une vie assez remplie pour deux ou trois cents hommes. » C'est en effet un monument unique par son intérêt et son originalité. Tout en est précieux, jusqu'aux plus simples billets, jusqu'aux riens brodés par sa fantaisie sur de modestes cartes de visite.

C'est l'histoire d'un homme et d'un siècle. — Comment n'en serait-il pas ainsi? L'ensemble de ces *douze mille lettres* écrites de 1711 à 1778 nous offre les Mémoires d'une existence mêlée pendant plus de soixante ans à tout ce qu'il y eut de considérable dans l'ordre philosophique, politique, religieux ou littéraire; c'est le tableau d'un siècle qu'on pourrait appeler l'âge critique de la France, puisque ses idées et ses mœurs contenaient en germe la plus décisive de nos Révolutions. Ici donc, l'homme et son temps ne sauraient se séparer l'un de l'autre : voilà ce qu'à première vue nous apprend la liste de ses correspondants; car ils n'appartiennent pas, comme ceux de Mme de Sévigné ou de Mme du Deffant, à un petit cercle de choix, mais bien à tous les mondes, depuis les rois jusqu'aux déclassés, depuis Frédéric jusqu'à Baculard. Sans compter soixante-trois anonymes, il y a là *six cent quatre-vingt-quatre* noms représentant les lettres, les sciences, les arts, les salons, les affaires, les relations privées ou publiques, en un mot tous ceux qui, à des degrés ou à des titres divers, ont participé aux pensées, aux sentiments, aux intérêts, aux passions, à la vie si orageuse, si glorieuse et si longue du génie le plus militant et le plus infatigable. Pour éclairer toutes ces physionomies, il faudrait donc une sorte d'encyclopédie biographique où figurerait l'élite de tout ce qui fut illustre en France et en Europe [1].

---

1. On nous permettra quelques détails de statistique sur les correspondants habituels de Voltaire. Nous ne signalerons que les principaux, en indiquant le nombre de lettres qui leur furent adressées. Ce catalogue est rédigé seulement d'après l'édition Beuchot. — Au premier rang figure le *Comte d'Argental*, confident et conseiller de Voltaire en matière dramatique : il était pour ainsi dire son ministre plénipotentiaire près de la Comédie Française. Il reçut 1000 lettres, dont une trentaine à sa femme. — *Frédéric II* et l'impératrice *Catherine II* sont ici représentés l'un par 242 lettres, l'autre par 83. — Parmi les hommes d'État, nous distinguons le maréchal *duc de Richelieu*, (100) ; le duc et la duchesse *de Choiseul*, (40) ; le marquis *d'Argenson*, son ancien ami de collège, devenu ministre des affaires étrangères en 1744, sans que son affection se soit démentie, (60) ; le cardinal *de Bernis*, dont la disgrâce fut consolée par Voltaire, quand il fut exilé, de 1758 à 1765, à Vic-sur-Aisne, (60). — *D'Alembert*, premier lieutenant de Voltaire à Paris, est en relations fréquentes avec Ferney, d'où lui vinrent 280 lettres. C'est par lui que l'Encyclopédie reçoit le mot d'ordre. — *Damilaville*, premier commis du bureau des vingtièmes, est favorisé de 365 lettres de reconnaissance ou d'encouragement. Sa place lui donnant droit de franchise postale, il mit souvent son privilège au ser-

Cette forme littéraire représente un pouvoir nouveau, l'Opinion. Elle prépare l'avènement de la Presse. — L'importance de cet immense recueil est d'autant plus grande qu'au dix-huitième siècle, et surtout sous la plume de Voltaire, l'art épistolaire n'était plus un jeu de vanité mondaine, et ne se réduisait pas à un ingénieux badinage, à des impressions littéraires, aux rumeurs de la chronique, ou à l'effusion de sentiments tout personnels. Dans l'affaiblissement des pouvoirs réguliers à la vertu desquels on ne croyait plus, et qui cessaient de croire en eux-mêmes, une puissance nouvelle naquit de ces ruines, et se fortifia de toutes ces faiblesses : ce fut l'Opinion, c'est-à-dire le suffrage d'un public frondeur dont les caprices allaient, sans le savoir et sans le vouloir, préparer l'avènement de la souveraineté populaire. Or, la conversation de quelques cercles ouverts à toutes les hardiesses de l'esprit ne pouvait satisfaire l'humeur malicieuse, inquiète ou impatiente de tous ceux qui prétendaient donner leur avis sur toute question. C'est alors que se produisit une littérature appropriée à ces conditions sociales. Elle s'accommoda au milieu qui la désirait, et l'encourageait par la récompense de la popularité. Née du hasard, de l'occasion et de l'à-propos, elle devint une causerie rapide sur tout sujet, l'écho des vœux et des espérances qui étaient les signes du temps, et n'attendaient qu'un interprète pour se répandre, se multiplier, se transformer en armes redoutables contre les tradi-

---

vice de Voltaire, et de sa contrebande philosophique. — Il y a 144 lettres pour *Madame du Deffant*; et ce ne sont pas les moins spirituelles. Elle est traitée en reine de salon. On voit bien qu'elle donne le ton à l'opinion mondaine, qu'elle fait ou défait les réputations. — Deux abbés tiennent aussi une place d'honneur. L'un, l'abbé d'*Olivet*, ancien préfet des études au collège Louis-le-Grand, où Voltaire fut élève, est doyen de l'Académie. Voltaire le prend souvent pour arbitre dans les questions de grammaire et de goût, (50 lettres). L'autre, l'abbé *Moussinot*, trésorier du Chapitre de Saint-Merry, fut, pendant six ans, de 1736 à 1741, l'intendant, le caissier, l'agent de change de Voltaire. Il réveille les débiteurs endormis ; il répand aussi les libéralités du Maître, (106 lettres). — Deux noms surtout rappellent l'amitié pure. L'un est le conseiller *Cideville*, du parlement de Normandie. C'était un camarade de collège, (175 lettres). L'autre, *Thiériot*, avait été connu de Voltaire, en 1714, dans l'étude *enfumée* de Maître Alain, le procureur, rue de la Calandre. C'est là que M. Arouet avait mis son fils en pénitence, pour le punir d'aimer trop peu la chicane, et trop les vers, (375 lettres).

tions d'un régime condamné à périr. C'était déjà la Presse qui préludait à son avenir prochain.

Dans ses lettres, Voltaire est le plus grand journaliste de la France. Sa vocation maîtresse. — Or, de toutes les formes qui l'annoncent, la correspondance de Voltaire est la plus expressive, et la plus agissante : aussi pourrait-on dire qu'il fut le plus grand journaliste de la France. Le symptôme de sa vocation, c'est sa franchise belliqueuse et aussi avide d'influence que de renommée. Bien qu'il se plaigne souvent d'être « un homme public », et fasse mine d'aspirer à la retraite, *il aime et cherche la lutte* : elle semble même nécessaire à sa santé physique ou morale; voilà pourquoi nul n'a mieux su tantôt flatter l'opinion ou répondre à ses appels, tantôt la provoquer, la prévenir ou la dominer. C'est dire que son tempérament le prédestinait à exceller dans un genre qui est une improvisation perpétuelle, et n'exige ni la méthode, ni la réflexion patiente, ni les vues d'ensemble, ni les développements suivis et de longue haleine. Il fut en effet de ces intelligence fines et promptes qui devinent ce qu'elles ne connaissent pas, et, peu capables de porter le poids d'une démonstration, enlèvent la vérité d'assaut par l'entrain d'un premier élan. Toujours errant, toujours remuant, mobile comme la flamme[1], il n'a jamais cessé de se prodiguer ainsi au jour le jour, sans prendre le temps de se recueillir. Même dans l'histoire qui exige l'esprit d'ordonnance et de synthèse, il est discursif, sautillant, pétillant, et réussit mieux à faire une page qu'un chapitre, un chapitre qu'un livre. Or, ce qui peut dans bien des cas être un défaut devient le charme de ses lettres, où il n'obéit en général qu'à la fantaisie d'une imagination pétulante qui fait servir l'enjouement aux desseins les plus sérieux.

Universalité, ubiquité de Voltaire. Ses démons. — Voilà bien, ce me semble, l'idée que nous laisse la lecture

---

[1] « Il faut disait-il, se remuer, se trémousser, agir, parler et s'emporter. » Ailleurs je lis : « Je voudrais que Newton eût fait des vaudevilles ; je l'en estimerais davantage. Celui qui n'a qu'un talent peut être un grand génie ; celui qui en a plusieurs est plus aimable. »

de cette correspondance exceptionnelle comme la situation de Voltaire en Europe. A Ferney par exemple, nous le voyons tel que nous l'aimons, s'occupant à la fois des lettres et de la politique, de ses tragédies et de ses rentes, de sa manufacture de montres et des Calas ou des Sirven, de ses maisons de campagne et de la guerre de Sept Ans, de ses contes en vers ou en prose et du ministère Turgot. Retiré à cent cinquante lieues de Paris, il n'en est pas moins présent partout, grâce à ce commerce épistolaire qui est sa façon de donner audience, et d'être en communication constante avec toutes les provinces de son vaste empire.

Battant des mains à chaque victoire, pleurant de rage à chaque défaite, ne se reposant de la guerre que par la guerre, il n'est donc pas de ces sages qui s'enferment dans leur tour, comme Montaigne, et ne songent qu'à défendre l'égoïste sécurité de leur loisir. Loin de s'isoler, et de ne livrer au monde que le superflu de son esprit, il est attentif aux plus légers échos du dehors, il surveille tout ce qui se passe loin de lui, il prend feu à la première étincelle; sa fibre s'émeut pour les affaires des autres comme pour les siennes; il a surtout les yeux fixés vers Paris, et se tient au courant de tout ce qui intéresse les salons, l'Académie, le théâtre, les cafés, le Parlement, la Sorbonne, la cour et la ville. Bref, son remue-ménage porte partout le mouvement et la vie. « Ce qui plaît toujours en lui, dit Sainte-Beuve, c'est qu'il met de l'action à tout; les moindres choses, ou celles même qui chez d'autres feraient l'effet de la raison prennent avec lui un air de diablerie. Démon du goût et de l'irritabilité littéraire; démon de l'inspiration poétique, et même de la correction; démon de la justice et de la tolérance contre les persécuteurs; démon de la civilisation, du luxe et de l'industrie[1], il a en lui la légion démoniaque au complet, il fait tout enfin par démon, par accès et de verve. Il y avait le démon de Socrate; il y a les démons de Voltaire. »

Les époques de sa correspondance. — I. Les préludes

---

[1]. Par exemple, quand il veut vendre ses montres du pays de Gex.

La jeunesse (1711-1726). — Au milieu de ce tourbillon, on éprouve le besoin de s'orienter et de fixer quelques points de repère. Rappelons donc les principales époques de cette existence fiévreuse qui, commencée par la prison et l'exil, finit par une apothéose.

Dès la première période, celle qui va de 1711 à 1726 [1], ce qui nous frappe tout d'abord, c'est l'aplomb d'un début cavalier et l'épanouissement d'une sève adolescente qui surabonde. Le jeune Arouet s'élance sur la scène, la tête haute, sûr de son fait, prêt à remettre les gens à leur place, et à prendre la sienne en plein soleil, hardiment, comme un grand seigneur des temps nouveaux. Nous sommes bien loin de La Bruyère, de ses sourdes révoltes, de sa fierté silencieuse, ou de sa misanthropie résignée. On sent que la condition des hommes de lettres va bientôt changer; et l'honneur en doit revenir à Voltaire qui, en face de la naissance ou de la fortune, revendique les droits de l'intelligence, et fraye sur le pied de l'égalité avec les noms les plus illustres.

Commensal d'une aristocratie épicurienne et lettrée, hôte assidu des Vendôme, des Conti, des Sully, des Richelieu, des Villars, des la Feuillade, des Caumartin, des d'Ussé, il n'est point de ces penseurs solitaires qui se replient sur eux-mêmes. Il lui faut la familiarité des libertins de haut vol; tout ce qui brille ou retentit l'attire ou le retient. Héros de bien des fêtes qui n'étaient pas seulement des débauches d'esprit, il éclipse par ses préludes poétiques les Chaulieu, les la Fare, les la Faye, et tous les demi-dieux du Parnasse mondain. Aussi prodigue de bons mots que de jolis vers, il mène de

---

1. Nous avons des lettres datées du collège même de Louis-le-Grand, celle-ci par exemple, écrite en août 1711 à un camarade, *Fyot de la Marche* : « J'ai différé deux ou trois jours à vous écrire afin de vous dire des nouvelles de la tragédie que le Père Porée vient de faire représenter : une grosse pluie a fait partager le spectacle en deux après-dîners : ce qui a causé autant de plaisir aux écoliers que de chagrin au Père Lejay; deux moines se sont cassé le cou l'un après l'autre si adroitement qu'ils n'ont semblé tomber que pour servir à notre divertissement. Le nonce de Sa Sainteté nous a donné huit jours de congé ; M. Thévenard a chanté, le Père Lejay s'est enroué ; le Père Porée a prié Dieu pour obtenir un beau temps ; le ciel n'a pas été d'airain pour lui : au plus fort de sa prière, il a donné une pluie abondante. »

front les plaisirs, les intrigues, les ambitions sérieuses[1] et les soucis d'avenir : car il profite de ses hautes relations pour obtenir des privilèges qu'il revend à des traitants, et dont les bénéfices seront sa garantie d'indépendance. Bien qu'il s'arme déjà pour le combat, sa philosophie ne va pourtant pas encore au delà de ces boutades où badine le scepticisme d'une ironie médisante. Mais c'en est assez pour que ces étourderies le conduisent tout droit à la Bastille, où il entre assez gaiement, et d'où il sort, un an après, gratifié d'une pension qui n'obligera guère sa reconnaissance[2]. Adressées pour la plupart à des amis qu'il n'oubliera jamais[3], ses premières lettres gardent le sourire de cette gloire naissante dont la douceur est comparée par Vauvenargues aux premiers feux de l'aurore. Elles nous font assister au vif essor d'un talent qu'enivrent les applaudissements, aux espiègleries, aux aventures, aux joies et aux épreuves déjà cruelles d'un écrivain que va rendre redoutable à tous les abus et à tous les préjugés le légitime ressentiment d'un lâche outrage puni sur l'offensé comme s'il avait été l'offenseur[4].

II. Séjour en Angleterre (1726-1729). L'École du philosophe, du publiciste, du poète dramatique. — Après le guet-apens du chevalier de Rohan, et l'iniquité de la Cour, l'Angleterre était l'asile naturel de Voltaire. Elle allait devenir pour sa raison une sorte de patrie adoptive. N'écrivait-il pas : « C'est un pays où les arts sont tous honorés et récompensés, où il n'y a pas d'autre différence entre les hommes que celle du mérite. Si je suivais mon inclination, ce serait là que je me fixerais dans l'idée seulement d'apprendre à penser. » Moins sensible que ne fut Montesquieu[5] aux avantages du gouvernement

---

1. *Œdipe* (1718). La *Henriade* ou la *Ligue* fut imprimée à Rouen, en 1723.

2. Il est embastillé le 20 janvier 1714 : il n'en fut pas fâché : cela consacrait l'importance d'un écrivain.

3. A Thiériot, à Cideville.

4. Le guet-apens du chevalier de Rohan est une date dans la vie de Voltaire. Le bel esprit devint dès lors un grand esprit : il se promit de faire bonne guerre aux iniquités d'un régime où une pareille lâcheté restait impunie.

5. Montesquieu alla passer deux années en Angleterre, sous les auspices de lord Chesterfield (1729-1732).

représentatif, il envia du moins pour les lettres une autorité morale dont le crédit portait Addison au ministère, et Prior à une ambassade. Le patronage de Bolingbroke lui ouvrait toutes les portes[1]; mais il fréquenta les savants plus que les hommes d'État. A défaut de Newton, dont il contempla les royales funérailles, il visita son disciple, Samuel Clarke, dont il a dit : « Je ne lui trouvai pas ce *bâton d'aveugle* avec lequel marchait le modeste Locke... Lui, *il sautait dans l'abîme, et j'osai l'y suivre.* » En même temps que ces entretiens éveillent sa curiosité scientifique, il rend ses hommages « aux très excellents triumvirs du Parnasse anglais, Swift, Pope et Gay, » à Pope surtout : car entre lui et Voltaire il y avait cousinage. Tous deux nerveux, irascibles, sarcastiques, ne sont-ils pas également habiles à faire passer des idées philosophiques dans une forme sobre, nette, claire, élégante et harmonieuse ? Malgré le profit ou l'agrément de ces relations qui mûrissaient et fortifiaient le penseur ou le poète, Londres ne put lui faire oublier Paris; et le mal du pays le gagna de plus en plus. Pour le tromper, il eut recours à l'étude, mais il fut à peu près silencieux, même avec ses amis[2]. « Comptez sur mon cœur, écrivait-il à l'un d'eux, plus que sur mes lettres[3]. » Ces trois années n'en furent pas moins fécondes par des germes qui bientôt fructifièrent; nous leur devons en partie ce qu'il y eut de plus pratique ou de plus sérieux dans un génie qui avait besoin de passer par l'école du malheur pour être averti de ses ressources[4], et avoir toute sa vigueur, tout son ressort.

III. La maturité. Polémique. Théâtre. Histoire (1729-

---

1. Il vécut trois mois dans la maison de lord Peterborough, près de Swift qu'il appelle « le Rabelais de l'Angleterre. » Mais son hôte de prédilection fut M. Falkener, riche négociant de la Cité, qui, après avoir fait prospérer ses affaires, devint plus tard ambassadeur à Constantinople.

2. Il ne publia que deux ouvrages, et en anglais : *Essai sur le poème épique*, 1726. *Essai sur les guerres civiles de France*.

3. Il était de ceux dont la plume n'est alerte que si le cœur est allègre. Or, il tournait à la tristesse : « Je sens le peu que je vaux, écrit-il : mes faiblesses me font pitié, mes fautes me font horreur. »

4. A peine débarqué, il fit paraître *Brutus* (1730), *Charles XII* (1731), les *Lettres sur les Anglais* (1738), les *Éléments de Newton* (1740), le *Discours sur l'homme* (1741).

1750). — Ses horizons s'étaient donc élargis, quand il lui fut permis de revenir enfin de cet exil, au printemps de 1729. Les vingt années qui suivirent jusqu'en 1750 sont tellement remplies qu'elles défient l'analyse. Remarquons pourtant que, dans l'étourdissante activité de Voltaire, son rôle philosophique s'accentue de plus en plus, comme l'attesteront ses *Lettres sur les Anglais*, pamphlet religieux dont la publication clandestine, dénoncée au parlement, eut les honneurs du bûcher. Il se prend aussi d'un goût subit pour les sciences. Disciple de Maupertuis, de Clairaut et de Kœnig, il disserte sur la nature du feu, sur les forces vives, il vulgarise *Newton*, il rédige une *Physique* et entre dans le sanctuaire avec la ferveur d'un néophyte. — Mais, au milieu de ces nouveautés qui risquent un instant de l'accaparer, ce qui prévaut encore, c'est la passion du théâtre. Ses chutes mêmes ne font qu'aiguillonner son courage [1]. Animé par le souvenir de Shakespeare, qu'il traite pourtant de barbare, il réussit enfin à triompher des cabales par des œuvres éclatantes qui réduisent l'envie à ronger son frein. Tandis que *Charles XII* [2] annonce l'historien, *Zaïre* [3] *Alzire* [4], *Mérope et Mahomet* [5] enlèvent d'unanimes applaudissements qui en imposent aux puissants ; car s'ils se montrent forts, c'est surtout contre les faibles.

1. *Ériphyle*, jouée le 7 mars 1732, n'eut aucun succès. On siffla l'ombre sanglante d'*Amphiaraüs*, et des scènes renouvelées d'*Hamlet*.

2. Il parut en 1731, au lendemain de *Brutus* joué le 11 décembre 1730.

3. *Zaïre* (1732) se souvient d'*Othello*. Voltaire prend à Shakespeare l'idée d'un amant qui tue sa maîtresse dans un accès d'aveugle jalousie. Il rattache ce thème dramatique à un grand fait de l'Histoire nationale, aux croisades. Le cadre est imposant, et le sujet pathétique ; les personnages sont animés de sentiments vrais. Ici se déploie l'originalité d'un génie dramatique trop contenu jusqu'alors par son respect pour Racine.

4. *Alzire* est de 1736 ; le sujet ne manque pas de nouveauté. Voltaire y met en contraste deux religions, et oppose l'état de nature à la civilisation. Cette pièce parut après *Adélaïde du Guesclin* (1735), qui avait été outrageusement sifflée. Au dénouement, Vendôme, revenu de ses fureurs, unit le prince de Nemours à Adélaïde, et dit à son ami : « *Es-tu content Coucy ?* Or, un mauvais plaisant répondit *coussi, coussi*.

5. *Mérope* (1743) est l'*Athalie* de Voltaire. Quant à *Mahomet* (1742), ce fut une suprême erreur du poète et de son siècle, qui applaudit cette thèse dramatique

Le poète de cour. — L'Historiographe. — Le gentilhomme de la chambre. — L'Académicien. — Secondée par le duc de Richelieu, et le marquis d'Argenson, deux amis devenus ministres, cette popularité pousse sur le chemin de la faveur le disgracié de la veille. Louis XV lui-même se déride, et commence à faire des avances que Voltaire n'est point homme à décliner. Car, sans être dupe des titres, il en sait le prestige, et l'auteur de *Brutus* n'a point l'humeur farouche de son héros; il a même soin d'être fort assidu près de madame de Pompadour qui se pique de protéger les arts. C'est ainsi qu'il devient le poète ordinaire de la Cour. Les fêtes données pour le mariage du Dauphin lui offrent l'occasion d'improviser une comédie médiocre, la *Princesse de Navarre*, et un détestable opéra le *Temple de la Gloire*, (1745). Dès lors, on n'a plus rien à lui refuser. Il est donc nommé coup sur coup historiographe du Roi[1], et gentilhomme de la chambre : ce qui oblige sa reconnaissance à écrire le *Panégyrique de Louis XV*, à rédiger des circulaires ou des mémoires pour le ministre des affaires étrangères, à rendre même des services diplomatiques, en usant de son adresse pour amadouer son ami Frédéric et gagner la Prusse à notre alliance[2]. Il ne lui restait plus qu'à s'asseoir dans un fauteuil académique devenu vacant, le 29 janvier 1743, par la mort du cardinal de Fleury. Mais une coalition menée par Languet de Gergy, archevêque de Sens, et Boyer, l'ancien évêque de Mirepoix, de concert avec le ministre Maurepas, le fit évincer au profit d'Albert de Luynes, évêque de Bayeux[3]. Ce fut pour Voltaire une blessure sensible, et la pensée lui vint d'aller chercher des consolations à Berlin. Il ne fallut rien moins que l'ascendant de Mme du Châtelet pour prévenir ce coup de tête, et laisser à l'Académie le temps de réparer ses torts; ce qu'elle fit, le 25 avril 1746, après le décès du

---

1. En recevant le brevet, il s'écrie : « Me voilà engagé d'honneur à écrire des anecdotes ; mais je n'écrirai rien, et je ne gagnerai pas mes gages. »

2. Cette entrevue avec Frédéric eut lieu près de Clèves, dans le château de Meurs, à la fin de mai 1740.

3. L'Académie comptait alors dix-huit prêtres. La quadruple élection de Marivaux, Mairan, Maupertuis et Bignon fut bientôt un cas de récidive.

président Bouhier. Faut-il ajouter qu'avant les votes, Voltaire, comme Henri IV qui jugeait que Paris valait bien une messe, n'avait point hésité à faire des palinodies solennelles dont l'engagement n'embarrassa guère sa conscience?

Les retraites de Voltaire à Cirey. — Ardeur infatigable. — Il courtise les neuf Muses. — Ce résumé d'une période si pleine serait encore plus incomplet si nous ne disions pas au moins un mot d'un épisode qui s'en détache : le séjour de Voltaire au château de Cirey tout voisin de la frontière[1], et d'où il pouvait passer à l'étranger, dès la première alerte. Or, il en fut tenté plus d'une fois par les menaces que provoquèrent des témérités suivies de fuites prudentes : car il savait éluder les périls qu'il aimait à braver. En ces occasions, par exemple après les *Lettres sur les Anglais* et les épigrammes du *Mondain*, il ne manqua pas de se réfugier dans l'asile où « l'illustre Émilie », femme distinguée[2], mais singulière et trop dédaigneuse du qu'en dira-t-on, essayait de pacifier ses colères et de le rendre plus sage. Elle y réussit assez pour que ce titre protège un peu sa mémoire. Ces années de retraite furent pour Voltaire les plus calmes et les plus laborieuses. Écoutons-le disant alors : « Je tâche de mener une vie conforme à l'état où je me trouve, sans passion désagréable, sans ambition, sans envie, avec beaucoup de connaissances, peu d'amis et beaucoup de goûts. » A ceux dont la sollicitude s'alarmait de sa dévorante ardeur[3], il répondait : « Ne dites point que je travaille trop. Ces travaux sont bien peu de chose pour un homme qui n'a point d'autre occupation. L'esprit plié depuis longtemps aux belles-lettres s'y livre sans peine et sans effort, comme on parle facilement une langue qu'on a longtemps apprise, et comme la main du musicien se promène sans fatigue

---

1. Il était situé sur les confins de la Lorraine. Le 23 mai 1734, Voltaire ne se crut pas suffisamment en sûreté dans ce désert, et s'enfuit bien vite à Bâle.

2. « Je passe ma vie avec une dame qui entend Newton, Virgile, le Tasse, et ne dédaigne pas de jouer au piquet. »

3. Il avait pour principe qu'il faut « dévorer les choses pour qu'elles ne nous dévorent pas. »

sur un clavecin. Ce qui est seulement à craindre, c'est qu'on ne fasse avec faiblesse ce qu'on ferait avec force dans la santé. » Il prêchait d'exemple en ajoutant : « Il faut donner à son âme toutes les formes possibles. *C'est un feu que Dieu nous a confié : nous devons le nourrir de ce que nous trouvons de plus précieux.* Il faut faire entrer dans notre être tous les modes imaginables, ouvrir toutes les portes de son âme à toutes les sciences et à tous les sentiments. Pourvu que tout cela n'entre pas pêle-mêle, il y a place pour tout le monde. » Que ne pardonnerait-on pas à ces paroles d'or? Qui ne serait indulgent pour celui qui dit encore sur un ton plus *leste* : « Je vous avoue que je serais fort aise d'avoir courtisé avec succès, une fois en ma vie, la Muse de l'Opéra. *Je les aime toutes les neuf,* et il faut avoir le plus de bonnes fortunes qu'on peut, sans être pourtant trop coquet. » Oui, le voilà tel qu'il se montre dans les lettres datées de Cirey. Dès le lever du soleil, après sa tasse de café, il se mettait au travail ; et « *il fallait*, à neuf heures du soir, *l'arracher* à son secrétaire pour le souper »[1] : ce qui ne l'empêchait pas de jouer ensuite la tragédie, la comédie, la farce, les marionnettes, et de montrer la lanterne magique, « avec des propos à mourir de rire ».

IV. La désertion. Campagne de Prusse. — Le chambellan de Frédéric. — Son évasion (1750-1753). — Mais Mme du Châtelet vint subitement à mourir, et, dès lors, il sembla de nouveau que Voltaire eût perdu son *lest*. A ce deuil profond s'ajoutèrent des blessures d'amour-propre, la chute de *Sémiramis*, la rivalité du vieux Crébillon que la Cour affectait de lui préférer[2], la froideur du Roi, les défiances religieuses de la Reine ou du Dauphin, et une recrudescence d'attaques passionnées. Cependant, les cajoleries de Frédéric redoublaient de plus belle. Aussi

---

1. Il dit ailleurs : Moi qui suis très jeune, et qui n'ai que soixante-huit ans, je dois travailler, pour mériter un jour de me reposer. »
2. On cabala en faveur du *Catilina* de Crébillon, pour simuler un succès d'enthousiasme. Voltaire envoyait de Cirey de nouvelles tragédies (*Sémiramis, Oreste, Rome sauvée*) sur des sujets traités par son rival : c'étaient autant de chutes.

Voltaire finit-il par n'y plus résister ; et, à l'âge de cinquante-six ans, il *déserta* de Paris à Postdam[1] ; triste campagne, dont on aime à revenir, comme lui, le plus tôt possible[2] !

Le ménage de Sans-Souci eut pourtant d'abord sa lune de miel. Comblé d'honneurs et de câlineries, décoré du titre de chambellan[3], et de l'ordre du Mérite[4], pourvu d'un traitement de vingt mille livres, il se crut transporté dans le « palais d'Alcine ». « Cent cinquante mille soldats victorieux, point de procureurs, opéra, comédie, philosophie, poésie, un héros philosophe et poète, grandeurs et grâces, grenadiers et muses, trompettes et violons, repas de Platon, société et liberté! qui le croirait? et cependant tout cela est vrai ! »

A côté du roi philosophe, il put donc un instant s'imaginer qu'il devenait le philosophe roi. C'étaient « les fêtes de Lucullus et les vertus de Marc Aurèle. » Courte illusion! car il ne tarda pas à s'apercevoir qu'une antipathie réciproque se cachait sous ces dehors d'une amitié menteuse, et qu'on le caressait à droite pour l'égratigner à gauche. Les parasites que la venue de Voltaire avait relégués au second plan n'attendaient que l'occasion d'une revanche. Ils épièrent donc tous les mots indiscrets qui échappèrent à la brutalité de l'un, à la malice de l'autre. Ils furent répétés et envenimés par ces bons apôtres. Frédéric aurait dit : « Laissez faire : on presse

---

[1]. C'est le mot de ses ennemis ; ne dit-il pas : « Il est plaisant que les mêmes gens de lettres de Paris qui auraient voulu *m'exterminer*, il y a un an, crient actuellement contre mon éloignement, et l'appellent *désertion*. Il semble qu'ils soient fâchés d'avoir perdu leur victime. »

[2]. Il s'en excuse dans cette lettre à d'Argental (1751) : « Mon cher ange, daignez entrer dans les raisons de votre esclave fugitif. Était-il bien doux d'être écrasé par ceux qui se disent dévots, d'être *sans considération* auprès de ceux qui se disent puissants, et d'avoir toujours des *rivaux à craindre*? Ai-je fort à me louer de vos confrères du Parlement? Ai-je de grandes obligations aux Ministres ? Et qu'est-ce qu'un public bizarre qui approuve et qui condamne tout de travers ? N'est-il pas permis de quitter tout cela pour un roi aimable qui se bat comme César, qui pense comme Julien, et qui me donne vingt mille livres de rente et des honneurs, pour souper avec lui ? » Il se vengeait.

[3]. « Je suis, disait-il, son grammairien, et non son chambellan. »

[4]. Il faut lire la lettre spirituelle, mais trop quémandeuse, où il sollicite finement « *cette demi-aune de ruban noir* ».

l'orange, et on en jette l'écorce, quand on en a sucé le jus. »
De son côté, Voltaire ne parla point avec assez de révérence du « linge sale qu'il lui fallait blanchir »; car sa charge l'obligeait à épurer la prose et les vers de sa Majesté : besogne épineuse, malgré toute la dextérité qu'il mit à ne pas blesser celui qu'il appelait « César et l'abbé Cotin ». Faut-il s'étonner que cet échange de méchants propos ait produit un choc, une explosion, une rupture[1] ?

Quoi qu'il en soit de ces torts réciproques, le jour vint où Voltaire laissa échapper ce cri d'angoisse : « Celui qui tombait du haut d'un clocher, et qui, se trouvant fort mollement dans l'air, disait : *Bon ! pourvu que cela dure*, me ressemblait assez. » Le *Salomon*, le *Trajan du Nord*, n'était plus pour lui qu'un *Busiris*. Aussi ne songea-t-il qu'à briser sa chaîne. Mais il avait beau se dire mourant, et solliciter un congé de santé; Frédéric ne lui envoyait que du quinquina. Pourtant, lassés l'un de l'autre, ils se séparent enfin, le 26 mars 1753. Voici leurs adieux : « Qu'il ne revienne jamais ! écrivit le roi : c'est un homme bon à lire, mais dangereux à connaître. » — « Il voulut, dit Voltaire, que je soupasse avec lui; je fis donc encore un *souper de Damoclès* : après quoi, je partis avec la promesse de revenir, et le ferme dessein de ne le revoir de ma vie[2]. » Ces trois années, où il ne travailla que pour le roi de Prusse, auront du moins à nos yeux l'excuse d'une correspondance qu'on aime à lire et relire, bien qu'elle afflige parfois les vrais amis de Voltaire[3].

V. Le roi Voltaire. — Ferney; la petite et la grande

---

[1]. Il serait trop long de résumer tous les incidents qui aigrirent la situation. Disons seulement que la rupture se produisit à propos de la querelle de Maupertuis contre Kœnig. Le Roi avait pris parti contre le Président de son Académie, et Voltaire pour le savant hollandais. Les choses en vinrent à ce point que le roi fit brûler par la main du bourreau la *Diatribe du docteur Akakia*. Ce pamphlet n'en fut que plus populaire en Europe, où Maupertuis devint un objet de risée publique.

[2]. Nous ne parlons pas du scandale de Francfort, ni des avances faites à Voltaire et à sa nièce : ce sont là procédés prussiens; ils ne doivent étonner personne.

[3]. Il ne publia guère à Berlin que *le Siècle de Louis XIV*, (1751). Mais il avait été composé à Cirey. Frédéric fut le mauvais génie de Voltaire. Il faillit le corrompre.

guerre. — **L'avocat du droit et de la tolérance.** — A cette *École* il dut plus d'une leçon. Éclairé sur l'amitié des rois et ses périls, il n'eut dès lors qu'une idée fixe, celle de fonder sa propre royauté, et de l'établir dans une forteresse d'où il pourrait tenir en échec les pouvoirs réguliers d'une société qu'il aspirait à dominer. Sentant bien qu'à Paris on lui gardait rancune, et que le terrain n'y serait point solide sous ses pas[1], il prit donc le parti d'assurer l'indépendance de sa vieillesse : car elle s'annonçait, sans toutefois atteindre un esprit plus alerte et plus hardi que jamais.

Dans le choix de sa demeure définitive, il déploya l'habileté stratégique d'un tacticien qui cherche le lieu où il sera maître de l'attaque et de la retraite. Les résidences de Morion et des Délices, achetées le 7 janvier et le 9 février 1755, devinrent l'une son palais d'Été dans le canton de Berne, l'autre son palais d'Hiver dans l'État de Genève. L'acquisition de Ferney et de Tourney[2] rendit plus avantageuse encore une situation d'où il se proposait de braver à la fois l'intolérance française en Suisse et l'intolérance genevoise en France. « J'appuie ma gauche, dit-il, au mont Jura, ma droite aux Alpes ; et j'ai le lac de Genève au-devant de mon camp, un beau château sur les limites de la France, l'ermitage des Délices au territoire de Genève, une bonne maison à Lausanne ; *rampant ainsi d'une tanière dans l'autre, je me sauve des rois* ; car il faut toujours que les philosophes aient deux ou trois trous sous terre contre les chiens qui courent après eux[3]. » Dès lors, il a son Postdam à lui ; doublé d'un propriétaire inexpu-

---

1. Malgré la publication du *Siècle de Louis XIV*, œuvre toute nationale qu'il avait envoyée d'une terre étrangère, comme un hommage à la France et à la Monarchie.

2. Il acheta la jouissance viagère de Tourney au président de Brosses, auquel il fit une querelle de locataire, à propos de quelques mesures de bois. Ce fut un procès que Voltaire perdit devant le public ; car il trouva dans le Président quelqu'un d'aussi spirituel que lui, qui lui dit son fait et ne fléchit pas. Il ne s'établit décidément à Ferney qu'en 1765.

3. Il disait ailleurs plus plaisamment : « J'ai *quatre pattes* au lieu de deux ; un pied à Lausanne dans une très belle maison pour l'hiver, un pied aux *Délices*, où la bonne compagnie vient me voir : voilà pour les *pieds de devant. Ceux de derrière* sont à Ferney, et dans le comté de Tourney. »

gnable, l'écrivain sentira son audace s'accroître avec sa sécurité

Jusqu'alors, ses œuvres avaient été surtout littéraires; mais le philosophe aura désormais le pas sur le poète, il donnera le mot d'ordre à la polémique, il dirigera le mouvement qui distingue la seconde moitié du dix-huitième siècle; il sera l'âme de l'Encyclopédie, « ce bureau qui instruit le genre humain ». Ses tragédies mêmes (car le laurier dramatique est sa plus vivace ambition) seront encore des machines de guerre[1]; elles ne serviront plus qu'à propager ses idées en France et dans l'Europe. En d'autres termes, c'est un règne qui s'inaugure; et, à la différence de la plupart des souverainetés politiques, il s'étendra, il s'affermira par sa durée. Aussi, que d'œuvres se pressent en cet espace de vingt années, l'*Essai sur les mœurs* (1752), l'*Essai sur l'histoire universelle* (1754), l'*Orphelin de la Chine* (1755), le poème sur le *Désastre de Lisbonne* (1756), l'*Histoire de la Russie* (1759), *Tancrède, Le pauvre diable, l'Écossaise* (1760), le *Traité de la Tolérance* (1761), les *Mémoires sur Calas et Sirven* (1762-1771), le *Commentaire de Corneille*, le *Dictionnaire philosophique, Jules César* (1764), l'*Histoire du Parlement*, les *Épîtres à Horace* et *Boileau*, des *Contes* en vers et en prose (1766-1772), et les *Systèmes*, et les *Cabales*, et le *Temps présent*, et mille autres pamphlets ou libelles (1772-1777), sans parler, hélas! d'*Irène*, et du mortel triomphe de 1778! Mais surtout quelle inépuisable corresdance! Car il faut que le général en chef se multiplie pour dresser des plans de bataille, envoyer des instructions à ses lieutenants, former des recrues, encourager les plus simples soldats, réconforter les blessés, récompenser les zélés, modérer les imprudents, échauffer les tièdes, prévenir des retours offensifs, déjouer les manœuvres de l'ennemi, faire face à l'imprévu, organiser ses renforts, en

---

1. Ce ne sont plus que des œuvres de circonstance, des manifestes, des thèses. Bourreaux et victimes n'échangent que des arguments et des lieux communs. Il cherche dans le passé des allusions au présent et demande aux morts des armes contre les vivants. Dans les *Guèbres*, *Les lois de Minos* et *Agathocle*, le poète n'est qu'un logicien impuissant à créer.

un mot préparer la victoire, et en profiter pour sa gloire [1].

La bibliographie de ses lettres. Édition Beuchot. Détails de statistique. Les découvertes. Édition Moland. — Tel est le cadre où se joue sa physionomie. Mais, avant de l'esquisser, il nous faut résumer encore certains détails indispensables qui intéressent les lettres de Voltaire et leurs éditions. La première est celle de Kehl [2], qui, entreprise en 1777 par Panckoucke, dut être continuée par Beaumarchais [3]. La correspondance ne pouvait y jouer qu'un rôle fort insuffisant. Celle qui fut adressée à Frédéric, à Catherine et à d'Alembert eut la faveur d'une classification spéciale; mais la plupart des détenteurs gardèrent leurs reliques. Condorcet lui-même, un des éditeurs, ne livra que dix lettres sur soixante qu'il possédait, et Mme Necker en communiqua seulement trois sur vingt.

Aussi l'édition de Beuchot, publiée à Paris en 1829 [4], mérite-t-elle notre gratitude pour les sept mille quatre cent treize lettres que contiennent ses vingt derniers volumes [5]. Mais, depuis cinquante ans, de nombreuses découvertes ont grossi ce trésor. En 1857, MM. de Cayrol et François réunirent treize cents textes nouveaux qui comblent de graves lacunes [6]. Bien que ce soient en général des billets

---

1. Tout en combattant, « l'aubergiste de l'Europe » (c'est ainsi qu'il s'appelle) a ses grandes et petites audiences, tient table ouverte, *histrionne* à huis clos, défriche des bruyères, dessèche des marais, bâtit un théâtre et une église, plante, jardine, laboure, élève un haras, fonde des manufactures, et prend tout au sérieux, en ayant l'air de se moquer de tout. Je ne parle pas de la politique, de la chute des jésuites, et des parlements, ou des ministères de Malesherbes et de Turgot qu'il a préparés.

2. Elle emprunte son nom à l'imprimerie que Beaumarchais établit à Kehl.

3. Il y perdit plus d'un million. Les deux premiers volumes parurent en 1783. En juin 1785, il n'était encore question que des trente premiers volumes. C'est une édition recherchée par les bibliophiles.

4. 1829-1834. Elle compte 70 volumes in-8°. (Voir une étude de M. Brunetière, *Revue des deux Mondes*.)

5. Il faut déduire de ce chiffre 535 lettres adressées à Voltaire par ses correspondants auxquels il donne la réplique : 46 de Bernis, 68 de Catherine II, 24 de Charles Théodore, électeur Palatin, 144 de d'Alembert, 289 de Frédéric, 6 de Jean-Jacques, 12 de Vauvenargues. Beuchot négligea beaucoup de textes dont l'intérêt lui sembla secondaire, et se réduisit à l'analyse de quelques autres, par exemple les lettres à Mlle Quinault.

6. M. de Cayrol, ami de Beuchot, doit la plupart de ses manuscrits aux successions de La Harpe, de l'ambassadeur Falkener, de Ruault secrétaire de Condorcet,

écrits en courant, ils éclairent plus d'un coin obscur de l'histoire littéraire. Signalons, entre autres, vingt-deux lettres à Tronchin, le médecin de Voltaire [1], et dix-neuf à l'Anglais Falkener, qui apparaît ici pour la première fois. Mentionnons aussi d'autres recueils moins considérables, mais curieux. En 1858, M. Foisset publia vingt-neuf lettres du président de Brosses et quinze de Voltaire; c'est le dossier d'un procès amusant comme une comédie [2]. En 1868, M. de Maudat-Grancey mit la main sur quarante-quatre lettres envoyées au conseiller Lebault, propriétaire du fameux cru de Corton que ne dédaignait point la table de Ferney. On ne lira pas non plus sans agrément les pièces que M. Beaune exhuma des archives du château de Grosbois; car, dans le fils du notaire Arouet, encore enfant et collégien, nous voyons déjà briller l'ironie de Voltaire [3].

A ces suppléments M. Évariste Bavoux ajouta trois cent dix lettres, intitulées *Voltaire à Ferney*. Dans ce nombre il en est cent vingt-quatre reçues par la duchesse de Gotha qui, en 1753, avait offert l'hospitalité au chambellan de Frédéric [4]. — Enfin, dût cette liste paraître un peu longue, n'oublions pas l'ouvrage plus récent, et précieux entre tous, qui vit le jour en 1875 sous ce titre : *Les vraies lettres de Voltaire à l'abbé Moussinot* [5]. Après la mort de Voltaire, le manuscrit avait été remis par d'Alembert à

---

de Talma, du libraire Renouard, de M. Barbier, bibliothécaire du Louvre, et à des communications de M. Chasles, de Parent Réal, du professeur Spiers, de M. Gaullieur, de Genève. — Nous lui devons le *dernier billet* écrit par Voltaire à son médecin Tronchin, deux jours avant sa mort. Le voici : « Le patient de la rue de Beaune a eu toute la nuit, et a encore des convulsions d'une toux violente. Il a vomi trois fois du sang. *Il demande pardon de donner tant de peine pour un cadavre.* »

1. Dans l'édition Beuchot, il n'est représenté que par deux lettres.
2. *Voltaire et le Président de Brosses*. Didier. — Le même volume contient vingt-six lettres au premier président Fyot de la Marche, soixante-quatre à M. de Ruffey président de la Chambre des comptes, onze à Frédéric II, et vingt-trois écrites en 1753 au résident de France à Berlin, M. de la Touche.
3. *Voltaire au collège*, 1867. Ce sont des lettres adressées à un ami de Louis-le-Grand, Fyot de la Marche qui, en 1711, venait de quitter son collège, après Pâques.
4. L'édition Beuchot ne donne qu'une seule lettre à cette duchesse.
5. Il a paru chez Adolphe Lainé.

l'abbé Duvernet[1], qui, le livrant au public, en 1781, eut l'impertinence de réduire les cent quarante-neuf lettres à cent six, et de défigurer celles-ci par deux mille amplifications, travestissements, suppressions ou interpolations. Or, ces documents falsifiés passèrent dans l'édition Beuchot, et seraient encore acceptés comme authentiques, si M. Courtat, qui retrouva l'original[2], ne l'avait pas tiré de la poussière et rétabli dans son intégrité. Pour ceux qui ont souci des textes sincères, cet autographe est une autorité que confirment quinze autres lettres éditées par M. Preuss dans les *Œuvres de Frédéric le Grand*, et les brouillons de la correspondance reçue par Catherine : ils se trouvent dans le XXIIIe volume publié par M. Grote, en 1878[3].

De ce qui précède il suit que l'édition de M. Moland[4] est la plus complète : car, bénéficiant de travaux antérieurs, il a pu agrandir et mieux aménager son monument. Mais il reste encore bien des joyaux ignorés. Où se cachent par exemple les lettres à Saint-Lambert, à Mme du Châtelet et au duc de Choiseul ? A peine nous en est-il parvenu quelques-unes. Sans sortir de la France, que de mines à exploiter[5] ! Le 24 juillet 1734, Voltaire écrivait à Formont : « Je n'irai pas plus loin ; car *voilà*, mon cher ami, *la trentième lettre* que j'écris aujourd'hui ». Or, M. Brunetière nous apprend que sur ces *trente* lettres nous en possédons seulement *deux*. Jugez par là de nos pertes. Pour nous en consoler, étudions dans ce qui nous reste le Voltaire dont on ne se fatigue pas.

II. — ÉTUDE LITTÉRAIRE.

Les métamorphoses de Voltaire. Variété de goûts; il est toujours feu et flamme. — Mais comment saisir l'insai-

---

1. Il préparait une biographie de Voltaire.
2. Bibliothèque nationale. N° 15 208.
3. *Société impériale de Russie*. Quand parut le LXVIIe volume de l'édition de Kehl, Catherine avait exigé des suppressions et corrections regrettables.
4. J'entends ici son édition complète de Voltaire.
5. Dans sa fureur épistolaire, Voltaire adressait des lettres même aux morts. A quatre-vingts ans, n'écrivait-il pas à Horace !

sissable? L'universalité, ou l'ubiquité, ne sont-elles pas le trait essentiel d'un génie qui se renouvela sans cesse pour plaire à la nation changeante dont il semble être l'image, par ses qualités comme par ses défauts? Est-il une classification dont le cadre soit assez large pour embrasser la variété des sujets qu'il aborde en cette correspondance où nous le voyons tour à tour poète, historien, romancier, polémiste, philosophe, publiciste, économiste, critique, grammairien, physicien, astronome, déiste, sceptique, enthousiaste, frondeur, misanthrope, philanthrope, courtisan, tribun, diplomate, grand seigneur, puis architecte, manufacturier, laboureur, berger, capucin même au besoin, en un mot, toujours ondoyant, et prompt à toutes les métamorphoses? A chaque page, on serait tenté de dire avec Frédéric : « Non, ce n'est pas un seul homme qui fait le travail prodigieux qu'on attribue à M. de Voltaire. Il y a à Cirey une académie composée de l'élite de l'Univers. Il y a des philosophes qui traduisent Newton, il y a des poètes héroïques, il y a des Corneille, il y a des Catulle, il y a des Thucydide; et l'ouvrage de cette Académie se publie sous le nom de Voltaire, comme l'action de toute une armée s'attribue au chef qui la commande. » Ce qui n'étonne pas moins que cette rare souplesse, c'est l'ardeur d'une âme que tout objet enflamme, bien que nul ne suffise à la remplir ou à la fixer. Amour, haine, plaisir, douleur, colère, toutes les impressions qui, pendant plus de soixante ans, traversèrent une imagination si mobile et si active, nous les retrouvons ici exprimées naïvement, comme sur la figure d'un enfant; et chacun de ces sentiments, aussi vif que s'il devait être éternel, occupa tout son cœur jusqu'au jour où il fut effacé par un autre, qui ne durera pas davantage, mais aura la même intensité.

Caractère de Voltaire. Sincérité. Erreurs ou fautes. Circonstances atténuantes. L'art du succès. La fin et les moyens. — Après cet hommage rendu à ce qu'on pourrait appeler, sans trop de paradoxe, la *candeur* de Voltaire, avons-nous besoin de déclarer qu'il faudrait plaindre ceux dont l'hostilité ne chercherait dans sa bonne foi qu'un motif d'accusation contre son caractère? Disons plutôt que bien peu d'hommes mêlés aux luttes d'opinion auraient pu résister, comme lui, au témoignage d'une confession si prolongée, si diverse, si intime et si sincère. J'irai même jusqu'à croire que Voltaire ne nous trompe pas quand il écrit à l'abbé Trublet : « *Dans le fond, je suis bonhomme.* Il est vrai qu'ayant fait réflexion, depuis quelques années, qu'on ne gagnait rien à l'être, je me suis mis à être *un peu gai,* parce qu'on m'a dit que cela est bon pour la santé. » Avouons seulement que ces gaietés ont pu manquer parfois de convenance, ou de justice, qu'il n'a pas assez respecté la conscience de ses adversaires, et qu'il ne compte point parmi ces « saints laïques » auxquels M. Renan n'aurait à reprocher que « des excès de vertus ».

Non, certes, il n'eut point l'égalité d'humeur, la retenue ou la patience d'un stoïcien, ni le sérieux d'un doctrinaire qui croirait déroger en se permettant un sourire. Il lui arriva donc d'être quinteux, fébrile, irascible, tracassier, chicaneur, avocat, procureur; il pratiqua volontiers l'industrie des ruses, des feintes, des désaveux, des flatteries intéressées. Mais, outre que les plus irréprochables eurent leurs faiblesses, les siennes ont une excuse dans les conditions d'un temps qui n'était pas le nôtre, et dans les nécessités d'une guerre qui se faisait alors avec d'autres armes qu'aujourd'hui. Pour ce qui est des violences, on ne peut que les condamner, mais non sans reconnaître qu'en pleine mêlée on ne mesure pas ses coups, et que les traits lancés par une main émue ne sauraient être infaillibles comme la flèche de Guillaume Tell. Quant aux manèges du courtisan, imputons-les aux exigences de l'attaque ou de la défense. Il nous serait en vérité trop commode de faire les puritains, loin du péril! Lorsqu'un éloge de Fénelon était supprimé par arrêt du Conseil, ne fallait-il point acheter par quelques grains d'encens des protecteurs qui ne se donnaient pas gratuitement, et remplacer l'indépendance par l'habileté[1]?

---

1. Ce que je reprocherais plutôt à Voltaire, c'est d'avoir eu sur le *peuple* des mots cruels, ceux-ci par exemple : « Il me paraît essentiel qu'il y ait des gueux

Voilà pourquoi Voltaire ne recula pas devant certains artifices parfois scabreux. En même temps que son eau bénite de cour conciliait à sa cause la vanité de ceux que leurs traditions en eussent éloignés, il usait de rouerie pour miner toutes les bastilles qu'il ne pouvait pas prendre d'assaut, ou introduire en contrebande les munitions que la douane eût confisquées au passage, s'il les avait naïvement importées à ciel ouvert. Il faut voir comme il est madré dans ce jeu d'adresse. « Non, écrit-il à d'Alembert, je n'ai point fait l'*Ingénu*; je ne l'aurais jamais fait. J'ai l'innocence de la colombe, et je veux avoir la prudence du serpent. *Les honnêtes gens ne peuvent combattre qu'en se cachant derrière les haies.* » Nul en effet n'entendit mieux l'art de dérouter l'adversaire, de l'agacer par des escarmouches inattendues, de le harceler à la dérobée, de masquer ses batteries, de tourner les obstacles en ressources, de piquer incessamment la curiosité du public, d'en faire son compère en l'amusant, en un mot, de tirer parti de tout, et d'organiser à tout prix la victoire? Or, cette science du succès ne va pas sans que le vainqueur ait à regretter des compromis, des expédients équivoques, des erreurs ou des fautes. Mais, s'il y a toujours de petits côtés dans les plus grands hommes et les plus grandes causes, n'ayons pas l'ingratitude d'en abuser contre celui que nul ne démentira lorsqu'il écrit : « J'aime passionnément à dire des vérités que d'autres n'osent pas dire, et à remplir des devoirs que d'autres n'osent pas remplir[1]. » En face de cette correspondance qui touche à des questions irritantes,

---

ignorants. » — « A l'égard du peuple, il sera toujours sot et barbare. Ce sont des bœufs auxquels il faut un joug, un aiguillon et du foin. » — « Quand la populace se mêle de raisonner, tout est perdu. »

1. Voltaire, après tout, n'a pas cessé de respecter l'idée de Dieu, et les vérités de conscience ; ne disait-il pas : « Je serai toujours persuadé qu'une horloge prouve un horloger, et que l'univers prouve un Dieu. » — « Il me paraît absurde de faire dépendre l'existence de Dieu d'a plus b divisé par z. Il ne faut que des yeux, et point d'algèbre, pour voir le jour. » Qui ne souscrirait à cette autre profession de foi : « Adorer Dieu, laisser à chacun la liberté de le servir selon ses idées, aimer ses semblables, les éclairer si l'on peut, les plaindre s'ils sont dans l'erreur : voilà ma religion. » Nous sommes aussi de son avis, quand il affirme « qu'on ne fait jamais de bien à Dieu, en faisant du mal aux hommes »

laissons donc dans l'ombre tout ce qui divise, aigrit ou envenime. Donnons-nous seulement le plaisir d'y admirer un merveilleux esprit et un cœur généreux.

Esprit de Voltaire. — *L'esprit*, chez Voltaire, il est plus facile de l'aimer que de le définir; car nul autre ne l'égale dans le pays le plus spirituel du monde. Le sien, « remplit toute l'idée »[1] que comporte ce mot : badinage souriant dont l'ironie effleure les ridicules, sans que l'auteur excepte ses propres travers, enjouement d'une raison qui s'amuse de ses rencontres subites, chocs imprévus d'idées qui brillent et pétillent comme des fusées, comparaisons familières dont la justesse a le caprice de la fantaisie[2], hyperboles joyeuses qui donnent à des vérités le relief d'un paradoxe[3], art délicat de distribuer ou d'accepter la louange, simplicité rapide et gracieuse, franchise de naturel, mais surtout bon sens alerte qui toujours prononce le mot définitif; car ses boutades mêmes nous font réfléchir, et ses épigrammes en apparence les plus étourdies sont des lueurs furtives. Oui, il sait être presque profond sous un air frivole, et il grave toutes les pensées en glissant sur les surfaces. Agrément, vivacité de tour, précision, netteté, bonheur de l'expression, choix et finesse de la nuance; voilà donc le signe distinctif de ses plus fugitives bagatelles : elles sont écrites pour l'immortalité[4]. Mais, au lieu d'énumérer lourdement des choses légères[5], voyons plutôt l'artiste à l'œuvre en

---

1. L'expression est de M. Nisard.
2. Veut-il consoler un poète attristé par les envieux, il dira : « Il y a eu de tout temps des Frérons dans la littérature ; mais on dit qu'il faut *qu'il y ait des chenilles pour que les rossignols les mangent, afin de mieux chanter.* »
3. Par exemple : « Si j'avais des obligations au diable, je dirais du bien de ses cornes. »
4. Il a surtout horreur des phrases. « *Vos belles phrases*, » lui dit-on un jour. « *Mes belles phrases ! mes belles phrases !* Apprenez, s'écria-t-il, que je n'en ai pas fait une de ma vie. »
5. Voltaire nous donne quelques-uns de ses secrets, quand il dit : « Ce qu'on appelle *esprit* est tantôt une comparaison nouvelle, tantôt une allusion fine; ici l'abus d'un mot qu'on présente dans un sens et qu'on laisse entendre dans un autre là, un rapport délicat entre deux idées peu communes : c'est une métaphore singulière ; c'est une recherche de ce qu'un objet ne présente pas d'abord, mais de ce qui est en effet dans lui. C'est l'art ou de réunir deux choses éloignées, ou de

quelques-uns des genres où, sans y songer, il nous offre des modèles aussi parfaits qu'inimitables.

L'homme d'affaires. Le financier généreux. — Feuilletons par exemple ses lettres d'affaires, c'est-à-dire celles qui se prêtent le moins aux gentillesses de la plume, et dont pas une pourtant ne nous paraît sèche ou ingrate. Dès l'année 1718, Voltaire s'était dit : « J'ai vu tant de gens de lettres pauvres et méprisés que je résolus de n'en pas grossir le nombre. En France, il faut être enclume ou marteau ; j'étais né enclume. » Mais il ne voulut pas l'être toujours, et nous ne saurions l'en blâmer ; car, pour lui, la fortune fut un moyen, et non un but[1], puisqu'elle lui permit de s'affranchir, et de faire du bien. « Si Socrate avait eu un grand état de maison, écrivait-il, Anitus, au lieu de lui faire boire la ciguë, aurait été lui demander à dîner. » C'est nous avertir qu'il se proposait d'en finir avec les poètes faméliques gueusant une pension dans l'antichambre d'un seigneur hautain ou d'un financier insolent. Or, il faut lui savoir gré d'avoir inauguré dans sa personne la dignité de l'Homme de lettres marchant de pair avec les privilégiés de la naissance et de la finance ; disons mieux : ce fut lui qui, bien souvent, prit le pas sur eux, et les compta parmi les clients de sa souveraineté.

Voilà ce qui met à l'abri de toute enquête malveillante les nombreuses lettres où il use de détours si ingénieux pour régler des intérêts en souffrance, sans paraître inquiet ni trop pressé On ne saurait être plus adroit et plus poli dans la façon de recouvrer des revenus arriérés, et de

---

diviser deux choses qui paraissent se joindre, ou de les opposer l'une à l'autre ; c'est celui de ne dire qu'à moitié sa pensée, pour la laisser deviner. »

1. La première source de sa fortune fut sa plume : car son origine date de la souscription faite à Londres en faveur de la *Henriade*. Cette réserve lui permit, en 1733-34, de prendre, par les conseils de Paris Duverney, un intérêt dans les vivres de l'armée d'Italie. Il en retira 800 000 francs. En 1742, il fit le trafic des grains avec un sieur Dumoulin. En 1743, il s'associa avec Marchand, son parent, pour la fourniture de 10 000 habillements destinés à la milice, et avec l'abbé Moussinot pour le commerce des tableaux. Il prit des intérêts dans plusieurs maisons qui faisaient le trafic de Cadix et des Indes orientales. Enfin, il prêtait à plusieurs princes ou grands seigneurs, sous forme de rentes viagères. Son frère lui laissa 200 000 francs.

délier la bourse d'un débiteur réfractaire, en lui demandant pardon de *la liberté grande*. Vous en jugerez par la lettre qu'il envoie au prince de Conti, non sans lancer à ses trousses « un bon avocat au Conseil ». Comment garder rancune à un créancier qui faisait parler le papier timbré avec la courtoisie que voici : « Je suis plus fâché que vous, Monseigneur, des procédures qu'on a faites : tout cela est infiniment désagréable. Je m'en console par un peu de philosophie, et surtout par l'espérance que vous me continuerez vos bontés[1]. » Pourtant, il me plaît davantage, lorsque je le vois traiter en Mécène des confrères plus favorisés d'Apollon que de Plutus, se venger par un bon mot des gens qui lui font faillite, abandonner ses droits d'auteur à la Comédie Française, et, frustré d'une somme importante par la négligence de Thiériot, le rassurer en disant : « Je serais bien indigne d'être homme de lettres, si je n'aimais mieux perdre cent louis que de gêner un ami[2]. »

Le solliciteur bénévole. Lettres de recommandation.
— Nous goûterons plus encore les innombrables requêtes où Voltaire se fait solliciteur au profit des naufragés qu'il remet à flot, et tire de la gêne ou de la misère. Nul médiateur n'est plus insinuant, plus habile à stimuler le zèle des protecteurs qu'il invoque, à chatouiller leur amour-propre, à engager leur bonne volonté sans paraître importun, à prévenir les objections, et à séduire les puissants par des civilités aimables qui sont déjà de la reconnaissance. Lisez entre autres la prière qu'il adresse à Mme du Deffant, en faveur de l'abbé Linant qui désirait devenir lecteur de la duchesse du Maine[3]. Mais il excelle

---

[1]. Parfois il n'était pas si accommodant, témoin ce billet : « M. de Gennes est fermier général des États de Bretagne. S'il ne paye pas, c'est une très mauvaise volonté ; à moi la justice est le remède. Il n'est pas si radoteur que vous me le dites. Il est cousu d'or, et, s'il radote, c'est en Harpagon ; et ce serait radoter nous-mêmes que de ne pas le faire payer. C'est à un huissier de faire toutes les honnêtetés de cette affaire, et je vous supplie de ne pas épargner cette politesse dont l'utilité est reconnue et toujours pardonnable envers un avare. » (A l'abbé Moussinot, mars 1738).

[2]. Destouches lui devant quinze louis, il écrit : « J'aime mieux vos vers que votre argent. »

[3]. *Correspondance générale*, 1732.

surtout quand il plaide pour les humbles, par exemple pour ce vieux soldat qui voulait entrer aux Invalides : « Ces jours derniers, je rencontrai Eustache Prévot, dit *la Flamme*, l'un des invalides que vous avez eu la bonté de me donner. Il me dit qu'il était presque aveugle : je lui répondis que je ne voyais pas trop clair. Il ajouta qu'il était malade; je lui répliquai que j'étais tombé en apoplexie, il y a près de deux mois. Il m'avoua en soupirant qu'il était cassé de vieillesse; je lui fis confidence que j'avais 83 ans. Enfin, il me conjura d'obtenir que vous daignassiez l'admettre parmi les Invalides de votre Hôtel. Il me protesta qu'il voulait avoir la consolation de mourir sous vos lois et sous vos yeux. Je vous demanderais la même grâce pour moi; mais il faut donner la préférence à un vieux soldat qui a essuyé plus de coups de fusil que je n'en ai jamais tiré à des lapins[1]. » Permettez-nous de citer aussi cette autre page qui est touchante, sous sa drôlerie : « J'ai une grâce à vous demander; c'est pour les Pichon. Ces Pichon sont une race de femmes de chambre et de domestiques transplantée à Paris par Mme Denis et consorts. Mme Pichon vient de mourir à Paris, et laisse des petits Pichon. J'ai dit qu'on m'envoyât un Pichon de dix ans pour l'élever : aussitôt un Pichon est parti pour Lyon. Ce pauvre petit arrive je ne sais comment; il est à la garde de Dieu. Je vous prie de le prendre sous la vôtre. Cet enfant est ou va être transporté de Paris à Lyon par le coche ou par la charrette. Comment le savoir? Où le trouver? J'apprends par Mme Pichon des Délices que ce petit est au panier de la diligence. Pour Dieu, daignez vous en informer; envoyez-le-moi de panier en panier, vous ferez une bonne œuvre. J'aime mieux élever un Pichon que de servir un roi, fût-ce le roi de Vandales[2] ».

Lettres de remerciements, de félicitations, de compliments. L'art de louer avec dignité. — Il n'a pas moins de charme et d'entrain dans les occasions où il s'agit soit de remercier, soit de féliciter. Alors les mots

---

1. A M. d'Espagnac. Ferney (9 mai 1777).
2. A Tronchin, banquier à Lyon (29 juillet 1757).

flatteurs coulent de source. Cela vaut les épîtres les plus délicieuses d'Horace. Faute d'espace, produisons seulement ce billet reçu par Turgot, le 28 juillet 1774, au lendemain du jour où il fut nommé ministre de la Marine : « Monseigneur, je me tiens très malheureux d'être continuellement près de mourir, lorsque je vois la vertu et la raison supérieure en place. Vous allez être accablé de compliments vrais, et vous serez presque le seul à qui cela sera arrivé. En chantant à basse note le *de Profundis* pour moi, je chante *Te Deum laudamus* pour vous. » On sent qu'il est en fête. Il en a le droit; car le ministère de Turgot est un peu son œuvre. Il n'aura pas toujours la même cordialité dans la louange, notamment lorsqu'il dit, en 1765, à soixante et onze ans : « J'ai trois ou quatre rois que je *mitonne*. Comme je suis fort jeune, il est bon d'avoir des amis solides pour le reste de la vie[1]. » Mais alors ne vous hâtez point de prendre pour un adulateur celui qui put dire avec la familiarité d'un joueur gagnant la partie : « *J'ai brelan de rois quatrième* ». Car Voltaire a toujours su se mettre fort à l'aise avec les plus grands, et concilier les égards dus au rang suprême avec ce qu'il se devait à lui-même. S'il offre la fine fleur de ses hommages, s'il sait captiver par mille coquetteries ceux dont il a besoin et qui lui rendront la pareille, sa dignité reste donc sauve. Il n'est jamais plus enchanteur que dans ces rencontres où il ne s'agit que de façonner un bijou, et de polir un diamant. Plus la substance est mince, plus est ingénieux un art qui ne paraît pas. Ces bulles fragiles sont je ne sais quoi d'impalpable et d'impondérable qui se joue dans la lumière.

Le cœur de Voltaire. Sa clientèle L'avocat des grandes causes. Le promoteur des réformes. Le phi-

---

1. Voltaire fut pour la Philosophie un ministre des affaires extérieures. Sans parler de Frédéric, le duc de Wurtemberg, l'électeur Palatin, le duc et la duchesse de SaxeéGotha sont presque ses courtisans. Le pape Benoît XIV eut l'esprit de ne pas refuser la dédicace de *Mahomet*. — Élisabeth et Catherine II l'assiègent de leurs coquetteries. — Christian VII de Danemark s'honore d'avoir appris de lui à penser. — Gustave III place sous son patronage la révolution politique accomplie par lui à Stockholm (août 1772). — Joseph II ne s'abstient que par déférence pour Marie-Thérèse d'aller le visiter à Ferney.

lanthrope. — Mais les lettres de Voltaire ne glorifient pas seulement son esprit ; elles justifient encore son cœur, et attestent sa bonté. Ici les preuves surabondent ; il en est même de si retentissantes, et si souvent célébrées, qu'on peut craindre, en les rappelant, d'insister sur un lieu commun, ou de démontrer l'évidence. Il faut pourtant bien parler d'abord de toute cette clientèle d'opprimés, dont il fut l'avocat bénévole et infatigable. Plus sa renommée grandissait, plus il sentit qu'elle lui imposait une responsabilité bienfaisante ; et, s'il a vraiment régné sur l'Europe, c'est surtout parce que toute violation du droit lui arrachait un de ces cris qui traversent les âges.

Les noms de Calas et de Sirven[1] viennent ici sur toutes les lèvres. Or, en songeant à ce qu'il lui fallut de dévouement, de patience, de courage, de travail, et d'énergie pour soulever l'opinion en faveur de ces familles innocentes, et forcer la justice à reconnaître une irréparable iniquité, on croit Voltaire sur parole quand il nous dit : « Durant ces trois années, il ne m'est pas échappé un sourire que je ne me sois reproché comme un crime[2]. » Oui, cette tragédie de Toulouse lui fit alors oublier toutes les autres, jusqu'aux siennes. Mais comment énumérer les infortunes qui trouvent en lui un vengeur éloquent?

---

1. Le 9 mars 1762 avait été exécuté à Toulouse *Jean Calas*, vieillard protestant accusé d'avoir pendu son fils, parce qu'il voulait, dit-on, se convertir. Obligée de s'expatrier, sa famille se réfugia à Genève. C'est à cette occasion que Voltaire composa son *Traité sur la tolérance* (1763, in-8v) Il sut intéresser Choiseul à cette affaire. La sentence de Toulouse fut cassée, et Calas proclamé innocent le 9 mars 1765.

Quant à *Sirven*, il habitait Castres. Une de ses filles, dont l'esprit était troublé, se jeta au fond d'un puits. Sirven, comme Calas, fut accusé d'avoir tué sa fille pour empêcher sa conversion ; il réussit à se sauver en Suisse, et fut condamné à être pendu en effigie. Ce procès de réhabilitation dura dix-huit ans.

2. Il y a des accents qui ne trompent pas ; celui-ci par exemple : « Je pleurais à l'âge de seize ans lorsqu'on me disait qu'on avait brûlé, à Lisbonne, une mère et sa fille, pour avoir mangé debout un peu d'agneau cuit, avec des laitues, le 14 de la lune rousse. L'innocence opprimée m'attendrit ; la persécution m'indigne et m'effarouche. Plus je vais en avant, plus le sang me bout. J'ai toujours la fièvre le 24 du mois d'auguste, que les barbares Welches nomment août ; c'est le jour de la Saint-Barthélemy. Mais je tombe en défaillance le 14 mai, où l'esprit de la Ligue assassina Henri IV..... Cependant, les Français dansent comme si de rien n'était. Calas et le chevalier de la Barre m'apparaissent quelquefois dans mes rêves. On croit que notre siècle n'est que ridicule : il est horrible. »

Tantôt il s'efforce de défendre la vie de l'amiral Byng[1] contre l'inflexible politique du gouvernement anglais, intéressé à voir un coupable dans l'officier vaincu par les armes de la France. Tantôt il cherche sous la poudre des greffes les titres qui, méconnus d'abord par un parlement formaliste, serviront plus tard, grâce à Louis XVI, à l'affranchissement des serfs du mont Jura. Ailleurs, il flétrit les sévices exercées par le pouvoir contre la vieillesse illustre de La Chalotais[2]. En même temps il revendique la réhabilitation de Lally-Tollendal accordée enfin, la veille de sa mort, aux efforts réunis de la piété filiale et de la philosophie. Une autre fois, c'est le jeune Fabre qu'il arrache, après sept années de douleurs, à la perpétuité des galères, où il s'est héroïquement substitué à son père. Sans son intervention, la veuve de Montbailly eût payé de sa tête l'erreur judiciaire qu'on appelle la méprise d'Arras. S'il n'a pu dérober le jeune chevalier de la Barre aux juges d'Abbeville, du moins il sauve d'Étallonde complice d'une faute punie comme un parricide.

Nulle plainte ne réclame en vain le secours de cette voix puissante qui protège l'honneur des victimes, quand il est impossible de prévenir leur supplice. C'est encore Voltaire qui, avant Beccaria, réclame sans relâche contre la barbarie de la procédure criminelle et les cruautés de la torture. C'est lui qui, avant Adam Smith, éclaire les problèmes élémentaires de l'économie politique et réhabilite le luxe calomnié par d'inintelligents déclamateurs. C'est lui qui s'élève contre la vénalité des charges[3], obtient pour les protestants la faculté des mariages mixtes, fait convertir la corvée en redevances pécuniaires, et provoque les adoucissements apportés à la tyrannie des maîtrises. La plupart des réformes accomplies par Turgot l'eurent donc pour promoteur; et, dans cette propagande salutaire, la vieillesse de Voltaire

---

1. Il avait échoué devant Minorque, en 1756, contre l'escadre de La Galissonnière.

2. Procureur général au Parlement de Rennes. Son *Compte rendu des constitutions des Jésuites* lui suscita bien des ennemis ; on lui imputa des délits controuvés, il fut emprisonné avec son fils, en 1765.

3. Qui avait trouvé grâce devant Montesquieu.

ne s'annonçait au monde que par une sollicitude plus constante pour les intérêts généraux de l'humanité.

« L'aubergiste de l'Europe ». Le seigneur de Ferney. L'intercesseur universel. — Tel nous le montrent aussi ses lettres intimes; car il avait le droit de dire : « Les terres que j'ai défrichées et un peu embellies n'ont vu couler que les larmes des Calas et des Sirven, quand ils sont venus en mon asile. » Dans son diocèse, « il a quadruplé le nombre de ses *paroissiens* », et il n'y a pas un seul pauvre autour de son château. D'un village il a fait une ville : elle a ses manufactures dont le commerce rapporte plus de 400 000 francs par an. Il l'a dotée d'un théâtre et d'une église. Il a livré à la charrue des marais stériles. Aux fêtes solennelles, son curé lui adresse une harangue, ses vassaux le saluent par des décharges de mousqueterie, les rosières lui présentent des corbeilles de fruits enrubannés, ses fermiers boivent à sa santé le vin de ses crus. Chaque jour lui amène des amis, des étrangers, de beaux esprits, des princes, des hommes d'épée, de robe ou même d'église, un peintre comme Vernet, un sculpteur comme Pigalle, un musicien comme Grétry. Les paysans qui passent trouvent chez le seigneur du lieu un dîner prêt, et une pièce de monnaie pour continuer la route.

Quant à lui, il est l'intercesseur universel, et tient le ministère des grâces. Tantôt c'est frère Macaire qu'il recommande au marquis d'Argenson, pour qu'il lui délivre une patente d'ermite. Tantôt c'est une candidature qu'il patronne à l'Académie. Aujourd'hui, il écrit au duc de Richelieu pour qu'il augmente les honoraires de Lekain. Demain, c'est un jeune secrétaire qu'il propose à un diplomate, ou un pauvre diable qu'il place en quelque bonne maison. Une autre fois, il plaide près d'un résident de France pour une dame genevoise qui soupire après le rappel de son mari banni par le Conseil de Genève; ou bien il frappe à la porte de M. Pallu, intendant de Lyon, en faveur d'un Israélite auquel la douane a saisi ses hardes. Je ne dis rien des confrères besogneux ou des débutants pleins d'espérances, qu'il faut réconforter par des subsides ou des encouragements. « Lorsque d'Arnaud Baculard vient *emprunter* trois francs, écrit-il à l'abbé Moussinot, il faut lui en *donner* douze. » Sa générosité prend les devants sur la prière; écoutez : « Je vous prie, si vous avez de l'argent à moi, de délivrer cent livres à M. Berger, et, si vous ne les avez pas, de vendre vite quelqu'un de mes meubles pour l'en gratifier.» Quant à Mlle Corneille, qu'il appelle à Ferney, fait élever chrétiennement, dote avec les *Commentaires* de son grand oncle, et marie religieusement à un capitaine de dragons, Voltaire ne veut pas qu'on en parle. « *N'est-ce pas le devoir d'un vieux soldat de servir la fille de son général*[1]? »

L'ami. Les lettres intimes. — Que serait-ce donc si nous passions en revue tous les camarades d'enfance qu'il aida jusqu'au dernier jour de ses deniers, et, ce qui vaut mieux, de ses conseils? Il eut beau faire des ingrats ; il ne se guérit pas de cette noble faiblesse, et put se vanter, en 1774, de « n'avoir jamais ni succombé sous ses ennemis, ni manqué à ses amis. » Si dans sa philanthropie publique on a voulu, bien à tort, ne voir que l'ostentation d'un rôle populaire, on ne cherchera pas du moins chicane à la sincérité de ses sympathies pour des infortunes privées. A qui le calomnierait ainsi répondent victorieusement ses lettres à Thiériot. Quelle discrétion et quelle vigilante sollicitude! Quand, malgré les refus d'un épicurien qui vit au jour le jour, il insiste pour lui faire accepter un poste honorable près du duc de Richelieu[2], il est vraiment autorisé à dire : « J'ai fait pour vous ce que je ferais pour mon frère, pour moi-même. » Je ne recommanderai pas moins la verte mercuriale où il gronde sa paresse[3]; car le père le plus

---

1. Elle descendait de François Corneille, cousin germain de Pierre. Son père était facteur de la petite poste. En 1760, le poète Lebrun avait averti Voltaire que cette jeune fille pauvre était parente collatérale du grand Corneille. Voltaire soigna son éducation, lui assura une rente viagère de 1400 francs, et un capital de 20 000 francs. Le produit des *Commentaires* lui valut 140 000 francs. Elle épousa M. Dupuis en mars 1761.

2. Octobre 1734. Voir nos *Extraits des classiques français* : cours supérieur. Éditeur *Fouraut*.

3. 12 juin 1735. Voir nos *Extraits des classiques français*, ou l'edition des lettres de Voltaire, par M. Fallex.

tendre et le plus éclairé ne parlerait pas mieux à son fils. « Vous vivez comme si l'homme avait été créé uniquement pour souper, et vous n'avez d'autre existence que depuis 10 heures du soir jusqu'à 2 heures après minuit... Il faut vous préparer une arrière-saison tranquille, heureuse, indépendante. Que deviendrez-vous, quand vous serez malade et abandonné? Sera-ce une consolation pour vous de dire : « j'ai bu du vin de Champagne autrefois en bonne compagnie? » Songez qu'une bouteille qui a été fêtée, quand elle était pleine d'eau des Barbades, est jetée dans une cour dès qu'elle est cassée, et qu'elle reste en morceaux dans la poussière... Si je vous aimais moins, je vous plaisanterais sur votre paresse : mais je vous aime, et je vous gronde beaucoup... Buvez du vin de Champagne avec des amis aimables; mais faites quelque chose qui vous mette en état de boire un jour du vin qui soit à vous. » Que d'affection sous ces sévérités! Elles sont dignes de celui qui, dans une heure de malentendu, disait au même Thiériot : « Deux vieux amis qui se brouillent se déshonorent. Oui, il est de votre honneur de rester mon ami. »

L'ami de la chose rustique. Le protecteur des animaux. Le patriote — Ce qui nous agrée dans Voltaire, c'est que sous l'écrivain on sent toujours l'homme qui a ses goûts personnels et les renouvelle sans cesse, même après la soixantaine. Non seulement il a du loisir pour cultiver ses amis; mais, quoi qu'on en dise, son cœur est tendre aussi pour la campagne, et il sait en jouir presque autant que Rousseau, bien que d'une façon différente et plus pratique. « Je me croirais très malheureux, dit-il, si je voyais le printemps ailleurs que chez moi ». Et ailleurs : « Vous n'aimez pas la chose rustique, et j'en suis fou; j'aime mes bœufs, je les caresse; ils me font des mines. » Aussi veut-il mourir « laboureur et berger. » Quel épanouissement d'aise, lorsqu'aux *Délices* il promène ses regards sur le spectacle qui l'entoure : « Figurez-vous quinze croisées de face, un canal de douze grandes lieues de long que l'œil enfile d'un côté, puis un autre de quatre ou cinq lieues, une terrasse qui domine cent jardins, les campagnes de Savoie, au delà du lac, couronnées des Alpes qui s'élèvent jusqu'au ciel en amphithéâtre. » Il ne s'intéresse pas moins aux animaux, et s'apitoie sur leur dure condition : « On les traite, s'écrie-t-il, avec autant d'inhumanité que les Russes et les moines de Franche-Comté traitent leurs paysans. »

A plus forte raison est-il bon Français lorsqu'en 1760 lui échappe cette plainte : « J'aimerais encore mieux pour ma nation des lauriers que des olives. Je ne puis souffrir les ricanements des étrangers, quand ils parlent de flottes et d'armées. J'ai fait vœu de n'aller habiter le château de Ferney que si je puis y faire la dédicace par un feu de joie.»
A deux pas de la frontière, « l'aubergiste de l'Europe », comme il s'appelait, ressent le contre-coup de toutes les blessures faites à la patrie. Même quand il écrit à Mme du Deffant, si sèche et si glaciale, la fibre du patriote ne craint pas l'ironie de cette âme égoïste : « Il me vient, lui dit-il, des Anglais et des Russes : tous s'accordent à se moquer de nous. Vous ne savez pas, madame, ce que c'est que d'être Français en pays étranger : *on porte le fardeau de sa nation.* » C'est que son cœur, comme son esprit, garda sa flamme jusqu'au dernier jour [1].

L'ami des lettres. Première et dernière passion. L'orthodoxie de Voltaire. — Chez lui, le culte des lettres se confondait avec l'amour de son pays. « Je ne connais pour vrais Français, écrit-il à un ministre, que ceux qui aiment les arts, et les encouragent [2]. » Aussi de quel accent ajoute-t-il : « Ne rognez pas de si près les ailes à nos écrivains, et ne faites pas des volailles de basse-cour de ceux qui, en prenant l'essor, pouvaient devenir des aigles. » Cette passion finit presque par étouffer toutes les autres, comme le prouve ce témoignage : « Plus je vieillis, plus je crois que je deviens sage : car je ne connais plus que

---

1. Le cœur de Voltaire fut transporté en juillet 91 au château de *Villette* (arrondissement de Pont-Sainte Maxence, Oise), et, le 16 décembre 1864, à la Bibliothèque nationale, où M. Duruy le reçut des mains de M. Léon Duval représentant des héritiers de Villette.

2. Il disait ailleurs : « Notre langue et nos belles-lettres ont fait plus de conquêtes que Charlemagne. »

littérature et agriculture; cela donne de la santé au corps et à l'âme. Dieu sait alors comme on rit de ses folies passées, et de toutes celles de nos confrères les humains ! »

Cette sérénité brille, dès qu'il traite des questions de goût. Si j'osais faire un choix dans l'excellent, je dirais donc que c'est la partie la plus exquise de sa correspondance. On n'y trouvera pas les règles de l'école, mais une causerie supérieure où tous les principes de l'art, sans devenir dogmatiques, sont exprimés, à l'usage des honnêtes gens, sous forme de sentiment, comme un instinct de raison, et une joie d'intelligence [1]. Alors se trahissent les secrets de son génie, celui-ci par exemple : « On ne doit faire ni vers ni prose, ni même écrire un billet, que quand on se sent en verve. C'est l'attrait du plaisir qui doit nous conduire en tout. Malheur à celui qui écrit, parce qu'il croit devoir écrire ! » Que de formules ou d'aveux dans lesquels se condense sa doctrine ! « Sans justesse d'esprit, il n'y a rien. — Toute phrase qui a besoin d'explication ne mérite pas qu'on l'explique. — Les bons auteurs n'ont de l'esprit qu'autant qu'il en faut, ne le recherchent jamais, pensent avec bon sens, et s'expriment avec clarté. — Le rabot et la lime sont mes instruments. — Je n'ai jamais répondu à une critique qu'en tâchant de me corriger. — Mettons au moins huit semaines à polir ce que nous avons fait en huit jours. — Il n'y a de bons vers que ceux qu'on relit, et qu'on retient malgré soi. — *Au fait* est ma devise; si on avait la raison pour soi, on serait court. » Que de vérité malicieuse dans ses jugements sur les littérateurs, en particulier dans cette oraison funèbre de Lamotte : « Le patriarche des vers durs vient de mourir. C'est bien dommage; car son commerce était aussi plein de douceur

---

1. Cette rhétorique et cette poétique, interrompue sans cesse, se continue chaque jour, par le hasard des circonstances. *L'Encyclopédie*, une lettre du grammairien *Beauzée* ou d'*Albergati*, le provoque à dire son mot même sur la linguistique et la philologie. Signalons ses lettres à *Milord Harvey* sur le *Siècle de Louis XIV* (1740), à *Vauvenargues* sur *Corneille* (1743), à *Helvétius* sur *Boileau* (1741), à *Schouvalof* sur la manière d'écrire l'histoire (1761), à *J.-J. Rousseau* sur les lettres et la civilisation (1755). Voir nos *Extraits des classiques français*.

que ses vers de dureté. C'est un bon homme, un bel esprit, et un poète médiocre de moins. » Comme il sait dire poliment à Helvétius que sa plume est mal taillée : « Il ne vous coûte point de penser; mais il vous coûte infiniment d'écrire... Ne dédaignez pas d'être à la fois possesseur de la mine, et ouvrier de l'or qu'elle produit[1]. » En revanche, il sait louer à plein cœur Vauvenargues et « ses coups de pinceau si fiers, ou si tendres[2].

Le mauvais goût, il le déteste et le combat à outrance comme le fanatisme. Lui qui rit de tout, il a des colères tragiques contre un méchant vers. La seule chose qu'il ne pardonne pas à un philosophe, c'est d'écrire mal. J'ajouterai même que ce contempteur de toute tradition est ici parfois plus dévot qu'on ne voudrait à l'orthodoxie classique. Sa religion (qui le croirait?) touche à la superstition; car il professe la poétique de Boileau. Il croit aux trois unités, il censure les licences du vieux Corneille, il reste fidèle aux sujets antiques; il voit dans l'amour le principal ressort du théâtre, il accepte comme des lois les conventions de la routine. Des timidités se mêlent à ses hardiesses, lorsqu'il s'avise, un peu tard, d'acclimater parmi nous des nouveautés pusillanimes dans leur apparente audace[3]. Devant Shakespeare, son premier mouvement fut en effet l'horreur; et s'il se laissa pourtant, non pas conquérir, mais entamer[4], son aversion native pour tout

---

1. Ailleurs, il lui dit : « Il me semble que vous avez peine à écarter la foule d'idées ingénieuses qui se présente toujours à vous. C'est le défaut d'un homme supérieur ; vous ne pouvez pas en avoir d'autre ; mais c'est un défaut très dangereux. Que m'importe si l'enfant est étouffé à force de caresses, ou à force d'être battu ? Vous aurez plus d'esprit que tous les autres, quand vous aurez retranché votre superflu. » (Voir nos *Extraits des classiques français*. Cours supérieurs, (Fouraut).

2. « Je vais lire vos *portraits*. Si jamais je veux faire celui du génie le plus naturel, de l'homme du plus grand goût, de l'âme la plus haute et la plus simple, je mettrai votre nom au bas. » (1746.)

3. Dans Shakespeare, qui lui donna pourtant une secousse, il réprouve l'énergie, la rudesse, l'élan lyrique, la liberté d'allure, le mélange du comique et du tragique, la vérité intrépide ne reculant devant aucune violence de peinture.

4. Ses confidences sur *Zaïre, Mahomet, Brutus, Sémiramis, Zulime, Alzire*, la *Mort de César*, l'*Orpheline de la Chine* et *Tancrède* témoignent du désir d'éveiller les souvenirs héroïques de notre histoire, d'animer la scène par le décor, le costume, le merveilleux et les coups de théâtre.

ce qui est inégal, disproportionné ou grossier, se réveilla bientôt, plus vive que jamais, en face du *monstre*, dès que la traduction de Letourneur lui eut fait redouter le péril d'une contagion prochaine. Ses révoltes ne vont-elles pas jusqu'à l'injure, lorsqu'il s'écrie : « Il n'y a point en France assez de camouflets, assez de bonnets d'âne, assez de piloris pour un pareil faquin. Le sang pétille dans mes vieilles veines, en vous parlant de lui. » (1776.)

Les lamentations de Voltaire. — Avec l'âge, il semble même obsédé par la crainte d'une décadence. Les temps lui paraissent durs, comme les vers qu'on lui envoie. En les lisant, il ne reconnaît plus sa langue. Il se plaint que la France « *vive à crédit* » sur sa gloire d'autrefois. Écoutez les lamentations que voici : « Ces messieurs ne cherchent des phrases nouvelles que parce qu'ils manquent d'idées. *Pardonnez-leur de danser toujours, parce qu'ils ne peuvent marcher droit.* — Quel style que celui d'aujourd'hui ! ni grâce, ni décence, ni nombre, ni harmonie ! *Chacun fait des sauts périlleux.* Je laisse les Gilles sur leur corde lâche, et je cultive comme je peux mes champs et ma raison. » En mars 1670, il répète sur tous les tons avec amertume : « La littérature n'est à présent qu'une espèce de brigandage. S'il y a encore à Paris quelques hommes de génie, ils sont persécutés; les autres sont *des corbeaux qui se disputent quelques plumes de cygne du siècle passé qu'ils ont volées*, et qu'ils ajustent comme ils peuvent à leurs queues noires. » Enfin, à la veille de sa mort, il écrivait au censeur Marin : « La *canaille* se mêle de prétendre à l'esprit; elle fait taire les honnêtes gens et les gens de goût. Vous *buvez la lie du détestable vin* produit dans le siècle qui a suivi le siècle de Louis XIV. » S'il y eut trop de pessimisme chez un vieillard qui pensait que le monde allait finir avec lui, excusons ces boutades d'un philosophe qui disait : « Je ne mangerai pas des fruits de l'arbre de la tolérance que j'ai planté : je suis trop vieux, je n'ai plus de dents; mais vous en mangerez un jour. »

Les lettres de Voltaire comparées à celles de Balzac

et de Voiture. Mme de Sévigné, Mme de Maintenon. — On appréciera plus encore les lettres de Voltaire, si on les compare à celles de ses devanciers, de ceux qui étaient réputés les maîtres du genre, je veux parler de Balzac et de Voiture.

Ce qui caractérise ces épistoliers, c'est qu'ils rivalisèrent à qui écrirait le mieux, c'est-à-dire avec le plus de recherche, une de ces lettres sans objet qui visaient uniquement à un succès de vanité près des indifférents. Aussi quelles servitudes leur imposait cette renommée ! Jugez-en par ces doléances de Balzac : « *Il faut* qu'on s'ajuste, qu'on se pare, *qu'on se farde* même, pour plaire à des yeux si délicats. Cette condition est aussi malheureuse que celle d'un *homme qui seroit obligé de ne parler jamais qu'en musique, ou d'être sur un théâtre depuis le matin jusqu'au soir*, ou de passer toute sa vie en jours de cérémonie, avec un autre habillement que le sien. » Il ne fut donc qu'un rhéteur habile à ordonner des mots, à balancer des périodes, et à déguiser des lieux communs sous des expressions magnifiques ; il sourit avec effort, plaisante sans gaieté, pousse la solennité jusqu'à l'emphase, et donne l'idée d'un beau corps sans âme. Quant à Voiture, coquet, sémillant, précieux, il ne sait que minauder, roucouler des galanteries, broder des gentillesses, enfler des bulles de savon, et distribuer des compliments comme des dragées dans une bonbonnière. Beaux esprits qui se mettaient en frais d'éloquence, tous deux n'eurent en général que des correspondants anonymes, ou dont le nom sert de prétexte à des jeux de société. Il n'y a pas de lien entre l'auteur qui a préparé ses échantillons de style par amour-propre, et les mondains qui ont sollicité l'autographe pour s'en faire honneur dans les ruelles. Ces billets ne nous apprennent donc rien ni sur ceux qui les reçoivent, ni sur celui qui les élabore ; car ces fabricants de bagatelles prétentieuses étaient aussi soucieux de montrer leur esprit que de cacher leur cœur.

Aussi quelle différence entre ces diseurs d'hyperboles sonores ou de jolis riens et Mme de Sévigné si soudaine, si sincère, si prompte à l'à-propos, si naïve dans ses effusions de tendresses, ses saillies de bon sens, ou ses éclairs d'imagination ! Si elle prend la plume, c'est qu'elle ne saurait penser toute seule : il lui faut toujours un confident qui anime sa verve joyeuse par une sympathie de raison, de malice ou d'amitié. Voilà pourquoi ses lettres ont l'air d'être involontaires. Elle en a toujours une toute prête à s'élancer de sa plume, surtout quand elle songe à sa fille absente : car alors « écrire et penser, comme dit M. Nisard, c'est tout un »; et son lecteur croit l'entendre causer. « N'eût-elle rien à dire, c'est encore un sujet que de le dire[1] ». Or, pour nous plaire, il lui suffira d'être, ce qu'elle fut, simple et naturelle dans un milieu qui ne l'était pas toujours, et dont elle représente au vrai les intrigues, les rivalités, les passions, les grimaces, les travers, les faux semblants, les physionomies, les caractères et les mœurs. Il y a donc là, comme chez Voltaire, une source d'informations curieuses sur la société contemporaine. Mais le cercle est plus étroit, et le fond du tableau moins varié. — Le plus souvent elle revient à sa douce folie de mère idolâtre, ou se réduit aux caprices de son humeur sérieuse et enjouée, qu'on pourrait louer par ce vers de Racine :

> Je ne trouve qu'en vous je ne sais quelle grâce
> Qui me charme toujours, et jamais ne me lasse.

Dans un tel voisinage, Mme de Maintenon pourra paraître bien sévère. Elle mérite cependant un souvenir; car elle eut l'esprit droit, et même parfois aimable. Sa correspondance se distingue par une tenue correcte et digne, par une sorte de vertu efficace. Il y a là justesse et mesure; c'est l'expérience et la raison qui parlent, mais non sans sécheresse, lorsqu'un fond solide lui fait défaut. Elle vaut donc plus par le judicieux que par l'ingénieux. Chez elle, on sent trop l'habitude discrète qui s'interdit

---

1. M. Nisard. *Histoire de la littérature française.*

l'abandon, et la réserve d'une haute fortune qui fut une œuvre d'habileté. Si elle excelle à donner des conseils, on regrette d'entrevoir sous sa prudence la femme d'affaires qui, dans l'esprit, estime surtout le parti qu'on en peut tirer.

Conclusion. Le plus Français de nos écrivains. — Pour trouver des modèles parfois comparables à Voltaire, il faudrait remonter jusqu'à Cicéron, ou jusqu'aux épitres d'Horace; car il rappelle l'un par l'intérêt des questions variées qu'il agite, et l'autre par le tour d'une conversation où sa philosophie souriante associe à l'ironie de l'observateur les délicatesses du lettré. Il est, comme lui, un maître qui n'a pas le ton d'un maître, et, sans nous faire la leçon, nous rend plus clairvoyants; car il y a une lumière dans ce style qui montre tout, sans se faire voir. D'autres ont des qualités qui frappent et avertissent le lecteur; elles sont individuelles, et particulières à tel ou tel. Mais la clarté est insensible comme l'air qui nous entoure, et impersonnelle comme la pensée pure, dont elle est l'essence même. Or, si les yeux se réjouissent quand se dissipe un brouillard qui confondait les couleurs et les formes des objets, n'est-ce pas aussi une joie pour l'intelligence de voir le jour se faire dans ses idées, et les raisons des choses sortir de l'obscurité qui les enveloppait?

Ce besoin de nous entendre avec nous et avec les autres est français par excellence, comme l'attestent la bonne foi et la probité de notre langue si régulière et si transparente. Puissions-nous donc apprendre de Voltaire à ne pas démentir cette vérité littéraire! Il nous inspirera le mépris de l'ostentation, de l'effet, des procédés bruyants, des aventures ambitieuses, des dissonances, des violences, de tout ce qui est apparat, air de bravoure, mensonge et charlatanisme. En nous conseillant de ne tromper personne, de ne rien surfaire, de ne jamais parler dans le vide, il nous empêchera d'être dupes de ce qui sonne faux. En même temps sa gaieté légère qui aida nos pères à traverser allégrement les orages ne sera point mauvaise pour une génération sérieuse et attristée, pour une jeunesse qui parfois plie sous le fardeau. En tout cas, disons-nous que, si le style change, et doit changer avec la diversité des talents, des goûts, et des écoles qui les représentent, Voltaire mérite d'être encore appelé le plus Français de nos écrivains.

BUFFON.

(1707-1788).

PORTRAIT BIOGRAPHIQUE.

Sa jeunesse. Préludes de sa vocation scientifique. — Né en septembre 1707, à Montbard, en Bourgogne, dans une province riche en doctes personnages ou en orateurs éloquents[1], fils de M. Le Clerc, conseiller au parlement de Dijon, Buffon ressemblait surtout à sa mère, dont il ne parla jamais qu'avec l'accent de la tendresse la plus reconnaissante. Au collége de Dijon, où il acheva ses humanités, il se distingua de bonne heure par la passion d'apprendre et de savoir. Ce fut la géométrie qui captiva d'abord sa curiosité ; mais, tout en s'y vouant de préférence, il menait de front l'ensemble des connaissances libérales. Car « il ne voulait pas qu'un autre pût entendre ce qu'il n'aurait pas entendu lui-même », et un vif sentiment d'orgueil stimulait les ambitions de sa vaillante intelligence. La nature l'avait d'ailleurs doué de tous ses avantages ; à la noblesse de la taille, du port et de la figure s'alliait en lui la vigueur d'une constitution infatigable. Hume l'appelait « un Maré-

---

[1]. Entre autres, saint Bernard, Bossuet, le président De Brosses et Lacordaire.

Buffon avait treize ans de moins que Voltaire, dix-huit de moins que Montesquieu, cinq de plus que Rousseau.

chal de France », et Voltaire dira de lui : « Dans le corps d'un athlète il eut l'âme d'un sage. »

Lié dès l'enfance avec un jeune seigneur anglais, lord Kingstone, qui voulait compléter son éducation par des voyages, il fut le compagnon de ses plaisirs et de ses études, en Italie et en Angleterre. Ce dernier séjour surtout dut être particulièrement utile à un esprit dont la vocation jusqu'alors indécise allait bientôt devenir définitive. Ce fut à Londres qu'informé de tout ce qui s'était accompli de considérable dans l'ordre de la science, il entra résolûment dans les voies ouvertes par Newton et les physiciens de son école. Il y conçut l'idée de ses premiers écrits, qui furent deux traductions, la *Statique des Végétaux* de Hales (1735), et le *Calcul infinitésimal* de Newton (1738). Dans la préface déjà magistrale[1] qui les précède, il s'annonce comme un fervent admirateur de Bacon. D'autres travaux spéciaux qui suivirent, et en particulier un mémoire sur l'expérience qui renouvela les *miroirs ardents d'Archimède*, lui valurent une célébrité précoce; et, en 1739, il entrait à l'Académie des sciences.

Disons-le toutefois; dans cette première période, Buffon, géomètre rigoureux et circonspect, ne promettait pas encore d'être ce qu'il sera plus tard, je veux dire ce généralisateur hardi qui, trop prompt à subordonner les faits aux idées, répondit un jour au chimiste Guyton de Morveau : *Le meilleur creuset, c'est l'esprit.*

Dans ces débuts, nous ne soupçonnons pas non plus le peintre dont l'imagination aura toujours besoin de se donner carrière, comme il le confessa plus tard avec une sorte d'ingénuité, lorsqu'il écrivit dans une de ces introductions oratoires qui lui sont familières[2] : « Nous retournerons ensuite à *nos détails* avec plus de courage : car j'avoue qu'il

---

[1]. « C'est par des expériences fines, raisonnées et suivies, écrivait-il, que l'on force la nature à découvrir ses secrets; toutes les autres méthodes n'ont jamais réussi, et les vrais physiciens ne peuvent s'empêcher de regarder les anciens systèmes comme d'anciennes rêveries; ils sont réduits à lire les nouveaux comme on lit les romans. Les recueils d'expériences et d'observations sont donc les seuls livres qui puissent augmenter nos connaissances. »

[2]. T. XII, *Hist. Nat.*

en faut, pour s'occuper continuellement de *petits objets*, dont l'examen *ne permet rien au génie*. » Ce mot nous avertit que la *longue patience*, à laquelle Buffon réduit le génie, n'exclura pas de ses œuvres le feu sacré du poëte, et les grandes vues du philosophe. Ces deux caractères vont en effet se combiner dans ses aptitudes scientifiques, et son admiration associera de plus en plus le culte de Milton à celui de Newton et de Descartes[1].

L'occasion qui décide la vocation du naturaliste. Ses collaborateurs. — Mais à son ardent désir de renommée il fallait un champ de travaux précis, et une occasion de se produire. Or elle lui fut offerte, en 1739, lorsqu'à son lit de mort le savant Dufay, intendant du Jardin du roi, eut l'heureuse pensée de désigner Buffon au choix de Louis XV, comme son plus digne successeur. Il put donc se vouer enfin au grand projet de *décrire la nature*, d'en raconter l'histoire, et d'en expliquer les lois. Ce fut dès lors son idée fixe, et il ne cessa plus de la poursuivre avec une constance qui procédait d'un secret enthousiasme.

Pour exécuter un plan si grandiose, il lui fallait d'habiles auxiliaires qu'il pût animer de son souffle. Parmi les collaborateurs qui travaillèrent dans son atelier, et eurent l'honneur de contribuer à la beauté de ses tableaux, il n'est que juste de signaler ici son compatriote, l'exact et laborieux Daubenton qu'il s'adjoignit pour la partie descriptive et surtout anatomique. — Le concours de Guéneau de Montbéliard ne lui fut pas moins précieux ; car cette plume ingénieuse sut, mieux que toute autre, dérober au maître quelques-uns de ses procédés. N'oublions pas non plus l'abbé Bexon qui mit la main à l'*Histoire des Oiseaux*. Leurs titres à notre souvenir ne sont toutefois que secondaires ; car la présence de l'artiste s'atteste, jusque dans leurs essais, par des retouches qui leur communiquent l'empreinte de son style.

Ce fut en 1749 que commença la publication d'un monu-

---

1. Mme Necker dit expressément : « Il fait plus de cas de Milton que de Newton. »

ment dont le titre seul exerçait une séduction universelle, dans un siècle où le mot de *nature* s'associait partout à celui de Dieu même, et tendait à le remplacer effrontément[1]. Consacrés à la terre, aux animaux, à l'homme et aux quadrupèdes vivipares, les quinze volumes suivants parurent successivement dans une période de dix-huit années. Les dix-neuf autres, qui se succédèrent à des intervalles inégaux jusqu'à la mort de Buffon (1788), complétèrent les précédents, dont ils se distinguent par une ordonnance plus méthodique. Quant aux *Époques de la nature*, où il développe en la modifiant sa théorie de la terre, elles datent de 1778, et sont justement réputées son chef-d'œuvre.

L'ensemble de sa vie. Longue patience, isolement, dignité du caractère. — Durant ces cinquante années, qu'il se vantait « d'avoir passées à son bureau », sa vie se partagea tout entière entre Paris, où il résidait seulement quelques mois, pour satisfaire aux devoirs de son poste scientifique, et sa terre de Montbard où on le représente enfermé, du matin au soir, dans sa tour, pour y méditer ou écrire. Ce pavillon de travail, qu'on appela le berceau de l'histoire naturelle, et dont Jean-Jacques baisa le seuil à genoux, était à l'extrémité de ses jardins ; on y montait de terrasse en terrasse. C'est là que Buffon, éveillé dès cinq heures, se rendait tous les matins, après s'être fait habiller et coiffer, selon l'usage du temps ; car il croyait que le vêtement fait partie de la personne. En été, il s'établissait dans une grande salle, nue, voutée comme une chapelle, et habitait en hiver un autre cabinet moins froid, dont l'unique ornement fut un portrait de Newton. Il n'y avait devant lui ni documents, ni livres entassés ; sa vaste mémoire lui suffisait, et toute érudition n'eût fait que le gêner. Voilà le cadre où nous devons nous représenter sa figure que ranime sous nos yeux le buste du Louvre par Augustin Pajou. Elle nous frappe par une expression de calme et de noblesse, par la conscience de la force, non sans un peu de

---

[1]. Lorsque l'arbitraire régnait partout, on aimait à contempler, dans la nature, l'ordre, la règle et la loi.

dédain dans la lèvre supérieure, et je ne sais quoi d'olympien dans le front proéminent et bombé ; mais l'ensemble se concilie pourtant avec la bienveillance et la douceur.

L'amour de la règle et de l'ordre, un bon sens grandiose, une raison pacifique, une imperturbable constance dans un labeur qui ne se dément pas : tels sont les traits qui le distinguent, au milieu du dix-huitième siècle, et de la vie turbulente ou dissipée dont le flot emporta tous ceux qui se disaient et se croyaient philosophes. Aussi ne lui pardonnèrent-ils pas cette attitude qui semblait censurer leur tenue[1]. Mais nous admirerons l'isolement austère de l'écrivain qui ne se laissa pas distraire un seul instant de l'immense étude au succès de laquelle il fallait le silence et la contemplation solitaire. Le vrai sage n'est-il pas celui qui, généreusement épris de la gloire, se tint à l'écart des sectes, des coteries, des querelles éphémères, des polémiques irritantes, des petites passions ou des intérêts mesquins dont la cohue s'agitait au-dessous de sa sphère sereine? Il ne prenait pas même souci de répondre autrement que par l'indifférence à ceux qui déchiraient ses livres, ou tentaient de le tourner en ridicule. « De certaines gens, dit-il, ne peuvent m'offenser ; laissons la calomnie retomber sur elle-même. Un homme qui écrit doit s'occuper uniquement de son objet, et nullement de soi. »

Ce n'est pas qu'il demeure étranger à l'esprit de son temps. Car il en garde une secrète défiance de toute tradition. Mais cette tendance est atténuée par la bonne économie du travail et le sérieux du talent. Ne donnant à un monde frivole que la partie extérieure de lui-même, ce qui fut de représentation, il sut toujours se discipliner, et se diriger. Au lieu de se corrompre, comme tant d'autres, et de se dépenser au jour le jour dans une improvisation livrée à tous les souffles de la popularité, il ne cessa donc pas de se concentrer, de se recueillir, et de marcher imperturbablement vers le but unique où le conduisit son pas grave et solennel.

Sa popularité ; sa dictature scientifique. — Cette di-

---

1. D'Alembert ne l'appelait que le « *grand phrasier, le roi des phrasiers* ».

gnité de caractère, qui le rapproche du dix-septième siècle, le met hors de pair entre tous ses contemporains. Elle lui valut, de son vivant, une considération exceptionnelle. Lorsqu'en 1753, l'Académie l'appela spontanément à l'honneur d'un fauteuil, ce fut un hommage rendu à une renommée qui remplissait le monde entier. En 1777, des corsaires anglais s'empressèrent de lui faire parvenir des échantillons à son adresse qui se trouvaient dans un navire capturé par eux. Parmi les souverains, c'était à qui lui enverrait les plus rares productions des deux hémisphères. Toutes les Compagnies savantes se disputaient son nom. Louis XV, malgré son apathie si peu curieuse d'encourager l'esprit, érigeait en comté sa terre de Montbard. Un ministre, M. d'Angivilliers, lui faisait élever une statue de marbre, avec cette inscription : *Majestati naturæ par ingenium*[1].

Or, personne ne s'avisa d'en être surpris, Buffon moins que tout autre. Car il se rendait justice ; on peut même lui reprocher d'avoir admiré trop exclusivement ses propres mérites, comme un idéal en dehors duquel rien ne pouvait lui plaire. Prosateur, il dédaigna les vers, « à moins qu'ils ne fussent beaux comme de la prose. » L'enchaînement contenu du discours étant pour lui la première condition de toute éloquence, il disait en haussant les épaules : « Montesquieu a-t-il un style ? » Le savant ne fut pas plus juste pour Réaumur que pour Linné[2]. Son *discours* à l'*Académie* n'est guère qu'une apothéose de son propre génie. Ajoutons enfin qu'il eut le tort cruel d'interrompre Bernardin de Saint-Pierre lisant *Paul et Virginie*, ce qui navra un cœur plus sensible que le sien. Il y a donc là un excès, c'est-à-dire une faiblesse, mais qui n'autorise pas l'irrévérence de ses détracteurs. Ils auront beau dire ; le dernier mot reste à Lebrun, s'écriant dans son ode :

> Ressemble au dieu de la lumière,
> Qui se venge par des bienfaits.

---

1. Il y avait d'abord *naturam amplectitur omnem* ; mais un plaisant mit au bas : « *Qui trop embrasse mal étreint.* »

2. Linné le lui rendit : dans une pensée de représailles, il imposa le nom de *Bufonia* à une plante épineuse.

> Poursuis ! que tes nouveaux ouvrages
> Remportent de nouveaux outrages!

Décoré plutôt que chargé de ses quatre-vingts ans, ce patriarche des sciences naturelles mourut à Paris, le 16 avril 1788; et ses funérailles furent la plus grande pompe publique que la France ait vue avant celles de Mirabeau. Son nom résumait toute la pensée scientifique du dix-huitième siècle, comme celui de Rousseau toute sa pensée politique [1].

BUFFON HISTORIEN DE LA NATURE

(1749-1788).

Physionomie du naturaliste. Il aime les grands objets. — Dans l'activité du dix-huitième siècle, ce fut un mémorable événement que la publication des trois premiers volumes de l'*Histoire naturelle*, apparaissant un an après *l'Esprit des lois*, en 1749, « comme si le génie français eût voulu témoigner son ambition de tout soumettre à l'analyse, ou de tout embellir par la parole [2]. » N'ayant pas compétence pour apprécier ici le personnage scientifique, nous indiquerons surtout les traits saillants d'une physionomie littéraire.

Ce qui nous frappe tout d'abord, c'est qu'il appartient plus, ce me semble, à la famille des naturalistes anciens qu'à celle des savants modernes. Telle est l'impression que produit l'ouvrage imposant, mais conjectural, par lequel il inaugura sa vaillante entreprise. Dans cette vigoureuse ébauche qu'il intitula *Théorie de la Terre*, il eût volontiers

---

[1]. Il laissait un fils, colonel de cavalerie à 29 ans. La Révolution ne respecta pas en lui la gloire de son père. Quelques jours avant le 9 thermidor, il monta sur l'échafaud, d'où il fit entendre ces paroles : « Citoyens, je me nomme Buffon. »

[2]. M. Villemain. *Le dix-huitième siècle*.

débuté comme Empédocle, par ces mots : J'écris de l'univers. « Ni l'infini du monde réel, ni l'infini du possible, dit M. Villemain, n'effrayait son imagination. » Il ne visait à rien moins qu'à remonter aux causes de toutes choses, à embrasser l'ensemble de la création ; « et, dans une tâche où l'on est accablé par l'immensité des faits, il ajoutait sans crainte l'immensité des hypothèses. »

C'est avertir que sa supériorité ne fut point dans l'exactitude technique. Peintre éloquent, qui ressemble à Pline [1] l'ancien par l'éclat de sa parole et la richesse parfois trop pompeuse de son imagination descriptive, vulgarisateur majestueux d'une science qui n'était pas faite encore, mais que préparaient pourtant ses vues aussi hardies que fécondes, Buffon n'est point un de ces observateurs minutieux qui se plaisent, comme Linné, à la précision du détail, et à la rigueur d'une analyse curieuse de ne rien supposer, ou de rien omettre. La nature l'avait fait grand, et il voyait tout en grand ; il lui coûtait de se baisser pour étudier les petites choses; de là, par exemple, son indifférence pour la botanique. Outre qu'il était myope, ne disait-il pas : « Je l'ai apprise par trois fois, et je l'ai oubliée de même. » Ce fut ainsi qu'il ignora toujours les insectes. « Une mouche, écrivit-il un jour, ne doit pas tenir plus de place dans la tête d'un naturaliste que dans la nature. » Il nous gâte aussi les abeilles, lorsqu'il ne voit dans leurs alvéoles qu'un effet produit par la forme de leur corps, et ce qu'il appelle la compression. Il ne ménage pas plus les fourmis, et leur prévoyance. Quant à l'oiseau-mouche, s'il lui pardonne son exiguité, c'est en faveur de sa gentillesse. On dirait qu'il apprécie les êtres à la taille. Son histoire des oiseaux ne débute-t-elle pas par l'autruche, qui est comme l'éléphant du genre ? Ses préférences vont donc visiblement aux vertébrés d'un ordre supérieur ; et, même alors, il se soucie peu de certaines informations spéciales qui exigent qu'on y regarde de près, notamment lorsqu'il dit à propos d'une

---

1. Mais avec plus de goût, de raison, de mesure, et d'aptitude scientifique

bête de proie et de ses intestins : « Je laisse aux *gens* qui s'occupent d'anatomie à vérifier le fait. »

Méthode trop artificielle ; partialité ; dédains de grand seigneur. — Outre que ses enquêtes furent insuffisantes, il usa trop des méthodes artificielles. Examinant les objets isolément, à mesure que l'occasion les lui offrit, il négligea les caractères essentiels, pour se préoccuper avant tout des relations de proximité ou d'utilité que les êtres peuvent avoir avec l'homme. « Ce roi de la création » devint le centre de ses tableaux, et il rangea ses sujets autour de lui, comme ferait un maître de cérémonie veillant au respect de l'étiquette ou de la hiérarchie. De là cette classification qui s'ouvre par le cheval, se poursuit par l'âne, le zèbre, et passe au bœuf (!!), à la brebis, à la chèvre, au chien et au chat. Puis figurent les animaux sauvages, mais non féroces, comme l'éléphant, l'hippopotame, la girafe, le cerf, le chevreuil, le castor, l'écureuil, le singe, le lapin, le lièvre, la souris et le rat. Enfin, il relègue dans un dernier groupe les carnassiers, le lion, le tigre, la panthère, l'ours, le sanglier, le loup, le renard, le furet, le blaireau et la fouine. C'est ainsi qu'il descend les degrés de l'échelle, du plus grand au plus petit.

Ce système entraîne une étrange partialité, qui conviendrait plus à un fabuliste qu'à un naturaliste. « Il a, dit M. Nisard, ses héros et ses bêtes noires. Bien qu'il réduise trop l'instinct à n'être qu'un simple mécanisme, il lui arrive de prêter aux uns des qualités, des intentions ou des sentiments qui supposeraient un principe spirituel ; et il charge les autres de défauts dont ils paraissent responsables, comme s'ils avaient une perversité calculée. Si le portrait du lion tient du panégyrique, celui du tigre tourne au réquisitoire ; car le premier a « la colère noble, le courage magnanime, le naturel sensible ; il méprise les insultes, il pardonne à de petits ennemis des libertés offensantes ; » et le second « trop long de corps, trop bas de jambes, n'a que les caractères de la basse méchanceté et de la cruauté insatiable. »

Buffon, grand seigneur, juge le cerf dans ses rapports

avec les grands seigneurs, et il y voit la cause finale des chasses à courre. Son cygne, je dis le sien, « est fier de sa « noblesse et de sa beauté; » il ôte au cygne de la nature le mérite de sa grâce, qui est de s'ignorer elle-même. J'aime pourtant mieux encore ses partialités que ses dédains. Est-ce bien un naturaliste qui a écrit ceci : « Ces tristes oiseaux « d'eau dont on ne sait que dire, et dont la multitude est « accablante? »

« Oserais-je dire des dégoûts de Buffon pour certains objets de son étude, que la cause principale est que Dieu y manque? S'il avait cru avec la simplicité de cœur de Newton à un créateur, le ver de terre lui eût paru tout aussi étonnant que le lion... Il n'eût pas accablé les uns de ses répugnances, ni récompensé les autres, par d'imaginaires qualités, de l'honneur de lui avoir plu. Son siècle, plus fort que sa raison, l'empêcha de voir distinctement la main qui a prodigué ces variétés de structure, et qui a mis jusque dans des infusoires invisibles une parcelle de vie que les plus désarmés n'abandonnent pas sans la défendre. Cette faiblesse a coûté à Buffon le meilleur du génie du naturaliste, l'exactitude, et le même siècle qui lui cachait Dieu a le plus douté de la solidité de sa science [1]. »

Le peintre éloquent de la nature. L'esprit scientifique chez Buffon. — Ajoutons toutefois que cette partialité lui devint une source d'émotion, par conséquent d'éloquence. Les animaux étant pour lui des amis ou des ennemis, ses descriptions se sont passionnées; il va jusqu'à louer ou gourmander ces êtres inférieurs qu'il considérait pourtant, avec Descartes, comme des automates. Par suite de ces illusions mêmes, le sentiment de la vie anime donc ses peintures. Il nous fait ainsi comprendre, sans le vouloir, les convenances providentielles qui accommodent l'organisme aux besoins, aux mœurs et aux destinées. De la sorte, le Créateur apparaît dans la créature, et l'artiste réfute ou complète, à son insu, les oublis d'un écrivain trop étranger à l'ordre surnaturel.

---

1. M. Nisard. *Hist. de la littérature française*, t IV, 400.

Tout en faisant nos réserves, sachons aussi reconnaître que, devenu naturaliste par occasion plus que par entraînement, Buffon finit, à force de volonté, par s'assujettir à l'esprit scientifique, dans le sens strict du mot. Il serait donc injuste de ne voir en lui qu'un littérateur pur, comme fut Bernardin de Saint-Pierre. Car, puissant par la synthèse, il a été de ceux qui eurent des *idées de génie,* suivant l'expression de Cuvier. Dans ses derniers livres, il cherche, et détermine les signes distinctifs des espèces; il s'élève, après bien des tâtonnements provisoires, à l'étude comparée des êtres, à la conception d'un plan organique et d'un dessein suivi. En dépit de ses incertitudes, il soupçonne deux grandes vérités : la transformation des espèces modifiées par l'action du climat ou de la domesticité, et la loi qui les distribue si diversement sur la surface du globe, dans la patrie naturelle où les retient une nécessité géographique.

Mais le principal service qu'il rendit à la science fut encore d'y intéresser son siècle, et de lui assurer la popularité de sa propre gloire. Il a soulevé les problèmes plus qu'il ne les a résolus; mais ses recherches seules suffirent à communiquer aux esprits une impulsion pleine de promesses. En un temps où Voltaire niait tout déluge universel, et osait expliquer par le passage des pèlerins la présence des coquillages sur la cime des Alpes, les inductions aventureuses de Buffon sur les époques géologiques n'étaient-elles pas une de ces nouveautés qui appellent la découverte, et la suscitent du sein même des paradoxes ou de l'erreur?

Le philosophe. Influences de Condillac et de Descartes. Ses lacunes. — Le philosophe, malgré ses lacunes, n'est pas moins digne d'estime. Quand Buffon en vint à l'homme, on admira justement la finesse de ses réflexions sur les différents âges, sur le rôle des sens, et les ressources que leur doit la pensée. Bien que l'influence de Condillac se laisse apercevoir dans ces analyses alors si goûtées, elle ne va pourtant pas jusqu'au parti pris étroit où se trahit le vice d'une école. Non, Buffon revendique résolûment les droits de l'esprit, et l'initiative propre d'une raison indépendante de nos organes; il lance un défi tranquille au matérialisme grossier qu'Helvétius affichait sans pudeur. Son mépris tombe d'aplomb sur ces négateurs de l'âme humaine ; il ne daigne pas même les nommer en les réfutant, ou plutôt en les condamnant de sa superbe indifférence. Dans cette élévation d'accent, on retrouve donc le cartésien, mais non sans regretter qu'il ne suive pas son maître jusqu'aux sommets de la métaphysique.

Descartes, en effet, ne s'arrête point à l'âme; en elle il reconnaît son Auteur. Or, dans ce chapitre si fameux où Buffon met en scène le premier homme, s'éveillant au milieu de la création récente, et racontant l'histoire de ses naïves impressions, il est fâcheux qu'après avoir ainsi pris possession de l'existence par la douceur des sensations délicieuses qui l'émerveillent comme un enfant, ce nouveau-né d'une Providence si manifeste s'endorme voluptueusement, sans rendre aucune action de grâces au Père de toutes choses. Dans ce tableau, le penseur eût été vraiment un émule de Milton, s'il avait eu, comme lui, le sentiment religieux de l'adoration.

Disons toutefois que s'il n'a pas mis l'homme assez près de la Divinité, il lui inspire toujours le respect de lui-même. Dans l'introduction du quatrième volume (1753), lisez entre autres ces nobles discours, où, comparant notre nature à celle des animaux, il nous invite à chercher la félicité dans la raison, et nous enseigne avec une conviction profonde que « le seul et vrai bien est au dedans de nous-mêmes, dans la jouissance paisible de notre âme. » A voir la façon dont il parle des passions et de leurs suites, « de cet horrible dégoût de soi, qui ne nous laisse d'autre désir que celui de cesser d'être, » il semble que son calme bon sens pressente déjà la maladie prochaine des Saint-Preux, des Werther et des René. « Dans cet état d'illusion et de ténèbres, dit-il, nous voudrions changer l'essence même de notre âme ; elle ne nous a été donnée que pour connaître ; et nous voudrions ne l'employer que pour sentir. » Or, le sage est celui qui, « maîtrisant ces fausses prétentions, sachant se suffire et se passer d'autrui, occupé sans cesse à exercer ses facultés, perfectionne son entendement, cultive son esprit, acquiert des connaissances toujours nouvelles, se satisfait à tout instant sans remords, et jouit ainsi de tout l'univers, en jouissant de lui-même. » A ces traits, ajoutez l'amour de la gloire, « ce puissant mobile de toutes les grandes âmes, » et dans cet idéal apparaîtra Buffon, nous animant par l'exemple de sa vie tout entière.

S'il se défia trop du cœur, dans un siècle où la sensibilité fut souvent une prétention et une mode, n'accusons pourtant pas de sécheresse ce penseur qui n'éprouva jamais la misanthropie déclamatoire de Pline, ou de Jean-Jacques. Car ami de l'humanité, mais sans ostentation de zèle, il exprima plus d'une fois des idées pratiques et touchantes sur le soulagement du pauvre, et les devoirs de la charité sociale. Il fit plus : il eut le mérite de protester hautement contre l'iniquité de l'esclavage, ne fût-ce qu'en affirmant, au nom de la science, que, s'il y a différentes races humaines, il n'y a qu'une espèce. « Le nègre, dit-il, est un homme, » et cet appel prépara l'émancipation des noirs, dont le sort lui inspira cette plainte : « Je ne puis écrire leur histoire sans m'attendrir sur leur état[1]. »

Son chef-d'œuvre. Les Époques de la nature. — Mais l'œuvre qui le recommande le plus à la mémoire d'un long avenir est encore l'ouvrage qu'il publia sur les *Époques de la nature*, en 1778, à soixante et onze ans, non sans l'avoir, dit-on, fait recopier dix-huit fois. Le tableau des antiques révolutions du globe souriait plus à son génie que le catalogue minutieux des espèces vivantes; car il se sentait à l'aise dans l'immensité du temps et de l'espace. Après avoir décrit l'état présent de la création, il entreprit donc de raconter aussi ce qui précéda toute histoire, de débrouiller le chaos primitif, et d'explorer des pays que Dieu seul put voir. A l'âge où Bossuet prononça l'éloge de Condé, dans cette extrême vieillesse où les meilleurs commencent à s'éteindre, son ambition ne tendit à rien moins qu'à révéler le mystère de ces origines qui n'eurent pas de spectateur humain. Donnant à ses visions « une probabilité presque

---

. Voir *l'Histoire de la littérature française* par M. Nisard.

égale à l'évidence, » suivant le mot de Hume, il parla comme un témoin de ces scènes terribles qu'il évoque depuis le moment où il suppose le règne du feu et de l'eau, jusqu'à celui où un sol habitable put enfin supporter la vie végétale et organique. Que l'on n'admette plus tous les prodiges dont il semble avoir été le confident, qu'il se trompe sur le partage des animaux entre les continents, et sur le nombre des transformations terrestres, la grandeur de l'ensemble en souffre peu : ce sublime roman n'en crée pas moins toute une science dont l'impression tient haut la pensée. Ce livre solennel plaît d'autant plus que Dieu n'en est point absent : « A mesure que j'ai pénétré davantage dans le sein de la nature, dit Buffon, j'ai plus profondément respecté son Auteur. » Si cette lumière de la raison ne devient pas assez chaleur du sentiment, la faute en est à l'esprit du temps. Mais il n'en est pas moins vrai de dire avec M. Nisard, que ce monument égale en majesté le *Discours de la méthode*, et le *Traité de la connoissance de Dieu et de soi-même*.

L'écrivain. — Dans l'instabilité d'une science toujours progressive, l'écrivain s'est donc fait une place durable. On sait avec quelle lente inspiration il composait ses belles périodes, remaniées et retouchées sans relâche par un juge exigeant qui, après trente ans de labeur, disait encore : « J'apprends tous les jours à écrire[1], » et se rendit ce témoignage, « qu'il n'avait pas mis dans ses livres un seul mot dont il ne pût rendre compte. » Bien peu furent en effet plus curieux de la nuance, et plus attentifs à ces gradations délicates qu'il faut étudier de près, si l'on veut apprécier la finesse d'un goût scrupuleux.

Parmi les qualités auxquelles il tenait par-dessus tout, signalons la *clarté*. Quand il se faisait lire et relire tout haut ses manuscrits, au moindre arrêt de son secrétaire, à la plus légère hésitation, il marquait d'une croix le passage qu'il devait reviser, pour lui donner plus d'aisance ou de

---

[1]. Il ajoutait avec un naïf orgueil : « Il y a dans mes derniers ouvrages infiniment plus de perfection que dans les premiers. »

lucidité. Il ne pouvait non plus souffrir le discours haché ou saccadé : il lui fallait la suite d'un enchaînement continu. Avant lui, Fontenelle avait contribué sans doute à populariser la science, mais en flattant les caprices du jour, et mettant des mouches à cette muse austère, dont il fit une petite maîtresse soumise aux fantaisies de la mode. Or, rien de tel chez Buffon ; sa manière est toujours grandiose et sévère ; il irait même volontiers jusqu'à la pompe, nous ne dirons pas jusqu'à l'emphase ; car ce serait calomnier la noblesse, la convenance et l'ampleur de ce style qui se déroule comme un fleuve coulant à pleins bords. Sachons lui gré plutôt d'appliquer à tous les objets le courant d'un discours flexible et transparent.

Souple, vigoureuse et brillante, aussi propre à raconter qu'à raisonner, à décrire qu'à discuter, sa prose suffit à tous les emplois, triomphe dans plusieurs, et n'est gênée dans aucun [1]. Aussi savant que Fléchier, mais moins compassé, aussi riche que Rousseau, mais avec plus de justesse, il est toujours maître de son art, qui s'aperçoit, mais sans attirer l'œil par de frivoles recherches, ou des surprises trop concertées. Si sa phrase n'a pas de ces expressions imprévues qui nous donnent de subites secousses, son langage précis, exact, énergique, égal, ferme de dessin et sobre de couleur, se distingue par la logique savante des métaphores, le calme réfléchi d'un esprit mesuré jusque dans ses hardiesses, et la discipline d'une raison qui s'impose avec autorité.

Peintre d'animaux, il n'a pas ce tourment et cette inquiétude qu'auront plus tard des plumes trop préoccupées de rivaliser avec le pinceau. Mais que de ressources pour varier la monotonie du genre ! Comme il s'entend à tenir le lecteur en éveil, à mêler aux faits les idées générales qui leur donnent du corps, ou le détail piquant qui les anime, à confondre pour notre plaisir et notre profit l'expérience et la théorie, à rapprocher les objets pour les éclairer par leurs ressemblances, ou à les opposer par des contrastes

---

1. D'autres grands peintres ont faibli dans le domaine de l'abstraction ou de la logique. Témoin Chateaubriand.

qui les font valoir, à interpréter les habitudes, les mœurs, les sentiments, les caractères, à représenter les traits distincts d'une physionomie; et cela, sans que jamais l'homme cesse d'être, dans ses peintures, un spectateur, un acteur, un maître, dont l'intelligence préside à l'économie du monde terrestre qu'il approprie aux besoins de sa souveraineté! Parmi ses peintures, celles du *cheval*, du *cerf* et du *cygne* sont à peu près accomplies; sauf quelques restrictions indiquées plus haut, c'est magistral. Bien que son habitude soit un air de noblesse et de grandeur, il est capable aussi de touches fines et légères, témoin cette esquisse où, à propos de la fauvette babillarde et craintive, nous lisons : « L'instant du péril passé, tout est oublié ; elle reprend sa gaieté, ses mouvements et son chant. Elle le fait entendre des rameaux les plus touffus, ne se montre que par instants au bord des buissons, et rentre vite à l'intérieur, surtout pendant la chaleur du jour; le matin, on la voit recueillir la rosée, et, après ces courtes pluies qui tombent dans les jours d'été, courir sur les feuilles mouillées, et se baigner dans les gouttes qu'elle secoue du feuillage. » On pourrait même lui reprocher, par accident, un peu trop d'enjolivement. Mais n'était-ce pas une nécessité pour attirer la foule, qui d'ordinaire va seulement où l'appelle ce qui brille et retentit? Ces gentillesses, d'où sortira l'école de la poésie descriptive, sont d'ailleurs une exception chez un maître qui n'égale pas Bernardin, et surtout Chateaubriand par le génie pittoresque, ni Rousseau par le sentiment, mais les surpasse par l'éloquence sereine, désintéressée, et par l'ardeur paisible ou patiente d'un talent mis au service de la vérité. Aussi, ses ouvrages ne cesseront-ils pas d'être admirés, même quand ils deviendraient inutiles à la science

DISCOURS SUR LE STYLE

(26 Août 1753).

ÉTUDE LITTÉRAIRE.

Faits historiques. — Admis dans la section de mécanique à l'Académie des sciences, depuis 1739, Buffon était âgé de quarante-six ans, lorsqu'en juin 1753, sans attendre qu'elle fût sollicitée, l'Académie française, dérogeant à ses coutumes, lui fit offrir le siége que laissait vacant la mort de l'archevêque de Sens, Languet de Gergy, connu par des ouvrages de vive controverse contre les jansénistes[1]. Il fut élu par d'unanimes suffrages; quatre ans auparavant, il venait de publier ses trois premiers volumes de l'*Histoire naturelle*.

Au lieu de laisser languir sa parole dans un remercîment, ou dans le panégyrique d'un obscur prédécesseur, il crut devoir témoigner sa reconnaissance, « en offrant, comme il dit, à l'Académie son propre bien; » et il saisit tout d'abord son auditoire du sujet même que sa présence rappelait, l'éloquence et la perfection du style.

Composé en quinze jours, ce discours fut prononcé le samedi 26 août 1753; parmi ses confrères figuraient Montesquieu et Voltaire. C'est sans doute à ces noms « célébrés par la voix des nations » que son exorde fait allusion; car appliquée à Crébillon, Duclos, Maupertuis, Hesnault, l'abbé d'Olivet, Gresset et Marivaux, cette hyperbole nous paraîtrait un peu forte.

Analyse critique. — **Exorde.** — Dans son exorde, dont la modestie n'est pas très-sincère, Buffon oppose « ses quelques essais écrits sans art » à la gloire des maîtres parmi

---

1. Buffon se contente ici de cet éloge : « La religion en pleurs semble m'accuser de suspendre trop longtemps vos regrets sur une perte que nous devons tous ressentir avec elle.

lesquels il vient s'asseoir, et dont « les noms retentiront avec éclat dans la bouche de nos derniers neveux. » Ce langage n'était point ordinaire à un écrivain qui parlait volontiers de son génie comme devait faire un jour la postérité. Ces défiances ne sont donc ici que l'attitude d'un rôle académique, et il y cherche l'occasion d'introduire le texte d'un discours, où, « pour satisfaire à son devoir, » il soumet à ses confrères « quelques idées sur le style, puisées dans leurs propres ouvrages. »

Proposition. Buffon se défie de la passion et de l'imagination. Il ramène l'éloquence à n'être que la raison, la pensée pure. — Abordant directement son sujet, il commence par comparer « le talent de parler à celui d'écrire. » Dès ce début, ses préoccupations d'amour-propre se trahissent dans le singulier dédain avec lequel il traite « cette facilité naturelle » qui « n'est qu'une qualité accordée à tous ceux dont les passions sont fortes, les organes souples et l'imagination prompte, hommes qui sentent vivement, s'affectent de même, le marquent fortement au dehors, et par une impression purement mécanique, transmettent aux autres leur enthousiasme et leurs affections. » Ce privilége de communiquer l'émotion, d'ébranler ou « d'entraîner la multitude, » il ne le juge pas digne d'être appelé l'éloquence ; car il n'y voit que le prestige d'une trompeuse faconde, susceptible de séduire la foule « par un ton véhément et pathétique, des gestes expressifs et fréquents, des paroles rapides et tonnantes. » Or, il veut que le véritable orateur s'adresse au petit nombre de « ceux dont la tête est ferme, le goût délicat, le sens exquis, et qui comptent pour peu le ton, les gestes, ou le vain son des mots. » En d'autres termes, il *préfère évidemment l'art à la nature*, et semble trop oublier que l'un ne peut rien sans l'autre.

Quarante ans plus tard, il n'eût peut-être pas tenu ce langage, s'il avait pu voir à l'œuvre, en des assemblées populaires, cette éloquence dont il ne pressentait pas encore les prochaines explosions ; il ne l'eût pas du moins sacrifiée si légèrement. Cicéron, qui vécut parmi des troubles politiques, était d'un autre avis quand il disait : *Quid est eloquentia nisi continuus animæ motus*[1]? C'est qu'il connaissait les orages de la place publique, et non pas seulement le monde des Académies. Excusons donc Buffon d'avoir été, comme Balzac et La Bruyère, si sévère pour les élans de la passion ou de la verve native, et de les estimer vraiment trop inférieurs à l'industrie savante qui, dans le silence du cabinet, ordonne et combine à loisir un discours dont les nuances ne seront applaudies que par un cercle de lettrés, en un siècle où l'on ignorait la vertu de cette éloquence orageuse dont les grands effets visent à remuer la multitude, ou à devenir des ressorts de gouvernement.

Ce mépris de la passion pourrait bien s'expliquer aussi par une doctrine philosophique dont la tendance est visible dans certains chapitres de l'*Histoire naturelle*. Buffon est en effet resté fidèle à ce principe cartésien que l'âme humaine a pour essence la faculté de penser. « Être et penser, dit-il expressément, sont pour nous la même chose. » Il va même jusqu'à déclarer « que tout ce qui commande à l'âme est hors d'elle, » que la connaissance et le sentiment ne procèdent pas de la même source, et que les *passions* comme les appétits et les instincts, *relèvent uniquement des organes*. Réduisant ainsi l'*homme* à la *raison*, il peut donc avoir été conduit par ces prémisses à une théorie littéraire qui ramène l'éloquence à la pensée pure, et lui interdit les passions; car elles ne sont à ses yeux que « le corps parlant au corps. »

Définition du style. Nécessité de l'ordre, d'où procède le mouvement. Préoccupation de ses aptitudes propres. — Sans insister davantage sur cet aperçu, continuons à exposer les principaux traits d'une doctrine austère, où nous chercherons surtout, parmi des leçons de haute expérience, les prédilections d'un goût trop particulier. C'est ce que nous annonce cette formule célèbre : « *Le style n'est que l'ordre et le mouvement qu'on met dans ses pensées.* » On a loué justement cette définition profonde

---

[1]. Qu'est-ce que l'éloquence sinon le mouvement d'un souffle continu ?

qui concilie tout ensemble les droits de la raison et de la sensibilité, l'une qui conçoit les idées et les enchaîne, l'autre qui les anime et les colore. Mais on regrette que ces deux facultés ne figurent point à titre égal dans les développements qui suivent.

Si Buffon s'étend avec une complaisance marquée sur l'obligation de l'*ordre*, il néglige trop le *mouvement*, où il ne voit que la conséquence nécessaire de l'ordre lui-même, comme il semble nous le faire entendre, en disant : « Lorsqu'on se sera fait un plan, lorsqu'une fois on aura rassemblé et mis en ordre toutes les pensées essentielles à son sujet, on s'apercevra aisément de l'instant auquel on doit prendre la plume ; on sentira le point de maturité de la production de l'esprit, on sera pressé de la faire éclore, on n'aura même que du plaisir à écrire... *La chaleur naîtra de ce plaisir*, se répandra partout, et donnera de la vie à chaque expression. »

Dans cette prédominance de la logique nous reconnaissons le savant pour lequel le génie fut « une longue patience, » et qui, se défiant trop de l'imagination ou de la sensibilité, n'accommode point ses préceptes à la diversité des esprits, mais propose son exemple comme une loi définitive, au risque de décourager par un excès de rigueur les heureuses rencontres de cette inspiration soudaine dont les plus réfléchis ne sauraient se passer. Aussi convient-il, ce me semble, d'atténuer un peu ces exigences. « Je doute, dit M. Villemain, que Buffon même ait toujours pu se conformer à ses propres règles ; ou, s'il l'a fait, j'y trouve la cause de la raideur monotone qui se mêle parfois à son beau langage ; car exprimer sa pensée, c'est la produire, c'est la sentir dans toute sa force, et par là même, c'est souvent la transformer, l'agrandir, et non pas colorer seulement d'une teinte visible des caractères rangés dans un ordre immobile. »

La doctrine incontestable et définitive. — Mais les réserves que nous venons de faire n'ôtent rien à l'autorité des conseils qu'inspirait à un grand esprit la pratique d'un art où il excella. Il faut donc écouter ici comme la raison même bien des vérités sur lesquelles tous les maîtres sont d'accord.

Lorsqu'il recommande de tracer un *plan* si fortement médité que l'intelligence « puisse l'embrasser d'un seul coup d'œil, et en saisir tous les rapports, » il se rencontre avec Fénelon disant : « L'ordre est ce qu'il y a de plus rare dans les opérations de l'esprit. Quand l'ordre, la justesse, la force et la véhémence se trouvent réunies, le discours est parfait. Mais il faut avoir tout vu, tout pénétré, tout embrassé pour savoir la place précise de chaque mot[1]. » — Quand il veut que l'ouvrage soit « fondu d'un seul jet, » et condamne « les pensées isolées ou fugitives, les traits irréguliers, ou les figures discordantes, » il semble aussi traduire ces beaux vers de Boileau :

> C'est peu qu'en un ouvrage où les fautes fourmillent
> Des traits d'esprit semés de temps en temps pétillent;
> Il faut que chaque chose y soit mise en son lieu,
> Que le début, la fin répondent au milieu,
> Que d'un art délicat les pièces assorties
> N'y forment qu'un seul tout de diverses parties[2].

S'il ne laisse pas les coudées assez franches aux diverses aptitudes, et s'il recommande trop impérieusement les procédés de composition qui lui sont familiers, il s'élève jusqu'à la région même des principes, dans cette page où, érigeant une règle de rhétorique en loi universelle, il dit avec une sorte d'enthousiasme solennel : « Pourquoi les ouvrages de la nature sont-ils si parfaits? C'est que chaque ouvrage est un tout, et qu'elle travaille sur un plan éternel dont elle ne s'écarte jamais. Elle prépare en silence les germes de ses productions; elle ébauche par un acte unique la forme primitive de tout être vivant; elle la développe, et la perfectionne par un mouvement continu et dans un temps prescrit. Si *l'écrivain imite la nature* dans sa marche et son travail, s'il s'élève par la contemplation aux vérités les plus sublimes, s'il les réunit, s'il les enchaîne, s'il en

---

1. *Lettre à l'Académie.*
2. *Art poétique*, liv. I, v. 175.

forme un tout, un système par la réflexion, il établira sur des fondements inébranlables des monuments éternels. » La belle période! Mais aussi, dans son ampleur, qui ne remarquera l'allusion indirecte qu'il fait à ses propres ouvrages, dont il semble dire : *Exegi monumentum ære perennius*[1] ?

Allusions à des défauts contemporains. — A cette force de conception et à cette majestueuse sécurité d'exécution dont il possède le secret, sans nous le livrer, et qu'il nous offre comme un idéal, il oppose « la perplexité » des hommes d'esprit qui, « faute de plan, » ne savent bien souvent par où commencer à écrire, et « choquent les mots les uns contre les autres, » pour en « tirer par force des étincelles » dont la lueur « nous éblouit un instant, mais nous laisse ensuite dans les ténèbres. » En critiquant ce défaut, Buffon ne songerait-il pas, par exemple, à Fontenelle, comme il songeait aussi à Montesquieu, dans un autre passage où il censure ces divisions trop nombreuses qui font languir le discours, et fatiguent l'attention?

Parmi ces vérités que Buffon ne cesse pas de transformer, sans le savoir peut-être, en éloge de son génie, il en est plus d'une dont ses contemporains, et quelques-uns célèbres, auraient pu tirer profit. Tel d'entre eux, Gresset et Marivaux notamment, ne serait-il pas effleuré par le trait que voici? « Rien n'est plus opposé à la véritable éloquence que l'emploi de ces *pensées fines*, et la recherche de ces *idées légères, déliées*, sans consistance, et qui, comme la feuille de métal battu, ne prennent de l'éclat qu'en perdant de la solidité. » Cet esprit « mince et brillant » fut en effet le faible d'un temps où Montesquieu débutait par le *Temple de Gnide*, et où Voltaire disait que, si Newton avait composé des vaudevilles, il lui paraîtrait plus admirable. Certes, Buffon avait le droit de signaler un travers contre lequel protestait déjà sa pratique. Et pourtant, la mode des caprices frivoles était alors si puissante, qu'ici même il craint d'en avoir trop dit, et tempère son blâme par cette

---

1. J'ai accompli un ouvrage plus durable que l'airain. *Horace.*

restriction : « Si l'écrivain n'a d'autre objet que la plaisanterie, *l'art de dire de petites choses devient alors plus difficile peut-être que l'art d'en dire de grandes.* » C'est sans doute une consolation qu'il ménage à ceux de ses confrères qui ne pouvaient prétendre à une autre gloire. Remarquons du reste, en passant, qu'avant lui Boileau ne craignit pas non plus de louer le talent

Qui dit sans s'avilir les plus petites choses[1].

Ces rencontres d'opinion sont ici très-fréquentes. Ainsi, quand Buffon plaint ironiquement l'écrivain qui, se donnant beaucoup de mal « pour exprimer des choses ordinaires et communes d'une manière singulière et pompeuse, passe son temps à faire de nouvelles combinaisons de syllabes, pour ne dire que ce que tout le monde a dit, » qui ne se rappelle ce croquis de La Bruyère ? — « Vous voulez, Acis, me dire qu'il fait froid, que ne me disiez-vous : il fait froid ? — Mais, répondez-vous, cela est bien uni et bien clair ; et d'ailleurs, qui ne pourroit pas en dire autant ? — Qu'importe, Acis ? Est-ce un si grand mal d'être entendu quand on parle, et de parler comme tout le monde ? » Ajoutons qu'en général Buffon n'a pas l'avantage dans ces rapprochements qui le mettent en parallèle avec ses devanciers. A une raideur un peu dogmatique, et à un ton d'oracle dictant ses arrêts on préférera surtout l'aimable et ingénieuse simplicité de la *Lettre à l'Académie*.

Théorie du style noble. L'emploi des termes les plus généraux. — Mais ne nous engageons pas en des détails trop minutieux ; hâtons-nous plutôt d'aborder une théorie qui appartient en propre à Buffon, à savoir le conseil qu'il nous donne d'être attentifs « à ne nommer les choses que *par les termes* les plus *généraux*, » pour assurer la *noblesse* du style. Cette recommandation, où se trahit son goût personnel, a suscité des objections sérieuses. On a dit avec raison qu'appliquée sans discernement, elle menait tout droit à l'emphase, au style artificiel et convenu.

---

1. Ep. XI.

qui sera bientôt le fléau d'une décadence, et dont Fontenelle se moquait un jour par ce trait spirituel. « Les beaux vers ! les beaux vers ! s'écriait-il ; mais je ne sais pourquoi ils me font bâiller ! » Cet ennui, dont il feignait d'ignorer la cause, venait sans doute de ce que le poëte, au lieu de peindre franchement les objets, substituait à la force expressive du mot propre les mensonges de l'à-peu près, peut-être même le vain artifice de ces périphrases où triomphera Delille et son école. — Ce défaut, Fénelon le pressentait déjà lorsque, dans ses *Dialogues sur l'éloquence*, il disait : « On a tant peur, chez nous, d'être bas qu'on est d'ordinaire sec et vague dans les expressions.... Nous avons là-dessus une fausse politesse, semblable à celle de certains provinciaux qui se piquent de bel esprit. Ils n'osent rien dire qui ne leur paroisse exquis et relevé ; ils sont toujours guindés, ils croiroient se trop abaisser en nommant les choses par leur nom. *Tout entre dans les sujets que l'éloquence doit traiter.* »

Oui, voilà bien un maître libéral ; et nous ajouterons que le dix-septième siècle, si décent ou si magnifique dans son langage, ne répugnait nullement à l'usage des termes les plus familiers. Corneille, Boileau, Bossuet surtout, sans compter les autres, n'ont-ils pas souvent appliqué les mots simples aux emplois les plus relevés ? Avouons donc que le précepte de Buffon ne saurait être suivi strictement, sans priver la diction de tout relief et de toute couleur. Admettons du moins qu'il peut entrer de la mode et du préjugé dans l'idée du *noble*. « Au temps de Ronsard, dit M. Nisard, un style noble retentissait de termes empruntés à la guerre et à la chasse. Pour Buffon, la noblesse du style, c'est son grand air à lui, et le travail de toute sa vie pour garder cet air, et se tenir toujours droit. Je doute que le petit pavillon du jardin de Montbard, où, jusqu'en ces derniers temps, le jardinier faisait sécher ses graines, ait vu le naturaliste écrire, tel qu'on l'a représenté, en manchettes et poudré, l'épée de gentilhomme au côté ; mais, si on l'a fait, la faute en est à cette faiblesse de l'anobli pour le noble, nulle part plus messéante que dans des écrits dont le sujet est la nature, où il n'y a pas d'ordres privilégiés, et où tout est simple. » S'il y avait autrefois une fausse roture du langage comme des personnes, nous ne saurions donc aujourd'hui regretter que le progrès de l'état social ou des mœurs ait fait disparaître ces scrupules orgueilleux qui proscrivaient sans raison des objets ou des mots très-dignes d'entrer dans le vocabulaire oratoire ou poétique.

Cependant, bien qu'il y ait de l'excès dans une doctrine qui impose comme qualités d'obligation les faiblesses d'un beau talent, n'exagérons pas nous-mêmes notre critique. Convenons plutôt qu'en certains genres, qui exigent un peu d'apparat ou de montre, dans la chaire ou devant les académies, la méthode prônée par Buffon a souvent son à-propos, et qu'une crudité basse, se servant du mot propre pour traduire des images blessantes, ne saurait jamais être une richesse pour le langage. Aussi notre conclusion sera-t-elle cette pensée de Pascal[1] : « Il y a des lieux où il faut appeler Paris *Paris*, et d'autres où il le faut appeler *la capitale* du royaume. » Voilà du pur bon sens ; en obéissant à cette règle, nous ne « masquerons pas » la nature par de vains déguisements, et nous ne risquerons pas non plus d'offenser les délicats par la rudesse d'une expression déplaisante.

On pardonne d'ailleurs à Buffon d'avoir été trop exclusif dans le souci de la tenue et de la dignité, puisqu'il le porta partout, en sa vie comme dans ses écrits. En reconnaissant aussi qu'il nous met trop en garde contre « *le premier mouvement*, » et ce qu'il appelle « un *enthousiasme trop fort*, » nous n'aurons plus qu'à recueillir les paroles d'or qui terminent ces leçons données tout ensemble par le précepte et par l'exemple.

---

[1]. La pratique de Buffon réussit à Fléchier décrivant ainsi un *Hôpital* Voyons Marie-Thérèse dans ces lieux où se ramassent toutes les infirmités et tous les accidents de la vie humaine ; où les gémissements et les plaintes de ceux qui souffrent remplissent l'âme d'une tristesse importune ; où l'odeur qui s'exhale de tant de corps languissants porte dans le cœur de ceux qui les servent le dégoût et la défaillance ; où l'on voit la douleur et la pauvreté exercer à l'envi leur funeste empire ; et où l'image de la misère et de la mort entre presque par tous les sens. » (*Oraison funèbre de Marie-Thérèse*.)

Quelle justesse dans ce principe que j'appellerais volontiers un axiome! « Bien écrire, c'est tout à la fois bien penser, bien sentir et bien rendre; c'est avoir en même temps de l'esprit, de l'âme et du goût. » L'excellence du fond ne vaut-elle pas celle de la forme, quand il ajoute : « Les règles ne peuvent suppléer au génie... L'imitation n'a rien créé.... Le ton n'est que la convenance du style à la nature du sujet. » Ne semble-t-il pas faire son portrait, lorsqu'il continue en disant ? « Si l'on s'est élevé aux idées les plus générales,... si le génie fournit assez pour donner à chaque objet une forte lumière; si l'on peut y ajouter la beauté du coloris à l'énergie du dessin; si l'on sait en un mot représenter chaque idée par une image vive et bien terminée, et former de chaque suite d'idées un tableau harmonieux et mouvant, le ton sera... sublime. » Je soupçonne aussi qu'il songe à lui-même, en affirmant « que les ouvrages bien écrits seront les seuls qui passeront à la postérité. »

Le style est l'homme même. — Il ne s'oublie pas davantage dans ce dernier mot dont la fortune est devenue si populaire : « *Le style est l'homme même*[1]. » Disons seulement qu'adopté comme un aphorisme, il a pris plus de valeur qu'il n'en avait dans le passage où il se rencontre. Isolé de ce qui le précède et de ce qui le suit, il signifie aujourd'hui que le style représente, comme un miroir psychologique, l'homme tout entier, avec son tempérament, son caractère, son intelligence et son cœur, modifiés et façonnés par les circonstances, ou les conditions du milieu qu'il a pu traverser. C'est cette pensée de Platon : « Οἷος

---

1. M. Nadaud de Buffon, dans les notes de la *Correspondance*, a publié divers fragments du discours de Buffon, tel qu'il était, lorsque l'auteur le communiqua à son ami M. de Ruffey. On remarquera que, dans cette première rédaction, le mot fameux *le style est l'homme même* ne se trouvait pas. Buffon disait : « La singularité des faits, la nouveauté des découvertes ne suffisent pas pour faire vivre un livre, s'il est écrit sans goût, sans noblesse et sans génie, et s'il roule sur de petites choses, parce que les faits et les découvertes s'enlèvent, et gagnent à être transportés d'un livre mal écrit dans un ouvrage bien fait; le style, au contraire, ne peut ni s'enlever, ni s'altérer. »

ὁ λόγος, τοιοῦτος ὁ τρόπος[1]. » C'est ce que répéta Sénèque : « *Talis hominibus fuit oratio qualis vita,* » ou bien encore, « *Oratio vultus animi est*[2]. »

Or, il est vraisemblable que le verbe de Buffon ne visait pas aussi loin; ce ne fut qu'un éclair furtif, qu'un instinct rapide. On l'a même dit, et avec des arguments plausibles: ce cartésien du dix-huitième siècle, ramenant l'âme à la pensée, voulait seulement nous faire entendre que le style doit tout emprunter à la *raison*, qui est *l'homme même*. Quoi qu'il en soit de cet ingénieux aperçu, nous préférons accepter la signification si pleine et si vraie que prête définitivement à ces mots la conscience universelle des lettrés. Dûssions-nous être ainsi dans l'erreur, nous aimons à nous tromper avec tout le monde, surtout quand cette méprise tourne à l'honneur d'un maître, et devient un enseignement de premier ordre. Terminons donc l'analyse de ce discours, en disant que cette parole en est encore la plus vivante. Car elle contient toute une poétique, toute une rhétorique; elle est même plus qu'une théorie littéraire, et M. Nisard fait observer avec autorité qu'elle peut devenir une règle de conduite et de morale pratique: en effet, si la bonne foi avec soi-même fait la vérité du style, elle est aussi le premier devoir envers le lecteur. Ce conseil s'adresse donc à tout honnête homme qui, dans sa parole ou ses actes, veut qu'on estime et qu'on aime sa personne et son caractère[3].

---

1. Telles sont les mœurs, tel est le discours.
2. Pour les hommes, telle est la vie, telle aussi sera la parole. — Le Discours est la physionomie de l'âme.
3. Ce discours a pour épilogue une *adresse à MM. de l'Académie française.* Buffon s'y acquitte des convenances officielles avec autant de brièveté que d'emphase. Si l'habitude autorisait ces hyperboles, disons pourtant que l'éloge de Louis XV put paraître exagéré même à cette époque. Il est vrai qu'il ne consacre qu'une ligne à son prédécesseur, auquel l'Académie reprochait trop de zèle contre les Jansénistes.

FIN.

TABLE DES MATIÈRES

Chanson de Roland

Chanson de Roland..	1
I. Faits historiques...	1
II. Étude littéraire..	12

Jean sire de Joinville

Histoire de saint Louis (1224-1319).........................	34
I. Faits historiques...	34
II. Analyse de l'œuvre..	43
III. Étude morale et littéraire..................................	61

Michel de Montaigne

PORTRAIT BIOGRAPHIQUE (1533-1592).........................	70
Les Essais de Montaigne......................................	91
Étude littéraire..	91

Pascal

PORTRAIT BIOGRAPHIQUE (1623-1662).........................	119
Lettres provinciales (1656)...................................	124
I. Faits historiques...	124
II. Étude littéraire..	139
Pensées (1667)..	155
I. Faits historiques...	155
II. Étude littéraire..	157

La Fontaine

PORTRAIT BIOGRAPHIQUE (1621-1695).........................	167
Les Fables de La Fontaine....................................	176
I. Faits historiques...	176
II. L'homme et le poète..	183
III. Le fabuliste...	188

Boileau

PORTRAIT BIOGRAPHIQUE (1636-1711)............................	214
L'Art poétique (1669-1674)...	225
I. Les devanciers de Boileau.......................................	225
II. Étude littéraire..	232

Bossuet

PORTRAIT BIOGRAPHIQUE (1627-1704)............................	251
Sermons de Bossuet...	260
I. Faits historiques...	260
II. Étude littéraire..	273
DE L'ORAISON FUNÈBRE...	292
Étude historique et littéraire.......................................	292
Oraison funèbre d'Henriette de France (1669)................	309
I. Faits historiques...	309
II. Esquisse littéraire..	311
Oraison funèbre de la duchesse d'Orléans (1670)............	317
I. Faits historiques...	317
II. Esquisse littéraire..	323
Oraison funèbre de Marie-Thérèse (1683).....................	326
I. Faits historiques...	326
II. Esquisse littéraire..	328
Oraison funèbre de la princesse Palatine (1685)............	332
I. Faits historiques...	332
II. Esquisse littéraire..	334
Oraison funèbre de Michel Le Tellier (1686)..................	339
I. Faits historiques...	339
II. Esquisse littéraire..	341
Oraison funèbre du prince de Condé (1687)..................	345
I. Faits historiques...	345
II. Esquisse littéraire..	350
Discours sur l'histoire universelle (1681).....................	357
I. Étude historique...	357
II. Étude littéraire..	363

Fénelon

PORTRAIT BIOGRAPHIQUE (1651-1715)............................	388
Lettre à l'Académie française (1714)..........................	394
I. Faits historiques...	394
II. Étude littéraire..	400

La Bruyère

Portrait biographique (1645-1696).................................... 416
Étude littéraire sur La Bruyère et son livre (1688).............. 422
I L'homme... 422
II. Le moraliste... 426
III. L'artiste et l'écrivain.. 428

Montesquieu

Portrait biographique (1689-1755).................................. 437
Considérations sur les causes de la grandeur des Romains et de leur décadence (1734).. 450
I. Étude historique... 450
II. Étude littéraire.. 455

Voltaire

I. Portrait biographique (1694-1778) 468
II. Le poète tragique... 477
Mérope (1743)... 483
I. Faits historiques.. 483
II. Étude littéraire.. 489
Le Siècle de Louis XIV (1751) 498
I. Voltaire historien... 498
II. L'historien de Louis XIV....................................... 502
Lettres de Voltaire (1711-1778)................................... 513
I. Faits historiques.. 513
II. Étude littéraire.. 531

Buffon

Portrait biographique (1707-1788).................................. 553
Buffon historien de la nature (1749-1788).......................... 559
Discours sur le style (1753)...................................... 569
Étude littéraire.. 569

FIN DE LA TABLE

5906. — Imprimerie A. Lahure, rue de Fleurus, 9, à Paris.

www.ingramcontent.com/pod-product-compliance
Lightning Source LLC
Chambersburg PA
CBHW070331240426
43665CB00045B/1320